五国文物法制比较研究

王云霞　主　编
胡姗辰　副主编

文物出版社

图书在版编目（CIP）数据

五国文物法制比较研究/王云霞主编. —北京：文物出版社，
2019.12

ISBN 978－7－5010－6379－6

Ⅰ．①五…　Ⅱ．①王…　Ⅲ．①文物保护法－
对比研究－世界　Ⅳ．①D912.160.4

中国版本图书馆 CIP 数据核字（2019）第 239602 号

五国文物法制比较研究

主　　编：王云霞

副 主 编：胡姗辰

责任编辑：王海东　胡奥千

封面设计：程星涛

责任印制：张道奇

出版发行：文物出版社

社　　址：北京市东直门内北小街 2 号楼

网　　址：http：//www.wenwu.com

邮　　箱：web@wenwu.com

经　　销：新华书店

印　　刷：北京京都六环印刷厂

开　　本：787mm×1092mm　1/16

印　　张：23.5

版　　次：2019 年 12 月第 1 版

印　　次：2019 年 12 月第 1 次印刷

书　　号：ISBN 978－7－5010－6379－6

定　　价：120.00 元

前　言

随着我国城市化、工业化进程的深入，文物保护事业在得到快速发展的同时，也面临保护理念陈旧、管理机制不健全、制度建设相对滞后等问题，对文物保护利用的法制环境提出了新的要求。从 2012 年开始，立法机关将《文物保护法》的全面修订提上议事日程。在修订法律过程中，适当参考发达国家相关立法经验可以降低试错成本，避免重蹈发达国家的覆辙，提高立法效率和质量。因此，对城市化、工业化程度较高，文物保护和利用实践经验丰富，文物法制相对发达的典型国家相关制度展开比较研究是十分必要的。

近年来，国内学界也出现不少关于国外文化遗产法制的研究成果，但细读之下，我们发现许多学者引用的国外法律资料比较陈旧，或者反复引用二手、三手资料，以致以讹传讹，造成重大误解或曲解。在很大程度上，造成这种现象的主要原因是国内目前还缺乏对相关国家文物法制的整体研究，并且也缺乏对其最新法律法规的必要翻译。因此，从学术研究的角度看，对外国文物法制进行比较研究也是非常急需的。

本书是在国家文物局委托课题"外国文物法制综合研究"终期成果的基础上改写而成的。与原来的终期成果相比，本书的结构、内容和参考资料均有重大的改变。原课题只是针对文物保护工作中最为关注的一些具体问题开展的研究，比如文物所有权的界定及其转让管理、文物保护资金保障、文物保护补偿制度、建设过程中的考古管理、文物行政监管、违法责任设置等，比较有针对性。相比之下，本书内容更加全面和丰富，不仅系统阐述了英、美、法、意、日等五国文物法律体系的形成、发展及其法律渊源，也全面介绍了这些国家的代表性法律制度，如保护主体、保护规划、考古发掘、水下文物保护、不可移动文物的保护与利用、可移动文物的交易规制与出入境管理、文物返还、公众参与及其保障等，在此基础上比较其异同，并分析造成差异的主要原因。由于原课题是在 2016 年初完成的，而三年来这些国家的文物法制发生了巨大的变化，比如法国已于 2016 年 7 月对《遗产法典》进行了大幅修改，意大利和日本也于近年内对文化财产相关法典进行了多次修正，我们不得不按照最新的法律文本对书稿进行全面的修改。为了方便读者阅读和进一步查找原始资料，我们在正文内标注了专业术语和法律法规名称的原文，还在书后附上详细的《外文词汇对照表》。

全书作者及其分工如下：

第一章　王云霞

第二、七、八章　胡姗辰

第三章　李源　胡姗辰

第四章　郭萍

第五章　黄树卿　李源

第六章　张舜玺

全书由王云霞、胡姗辰负责统稿。

特别感谢中国人民大学法学院李钧老师对意大利最新法律修订部分条文的翻译，感谢四川省司法厅监狱管理局干部、时为中国人民大学法学院文化遗产法方向在读博士生汪益先生提供的日本最新法律修订情况。

尽管我们已经非常努力和谨慎，但是缺点和谬误仍在所难免，敬请各位读者批评指正。

王云霞

2019 年 4 月 2 日

目　　录

第一章

文物法律体系概述

　　"文物法"是文化遗产法的重要组成部分，是对调整物质形态文化遗产的保护、管理和利用关系的法律规范的总称。从世界范围看，英国、美国、法国、意大利和日本五国文物保护和管理相关法律制度极具特色，对其他国家和相关国际法律秩序的建立产生了较大影响。简要勾勒这些国家文物法律体系的框架，阐述这些国家文物法律法规的产生、发展路径，分析其调整范围和结构体例，对于进一步理解其保护、管理和利用的理念、制度是十分必要的。

　　在英、美、日等国家，"文物法"大致相当于"文化财产法"，两个词汇可以相互替换；而在法、意等国，文物法在法典化过程中被称为"文化遗产法典"。由于各国历史传统和行政管理体制的不同，文物法的产生和发展路径各不相同，法律渊源的表现形式各具特色，调整对象和调整范围也有出入。

第一节　英国文物法的渊源和调整范围

　　英国是单一制国家，其本土由英格兰、威尔士、苏格兰和北爱尔兰四个部分组成。由于苏格兰和北爱尔兰具有高度自治权，不仅有相对独立的法律体系，也有独立的行政管理体制，除非有特别说明，本书所涉及的英国文化财产法不包括单独适用于苏格兰或北爱尔兰的法律法规。

　　英国文化财产法的基本渊源包括国会制定的法律（act）、政府制定的条例（regulation）和命令（order），以及欧盟和欧洲委员会（Council of Europe，简称"欧委会"）通过的具有直接适用效力的条约、决议、指令等。当然，英国是普通法系国家，一定级别法院做出的、涉及文化财产保护的判例也是英国文化财产法的有效渊源。由于英国文化财产法的渊源众多，无法在较小的篇幅展开，而且国会通过的法律属于"基本法"，本书主要以国会通过的法律为依据展开讨论。

英国国会并未制定统一的文化财产法或编纂系统的文化遗产法典，关于文化财产保护和管理的法律多以单行法形式出现。有些单行法调整范围涉及某一类文物，比如古迹、历史建筑、沉船等，而有些单行法则是针对某类具体文物的保护或某个机构的设置而颁布的。

一、综合性文化遗产保护法律

1980 年，国会制定了《国家遗产法》（*National Heritage Act*），是一部综合性文化遗产保护立法，旨在建立国家遗产纪念基金，为具有突出历史价值的土地、建筑和其他文化财产的收购、维护和保存提供资金；该法为文化财产的取得制定了新的资产转让税（capital transfer tax）和土地税优惠政策，并对那些因向地方博物馆和机构租借或展示文化财产而受到损失的权利人提供资金。该法于 1983 年、1997 年、2002 年、2007 年进行过多次修订。1983 年修订的《国家遗产法》为维多利亚和爱尔伯特博物馆（Victoria and Albert Museum）、科学博物馆（Science Museum）、枪械博物馆（Armouries）、皇家植物园（Royal Botanic Gardens, Kew）等机构设立了信托委员会，规定了这些信托委员会的基本职能、权力和运作方式，并设立了英格兰历史建筑和古迹委员会（Historic Buildings and Monuments Commission for England）负责英格兰的历史建筑和古迹保护相关事宜。2002 年修订的《国家遗产法》则新增了英格兰历史建筑和古迹委员会在管理水下考古、沉船保护以及涉及文化财产的纪念品交易和无形资产开发等新职能。

二、调整不可移动文物保护的法律

英国调整不可移动文物保护的法律主要包括《历史建筑和古迹法》（*Historic Buildings and Ancient Monuments Act*, 1953），《古迹和考古区域法》（*Ancient Monuments and Archaeological Areas Act*, 1979），《（登录建筑和保护区）规划法》［*Planning（Listed Buildings and Conservation Area）Act*, 1990］，《沉船保护法》（*Protection of Wrecks Act*, 1973），以及上述《国家遗产法》（*National Heritage Act*, 1980）等，从不同侧面对不可移动文物的保护和管理加以规制。这些法律在实施过程中大都经过多次修正。

英国最早的文物保护法律是 1882 年《古迹保护法》（*Ancient Monuments Protection Act*, 1882）。该法将英国境内 68 处历史古迹列为保护对象①，规定所有权人可在保留所有权的前提下，将古迹委托给公共物品管理委员会保护和管理②；任何破坏或损减古迹的行为均构成可速决罪（summary conviction），处以罚金或监禁③。该法虽然只有短短

---

① 1882 年英国《古迹保护法》后附 3 个列表，分别列出"英格兰和威尔士""苏格兰""爱尔兰"（当时爱尔兰仍隶属英国）3 个地区 68 处受保护古迹的名称和地理位置。

② *Ancient Monuments Protection Act*（1882），art. 2.

③ *Ancient Monuments Protection Act*（1882），art. 6.

11 条，但对古迹的保护方式和措施，对如何处理私人所有权与公共利益的关系，却规定得明确具体，便于实施。由于该法的保护范围过于狭窄，国会于 1900 年、1913 年、1931 年多次对该法进行修订和补充，将保护对象扩展到无人居住的中世纪建筑，并将保护范围从古迹本身扩展到其周边区域。①

1953 年，国会通过了《历史建筑和古迹法》，对具有突出历史和考古价值的建筑物及相关财产的保护与取得进行规制，并对 1913 年、1931 年《古迹保护法》加以修订。该法设立英格兰、苏格兰和威尔士三个历史建筑委员会，为工程大臣（Minister of Works）提供历史建筑保护咨询和建议。工程大臣有权通过购买、受赠等方式获得历史建筑及其周围区域。对处于危急情况下的古迹可实行临时保护措施，以暂时保护通知（interim preservation notice）或保护令（preservation order）的方式使古迹免于被破坏或被拆除；或将该古迹直接置于工程大臣的监管（guardianship）下，使其免于被损害。②该法不仅将保护范围进一步扩大到历史建筑及古迹周边区域，还详细规定了保护措施的法定程序，以及与《城乡规划法》等相关法律的衔接问题。该法适用于英格兰、威尔士和苏格兰，不适用于北爱尔兰。

1979 年，国会制定了《古迹和考古区域法》，进一步整合和修订了以往涉及古迹保护的法律，对具有考古和历史价值的事物的调查、保存、记录等进行详细规制，并对相关资金的授予和使用进行规定。该法分为古迹、考古区域和补充规定三部分，比较突出的特点是：首先，将以往的古迹列级（schedule）实践加以系统化，规定由文化大臣负责列级古迹目录的编制、更新，并采取措施保护列级古迹；其次，对因列级受影响的古迹所有人提供补偿和帮助；再次，授权文化大臣可在特定情况下强制征用列级古迹及其周边区域，或将其置于自己的直接监管下，公众接近列级古迹的权益得到保障；再次，成立英格兰、威尔士、苏格兰三个古迹理事会（the Ancient Monument Board for England/for Scotland/for Wales），为国务大臣行使古迹保护的权力提供咨询建议；最后，有关国务大臣和地方政府可以指定具有一定保护价值的区域为"重要考古区"，并对"重要考古区"的调查进行规范，要求实施任何可能危及考古区的工程必须得到事先批准。该法适用于英格兰、威尔士和苏格兰，不适用于北爱尔兰。

1990 年制定的《（登录建筑和保护区）规划法》虽然名称为"规划法"，却是一部关于登录建筑和保护区如何进行有效保护的专门法律。该法对以往有关具有特殊建筑学和历史价值的建筑和区域的保护措施进行了整合，规定了历史建筑登录（list）和保护区指定（designate）的程序及其法律效果，对可能影响登录建筑和保护区保护效果的工程如何实施控制，登录建筑和保护区如何申请资金支持，对所有权的限制及其补偿，对登录建筑实施收购的条件和程序，作为登录建筑和保护区主管部门的地方规划部门的职责等事项。该法仅适用于英格兰和威尔士地区。

---

① 杨丽霞：《英国文化遗产保护管理制度发展简史》（上），《中国文物科学研究》2011 年第 4 期。

② *Historic Buildings and Ancient Monuments* Act（*1953*），arts. 10，11 & 12.

英国是海洋大国，其水下遗产保护意识也很强。1973 年国会通过了《沉船保护法》，旨在保护位于英国领水的沉船及其遗迹不受非法打捞的干扰。

三、适用于可移动文物保护和管理的法律

适用于可移动文物的法律包括《珍宝法》（*Treasure Act*，1996）、《文物交易法》（*Dealing in Cultural Objects Act*，2003）、《大屠杀时期被掠文物返还法》[*Holocaust（Return of Cultural Objects）Act*，2009]，以及《犯罪所得法》（*Proceeds of Crime Act*，2002）等相关法律，和《文物返还条例》（*The Return of Cultural Objects Regulations*，1994）、《借贷文物保护条例》[*The Protection of Cultural Objects on Loan（Publication and Provision of Information）Regulations*，2008]、《文物出口控制法令》[*The Export of Objects of Cultural Interest（Control）*，2003]等次级立法。

1996 年《珍宝法》废止了既往关于无主埋藏宝藏的规定，重新对"珍宝"的标准进行界定，并对无主珍宝（尤其是发现的地下埋藏珍宝）的归属及其确定程序、检验官（coroner）的管辖权等进行了规定。任何非人造的自然物体和矿产均不属于珍宝。该法适用于英格兰、威尔士和北爱尔兰地区。

2003 年《文物交易法》对涉及获取（acquire）和处置（spose）进出口非法文物的犯罪行为及其处罚进行了规定。该法所谓的非法文物（tainted cultural objects）指的是非法挖掘的或从一个具有历史和考古价值的建筑、构筑物或古迹上非法拆除的文物。[①] 该法所谓的"获取"包括购买、租赁、借用和接受文物的行为；"处置"包括出售、出租、出借和赠与文物的行为。[②] 该法是英国有关文物犯罪的主要法律渊源，适用于英格兰、威尔士和北爱尔兰地区。

《大屠杀时期被掠文物返还法》适用于大英图书馆（The British Library）、大英博物馆（British Museum）、帝国战争博物馆（Imperial War Museum）、国家美术馆（The National Gallery）、国家海事博物馆（National Maritime Museum）等 17 家博物馆理事会，规定这些博物馆所藏的藏品若属于纳粹掠夺的犹太艺术品，且返还咨询委员会（Spoliation Advisory Panel, SAP）建议返还，经国务大臣批准，则必须返还。

《文物返还条例》是为了实施"欧洲共同体"（欧盟）第 93/7/EEC 号关于从一个成员国领土上非法转移文物的返还指令[③]而制定的。它适用于 1993 年 1 月 1 日以后从另一成员国非法转移至英国的、属于另一成员国的具有历史、艺术和考古价值的珍宝，并属于该指令明确列出的文物类别，或属于宗教机构的公共藏品。该条例详细规定了国务大臣基于另一国的要求，查找非法转移至英国的文物的职责和程序，以及对善意持有

---

① *Dealing in Cultural Objects Act*（*2003*），art. 2.

② *Dealing in Cultural Objects Act*（*2003*），art. 3.

③ 根据《欧洲共同体条约》第 189 条第 3 款的规定，"指令"在其所欲达到的目标上，对它所发向的成员国具有拘束力，但在方式与方法上留待各国当局决定。由此，"指令"是欧盟法的重要法律渊源之一，是由欧洲议会、欧盟部长理事会和欧盟理事会作出的对特定成员国有拘束力的，并责成该特定成员国通过国内程序将其内容转换为国内立法，以履行其条约义务的立法性文件。

人进行公平补偿的范围。① 与欧盟指令的变化相应,该条例经过数次修订,最近的一次修改是在 2015 年。

第二节　美国文物法的渊源和调整范围

美国是联邦制国家。根据《联邦宪法》的规定,文化、教育等事务属于州的权力范围,因此,文化财产保护主要由州法规制。但是,联邦也制定了不少关于文化财产保护的法律、条例,主要基于这样几个原因:首先,位于联邦所有土地上的文化财产要由联邦法加以规制;其次,由于文化财产保护涉及全体国民的福祉,联邦需要制定指导性政策以规范全国的文化财产保护;另外,一些有艺术、历史和考古价值的文化财产,会经国会同意由联邦政府收购或管理,并建立专门的管理机构。与英国一样,美国也是普通法系国家,涉及文化财产保护的判例亦为美国文化财产法的重要渊源。基于篇幅所限,本书以联邦制定法为主要依据。

联邦文化财产保护方面的法律渊源主要包括:《古物法》(*Antiquities Act*,1906)、《国家公园管理局组织法》(*National Park Service Organic Act*,1916)、《古迹法》(*Historic Sites Act*,1935)、《国家历史保护法》(*National Historic Preservation Act*,1966)、《考古资源保护法》(*Archaeological Resources Protection Act*,1979)、《文化财产公约实施法》(*Convention on Cultural Property Implementation Act*,1983)、《原住民墓葬保护及文物返还法》(*Native American Graves Protection and Repatriation Act*,1990)、《美国古战场保护法》(*American Battlefield Protection Program Act*,1996,amended 2013)、《国家海洋遗产法》(*National Maritime Heritage Act*,1994)、《国家历史灯塔保护法》(*National Historic Lighthouse Preservation Act*,2000)等。这些法律原来大都被编纂在《美国法典》(United States Code)第 16 卷"资源保护"中。由于该卷涉及不同管理机构,内容已过于庞杂,2014 年修订时,涉及由国家公园管理局管辖的文化财产和自然资源保护的部分被独立出来,编入第 54 卷"国家公园系统"。有些法律涉及其他相关事务,因此被编入其他主题之下,如《文化财产公约实施法》被编在《美国法典》第 19 卷"海关职责",《原住民墓葬保护及文物返还法》被编在《美国法典》第 25 卷"印第安事务"。

一、由国家公园系统负责执行的法律

1906 年《古物法》是美国第一部总体规范文化和自然资源保护的联邦立法,它首

---

① See *The Explanatory Note*,*Return of Cultural Objects Regulation*,available at:http://www.legislation. gov.uk/uksi/1994/501/made,accessed 09 - 08 - 2016.

次为美国确立了历史保护的国家政策。① 该法第 2 条授权总统将那些历史地标、历史或史前构筑物，以及位于联邦政府所有或由其控制的土地上的其他具有历史或科学价值的文物，公布为国家纪念地（national monuments），限制其土地的开发以便得到恰当的保护和管理。第 3 条对由联邦管辖的废墟和考古遗址的考古活动实行严格审批和管理，考古发掘物必须交博物馆收藏。② 该法虽然仅有 4 条，但对于美国文化财产的保护是个巨大的推动。在其生效前，美国已开始实施国家公园和遗址保护制度，比如，1872 年建立黄石国家公园，1892 年建立亚利桑那卡萨大遗址保留区，但每个国家公园或保留区的建立都需要国会单独立法以及总统批准，该法的颁布"使建立国家纪念地成为更快捷和容易实施的行政行为"③。

1916 年《美国国家公园管理局组织法》是美国文化财产法中最引人注目的渊源之一。该法于 1916 年 8 月 25 日生效，规定建立国家公园管理局（National Park Service，简称 NPS）统一管理联邦土地上的国家公园、国家纪念地、国家保护区。该管理局的宗旨是"促进和规范国家公园、纪念地、保护区以符合其宗旨的方式加以利用，保护这些区域的景色和自然、历史遗产，以及其中的野生动物，并为后代的福祉，保证这种利益不受减损"④。内政部长（Secretary of the Interior）有权为国家公园、纪念地和保护区的使用和管理制定他认为必要和恰当的规则和条例，任何对这些规则和条例的违反将受到刑事制裁。⑤ 该法不仅确立了国家公园管理局的组织体系，同时也确立了国家公园管理局在美国文化和自然遗产保护方面的领导与核心地位。

1935 年，国会通过了《古迹法》。该法宣布了一项旨在为了维护全体国民的利益和福祉，对古迹、历史建筑和其他具有国家意义的文化财产进行保护的国家政策。该法授权内政部长对古迹和历史建筑进行统一管理和保护，保护古迹和历史建筑的所有信息，开展古迹调查和研究，以国家名义接受赠与或购买任何具有历史价值的财产或权益，通过合同方式与州、地方政府、公司、团体或个人合作对古迹、历史建筑和其他文化财产进行保护、保存、维护和经营等。⑥ 该法还建立了国家公园制度咨询委员会（National

① See Francis P. McManamon, *NPS Archeology Program*: *About the Antiquities Act*, reproduced from *Archaeological Method and Theory*: *An Encyclopedia*, edited by Linda Ellis, pp. 33 – 35（Garland Publishing Co., New York and London, 2000）. Available at: https://www.nps.gov/archeology/tools/Laws/AntAct.htm, accessed 12 – 08 – 2016.

② *Antiquities Act*（*1906*）, Sections 2& 3.

③ See Francis P. McManamon, *NPS Archeology Program*: *About the Antiquities Act*, reproduced from *Archaeological Method and Theory*: *An Encyclopedia*, edited by Linda Ellis, pp. 33 – 35（Garland Publishing Co., New York and London, 2000）. Available at: https://www.nps.gov/archeology/tools/Laws/AntAct.htm, accessed 12 – 08 – 2016.

④ *The National Park Service Organic Act*（1916）, Section 1.

⑤ *The National Park Service Organic Act*（1916）, Section 3.

⑥ *Historic Sites Act*（*1935*）, Section 2.

Park System Advisory Board），以便为国家公园管理局局长在管理国家公园及开展相关活动时提供咨询意见。①

1966 年《国家历史保护法》，是美国文化财产法最重要的渊源之一。该法的出台，在很大程度上是为了纠正 20 世纪 60 年代兴起的"城市复兴规划"对全美各地文化财产的严重破坏。城市复兴规划的主要目的，是拆除破败的城区，使开发商可以利用闲置土地建造崭新的办公楼、宾馆与住宅，以振兴美国城市的主城区。在此规划影响下，大批历史建筑被当作破败的城市象征而被拆除。为了纠正这种极端的错误，美国国会通过了《国家历史保护法》。该法的主要建树是：第一，它建立了国家历史名胜名录（National Register of Historic Places），即由联邦政府将那些具有重要保护价值的历史建筑和史迹列入官方保护名录。第二，它推动每个州设立历史保护办公室，负责在州一级鼓励和帮助历史保护工作。历史保护办公室的一个主要职责是保护该州内登记在国家历史名胜名录中的重要文化不动产。第三，这部法律建立了一个历史保护援助项目，联邦政府提供资金，帮助各州履行《国家历史保护法》所赋予的职责。第四，《国家历史保护法》建立了一个名为"总统历史保护咨询委员会"的独立联邦机构。任何联邦机构，或者任何其他使用联邦资金或联邦授权的机构，一旦作出对国家历史名胜名录中的不动产产生不良影响的行为，必须经该咨询委员会审查并听取其意见。②

1979 年《考古资源保护法》是对公共土地上的考古资源和信息资料保护加以规制的法律。鉴于以往关于古迹保护的法律没有能够有效遏制对考古资源无序发掘和破坏，该法规定，任何人要对公共土地和印第安土地上的考古资源进行发掘或迁移，都必须得到事先的许可。公共土地上发掘的考古财产属于美国国家所有，但可由发掘所在地的合适的大学、博物馆或其他科学教育机构保留这些考古资源和相关档案，授权内政部长颁布条例就这些考古资源和档案在相关大学、博物馆或科学教育机构之间的交换做出规定，并给予内政部长对公共土地上考古资源的处置以最终决定权。

美国是海洋大国，拥有丰富的海洋遗产，但是，由于缺乏统一的保护政策和协调一致的保护行动，海洋遗产的灭失和破坏日益严重。有鉴于此，1994 年的《国家海洋遗产法》建立了一项全国海洋遗产保护计划和资金，确保针对濒危海洋遗产保护的教育项目和文化资源修复得以开展。

二、关于文物进出口管制的法律

1983 年《文化财产公约实施法》是为了实施 1970 年联合国教科文组织《关于禁止

---

① *Historic Sites Act*（*1935*），Section 3.

② Dwight Young, *A Preservation Primer*, available at：http：// www. historicperrysburg. org/documents/PreservationPrimer. pdf, accessed 06 – 07 – 2017.

和防止非法进出口文化财产和非法转让所有权公约》而由国会制定的专门法律。该法的宗旨是授权总统应另一成员国的请求，对其已近枯竭的、易受劫掠的、已列入限制清单的考古学和人种学物品实行进口限制。该法规定，建立一个文化财产总统咨询委员会，就另一成员国政府向美国提出的签订实施进口限制双边协议的要求进行审议，并就是否实施进口限制提出意见。一旦总统做出与该国签订双边协议的决定，并经国会批准，将禁止从该国出口的、已被列入清单的文物进口至美国，除非该物品的出口并不违反该国法律。该法生效后或与成员国签署双边协议后，禁止进口从任何成员国的博物馆或类似机构窃取的文化财产。该法还设置了暂时处置、扣押和没收程序，包括将非法进口的文物返还该国，或由美国公立博物馆暂时保留。

三、原住民文物保护特别法

1990 年《原住民墓葬保护及文物返还法》是一项旨在保护原住民文化传统与信仰，并就历史上曾对原住民造成的掠夺和伤害进行反思的法律。该法正式肯定了印第安部落、土著阿拉斯加群体、夏威夷人团体保留其人体遗骸、丧葬和祭祀物品以及与其有密切文化联系的文化遗产的权利。该法要求联邦机构和博物馆就其所收藏的原住民遗骸、丧葬祭祀物品等土著文化遗产，与上述部落、群体、团体及其后人进行确认，以确定是否需要重新埋藏或者返还。该法还对原住民埋藏地的发掘进行了严格规制，任何涉及对原住民墓葬的发掘以及对其丧葬祭祀物品的移动均需得到上述部落、群体或团体或其后人的同意，并经严格批准程序才能进行。①

第三节　法国文物法的渊源和调整范围

法国是世界上最早以法律手段保护文物的国家之一，也是非常重视文物立法的国家。法国自大革命后期开始立法，到 21 世纪初，已经先后制定了 100 多部相关法律法规②。2004 年，法国将当时有效的所有关于文物的立法和条例进行了系统编纂，编成《遗产法典》（*Code du Patrimoine*）加以公布，使文物法的体例更加系统化、科学化。

---

①　Francis P. McManamon, *The Native American Graves Protection and Repatriation Act*（*NAGPRA*）, in Linda Ellis（eds.）, *Archaeological Method and Theory：An Encyclopedia*, New York and London：Garland Publishing Co., 2000）, available at：https：//www. nps. gov/archeology/SITES/NAGPRAsummary. htm, accessed 10 – 07 – 2017.

②　叶秋华、孔德超：《论法国文化遗产的法律保护及其对中国的借鉴意义》，《中国人民大学学报》2011 年第 2 期，第 10 页。

2016 年，法国再度修改《遗产法典》，使文物保护法律制度更符合国际文化遗产保护趋势和法国管理体制的改革方向。

一、法国文物法的形成与发展

法国文物保护的法制化与大革命对于旧时代文物的破坏有密切联系。大革命中，许多象征着旧秩序的宫殿、城堡、教堂及雕像、艺术品被摧毁和劫掠，一些有识之士出于保存民族文化遗产的责任感，呼吁将这些具有历史、艺术价值的文物古迹作为"国家遗产"保留下来。于是，立法机关颁布了一系列法令和决议，将没收的王室及逃亡贵族的古迹和艺术品加以登录和保护，并建立了专门的古迹委员会对古迹保护进行监督，是为法国文物保护法律制度的滥觞。1887 年，法国颁布了第一部专门的文物保护法——《历史古迹和艺术品保存法》（*Loi du 30 mars 1887. sur la conservation des monuments et objets d'art ayant un intérêt historique et artistique national*），将之前已经实施的列级（classer）保护这一极具特色的制度以法律确立下来。1913 年，法国对《历史古迹和艺术品保存法》进行了修订，颁布了《历史古迹法》（*Loi du 31 décembre 1913 sur les monuments historiques*）。该法在列级保护的基础上，对那些尚未达到列级标准，但确实具有历史、艺术价值的文化财产加以登录（inscrire）保护；将保护对象从国家所有的历史古迹扩展到私人所有的历史古迹、艺术品和自然景观，保护理念从注重国家利益转向注重公共利益。[①] 该法确立了现代法国文化遗产法的基本理念和重要制度，被视为现代法国文化遗产法的真正起源。在 1913 年法律的基础上，法国于 1930 年修订了 1906 年《景观地法》（*Loi du 21 avril 1906 organisant la protection des sites et monuments naturels de caractère artistique*）并先后颁布了 1941 年《关于考古发掘的法律》（*Loi n° 41 – 4011 du 27 septembre 1941 relative à la réglementation des fouilles archéologiques*）、1943 年《关于修改〈历史古迹法〉的法律》（*Loi du 25 février 1943 portant modification de la loi du 31 – 12 – 1913*）（该法设立了历史古迹周边环境保护制度〔les abords des monuments historiques〕）、1960 年《关于设立国家公园的法律》（*Loi n°60 – 708 du 22 juillet 1960 relative à la création de parcs nationaux*）、1962 年《关于设立历史街区的马尔罗法》（*Loi n° 62 – 903 du 4 août 1962 complétant la législation sur la protection du patrimoine historique et esthétique de la France et tendant à faciliter la restauration immobilière*，俗称 "*Loi Malraux*"），以及确立了"建筑、城市与景观保护区"（Zone de Protection du Patrimoine Architectural, Urbain et Paysager〔ZPPAUP〕）制度的 1993 年《景观保护开发法》（*LOI n° 93 – 24 du 8 janvier 1993 sur la protection et la mise en valeur des paysages et modifiant certaines dispositions législatives en matière d'enquêtes publiques*）等一系列法律法规，保护范围

---

① 叶秋华、孔德超：《论法国文化遗产的法律保护及其对中国的借鉴意义》，《中国人民大学学报》2011 年第 2 期，第 11 页。

进一步扩展到自然遗产、考古遗产及古迹周边环境,甚至整座历史城市。

二、法国文化遗产法的法典化

（一）2004 年《遗产法典》的编纂

21 世纪以来,法国文化遗产法的发展进入法典化时代。2004 年,法国法典编纂委员会对既往有关文物保护的法律和条例进行了系统编纂,颁布实施了《遗产法典》,成为法国文化遗产法的基本渊源和处理文化遗产保护、管理和利用相关问题的基本法律依据。

《遗产法典》的编撰是在 2003 年 7 月 2 日法律授权政府进行简化立法改革的背景下进行的,目的在于强调与遗产保护和利用相关公权力行为的协调一致。法典编撰主要以当时大文化领域相关法律法规,特别是 1913 年《古迹法》、1945 年有关美术博物馆临时组织的法令（*L'ordonnance du 13 juillet 1945 portant organisation provisoire des musées des beaux arts*）、1979 年《档案法》（Loi n° 79 – 18 du 3 janvier 1979 sur les archives）、2001 年《预防性考古法》（*Loi no 2001 – 44 du 17 janvier 2001 relative à l'archéologie préventive*）和 2002 年《法国博物馆法》（*Loi n° 2002 – 5 du 4 janvier 2002 relative aux musées de France*）为基础。① 《遗产法典》于 2004 年 2 月 24 日生效时,大致依据保护对象的不同而分为 7 卷,分别为"有关文化遗产的一般规定""档案""图书馆""博物馆""考古""历史古迹、遗址和保护区域"以及"海外省相关规定",确立了文化遗产法典的基本体例、结构和主要内容。该法典界定了"文化遗产"的定义,规定文化遗产包括一切具有历史、艺术、考古学、美学、科学或技术价值的财产之整体,无论该财产是动产还是不动产,是公有还是私有。② 除第七卷海外省相关规定外,其他各卷中的具体内容和主要制度大部分来源于该法典出台以前已有的不同层级的立法或相关法规,包括欧盟法令、已有相关法典［如《规划法典》（*Code de l'urbanisme*）、《环境法典》（*Code de l'environnement*）、《地方行政区普通法典》（*Code général des collectivités territoriales*）、《普通税法典》（*Code général des impôts*）、《刑法典》（*Code pénal*）］,以及前述作为法典编撰基础的早先各项重要的单行文物立法及其他相关法律。③

2004 年法国文化遗产法法典化的主要意义和特点在于:

1. 通过法典编撰的形式,将各类文化遗产保护及与之相关的单行立法整合起来,实现了文化遗产法制的系统化。

---

① See *Le dernier Conseil des ministres*, available at: http: //archives. gouvernement. fr/raffarin _ version1/fr/ie4/contenu/42250. htm#2, accessed 07 – 10 – 2017.

② *Code du Patrimoine*（2004）, art. L1.

③ 关于 2004 年法国《遗产法典》各条之来源的具体信息,参见 https: //www. legifrance. gouv. fr/Droit-francais/Codification/Tables-de-concordance/Code-du-patrimoine/Partie-legislative-ancienne-nouvelle-reference, 2017 年 10 月 7 日访问。

2.《法典》各卷体例安排体现了对不同形态文化遗产的分类保护原则；同时通过每一卷下章节的设置，将各类文化遗产保护、管理和利用的关键制度确立下来。第一卷确立了文化财产流通（主要是进出口流通）制度，欧盟境内流失文物的返还程序及图书、出版物或特定文化创造的法定缴存制度，并明确了主要文化遗产机构的性质及其职能。第二卷确立了公私档案管理和查阅制度，特别是对历史档案的列级保护制度。第三、四两卷通过对图书馆、博物馆等遗产保存和公共文化机构的规制，在尊重此类机构运行专业性和独立性的同时，间接对作为其藏品的图书文献遗产和可移动文物进行保护。第五卷明确界定了考古遗产的定义，确立了预防性考古和计划性考古发掘制度，规范了意外发现文物的规则，还明确了水下考古和海洋文化遗产保护相关规则。第六卷除明确了专业的古迹保护机构及其职能，还重申了不断发展的列级保护和登录保护制度、保护区制度以及建筑、城市与景观保护区制度等。

3.《法典》将行政、民事、财税、环境等各类立法，以及与文化遗产相关或可为文化遗产保护和管理所利用的法律规则和制度，甚至刑法典中涉及文物犯罪的规定有机统合起来，突出了法国法律在文化遗产相关事务中调整和规制手段的多样化特征。这一极具综合性和明确性的法律渊源，也为不同机构部门乃至不同性质的主体，在文化遗产保护、管理和利用中相互协调、相互配合，提供了更加明确的依据和更加有效的保障。

4. 保护范围包括文化遗产和自然遗产，通过援引《环境法典》中有关自然古迹遗址的规定①，将自然遗产保护也纳入《遗产法典》的调整范围。

此外，《遗产法典》在 2004 年颁行实施之初，只包含法律部分②。经过 7 年的努力，《法典》各卷法规部分的编撰于 2011 年全部完成，置于法律部分之后，将法律部分各条款的实施方式和程序具体化，大大增强了法典的明确性和可操作性。

（二）2016 年新《遗产法典》

法国《遗产法典》自颁行以来，经数次修订，内容更加丰富易行、更能适应时代和遗产保护实践发展的需要，结构和体例也在不断调整中日趋完善，其最近一次大幅修订于 2016 年 7 月通过《关于创作自由、建筑和遗产的法律》（*Loi n° 2016 - 925 du 7 juillet 2016 relative à la liberté de la création，à l'architecture et au patrimoine*）完成。随着时代的发展，文化在构建民族认同、促进社会进步和实现个人自由等事务中的重要作用日益为国家和社会公众所认知。然而，实践中对文化成果及文化遗产的不正当利用及由此造成的各种不良后果、危害或隐患也日益凸显。另一方面，文化多样性和人权保障，特别是社会、经济和文化权利保障日益为欧盟以及整个国际社会所重视和强调，一系列有

---

① 2004 年法国《遗产法典》第六卷第三编"遗址"，即援引《环境法典》第 L341 - 1 至 L341 - 22 条，确立了自然遗产保护制度。

② 叶秋华、孔德超：《论法国文化遗产的法律保护及其对中国的借鉴意义》，《中国人民大学学报》2011 年第 2 期，第 10 页。

关区际政策、法制以及有关国际公约,对法国政府发展文化事务提出了新要求。此外,法律的日益变革和文化产业发展的逐步现代化,也要求国家通过创新和完善相关文化立法为文化发展提供新路径和切实有效的保障。《关于创作自由、建筑和遗产的法律》在此背景下制定实施,旨在通过更新相关制度、加强政府的公共文化职能、加强与地方行政区及其他社会主体的合作,促进文化艺术创作自由,更好地保护和利用文化遗产,改善公民生活质量,从而使文化在国家社会发展,以及实现人权保障等方面的作用得到更加充分的发挥。①

在上述思想指导下,该法对于《遗产法典》的修订②以促进遗产保护的现代化、加强国家在文化遗产的保护和利用中与地方行政区、公民和相关社会组织的协作关系、强化考古政策以增强考古遗产保护的正当性、强调建筑质量对于法国人生活的重要意义以及通过简化相关制度使法典更易懂易行为目标,具体包括以下三大方面③:

1. 强化文化遗产的保护并促进文化遗产价值的传播。设立大区当代艺术基金会(Fonds régionaux d'art contemporain)拓展国家参与当代艺术保护和促进的渠道,促进此类遗产的保护和发展;④ 完善原《法典》中"博物馆"卷的相关规定,以加强馆藏文物保护,促进和规制其利用:如加强政府文化部门在此类修复工程中的干预权,以及时制止违法行为对藏品造成破坏;⑤ 等等。

2. 改革考古遗产相关法制及考古科学政策的方法和措施。一方面,通过完善相关规定,如考古遗产的定义⑥,增进公众对于考古遗产的意义、脆弱程度及其保护重要性的认识;另一方面,通过对具体制度,特别是预防性考古中的国家责任⑦、考古发掘程

---

① See *Expose des motifs*, *LOI n° 2016 - 925 du 7 juillet 2016 relative à la liberté de la création*, à *l'architecture et au patrimoine*511777L, available at: https://www.legifrance.gouv.fr/affichLoiPubliee.do; jsessionid = 98478DF15951192 B33715B1A6F144F22.tplgfr35s _ 3? idDocument = JORFDOLE00003085 7456&type = expose&typeLoi = &legislature, accessed 07 - 10 - 2017.

② 法国《遗产法典》经 2016 年大幅修改以后,少数条款又于 2017~2018 年进行了修改。本书所引该法典条文,除特别说明外,均为截至 2018 年 12 月现行有效的法典。原文见:https://www.legifrance.gouv.fr/affichCode.do? cidTexte = LEGITEXT000006074236&dateTexte.

③ See *Expose des motifs*, *LOI n° 2016 - 925 du 7 juillet 2016 relative à la liberté de la création*, à *l'architecture et au patrimoine*511777L, available at: https://www.legifrance.gouv.fr/affichLoiPubliee.do; jsessionid = 98478DF15951192 B33715B1A6F144F22.tplgfr35s _ 3? idDocument = JORFDOLE00003085 7456&type = expose&typeLoi = &legislature; Also see *Avis sur un projet de loi relatif à la liberté de création*, à *l'architecture et au patrimoine*, available at: http://www.assemblee-nationale.fr/14/pdf/projets/pl2954 - ace.pdf, accessed 07 - 10 - 2017.

④ See *Code du Patrimoine* (*2016*), art. L116 - 2.

⑤ See *Code du Patrimoine* (*2016*), art. L452 - 1.

⑥ See *Code du Patrimoine* (*2016*), art. L510 - 1.

⑦ See *Code du Patrimoine* (*2016*), art. L522 - 1.

序及其监管制度①的完善，保证考古发掘公益性和科学性。此外，此次《遗产法典》修订还确立了新的考古发掘遗产（出土文物）所有权及其管理制度②，通过排除《民法典》相关规则并设立一系列针对出土文物所有权取得、行使及国家有关部门职责的特殊规则，强化对出土文物的保护。

3. 通过遗产法制的现代化和建筑质量的提高，更好地履行国际法义务，适应国际国内遗产保护实践发展趋势的要求，促进遗产所在区域的发展。如首次在《遗产法典》中引入世界遗产的管理方式，要求在城乡规划制定过程中考虑《保护世界文化和自然遗产公约》（以下简称《世界遗产公约》）的相关要求，使对世界遗产的保护和利用与公约规定相一致；③ 通过引入"杰出遗产景观地"（sites patrimoniaux remarquables）概念代替从前多样化的保护区域制度④，使法典更加通俗易懂；设专门章节对属于"国家公产"的不可移动文物的保护和管理进行特别规定；⑤ 并设置"建筑质量"专编，对不足 100 年且不满足列级保护条件但具有一定建筑价值的近现代建筑遗产进行保护。⑥ 此外，新《法典》还引入了禁止非法流失文物进口、出口和跨国流转的相关规定⑦，原《法典》中有关自然遗产保护的内容，在新《法典》中仅保留一条简洁概括的指引性条文，不再加以具体规定。⑧

第四节　意大利文物法的渊源和调整范围

意大利是西方文明的发祥地之一，在文化遗产的法律保护方面也走在世界前列。其保护理念和措施对相关国际准则的建立和世界各国文物立法都产生了极大的影响。

一、意大利文物法的早期萌芽

早在罗马帝国时期，罗马法中就包含着零星的文物保护规范。中世纪时，罗马教廷在保护和延续欧洲文化传统方面发挥了重要的作用，颁布过一些保护文物古迹和文献的

---

① See *Code du Patrimoine*（*2016*），art. L523 - 9.
② See *Code du Patrimoine*（*2016*），arts. L541 - 1 to L541 - 9.
③ See *Code du Patrimoine*（*2016*），art. L612 - 1.
④ See *Code du Patrimoine*（*2016*），art. L630 - 1.
⑤ See *Code du Patrimoine*（*2016*），arts. L621 - 33 to L621 - 39.
⑥ See *Code du Patrimoine*（*2016*），arts. L650 - 1 to L650 - 3.
⑦ See *Code du Patrimoine*（*2016*），arts. L111 - 8 to L111 - 11.
⑧ 法国《遗产法典》（2016）第 L630 - 1 条规定："自然古迹保护相关规则适用《环境法典》第 L341 - 1 至第 L341 - 22 条。"

法令。如为保护作为基督教和罗马帝国象征的图拉真柱，教廷于 12 世纪颁布过专门法令，规定任何人试图破坏图拉真柱均要处以极刑，并没收财产。① 马丁五世教皇（Pope Martin V）于 1425 年 5 月 31 日颁布教令（*Etsi incunctarum*），宣布对古迹建筑进行亵渎性破坏、拆除和毁坏的行为违法；1462 年，派伊二世教皇（Pope Pie Ⅱ）颁布教皇诏书（*Cum almamnostram Urbem*），对罗马城的保护和修复事宜进行规定，并禁止对罗马城内的各类宗教庙宇、其他古建筑及遗迹进行破坏或者改建，违者将被开除教籍，并处以罚款。② 在接下来的几个世纪中，教廷不断重申对教会所有的古迹和艺术品的保护措施，并建立博物馆对艺术品进行收藏和研究，促进了早期考古学的发展。当然，教廷颁布文物古迹保护法令的主要目的在于维护基督教权威，文化遗产对于民族和国家的意义在这一时期并未为教会所认知，因此，教廷保护文物古迹的法令与现代意义上的文物法或者文化遗产法有着本质的区别。然而，这些法令却为意大利现代意义上文物法的形成奠定了重要基础。

二、现代意大利文物法的形成

现代意大利文物立法始于 1902 年第 185 号《古迹或具有艺术价值的物品保存和保护相关规定》。此后，意大利先后颁布了 1907 年第 386 号《古迹、文物或艺术品保存法》、1909 年第 364 号《关于禁止古物和美术品转让的法律》，1922 年第 778 号《自然美景和历史纪念物法》、1939 年第 1089 号《具有历史和艺术价值之物品保护法》、1940 年第 1357 号《自然遗产保护条例》，1985 年第 431 号《景观法》，1997 年第 352 号《文化财产交易法》和 1998 年第 88 号《文化财产流通规范法》等法律法规。1999 年，意大利颁行第 490 号《文化和环境遗产事务的唯一法律规定》（*Testo unico delle disposizioni legislative in materia di beni culturali e ambientali*）取代了之前一切相关立法，成为文化和环境财产事务的唯一法律。

三、意大利文化遗产法的法典化

1999 年《文化和环境遗产事务的统一法》取代了之前一切相关立法，是文化遗产领域法典化的开端。2004 年，《文化财产和景观法典》（*Codice dei beni culturali e del paesaggio*）正式颁行实施，意大利文化遗产法制进入法典化时代。该法典颁行数十年来也历经数次修改，最近一次较大幅度的修改于 2016 年 1 月完成。

《文化财产和景观法典》是意大利文化和自然遗产领域的综合性法典，涉及不可移

---

① Françoise Choay, *L'allégorie du patrimoine*, Edition du Seuil, 2007, p. 35.

② Vittorio Mainetti, *Protection de la propriété culturelle et circulation des biens culturels - Etudes de droit comparé Europe/Asie: Rapportage national-italie*, p. 6, http://www.gdri-droit-patrimoine-culturel.cnrs.fr/sites/default/fichiers/TraficIllicite_rapport-italien.pdf, accessed 15 - 05 - 2016.

动文物、可移动文物以及自然和人文景观的保护、保存、享用和强化等一系列原则、制度，还规定了该法与意大利加入的国际公约之间的关系。该《法典》包括"总则""文化财产""景观资产""处罚""法律的暂行规定、废除和生效"五个部分。"文化财产"部分包括"保护"、"享用和强化"以及"过渡性规定和最后规定"三编，其中，"保护"主要包括文化财产保护的对象、保护与保存的具体措施、国内流转的形式和优先购买权、国际流转中的进出口管制及欧盟成员国间非法出境文物的归还、文化财产的发掘与发现、文化财产的征用等内容；"享用和强化"主要包括文化财产的享用原则和使用方法、强化原则和方法、档案文件的查阅及保密等内容。"景观资产"部分包括总则、景观资产的鉴别、景观规划、监督与管理、过渡性条款五章，对于景观资产的保护与强化做了明确规定。"处罚"部分包括行政处罚和刑事处罚两部分，分别规定了违反关于文化财产和景观资产保护与强化规定的处罚措施和程序。

四、特别文化遗产的法律保护

为了实施联合国教科文组织《世界遗产公约》，2006 年 2 月 20 日，意大利通过了《关于被列入〈世界遗产名录〉的意大利文化、景观和自然遗产的保护措施的第 77 号法律》，明确规定了意大利世界遗产的保护原则、管理规划和具体保护措施，并且在文化遗产部建立"意大利世界遗产管理规划和遗产地旅游咨询委员会"，为遗产地保护和享用进行监督和咨询。①

第五节　日本文物法的渊源和调整范围

日本是亚洲国家中最早开始以专门的法律来保护文物古迹的国家，也是世界上最早以立法保护无形（非物质）文化财产的国家。其发达的文物法制对于周边国家和国际文化遗产立法均有深远影响。

日本是单一制国家，也是成文法国家，其文物法的渊源主要表现为国会制定的法律，以及中央政府及地方制定的相关法规、命令等。本书主要介绍国会制定的法律。因"文物"在日本被称为"文化财"，即"文化财产"，本书在某些章节会将"文化财产法"与"文物法"混用。

---

① *Special Measures for the Protection and the Fruition of Italian Cultural*, *Landscape and Natural Sites*, *Inscribed on the 'World Heritage List'*, *under the Protection of UNESCO*, available at：http：//www.eui.eu/Projects/InternationalArtHeritageLaw/Documents/NationalLegislation/Italy/italylaw772006engtof.pdf，accessed 25－07－2017.

一、早期的日本文物法

与法国等国相似，日本文物法的产生也与资产阶级革命对于旧时代文物的大肆破坏有千丝万缕的联系。鉴于 1868 年明治维新运动中盲目的"毁佛拆庙"行动对文物古迹，尤其是佛教建筑和艺术品的破坏，1871 年太政官①颁发了《古器旧物保存办法》，对古代工艺美术品、古建筑等 31 个门类的文化财产进行登记保护。这是日本历史上第一部专门保护文物古迹的法令，加深了社会各界对文化财产历史价值的认识，为日本文化财产保护奠定了重要基础。

随着日本对外战争不断取得胜利，民粹主义思想盛行，文化财产保护也日益受到政府和国民的重视。1897 年 6 月，日本颁布了《古社寺保存法》，旨在保护古社寺建筑及其宝物。该法精简了管理机构，将之前由内务省和宫内省共同负责的文化财产事务统一划归内务省统筹管理。该法还确立了文化财产保护及向公众公开两个基本原则，规定内务省要发放"保存金"对神社和寺院中的建筑物和宝物进行修复和保存，内务大臣要指定其中具有历史见证和美术典范价值者为"特别保护建造物"或"国宝"，并且具有在博物馆展示的义务。②

一战前夕，伴随着日本经济的发展，在大兴土木、建设开发过程中，许多名胜古迹亦受到威胁。1919 年，日本颁布了《史迹名胜天然纪念物保存法》，将保护范围从建筑物、艺术品等人类创造物扩展至史迹名胜天然纪念物，明确了指定史迹名胜天然纪念物的程序及违反环境保护命令的处罚措施等。

由于《古社寺保存法》的保护对象仅限于神社和寺院内的重要建筑和国宝，并未涉及个人及地方公共团体所有的建筑物和艺术品，而这些物品在一战后的经济低迷时期极易受到破坏和散失，日本于 1929 年颁布了《国宝保存法》，同时废止了《古社寺保存法》。该法规定，不仅社寺建筑及其所藏国宝，国有、公有和个人所有的具有保护价值的文化财产均可指定为国宝，并规定国宝应向公众开放，未经准许不得出境。1933年，鉴于大量珍贵工艺美术品外流，日本颁布了《重要美术品保存法》（重要美術品等の保存に関する法律），对虽未达到"国宝"级别，但仍具有历史和美学价值的重要美术品的出境实行限制，无主务大臣许可不得出境，有效控制了工艺美术品的流失。

二、文化财产法的法典化

二战结束后，基于对战争期间文化财产保护制度未能得到切实实行的反思，加上1949 年奈良法隆寺金堂火灾和京都鹿苑寺僧人在舍利殿放火自焚的惨痛教训，日本于

---

① 古代日本集立法、行政、司法大权于一身的国家权力机构，系沿袭中国唐代官制的产物，兼具唐代门下省和尚书省的功能。1885 年以后，太政官被内阁取代。

② 于小川：《从法令规制的角度看日本文化遗产的保护及利用——二战前日本文化财产保护制度的成立》，《北京理工大学学报（哲学社会科学版）》2005 年第 3 期，第 4 页。

1950 年对文化财产法领域的法律渊源进行了重新整合，将战前的《国宝保存法》《史迹名胜天然纪念物保存法》和《重要美术品保存法》"三法合一"，结合日本文化财产保护的最新理念，编纂了《文化财产保护法》。该法于 1950 年 5 月 30 日颁布，同年 8 月 29 日施行。

该法共 7 章，第 1 章为总则，第 2 章为文化财产保护委员会，第 3 章为有形文化财产，第 4 章为无形文化财产，第 5 章为史迹名胜天然纪念物，第 6 章为补则，第 7 章为罚则。相比以往的法律，该法引人注目的一个特点是将传统戏剧、音乐及工艺技能等无形文化载体作为一个独立的保护对象加以保护，这在世界范围内也是首创。此外，除了以往受特别保护的具有历史艺术价值的建筑、艺术品之外，对于理解日本国民生活方式不可或缺的民俗资料亦受到法律保护。

该法实施后，越来越多的文化财产得到较好的保护，但也暴露出一些不足。日本立法机关根据实际需要，对该法加以适时修改。迄今为止，该法经历过数十次修改，其中较重大的是 1954 年、1968 年、1975 年、1996 年、1999 年和 2004 年的修改。如 1968 年的修订涉及行政部门重组，文部省文化局和文化财产保护委员会组成了文化厅，另外设置了文化财产保护审议会作为专门的技术审议机构。1975 年的修改扩大了有形文化财产的范围，将周边环境也作为保护对象，并且将民俗资料改为民俗文化财产独立出来，成为单独一章；增设"重要无形文化财产"和"重要有形民俗文化财产"指定制度；新设"传统建筑群保护制度"一章，将 20 世纪 60 年代开始急剧消失的历史村落和地域等纳入保护范围。另外，此次修改还将文化财产保存技术作为保护对象，规定在选定保存技术时，需同时认定该技术的保持者或保持团体。1996 年的修订增加了文化财产的登录制度。1999 年的修订主要是因为当年日本颁布了《推进地方分权有关法律关系修整法》（地方分権の推進を図るための関係法律の整備等に関する法律，简称"地方分権一括法"），将原来的中央集权变为中央与地方分权，所以《文化财产保护法》也相应地作了一些行政事务上的调整。比如，以前出土的无主文化财产的所有权全部归属中央，现在则有可能归属地方的都、道、府、县。同时，文化财产的主管部门文部省和科学厅合并，改称"文部科学省"。

依据 2014 年最新修订版，该法已有 13 章，第 1 章总则，第 2 章已废止，第 3 章有形文化财产，第 4 章无形文化财产，第 5 章民俗文化财产，第 6 章埋藏文化财产，第 7 章史迹名胜天然纪念物，第 8 章重要文化景观，第 9 章传统建筑群保存地区，第 10 章文化财产保存技术的保护，第 11 章文化财产审议会的咨询，第 12 章补则，第 13 章罚则。

根据该法第 2 条，"文化财产"分为"有形文化财产""无形文化财产""民俗文化财产""史迹名胜天然纪念物""文化景观""传统建筑群"六种类型。"有形文化财产"是指具有较高历史和艺术价值的建筑、绘画、雕刻、工业品、书法作品、经典书籍、古代文献，包括与其价值密切相关的土地和其他物品，以及考古资源和其他重要历史资源。"无形文化财产"是指具有较高历史和艺术价值的戏剧、音乐、手工艺技能和其他无形文化载体。"民俗文化财产"是指对于理解日本社会生活变化不可或缺的衣食住行方式、习俗和信仰、节庆，民间表演艺术，民间技能，以及与此相关的服饰、餐具、房舍等物品。"史迹名胜天然纪念物"是指具有较高历史或科学价值的贝冢、古墓、都城址、堡垒、要塞、纪念性建筑和其他遗址，具有较高艺术和美学价值的花园、桥梁、峡谷、山岳和其他名胜地，以及具有较高科学价值的动物（包括其栖息地、繁殖地和迁徙地）、植物（包括其生长地）、地质构造和矿藏（包括构成其特定风貌的地域）。"文化景观"是指对于理解国民生产生活方式不可或缺的，基于当地居民生产生活以及特殊风土所形成的景观地。"传统建筑群"指的是具有较高价值，与周边环境共同构成历史风貌的传统建筑区域。

三、其他文物立法

除《文化财产保护法》这部综合法典外，日本立法机关还出台了若干专门法律，对某些特殊文化财产保护领域加以规范。

1998 年 6 月，日本颁布了《美术馆藏品开放促进法》（美術品の美術館における公開の促進に関する法律）。该法共 13 条，主要目的是将 1996 年修订《文化财产保护法》中实行的登录制度推行于美术馆藏品，并要求公立和私立美术馆藏品均对社会公众开放。根据该法第 3 条和第 4 条的规定，符合《文化财产保护法》第 27 条第一项规定，被指定为重要文化财产的美术品，以及在历史、艺术和学术上具有特别突出价值的美术品，所有者可以向文化厅长官申请登录，并与特定美术馆签约公开展示，签约美术馆得以善意管理者身份对该美术品妥善保存和展示。该法虽未强制珍贵美术品的所有者必须登录或公开展示，但至少为所有者公开展示其收藏提供了渠道，所有者可因公开展示而获得一定收益，在一定程度上鼓励了珍贵美术品的开放。

日本于 2002 年加入了联合国教科文组织 1970 年《关于禁止和防止非法进出口文化财产和非法转让所有权公约》。为了实施该公约，于同年颁布了《文化财产非法进出境限制法》（文化財の不法な輸出入等の規制等に関する法律，简称"文化財不法輸出入規制法"），与公约同时在日本生效。该法调整的文化财产不仅包括《文化财产保护法》中所指的重要有形文化财产、重要有形民俗文化财产和史迹名胜天然纪念物中，符合1970 年《公约》第 1 条列举的 11 类文化财产，同时也包括属于其他缔约国的被其指定的文化财产。依据该法，除非有进口许可，任何人不得进口可能从缔约国公共机构被盗的文化财产。被盗外国文化财产不适用《民法典》关于善意取得的一般规定，受害者有权要求善意持有者返还该文化财产，但须给予公平补偿。①

---

① 参见日本《文化财产非法进出境限制法》，第 6 条。英文版法律全文参见：http://www. unesco. org/culture/natlaws/media/pdf/japan/japan_act_control_illicittraf_entof. pdf，2017 年 9 月 1 日访问。

第六节 五国文物法特点之比较

由于法制传统和国家结构形式不同，行政管理体制各异，五国文物法从法律渊源、调整对象、保护范围到管理体制都有较大差异。大体而言，可以从以下几个方面加以对比：

首先，从法律渊源上看，英、美两国的文物法体现了普通法系的固有特点，法律渊源以单行法为主；法国、意大利和日本是大陆法系的典型代表，其文物法渊源也具有法典化色彩。但无论普通法系还是大陆法系国家，文物法的渊源除了专门规范文物保护、管理和利用关系的单行法律或综合法典，还包括该领域各种层级的立法和相关判例，也包括其他相关法律法规中涉及文物保护，或者可以运用于文物保护的规定。如英国建筑遗产、古迹遗址的保护与管理离不开其规划法制体系，美国被盗文物的处理离不开《被盗财产法》（*National Stolen Property Act*，1948，*amended* 1994），法、意、日等国文物所有权的限制与补偿都需要以《民法典》的一般规定为基本依据。

其次，从文物法的调整对象和范围看，英、法、意三国文物法的调整对象大致与中国文物法相当，主要涉及不可移动文物和可移动文物，也包括历史街区和历史地域。法国 2004 年《遗产法典》调整范围包括自然遗产，但有关自然遗产的规定直接援引了《环境法典》中的条款，且文化遗产与自然遗产的行政主管机关并不相同，2016 年修订《遗产法典》将自然遗产相关具体内容从法典中删去，只保留一条指引性条款，使《遗产法典》的调整范围更加纯粹，集中于各类文化遗产。美国由于实行联邦制，联邦文物法只涉及处在联邦土地上的遗产地及由联邦政府直接管理的可移动和不可移动文物。基于自然环境和历史原因，美国对文化遗产的保护向来与自然遗产一视同仁，保护理念与措施也都非常接近，联邦史迹、纪念地和可移动文物多由国家公园管理局负责保护与管理，文化遗产与自然遗产相关法律很难各自独立。目前国家公园体系包括国家公园、国家纪念地、国家保护区、国家湖滨、国家海滨、荒野与景观河流、小径、历史遗址、军事公园、战争遗址、历史公园、娱乐区、纪念馆和景观大道[1]，文化遗产与自然遗产交织在一起，难分彼此。比较而言，日本文化财产法的调整对象和保护范围最广，不仅包括具有较高艺术和美学价值的花园、桥梁、峡谷、山岳等名胜地，也包括具有较高科学价值的动物、植物、地质构造和矿藏，以及它们所处的特定地域，其中许多内容属于自然遗产范畴。同时，如前所述，日本也是世界上最早将无形文化财产和无形民俗文化财产纳入法律保护范围的国家。相比之下，其他四国均未明确立法对非物质文化遗产进

---

① 贺艳、殷丽娜主编：《美国国家公园管理政策》，上海远东出版社，2015 年，第 10 页。

行保护，但意大利在 2008 年对《文化财产和景观法典》进行修改时加入第 7 – bis 条，概括性地规定 2003 年联合国教科文组织《保护非物质文化遗产公约》的相关规定是意大利法律的有机组成部分，将"非物质文化遗产"概念纳入其文化遗产法制体系中。法国自 1980 年将"民族学遗产"（patrimoine ethnologue）这一与非物质文化遗产相近的概念引入遗产保护体系之后①，又于 2006 年加入《保护非物质文化遗产公约》时颁布第 2006 – 791 号法律（Loi n° 2006 – 791 du 5 juillet 2006 autorisant l'approbation de la convention internationale pour la sauvegarde du patrimoine culturel immatériel），宣布该公约在国内予以适用；至 2016 年《遗产法典》修订时，《公约》有关非物质文化遗产的定义也被纳入《遗产法典》中，成为法典中"文化遗产"定义的组成部分。②

此外，从管理体制上看，多数国家均由文化主管部门作为中央文物主管机关。如英国由数字化、文化、媒体和体育部（Department for Digital，Culture，Media & Sport）主管，法国为文化与交流部（Ministère de la Culture et de la Communication）主管，意大利由文化遗产、文化活动和旅游部（Ministero dei Beni e delle Attività Culturali e del Turismo，简称"文化遗产部"）主管，日本则由教育、文化、体育、科学和技术部（或称"文部科学省"）主管，这些国家均在一个综合负责文化事务的政府部门下设有专门机构统领全国文化财产保护管理事务。但在英国国内，由于苏格兰和北爱尔兰享有高度自治权，文物保护和管理基本上属于地方自治的范畴，除非某项文物法明确规定适用于这两个地区，中央文化主管部门对这两个地区的文化财产事务并无管理权力。而美国实行联邦制，文化事务属于各州保留的权力，因此，联邦并未设置文化行政主管机关。但是，为了有效保护和管理处于联邦土地上的文化和自然资源，在内政部（Department of the Interior）下设国家公园管理局，主管国家公园系统内的文化和自然遗产。另外，由于管理州际贸易与国际贸易的权力属于联邦，美国国土安全部（Department of Homeland Security）也具有对文物进出口实行管制的权力。法、意、日等典型单一制国家一直具有中央集权的特点，文化财产事务传统上也主要是由中央管理的事务。但在最近几十年，随着地方分权体制的逐步确立，三国均不同程度对各自的文化财产基本法作了相应修改，将部分文物保护与管理的权力和职责下放到地方。如在法国，1983 年《地方分权法》（Loi n° 83 – 8 du 7 janvier 1983 relative à la répartition de compétences entre les communes，les départements，les régions et l'Etat，"loi Defferre"）的出台，使各地方（大区、省、市镇）政府获得了城市规划编制管理权；建筑、城市与景观保护区制度的确立，也使得地方政府可以在历史古迹周围，以及因其美学或历史原因而值得保护或开发的街区或者景观地设立保护区域，对一些具有地方价值的文化遗产进行保护和利用；此外，

---

① 法国于 1980 年颁布法令（Décret n° 80 – 277 du 15 avril 1980 instituant un conseil du patrimoine ethnologue）设立民族学遗产委员会（conseil du patrimoine ethnologue），自此引入"民族学遗产"之概念，泛指所有表现法国境内之族群和社群文化和生活状态的物质和非物质形态的遗产。

② Code du Patrimoine（2004），art. L1.

1993 年《景观保护和开发法》第一次明确地方行政区可因"公共利益"而对"景观"进行保护和开发，其中第 1 条明确规定，在经地方政体、环境保护协会、景观保护协会及相关专业机构共同协商之后，景观保护和开发指令的制定，由国家和地方政府共同完成。意大利地方政府及其相关公立机构，也在地方分权和权力下放的改革中逐渐获得了一些自主权。如 1972 年，国家向大区移交了管理地方博物馆、图书馆及其工作人员的权力。① 1998 年 3 月 31 日第 112 号法令将本辖区内文化遗产的编目登录权赋予各大区、省和市镇；还规定大区政府经行政委托，可对被委托的文化遗产行使监督权，文化遗产部可通过与大区政府合作的方式行使监督权，还可合作提出和指定监督执行方式。② 至 2004 年，《文化财产和景观法典》第 5 条对大区和其他地方政府部门在文化遗产保护中的职能及其行使职能的方式加以明确规定，要求大区和其他地方政府根据《法典》第 2 部分第 1 编的规定行使文化遗产保护职能时应与文化遗产部合作；以下权力由大区和地方政府单独行使或合作行使：保护非国家所有的书稿、手迹、文献、资料、古籍、藏书、出版物、雕版画；保护私人藏书及其他非国家所有的带有相应底片和铸模的地图、乐谱、照片、影片或音像资料的；保护其辖区内的景观资产，以及与其他地方政府部门进行合作等。③

---

① 参见意大利 1972 年 1 月 14 日关于"根据法律规定向大区政府移交国家管理地方学校、博物馆、图书馆和相关工作人员的行政权力"的第 3 号共和国总统令（公布于 1972 年 1 月 19 日《政府公报》普通增刊），第 9 条。见《意大利共和国关于文化与环境遗产的法律法规汇编》，刘曙光译，文物出版社，2014 年，第 65~66 页。

② 参见 1998 年 3 月 31 日第 112 号法令，第 148~155 条。见《意大利共和国关于文化与环境遗产的法律法规汇编》，刘曙光译，文物出版社，2014 年，第 6 页。

③ *Codice dei beni culturali e del paesaggio*，articolo 5.

第二章

保护机构

文物保护是一项系统的社会工程，需要从行政监管、专业指导、科技落实、教育研究以及资金支持等多方面予以保障，现代国家文物保护工作的开展，正是通过由不同的机构落实上述科技、经济、教育和法制等方面的必要条件而实现。多元机构之间的分工与合作，既是现代文物保护专业性的必然要求，又可确保文物保护工作根本目标和社会效果的实现。

以文物保护工作所需不同方面的保障条件为依据进行分类，现代国家文物保护机构主要可分为为文物保护提供行政管理和法治化保障的文物行政管理和执法机构，为政府制定相关决策提供专业指导和咨询的专业咨询机构，直接开展各项具体保护工作的专业机构，从事相关研究和教育、提供理论、技术和人才支持的专门的研究教育机构，以及提供财政支持和资金保障的文物保护资金募集与分配机构。其中，直接开展各项具体工作的文物保护专业机构，又因其具体职能的差异而存在诸多不同的类型或形态，如承担不可移动文物保护、经营和管理具体职能的专门机构，进行可移动文物保护、开放乃至承担部分相关专业研究和公众教育职能的博物馆、美术馆等可移动文物保护机构，开展考古勘探、发掘或水下文物考古、打捞等各项专业工作的考古机构等等。

本书将在后文相关章节，对五国文物保护中主要专业机构及专门执法机构的设立及规制情况进行比较研究，本章所研究的保护机构只包括文物行政管理机构、专业的文物保护咨询机构、专门的文物保护与教育机构，以及文物保护资金管理和募集机构四类。

第一节　行政管理机构

文化遗产的保护和管理是现代国家政府职能中不可或缺的一部分。各国文物行政管理体制和监管方式的演变及其差异，除受国家结构形式和政府组织体制的影响之外，还反映了该国不同时期文物保护的现实问题，并与其不断发展的遗产保护理念息息相关。

然而，纵观五国文物行政监管制度演进和机构变革的历史不难发现，各国进入现代秩序以来，中央政府中文物行政管理机构日益呈现专门化趋势。此外，虽由于国家结构形式的不同，五国文物行政管理在中央与地方的权限划分方面存在不同，但总的来说都表现为不同程度的国家管控之下的地方分权体制。

一、文物行政机构专业化

专业化是现代文物保护事业的基本特征，既包括各项具体的文物保护工作的专业化，也包括综合性文物行政管理的专业化。专门的文物行政机构是文物行政管理专业化的体现和保障，亦是五国文物行政管理的共同特征。

（一）英国

英国中央政府文物行政管理机构历经由皇室地产管理机构到文化部门下属专门的遗产管理机构的转变。英国最早涉及文物保护的行政机构是设立于 14 世纪、最初作为皇室地产建设和管理机构的工程办公室（Office of Works）。由于皇室地产中的相当一部分是具有历史、文化和艺术价值的古迹、园林等，工程办公室在封建时代就积累了不可移动文物经营和管理方面的丰富经验。现代政治体制逐步确立后，工程办公室逐步转型为对原属于英王所有的国家财产和自然资源进行管理的政府部门，几经改革于 1940 年改名为工程部（Ministry of Works），在文物古迹经营和管理方面的丰富经验也不断凸显，逐渐肩负起将管理、经营和开放国有（原皇室所有）历史文化古迹的重任，被委以代表政府履行古迹和历史遗址修复方面职能的职权。① 1913 年，古迹列级（scheduling）制度设立后，工程办公室即成为政府主管列级古迹的行政部门，并于两次世界大战期间下设古迹部（Ancient Monuments Department），但只由两名常设秘书（Permanent Secretary）② 构成。1944 年《城乡规划法》（*Town and Country Planning Act*）确立了对具有历史意义的建筑进行登录（listing）的制度，城乡规划主管部门③取得了对登录建筑的管理权，由此造成列级古迹和登录建筑由不同政府部门分别管理的二元文物管理体制。这种二元体制时至今日还发挥着重要影响。1970 年，环境部（Department of Environment）设立，整合了现有古迹保护机构，成立了下属于该部的古迹和历史建筑理事会

---

① See Simon Thurley, *Men from the Ministry*: *How Britain Saved Its Heritage*, Yale University Press, 2013, pp. 24 – 26, p. 29.

② 常设秘书（Permanent Secretary）是英国文官体制中级别最高的公务员，负责一个政府部门之日常运转。与国务大臣（Secretaries of State）不同，常设秘书属于公务员体制，是非政治性的。

③ 英国的城乡规划源于 19 世纪产业革命带来的卫生问题以及人口增长带来的住房问题，最初的规划以解决公共卫生和住房问题为宗旨，强调通过规划确保适当的卫生条件。因此，1942 年以前，城乡规划事务一直由卫生部（Ministry of Health）负责。参见 ［英］巴里·卡林沃思（Barry Cullingworth）、文森特·纳丁（Vincent Nadin）著：《英国城乡规划》，陈闽齐等译，东南大学出版社，2011 年，第 16 页。

（Directorate of Ancient Monuments and Historical Buildings，DAMHB）。该机构经一系列调整，不仅具备了以古迹和历史建筑保护为专门职能的常设人员，还具有无须向环境部常设秘书和部长报批而自主做出某些古迹监管相关决策和行动的独立职能，成为具有较强专业性和独立性的专门文化遗产管理机构①，结束了列级古迹和登录建筑由两个部门分头管理的状况，在英国文化遗产管理的专门化和专业化道路上迈出了重要一步。1992年，英国政府在整合艺术、广播、电影、体育、建筑，以及历史遗址、皇家公园及其旅游业等相关行政机构及其职能的基础上，设立国家遗产部（Department of National Heritage），接管环境部中专门负责古迹保护和监管的机构，成为文物保护的主管部门。1997年新一轮政府机构改革中，新成立的文化、传媒和体育部（Department for Culture，Media & Sport，现改为数字化、文化、传媒和体育部（Department for Digital，Culture，Media and Sport），以下简称文化部）取代了被裁撤的国家遗产部并接管了文化遗产保护和管理职能，在其下属咨询机构"英格兰史迹"（Historic England）② 的全面协助下，负责英国综合性文物行政监管工作。"英格兰史迹"则因其依法获得的授权和法定咨询机构的地位，成为英国政府文物行政工作事实上的决策机关，也是英国文化部下唯一的专门文物行政管理机构。

（二）法国

1837 年，法国内政部（Ministère de l'Intérieur）下设历史古迹委员会（Commission des monuments historiques），是现代法国政府第一个专门的文化遗产行政管理机构，甚至早于 1870 年法国政府中首个负责文化事务的部门文学、科学和美术部（Ministère des Lettres，Sciences et Beaux-arts）的设立。进入第五共和国时期，戴高乐（Charles de Gaulle）总统将原由教育部（Ministère de l'Education nationale）下设文化艺术司、建筑司和档案司等部门负责的文化艺术管理方面的职能独立出来，设立文化事务部（Ministère d'État chargé des Affaires culturelles）。1974 年 5 月，文化事务部改为文化事务和环境部（Ministère des Affaires culturelles et de l'Environnement）。③ 1978 年，在对政府部门各部长的任命中最早使用了文化与交流部（Ministère de la Culture et de la Communication，以下简称文化部）这一名称④，并在文化部下设遗产司（Direction générale des patrimoines），承担文物行政管理方面的职能⑤，以"保护、保存和使公众认识法国考

---

　　① Simon Thurley，*Men from the Ministry*：*How Britain Saved Its Heritage*，Yale University Press，2013，p. 236.

　　② 对"英格兰史迹"的历史、性质和职能，本书将在本章第二节中进行详细阐释。

　　③ 参见法国文化部官网：http：//www. culture. gouv. fr/culture/historique/rubriques/creationminis-tere. htm，2017 年 3 月 30 日访问。

　　④ Décret du 5 avril 1978 portant nomination des membres du gouvernement，*Journal Officiel de la République française*，6 avril 1978，p. 1539.

　　⑤ 下文与遗产司相关信息如未特别标明，均参见法国文化部官网：http：//www. culturecommuni cation. gouv. fr/Ministere/Directions/La-direction-generale-des-patrimoines，2015 年 4 月 19 日访问。

古、建筑遗产以及艺术财富"为宗旨，制定并实施文化部文化遗产相关政策，确保具有历史、艺术与科学价值的可移动文物和不可移动文物的保护和保存，负责法国古迹和艺术遗产的普查和登录，组织、规范并监管考古发掘与研究相关工作，研究、实施与维护与文化部职能相关的建筑工程，组织具有国家意义的大型纪念性活动或者公共礼仪，以及在其他相关部门的协同下根据公众需求研究和开展遗产利用相关措施。① 此后，文化部几经更名，终于自 1997 年起使用文化与交流部这一名称至今。文化部内部负责历史古迹和其他遗产保护和监管的机构名称和职能也几经变化，最近一次调整于 2010 年，在合并原法国博物馆司（Direction des musées de France）、法国档案司（Direction des archives de France）和建筑与遗产司（Direction de l'architecture et du patrimoine）三个机构的基础上，重新组建了遗产司②。该司下设四个主要业务机构：

1. 博物馆署（Service des musées de France）下设（博物馆）藏品科（Sous-direction des collections）和博物馆政策科（Sous-direction de la politique des musées），主要负责博物馆藏品管理（如藏品之取得、修复、移动、普查编目、以及数字化传播等）以及该领域经济、教育和研究等相关工作；执行对藏品管理和经营的科技检验；还致力于对艺术品市场和文化艺术资助活动进行监管。

2. 建筑署（Service de l'architecture）负责监督规划、居住政策、城市政策、公共空间资质方面相关法规和规则的适用和执行情况，促进文物建筑（包括受《遗产法典》保护的列级和登录文物，也包括未经法律认定、但因具有某些文化价值而值得受到保护的建筑）和历史环境的创造和推广；职能在于制定文物建筑建设质量、城市历史环境和景观空间相关政策；执行文物建筑师职业制度等。

3. 部际档案署（Service interministériel des archives de France），由传统和数字档案部际和地区政策科（Sous-direction de la politique interministérielle et territoriale pour les archives traditionnelles et numériques）与档案公开、网络协作及国家节庆科（Sous-direction de l'accès aux archives et de la coordination du réseau, et de la mission aux célébrations nationales）组成，负责档案收集和开放相关政策、法规和其他规范的制定和实施监督，收集、记录、保存和更新相关指导意见和实际操作规范，鼓励和协助面向公众的历史档案利用相关科技工程以及具有历史价值的私人档案的保存，组织并协调由国家档案馆、大区档案馆、省级档案馆以及市政档案馆所构成的法国档案馆系统的运行。

4. 遗产署（Service du patrimoine）下设历史古迹和保护区域科（Sous-direction des

---

① Décret n。78 – 1013 du 13 octobre 1978 portant création d'une direction du patrimoine au ministère de la culture et de la communication, *Journal Officiel de la République française*, 15 octobre 1978.

② Line Touzeau-Mouflard et Armelle Verjat, *La Protection des Monuments Historiques*, Editions Dalloz, septembre 2015, p. 10.

monuments historiques et des espaces protégés)、考古科（Sous-direction de l'archéologie）以及文化遗产综合普查科（Sous-directionde la mission de l'Inventaire général du patrimoine culturel）等，主要负责古迹、考古、人种学遗产以及受保护空间之保护、保存、维护、修复和开发利用政策的制定；确保对干预遗产行为的适当管理、并促进由公私主体以及负责历史古迹和保护区域的合作伙伴所组成的专业网络在遗产保护中的积极参与；还可作为在各地方行政区遗产普查行动框架内享有优先权的谈判者，执行国家在文化遗产普查编目方面的职能。① 除上述业务部门之外，遗产司还下设专门的文化遗产保护科学技术监管机构——遗产监察局（Service de l'Inspection des patrimoines）。该机构由包括考古、历史古迹、建筑和受保护空间、档案、文化遗产日常普查、博物馆等领域相关专家共 6 名成员构成，参与执行对考古、受保护建筑和空间、档案、文化遗产普查、历史建筑以及博物馆等方面机构和团体的科学技术检查事宜，并可自行实施历史古迹相关工程；自 2014 年 9 月起，该机构还可应地方文化遗产保护机构以及其他相关团体的要求，为执行和适用保护区域和文物建筑的安全、保障和向公众开放等方面规范提供咨询和协助。②

（三）日本

日本主管全国文物行政工作的中央政府部门为文部科学省（以下简称文部省）③，最高责任人是其最高行政长官文部科学大臣。文部科学大臣下具体负责文化行政工作的是 1968 年由原教育省下设文化署和文化财产保护委员会合并而成的文部省之直属局④文化厅⑤。文化厅曾下设专门负责文物行政工作的文化财产部，内设传统文化科、美术

---

① 参见法国文化部官网遗产司简介：http://www.culturecommunication.gouv.fr/Nous-connaitre/Directions/La-direction-generale-des-patrimoines，2017 年 3 月 4 日访问。

② Line Touzeau-Mouflard et Armelle Verjat, *La Protection des Monuments Historiques*, Editions Dalloz, septembre 2015, p. 11.

③ 在日本行政组织法中，省是和内阁府一起被置于内阁统辖之下，专门负责政府某一方面事务的概括性行政机关，首长为各省大臣，依据《国家行政组织法》，被赋予制定省令（第 11 条），发布告示、训令、通知（第 14 条）等各种权限。各省中还设置副大臣及大臣政务官等特别职位。当前，内阁统辖下各省的具体名称在《国家组织法》的附表一中明确列举。参见［日］盐野宏著：《行政组织法》，杨建顺译，北京大学出版社，2008 年，第 50 页；《国家行政组织法》文本见：http://law.e-gov.go.jp/htmldata/S23/S23HO120.html，2015 年 3 月 18 日访问。

④ 直属局是日本《国家行政组织法》中规定的特殊概念，为设置在府、省中处理特殊事务或独立性较强的事务的机构。1948 年《国家行政组织法》（2014 年最后修订）第 3 条及附表一规定了各省厅（相当于政府各部）之直属局，包括作为文部科学省直属局的文化厅。日本行政法学界一般认为，在承担该行政事务的单位为局但内部机构显得过大的情况下，应当设置厅。从组织构成原理上看，厅与政府及省相同，是概括性行政机关。参见［日］盐野宏著：《行政组织法》，杨建顺译，北京大学出版社，2008 年，第 55 ~ 56 页。

⑤ 《2014 年日本文化事务相关政策》，参见日本文化厅官网：http://www.bunka.go.jp/english/pdf/2014_policy.pdf，2015 年 4 月 11 日访问。

学艺科和纪念物科，此外，还设有主管文物建筑的长官文化财产部参事官（参事官［建造物担当］）。2018 年 10 月，文化厅根据 2017 年第 73 号法律《文化艺术振兴基本法部分修订法》（文化芸術振興基本法の一部を改正する法律）进行机构改革，取消文化厅内原文化部和文化财产部的划分，进一步加强文化综合管理职能。自此，文化厅与文化财产保护相关的下设部门变为五个，分别为：（1）文化资源活用科：主管不可移动文物等文化资源的活用，及世界文化遗产、非物质文化遗产和日本遗产①开发利用相关事宜；（2）文化财产一科：主管除不可移动文物之外的各类有形文化财产，以及非物质文化遗产、民俗文化财产、文化财产保存技艺等的调查和指定；（3）文化财产二科：主管各类不可移动文物和文化景观的调查、指定事宜；（4）宗教事务科：主管文化遗产相关宗教法人的认定，及对这些宗教法人保护和利用文化遗产进行专业技术指导。（5）参事官（参事官［文化创造担当］）：主管无形和可移动文化资源活用相关事务，支持文化创造，通过文化促进区域发展。②

日本 1950 年《文化财产保护法》（2014 年最新修订）的相关条款列明了文部科学大臣在文物保护方面的职能，主要包括：（1）重要有形文化财产和国宝的指定和解除指定；③（2）重要民俗文化财产的指定和解除指定；④（3）重要文化财产之外的有形文化财产的登录和取消登录；⑤（4）重要民俗文化财产之外有形民俗文化财产的登录；⑥（5）（特别）史迹名胜天然纪念物的指定与解除指定，以及对地方公共团体⑦教育委员会临时指定的解除；⑧（6）重要文化景观的选定和解除选定；⑨（7）重要传统建筑群的

---

① "日本遗产"是日本于 2013 年推出的一项新政策，将所有争取列入世界遗产的国内遗产地总称为"日本遗产"，作为旅游资源充分加以利用。该政策是向海外推介日本文化的"酷日本"战略的一部分，通过易于理解的名称进行宣传，吸引外国游客，同时为"申遗"造势。

② 日本文化厅官网文化厅组织结构图：http://www.bunka.go.jp/bunkacho/soshiki/index.html，2019 年 1 月 30 日访问。

③ 日本《文化财产保护法》，第 27、29 条

④ 日本《文化财产保护法》，第 78、79 条。

⑤ 日本《文化财产保护法》，第 57、59 条。

⑥ 日本《文化财产保护法》，第 90 条。

⑦ 作为日本地方自治组织的公共团体分为普通地方公共团体和特别地方公共团体两类。普通地方公共团体分为市、町、村和都、道、府、县两种，二者都是完全的自治体，不存在上下级关系；特别地方公共团体则包括特别区、地方公共团体组合、财产区、地方开发事业团和合并特别区。此外，基于地缘的团体、地域自治区和指定都市的区，也都是根据日本《地方自治法》，在市、町、村区域内受特别法规范进行活动的特别法人。作为自治主体的地方公共团体享有管理财产、处理事务以及执行行政命令的职能，在组织和运营上则由法律根据地方自治的宗旨确定。参见日本《宪法》第 94、92 条）。根据《宪法》和《地方自治法》的相关规定，地方公共团体享有自治组织权、自治行政权、自治财政权、自治立法权以及参与国家立法和行政等权利。参见［日］盐野宏著：《行政组织法》，杨建顺译，北京大学出版社，2008 年，第 101 ~ 110 页、第 118 ~ 132 页。

⑧ 日本《文化财产保护法》，第 109、112 条。

⑨ 日本《文化财产保护法》，第 134、135 条。

选定和解除选定;① （8） 文化财产保护技术及其保有人的选定和解除选定;② （9） 就各类文化财产的指定 （登录）、保护、管理和信息披露，非国有文化财产修缮补助，许可主体改变文化财产形态的程度或者许可主体在受保护区域内从事的活动的标准，国家收购文化财产的标准和程序，文化财产开放展示，文化财产修缮的保护的技术指导、文物发掘等事宜制定并发布相关管理条例；（10） 批准由国家机构或者地方公共团体进行的考古发掘活动；（11） 管理根据《国有财产法》的规定属于国有的重要文化财产，史迹名胜天然纪念物或重要文化景观;③ （12） 为确保国有登录有形文化财产、登录民俗文化财产或其他登录文物保存状况，因开展调查之需要求其他相关省厅就相关问题提交报告。④

（四） 意大利

意大利中央政府曾在整合前教育部 （涵盖文物和艺术品，科学院和图书馆管理之职能）、内政部 （包含国家档案管理职能） 以及部长委员会主席会议 （享有图书出版和文化传播方面的行政管理职能） 等相关机构的基础上，成立了专职负责保护对国家和民族具有十分重要意义和价值的文化和自然遗产的文化和自然遗产部 （Ministero per i Beni Culturali e Ambientali)⑤；经 1998 年的政府机构，文化遗产和文化活动部 （Ministero per i Beni e le Attività Culturali） 在原文化和自然遗产部的基础上成立，不仅接管了文化和自然遗产部在文化遗产保护方面的职能，还增加了促进体育、戏剧、电影、舞蹈等文化和文艺活动发展方面的职能。经一系列机构改革和职能调整，保护、强化和利用国家文化遗产以及景观都被纳入文化遗产和文化活动部的职能范围⑥，成为意大利《文化财产和景观法典》 明确规定的中央政府层面文物行政主管部门⑦。2013 年 6 月 24 日第 71 号法律又将旅游管理职能授予该部，组建了新的遗产、文化活动与旅游部 （以下简称文化遗产部）。作为意大利文化遗产保护的最高主管机关，文化遗产部通过制定相关行政法令、指导原则、技术标准、技术规则，以及实施一系列具体行政行为等方式，保存和监管具有重大历史、艺术或科学价值，或对国家和民族有重要意义，而被纳入《文化财产和景观法典》 保护范围的文化和景观遗产；与大区或其他地方政府部门合作，依法促进文化和景观遗产的强化与享用，促进遗产价值的发挥。

---

① 日本《文化财产保护法》，第 144、145 条。

② 日本《文化财产保护法》，第 147、148 条。

③ 日本《文化财产保护法》，第 163 条。

④ 日本《文化财产保护法》，第 180 条。

⑤ *Decreto-legge 14 dicembre 1974*，n. 657 concernente la istituzione del Ministero per ibeniculturali e ambientali.

⑥ *DecretoLegislativo 20 ottobre 1998*，n. 368 "Istituzione del Ministero per ibeni e le attivita'culturali, a normadell'articolo 11 dellalegge 15 marzo 1997，n. 59."

⑦ *Codice dei beni culturali e del paesaggio*，articolo 4.

与日本现行文物行政管理体制相似，意大利文化遗产部并不设一个单独的综合性机构来独立负责文物行政管理事宜，其文物行政职能由若干下设机构共同承担，主要包括：

1. 考古、美术和景观司（Direzione generale Archeologia，belle arti e paesaggio）①：该司于 2016 年 5 月 2 日由原负责考古区域、考古遗产和水下文物保护的考古司（Direzione generale Archeologia）与负责历史、美术和人类学遗产（包括壁画以及其他装饰物）、建筑遗产以及景观保护的美术和景观司（Direzione generale Belle Arti e Paesaggio）合并而成。除组织与运作科（Servizio I-Organizzazione e funzionamento）之外，该司还下设考古遗产管理科（Servizio II-Scavi e tutela del patrimonio archeologico）、历史、美术和建筑遗产保护科（Servizio III-Tutela del patrimonio storico，artistico e architettonico）、文化财产流通科（Servizio IV-Circolazione）、景观保护科（Servizio V-Tutela del paesaggio）以及民族学、人类学和非物质文化遗产保护科（Servizio VI-Tutela del patrimonio demoetnoantropologico e immateriale）五个专门业务机构，分别负责不同类型文化遗产的保护和管理事宜。该司之职能范围广泛涵盖可移动文物、不可移动文物、考古遗产、和非物质文化遗产等各类文化遗产形态的保护、管理和流通、开发等文化遗产保护和管理的主要方面，可以说是文化遗产部中专门负责文化遗产保护和管理的主要部门。

2. 博物馆司（Direzione generale Musei）②：主要负责博物馆等文化机构、文化场所③的管理以及这些机构和场所中可移动和不可移动文物的保护、强化和享用方面的事宜，下设博物馆藏品科（Servizio I—Collezioni museali）和博物馆与文化空间发展和管理科（Servizio II—Gestione e valorizzazione dei musei e dei luoghi della cultura）两个职能机构，前者主要负责监管现有博物馆对其藏品的取得、展示、保护和管理等馆藏文物保护的一般性事务，后者则侧重于对博物馆等文化机构本身的建设（如博物馆的设立、博物馆管理标准和规范的制定等），与文化遗产的保护、强化和享用相关的文化空间的开发利用进行促进和监管。

3. 当代艺术、建筑和城市规划司（La Direzione generale Arte e architettura contemporanee e periferie urbane）④：通过强化建筑和城市规划的质量，促进当代艺术和建筑遗产的保护、利用与强化，不仅负责为建筑和城郊规划公共工程项目提供设计方案，还特别负责与文化活动相关以及具有重要的历史和艺术价值的建筑作品和环境景观的保护、促

---

① 意大利文化遗产部官方网站：http：//www. beniculturali. it/mibac/export/MiBAC/sito-MiBAC/Luogo/Uffici/Struttura-organizzativa/visualizza_asset. html_17806464. html，2016 年 8 月 29 日访问。

② 意大利文化遗产部官方网站：http：//www. beniculturali. it/mibac/export/MiBAC/sito-MiBAC/Luogo/Uffici/Struttura-organizzativa/visualizza_asset. html_523365089. html，2015 年 3 月 6 日访问。

③ 根据意大利《文化财产和景观法典》第 101 条第 1 款之规定，受法典保护的文化空间和文化场所主要包括博物馆、图书馆、档案馆、考古公园和考古区、纪念性建筑群等。

④ 意大利文化遗产部官方网站：http：//www. beniculturali. it/mibac/export/MiBAC/sito-MiBAC/Luogo/Uffici/Struttura-organizzativa/visualizza_asset. html_263742727. html，2015 年 3 月 6 日访问。

进和营造。该司下设当代艺术和建筑科（Servizio I—Arte e architettura contemporanee）以及城乡规划科（Servizio II—Periferie urbane），分别负责意大利当代艺术、建筑的保护、促进和开展有利于当代艺术遗产的传播和强化的相关活动并在法律规定的范围内为此类活动提供资金支持，以及建筑作品和城乡规划工程的调查、研究、管理、促进和强化。

4. 档案司（Direzione generale Archivi）①：专门负责档案遗产保护和促进相关事宜。在"国家档案"机构（Archivi di Stato）和档案监察局（Soprintendenze archivistiche）的监管下，该司有权对档案遗产的保护、管理和流通等问题做出指示与指导，开展与之相关的合作与监察活动。除组织与运作科（Servizio I-Organizzazione e funzionamento）之外，档案遗产科（Servizio II-Patrimonio archivistico）是该司的主要业务部门。

（五）美国

美国联邦政府中并不设专门的文化部门，但在内政部下设国家公园管理局作为联邦政府专门的自然和文化遗产的行政管理部门。国家公园管理局依 1916 年《国家公园管理局组织法》设立②，在成立之初着重保护作为公共娱乐环境的国家公园的自然环境和人文环境，首要任务便是负责国家公园内文化及自然遗产的管理和保护。此后，不论是以 1966 年《国家历史保护法》为代表的一系列立法逐步确立的各项文物保护和管理制度的实施，还是联邦政府一系列专门的文物保护项目的开展，都由国家公园管理局负责，该局即成为美国联邦政府开展文物保护和相关行政管理工作的专门机构。国家公园管理局局长由总统提名，下设两个由各副局长领导的独立部门，分别负责该局之运作以及处理与国会和政府其他部门的关系。

1. 运作部（Deputy Director, Operations）除设有中央办公室和七个区域办公室，以及管理国家公园之资源信息、基础设施建设和规划、宣传教育、旅游服务等其他相关业务部门之外，专设文化资源、合作与科技处（Cultural Resources, Partnerships, and Science Directorate）负责文物保护相关工作。该处职能范围广泛，涵盖考古、文化资源利用与管理、遗产登记与编目、历史建筑与文化景观保护、博物馆管理、土著民族文物返还、"国家历史名胜名录"和"国家历史地标名录（National Historic Landmarks）"，以及遗产保护相关科学技术的教育培训等文物保护和管理工作各主要方面，管理或实施联邦政府一系列可移动文物和不可移动文物调查、保护和促进项目，并协助州、地方政府及相关原住民部落制定文物保护规划，给予一定的资金补助。

---

① 意大利文化遗产部官方网站：http：//www. beniculturali. it/mibac/export/MiBAC/sito-MiBAC/Luogo/Uffici/Struttura-organizzativa/visualizza_asset. html_241815898. html，2016 年 8 月 29 日访问。

② 美国《国家公园管理局组织法》只有 4 条，第 1 条宣布国家公园管理局的正式成立，规定局长和其他工作人员的任命规则，并确定国家公园管理局工作的总要求；第 2 条规定国家公园管理局的主要职责；第 3 条规定内政部和国家公园管理局的关系，具体列举了内政部对于国家公园管理局所享有的管理职能；第 4 条对该法与其他相关立法的关系作出规定。

2. 外事联络部（Deputy Director, Congressional and External Affairs）下设与国内其他组织、机构及地方政府和原住民部落的交流办公室（Office of communications）和国际事务办公室（Office of international affairs），为国家公园管理局与政府其他部门、各州和地方政府及原住民部落、文物保护相关非营利团体以及国际组织开展各种方式的合作，促进国内外文化遗产的保护提供了组织保障。[1] 根据《国家历史保护法》之规定，国家公园管理局在文物保护工作中应奉行积极与其他国家进行合作并鼓励各州、地方政府、印第安原住民部落、以及私主体和个人参与的政策，具体包括：（1）通过财政和经济帮助等手段，促进现代社会与史前及历史资源的和谐共存，以满足当代人及后代人在社会、经济和其他方面对这些历史资源的需求；（2）为美国的历史资源保护工作和美国参与的国际历史资源保护项目提供引导；（3）管理为联邦政府所有或者处在联邦政府监管或者控制之下的史前及历史资源；（4）促进非联邦所有的私人文物的保护，鼓励和支持社会主体和个人的文物保护活动；（5）鼓励公私主体对国家历史和建筑环境的保护和利用；（6）协助州政府、地方政府、印第安原住民部落、夏威夷相关机构以及历史保护"国民信托"（National Trust for Historic Preservation）等其他文物保护机构开展遗产保护的相关活动。[2] 为此，作为国家公园管理局上级主管部门的内政部长有权建立、维持或扩展"国家历史名胜名录"，设立或修改该名录的遴选标准，将那些在美国历史、建筑、考古、工程和文化发展中具有重要意义的历史地区、史迹遗址、历史建筑物和构筑物以及其他文物，依照其不同类型登录在不同的名录中；有权审批相关主体将某一史迹文物纳入"国家历史名胜名录"的提名，并随时自行提名将某一文物登录至该名录，以及决定将该已登录文物从名录中除名；有权指定"国家历史地标"或解除该指定；还有权制定或者修改各类文物及历史资源保护和监管相关的政府法令与规则，以及对州政府和地方政府的文物史迹保护工作进行监管，或者提供必要的资金或者技术协助。[3]

二、中央管控下的地方分权

由于历史传统、国家结构形式等差别，五国在中央和地方文物行政管理权限划分方面亦存在差别。然而在民主化趋势不断发展的背景下，五国地方行政区域在不同程度的中央管控下，均享有文物行政管理的一定自主权。

比较而言，五国中英美两国地方文物行政管理自主权较其他三国而言更大，其中地方自主权最大的当属采取联邦制结构形式的美国。美国的历史保护体系分为联邦、州和

---

① 美国国家公园管理局官网国家公园管理局组织机构图：http：//www. nps. gov/aboutus/organizational-structure. htm，2015 年 11 月 8 日访问。

② See *National Historic Preservation Act*（1966），Section 2（54 U. S. C. 300101）.

③ See *National Historic Preservation Act*（1966），Section 101（54 U. S. C.，Chapter 3021，3023，3027，3029）.

地方（包括城市、市镇、区等）三级，各州享有较为充分的自主权。① 为更好地履行对区域范围内文物的保护和管理权，许多州纷纷制定了一系列古迹保护方面的法律：有些州的文物古迹保护立法参照《国家历史保护法》制定，如纽约州《历史保护法》，其内容与《国家历史保护法》相似；有些州则完全根据自身历史遗产的特点制定相应的保护法，如德克萨斯州 1969 年的《古迹法》突出了对公共土地上历史遗产的保护。此外，各州还针对其社会经济发展状况和历史遗产保护需要制定相关保护法规，如针对重大工程项目建设（高速公路、环境保护、水利工程等）出台法规加强历史遗产保护。与联邦法律相比，各州层面的历史保护立法往往采取更高的保护标准，并覆盖了联邦法律未涉及的较为具体的问题，如马里兰州通过《智慧增长和邻里保护法案》② 控制城市蔓延式发展，致力于保护历史社区、农场和开敞空间；宾夕法尼亚州制定《历史地区保护法》，促进地方政府划定历史街区（Historic District）并加以有效控制和保护。③ 在文物行政管理方面，各州的文化遗产和历史环境保护工作由《国家历史保护法》设立于州政府内部的州历史保护官员（State Historic Preservation Officer，SHPO）负责。该法明确规定州历史保护官员的主要职责包括：（1）与联邦和州相关机构、地方政府以及民间团体和个人进行合作，指导和开展本州范围内文物史迹的全面调查并确立本州文物史迹的名录；（2）认定和提名"国家历史名胜名录"的文物史迹，管理已登录至该名录的文物史迹资源；（3）编制和实施本州范围内文物和史迹保护规划；（4）管理本州受联邦帮助的文物史迹保护项目；（5）为联邦和州相关机构以及地方政府履行其文物保护职责提供建议和协助；（6）与内政部长、历史保护咨询委员会（Advisory Council on Historic Preservation）以及联邦和州的其他相关机构、地方政府、民间社会团体以及个人展开合作，保证文物保护在各级规划和发展计划中予以专门考虑；（7）提供文物史迹保护相关的公共信息、教育培训以及技术协助；（8）与地方政府合作开展当地文

---

① 王红军著：《美国建筑遗产保护历程研究：对四个主题性事件及其背景的分析》，东南大学出版社，2009 年，第 158 页。

② "智慧增长"是美国建筑规划学界为应对城市蔓延而提出的一种综合发展策略，旨在在提高土地利用效率的基础上控制城市扩张、保护生态环境、促进城乡协调发展和提高人们生活质量。1997 年，马里兰州议会通过了《智慧增长和邻里保护政策》（Smart Growth and Neighborhood Conservation Initiative），将州政府财政资金集中于已经存在基础设施的地区，维护现有的社区和邻里，限制开发密度并保护现有自然资源。该政策包括五项单独的法规，核心内容在于两个方面：一是通过《优先资助区法》（Priority Funding Areas Act），利用州政府的基建投资对经济增长和开发活动的空间分布加以引导，在可持续发展理念下，实现高效、集约、紧凑地利用土地，减少粗放型发展，限制大都市区的低密度蔓延。二是通过《乡村遗产法》（Rural Legacy Act）确立的地役权和开发权购买制度，永久性地保护这些宝贵的资源。有关该政策历史及其发展的具体信息，参见：http：//msa. maryland. gov/mega-file/msa/speccol/sc5300/sc5339/000113/002000/002157/unrestricted/20062788e. pdf，2018 年 4 月 9 日访问。

③ 参见李和平：《美国历史遗产保护的法律机制》，《西部人居环境学刊》2013 年第 4 期，第 14 页。

物史迹相关发展项目，并认定部分地方政府享有国家登录文物的提名权以及获得一定比例联邦历史保护资金的资格；（9）就联邦和州政府在本州的文物史迹保护、管理和利用、发展计划为相关机构提供咨询；（10）在对需要联邦帮助的文物修复工程计划进行的评估中提供咨询和帮助。① 在市、镇、区等地方政府层面，"由于各个地方担负着保存地区历史、发展经济、改善住房、复兴城市的具体任务，其文物和历史保护立法更具有针对性和实践性，主要致力于历史遗产的认定和针对历史遗产的保护条例导则"②。由于联邦和州层面的管理不涉及具体的遗产保护与地方经济发展的矛盾，对财产所有者也不具有直接的约束力，因此真正的保护力量来自于地方政府。③ 不少地方政府设立了专门的历史保护机构，负责地方历史建筑以及被列入"国家历史名胜名录"建筑的管理，并参与与历史区划、建筑设计导则、建筑规范等与地方历史保护相关的规范和法令的制定等方面的工作。经州历史保护官员认定后，地方政府有权直接向国家登录机构提名历史遗产④，并可以争取联邦政府交付至各州史迹保护官员的历史保护基金中至少10%的数额，用以开展调查工作和指定保护规划。⑤

英国虽在国家结构形式上属于单一制国家，但由于历史原因，英格兰、威尔士、苏格兰和北爱尔兰地区政府在本区域内文物保护事务方面亦有很大的自主权，可以通过颁行在本区域内生效的法律、法令的方式，设立本区域内独立的文物保护和主管机关，自主地开展本区域内文物保护和管理工作。中央政府设立的文物保护机构，多数只管辖英格兰地区。英国议会也通过制定适用于某一特定区域的文物保护法（如专门适用于苏格兰地区的《国家遗产法》以及《登录建筑和保护区规划法》等）的方式，在充分考虑各区不同历史文化和社会环境背景的差异、赋予各区一定自主权的同时，对各区的文物保护工作进行特别规制和监管。行政管理方面，在地方分权趋势不断加强的情况下，地方政府在文化遗产保护中的积极作用和责任也日益扩大。一方面，登录建筑、注册文物的保护和监管与保护区一起，被纳入地方规划管理制度中进行；另一方面，英国没有针对"世界遗产"保护和管理的专门的立法，亦没有设置统一的"世界遗产"管理机构，对"世界文化遗产"的保护和管理也是通过地方政府根据该遗产的特点，编制并执行历史环境保护地方规划的方式，执行和落实《保护世界自然和文化遗产公约》对于遗产区、缓冲区划定以及其他方面的具体要求。可以说，地方政府特别是地方规划部门在不可移动文物保护和管理的过程中，发挥着极其重要的作用。

法国、意大利、日本都是中央集权下的单一制国家。中央政府在文物保护和行政管

---

① *National Historic Preservation Act* (1966), Section 101 (54 U. S. C. 302303).

② 李和平：《美国历史遗产保护的法律机制》，《西部人居环境学刊》2013 年第 4 期，第 14 页。

③ 李和平：《美国历史遗产保护的法律机制》，《西部人居环境学刊》2013 年第 4 期，第 16 页

④ *National Historic Preservation Act* (1966), Section 101 (54 U. S. C. 302504).

⑤ 王红军著：《美国建筑遗产保护历程研究：对四个主题性事件及其背景的分析》，东南大学出版社，2009 年，第 161 页。

理中的权力较英美国家更大。在法国，现行《宪法》规定各类地方行政组织在民选议会自治制度下享有规章制定权、财税自主权、以及自主规划和利用其依法取得的各项资源等广泛的自治权；中央则在各类地方行政区内驻派国家代表，负责维护国家利益，行政监督与法律之遵守①，应大区的要求对大区政府开展文化遗产相关工作进行科学和技术的监督和指导。自1977年开始，法国文化部便在本土各大区设立大区文化事务厅（Directions régionales des affaires culturelles，DRAC），作为其驻派地方行政区域的机构（services déconcentrés du Ministère），在大区行政长官的领导下，负责在该区域内中央政府各项文化政策的制定和实施，管理地方行政内的各项文化事务（遗产保护、博物馆、书籍和公共阅读、音乐、舞蹈、戏剧和表演、科学技术文化、造型艺术和电音电视等）。② 建筑与遗产局（services départementaux de l'architecture et du patrimoine）作为国家驻派在省级地方行政区的跨部门的机构，由省长领导，不仅为文化部服务，也为环境部管理景观地。③ 2010年之后，大区文化事务厅逐渐与省级建筑与遗产局合并，下设负责大区范围内古迹保存、修复和价值重现（开发）的古迹保存科，负责各省法国建筑师（architecte des Bâtiments de France）管理相关工作的建筑与遗产科，以及在大区考古机构指导下负责大区范围内文物普查、研究、考古遗产保存和展示等方面工作的大区考古科。④

根据意大利《宪法》的相关规定，保护国家的地理景观和历史、艺术遗产是意大利共和国的责任和义务⑤；国家在文化遗产保护方面享有垄断的立法权，在文化和环境遗产的强化方面与大区共同享有立法权⑥；国家法律还可规定国家与省之间在文化遗产保护方面的协议与协调方式⑦。因此，尽管在当今的意大利，有关权力下放和地方分权自治的改革不断深化，但文物的保护和管理仍是国家不可推卸的职能，大区和其他地方政府通过国家授权和协议等方式，在《宪法》《文化财产和景观法典》

---

① *Constitution du 4 octobre 1958*，arts. 72，72 – 1 & 73.

② 参见法国文化部官网：http://www. culturecommunication. gouv. fr/Regions，2015年4月19日访问。

③ 参见邵甬著：《法国建筑·城市·景观遗产保护与价值重现》，同济大学出版社，2010年，第159~160页。

④ Line Touzeau-Mouflard et Armelle Verjat，*La Protection des Monuments Historiques*，Editions Dalloz，septembre 2015，p. 14.

⑤ 参见《意大利共和国宪法》第9条第2款："共和国保护国家的地理景观和历史、艺术遗产。"

⑥ 在《意大利共和国宪法》第117条对立法权的规定中，第1款（s）项将"环境、生态系统和文化财产保护"事务纳入国家垄断立法的范畴；第2款将"文化和环境遗产的强化及文化活动的促进与组织"纳入国家与大区共同立法的范畴，大区在不违背国家法律基本原则的情况下享有立法权。

⑦ 《意大利共和国宪法》第118条第3款之规定："……国家和省之间在文化遗产保护方面的协议和协调方式也由国家法律规定。"

以及其他相关法律规定的职能范围内与国家进行文物保护和利用的密切合作；国家层面的文物行政主管部门有权对大区和其他地方政府进行指导和监督，在大区和其他地方政府相关部门长期不作为或者履职不力的情况下，国家文化遗产保护主管部门有权取而代之。①

　　在日本《宪法》所确立的地方自治框架下，"中央政府直接领导、资助与地方文化自治相结合"的文化财产保护基本体制得以确立。② 《文化财产保护法》第3条规定了国家和地方政府在文化遗产保护方面的义务。③ 根据《文化财产保护法》，在地方公共团体中的文化遗产保护和利用事务由都、道、府、县或者特别地方公共团体的教育委员会负责。教育委员会虽然是地方自治结构下的附属机构，但通过《文化财产保护法》的明确规定，在很大程度上肩负着执行国家各项文物保护法律和政策的职责，根据法律的明确授权行使文部科学大臣或者文化厅长官的部分权利。地方教育委员会有权制定通行当地的法律法规并依此指定该地"重要文化财产"等各种受保护的文化财产类型。④ 如自1954年宫城县出台第一个县级（相当于中国的省）《文化财产保护条例》伊始，在文化厅于1975年颁布《都道府县文化财产保护条例（参考案）》⑤ 之后，97%的地方公共团体都颁布了自己的《文化财产保护条例》，按照这些条例自行指定辖区内的文化财产。此外，地方教育委员会还有权临时指定史迹名胜天然纪念物及解除该指定⑥、代表地方公共团体管理和主持地方文化遗产保护中的各项具体事务。⑦

---

　　① 根据意大利《文化财产和景观法典》第4条和第5条的相关规定，统一直接行使文化遗产保护职能的文化遗产部可通过协议、协调或者视保护工作之需要而认定的其他协调形式，将保护职能移交给大区行使，大区不得再将该职能移交其他主体。大区和自治市、大都市市区及省等其他地方政府部门行使该法典赋予的文化遗产保护职能时，应与文化遗产部合作；对于该法典所规定的大区和其他地方政府享有的职能，文化遗产部有权进行指导和监督；对于长期不作为、长期不履行职责的部门，文化遗产部有权取而代之。

　　② 康保成：《日本的文化遗产保护体制、保护意识及文化遗产学学科化问题》，《文化遗产》2011年第2期，第9页。

　　③ 日本《文化财产保护法》第3条规定："国家和地方公共团体应当在认识到文化财产对正确理解日本的历史和文化有着不可替代的作用、亦为未来文化的发展奠定基础的基础上，认真致力于本法目标（以民族文化的振兴和为世界文化发展作出贡献为目标保存和利用文化财产——《文化财产保护法》第1条）之实现，确保保存工作妥善进行。"

　　④ 日本《文化财产保护法》，第182条。

　　⑤ 《都道府县文化财产保护条例（参考案）》文本，参见日本文部科学省网站：http://www.mext.go.jp/b_menu/hakusho/nc/t19750930001/t19750930001.html，2019年1月30日访问。

　　⑥ 日本《文化财产保护法》，第110、112条。

　　⑦ 康保成：《日本的文化遗产保护体制、保护意识及文化遗产学学科化问题》，《文化遗产》2011年第2期，第9页；吴凌鸥：《日本文化财保护体系解析》，《黑龙江教育学院学报》2009年第6期，第8页。

第二节　专业咨询机构

文物认定、定级，各项保存、保护、修复和开发利用措施，都具有一定的专业性。行政机关制定文物保护和利用相关政策、规范，以及做出某项具体行政决策时，都离不开专业人员的意见。在文物行政工作日益专业化、复杂化而行政机关编制日益精简的情况下，专业咨询机构在各国文物保护和行政管理中的角色日益重要；在很多情况下，政府文物保护和行政管理中各类具体政策及技术性规范的制定，以及各项具体行政行为（行政决策）的做出，都建立在专业咨询机构的咨询意见的基础之上。为此，各国都设文物保护、管理和利用等方面综合或专门的咨询机构。这些咨询机构，有的通过相关文物立法设立并履行该法明确赋予的咨询职能；有的依政府组织法规设立，依照法律法规的授权或者政府的行政委托行使其专业咨询职能；还有的从法律地位上看属于民间非政府组织或具有浓重的民间色彩，但依据文物立法或者政府委托履行相关咨询职能，亦在政府文物行政工作中发挥着重要影响。总之，不管其法律地位、作用方式如何，咨询机构为提高一国文物保护和行政管理的专业性提供了保障。

从五国设立文物保护专业咨询机构的业务范围和不同方式来看，有的国家在文物行政主管部门内设立一个相对独立的综合性文物保护咨询机构，作为政府各项文物行政决策的法定咨询机构。有的国家则针对文物具体类型和所涉事项之具体内容的不同，通过法律授权或者行政委托设立多个不同的专业咨询机构，在各自的专业咨询范围内为政府有关决策提供咨询意见。

一、综合性法定咨询机构

五国中，通过法律授权为中央政府文物行政决策部门设立单一的综合性法定咨询机构的国家以美国和日本为代表。意大利文化遗产部也设有综合性文物保护专业咨询机构，但除此之外，文化遗产部内设有许多针对特殊类型遗产保护的专门咨询机构，构成一种综合咨询性咨询机构和专门咨询机构相结合的独特模式。

在美国，1966 年《国家历史保护法》设立了联邦政府在文化遗产保护方面的法定咨询机关历史保护咨询委员会，该委员会也是总统和国会有关文化遗产保护政策与立法的法定咨询机关。历史保护咨询委员会的成员主要来源于以下几个方面：一般公众代表4 名，总统委任的历史保护专家 4 名（委员会主席和副主席从其中产生），印第安部落或者夏威夷原住民组织代表 1 名，总统任命的州长及市长各 1 名；此外，农业部、内政部部长以及国会大厦的建筑师是该委员会的永久成员，总统还可委任联邦政府其他部门长官（如交通部、国防部、住房和城市规划部、国土安全部、教育部等部门的部长）

成为该委员会成员，已卸任的国家保护机构代表也可加入该委员会。此外，该委员会还设观察员，可以参与委员会成员组织的某些活动，但没有提案权和表决权（投票权）。[①]根据《国家历史保护法》第106条的规定，任何一位联邦机构的首脑在行使与文物保护相关的行政权、司法权或者就相关许可证和财政拨款等事宜做出决定前，都必须咨询历史保护咨询委员会的意见；历史保护咨询委员会的咨询职能还包括：（1）在国家级历史古迹的登录与指定事宜中提出咨询意见；（2）就联邦、州、地方机构及私人机构或个人影响登录文物的行为和工程方案进行审议。受审议的联邦政府行为包括联邦政府直接参与的建设项目、联邦政府提供补偿金的项目以及联邦政府批准许可的项目；（3）为总统和议会提供有关古迹保护方面的政策咨询；（4）与"历史保护国民信托"及其他公共机构和私人机构协作，协调政府与社会团体的保护活动，激励公众参与古迹保护活动；（5）对联邦和州政府有关文化遗产和税制等相关法律法规进行研究并提出改革方案，督促相关法律的制定和改革；（6）通过协调公私合作的方式鼓励和支持历史保护领域的教育培训。根据《国家历史保护法》的规定，历史保护咨询委员会的咨询意见具有强制性，政府部门必须遵守。

在日本，文化厅内设文化审议会[②]为专门的咨询机构，文化财产分会作为文化审议会下属之一支，是《文化财产保护法》中明确规定的日本文化财产保护的专业咨询机构。根据2001年颁布的《文化审议会令》，文化审议会委员不超过30人，全部由文部科学大臣从相关专业学者中直接任命，每届任期一年，可以连任，均为兼职。此外，文化审议会下设各分会还可以设临时委员和专门委员，均由文部科学大臣任命。[③]除文化厅内设文化审议会外，地方公共团体教育委员会也可根据其实际需求，设置文化审议会组织，为地方文化财产的保护活用相关事项提供咨询。[④]总的说来，文化审议会旨在通过专家的参与和讨论，为文化厅制定和做出各项决策提供咨询意见。《文化财产保护法》对文化审议会（文化财产分会）履行咨询职能的范畴进行了细致而具体的规定。该法第153条明确规定，文部科学大臣在决定下列事项时，必须咨询文化审议会（文化财产分会）的意见：（1）指定或解除指定"国宝"或者重要文化财产前；（2）登录

---

① 美国历史保护咨询委员会官网：http://www.achp.gov/members.html，2015年8月27日访问。

② 审议会是二战后日本政府中央省、厅及各级行政机关中普遍设立的一种调查、审议政府某些行政事项的咨询机构。《国家行政组织法》第8条规定，调查审议行政机关的有关重要事项时，可设置有学者参加的合议制机构（审议会等）。中央各省厅的设置法一般都对该省厅所设审议会的职能和所掌事务有所规定。每个审议会也大都有自己单独的设置法。根据《国家行政组织法》相关规定，审议会是一种合议制机构，其所掌管的事务应具有一定的独立性。审议会作出的咨询或建议，一般对行政部门不具有法律约束力，但是各审议会的设置法规定，有关部门的大臣或长官必须尊重审议会的答询或建议。参见周初：《日本的审议会制度》，《政治学研究》1986年第10期。

③ 康保成：《日本的文化遗产保护体制、保护意识及文化遗产学学科化问题》，《文化遗产》2011年第2期，第8页。

④ 日本《文化财产保护法》，第190条。

或解除登录有形文化财产前；（3）指定或解除指定重要无形文化财产前；（4）认定或解除认定重要无形文化财产保有人前；（5）指定或解除指定有形或无形重要民俗文化财产前；（6）登录或取消登录有形民俗文化财产前；（7）指定或解除指定（特别）史迹名胜天然纪念物前；（8）临时指定或解除临时指定史迹名胜天然纪念物前；（9）登录或者取消登录文化财产前；（10）选定或者解除选定重要文化景观前；（11）选定或解除选定重要保护区或传统建筑群前；（12）选定或者解除选定保护技术前；（13）认定或者解除认定保存技术保有人之前。文化厅长官在办理下列事务前，亦必须咨询文化审议会（文化财产分会）：（1）发布重要文化财产管理及国宝修复令之前；（2）实施有关国宝修复及防止国宝流失、损毁、被盗等保护措施之前；（3）在对有可能改变重要文化财产的保存现状或其他对重要文化财产的保护造成影响的行为实施许可之前；（4）为保护重要文化财产周边环境而发布限制、禁令或设置必要措施之前；（5）对重要文化财产启动国家收购程序之前；（6）选定重要无形文化财产之外的无形文化财产，并决定对其进行记录或对其记录行为给予补偿之前；（7）发布重要有形民俗文化财产管理令之前；（8）启动国家收购重要有形民俗文化财产程序之前；（9）选定重要无形民俗文化财产以外的无形民俗文化财产，并决定对其进行记录或对其记录行为给予补偿之前；（10）决定延长暂停或者禁止变更遗迹现状令的期限之前；（11）为调查埋藏文化财产之需而主动进行发掘之前；（12）发布史迹名胜天然纪念物管理令，以及特别史迹名胜天然纪念地修复令之前；（13）文化厅主动采取修复史迹名胜天然纪念物或防止其被破坏、损毁、被盗的必要措施之前；（14）在对有可能改变史迹名胜天然纪念物保存现状或其他对史迹名胜天然纪念物的保护带来影响的施工行为实施许可之前；（15）为保护史迹名胜天然纪念物之需，发布限制令、禁止令以及设置必要措施之前；（16）为保护史迹名胜天然纪念物之需，对未取得变更史迹名胜天然纪念物现状及影响保存的相关施工许可证或未遵守许可条文的违法行为下达限制令；以及对违反保护史迹名胜天然纪念物周边环境相关限制令或禁止令的行为下达相应的恢复令之前；（17）发布重要文化景观保护令之前；（18）依184条第1款提议文化厅长官做出、修改或撤销某一文化厅令之前。此外，文化审议会（文化财产分会）还可就埋藏文化财产发掘相关事宜提供咨询。其成员可受委任参与文化厅主动进行的"国宝"修复[1]，亦可被委任为被陈列开放文化财产的管理人[2]。

在意大利，文化遗产部下设综合性文物保护专业咨询机构是文化财产和景观高级委员会（Consiglio Superiore per i Beni culturali e Paesaggistici）。文化财产和景观高级委员会[3]由文化遗产部部长任命的8位文化领域的专家和科学技术委员会主任共同组成；根

---

[1]　日本《文化财产保护法》，第39条。

[2]　日本《文化财产保护法》，第49条。

[3]　意大利文化遗产部官方网站：http://www.beniculturali.it/mibac/export/MiBAC/sito-MiBAC/MenuPrincipale/Ministero/Consiglio-Superiore/index.html，2015年3月6日访问。

据某些咨询事项的需要，委员会成员还包括由工作人员选举产生的 3 名文化遗产部门代表。委员会每届任期为 3 年。作为文化遗产部在文化财产和景观保护领域的专业咨询机构，该委员会具体咨询职能范围包括：（1）为行政机关撰写文化财产和景观保护国家项目年度报告和跨年度报告提供咨询意见；（2）为文化遗产领域国际条约的签订提供咨询意见；（3）为文化宣传和文化遗产项目制定战略性发展规划提供咨询意见；（4）与相关大区一起制定景观发展规划；（5）为文化财产和景观保护的法律问题以及部门的组织建制（改革）提供咨询；（6）为与文化财产和景观相关的其他特别重要事件提供咨询；（7）为由其他政府部门、大区、地方政府作出的有关文化财产和景观保护的行为提供咨询；由于其职能与文化遗产部的行政职能相联系，该委员会成员不得开办《民法典》第 2195 条①规定的公司经营活动，不得担任同类公司的董事和监事，亦不得成为与文化遗产部进行公私协作的组织的持股人，不得担任受文化遗产部资助或者受文化遗产部根据该委员会意见而委托其开展的工程或者（即使是部分）获得文化部资助的机构或组织的主席或者董事会成员。

二、专门法定咨询机构

在意、英、法三国，文物保护立法或者政府组织法为政府文物行政部门设立的法定咨询机构并不是单一的。文物行政部门根据行政决策所涉事项不同，应征求不同咨询机构的意见。多个特定咨询范围的咨询机构的设立，更加突出了文物保护工作的专业性。

在意大利，文物行政机关的专门咨询机构包括下设于文化遗产部各司的相关科学技术委员会（Comitati tecnico-scientifici），针对第一次世界大战文物保护而设立的第一次世界大战历史遗产保护专门委员会（Comitato speciale per la tutela del patrimonio storico della Prima Guerra Mondiale）和专为景观质量检测方面的特殊事务而设的景观质量国家观测台（Osservatorio nazionale per la qualità del Paesaggio）。与文化遗产保护相关的专门科学技术委员会包括：博物馆和文化经济科学技术委员会（comitato tecnico-scientifico per i musei e l'economia della cultura）、考古遗产科学技术委员会（comitato tecnico-scientifico per l'archeologia）、景观科学技术委员会（comitato tecnico-scientifico per il paesaggio）和档案科学技术委员会（comitato tecnico-scientifico per gli archivi）等。这些委员会在其专业范围内，就以下事项为文化遗产部提供咨询②：（1）为国家开展的文化遗产和

---

①　意大利《民法典》第 2195 条是有关企业主体在从事一定行为或者设立从事这些活动的企业必须履行登记义务的规定。其列举的经营行为或者企业类型主要有：（1）直接从事生产性或者服务性产业活动的企业；（2）从事财产流转中介活动的企业；（3）路上运输、水上运输或者航空运输企业；（4）银行或者保险业；（5）从事上述行业的其他辅助性活动的企业。参见《意大利民法典》，费安玲、丁玫译，中国政法大学出版社，1997 年，第 545 页。

②　意大利文化遗产部官网：http：//www. beniculturali. it/mibac/export/MiBAC/sito-MiBAC/Contenuti/Ministero/Organizzazione/visualizza_asset. html_1255052990. html，2015 年 4 月 3 日访问。

景观项目的界定和规划提出建议；（2）为文化财产和景观保存的新方法和干预标准出具专业意见；（3）对如收购、招标等具有重大意义的文化财产和景观保护性措施的采取发表意见；（4）对根据《文化财产和景观法典》第16、47、69、128条之规定提出的行政复议①出具咨询意见；（5）为文化财产和景观规划及其项目中各部门资源的优化分配提供咨询意见；（6）为与文化遗产保护或者与文化遗产开发利用相关的各项行动提出建议或咨询。第一次世界大战历史遗产保护专门委员会根据2001年《关于第一次世界大战历史遗产保护之法律》②设立，对与"一战"历史相关的防御工事、战壕、古迹、铭文、遗物、文献和摄影档案等文物古迹进行探查、分类与修复，并促进与之相关的学习与研究。在其执行理事会中设有对这些文物之修复、分类和价值发挥（利用）标准和优先权设立规则的专门委员会。③景观质量国家观测台则是根据《文化财产和景观法典》第133条④设立的有关促进景观保护及其强化的公共协同机构，主要职能在于为文化遗产部和大区景观遗产保护、利用政策的研究、分析与制定提供专业咨询意见。⑤

　　在英国，文化部在做出不可移动文物和可移动文物相关决策时倚赖不同的咨询机构。不可移动文物保护和管理方面，"英格兰史迹"发挥着重要的咨询作用。"英格兰史迹"正式名称为英格兰历史建筑和古迹委员会，前身是"英格兰遗产"（English Heritage），最初可追溯至1913年《古迹法（整合与修订）》设立的英格兰古迹理事会（Ancient Monument Board for England）和1953年《历史建筑和古迹法》设立的英格兰历史建筑委员会（Historic Buildings Councils for England），二者都是由考古学、历史学、建筑学领域知名人士，以及来自有一定社会影响力的相关学会、社团和政府相关部门委托的公共机构的代表所组成的文物保护政策咨询机构。1983年《国家遗产法》出台以后，上述两个机构被合并为英格兰历史建筑和古迹委员会（通常称为"英格兰遗产"），其成员由文化大臣委任，包括具有历史、考古、建筑、古迹保存、城乡规划、旅游、商

---

　　①　分别为：文化财产价值公示的行政复议、间接保护指令的行政复议、对拒发文化财产自由流转证书的行政复议以及对申请更新公告程序遭到拒绝的行政复议。

　　②　该法共13条，除总则性条款（第1~2条）对受保护"一战"历史遗产的范围，保护的基本原则、基本方法和国家职能进行规定外，第3~7条分别对文化遗产部、国防部、外交部及国家和地区的具体职能作出规定；第8~9条分别是有关国家财政支持及意外发现文物的规定；第10~13条为有关罚则和法律效力等问题的最后条款。

　　③　第一次世界大战历史遗产保护专门委员会网站：http://www.pabaac.beniculturali.it/opencms/opencms/BASAE/sito-BASAE/ma/direzione-generale/Compiti-Istituzionali/Comitato-speciale-per-la-tutela-del-patrimonio-sto/index.html，2017年4月8日访问。

　　④　意大利《文化财产和景观法典》第133条第1款规定："文化遗产部和大区在制定景观保护与促进政策时，应考虑根据部长令设立的国家景观质量观测台以及在各地区基于同样目的设立的观测台的研究、分析与建议。"

　　⑤　意大利文化遗产部官网：http://www.beniculturali.it/mibac/export/MiBAC/sito-MiBAC/Contenuti/Ministero/Organizzazione/visualizza_asset.html_1015296824.html，2015年4月3日访问。

业、财政、地方政府（管理）等领域相关知识的专业人士。2015 年"英格兰遗产"历经机构调整，新的"英格兰史迹"组织在此基础上形成。由于该机构在文化遗产保护各项事务中的专业性和影响力，英国各单行文物法规赋予该机构的职权，已远远大于其作为咨询机构的职能范围，英国文化部更是将其定位为"执行性"（executive）而非"咨询性"（advisory）非政府公共部门。事实上，依据《国家遗产法》和其他相关法律的授权以及政府的行政委托，"英格兰遗产"早已代行英国文化部在不可移动文物保护和管理方面的很多职能①，实际肩负起保护和监管英国历史环境、列级古迹、水下文物等各类不可移动文物之重任，是政府负责不可移动文物保护和管理各方面具体工作的主要部门，职能范围和方式广泛地涵盖提供咨询、协助政府进行不可移动文物监管、从事不可移动文物保护、修复甚至开放经营，以及发展遗产旅游、进行公众教育等文化遗产保护的各个方面。通过《历史建筑和古迹法》、《古迹和考古区域法》等单行文物立法，"英格兰史迹"在为政府提供咨询建议以及代行政府职能方面的职能范围和方式得到进一步细化，主要包括：（1）对列级古迹、登录建筑以及受保护沉船遗址等各类受保护不可移动文物以及考古区域做出认定或者解除认定之决策的提名或建议权；②（2）授权一定主体或者自行开展文物保存、保护和利用状况的巡查和检查的权利；③（3）依法批准设立文物监护人并对其活动进行监管，或自行监管处在其监护下的文物。④ 此外，1983 年《国家遗产法》还赋予"英格兰史迹"对一定违法行为的处理权，使其不仅可以自己的名义颁布禁令，用以规制违背相关法律规定的行为⑤，还可对 1979 年《古迹和考古区域法》和 1990 年《（登录建筑和保护区）规划法》中规定的犯罪行为进行起诉⑥。可移动文物保护和监管方面，英格兰艺术委员会（Arts Council England）及其下设的专门咨询委员会是英国政府法定的咨询机构，其机构发展、性质及在实践中的职能和地位与"英格兰史迹"相类似，也已远超出作为"咨询机构"的法律地位，成为政府可移动文物保护和监管许多方面工作的具体执行部门。英格兰艺术委员会的机构沿革可追溯至 1940 年由皇家特许状（Royal Charter）设立的旨在促进和保护英国文化的音乐和艺术激励委员会（Committee for Encouragement of Music and the Arts），该机构受政府资助并由政府有关部门官员担任首脑，但从性质上说却是一个非政府公共机构。现行英格兰艺术委员会的组织结构包括一个国家委员会（national council）和五个区域委员会（area councils）。国家委员会成员由文化大臣委任，主要包括艺术社团和区域委员会

---

① *National Heritage Act*（*1983*），art. 34.

② *Ancient Monuments and Archaeological Areas Act*（*1979*），arts. 1，3 & 33；Planning（Listed Buildings and Conservation Areas）Act（*1990*），art. 2.

③ *Ancient Monuments and Archaeological Areas Act*（*1979*），arts. 6 & 6A.

④ *Ancient Monuments and Archaeological Areas Act*（*1979*），arts. 12 & 13.

⑤ *National Heritage Act*（*1983*），arts. 33B & 33C.

⑥ *National Heritage Act*（*1983*），art. 33A.

代表以及其他在艺术领域有特殊兴趣或一定经验的艺术表演者、艺术管理者、资深学者以及相关公私部门的执行者等。区域委员会成员结构与国家委员会类似。与"英格兰史迹"类似，作为一个执行性非政府公共机构的英格兰艺术委员会承担了文化部在可移动文物保护和管理方面的许多具体工作，主要职能领域包括：（1）协助公共博物馆或其他公共收藏机构接受（接收私人文物所有权转让或文物捐赠）或收购文物藏品；（2）文物出口审查和许可；（3）为公共博物馆和美术馆文物藏品的保护和展览提供多方面的支持；（4）制定并实施英国博物馆认证标准；（5）对博物馆文物藏品进行认定；（6）向开放的博物馆或其他文物收藏机构提供文物保险贷款及其他补助计划。① 英格兰艺术委员会的相关工作，特别是受文化部委托代行的可移动文物行政和博物馆及其藏品管理方面的工作，依据 1996 年《珍宝法》及其《实施细则》（*The Treasure Act* 1996 *Code of Practice*）、1992 年《博物馆和美术馆法》（*Museums and Galleries Act*, 1992）及其他与文物保护相关的法律法规进行。为更好地履行可移动文物政策咨询和监管职能，英格兰艺术委员会还内设两个为可移动文物认定、评估及其进出口审查等专门事务提供专业咨询的专门咨询机构，分别是文物评估委员会（Treasure Valuation Committee）和艺术品和文化财产出口审查委员会（The Reviewing Committee on the Export of Works of Art and Objects of Cultural Interest）。文物评估委员会在英国政府收购文物或者对文物发现者进行奖励时，通过专业的鉴定和估价，确定该文物的市场价格。艺术品和文化财产出口审查委员会则依据 2002 年《出口控制法》等与文物进出口相关的法律，为文化部有关艺术品和文化财产出口方面的事务提供专业咨询，具体包括：（1）对 2002 年《出口控制法》适用于文化财产的出口控制原则和规则以及出口规制体制的完善提出咨询意见；（2）就文化大臣审批对国家具有重要意义的文化财产出口许可提供咨询意见；（3）就相关政府部门提供特别财政补助用于收购部分拟出口的文物提供咨询意见。② 除此之外，1958 年《公共记录法》（*Public Record Act*, 1958）还设立由历史、档案、信息管理专业人士及已卸任政府公务员和记者等成员组成的国家记录和档案咨询委员会（Advisory Council on National Records and Archives），是为文化部向公众开放政府记录和国家档案提供专业咨询的专门法定咨询机构。③

法国的咨询机构在数量和设立方式上更具鲜明特色。与许多国家只在文化部下设立一个或少数几个专门委员会，并在该委员会下设置若干文化遗产保护方面的分支机构的

---

① See *Supporting collections and cultural property*, available at：http：//www. artscouncil. org. uk/sup-porting-arts-and-culture/supporting-collections-and-archives, accessed 03 – 06 – 2016.

② See *Supporting collections and cultural property*, available at：http：//www. artscouncil. org. uk/what-we-do/supporting-museums/cultural-property/export-controls/reviewing-committee/, accessed 03 – 06 – 2016.

③ See *Advisory Council*, available at：http：//www. nationalarchives. gov. uk/about/our-role/advisory-council/, accessed 03 – 06 – 2016.

方式不同，法国各级文化遗产主管部门和管理机构下设独立专业委员会（les commissions），数量更为众多，咨询事项范围划分更为细致，每个委员会都具有极强的专业性。很多重要的专业委员会依据《遗产法典》（包括该法典的法规部分）的明确规定直接设立，并依法进行日常运作、履行其法定咨询职能。如《遗产法典》第 L115 - 1 条设立国家收藏品科学委员会（Commission scientifique nationale des collections）、第 L430 - 1 条设立法兰西博物馆高级委员会（Haut Conseil des musées de France），其法规部分第 D422 条设立为文化部博物馆政策以及国家博物馆管理方面的问题提供专业咨询的国家博物馆科学委员会（Commission scientifique des musées nationaux）和国家博物馆艺术委员会（Conseil artistique des musées nationaux），以及国家遗产与建筑委员会（Commission nationale du patrimoine et de l'architecture）和大区遗产与建筑委员会（Commission régionale du patrimoine et de l'architecture）等。作为法定的专业咨询机构，这些不同的专业委员会在《遗产法典》规定或列举的职能范围内为有关机关做出相关决策和开展相关工作提供咨询意见；其咨询意见在政府文化遗产工作中具有较高的权威，大多数情况下具有法定的强制性效力，有关机关必须遵从。此外，法国的专业咨询委员会在人员构成上更加多样化，并不局限于相关领域具有一定资质的专家学者，还包括政府机构代表、相关团体负责人以及作为利益相关者的公众代表等。如根据第 L611 - 1 条之规定，国家遗产和建筑委员会①由持有国家和地方选举委任状的人，国家代表，致力于促进遗产认知、保护、保存和价值发挥的社团或基金会代表，以及专业人士组成。其前身国家历史古迹委员会（Commission nationale des monuments historiques）分为 6 个分会：（1）不可移动文物列级分会；（2）列级或登录不可移动文物工程分会；（3）列级或登录不可移动文物（整体）保护范围以及位于保护范围内的不动产工程分会；（4）可移动文物列级和列级可移动文物相关工程分会；（5）古乐器列级或登录及列级或登录古乐器相关工程分会；（6）文化艺术石窟（grottes ornées）列级以及列级文化石窟相关工程分会。② 其中，不可移动文物列级分会的成员包括：13 名国家各相关机构代表，2 名由部长决议提名经国家或地方选举产生的正式成员，10 名由部长提名的遗产保存、保护和价值提升（开发利用）领域专业人员，以及不多于 15 名因其专业能力而由部长决议选出的该分会专门领域的相关专家。③ 咨询机构在各地方也广泛存在，如最新《遗产法典》第 L611 - 2 条设立的大区遗产和建筑委员会，即在国家驻派地区代表的领导下，以文化遗产的保存、保护和价值发挥为目的，就公益役权（servitudes d'utilité publique）以及相关档案之设立、管理和调查（suivi）等方面事宜提供专业咨询意见。

---

① 经 2016 年 7 月 7 日第 2016 - 925 号法律对法国《遗产法典》的修改，该条所规定的国家历史古迹委员会改为国家遗产和建筑委员会。

② *Code du patrimoine*（*2016*），art. R611 - 2.

③ *Code du patrimoine*（*2016*），art. R611 - 10.

第三节　研究与教育机构

在文物保护领域，博物馆、美术馆以及一些专业的不可移动文物保护、修复和经营机构，不仅仅具有保存、修复和向公众展示文物的功能，很大程度上也承担着有关专业研究和公众教育的职能，是广义上的文物保护研究和教育机构的组成部分。本节所述专业的文物保护研究与教育机构，仅指狭义的、以文物保护相关研究和教育为其职能的专业研究教育机构。

与我国相比，五国文化遗产保护相关研究和教育更加全面、系统和成熟，主要体现在以下两个方面：高校中文物保护相关课程设置呈现多样化特征，不仅包括考古学、文物修复和文物建筑等文物保护和修复专业技术类学科，还广泛地涉及文化遗产管理、文化遗产法制等与之密切相关的社会科学和艺术学学科。一些国家还设立有专门的文物保护利用研究教育机构，将文物保护研究教育机构建设的专业化体现到极致，进一步促进文物保护工作的专业性。此外，在英美国家，文物保护相关专业教育和研究，有赖于一些极具专业性的文物保护社团组织，如专业学会、行业协会等非政府机构承担。

一、多样化的文化遗产保护相关课程与跨学科的文化遗产保护研究

通常意义上来说，文化遗产本体及其保护技术相关研究教育大致属于考古、历史学或者艺术学范畴。此类专业及其重要意义在我国并未得到大众的普遍认可。从当前我国高校考古、文物修复等相关专业或研究方向的招生情况来看，文化遗产保护相关专业并非国内热门专业；与此相对应的是，系统地开设文化遗产保护专业方向进行跨学科综合性教学和研究的高校和专门的研究所，更少之又少。专业的文物保护人才的数量和其职业选择意愿等方面的有限性，与我国数量众多、分布广泛、形态多样的文化遗产，以及文物保护实践中遇到的多方领域的专业问题，形成了鲜明对比。

相对而言，文化遗产的重要价值和意义在五国社会公众中的普及程度较高，高校及其相关研究机构中文化遗产保护、开发和管理等方面的专业教育或者研究，亦受到更多的关注和重视。一方面，许多高校在历史学、考古学或建筑学等相关学科的本科或硕士阶段，都设有考古、文物修复、（建筑）遗产保护与规划等专门的专业方向，培养大量的文物保护、规划和管理等方面的专业理论和实践人才。此类专业受关注程度远比国内高得多，受到学生和公众的广泛欢迎；另一方面，由已发展成为一门独立学科的文化遗产学围绕文物保护、经营管理实践中出现的各方面问题开展的跨领域、跨学科专业教育与研究，在西方国家高校、研究所中亦更加普及。与文化遗产保护、利用和管理相关的社会科学类课程，如文化遗产旅游、文化遗产经营管理等，在很多高校都有开设。如英

国伦敦大学学院（University College London）、东伦敦大学（University of East London）等许多高校，都设有"文化遗产研究"（Cultural Heritage Studies）专业硕士，但不同学校的研究侧重点并不相同，涵盖包括社会历史、文化遗产管理等不同研究方向。美国阿肯色州立大学文化遗产研究哲学博士项目，作为一项交叉学科，更是要求学生学习地方史、人类学、考古学、民族学、民俗学、区域和民族文学、地理学、社会学以及公共管理等课程。① 此外，许多院校还开设专门的博物馆文物管理、文化遗产规划、文化遗产旅游等专业硕士、博士项目。在英国、美国和法国，许多高校法学院中还开设文化遗产法制相关的专题课程及其研究，如文化遗产法、世界遗产法制、国际文化财产法和艺术法等。以这些跨领域、跨学科的教学和研究资源为依托，许多高校建立了跨学科的综合性文化遗产保护、经营和管理教学和科研机构，如美国耶鲁大学文化遗产保护研究所（Institute for the Preservation of Cultural Heritage）、欧洲大学学院（European University Institute）也设置跨学科的文化遗产工作组并举办一系列专题论坛，对与文化遗产相关的文化多样性、身份认同、文化权利等历史、文化、社会、法律问题进行研究，在区际和国际范围内都具有相当影响力。总之，在西方国家，文化遗产保护和管理是一项多方面系统工程的观念更加深入人心，与此相关的专业教育和研究，在全面性、系统化和实践针对性等方面，与我国相比更加完善。

二、专门的文化遗产研究和教育机构

除高校开展各类文化遗产保护相关教学研究之外，有的国家还在普通高校体系之外设立了一些专门的文物保护研究和教育机构。这些机构以极强的专业性和以文物保护实践为导向的人才培养模式著称，其中一些在全世界范围内都享誉盛名。

在法国，建筑学校独立于大学体系之外，属于文化部设公共服务机构②，长期实行独特的教育模式，遗产保护和修复是其课程中的重要内容。目前，法国文化部官网列明的国家建筑学校有 20 个;③ 一些地方也设有专门的遗产保护和修复学校，如在古建筑修缮和培训研究方面发挥了重要作用的阿维尼翁学校。④ 除此之外，遗产司下设历史古

---

① 易小力：《国外遗产研究博士生培养的特征及启示——以美国阿肯色州立大学为例》，《旅游学刊》2006 年第 S1 期，第 35 页。

② 在法国行政法中，公共服务机构（établissement public）是除国家和地方行政单位以外的一类公法人，这一概念不断演化，范围日益模糊，但至今仍被人为地分为行政性公共服务机构和工商性公共服务机构。一般认为，行政性公共服务机构是经营公用事业的公法人，是公用事业的一种组织方式，其除私营行为之外的行为均受到行政法院的管辖，而这一点对于工商性公立公共服务机构来说则是例外。参见［法］让·里韦罗、让·瓦利纳著：《法国行政法》，鲁仁译，商务印书馆，2008 年，第 238~241 页。

③ 参见法国文化部官网：http://www.culturecommunication.gouv.fr/Ministere/Etablissements-et-services-deconcentres/Etablissements-publics，2015 年 4 月 26 日访问。

④ 邵勇著：《法国建筑·城市·景观遗产保护与价值重现》，同济大学出版社，2010 年，第 205~209 页。

迹研究实验室（Laboratoire de recherché des monuments historiques），开展应用于遗产的材料及其变迁、遗产保存和修复技术、历史古迹、可移动文物和不可移动文物环境保护等方面的科学研究，并应遗产司的要求开展有关列级文物和登录文物的特别研究，为相关遗产项目和实验室研究设备情况的评估提供专业、科学的咨询意见。[1] 此外，法兰西博物馆研究和修复中心（Centre de recherche et de restauration des musées de France）、海底和水下考古研究所（Département des recherches archéologiques subaquatiques et sous-marines）、建筑和遗产音像资料中心（Médiathèque de l'architecture et du patrimoine）等，都是受文化部直接监管的专业研究机构，从事文物保护工作某一方面的研究。成立于1887 年的夏约研究院（l'École de Chaillot）于 2004 年成为建筑和遗产局（Cité de l'architecture et du patrimoine）[2] 的下设部门，是法国建筑、城市和景观遗产保护领域的专门培训机构。它不仅为已有建筑师执业资格和一定工作经验，但仍希望继续接受文物、古迹遗产保存、修复及价值重现等方面专业培训的从业人员提供相应课程，也为建筑专业人士提供建筑、城市规划和景观保存和修复方面的专业培训。[3] 夏约研究院的主要职能包括遗产建筑师培训、国家建筑与城市规划师培训、继续教育和国际合作四个方面，遗产建筑师（architecte du patrimoine）培训的课程设置包括建筑遗产、城市和景观遗产、以及遗产法规和管理三个方面；国家建筑与城市规划师[4]培训包括遗产法、规划法、建筑政策、文物建筑紧急修复等课程；继续教育课程则分为针对公用或私人业主（包括对市长和对建筑业主）的培训以及面向更广大公众的培训两类。作为具有百余年历史的遗产保护研究和培训机构，夏约研究院在欧洲乃至国际上都享有很高的声誉。除了应联合国教科文组织世界遗产中心的要求参与国际遗产保护援助与合作外，还通过邀请国际专家讲学、组织和参与相关国际研讨会以及在法国与其他国家的文化合作协议框架下开设建筑与城市遗产保护课程等方式，积极参与国际合作，促进各国在遗产保护和培训方面的交流。

在意大利，《文化财产和景观法典》第 29 条第 9 款明确规定，文化财产修复相关培训由根据第 368 号立法令规定成立的高级教育与培训学校及其他法律法规所列研究中心和国家认可的其他公、私机构承担。文化遗产部可在与国家一大区会议事先协商的基础上，根据 1988 年第 400 号法律第 17 条第 3 款的规定，在与大学和科研部门协商一致

————————————

①　Line Touzeau-Mouflard et Armelle Verjat, *La Protection des Monuments Historiques*, Editions Dalloz, septembre 2015, p. 10.

②　该机构是根据《遗产法典》第 L142 - 1 条的规定设立的工商性国立公共服务机构。本书将在第五章对其进行详细介绍。

③　参见法国建筑与遗产局官网：http://www.citechaillot.fr/fr/formation/，2015 年 4 月 26 日访问。

④　"国家建筑与城市规划师"公务员队伍建立于 1993 年，由原"国家建筑师"和"国家规划师"两个队伍合并重组而成，受国家委派在省级机构中开展工作，保证和促进国家有关遗产保护和城市规划政策的实施。参见邵勇著：《法国建筑·城市·景观遗产保护与价值重现》，同济大学出版社，2010 年，第 207 页。

后，以部长令确定培训委托程序、对教育机构组织与职能的最低要求，以及教学活动和结业考试的监督程序。这些教学培训活动必须至少有一名文化遗产部的代表与及相关教育专业人员的参与。根据第 368 号立法令第 9 条，专业培训和研究学校在文化遗产部教育和研究司（Direzione Generale Educazione e Ricerca）下设保存和修复高级研究院（Istituto Superiore per la Conservazione ed il Restauro）、艺术品修复研究所（Opificio delle Pietre Dure）以及中央档案和图书遗产保存和修复研究院（l'Istituto centrale per il restauro e la conservazione del patrimonio archivistico e librario）等专门机构开办，培训和研究学校的课程设置、入学要求和教师选拔标准，根据第 400 号法律第 17 条第 3 款的规定，经内阁总理办公厅内政服务局局长和财政、预算与经济规划部部长同意后，由文化遗产部部长通过部长令制定部颁条例加以规定，以前建立的学校经部长批准后也可建立分校。① 此外，文化遗产部考古、艺术和景观司下设国家民族学、人类学遗产研究院（Istituto Centrale per la Demoetnoantropologia）和考古研究院（Istituto Centrale per l'archeologia），档案司下设中央档案研究所（Istituto Centrale per gli Archivi）和国家档案中心（Archivio Centrale dello Stato），教育和研究司之下，还设有中央文献编目研究院（Istituto Centrale per il Catalogo e la Documentazione）等，都是极具专业性的文物保护研究机构。

在日本，独立行政法人国立文化财产机构（国立文化财機構）除下辖一批国立博物馆外，还包括东京文化财产研究所、奈良文化财产研究所以及亚洲太平洋地区无形文化财产研究中心（アジア太平洋無形文化遺産研究センター）等一系列专业的文化遗产研究机构，通过与之相关的基础性和探索性研究，促进文化财产相关知识和技艺的发展，并通过研究成果的应用，提高文化财产所有者和管理者的修复技术和修复水平。② 东京文化财产研究所的历史可追溯至昭和五年（1930 年）由黑田清辉设立于帝国艺术学院的艺术研究所。③ 经数次机构更名、调整和设立，当前由文化财产档案资料部（下设文化财产信息研究室、文化财产档案研究室、日本东洋美术史研究室、近现代视觉艺术研究室以及跨学科研究室五个专门研究机构）、无形文化财产部（下设无形文化财产研究室、无形民俗文化财产研究室、语音影像记录研究室等）、保存科学研究中心（下设预防性保存研究室、分析科学研究室、生物科学研究室、修复规划研究室、修复材料研究室、当代遗产研究室）以及文化财产保护国际交流中心（下设国际资源和信息研究室、保存设计研究室、保存实践研究室和国际遗址合作研究

---

① 意大利《文化财产和景观法典》，第 29 条注释，国家文物局编译，文物出版社，2009 年，第 96 页。

② 参见国立文化财产机构官网：http：//www.nich.go.jp/kiko/activity/，2017 年 4 月 9 日访问。

③ 参见东京文化财产研究所官网：http：//www.tobunken.go.jp/japanese/gaiyo/gaiyo-history.html，2017 年 8 月 29 日访问。

室）四个主要业务部门构成，还特别设置一个研究支持与促进部（下设经营管理科）。① 东京文化财产研究所开展各类文化财产（包括各类有形文化财产和无形文化财产）相关基础性和实用性调查与研究，同时也促进对文化财产保护不可或缺的传统保护技术和当代科学技术的研究与应用；在此基础上通过开办文化财产保护技术发展和传播相关课程培训、工作坊等方式，向国内外提供文化财产保护相关信息和技术，推广和传播其研究成果。② 奈良文化财产研究所成立于 1952 年。最初设有历史、建筑、美术工艺 3 个研究室与总务室。之后，以平城宫遗址的保存问题为契机，分别于 1963 年、1973 年设置了一些古迹遗址的发掘调查部，并设置了被发掘遗址的资料馆。1974 年，作为应对因国土开发引发的埋藏文化财产问题的措施之一，又设置了埋藏文化财产中心。2001 年 4 月，附属于日本文化厅的东京国立文化财产研究所与奈良国立文化财产研究所 2 家研究机构进行了合并，成为独立行政法人文化财产研究所。该研究所于2007 年 4 月与独立行政法人国立博物馆合并，成为独立行政法人国立文化财产机构，东京文化财产研究所和奈良文化财产研究所成为该机构的成员。③

在美国，内政部下设了专门的遗产保护教育、培训和研究机构。如设立于国家公园管理局的历史保护培训中心（Historic Preservation Training Center），承担着培训历史遗产保护工匠以保护当代历史资源作为未来发展关键的职能。④ 1994 年在内政部下设立了国家保护技术和培训中心（National Center for Preservation Technology and Training，简称NCPTT）。根据设立该机构的法律，该机构主要宗旨包括：（1）效力于历史遗产的认定、评估、保存和价值挖掘相关科技和技艺的发展和传播；（2）致力于发展联邦、各州和地方的资源保护专业人员、文化资源的管理者及其保护人员、以及资源保存相关领域的其他工作人员的职业培训或为之创造便利条件；（3）逐步推广应用其他机构和研究所正在进行的保存技术相关研究成果；（4）促进联邦各相关机构，各州和地方政府、高校，国际组织和其他私人机构之间保存技术的交流；（5）与包括国际古迹遗址理事会、国际文化财产保护和修复中心以及国际博物馆协会等有关国际组织展开交流与合作。⑤ NCPTT 通过在考古、建筑、景观保护和材料保存方面开展培训、教育、研究、技术交流和合作等方式，实现其促进历史保护相关科学技术推广应用的宗旨和职能，主要业务活动包括：（1）自行或者与全美其他高校、实验室等合作开展相关研究；（2）对

---

① 参见东京文化财产研究所官网：http：//www. tobunken. go. jp/english/gaiyo/gaiyo-organization. html，2017 年 8 月 29 日访问。

② 参见东京文化财产研究所官网：http：//www. tobunken. go. jp/english/gaiyo/gaiyo-role. html，2017 年 8 月 29 日访问。

③ 参见奈良文化财产研究所官网：https：//www. nabunken. go. jp/chinese/asuka. html，2017 年 8 月 29 日访问。

④ See *Historic Preservation Training Center*，available at：https：//www. nps. gov/training/hptc/，accessed 30 - 08 - 2017.

⑤ *National Historic Preservation Act（1966）*，Section 103（54 U. S. C. 305302）.

国家公园管理局及其他联邦机构，各州和原住民部落的历史保护办公室，有关高校，以及地方、州或者全国非营利机构开展的相关教育培训项目提供资助；（3）通过推广和发展相关职业教育，促进保护技术的进步；（4）向职业人员和公众公布和传播历史保护科学技术的最新发展状况。①

三、专业的文化遗产社团组织承担研究教育职能

在西方国家，除高校和政府有关部门设立的专门教育和研究机构之外，许多相关行业学会、协会，甚至专业性程度较高的民间文化遗产社团在文化遗产的教育和研究方面也发挥着重要作用。这种现象在英美国家尤为突出。如在英国，成立于 1834 年的慈善机构英国皇家建筑师协会（the Royal Institute of British Architects，简称 RIBA）作为世界上最早强调建筑师全过程、职业化参与历史建筑维修的机构②，在建筑行业具有极高权威性，在英国历史建筑遗产保护领域中的职业资格、学术研究等方面一直占有统治地位。1999 年，英国建立了旨在防止历史建筑遭到不当改造与破坏的注册建筑保护师制度（Architects Accredited in Building Conservation，简称为 AABC），并设立了同名注册机构。AABC 的选拔除了关注建筑方面的专业水准之外，还要从历史建筑保护的特殊性出发，根据在类似项目上的工作经验进行评判；还会着重考察申请者相关领域的知识储备和素质、管理技能和行业声誉。AABC 目前共有超过 400 名建筑师，除直接从事历史建筑修复的设计、施工等工作的所谓"动手"（hands on）的建筑师之外，AABC 还包括许多"不动手"（hands off）建筑师，主要从事历史建筑修复的咨询、教育等工作，因此称为"咨询建筑师"（Consultant Architect），简称 CA。③ 此外，成立于 2005 年的慈善机构遗产保护学会（Institute of Conservation，简称 ICON）由自原国际文物修复学会（International Institute for Conservation of Historic and Artistic Works）在英国分立出的 5 个机构，分别为收藏品养护论坛（Care of Conservation Forum）、纸质品保护协会（Institute of Paper Conservation）、摄影材料组织（Photographic Materials Group）、苏格兰保护及修复协会（Scottish Society for Conservation&Restoration）及英国历史与艺术保护研究院（The United Kingdom Institute for Conservation of Historic and Artistic）合并重组而成，在通过专业研究和公众教育，提升文化遗产的保护和修复水平、促进公众对文化遗产的文化、经济和社会等各方面价值认知等方面也发挥着重要作用。该学会会员涵盖文化遗产的管理人员、学生、技术人员以及从事遗产研究的专业人士，采取多学科合作的方式，其 16 个专项研究小组致力于不同类型的文化遗产、藏品和相关资料的研究，几乎涵盖

---

① 参见美国国家保护技术和培训中心官网：https：//www.ncptt.nps.gov/about-us/，2017 年 8 月 30 日访问。

② 朱晓明著：《当代英国建筑遗产保护》，同济大学出版社，2007 年，第 209 页。

③ 参见英国注册建筑保护师协会网站：http：//www.aabc-register.co.uk/about，2015 年 10 月 16 日访问。

了所有的文化遗产类型。① 在美国，为遗产保护从业者开展专业培训是作为非营利组织的国家保护学会（National Preservation Institute）的重要职能；② 罗德岛历史协会（The Rhode Island Historical Society），湖区遗产研究会（Lakefield Heritage Research）等文化遗产社团组织，在遗产保护教育和研究中也发挥着重要作用。

第四节　资金管理与募集机构

文物保护和修复的资金来源一直是各国政府面临的重要问题，通过资金的分配反映和引导一定时期文物工作的方向和重点、监督各公私文物保护机构之运行，也是对文物保护措施进行间接监管的重要方式之一。因此，各类专门的文化遗产保护资金管理与募集机构，在遗产保护法制发达的国家，亦占有重要地位。

总体看，五国政府采取的都是中央投入与民间资本投入相结合、以政府投入带动社会投入的基本方式。相关机构以主要经费来源和发挥主要功能的方式为标准，大致可分为两大类：政府资金管理机构，以及社会资金募集机构。

一、政府资金管理机构

总体而言，政府财政资金的投入依然是五国文物保护经费的主要来源。通过政府资金的分配引导一定时期文物保护工作的方向和重点并对公私文物保护机构进行监督，也是许多国家政府监管文物保护工作的重要方式。为此，一些国家设立专门机构，对文物保护工作中投入的公共财政经费进行管理和分配。

如在英国，1980 年《国家遗产法》设立了国家遗产纪念基金（National Heritage Memorial Fund），取代原国家土地基金（National Land Fund），成为为具有突出的景观、历史、美学、建筑、科学和艺术价值的重要的国家遗产——包括不可移动文物和可移动文物藏品，以及珍贵书稿档案、珍稀野生动植物及其栖息环境等的收购、保存和维护及相关研究教育活动提供资金支持的执行性非政府公共机构。③ 该基金主要源于英国文化部的专项拨款及部分闲置财产投资所得收益④，也包括根据 1980 年《国家遗产法》第 5 条之规定接受的捐款或者捐赠财产。国家遗产纪念基金理事长和 14 名理事会成员都

---

① 艾莉森·里奇曼（Alison Richmond）：《ICON——倡导文化遗产保护的价值和实践》，在"中英文化遗产高层论坛"上的发言，北京，2017 年 2 月 28 日，参见：https://mp. weixin. qq. com/s/N4nfeMzSvM6dpqem_0A9XA，2017 年 8 月 30 日访问。

② 参见国家保护学会官网：https：//www. npi. org/about，2017 年 8 月 30 日访问。

③ *National Heritage Act（1980）*, arts. 3, 3A & 4.

④ *National Heritage Act（1980）*, arts. 2 & 6.

由英国首相委任，但对于资助申请的决定则完全独立于政府做出；理事会还单设一个专门的建议小组，就对该基金进行有效利用、基金资助的濒危文化遗产的选定、理事会或工作人员对于有关政策的疑义或争议、受专家或者其他机构的观点或建议的合理性以及基金申请的优先性等问题，向理事会及其工作人员提供意见。①

在美国，联邦政府设立的国家文化基金包括国家艺术基金和国家人文学科基金，都是依据 1965 年《国家艺术和人文学科基金会法》（*National Foundation on the Arts and the Humanities Act*，1965）而设立。根据《国家艺术和人文学科基金会法》的定义，"艺术"包括但不限于器乐与口头音乐、舞蹈、喜剧、民间文艺，以及具有创造性的文字作品、建筑及其相关领域的作品、绘画、雕塑、摄影、图文或者手工艺术、工业设计、服饰和时尚设计、动态图片、各种形式的视听作品、其他以展览、表演等方式表现的艺术形式以及由各民族人民表现和实践的传统艺术形式，还包括与人类环境相关之艺术的研究与应用。② 国家艺术基金会的各项职能即围绕上述领域进行，主要在于根据该法第 4 条的具体规定，通过项目或者合同等方式，对各州、地方政府，从事艺术活动的团体或者具有杰出艺术才能的个人，联邦或地方文化艺术类非政府组织和机构等主体提供一定的补助或者贷款，以支持其开展各类与艺术相关的活动，促进各地方文化环境的改善和文化事务的发展，支持各类文化的展示、宣传、教育等旨在使公众更多接触和参与文化、更好地理解文化的活动，或者改善包括文博机构在内的文化类非政府团体或非营利组织的机构建设；国家艺术基金会也可通过协议方式，以其资金参与到由其他联邦公共机构或者社会主体所承担的联邦现有文化艺术项目中。作为该基金会下设专门咨询机构的国家艺术委员会（National Council on the Arts），最初由 1964 年《国家艺术和文化发展法》（*National Arts and Cultural Development Act*，1964）设立，旨在协助联邦政府实施一系列鼓励和促进国家艺术和文化进步的政策和措施。根据该法案，其职能主要在于为从以下方面促进美国文化艺术建设和发展提供政策和方法上的咨询和建议：促进美国文化资源的维护和增加；鼓励私人参与艺术活动；通过各州、地方政府和联邦各部门和机构现有相关资源和设施的整合，促进艺术和文化发展以及为国家利益之需，对国内及国际艺术进行的合理利用；在开展相关研究的基础上鼓励和促进艺术领域的创造性活动、相关标准的确立以及机会的丰富，以及鼓励和促进公民对文化和艺术的接触、欣赏和参与。③ 1965 年《国家艺术和人文基金会法》颁布以后，国家艺术委员会作为国家艺术基金会下设独立机构，在该基金会制定各项政策、开展具体项目及其实施程序等方面提供咨询，审查各项提交至基金会的补助或贷款申请④，具体咨询事由主要包括：（1）联

---

① 参见国家遗产纪念基金会官网：http：//www. nhmf. org. uk/trustees-panel，2017 年 4 月 10 日访问。

② *National Foundation on the Arts and the Humanities Act*（*1965*），Section 3（b）．

③ *National Arts and Cultural Development Act*（*1964*），Section 7（b）．

④ *National Foundation on the Arts and the Humanities Act*（*1965*），Section 6（f）．

邦艺术补助基金申请的审批；（2）有关补助类型、对象和获得补助之资格等具体指导规则和原则的制定；（3）基金会主导或者与其他机构进行合作开展相关项目的决定；（4）基金会的机构预算以及给予各项目资助金额之分配；（5）对国家艺术发展有着重要影响的国会立法或者其他形式决议之制定。① 国家人文学科基金则主要用于支持和补助文学、历史、艺术、道德、语言、民族学等可反映多样性文化遗产、传统、历史的人类环境或者当代民族生活状况的人文学科领域的研究和阐释相关活动，或者与之相关的各类公共文化部门、文化组织和机构的自身建设及其具有文化意义的研究、教育、实践和交流等活动。② 在其促进人文学科发展以及传递美国文化历史的宗旨之下，博物馆、档案馆、图书馆、各相关高校、公共影视电视台、广播电台，以及一些在这些领域做出了杰出贡献的学者，都是国家人文学科基金的补助对象。③ 国家人文学科基金会同样下设独立的专门咨询机构国家人文学科委员会，为该基金会出台或实施各项政策，开展项目及其具体过程中的程序性事宜，以及基金会发放补助或贷款等具体事宜提供咨询意见。④ 国家艺术基金会和国家人文学科基金会的理事长都由总统经参议院同意而委任，除了审批上述各项补助或贷款申请之外，还可颁布该基金会补助或发放相关具体规则；以及对补助和贷款的发放进行监管：基金会总监事（Inspector General）经审查发现基金在分配和发放中存在违反法律或规则之情形的，理事长有权通知国库或者联邦政府其他相关机构停止发放，并对该部分资金进行重新分配。

二、社会资金募集机构

还有一些遗产保护基金会或者财团组织，虽也有部分政府资金的投入，但其主要职能在于以中央财政投入带动地方财政和民间社会资本的参与，以实现资金募集的效果。这也是西方国家解决文物保护资金来源问题的重要方式。

如在英国，遗产彩票基金（Heritage Lottery Fund）是国家遗产纪念基金下设子基金，由 1993 年《国家彩票法》（*National Lottery etc. Act*，1993）设立。根据《国家彩票法》第 22 条，由国家彩票基金（National Lottery Distribution Fund）对国家彩票收入进行统筹管理，其中 20% 应用于国家遗产或相关事项支出，由国家遗产纪念基金成立专门的遗产彩票基金，负责将这笔资金运用于文化遗产保护。⑤ 实际上，20% 的比例只是原则性要求，2011 年这一比例降至 18%，2012 年、2013 年则重新升到 20%。2012 ~

---

① 参见国家艺术基金会国家艺术委员会的简介：https：//www. arts. gov/about/national-council-arts，2016 年 6 月 9 日访问。

② *National Foundation on the Arts and the Humanities Act*（1965），Section 3（a），Section 7.

③ 参见国家人文学科基金会官网：http：//www. neh. gov/about，2016 年 6 月 9 日访问。

④ *National Foundation on the Arts and the Humanities Act*（1965），Section 8（f）.

⑤ *National Lottery etc. Act*（1993），art. 23.

2013 年财务年度，遗产彩票基金共计从国家彩票基金中获得 381735000 英镑的资金支持。[1] 该基金接受英国文化部的财政和政策指导，并通过文化部向议会负责，但作为非政府公共机构，基金各项资助和有关资助项目的决定完全独立于政府作出。[2] 遗产彩票基金通过国家发行的彩票向社会公众募集资金，大大扩充了遗产保护社会资金的来源，同时促进了公众参与遗产保护，现已经成为英国最大的文化遗产投资项目之一。此外，遗产彩票基金还发挥着把民间诉求传递到议会的作用，将出售彩票所得的一部分收入分配给全国各地的遗产项目，人们通过电视节目了解文化遗产，投票选择他们最喜爱的遗产项目，并决定基金优先使用于哪些项目的保护。概括而言，遗产彩票基金会资助项目的大致范围包括：（1）公众共同回忆和经验的保存；（2）历史建筑和城市景观的保护；（3）古迹保护和修复；（4）古文献、古物的收集；（5）文化传统的保护和传承；（6）自然或者人造景观（包括公园）的保护；（7）动植物栖息地和珍稀物种保护；（8）工业、海洋和运输相关历史遗存保护。此外，任何机构或个人如有文物保护诉求，均可直接向该基金会提出申请。该基金通过评估制定保护方案，并出资 3000 英镑到 500 万英镑予以保护。政府机构完全不参与此类评估过程。通过发行彩票募集文化遗产保护资金的方式在意大利也有存在。但是在意大利，国家并没有统一的彩票发行机构，彩票都由专业的彩票公司发行。意大利在 1996 年通过法律规定，将彩票收入的 8‰作为文物保护的资金。[3] 意大利乐透彩票每周三增加开奖一次，利用总收入的 1% 每 3 年执行一项修复与保护文化遗产的计划。[4]

在美国，经当时的美国第一夫人芭德·约翰逊（Bird Johnson）和慈善家劳伦斯·洛克菲勒（Laurance Rockefeller）倡议设立于 1967 年的国家公园基金会，是一个通过国会制定的章程成立的，旨在募集民间资金、为公众参与国家公园保护提供途径的半官方基金会和非营利组织，也是联系公私两方的桥梁。其理事会成员包括内政部和国家公园管理局代表，也包括经内政部长任命的不少于 6 个公民代表。其设立的主要目的在于更好地整合社会零散资源，借助私人力量维持国家公园的运营，并协助国家公园管理局的工作。企业、科研机构、非政府组织等不同形式、不同性质的私人机构或者个人，通过向国家公园基金会提供慈善捐助，或通过协议建立有偿合作关系、投入资金以换取在园区内特定服务的经营权等方式，与国家公园管理局合作，为国家公园的维护提供资金、技术和人力支持。

在法国，遗产基金会（fondation du patrimoine）根据《遗产法典》第 L143 条设立，

---

[1]　Heritage Lottery Fund, *Annual Report and Accounts for the year ended* 31 *March* 2014.

[2]　参见遗产彩票基金官网：https://www.hlf.org.uk/about-us/what-we-do，2017 年 4 月 10 日访问。

[3]　姜峤：《文物保护立法的他国启示》，《中国人大》2012 年第 14 期，第 24 页。

[4]　朱晓明：《意大利中央政府层面文化遗产保护的体制分析》，《世界建筑》2009 年第 6 期，第 116 页。

是非营利性私法人组织和经认定的公益基金会①，其资金来源包括出资人/发起人的出资、出资财产经营所获利润、资金会投资所获收益、会员缴纳的会费、公共补贴、依《遗产法典》第 L143 - 2 - 1 条所获赠与和遗赠，以及因无人继承而由国家管理的财产本身及其相关活动所获收益的一部分（具体比例由最高行政法院法令确定）。② 此外，在符合《公益征用法典》（ *Code de l'expropriation pour cause d'utilité publique* ）规定条件的情况下，国家可为遗产基金会的利益，在基金会请求或同意并负担相应费用的情况下，启动《遗产法典》第 L621 - 18 条及规定的征收程序以及第 L123 - 1 至 L123 - 3 条规定的优先购买程序。遗产基金会依据一定规则对上述财产进行统一管理，也可在符合法典第 L621 - 21 条规定的情形下，通过自由协商的方式，将这些财产转让给其他公私主体。根据《遗产法典》之规定，遗产基金会的职责主要在于以给予资金补助的方式，协助公私主体获取、维护、管理和向公众展示其文化遗产，通过保护受破坏、损毁或拆毁威胁的古迹、建筑、可移动文物整体、自然空间的突出要素（环境）或景观，促进相关知识在遗产和遗址修复部门和经营部门的应用、融合、教育和传播，并致力于认定和保存尚未受《遗产法典》保护的遗产，增强社会公众对于国家遗产和其他各类文化遗产的认知，更好地发挥文化遗产的当代价值。③ 由此，该基金会主要通过向暂未受列级或登录保护的不可移动文物的修复活动授予标志，从而使其所有人可以享受一定财税优惠、为公共遗产的保护和修复活动募集资金并进行资助、动员遗产保护和利用相关文化资助事业并促成相关企业和机构与国家或地方签订遗产保护和修复协议等方式，致力于实现以下使命：（1）促进建筑遗产的保存和价值发挥；（2）促成受损坏或损毁之威胁的建筑遗产或遗址的认定；（3）促成和组织国家和地方遗产保护机构与社会组织、文化资助企业等有关主体之间的公私合作；（4）参与公私所有权人的遗产修复行动；（5）促进专业遗产保护教育和培训机构的设立及专业队伍的壮大，增进和发展遗产保护专业技能，并通过支持遗产保护公众教育促进有关知识的传播。④ 根据《遗产法典》相关规定，自然人或法人，不论是公法主体还是私法主体，在逐年缴纳会费的条件下，可以依据章程加入该基金会。会员享有章程规定的各种权益。基金会各项工作由理事会（conseil d'administration）主持，其成员包括发起人/出资人之代表（每位代表依其出资比例享有投票权，但不得超过理事会总投票权的三分之一），上、下议院主席任命的议员代表各一名，国家指定的具有一定资质的专业人员，地方行政区代表，基金会内部选举代表，以及古迹所有权人协会代表等。⑤ 遗产基金会总部位于巴黎，当前，其网络覆盖

---

① *Code du Patrimoine*（2016），art. L143 - 1.

② *Code du Patrimoine*（2016），art. L143 - 7.

③ *Code du Patrimoine*（2016），art. L143 - 2.

④ 参见遗产基金会官网：https：//www.fondation-patrimoine.org/fondation-du-patrimoine/qui-sommes-nous，2017 年 4 月 12 日访问。

⑤ *Code du Patrimoine*（2016），arts. L143 - 3 to L143 - 6，art. L143 - 10.

550 余名志愿者，分布于在法国各大都市和海外省地区设立的 22 个大区办事处和 100
个省级办事处中。①

　　在日本，由个体、企业或者社会团体（联合）出资设立的文化遗产保护、修复和
利用方面的资金募集和分配机构也大量存在，在全国范围内有较大影响的文化遗产基
金会如作为公益财团法人的"文化遗产保护·艺术研究助成财团"。该基金会最初是成立
于 1988 年的财团法人文化财产保护振兴财团，2010 年改为当今名称，自成立来一直以
各企业、社团和个人会员缴纳的会费及公众捐赠为主要资金来源。② 该财团以促进文化
财产保护和利用相关项目活动、促进文化艺术研究以及文化遗产保护方面的国际合作为
宗旨，通过资金募集和分配的方式，主要资助范围包括：（1）文化财产保护和修复项
目，包括：艺术工艺品和文化财产的保存、修复和展示；建筑文化财产保存、修复、经
营、环境改善和开放项目；有形民俗文化财产保存和修复项目；国内外文化遗产保护领
域专家发展；传统技艺促进及其传承人培训；（2）艺术和文化财产保护相关研究项目，
包括：美术和音乐领域的艺术研究；文化财产保存和修复领域相关研究；国外相关专家
学者的聘请、国际会议等国际学术交流活动；文化遗产展示（展览、音乐会、研讨会）
方面的研究；（3）文化遗产领域国际合作和人类共同遗产保护项目，包括：丝绸之路
相关文化遗产保护项目；自然灾害和武装冲突区域文化遗产的保护和修复项目；散落于
世界各国的日本文化财产的保护和修复；文化财产保存、保护和修复专业人员的培训；
（4）其他公共关系相关的宣传活动：如举办和参与相关研讨会；促进中日韩文化交流；
举行或者资助有关展览和音乐会等活动；资助与文化遗产保护相关的其他公众活动；发
行相关杂志。此外，一些文化遗产保护专业机构中会设立专门的遗产保护基金。如京都
国立博物馆设有专门的"文化财产保护基金"，致力于通过接受捐赠、收购等方式获取
流失或者受损文物，经博物馆的专业修复与保存，将其留存并展示给后世。③ 京都文化
博物馆则成立了作为独立公益财团法人的京都文化财团基金会组织，致力于通过募集、
整合并合理分配资金，促进京都文化遗产的保护与利用，以及通过开展相关活动促进公
众对文化遗产的认知和全社会文化遗产意识的提高。该基金会亦得到京都地方政府的资
助，京都政府将一定的遗产保护资金交由该基金会进行专门管理和分配，构成该基金会
资金来源的重要组成部分。④ 另外，日本很多地方公共团体（地方政府），也通过颁布
地方性文化财产保护基金条例的方式，设立地区性文化遗产保护基金会机构。如通过

---

①　参见遗产基金会官网：https：//www. fondation-patrimoine. org/fondation-du-patrimoine/notre-organ-
isation，2017 年 4 月 12 日访问。

②　参见文化遗产保护·艺术研究助成财团网站：http：//www. bunkazai. or. jp/01zaidan/02_
gaiyo. html，2017 年 4 月 15 日访问。

③　参见京都国立博物馆网站：https：//www. kyohaku. go. jp/jp/donate/index. html，2019 年 1 月
30 日访问。

④　参见京都文化博物馆网站有关"文化财产保护基金"的简介：http：//www. bunpaku. or. jp/a-
bout_us/kikin/，2017 年 4 月 14 日访问。

《日野町文化财产保护基金条例》《高崎市文化财产保护基金设置、管理和处置相关法规》《草津町文化财产保护基金设置、管理和处置相关法规》等地方性法规设立的地区性文化遗产保护基金会组织，作为该地区专门的文化遗产保护和利用资金管理、募集和分配机构，受地方政府的财政支持并协助政府开展相关文物保护、修复和利用活动。日本《特定非营利活动促进法》规定，社团组织不以营利为目的，没有对社员资格的取得和丧失规定不合理条件，领取报酬的负责人不超过负责人员总数的三分之一，且所从事的活动不以宣传宗教教义、举行宗教仪式或教育和发展信徒，或者推举、支持、反对某一政治主张或者某一公职候选人、人员或某个政党为目的，则为受该法规制的特定非营利活动法人。① 各类文化遗产基金会构成特定非营利活动法人的，须遵守该法关于此类法人之设立、管理、解散与合并以及监管等各环节的相关规定。特定非营利活动法人经在其主事务所在地登记成立，原则上以促进多数不特定人的利益为宗旨，应被视为日本《法人税法》（1965 年第 34 号法律）第 2 条第 6 项规定的"公益法人等组织"的一种，适用该法以及其他法律关于公益法人税收的有关规定。

---

① 日本《特定非营利活动促进法》第 2 条有第 2 款有关"特定非营利活动法人"的定义。本文所引该法条文均采用金锦萍、葛云松主编：《外国非营利组织法汇译》，北京大学出版社，2006 年，第 308～326 页。

第三章

不可移动文物保护

不可移动文物是文化遗产的重要组成部分。不可移动文物保护是现代国家，尤其是欧美国家文化遗产立法的首要内容。

在明确不可移动文物概念和形态的基础上，对不可移动文物所有权、保护原则和保护措施，及其保护规划等问题作出规定，是各国不可移动文物立法的基本内容。随着文化遗产保护理念的发展，不可移动文物的范畴、保护原则与措施，以及保护规划的制定等，都在实践中不断演变，并由此带动相关立法的发展和各项制度更新。此外，不可移动文物保护涉及公共利益，但也是其所有权人的重要财产，对公共利益的保护可能对文物及毗邻不动产所有权人的产权利益施加一定的限制，甚至造成一定的减损，如何处理因此产生的公私利益失衡问题，从而维护公平、提升文物保护的社会效果，也是许多国家文物立法的重要内容。

第一节　不可移动文物的概念和形态

不可移动文物，即物理上呈现不可移动特性、一旦移动将对其形态和功能造成难以逆转之减损的，具有历史、艺术和科学价值的物质文化遗产。法律把存在于人体之外、具有实物形态、能为人所控制和支配从而满足主体或者社会发展需要的具有一定稀缺性的物分为可移动物和不可移动物（动产和不动产），不可移动文物即具有文化遗产价值因而须加以特别保护的不动产的一种特殊类型。

在欧洲现代文化遗产法制初创时期，具有历史、艺术和考古价值的古迹（monument）① 是为法律所关注和保护的文化遗产的首要形式，这导致欧洲国家，特别作为现

---

① "Mounment"直译为"纪念碑"或"纪念性建筑"，指用于纪念（历史上）重要人物或重要事件的建筑物或构筑物。但西方国家的文物立法在对一定意义上 mounment 进行了扩大解释。故本书除个别地方特别注明之外，均将 monument 译为"古迹"。

代文化遗产法制发源地的西欧国家至今仍存在"重文物立法、轻非物质文化遗产立法"的普遍现象，且不可移动文物相关立法的数量、规模和内容，均较可移动文物立法更为丰富和详尽。事实上，由于不可移动的历史古迹不仅是国家和民族历史发展的直观鉴证，在文化、艺术以及经济社会发展方面亦具有重要价值，其保护和利用在各国都是文物保护法重点内容。另一方面，随着文化遗产保护理念的不断发展，不可移动文物的概念和形态亦呈现不断丰富的趋势，这对于各国文物保护法制的更新和完善提出了新的要求。

一、古迹保护优先的现代文物法制初创模式

欧洲大陆国家现代文化遗产法制大都以在政治体制变革中逐渐形成的"国家遗产"制度为基础建立，而在当时人们的认知中，因对国家的存续和发展，以及对维系国民文化和身份认同、促进该国及其民族团结具有十分重要意义而受特别保护的国家遗产，主要是一些记录国家和民族悠久历史的考古遗址和作为重要历史时期或重大历史事件之见证的纪念性建筑，正是这些具有不可移动属性的（历史）古迹，构成这些国家现代文化遗产立法中文化遗产的最初形态。

法国大革命之后，古迹（monument）的概念逐渐形成，最初指代旧制度时期遗留下来的机构场所、宗教建筑、庄园城堡等具有一定历史意义的不动产及其附着物。[①]1840年，内政部公布第一份中央财政支持下受特别保护的1082项历史古迹名录。[②]1887年，法国第一部《历史古迹和艺术品保存法》出台，即将"不动产和历史或巨石古迹"（immeubles et monuments historiques ou mégalithiques）作为其第一章。此处"历史古迹"主要指该法颁行以前已根据其他规定（如上述1840年历史古迹名录）进行列级的古迹建筑及其附着物，根据该法应予列级的不动产即应受保护的历史古迹的组成部分。1913年《历史古迹法》亦依照1887年立法之体例，将具有不可移动形态的古迹建筑保护置于首要位置。事实上，对不可移动古迹建筑的保护一直是法国文化遗产立法的重点：1906年制定、1930年修改的《景观地法》，将一些墓地、教堂、礼拜堂、磨坊、桥梁、废墟或遗址等历史和人文景观纳入保护范围；1941年出台的《关于考古挖掘的法律》从国家对考古发掘的监督、考古发掘的实施、出土文物、罚则等方面，细化了1887年和1913年立法有关考古发掘的规定；1943年通过《关于修改历史古迹法的法律》对1913年古迹立法进行修订，历史古迹周边环境保护制度得以确立；20世纪60

---

① 如与作为"共和国艺术博物馆"的卢浮宫博物馆不同，1795年由亚历山大·雷诺（Alexandre Lenoir）建立的法兰西古迹博物馆（Musée des monument français），其藏品即以受大革命破坏而从不可移动文物中分离出来的具有历史和艺术价值的雕塑和其他附着物为主。不难看出，在当时的社会观念中，"古迹"（monuments）一词主要用以指代不可移动文物及其附着物。

② See *Liste des monuments pour lesquels des secours ont été demandés*, archives du Ministère de la Culture：http：//www. merimee. culture. fr/fr/html/mh/liste_mh. pdf, accessed on 06 – 11 – 2016.

年代，随着马尔罗（André Malraux）出任文化部长以及《关于设立历史街区的马尔罗法》的出台，法国历史古迹保护法制进入新阶段，一系列以古迹为中心的历史环境整体保护制度，也通过相关法律的制定和修改逐步设立；即使在 2004 年《遗产法典》实施之后，不可移动形态的历史古迹保护和考古制度，仍是历次法典修订的重点。

意大利现代文化遗产保护理念的诞生与拿破仑军队对其文化遗产的掠夺密切相关，对可移动文物、艺术品的保护和规制在 1902 年第一部现代文化遗产立法中占有重要地位。但一方面，很多经法律认定的可移动文物，事实上是被拆解的历史古迹（不可移动文物）的一部分，或原用作不可移动文物之装饰，是构成古迹艺术价值或历史价值的重要因素。对这些可移动文物流通问题的规制亦以保护古迹的原真性及其价值完整性为重要宗旨。另一方面，早在国家统一之初，对于古迹修复问题——特别是修复原则的争论就已存在，有关古迹修复的提案和实际工程在 1902 年立法颁行之前亦已出现。[①]由此，对历史古迹——包括古迹建筑、考古遗址等的保护，构成意大利文化遗产法制初创时期的重要内容。20 世纪 30 年代，意大利吸收《关于历史性纪念物修复的雅典宪章》的主要原则和精神，制定了自己的《古迹修复宪章》，后被当时主管文化事务的教育部扩展为《古迹修复指南》。二战之后，欧洲委员会和"欧共体"（欧盟）对文物古迹保护的重点关注也与意大利不可移动文物相关立法的完善相互促进。

而在英美国家，除了文化遗产对于民族和国家的意义逐渐为现代政府所认知之外，国家法律对文化遗产事物的关注，是公众对于古迹遗址的关注度不断提高、遗产旅游日益兴起等社会形势不断推动的结果。

在英国，许多私人业主纷纷将其拥有的古迹建筑向公众开放参观、古迹旅游日益成为社会潮流，政府在此趋势下亦着手将一些原属于皇家的古迹建筑向公众开放，作为政府公共事务的古迹保护与经营由此形成。19 世纪中叶，受法国历史古迹委员会的影响，关于由政府设立类似专门机构为保存和修复"国家古迹"提供专业意见的提议络绎不绝；[②]这一时期现代考古科学的出现，亦使考古遗址逐渐受到关注。由此，英国 1882 年出台第一部《古迹保护法》，将 68 处私有古迹纳入保护范围。事实上，时至当代，古迹保护始终是英国文化遗产立法的重中之重，占相关单行立法的绝大多数，自 1882 年《古迹保护法》颁行起，先后包括 1913 年《古迹法（整合与修订）》、1931 年《古迹法》、1953 年《历史建筑和古迹法》以及 1979 年《古迹和考古区域法》。后两部立法作为现行有效的法律，在当代英国历史古迹的保护中依旧发挥着重要作用。

与英国类似，美国政府对文化遗产保护的关注也是社会公众不断推动的结果；实践中，美国民众的历史保护运动亦集中于历史环境风貌保护和古迹建筑修复领域。纵观美

---

① See Robert Pickard （eds.），*Policy and Law in Heritage Conservation*，Spon Press，2001，pp. 185 – 186.

② See Simon Thurley，*Men from the Ministry：How Britain Saved Its Heritage*，Yale University Press，2013，pp. 29 – 32.

国文物立法历史，1906 年《古物法》主要规制考古发掘及出土文物保护；1916 年《国家公园管理局组织法》所设立的国家公园管理局，最初只是对被纳入国家公园保护范围的重要自然和历史景观这一类不可移动自然或者历史古迹进行保护和管理的机构；1935 年《古迹法》的调整对象主要涵盖美国历史上的考古遗址和历史建筑；1966 年《国家历史保护法》确立的对各类国家古迹的登录制度，主要也是针对不同形态的不可移动文物而言。从这些构成美国文化遗产法制主体的立法中，美国文化遗产法制对古迹建筑的重视程度可见一斑。

在日本，政府早期文化遗产保护的实践与立法主要关注寺庙中的绘画、雕刻、工艺品、书法、古书等可移动文物，1871 年（明治四年）政府颁行的第一部文化遗产保护法令《古器旧物保存办法》的调整范围也以可移动的工艺美术品为限。从 19 世纪 90 年代开始，随着国家政策从"全盘西化"转向"和魂洋才"，本国传统建筑的价值逐渐被挖掘出来，古迹建筑保护相关立法不断涌现：如 1897 年（明治十三年）《古社寺保存法》、1919 年（大正八年）《史迹名胜天然纪念物保存法》等。至 1950 年统一的《文化财产保护法》颁行时，由政府指定的史迹名胜天然纪念物共 1580 多处。① 现行《文化财产保护法》于 2007 年修订，其中除了"有形文化财产"概念中包含古迹建筑物等不可移动文物形态之外，还专设"史迹名胜天然纪念物"、"重要文化景观"等章节，对不同形态的重要古迹文物进行保护。

二、不可移动文物的形态和价值

时至今日，五国现行文物法制都依据不可移动文物具体形态和价值等方面的差异，对其进行了区分，主要包括以下三大类型：

（一）古迹

"monument" 通常指"纪念性建筑"，是用于纪念特殊的人物、事件的建筑物或构筑物；"古迹"（ancient monument）或"历史古迹"（historic monument）即对国家具有重要意义的先代建筑物或者遗址。然而，从法律概念上看，受到一国法律保护的古迹，在形态和价值等方面都具有一定的特殊意义，通常都是一国最重要的不可移动文物，得到法律最高级别的保护和最为严格的控制。纵观五国现行文物法制，法律意义上的古迹主要包括以下几方面特点：

第一，具有严苛的价值标准。作为文物法制中受到最高等级保护的不可移动文物形态，各国法律对古迹的遴选和认定标准十分严苛，一般仅指因包含突出的历史、艺术、考古或者科学价值而对于国家具有十分重要的意义，或者作为国家和民族历史发展进程或重要历史事件之鉴证的不可移动文物，因此又被称为"国家古迹"，是一国"国家遗

---

① 顾军、苑利著：《文化遗产报告：世界文化遗产保护运动的理论与实践》，社会科学文献出版社，2005 年，第 90 ~ 92 页。

产"的首要组成部分。在如此严苛的价值标准之下，与其他不可移动文物相比，古迹的数量十分有限，处于所有不可移动文物之"塔尖"的位置。

第二，具体形态丰富多样。纪念性碑刻、建筑物、考古遗址、历史园林，以及其他符合前述价值标准的地点、区域、古代城镇，甚至作为自然演化史之鉴证的自然遗迹，以及自然和人工共同作用而形成的文化景观等，都可被认定为受保护古迹。

第三，包含重要的公共利益。古迹表现的是一国及其民族最重要的历史和文化，也是构成人类璀璨文明的精华，其中的一些在世界范围内也具有突出的普遍性价值。由此，不论其产权是公有还是私有，都是属于全民族甚至全人类的重要的共同文化财富，具有很强的公共属性，包含重要的公共利益。为此，公私古迹在财产权权能及其行使方式等方面，都受到一定的限制。

第四，受到严格的法律保护和控制。在各类不可移动文物中，法律对古迹的保护和控制措施往往是最为严厉的，主要体现在：（1）严格禁止任何对古迹造成损毁或破坏的行为，违者将承担刑事责任，受到法律严厉的制裁；（2）严格限制可能对古迹的形态、价值及其现有保存状况造成改变的行为，并通过专业资格准入制度和严格的行政审批和许可制度，定期或不定期组织符合专业资质的机构进行古迹修复，以恢复和保持其原真性，主要是一种"静态保护"；（3）严格控制古迹的利用方式，对于有条件向公众开放的古迹，一般都强制要求其所有者在一定条件和时间，将古迹开放公众参观，以发挥其公益价值；（4）为更好地保护其整体风貌和文化价值，法律保护和控制的范围不仅限于古迹本体，也为其附近一定区域内各项建设活动施加一定的限制。

（二）代表性建筑

一些虽未达到古迹之价值标准，但因在建筑、艺术、美学等方面具有一定价值或具有代表某一区域或某类民俗文化之典型性意义，因而受到法律保护的代表性建筑，构成不可移动文物的又一种重要的法律类型。随着社会文化的不断丰富和遗产保护理念的发展，这些文物建筑的数量不断增多，价值标准日趋多元，且很多至今亦发挥除游览参观之外的一定功能，在当代生活中依然发挥着重要作用。

针对以上属性和功能，各国法律亦为此类文物建筑设置了与之相应的保护和规制方式。虽在法律概念、监管主体、监管方式和是否将这些文物建筑进一步细分为不同级别等具体方面存在细微差别，但总体说来，与古迹的"静态保护"和严格管控相对，五国文物立法对于此类登录建筑的保护，采取的是一种"保护与利用相结合、尽量挖掘和发挥其当代价值"的较为灵活的"动态保护"方式：法律对此类建筑的保护，并不影响所有权人和其他相关权利人对该建筑的正常享用，反而鼓励不同主体通过科学合理利用，在有效保护的同时发挥该建筑的当代意义和价值。在获得政府有关部门的审批许可的前提下，该类文物建筑可以被改建、扩建，也可在一定范围和程度上改变其用途；在取得有关部门特别许可的情况下，此类建筑甚至可以被合法拆除。

（三）历史文化区域

随着文化遗产整体保护理念的提出和不断发展，以其中的不可移动文物为依托，兼具可移动和不可移动文物、物质文化遗产和非物质文化遗产要素的一定的历史文化区域，成为受保护的又一重要文化遗产类型，在法律上主要采用与不可移动文物保护相类似的规则和制度加以保护。1975 年《欧洲建筑遗产宪章》（*European Charter on Architectural Heritage*）指出："欧洲建筑遗产不仅包含最重要的纪念性建筑（monument），还包括那些位于古镇和特色村落中的次要建筑群及其自然环境和人工环境。多年来，只有一些主要的纪念性建筑得以保护和修缮，而纪念物的周边环境则被忽视了。直到最近，人们才逐渐认识到：周边环境一旦遭到破坏，纪念物中的许多特征也会丧失……尽管一些建筑群体中没有价值十分突出的范例，但其整体氛围具有艺术特质，能够将不同时代和风格融合为一个和谐的整体，因此，这类建筑群也应该得到保护。"1976 年联合国教科文组织《关于历史地区保护及其当代利用的建议》中也明确提出：历史地区及周围环境应当被视为一个不可替代的共同遗产。每个历史地区及其周围环境都应该作为一个相关的整体来考虑，而这个整体的平衡和特性取决于构成该整体的各部分的融合情况，并且包括人类活动与建筑物、空间结构和周围环境的整合情况。因而，任何有效的要素，包括人类活动，不管多么普通，都具有不容忽视的与整体相关的意义。[①]

五国的区域保护制度存在一定差别，其实质在于该遗产区域的主管部门与文物行政机关之间关系的不同。总体而言，大致有以下几种模式：

1. 文物行政部门指定设立并负主要监管职责：如日本重要文化景观区域由文部科学省根据地方公共团体的提议而指定，其监管亦由文化厅通过设立监管人、现状报告以及现状更改通知等制度或方式进行。

2. 文物行政部门认定，并在规划部门和其他相关政府部门的协同下进行规划和监管：如法国 2016 年对《遗产法典》进行修改，将原《遗产法典》中许多不同的保护区域制度，如保护区（Secteur sauvegardé）建筑、城市与景观保护区（2PPAUP）建筑和遗产开发区（Aires de mise en valeur de l'architecture et du patrimoine，AVAP）等，统一改为"杰出遗产景观地"，包含所有从历史、建筑、考古、艺术或者景观视角来看具有公共利益，进而应当予以保护、修复、复兴和价值重现的城镇、村落或者街区[②]。"杰出遗产景观地"由文化部根据国家遗产和建筑委员会的咨询意见以及有关职能部门开展的公众调查的结果，在规划部门、地产部门等地方政府部门提议或征求其同意后予以列级保护；但只有国家遗产和建筑委员会的列级意见而缺乏地方职能机构同意的，也可根据最高行政法院法令予以列级。[③] 然而，此区域内不同类型规划的制定和实施，则依《规划法典》的相关规定，由不同机构和部门进行。[④] 在美国，除国家公园内的重要历

---

① UNESCO《关于历史地区的保护及其当代利用的建议》，第 2、3 条。参见［芬兰］尤嘎·尤基莱托著：《建筑保护史》，郭旃译，中华书局，2011 年，第 402 页。

② *Code du Patrimoine*（2016），art L631 – 1.

③ *Code du Patrimoine*（2016），art. L631 – 2.

④ *Code du Patrimoine*（2016），art. L631 – 3. "保护规划"相关内容详见本章第三节。

史区域由国家公园管理局负责监管之外，文化遗产区域的划定和规划是州和地方政府的职责，相关的法律、规划、指导意见等规范性文件由州议会或地方议会、州政府或地方政府、历史保护组织等主体所制定。但根据《国家历史保护法》的规定，一州范围内的历史保护规划的制定和实施由州历史保护办公室负责①，即地方文物行政主管部门是文化遗产区域的主要监管部门，向地方政府提出划定文化遗产保护区域的建议，并在其他相关部门的协同下监督该区域内的相关活动。"国家遗产区域"② 虽由国会直接指定设立，但作为一种由基层民众和地方社区所驱动和主导的遗产保护和经济发展系统，地方政府及其规划部门在该区域保护和发展中也享有重要权力。在意大利，为保护文物建筑及其附近区域历史风貌，文化遗产部相关区域办公室，经与大区和市镇沟通，应采取适当决定以避免与其价值保护和开发的特定要求不相符的使用，包括禁止个人使用倡导公共使用。③

3. 由建设与规划部门主导保护区域的划定，并日常监管。如在英国，依《（登录建筑和保护区）规划法》的规定，具有特殊建筑学或者历史意义的保护区由地方规划部门自主划定，规划部门也有权对保护区内保护规划的编制、建设控制以及登录和注册文物建筑（但登录和注册文物建筑的指定由文化部进行）的保护进行监管。意大利景观资产保护区域的划定、规划的制定及实施，主要是中央、大区和地方政府规划部门的责任，文化遗产部只在自己有限的职能范围内予以协同和配合。④ 在日本，根据 2007 年《文化财产保护法》规定，除重要传统建筑群保存地区由文部科学省指定之外，一般的传统建筑群落，即在保存某一区域传统文化方面具有重要意义的城镇或乡村的划定和保护，依据《城市规划法》的有关规定，由中央或地方政府规划部门主导。⑤ 此外，2008年《地域历史风貌保持及发展法》（地域における歴史の風致の維持及び向上に関する法律，简称为"歴史まちづくり法"［《历史规划建设法》]），引入"历史风貌（区）"的概念，即"反映地域固有历史和传统的人的活动，与作为活动场所的具有较高历史价值的建筑物，以及周边街区融为一体所形成的良好的街区环境"⑥，扩展了"传统建筑群保存地区"的概念范围，将人的活动、历史建筑、街区（建筑群）三者合为有机整体。其区域划定、保护和改善规划的制定和实施，在中央政府负责文物行政、乡村建

---

① *National Historic Preservation Act*（1966），Section 101（54 U. S. C. Chapter 3021）.

② 美国"国家遗产区域"是由国会指定的，由自然、文化和历史资源有机结合而成的，讲述国家重要历史故事并表现国家遗产多样性的具有重要文化意义的国家活态（lived-in）景观，是一种由基层民众和地方社区所驱动和主导的遗产保护和经济发展系统。"国家遗产区域"不属于国家公园系统。参见美国国家公园管理局网站：https：//www. nps. gov/articles/what-is-a-national-heritage-area. htm，2017 年 10 月 10 日访问。

③ *Codice dei beni culturali e del paesaggio*，articolo 52.

④ *Codice dei beni culturali e del paesaggio*，articolo 135.

⑤ 参见日本《文化财产保护法》，第 142、143、144 条。

⑥ 日本《地域历史风貌保持及发展法》，第 1 条。

设和城市规划事务的大臣制定基本方针之后，具体规划的编制和实施亦由所在市、町、村等地方规划部门报上述主务大臣审查之后执行。作为最高文物行政长官的文部科学大臣只有决策参与权，却没有独立决策权，决策的实施也由地方规划部门执行。

当然，各国的历史文化区域制度与古迹保护制度并不矛盾。历史文化区域中包含保护级别更高、保护规则更严厉的（历史）古迹的，（历史）古迹保护相关法律规则优先于区域保护规则适用。

三、不可移动文物法律概念的扩展

近年来，文化遗产的外延不断拓展，内涵不断丰富，具体表现形态也日趋多样化。一些新的文化遗产形态逐渐进入法制的视野。

自 1994 年于西班牙马德里召开的文化线路遗产专家会议提出"文化线路"的概念之后，2008 年国际古迹遗址理事会（ICOMOS）第十六次大会即通过《文化线路宪章》（*Charter on Cultural Routes*），将文化线路作为一种新的大型遗产类型正式纳入"世界遗产名录"范畴。该宪章将"文化线路"定义为："拥有清晰的物理界限和自身所具有的特定活力和历史功能为特征，服务于一个特定的明确界定的目的，且满足以下条件的陆路、水路及其他类型的任何交通线路：1. 它必须产生于并反映人类的相互往来和跨越较长历史时期的民族、国家、地区或大陆间的多维、持续、互惠的商品、思想、知识和价值观的相互交流；2. 它必须在时间上促进受影响文化间的交流，使它们在物质和非物质遗产上都反映出来；3. 它必须要集中在一个与其存在历史联系和文化遗产相关联的动态系统中。"通常，文化线路不是单个文化遗产，其沿线都具有多个遗产点，反映出的是由重视单个遗产向同时重视群体遗产的遗产保护发展方向。欧洲区际法层面对文化线路保护的关注早在 1998 年欧洲委员会相关会议文件①中就有所体现。

此外，随着信息时代的到来，工业化时代的大量文明成果也逐步进入遗产保护的视野。2003 年，作为国际古迹遗址理事会专门顾问机构之一的国际工业遗产保护联合会（TICCIH）在下塔吉尔通过《有关工业遗产的下塔吉尔宪章》（*the Nizhny Tagil Charter For The Industrial Heritage*），明确了工业遗产的概念和价值："工业遗产是指工业文明的遗存，它们具有历史的、科技的、社会的、建筑的或科学的价值。这些遗存包括建筑、机械、车间、工厂、选矿和冶炼的矿场和矿区、货栈仓库，能源生产、输送和利用的场所，运输及基础设施，以及与工业相关的社会活动场所，如住宅、宗教和教育设施等。""工业遗产是工业活动的见证"，它是"普通人们生活记录的一部分，并提供了重要的可识别性感受，因而具有社会价值"；"这些价值是工业遗址本身、建筑物、构筑物、机器和装置所固有的，它存在于工业景观之中，存在于成文档案之中，也存在于一

---

① *Résolution* 98 （4）, *sur les itinéraires culturels du Conseil de l'Europe*, adoptée par le Comité des Ministres le 17 mars 1998, lors de la 623e réunion des Délégués des Ministres.

些无形记录，如人的记忆与习俗之中"。此致，工业遗产的保护也成为遗产保护领域理论和实践的重要探索。

文化线路、工业遗产等新型遗产保护的实践探索，对文物保护的理念、原则与方法等都产生了深刻的影响，对国家文化遗产法制提出了新的要求。然而，目前五国文物保护立法中并未出现作为一种独立文化遗产类型的文化线路和工业遗产之概念，对这些新的遗产形式的保护在很大程度上依托于本国现有不可移动文物保护和管理制度。这大大扩展了法律意义上不可移动文物的概念外延，也对不可移动文物法制的更新完善提出了新的挑战。

第二节　保护原则

在不可移动文物范畴不断扩展、保护理念日益更新的情况下，五国不可移动文物保护原则和具体措施也日益发展和丰富。法律所确立的保护原则，是不可移动文物保护和修复的基本依据。

五国文物立法中的不可移动文物保护原则，主要包括真实性原则、整体保护原则、保护与利用相结合原则等。这些原则包括了不可移动文物保护方法和保护宗旨等不同方面，体现了各国在不可移动文物保护法律原则方面的共识，在现代国家不可移动文物保护法制中具有普适性。与此同时，由于文物管理和保护体制、实践传统、现实国情和具体问题等方面存在差异，不同国家法律制度和实践对这些原则的理解，以及落实这些原则的具体方式等，也具有各自不同的特点。保护理念方面的差异不仅在五国文物保护基本立法中，通过具体法律制度和规则体现出来，在有关行政机关或专业机构出台的一系列法规政策、标准、导则等规范性文件中，更具有鲜明体现。

一、真实性原则

真实性原则是文化遗产保护的基本原则，意即保护文化遗产的原真性、维持其历史原貌，也包括真实地表现其不同时期的发展过程。"真实性原则要求在文化遗产的认定、记录、保存、修缮和传承等各个环节，完整准确地保护文化遗产本身的历史信息和文化价值的真实性，不得随意改动、破坏其历史信息和文化价值。"[1]

真实性原则在不可移动文物保护中具有特别重要的意义。事实上，作为现代文化遗产保护的首要法律原则，该原则最初即确立于不可移动文物保护和修复领域。虽然早在1931年的第一届历史古迹建筑师及技师国际会议《关于历史性纪念物修复的雅典宪章》

---

[1] 王云霞主编：《文化遗产法教程》，商务印书馆，2012年，第50页。

（*The Athens Charter for the Restoration of Historic Monuments*，1931，又称"1931 年《雅典宪章》"）中，一些保护和修复文物建筑的技术条款已体现出尊重不可移动文物及其历史信息真实性的含义，但通常认为，1964 年第二届历史古迹建筑师及技师国际会议《关于古迹遗址保护与修复的国际宪章》（*International Charter for the Conservation and Restoration of Monuments and Site*，*The Venice Charter* 1964，又称"1964 年《威尼斯宪章》"）中明确提出"将历史古迹真实地、完整地传承下去"的使命与职责，以及在此目标使命下对不可移动文物保护和修复工作提出的一系列具体原则要求，使得不可移动文物保护和修复的真实性原则在现代法律秩序中确认下来。

不可移动文物保护的真实性原则，涵盖了不可移动文物保护和修复相关工程中几条主要的具体原则和要求，主要包括谨慎干预原则和保护历史信息真实和完整原则。

（一）由"原状保护"原则到"谨慎干预"原则

早期各国文物立法以及相关国际文件将保护不可移动文物真实性理解为狭义的"原状保护"原则。"原状"指的是文物原本的状态和面貌，包括它的形制、结构、材料、工艺等四方面要素。对文物"原状"的理解，在中外文物保护历史发展中，都存在一个由"文物始建（造）时的原初状态"到"保留'不同时期的改变和岁月的痕迹'，不改变文物现状"的过程。① 1931 年《雅典宪章》提出，应谨慎地运用现代技术资源，"加固工作应尽可能隐藏起来，以保证修复后纪念物的原有外观和特征得以保留"②，并且尽可能采取将找到的原物碎片进行修复的"原物归位"的方法进行保护③。1964 年《威尼斯宪章》亦指出，古迹的修复应"以尊重原始材料和确凿文献为依据"④，"决不允许任何导致改变主体和颜色关系的新建、拆除或改动"⑤；为公共利益使用古迹"绝不能改变该建筑的布局或装饰"⑥；"除非出于保护古迹之需要，或因国家或国际之间极为重要利益而证明有其必要，否则不得全部或局部搬迁该古迹"⑦。为更加真实、完整地保护不可移动文物之原状，《雅典宪章》和《威尼斯宪章》还提出了文物保护和修复工程的可识别和可逆性问题。《雅典宪章》第 6 条明确指出，在保护过程中使用新材料必须是可识别的；《威尼斯宪章》则进一步重申，"任何不可避免的添加都必须与该建筑物的构成有所区别，并且必须要有现代标记"⑧，"缺失部分的修补必

---

① 参见王璐：《溯源与新解：论文物古迹'原状'》，《东南文化》2018 年第 2 期，第 6～12 页；高天：《中国'不改变文物原状'理论与实践初探》，《建筑史》（第 28 辑），第 177～184 页。

② *The Athens Charter for the Restoration of Historic Monuments*（*1931*），article 4.

③ *The Athens Charter for the Restoration of Historic Monuments*（*1931*），article 6.

④ *International Charter for the Conservation and Restoration of Monuments and Site*（*1964*），article 9.

⑤ *International Charter for the Conservation and Restoration of Monuments and Site*（*1964*），article 6.

⑥ *International Charter for the Conservation and Restoration of Monuments and Site*（*1964*），article 5.

⑦ *International Charter for the Conservation and Restoration of Monuments and Site*（*1964*），article 7.

⑧ *International Charter for the Conservation and Restoration of Monuments and Site*（*1964*），article 9.

须与整体保持和谐，但同时须区别于原作，以使修复不歪曲其艺术或历史见证"①。

文物自建造出来流传至今，久经自然力作用和历代人们保护利用的人力改造所留下的痕迹，也反映了历史和文化变迁的重要信息，亦具有重要的保护价值。《威尼斯宪章》正视了这一问题，指出"保护和修复古迹的目的旨在把它们既作为历史见证，又作为艺术品予以保护"②。为此，"各个时代对古迹建筑物所做的正当贡献必须予以尊重。"③ 1994 年在由日本政府文化事务部与联合国教科文组织、国际文化财产保护与修复研究中心（ICCROM）及国际古迹遗址理事会（JCOMOS）共同举办的"与世界遗产公约相关的奈良真实性会议"上通过的《奈良真实性文件》亦进一步对文化传承和发展中的真实性做出阐释，指出应避免在试图界定或判断古迹建筑或历史场所的真实性时套用机械化的公式或标准化的程序，对真实性的界定应尊重文化与遗产的多样性，特别是尊重遗产社区所认可和时代传承的核心价值，正视文化遗产的发展与传承。由此，对不可移动文物真实性的保护由"原状保护"原则向"谨慎干预"原则扩展。

"谨慎干预原则"在五国文物立法中体现为谨慎干预，即由专门的文物行政部门（或专门机构）对不可移动文物相关工程或干预行为进行事先审批、过程指导和监管：各国法律都禁止破坏、损毁或其他对不可移动文物保存现状造成损害的行为，并要求添加、改建、部分拆除不可移动文物，或者进行其他对不可移动文物形态、现状及其历史风貌造成改变的相关工程，须经有关部门的专门许可；一些国家法律还明确了文物行政部门对于工程过程的监管职能。在英国，行为人进行可能导致不可移动文物损毁，以及可能对其形态或保护价值造成影响的改建、扩建工程时，须征得有关部门的批准④，否则将面临罚金、监禁或者二者并处的刑罚。罚金的数额和监禁的时间根据涉案文物的保护级别和追责方式的不同而存在差异。⑤ 在法国，列级不可移动文物的拆除或部分拆除和移位，其维护、修缮或改建工程的实施，以及附着于不可移动文物的部件和装饰的拆除，都需要经有关部门特别许可，并且在国家古迹部门的科技监管下进行；⑥ 登录不可移动文物相关建设工程建设许可证的授予也须征询古迹部门的意见。⑦ 行为人违反上述规定造成不可移动文物及其部件拆除或部分拆除的，有权机关可在一定期限内指导和督促该违法者将文物恢复原状，所需费用由行为者、拆除或部分拆除部件售卖者及购买者连带承担；紧急情况下，还可要求违法者在一定期限内采取防止该文物损毁、破坏的必

---

① *International Charter for the Conservation and Restoration of Monuments and Site*（1964），article 12.

② *International Charter for the Conservation and Restoration of Monuments and Site*（1964），article 3.

③ *International Charter for the Conservation and Restoration of Monuments and Site*（1964），article 11.

④ See *Planning*（*Listed Buildings and Conservation Areas*）*Act*（1990），art. 7；*Ancient Monuments and Archaeological Areas Act*（1979），art. 2.

⑤ See *Planning*（*Listed Buildings and Conservation Areas*）*Act*（1990），art. 9；*Ancient Monuments and Archaeological Areas Act*（1979），art. 2.

⑥ *Code du Patrimoine*（2016），art. L621 - 9.

⑦ *Code du Patrimoine*（2016），art. L621 - 27.

要措施。① 除此之外，违法行为人还可能依据《遗产法典》和《规划法典》的相关条款，受到不低于 1200 欧元的刑事罚金惩罚。② 对这些违法拆除的不可移动部件的获得是无效的，行政机关和原所有权人自知晓获取行为之日起 5 年内，可行使追索权，还可要求违法行为人赔偿因此而受到的利益损失。即使是善意持有人，也须将此物返还有关机关或原所有权人，但有权获得其支付的价款。③ 在意大利，《文化财产和景观法典》第 20 条明确规定："不得损害、破坏或损毁文化财产；文化财产的使用不得与其历史和艺术价值相违背或对其造成损害。"第 21 条则详细列举了需要文化遗产部特别许可的活动或行为，第一项便是不可移动文物的移位、拆除或重建；此外，文化财产的监管人可以随时对文化财产的保存情况进行监管和检查。④ 违法对不可移动文物的保存现状造成改变或损害的，文化遗产部可责令行为人采取必要措施恢复原状并承担相关费用；行为人拒不执行该命令的，由文化遗产部在职权范围内代为执行，并依照国家强制性财产收费相关规定中明确的方式向违法主体收取相关费用。⑤ 未经批准对不可移动文物进行拆除、移位、改建、重建或开展与不可移动文物相关工程，或者未经监管人批准拆解附着于不可移动文物的壁画、铭牌、涂鸦、牌匾、碑文铭刻、壁龛和其他建筑装饰物，且拒不执行监管人的停工命令的，还可能面临 6 个月以上、1 年以下监禁，以及 775 欧元至 38734.5 欧元罚金的刑罚处罚。⑥ 在日本，不可移动文物出现损毁、毁坏等情况的，其所有权人或者负有管理责任的主体应在发现该情况之日起 10 日内，就文物损毁情况向文化厅长官进行书面报告；⑦ 所有权人或其他管理责任主体欲对文化财产进行迁移的，须至少提前 20 日将有关情况书面报告文化厅；⑧ 任何主体欲改变重要文化财产之现状或者实施相关保护工程的，都必须得到文化厅许可；修缮或改建登录文化财产的，也须提前 30 日将此情况告知文化厅，无论是否须经文化厅特别许可，文化厅均可就现状之改变或工程之实施做出必要的指导；在行为人未按照许可范围采取行动时，文化厅可随时中止、终止或撤销该许可。⑨ 所有权人或管理责任人在修缮登录文化财产之前，须提前至少 30 日向文化厅报告，文化厅可就该文化财产之修缮提出建议或进行技术指导；⑩ 还可要求所有权人或其他管理责任主体向其报告该文化财产的保存现状。⑪

---

① *Code du Patrimoine* (2016), art. L621 – 33.

② See *Code du Patrimoine* (2016), art. L61 – 1; Code de l'urbanisme, art. L480 – 4.

③ *Code du Patrimoine* (2016), art. L621 – 33.

④ *Codice dei beni culturali e del paesaggio*, articolo 19.

⑤ *Codice dei beni culturali e del paesaggio*, articolo 160.

⑥ *Codice dei beni culturali e del paesaggio*, articolo 169.

⑦ 参见日本《文化财产保护法》，第 33、61 条。

⑧ 参见日本《文化财产保护法》，第 34、62 条。

⑨ 参见日本《文化财产保护法》，第 43、64 条。

⑩ 参见日本《文化财产保护法》，第 43 条之二、第 66 条。

⑪ 日本《文化财产保护法》，第 68 条。

即使是不在重要文化财产和登录文化财产名录之内的一般文化财产的保护和修缮，责任主体也可请求文化厅提供技术指导。①

此外，一些国家文物行政部门还在法规、政策或指南性文件中明确了谨慎干预原则的具体要求：如在英国，由文化部和"英格兰史迹"出台的《历史古迹可持续管理保护原则、政策与导则》（*Conservation Principles*，*Policies and Guidance for the Sustainable Management of Historic Monuments*）中明确指出，对不可移动文物的干预应"在证明该干预可增进公众对过去的理解、加强遗产某一方面价值，或者是为当代人和后代人维持该文物价值之必须，且干预的益处远比给该文物带来的伤害更大"的情况下才能进行；②且改变历史环境相关的各项决策的做出，不仅要求基于专业的和经验的判断，还要程序的公开透明，因其他更高的公共利益之需而必须改变历史环境的，应尽可能将改变限制在最小的和可控的程度范围之内。③ 法国《遗产法典》的法规部分，对国家古迹部门进行科技监管的目的、内容和方式等作出具体规定：科技监管的目的在于定期检查国家列级古迹及其保存现状、保存方式及保护持续性状况等；检查并确保使用《法典》第L621 - 9 条之规定对列级古迹的进行干预与古迹之状况相匹配，不对列级不可移动文物的历史和艺术价值造成损害，也不影响将该古迹良好的保存现状传承给后代人。④ 国家古迹部门根据所涉文物的特点，在对与该古迹相关之文献档案资料展开研究的基础上，确定对该古迹进行干预的条件。⑤ 简而言之，科技监管旨在保证对列级古迹的干预控制在一个合理和谨慎的限度内，以保护列级文物的原真性。此外，列级古迹保护和修复工程的开展，还须经过一系列对工程必要性及其方案的研究评估。⑥ 在美国，国家公园管理局科技保护部门颁布施行的《历史财产保护标准》（*Standards for the Treatment of Historic Properties*）自 1995 年起即被纳入《联邦法规汇编》（*Code of Federal Regulations*）。2017 年最新颁布的《历史财产保护标准暨历史建筑保存、修复、修缮和重建指南》（以下简称《标准与指南》）将不可移动文物保护手段分为保护（preservation）、复原（rehabilitation）、修复（restoration）和重建（reconstruction）四类，并针对每一种保护手段制定单独的标准。"保护"是首要和最常见的不可移动文物保护手段，针对现存文物建筑外观形制、整体性及其材料的维护，主要是在不改变原状原则的指导下对不可移动文

---

① 日本《文化财产保护法》，第 70 条。

② Conservation Principles，Policies and Guidance for the Sustainable Management of Historic Monuments，*Conservation Principles*，Section 4，available at：https：//content. historicengland. org. uk/imagesbooks/publications/conservation-principles-sustainable-management-historic-environment/conservationprinciplespoliciesguidanceapr08web. pdf/，accessed 21 - 09 - 2017.

③ *Conservation Principles*，Policies and Guidance for the Sustainable Management of Historic Monuments，*Conservation Principles*，Section 5.

④ See *Code du Patrimoine* (*2016*)，art. R621 - 18.

⑤ *Code du Patrimoine* (*2016*)，art. R621 - 19.

⑥ See *Code du Patrimoine* (*2016*)，arts. R621 - 32 & R621 - 34.

物及其历史材料进行日常的养护和修缮，不允许改建、添建或者新建。"复原"是指在不影响表现文物建筑之历史、文化和建筑学价值之特点的前提下，通过对历史建筑进行一定的修缮与改建，使该文物建筑重新发挥与之相匹配的功能。"修复"强调通过描绘其形制、特征和历史特点，通过消除该建筑在其他历史时期的特点而突出恢复其某一特定历史时期丢失的历史信息。这种保护方法允许在一定限度内保留或改造实现该文物当下功能所必需的内部电网、灌溉系统等设施，着重保护该文物在发展变迁中最具价值的历史特征，对其他时期非重要的历史特征，则在一定条件下允许移除。而"重建"，则是在非常有限的情况下，采用新材料重建已经不存在的遗址、景观、建筑物或者构筑物，这是不可移动文物保护方法和《标准与指南》中置于最后的措施，且《标准与指南》中明确指出，重建的建筑物应被视为当代的再创造。① 美国对于这四种保护方法的分类和应用条件的限制，也是不可移动文物由"原状保护原则"到"谨慎干预原则"的集中体现。意大利作为《威尼斯宪章》的积极推动国，亦将《威尼斯宪章》有关保护和修复的主要精神和内容——包括"原状保护"和"谨慎干预"原则——体现在其文物古迹保护和修复实践中。在日本，文部科学省也颁布了《国宝、重要文化财产等进行管理、修理的技术指导规则》，要求对国宝、重要文化财产等文物进行管理和修缮时，需要文化厅或其他相关机构提供技术指导的，必须提交有关该文物的现状、位置、材料、保护和修复方案、修缮及其技术指导的必要性说明等一系列有关论证材料，也体现出日本在对待文化财产保护和修复事务方面的谨慎干预原则。

（二）保护历史信息真实和完整原则

《威尼斯宪章》明确要求，在保存不可移动文物的形态和风貌的同时保存其历史信息的真实性和完整性。该《宪章》第 11 条指出："各个时代对古迹建筑物所做的正当贡献必须予以尊重，因为修复的目的不是追求风格的统一。当一座建筑物含有不同时期的重叠作品时，只有在特殊情况下，在被去掉的东西价值甚微，而被显示的东西具有很高的历史、考古或美学价值，并且保存完好足以说明这么做的理由时，揭示底层才能被证明具有正当理由。由此涉及的对各部分重要性以及决定毁掉什么内容的评估，不能仅仅依赖于负责此项工作的个人。"这引发了人们保护与文物相关历史信息的反思，并将历史信息的保护写入相关法律与政策中。

保护历史信息真实性与完整性原则在一些国家的文物法制、政策和建议、指南中均有鲜明体现。如在英国，《历史古迹可持续管理保护原则、政策与导则》将价值保护原则作为文物古迹保护的重要原则之一。该原则指出：由自然过程、折旧、撕裂和使用以及由于社会、经济和技术的变化而导致的人类活动方式改变等原因所造成的历史环境的

---

① *The Secretary of the Interior's Standards for the Treatment of Historic Propertieswith Guidelines for Preserving, Rehabilitating, Restoring and Reconstructing Historic Buildings*, available at：http：//odessa. delaware. gov/files/2014/10/Appendix – 5 – NPS-Standards-Guidelines-for-Preservation. pdf，accessed 27 – 09 – 2017.

变化是不可避免的，保护只是通过以适当的方式管控这些变化，使得该遗产及其历史环境的价值得以维持，并努力向当代和后代公众揭示和加强这些价值。由此，古迹文物的保护应以理解古迹之价值为基础，通过对其脆弱易变价值的判断，采取措施并施以必要限制来维护、揭示和加强这些价值，协调不同价值之间的冲突，通过使古迹各要素真实地体现遗产价值，从而确保该古迹的真实性。应对自然变化对古迹造成伤害性影响和降低灾害之风险的措施应当及时、适当；积极的干预只有在能够维持、揭示和强化古迹价值且远超过对古迹之伤害的情况下才具有正当性。传统工艺的选择或新方法的使用也应遵从价值保护原则。① 决策记录和研究原则（Documenting and learning from decisions）也指出，证明历史环境保护相关决策正当性的材料、记录和档案对于理解该历史环境、受保护地点或场所的价值及其变迁过程有着重要意义。因此，应在做好日常监测的同时做好相关记录，并在必要时对既往档案和资料展开分析和研究并公布结果，以更好地保护和使公众了解该文物的历史信息。② 美国《历史财产保护标准暨历史建筑保存、修复、修缮和重建指南》中的复原、修复手段，核心也在于对不可移动文物承载的历史信息的保护和传承。该《标准与指南》有关不可移动文物具体部件之修复和翻新的技术指导中，也处处体现着通过明确的标识和关键部位原材料和原工艺的运用，保存该文物的关键历史信息的理念。在法国，国家古迹部门在确定对不可移动文物相关工程进行科技监管的方式和条件时，应预先开展相关文献档案和科技研究与调查③，并可提出相关建议，保证修复工程的开展建立在全面的研究评估、每个项目环节必要性和专业性诊断、以及明确工程承包商职责的基础上④；在工程的每一个环节，承包商还应确保其实施皆建立在项目开展之前的研究（包括总体研究和决定性研究）、工程研究以及工程实施与许可内容一致性研究的基础之上，并就工程各环节有关记录、档案和文献材料的移交事宜做出安排。⑤ 在扎实的研究基础上通过保护和修复工程的实施过程来保存不可移动文物的历史信息，也是这些具体规则的重要目的之一。

二、整体保护原则

整体保护原则指的是在文化遗产的保护中不能割裂共同体现文化遗产的历史、文化和美学价值的各要素，应完整地保护文化遗产所有的形式与内涵，包括其所处的人文与自然环境。对不可移动文物保护而言，整体保护原则要求必须将不可移动文物及其所处

---

① *Conservation Principles*, *Policies and Guidance for the Sustainable Management of Historic Monuments*, *Conservation Principles*, Section 4.

② *Conservation Principles*, *Policies and Guidance for the Sustainable Management of Historic Monuments*, *Conservation Principles*, Section 6.

③ *Code du Patrimoine* (*2016*), art. R621 - 19.

④ *Code du Patrimoine* (*2016*), art. R621 - 32.

⑤ See *Code du Patrimoine* (*2016*), art. R621 - 34 & R621 - 36.

环境作为一个整体加以保护，不仅不能拆分不可移动文物及其部件和装饰构成的整体，还不能割裂文物本体与其所处人文和自然环境之间形成的和谐关系，后者在不可移动文物保护实践中有着重要的现实意义。

整体保护原则在《雅典宪章》中即有明确体现，其第 3 条规定："在建造过程中，新建筑的选址应尊重城市特征和周边环境，特别是当其邻近文物古迹时，应给予周边环境特别考虑。一些特殊的建筑群和风景如画的眺望景观也需要加以保护"。"从保存其历史特征的角度出发，有必要研究某些纪念物或者纪念建筑群适合配置何种装饰性花木"，"在具有历史和艺术价值的纪念物的邻近地区，应杜绝设置任何形式的广告或树立有损景观的电杆，不许建设有噪音污染的工厂和高耸柱状物"。《威尼斯宪章》再次重申："历史古迹的要义不仅包括单个建筑物，而且包括能从中找出一种独特文明、一种有意义发展或一个历史事件见证的城市或乡村环境。"①"古迹保护包含着对一定环境的保护"②；"古迹不能与其所见证的历史和其产生的环境分离"③。"任何添加均不允许，除非它们不至于贬低该建筑物的关键部分、传统环境、布局平衡及其与周围环境的关系。"④ 由此可见，不可拆分、历史风貌保护和文化与自然景观相协调，是不可移动文物整体保护原则的三个重要方面。

（一）不可拆分

不可拆分由法国考古学家、建筑理论家德坎西（Antonie Chrysostome Quatremère de Quincy）于 18 世纪末期首次提出，他强烈反对"只要把所有流派的名画集于一堂，便可创造出它们在本土产生的同等效果"的荒谬观点⑤，创造性地提出"拆分就是破坏"⑥ 的文化遗产保护理念，认为文化遗产的艺术、历史和文化价值，只有在其原生环境中才能得到最为完整的表达。"故土本身即为博物馆的组成部分"⑦，"拆分罗马博物馆意味着扼杀根植于其整体当中的所有知识"⑧。五国文物保护法制都严格禁止或限制对古迹或者历史建筑进行部分拆除的行为。鉴于相关法律规则在前文原状保护原则相关内容中已有明确阐释，此处不再赘述。

---

① *International Charter for the Conservation and Restoration of Monuments and Site* (*The Venice Charter*, *1964*)，article 1.

② *International Charter for the Conservation and Restoration of Monuments and Site* (*The Venice Charter*, *1964*)，article 6.

③ *International Charter for the Conservation and Restoration of Monuments and Site* (*The Venice Charter*, *1964*)，article 7.

④ *International Charter for the Conservation and Restoration of Monuments and Site* (*The Venice Charter*, *1964*)，article 13.

⑤ Edouard Pommier（eds,），*Lettres à Miranda sur le Déplacement des Monument de l'Art de l'Italie*, *Sixième Lettre*, Éditions Macula, 1989，p. 126 ~ 127.

⑥ Edouard Pommier（eds,），op. cit.，*Troisième Lettre* p. 100.

⑦ Edouard Pommier（eds,），op. cit.，*Troisième Lettre* p. 101.

⑧ Edouard Pommier（eds,），op. cit.，*Troisième Lettre* p. 100.

（二）历史环境和风貌保护

历史环境和风貌保护，即不可移动保护不仅限于其文物本体，还应维护围绕该文物所形成的历史环境和历史风貌不受现代化建筑或景观的侵蚀和破坏。这一原则要求法律对围绕不可移动文物所形成的一定范围内的建设及其他相关工程加以严格禁止或限制，或者对其毗邻不动产也施加一定的限制或采取一定的措施。如在英国，《古迹和考古区域法》明确规定为保护列级古迹之需，文化大臣或者有关公共机构可收购其毗邻不动产及相关地产权利，按照列级古迹监护制度对其设立监护①，并通过与有关权利人签订协议的方式，对在毗邻古迹的不动产上实施相关工程作出特别安排②。对于登录建筑，法律则要求将其保护和监管纳入地方规划体系，要求地方规划部门在制定有关规划时对历史建筑及其周边风貌加以特别尊重和保护。③ 在法国，不可移动文物周边环境保护制度早在 1943 年对 1913 年《历史古迹法》进行修订时就已确立：一旦某建筑被认定为受保护历史古迹，其周边便自动形成 500 米半径、约 78.5 公顷面积的保护范围，其中的建设活动都受到严格控制，包括：不能有任何未经特殊许可的建设、保护与历史建筑息息相关的自然元素、保护围绕历史古迹的建筑物、保护基地上或街道上的特征（如城市家具、铺地材料、公众照明等）。该保护范围的范围在认定历史古迹的同时自动生成，毋需再有任何附加的划定程序，执行的是空间或视觉的双重条件：凡位于历史古迹可视范围内（从历史古迹可看到该建筑），或者从某个重要景观点可同时看到二者，且距该历史古迹不超过 500 米的区域或建筑，都在此保护的范围内。④ 在此后的数次法律改革中，此保护范围的划定方法不断扩展，在自动生效的 500 米区域和可视范围之外，有关行政机关还可根据该不可移动文物的实际情况对周边保护范围进行扩展或重新界定；⑤ 根据 2016 年新修订的《遗产法典》，凡与历史古迹共同构成一个严密整体或者可能对该古迹之保护和价值发挥具有促进作用的不动产或其整体，都应纳入该古迹周边环境的保护范围。该区域内建筑和土地权利的行使由于遗产保护利用之需而受到公益地役权的限制。古迹周边保护区域可由有关行政机关根据法典第 L621－31 条之规定划定；行政机关未予划定的，则同时适用 500 米半径和位于该不可移动文物周边可视范围内的标准。⑥ 在意大利，文化遗产部在与不可移动文物相关工程的环境影响评估中有较大权利，对于可能对该不可移动文物的整体性及其周边历史环境造成影响的工程，文化遗产

---

① *Ancient Monuments and Archaeological Areas Act*（1979），arts. 15 & 16.

② *Ancient Monuments and Archaeological Areas Act*（1979），art. 17.

③ See *Planning*（*Listed Buildings and Conservation Areas*）*Act*（1990），art. 66.

④ 参见邵甬著：《法国建筑·城市·景观遗产保护与价值重现》，同济大学出版社，2010 年，第 61～62 页。

⑤ See Line Touzeau-Mouflard et Armelle Veriat，*La Protection des Monuments Historiques*，Editions Dalloz，septembre 2015，pp. 82－83.

⑥ *Code du Patrimoine*（2016），art. L621－30.

部在环境影响评估环节即可行使否决权。① 为维护不可移动文物周边整体环境风貌的协调，《文化财产和景观法典》还对在不可移动文物张贴或安装海报或广告设施、以及在不可移动文物附近区域开展其他商业性活动或个人利用公共文化区域的行为，做出严格的限制性规定。② 日本《文化财产保护法》第 45 条也规定，为保护重要文化财产之必要，文化厅长官可指定该不可移动文物周围一定范围内的区域，并禁止或限制在此区域内开展一定行为或相关活动。

（三）文化与自然景观相协调

许多不可移动文物的历史、艺术、文化价值，不仅表现在先代人文明创造的文化和艺术造诣之中，更体现在人类科学认识自然、利用自然，与自然和谐相处，其文化创作与自然景观的和谐共生、交相呼应、相得益彰之中。事实上，历史上创造的文物，经岁月的流逝，早已同其所处不断演化的自然环境共同形成了不可割裂的整体，成为其历史、文化、艺术价值的组成部分。因此，将不可移动文物与其所处自然景观视为一个整体加以保护的原则，也成为现代文化遗产保护理念的重要方面，体现在多国文物法制中。如英国在《历史古迹可持续管理保护原则、政策与导则》中提出，在任何一个具有独特性的历史环境之特定部分，即应受保护的地点与场所，其保护价值应包括与其相关联的所有多样化文化和自然遗产。③ 美国的国家公园制度从未将国家公园中的历史古迹和自然景观分隔管理或分开保护，而是将每一个国家公园整体交由专门的非营利机构进行保护和经营。这种并不刻意分割文化遗产和自然遗产，对由二者共同构成的景观进行整体保护的理念，甚至贯彻到由国家公园管理局统筹国家文化和自然遗产保护和利用相关事务的行政管理层面。在意大利《文化财产和景观法典》中，作为法典保护对象的"景观"被定义为由自然形成、人工形成或二者相互作用而成的，具有表现身份之独特性的，作为文化价值之表现形式而具有民族身份之代表性意义的风景。④ 这一法律概念本身即包含着对遗产的人文和自然要素进行整体保护、协调保护之要义。日本和法国的区域保护制度和保护规划中，也包含着人文遗产和自然景观相协调的原则和要求，本书将在后文有关章节加以具体论述。

三、保护与利用相结合原则

以科学保护指导合理利用，以合理利用促进科学保护，是文化遗产保护发展至今理论和实务界的共识，对实现文化可持续发展具有重要意义。不可移动文物不仅承载着公共文化利益，还包含较大的经济价值，其中的很多更是与其所有权人或实际使用人的生

---

① See *Codice dei beni culturali del paesaggio*, articolo 26.

② See *Codice dei beni culturali del paesaggio*, articolo 49, articolo 52.

③ *Conservation Principles, Policies and Guidance for the Sustainable Management of Historic Monuments, Conservation Principles*, Section 3.

④ *Codice dei beni culturali del paesaggio*, articolo 49, articolo 131.

产生活息息相关，是实现和维系其基本权利的重要条件。与可移动文物相比，不可移动文物与有关主体生存和发展的关系更为密切，具有特殊性。因此，在不可移动文物保护中强调保护和利用相结合原则，具有重要的现实意义。

不可移动文物保护和利用相结合原则，反对将不可移动文物"束之高阁"的静态保护方式，而是以遗产保护的根本目的为宗旨，强调通过科学引导和适当规制，正确处理文化遗产与人的关系，通过对文物价值的挖掘和利用，使先代人创造并遗留下来的文物在当代社会发挥其作用和价值，从而促进当代文化发展的可持续性，在促进社会效果的同时实现文物保护的根本目标，并在此过程中促进公共利益和私人利益的平衡。在不可移动文物保护实践及其相关法制中，该原则主要体现为以下几个具体方面：

（一）尊重不可移动文物原有功能

不可移动文物自创造起便具有特定的功能，此类功能与文物的外在形制和样态一起，共同承载着所在社会历史发展的重要信息。此外，在很多情况下，正是不可移动文物原有功能的持续发挥及其与主体的稳定关系，使得该文物历经岁月流逝保存至今；一旦打破这种稳定的人与文物的关系，不仅将对该文物历史信息的保存和传承造成影响，保护该文物所需各方面成本也将大幅增加。

因此，尊重不可移动文物原有功能是许多国家不可移动文物保护的重要原则，在其文物法制中也有鲜明体现，对于世代属于私人或者特定团体（如宗教团体）所有的不可移动文物，更是如此。如五国对于民居类和宗教场所类不可移动文物，除非在确有必要或者文物面临严重威胁而产权人（或使用人）无力保护的情况下，一般并不采取由政府或者有关机构统一收购、集中管理的保护方式，而是允许其产权人或长期使用主体继续居住其中或按照一贯的方式使用文物，使文物的原有功能在当代社会得到持续发挥。为在当代社会维系文物之原有的居住或活动功能，法律允许甚至鼓励其产权人或使用人在不破坏文物外部形态和主要历史信息的前提下，经政府有关部门批准，在专业机构的科技指导和监督下，对该不可移动文物内部环境进行适当改造。[①] 这一方面是保障主体有关产权利益、激励全民参与文化遗产保护的需要，另一方面也体现了法律对发挥不可移动文物原有功能的尊重和重视。

（二）价值重现与公众享用

还有一些不可移动文物，如旧制度下的皇家宫殿、城堡，以及以遗址形态保存于世的不可移动文物等，由于政治体制的变更或社会环境的变化发展，已失去了持续发挥原有功能的条件和环境。且实践中，此类文物多属于"精品"遗产，对于国家和民族历史之记录和文化之发展具有十分重要的意义。

---

① 如英国的登录建筑制度、法国的登录古迹和 2016 年《遗产法典》新确立的近现代建筑遗产制度，都不排除产权人和使用人在一定限度内对其所有或所管理文物的改造；美国私人所有不可移动文物所有权限制以签订遗产保护地役协议的方式进行，产权人对其文物的权利更大。有关内容将在本书后文相关章节进行详细阐释。

有鉴于此，各国文物立法在规定严格措施保护此类文物的同时，也十分注重该类文物公共文化价值的发挥以及对当代社会文化建设的积极意义。多数国家的基本思路是在充分挖掘此类不可移动文物的历史、艺术、科学、文化甚至建筑、美学等多元价值的基础上，通过科学规划和论证，将其改造为公共服务机构——主要是公共文化服务及相关研究机构，并全部或部分向社会公众开放，以保障公众对这些重要文明成果的享用，突出文化遗产的公益性，并发挥文化遗产在当代社会的文化熏陶和教育功能。为此，一些国家通过相关立法设立了专门的文物古迹经营和开放机构，并在文物法制中规定公有文物古迹和受国家财政修缮补助的古迹文物的强制开放制度；法律也鼓励私人开放其文物古迹或文化机构。有关内容将在本书第六章详细阐释。

（三）以遗产保护带动社区发展

文化遗产不仅是国家和历史的见证，更是经济、社会和文化可持续发展的重要资源，围绕遗产保护发展起来的休闲旅游服务和文化创意产业，是文化遗产所在地经济和社会发展的重要手段，文化遗产在社区建设和地方发展中也扮演着重要角色。欧洲委员会早在 1996 年第四届文化遗产部长会议上通过的《关于欧洲文化遗产保护政策措施的赫尔辛基宣言》中，就对文化遗产与文化旅游，文化遗产在可持续发展中的作用等问题做出阐释，认为文化和自然遗产构成人类环境之要素，需要在国际生态空间管理的视角下，将文化和自然遗产的保护相结合；对作为一种资源的文化遗产的利用，应融入可持续发展规划中；为保证在尊重遗产原真性、同时又不阻碍将遗产资源传承给后代人，公私主体进行的所有干预活动都应与环境相协调；通过空间和资源的均衡管理、能源节约、材料和废弃物的循环利用等方式，文化遗产保护应为更好地定义可持续生产和消费模式做出贡献。文化旅游战略和政策应建立在对文化遗产进行均衡和可持续利用的基础上，保证后代人利用文化遗产的可能性。[1] 2005 年《文化遗产社会价值框架公约》更是将文化遗产视为一种"文化资本"，通过人类智慧和努力，创造出现代欧洲的多样性文化。不论是从文化遗产本身的内在价值出发，还是从它作为一种资源在未来文化、经济和社会发展中的潜在价值的角度出发，对文化遗产的保护都具有必要性[2]：作为当代及未来社会经济、政治、文化、环境和可持续发展的资源，文化遗产为经济繁荣、多元民主发展、文化多样性、人类环境改善和社会可持续发展提供智识资源和精神动力；为当代欧洲通过相互对话、理解、包容与协作，在对共同文化身份和民主、人权、法治的价值认同的基础上实现文化多样性和经济、环境、社会可持续发展提供了智慧来源和精

---

① *Helsinki Declaraton on the Political Dimension of Cultural Heritage Conservation in Europe*, *Rapport du Secrétaire Général de la IVe Conférence Européenne des ministres responsibles du patrimoine culturel* (*Helsinki*, *30 – 31 mai 1996*), available at: https://rm.coe.int/16805077fc, accessed 10 – 10 – 2017.

② See *Explanatory Report to the Council of Europe Framework Convention*, p. 3, available at: https://rm.coe.int/16800d3814, accessed 10 – 10 – 2017.

神指引，为"我们往哪里去"指明了可能的方向。文化遗产的资源价值，要求各国及区际法律或政策，在保护文化遗产、规范相关活动的过程中，注重通过制度设计及与其他相关法律制度的协调，将文化遗产融入当代生活和社会发展中；并通过法律强制性，为遗产保护和促进中的科技、财政、教育、行政管理等各项手段的落实和相互配合提供保障，使文化遗产为当代文化繁荣、多元民主与团结、环境改善以及经济社会可持续发展所用。在日本，自 20 世纪 60 年代起围绕社区参与传统文化遗产保护进行的"造乡运动"，充分发挥了文化遗产在旅游和社区发展中的重要意义，其 2006 年《推进观光立国基本法》更是为地方社区通过遗产旅游开发实现经济、文化和社会的全面发展提供了基本依据和法律保障。① 在美国，由国会指定设立的"国家遗产区域"（national heritage area）作为一种由自然、文化和历史资源有机结合而成的，讲述国家重要历史故事并表现国家遗产多样性的具有重要文化意义的国家活态（lived-in）景观，也是一种由基层民众和地方社区驱动和主导的遗产保护和经济发展系统。

第三节　保护措施

通过多样化法律规则来调整和规范不同主体与不可移动文物相关的行为，为不同主体设置保护和利用不可移动文物的权利（权力）义务并规范其行使权利（权力）、履行义务的方式和程序，是法律保护不可移动文物的主要方法。在上述保护原则指导下，多数国家文物立法确立了不可移动文物的分级保护、分类保护和区域保护制度；并通过不同类型法律规则的设置和适用，形成了相互配合和协调的多样化保护手段。

（一）分级保护

一些国家文物立法根据文物的历史、艺术价值或者对于国家和民族之意义的重要性程度的差别，将不可移动文物列入不同保护级别的名录清单，并根据保护级别的不同，设置宽严程度不同的保护规则。分级保护措施在英、法、日等国文物法制中都有所体现。

英国法律为不可移动文物设置了列级（scheduling）和登录（listing）两个保护级别。根据 1979 年《古迹和考古区域法》，历史古迹列级的条件在于某一非建筑类或不再延续其原有功能的古迹对于整个国家而言具有重要意义。当然，在该法生效以前根据 1913 年《古迹法（整合与修订）》第 12 条进行列级的古迹，以及文化大臣根据 1931 年

---

① 参见胡姗辰：《社区参与文化遗产旅游开发和管理的法律机制研究》，中国人民大学硕士学位论文，2013 年，第 39~41 页。

《古迹法》第 6（1）条之规定表明其列级意向的古迹，也当然包含在列级古迹名录中。① 列级古迹名录由文化大臣编制和调整，"英格兰史迹"在英格兰列级古迹的认定中发挥着重要作用。其认定基于古迹对国家和民族具有重要意义，能够表现和证明本民族某段历史或者本民族文化身份，具有考古价值和历史价值，实践中主要考量包括古迹距今的时间、稀有性、相关考古记录（证明）、群落价值、保存状况、脆弱程度、（文化）多样性、是否具有考古的潜力等因素②，从形态上来看，主要包括处在地表、洞穴或地下的建筑物、构筑物或工程，包含前述几类文物遗存的遗址，以及包含汽车、船舰（不包括水下沉船遗址，此类文物另有单行立法进行保护）、飞机遗存的遗址及这些文物的可移动部件或结构③。登录则是对具有特殊的建筑和历史价值的建筑物、构筑物或者建筑群落的保护措施，同样由文化大臣认定并编制登录建筑名录。④ 遴选时除考量该建筑的年代、稀有性及修复状况等因素之外，还考虑美学价值，并强调它在不同弄建筑类型中的典型性，即在类型相同的古建筑中，能被认定为登录建筑的只能是其中的一个或者一组代表。⑤ 登录建筑根据其建筑或者历史学价值的大小，分为Ⅰ、Ⅱ*和Ⅱ三级，但《（登录建筑和保护区）规划法》并未为不同级别的登录建筑设定不同的规则。列级古迹名录、登录建筑名录和其他类型的不可移动保护名录一起，共同构成"英格兰国家遗产名录"（National Heritage List for England）。从保护和规制的严厉性程度上来说，列级古迹保护制度显然比登录建筑更为严格，主要表现在：（1）从需要获得有关部门特别许可的行为的范围方面看，行为人只有在执行或从事可能导致登录建筑损毁以及可能对其特殊建筑和历史价值造成影响的改建、扩建工程时，才须征得有关部门的批准；⑥ 而对于列级古迹，无论行为人自己从事、间接导致或者允许他人从事任何对列级古迹造成损毁、破坏或者轻微损害的工程，以改建或添建列级古迹及其组成部分为目的

---

① See *Ancient Monuments and Archaeological Areas Act*（*1979*），art. 1.

② *Scheduled Monuments & nationally important but non-scheduled monuments* issued by Department for Culture, Media and Sport, October 2013, Annex 1：Principles of Selection for Scheduled Monuments, available at：https：//www. gov. uk/government/uploads/system/uploads/attachment_data/file/249695/SM_policy_statement_10 - 2013__2_. pdf, accessed 17 - 09 - 2017.

③ *Scheduled Monuments & nationally important but non-scheduled monuments* issued by Department for Culture, Media and Sport, October 2013, Annex 2：The Scope of Scheduling, available at：https：//www. gov. uk/government/uploads/system/uploads/attachment_data/file/249695/SM_policy_statement_10 - 2013__2_. pdf, accessed 17 - 09 - 2017.

④ See *Planning*（*Listed Buildings and Conservation Areas*）*Act*（*1990*），art. 1.

⑤ *General principles applied by the Secretary of State when deciding whether a building is of special architectural or historic interest and should be added to the list of buildings compiled under the Planning*（*Listed Buildings and Conservation Areas*）*Act* 1990, issued by Department for Culture, March 2010, available at：https：//www. gov. uk/government/uploads/system/uploads/attachment_data/file/137695/Principles_Selection_Listing_1_. pdf, accessed 17 - 09 - 2017.

⑥ *Planning*（*Listed Buildings and Conservation Areas*）*Act*（*1990*），art. 7.

实施的移除或者修复工程，以及在列级古迹所在土地上进行的挖掘或者倾倒工程，不管是否将对古迹的价值造成实质性影响，都应当向有关部门申请许可。① （2）从许可内容和发放程序方面看，可能对登录建筑保护价值造成影响的工程的许可机关可以是地方规划部门或者文化大臣，且在符合一定条件的情况下，登录建筑可以合法地予以拆除；② 而任何与列级古迹相关的工程的许可部门只能是文化大臣③，且任何拆除列级古迹的行为均为非法。（3）从违反上述许可构成犯罪的有效抗辩事由方面看，对于损坏列级古迹的，违法主体只有在能证明自己已采取所有预防措施、并且履行了所有避免违法所需合理谨慎义务，或者其违法工程是在紧急情况下出于维护安全和健康利益之必要且已尽可能在第一时间内将该工程的必要性书面通知文化大臣的情况下才能免责④，对于行为人积极和谨慎义务履行要求严格。而对于违反上述登录建筑保护条款的行为，免责抗辩则只需包括以下几点：第一，该工程行为是紧急情况下为维护安全和健康利益或者为保存该建筑之必须；第二，不采取维修、临时支撑或者遮蔽措施等可能无法确保使用人的安全和健康；第三，所采取的工程限于即刻所必要的最小干预措施；以及第四，在合理期限内向地方规划部门发送证明工程必要性的书面通知⑤；并不要求行为人采取合理谨慎措施避免违法后果。（4）从保护和监管方式的严厉程度方面看：一方面，尽管文物的所有权人或使用人都是保护该文物的第一责任人，但登录建筑保护责任的设置通过所有权人与有关公共机关签订遗产伙伴协议（heritage partnership agreement）的方式进行，双方在协议中约定各自应承担的保护义务以及享有的权利；⑥ 在此过程中，文化大臣只能就协议的内容制定相关规则。⑦ 而列级古迹监护人的设立则通过文化大臣指定这一具有强制性的方式进行，⑧ 监护人负责对与该列级古迹相关的各项活动进行监管，但须受到文化大臣或者地方有关机构的检查和监督。⑨ 另一方面，虽然相关法律都规定在紧急情况下，有关行政部门可以在提前通知不可移动文物所有权人的情况下自行进入该文物建筑并开展相关工程，但《（登录建筑和保护区）规划法》第54条明确规定，有权机关对登录建筑进行的保护工程仅能以不影响该文物的合理使用为限，而《古迹和考古区域法》对于文化大臣或其授权的"英格兰史迹"在紧急情况下进入列级古迹开展相关保护工程并无影响使用的限制；⑩ 列级古迹的保存状况还将受到文化大臣或"英格兰

---

① *Ancient Monuments and Archaeological Areas Act* (1979), art. 2.
② *Planning* (*Listed Buildings and Conservation Areas*) *Act* (1990), art. 8.
③ *Ancient Monuments and Archaeological Areas Act* (1979), art. 3.
④ *Ancient Monuments and Archaeological Areas Act* (1979), art. 3.
⑤ *Planning* (*Listed Buildings and Conservation Areas*) *Act* (1990), art. 9.
⑥ See *Planning* (*Listed Buildings and Conservation Areas*) *Act* (1990), arts. 26A & 26L.
⑦ See *Planning* (*Listed Buildings and Conservation Areas*) *Act* (1990), arts. 26B & 26M.
⑧ *Ancient Monuments and Archaeological Areas Act* (1979), art. 12.
⑨ *Ancient Monuments and Archaeological Areas Act* (1979), art. 13.
⑩ *Ancient Monuments and Archaeological Areas Act* (1979), art. 5.

史迹”的严格监管，文化大臣或"英格兰史迹"的工作人员可以在任何合理的时间内进入列级古迹检查其保存状况。① （5）从行政机关强制收购私有不可移动文物的条件方面看，有权机构强制收购登录建筑，必须在提前两个月向所有权人发布修缮通知的前提下才能进行②，且须遵循严格的条件和程序③；而列级古迹的征收则无此要求④，公共机构在列级古迹的征收中拥有更大的权利。（6）从功能发挥方面看，《（登录建筑和保护区）规划法》并未禁止登录建筑的所有权人或用益权人对其文物进行正常使用；而列级古迹之功能则受到《古迹和考古区域法》的严格限制，要求列级古迹应尽量向公众开放。⑤ 总而言之，列级古迹比登录建筑受到更加严格的监管和保护，基本属于一种"静态保存"；而对登录建筑的保护则是一种在一定条件下允许一定限度的改变和合理利用的"动态保护"。

法国《遗产法典》对历史古迹也采取了分级保护方式，分为列级（classement）和登录（inscription）两个保护级别。凡不动产保存从历史或艺术角度看具有公共利益的，行政机关可对该不动产之全部或部分加以列级保护。列级古迹的基本形态主要包括史前巨石纪念碑、史前动植物栖息地或者矿藏所在地和为分隔、疏通、整顿或发挥列级不可移动文物的价值而必须亦予以列级的不动产。⑥ 此外，被列入 1914 年 4 月 18 日《政府公报》（Journal officiel）公布清单范围之内的不可移动文物，以及根据 1887 年 3 月 30 日法律已由相关法令或者（政府）决议予以列级的不可移动文物，也被包括在列级古迹范围内。⑦ 公私不可移动文物及其组成部分，虽不满足立即列级为历史古迹之要求，但从历史或艺术角度看具有保护价值的，行政机关可在任何时候决定将其列入登录名录；对所有位于列级或登录不可移动文物可视范围之内的开放式不动产（immeuble nu）或者文物建筑，以及史前巨石纪念碑（les monuments mégalithiques）、史前动植物栖息地或者矿藏所在地以及可能具有史前、历史、艺术或者考古价值的考古发掘范围内的土地，同样可予以登录。⑧ 总之，列级不可移动文物比登录不可移动文物受到更严格的保护：第一，宏观来看，《遗产法典》有关"列级历史古迹"的专节规范在条文数量上远胜于"登录历史古迹"节。⑨ 第二，从程序启动的方式上看，为体现列级保护的严肃

---

① *Ancient Monuments and Archaeological Areas Act*（*1979*），art. 6.

② See *Planning*（*Listed Buildings and Conservation Areas*）*Act*（*1990*），art. 48.

③ See *Planning*（*Listed Buildings and Conservation Areas*）*Act*（*1990*），art. 47.

④ See *Ancient Monuments and Archaeological Areas Act*（*1979*），art. 10.

⑤ *Ancient Monuments and Archaeological Areas Act*（*1979*），art. 19.

⑥ See *Code du Patrimoine*（*2016*），art. L621 – 1.

⑦ See *Code du Patrimoine*（*2016*），art. L621 – 3.

⑧ See *Code du Patrimoine*（*2016*），arts. L621 – 25 & L621 – 26.

⑨ 法国《遗产法典》第六卷第二编第一章"不动产"中，"列级历史古迹"节下包括 L621 – 1 至 L621 – 22 条共 20 多个法条，而"登录历史古迹"一节中只包含从第 L621 – 25 至第 L621 – 29 条 4 个法条（第 L621 – 28 条已废止）。

性，不可移动文物列级程序中包含经文物所有权人的同意的环节，但所有权人不同意的，也可通过最高行政法院法令进行强制列级。① 在不可移动文物面临损毁之威胁的紧急情况下，国家还可启动紧急列级程序，使该文物受到与正式列级同等效果的保护。② 而不可移动文物的登录，只需将登录事实通知所有权人。③ 第三，两种保护方式的法律效果不同，未经有关部门的特别许可，列级古迹不得全部或部分拆除或者移位，也不得进行与该文物相关的修复、重建和改建之工程；④ 而对于登录古迹，其拆除、改建或重建相关工程需取得相关建设工程许可证或者向有关机关做出事先声明，且除非启动列纹程序，否则行政机关无权反对针对登录古迹的工程。⑤ 第四，从国家或其他公权力机关干预程度看，列级古迹受到国家行政机关或其专业文物机构的干预程度，远比登录古迹要大得多。在国家有关部门认为必要的情况下，可以依职权主动对列级文物采取各项措施⑥，确保列级文物之安全和完整；可要求责任主体履行保护和修复文物的积极义务⑦，必要时，有关主体还能对列级文物进行征收征用⑧。而法律和行政机构对登录古迹的直接干涉相对较轻较小；与此同时，国家给予私有列级古迹的修缮补助最高可达总额的50%；⑨ 而对于登录古迹，则在不高于40%的限度内进行补助。⑩ 第五，列级古迹不适用时效取得制度⑪，而登录古迹则无此限制。

在日本，《文化财产保护法》将有形文化财产分为国宝、重要文化财产、登录有形文化财产、其他文化财产四个级别。国宝和重要文化财产由文部科学大臣指定。国宝由文化厅长官负责保护和修缮。⑫ 对于重要文化财产，文化厅长官可实施调查，指定合适的地方公共团体负责对重要文化财产实施包括维修在内的保护措施，还可对所有者和管理者就管理事宜进行指示、命令和劝告。⑬ 为保护重要文化财产之必须，文化厅还可划定区域限制、禁止某些行为，或者建设必要的设施。⑭ 在地方公共团体的建议下，文部科学大臣可以对重要文化财产之外的有形文化财产进行登录，以促其保护和利用。登录

---

① See *Code du Patrimoine* (*2016*)，arts. L621 – 5 & L621 – 6.

② *Code du Patrimoine* (*2016*)，art. L621 – 7.

③ *Code du Patrimoine* (*2016*)，art. L621 – 27.

④ *Code du Patrimoine* (*2016*)，art. L621 – 9.

⑤ *Code du Patrimoine* (*2016*)，art. L621 – 27.

⑥ 如《遗产法典》第 L621 – 11、L621 – 13、L621 – 15 条等，都有政府有关职能部门在一定情况下依职权主动采取保护和修复措施的规定。

⑦ *Code du Patrimoine* (*2016*)，art. L621 – 12.

⑧ See *Code du Patrimoine* (*2016*)，arts. L621 – 13，L621 – 15 & L621 – 18.

⑨ See *Code du Patrimoine* (*2016*)，arts. L621 – 14，L621 – 12，arts. R621 – 46 to R621 – 48.

⑩ *Code du Patrimoine* (*2016*)，art. L621 – 29.

⑪ *Code du Patrimoine* (*2016*)，art. L621 – 17.

⑫ 日本《文化财产保护法》，第38条。

⑬ 参见日本《文化财产保护法》，第27、28、30、32、36条。

⑭ 日本《文化财产保护法》，第45条。

保护的意义主要在于，如果相关地方公共团体提出登录有形文化财产的所有人或管理人难以或怠于履行保护义务，文化厅长官可以指定合适的地方公共团体或法人作为管理人对保护工作进行指导。① 此外，《文化财产保护法》在为其他具体的不可移动文物形态设置专门保护制度时，都依据文物的价值进行重要文物和一般登录文物的级别区分：如文部科学大臣可以将纪念物中的重要者指定为史迹名胜天然纪念物②，其保护措施主要包括变更现状的限制、恢复原状命令和保全环境。变更现状一般情况下必须要获得文化厅长官的许可；如果变更现状行为未经许可，文化厅长官可以命令行为人恢复原状并提供指导；同时，文化厅长官出于保护的必要，可以在限定区域限制或禁止特定行为，或者设置必要的设施。③ 与此同时，该法对于其他纪念物也设置了登录制度。④ 根据都、道、府、县或市、町、村的申请，文部科学大臣可以将景观中的重要者选定为重要文化景观⑤。变更重要文化景观的现状应当由文化厅备案，并且必须遵循文部科学省的相关规定。⑥ 在市町村根据《城市规划法》第 5 条划定该城市的传统建筑群保存地区，并自行规定变更现状之限制时，文部科学省可以将其中具有较高价值者指定为重要传统建筑物群保存地区⑦，等等。

（二）分类保护

分类保护，即依不可移动文物具体形态的不同，分别编制不同类型文物的保护清单，或针对某些特殊类型的文物，设立该类文物保护、管理和利用的特殊规则，在英、美、日三国文物立法中都有体现。如在英国，"英格兰国家遗产名录"（National Heritage List for England）中不仅包括列级古迹名录和登录建筑名录，还包括考古区域、注册公园和园林（registered parks & gardens）、注册古战场（registered battlefields）等特殊类型名录。《古迹和考古区域法》第二部分对考古区域的保护和管理做出了特殊规定，本书将在第四章对相关规则进行具体阐释。后两类注册文物分别创立于 1983 年和 1995 年，侧重于不可移动文物的景观价值和历史意义。注册文物的监管方式与登录建筑相类似，都是由文化大臣指定并编制名录后，将其纳入规划监管体系。此类不可移动文物并不具有向公众开放的强制要求，是否开放由文物本身的保护状况，及有关部门与该文物或地产所有人达成的协议决定。注册文物因具有重要的考古和历史价值而同时被指定为列级古迹的，优先适用《古迹和考古区域法》有关列级古迹保护和监管的相关规则。在美国，除列入国家公园管理的不可移动文物外，《国家历史保护法》中的"国家历史

---

① 参见日本《文化财产保护法》，第 57、60 条。

② 日本《文化财产保护法》，第 109 条。

③ 参见日本《文化财产保护法》，第 125、128 条。

④ 日本《文化财产保护法》，第 132 条。

⑤ 日本《文化财产保护法》，第 134 条。

⑥ 参见日本《文化财产保护法》，第 139、140 条。

⑦ 参见日本《文化财产保护法》，第 143、144 条。

名胜名录"制度为不可移动文物设置了三个保护清单：国家登录文物（Historic Property on National Register）、国家历史地标以及世界遗产（World Heritage List）①；此外还要求政府实施专门的项目并制定特别规范，帮助土著部落对其文化财产进行特别保护。② 不同类型不可移动文物的保护，依据有关单行立法或公约中的特殊规则进行。在日本，《文化财产保护法》的法律结构和体例即体现了不可移动文物的具体分类，如"有形文化财产""史迹名胜和天然纪念物""重要文化景观""传统建筑群保存地区"以及《历史规划建设法》确立的"历史风貌"等章，均针对不同类型的不可移动文物设置不同的法律规则。

（三）区域保护

将不可移动文物数量众多、历史风貌保存状况较为良好的地区划定为受特别保护的区域，是许多国家文物法制中一种典型的保护制度，在此区域内，受保护的不仅是单个的文化财产，而是一系列文化财产以及周边环境的集合，通常表现为一片由建筑群所构成的整体，其中既包括文化财产，也包括非文化财产，保护对象不仅包含文物本身，还有区域整体格局及其周边的环境。如英国的历史建筑保护区，法国的"杰出遗产景观地"③，美国的国家历史公园、国家历史遗址（National historic sites）、历史街区及"国家遗产区域"，日本的传统建筑群保存地区和历史风貌（区）等，均为保护区域。

然而，不同保护区域划定和管理的主体以及法律规制和保护此类区域的方式方法等仍存在较大差异。一方面，各类保护区域在不同国家的划定主体存在差异。另一方面，不同的文化保护和管理体制，以及各类保护区域的不同性质和目的，决定了国家文物行政管理部门和规划部门在不同保护区域的保护和管理中的参与方式和干预程度存在差异。一些保护区域由中央政府主导，文物行政部门有较大的参与甚至决策权，而在另一些保护区域的保护和管理中，地方政府及其规划部门的权力则较大。

第四节　保护规划

城乡规划是工业革命之后，随着城市化的不断推进和发展，城市居住环境和生活条件在不断激增的人口压力面前日渐脆弱的产物。通说认为，现代城市规划发源于19世纪的英国，以1909年《住房与城乡规划法》的颁行为标志，是以改善人居环境、促进经济社会持续发展为根本任务、基于公共利益而对土地开发利用进行科学安排和合理规

---

① *National Historic Preseravtion Act*（1966），Section 101（54 U. S. C. 302103）.

② *National Historic Preseravtion Act*（1966），Section 101（54 U. S. C. chapter 3027）.

③ 由过去的保护区，建筑、城市与景观保护区及建筑和遗产开发区等不同的保护区域合并而成。

范的活动。二战以后，西方城乡规划理论和实践迅速发展，区域规划日益兴起，城乡规划由物质空间形态的规划与安排，逐步发展到有关空间位置、形态以及土地使用与建筑布局的城市设计，再到成为一种以城镇为中心的、对于区域经济和空间资源进行合理配置的总体部署和有关城镇未来功能实现与社会经济发展的总体蓝图。①

文物保护规划（以下或简称"保护规划"）作为规划的一种特殊类型，不仅是影响区域整体规划的重要因素和城市发展规划的有机组成部分，也是整体保护理念下不可移动文物，特别是历史文化区域保护的重要手段和工具。近几十年以来，五国在保护规划的制定、实施、管理，以及与城市规划的关系等方面已经积累了丰富的经验，为我国文物保护规划制度和实践的发展与完善提供了有益的参考。

虽然各国的文物保护规划在具体类型及其制定、实施方面存在差异，但由于本质和功能的相似性，各国的保护规划在几个最基本的方面也存在一些共同特点，比如：第一，法律性质的综合性。保护规划是规划的一种，有关保护规划的法律规则既包含在文化遗产法之中，也包含在土地规划法之中，属于两套法律体系的交叉部分。第二，价值追求的复合性。保护规划不仅追求历史文化的保护，还要关注土地规划所追求的城乡全面健康发展，比如经济效益提高、居民生活质量改善等。第三，主管机构的地方性。保护规划的制定和实施一般属于地方政府的职责。由于一国内部通常存在着相当程度的地域差异，同其他文化遗产保护工作相比，地方政府在保护规划的制定和实施方面，通常扮演着更为重要的角色，而文物保护又不可缺少中央政府的参与，因此各国一般遵循着"地方政府主导，中央政府积极介入"的基本方针，通过中央与地方的分工合作，达到文物保护和地方规划两方面的协调。第四，法律效果的多样性。保护规划作为一种不可移动文物区域保护方式，其直接法律效果包括建筑保护、相关工程及活动控制等；除此之外，规划的本质和宗旨，决定了保护规划还具有区域功能引导的法律效果。

本书将从文物保护规划与城乡规划的关系出发，探究西方五国保护规划的制定与实施，并从制度层面具体阐释保护规划的法律效果。

（一）保护规划与城乡规划的关系

整体保护原则要求将文物保护政策应用至更大的范围，包括将文物价值融入到规划过程中。② 因此，文物保护规划可以看作是保护工作对城市规划"入侵"的产物。保护规划最为主要的对象是不可移动文物，它们中的相当一部分位于城市、乡镇、村落等建筑群之中，因而同样处于城乡规划的范畴。由此，保护规划同城乡规划必然会产生适用区域相互重叠、具体内容相互协调等方面的问题。但观其本质，这些问题的核心主要在于认识和处理以下两方面关系的方式的分歧：一是遗产保护与城乡发展的关系，二是中

---

① ［英］尼格尔·泰勒著：《1945 年后西方城市规划理论的流变》，李白玉、陈贞译，中国建筑工业出版社，2006 年，第 9～16 页。

② ［芬兰］尤嘎·尤基莱托著：《建筑保护史》，郭旃译，中华书局，2011 年，第 403 页。

央政府与地方政府的权力划分。一方面，对于文化遗产来说，保护和利用两方面工作都必不可少：保护强调遗产的历史、艺术和文化价值，利用则强调遗产的社会、经济价值，由此便引发了主要考虑文化价值保护的保护规划与主要考虑合理和有效利用文化遗产等多种资源的城市规划之间的差异与冲突。国际古迹遗址理事会首任主席皮耶罗·加佐拉认为，在 20 世纪 60、70 年代，文化遗产仅仅通过城市规划和更新进行管理，忽视了遗产的历史、文化价值。① 另一方面，在各国的实践中，城市规划更多地属于地方政府的权力范围；然而，由于文化遗产为全民族、国民甚至全人类所共同享有，更多地属于代表整个国家的中央政府（在美国既包括联邦政府，也包括作为联邦成员的州政府的责任）。因此，协调保护规划与城市规划必须考虑到中央和地方政府的权力划分问题。如果权力划分安排不尽合理，就有可能出现政出多门，或者无人负责，或者不同规定相互矛盾的问题。能否建立全面覆盖、统一协调、相对稳定的文化遗产保护规划体系，关系到文化遗产保护的长远利益。在该体系的建立过程中如何克服部门利益格局的局限，把握公共利益与私人合法权益，以及遗产保护与政府信用的平衡，是对政府依法行政和治理能力的考验。

为了保障保护规划与城市规划的协调统一，五国主要采取了三种不同的模式。第一，统一模式：保护规划是城市规划的组成部分，但具有相对独立的法律地位。这种模式的优势在于保证保护规划同城市规划协调统一，使两者不致发生冲突。第二，并行模式：保护规划独立于城市规划而存在，关于保护规划的法律规则规定于文化遗产法之中，同城市规划法制大体上是两套并行的制度系统。第三，优先模式：保护规划不仅独立于城市规划，并且还是具有更高法律效力的上位规划。这种模式的优势在于突出保护规划的特殊地位，便于文化遗产保护措施的优先实施。

1. 统一模式

多数国家将文物保护规划纳入城市规划体系，但鉴于其特殊性和专业性，给予其相对独立的法律地位。英国、法国和日本都是如此。

英国的文物保护规划同其文物建筑的登录、指定等保护措施是紧密联系在一起的。在英国文物建筑法律体系之中，许多保护措施本身就是保护规划的一部分，规定于规划法律体系之中。保护规划对于城乡规划的附属关系体现在以下两个方面。第一，法律体系的同一性。在英国文物建筑保护法制发展史上，包括保护规划在内的保护措施的主体部分，长期以来都属于城市规划法的重要内容。1947 年的《城乡规划法》（*Town & Country Planning Act*，1947）提出对登录建筑的保护。自此，文物保护规划在法律上成为城市规划的一种特殊类型，集中体现在有关文物建筑保护的各项特殊规划立法和政策中，包括 1990 年的《（登录建筑与保护区）规划法》、1994 年《规划政策指导：规划和历史环境》（*Planning Policy Guidance*：*Planning and the Historical Environment*，1994）

---

① ［芬兰］尤嘎·尤基莱托著：《建筑保护史》，郭旃译，中华书局，2011 年，第 402 页。

与 2014 年的《（登录建筑与保护区）规划条例》（*Planning* [*Listed Buildings and Conservation Areas*] *Regulation*, 2014）等。第二，主管机构性质的同一性。英国城乡规划与保护规划的主管机构都是规划部门（planning authority）。第三，学理上的附属性。建筑、街区、乡镇等形态的不可移动文物的保护，一直都是城乡规划学以及与之相关的城乡规划法学研究对象，甚至可以说，整个不可移动文物保护领域都属于城乡规划学研究的范畴。①

从 1983 年《地方分权法》开始，法国中央政府将城市规划编制管理权移交给地方政府。② 同英国相类似，法国文物保护区域规划的制定和实施，主要是地方政府的职能，各类区域保护规划或是城市规划的组成部分，或具有要求城市规划同时予以修改的法律效力，具体表现在以下两个方面：第一，法律规则的一致性。《遗产法典》中关于保护规划的内容，同《规划法典》中城市规划的相关规定是相通和协调一致的。不论是 2016 年《遗产法典》修订前已设立各类区域保护规划，如保护区保护和再利用规划（Plan de sauvegarde et de mise envaleur，简称 PSMV）、建筑、城市和景观保护区（ZPPAUP）规划以及建筑和遗产开发区（AVAP）规划，还是修法之后"杰出遗产景观地"的保护和开发规划以及该区域内的建筑和遗产利用规划，该法典的许多相关条文都通过指引性规定，指引《规划法典》有关规则的适用。第二，规划制定及其内容的一致性。城市规划的制定主体同时就是保护规划的制定者，保护规划的制定应当包含在城市规划的修订之中。如保护区的保护和利用规划（PSMV）的制定，要求与之不一致的地方城市规划同时修订才得以批准生效。③ 建筑、城市和景观保护区（ZPPAUP）规划应附于地方城市规划文本之后。④ 两种主要的保护规划是对地方城市规划的补充和细化。⑤ 2012 年设立的建筑和遗产开发区（AVAP）规划亦须融入地方规划中。⑥ 2016 年新修订法典设立的"杰出遗产景观地"区域内，属于保护区的保护和开发规划依照《规划法典》第三卷有关 PSMV 的内容划定并实施；属于该区域但未划入保护和开发规划的，也应依照《遗产法典》第 L631－4 条的有关规定，由地方规划部门制定建筑和遗产利用规划（plan de valorisation de Carchitecture et du patrimoine，简称 PVAF）。⑦ 当然，区域保护规划并非绝对与城市规划毫无区别，这主要体现在中央政府遗产保护部门及有关专

---

① 参见［英］巴里·卡林沃思、文森特·纳丁著：《英国城乡规划》，陈闽齐等译，东南大学出版社，2011 年，第 313～315 页。

② 邵甬著：《法国建筑·城市·景观遗产保护与价值重现》，同济大学出版社，2010 年，第 76 页。

③ *Code du Patrimoine*（2004），art. L641－1.

④ *Code du Patrimoine*（2004），art. L642－2.

⑤ 邵甬著：《法国建筑·城市·景观遗产保护与价值重现》，同济大学出版社，2010 年，第 139 页。

⑥ *Code du Patrimoine*（2012），art. L642－3.

⑦ *Code du Patrimoine*（2016），art. L631－3.

业咨询机构对保护规划的干预或参与方面：中央政府在将城市规划事务下放给地方政府的同时，仍然保留了文化遗产保护的职责。由于保护规划同时具有文化遗产保护和城市规划的双重属性，在地方政府制定保护规划的过程中，中央政府也有发言权。城市规划应当主动与保护规划协调一致，若与保护规划的内容发生冲突，应当对城市规划做出修改，否则则需要同时就保护规划和与之相冲突的城市规划进一步依据《规划法典》展开公众调查，进行修订。通过以上几方面的制度安排，法国确立了区域保护规划作为城市规划之组成部分的性质，从而保障两类规划协调一致；同时又保留了中央政府对文物保护规划事务的参与，兼顾到国家对文化遗产进行统一管理和保护的权威。

在日本，历史风貌区维护改善规划（以下简称"历史风貌区规划"）也是城市规划的有机组成部分，根据《地域历史风貌保持及发展法》的相关规定，历史风貌区规划可以制定在城市规划之中。与此同时，历史风貌区规划又和一般的城市规划相区别，具有相对独立的法律地位，主要表现在以下两个方面：第一，中央政府更为深入和积极的参与。内阁中的三个部门，文部科学省、农林水产省、国土交通省及其长官负责制定历史地域风貌区维护及改善的基本方针，并且认定由市、町、村编制的历史风貌区规划，中央政府在历史风貌区规划中扮演着十分重要的角色，尤其是文部科学省的参与更是一般城市规划所不具备的。第二，规划的目标更为侧重历史文化价值。历史风貌区制度及其规划的建立，目的在于促进地域、城市"个性的丰富"与文化的繁荣，实现全面发展。[①] 这也与更为注重经济效率的一般城市规划相区别。基于上述关系，为了同历史风貌区规划相适应，同一地域的城市规划应作出相应的规定。比如相关地域的规划目标、土地利用的基本方针、地域整治和维护的相关措施等。[②]

2. 并行模式

文化遗产保护规划和城市规划作为两套相互独立的并行系统，分别规定于文化遗产立法与城市规划法制中的"并行模式"，主要出现在美国大部分州的法制中。在这一模式中，文物保护规划对于城市规划有着相对独立的管辖范围，在一些交叉领域使城市规划有所变通。

美国州法层面对于历史建筑、街区的历史保护规划一般属于历史保护法、地标保护法（landmarks law）等法律部门所规制的范畴。不过，历史保护规划通常都会涉及土地利用问题，因此也同相关的土地利用法律紧密联系。在美国各州，关于土地利用规划的法律称为分区规划法（zoning law）。分区规划的权力由州和地方政府行使，这种权力的性质属于政府的警察权，即在法律规定的范围内，政府对与保持和促进公众健康、安全、道德和普遍福利相冲突的个人权利施加影响的权力。[③] 两种规划的异同主要包括以

---

① 日本《地域历史风貌保持及发展法》，第 1 条。

② 参见日本《地域历史风貌保持及发展法》，第 31 条。

③ "*Police Power*", Encyclopedia Britannica. Retrieved 2007 – 02 – 08, available at: http://global. britannica. com/topic/police-power, accessed 17 – 07 – 2015.

下四点。第一，二者性质上的共同点在于，分区规划与保护规划都对私有财产权进行了一定程度的限制，在性质上都属于警察权，而非征收。第二，二者调整对象范围有所差异，但也有交叉，分区规划主要针对的是土地利用，比如土地的用途、容积率；保护规划所调整的对象既包括一定区域内土地的利用，还包括建筑的外观等与历史文化价值相关的因素。正是由于这种交叉的存在，在一些个案中，两种规划同时发生效力，比如"纽约中央火车站案"（*Penn Central Transportation Company v. City of New York*）①。第三，根据宪法第十修正案，二者都属于州的权力范围之内，但保护规划同时受到来自联邦政府的倡议和指导。第四，两种规划之间应当存在相互协调的关系，历史保护规划项目（Historic Preservation Planning Program）的一个目标就是强化保护规划与其他土地利用规划之间的协调与整合。②

3. 优先模式

优先模式的本质是在并行模式的基础上，通过法律的明确规定，赋予文物保护规划更为优先的效力，以意大利的景观规划为代表。

在意大利，景观规划由大区和文化遗产部联合制定③，而城市规划的制定主体一般为各城市政府，二者是相互独立的两套体系，并存在着两个层面的协调关系：一方面，二者应协调一致，互相补充。在全国范围内，文化遗产部应当确定全国景观规划保护工作基本纲领，划定景观规划与城市规划的总体方向。但具体内容方面，大区景观规划应当主动规定相关措施，以保证与同城市土地规划等有关全国与大区规划协调一致。另一方面，景观规划具有优先于城市规划的效力，当两者发生冲突时，景观规划的效力优先于城市规划，主要表现在：第一，景观规划对之后制定生效的城市规划具有强制约束力；第二，城市规划中的任何规定如果同景观规划的相关规定不一致，则直接以景观规划的规定为准；第三，在景观规划与城市规划相冲突的规定取得一致之前，景观规划的相关规定一直有效。当然，法律规定景观规划具有优先效力的最终目的，还是要保证景观规划与城市规划协调一致，以保障景观保护措施的可行性。在景观规划的优先效力下，地方政府对其城市规划中与景观规划相冲突的部分，应当通过修改、调整、废除等方式使二者保持协调。修改期限以景观规划为准，而且最多不得超过景观规划批准之后的两年。④

以城市规划为代表的多种土地和区域规划往往是并存的，在规制范围、实施措施等方面多有重合，如果相互关系处理不当，就容易导致不同类型的规划相互冲突，以致"政出多门"现象发生，损害各类规划的可操作性。通过效力优先的规定，意大利将景

---

① *Penn Central Transportation Company v. City of New York*，438 U. S. 104.

② *Historic Preservation Planning Program*，available at：https：//www.nps.gov/preservation-plan-ning/index. html，accessed 27－01－2019.

③ *Codice dei beni culturali e del paesaggio*，articolo 135.

④ *Codice dei beni culturali e del paesaggio*，articolo 145，Para. 4.

观规划的法律地位置于城市规划等各类规划之上，层次清晰，从而防止了上述现象的发生；同时还将文化遗产保护置于一个相对较高的地位，彰显了国家对遗产保护的重视。

（二）保护规划的制定及实施

文物保护规划的制定和实施集中体现了一国中央和各级地方政府在文化遗产保护中的责任分配方式。由于各国文物保护和管理体系存在差异，中央政府和地方各级政府在文物区域保护和管理规划中的权力分配，以及文物行政主管部门对保护规划制定和实施的干预程度，都呈现出不同模式。

1. 地方政府主导模式

在英美国家，文物保护规划的制定和实施主要采取由地方政府主导的模式，但由于英国和美国文物保护规划与城乡规划的关系不同，其保护规划制定和实施的具体方式等诸多方面也存在较大差异。

根据英国《（登录建筑和保护区）规划法》的相关规定，保护区规划的制定和实施主要是地方规划机构（local planning authority）的职责。英国各地方区域的自治架构不尽相同，地方规划机构也表现为不同形式，如市议会、地方政府、规划委员会，等等。地方规划部门在保护规划编制和实施过程中的主要权力包括：（1）保护区的指定（designation）：英国的遗产保护区主要由地方规划机构指定，对于那些外形和特征具有特别的考古或历史价值，并且应当得到保护和强化的区域，地方规划机构应当指定为保护区。① （2）保护区规划的编制与公示：地方规划部门应随时编制和公示保护区及其范围内区域的保护和促进方案，并将该方案提交所涉地区的公众会议（public meeting）加以讨论，对与会者提出的意见和建议，地方规划部门应予重视。② （3）规划的实施：由于英国遗产保护规划是城乡规划的有机组成部分，《（登陆建筑和保护区）规划法》特别要求地方规划部门在实施各类规划相关法律法规时，应对位于遗产保护区之内的建筑、土地所构成的整体区域的特色和风貌的保存和促进加以特别考虑。③ 此外，为保证遗产保护规划不同于普通规划的特殊性，主管英国文物建筑保护的国务大臣也可在一定程度上影响和干预保护区规划的制定。如国务大臣可以随时指定保护区④，可在地方规划部门认为土地发展将对保护区特色或风貌造成影响的情况下，制定及公布规划许可证适用的具体要求⑤，可指示保护区域内一定建筑物不适用《（登录建筑和保护区）规划法》第74条所规定的对于保护区内建筑拆除的管制措施⑥，对于维持保护区之特色和风貌具有重要意义的建筑，还可决定依据该法第

---

① *Planning（Listed Building and Conservation Areas）Act（1990），art. 69.*

② *Planning（Listed Building and Conservation Areas）Act（1990），art. 71.*

③ See *Planning（Listed Building and Conservation Areas）Act（1990），art. 72.*

④ *Planning（Listed Building and Conservation Areas）Act（1990），art. 72.*

⑤ *Planning（Listed Building and Conservation Areas）Act（1990），art. 73.*

⑥ *Planning（Listed Building and Conservation Areas）Act（1990），art. 75.*

54 条有关登录建筑的紧急保护措施对该建筑进行保护①。国务大臣还有权从国库中提取资金或贷款，补助对历史特点和风貌保存具有重要意义或成效的保护区。② 另外，《(登录建筑和保护区) 规划法》还规定了地方规划部门和有关国务大臣在"城镇计划 (town scheme)"中的合作，通过签订"城镇计划协议"的方式，预留出对特定建筑的专门修缮资金。③

　　在美国，根据 1966 年《国家历史保护法》的规定，一州范围内历史保护规划的制定和实施由州历史保护官员负责；④ 地方政府则负责本区域内的历史保护规划。需要注意的是，美国各州的历史保护规划并不是一个单一的文件，而是对涉及区域历史遗产保护的多种形式的一系列规划的总称。由于美国的文化遗产保护规划属于各州的管辖范围，相关的法律、规划、指导意见等规范性文件由州议会或地方议会、州政府或地方政府、历史保护组织等主体制定。同时，联邦也在其管辖范围内对相关保护事宜进行规制和指导，内政部为此专门制定了保护规划标准 (*Secretary of the Interior's Standards for Preservation Planning*)。在州一级，各州根据 1966 年《国家历史保护法》设有州历史保护官员，其中一项重要的职责就是制定和实施本州范围内的历史保护综合规划。⑤ 同时，地方市镇制定本区域内的历史保护规划，其历史管理局有权对这些地方保护规划进行审查。在保护规划制定过程中，应当通过论坛形式，进行公开讨论，从而保证公众参与。以具有典型意义的南卡罗莱纳州查尔斯顿保护规划为例：查尔斯顿市设立建筑审查委员会 (Board of Architectural Review, 简称 BAR)，该委员会属于半官方性质的机构，由包括官员、专家、居民在内的各界人士组成。严格说来，它并不是一个政府部门，却行使了具有公权力性质的职能，在历史保护方面的职责主要是审查建筑的设计方案，如果不符合相应的保护规划及其标准，则建议修改或者加以否决。该历史保护模式在全美得以推广，很多城市都设立有类似 BAR 的历史保护组织，有的则将其当作政府的一个部门，行使制定、实施保护规划的职责，比如纽约的地标委员会 (Landmarks Preservation Commission)。由于地方治理的情况各异，美国历史保护规划的制定程序在各地各具特点，一般说来，主要包括确定发展目标、调查研究历史与现状、编制项目计划、确定具体实施方法和手段以及法律审查等步骤。如根据宾夕法尼亚州《历史保护规划指南》(*Guidance for Historic Preservation Planning*) 的规定，该州历史保护规划的制定包括以下七个步骤：第一，调查研究本地区的发展历史；第二，编写现状报告；第三，评估当前与未来需求；第四，统筹社区发展目标和战略；第五，制定行动和项目计划；第六，确定资金来源、工具和实施历史资源保护规划的方法；第七，确定保护规

---

① *Planning* (*Listed Building and Conservation Areas*) *Act* (*1990*), art. 76.

② *Planning* (*Listed Building and Conservation Areas*) *Act* (*1990*), art. 77.

③ See *Planning* (*Listed Building and Conservation Areas*) *Act* (*1990*), arts. 79 & 80.

④ *National Historic Preservation Act* (*1966*), Section 101 (54 U. S. C. 302303).

⑤ *National Historic Preservation Act* (*1966*), Section 101 (54 U. S. C. 302303).

划的法律基础。①

2. 中央与地方合作模式

在法、意、日等中央集权程度较高的国家，中央政府在文化遗产保护中负主要责任。与此同时，规划的工作内容和性质决定了各级地方政府在其中的主导作用。因此，这些国家文物保护规划的制定和实施，主要采取一种中央与地方合作的方式。

在法国，《遗产法典》自颁行实施至今数次修订，先后设立了保护区、建筑、城市和景观保护区（ZPPAUP）、建筑和遗产开发区（AVAP）以及"杰出遗产景观地"四类特殊的规划保护区域；2016 年新修订的《遗产法典》确立的"杰出遗产景观地"制度具有合并 ZPPAWP 和 AVAP 两类规划区域的效果。根据修订前的《遗产法典》的指引，保护区适用《规划法典》第 L313 - 1 至 L313 - 3 条以及 L313 - 11 至 L313 - 15 条的相关规则，其设立需经市镇或市镇间公共服务机构负责规划事务的部门的请求或其同意，根据国家保护区委员会的咨询意见设立，通过省长令或者最高行政法院法令发布。该法令在划定保护区之范围的同时，应同时公布在修订现有区域规划的基础上制定的针对该区域的保护和利用规划（PSMV）。此类规划由市镇或市镇间公共服务机构规划部门联合制定，其草案先提交大区保护区委员会征询意见，经过市镇议会或者市镇间公共服务组织的议事机构审议后提交国家保护区委员会，并由有关机构开展相关公众调查。市镇议会或者市镇间公共服务组织的议事机构同意的，正式的保护和利用规划（PSMV）由所在地行政机关发布；否则由最高行政法院法令发布。② 建筑、城市和景观保护区（ZPPAUP）可以在历史古迹周围设立，也可基于对审美、历史或文化价值的保护和开发在社区、景观或其他场所设立。其设立经市镇或市镇间公共服务机构规划部门提议，经公众调查和大区遗产和遗址委员会的咨询意见以及所在地行政机关的同意，由市长或者市镇或市镇间公共服务机构规划部门的决议设立，是城乡规划的重要附属部分。③ 2010 年以后，建筑和遗产开发区（AVAP）制度设立，同样经市镇或市镇间公共服务机构规划部门提议，在尊重可持续发展的前提下以促进建筑遗产以及相关空间区域的开发利用为目标，建立在建筑、遗产、环境等多方面分析，并在考虑城市规划中区域整治和可持续发展方向的基础上，以提升建筑质量和未来空间整治方案的效果。④ 其设立和修改同样须经公众调查和征询大区遗产和遗址委员会意见。其规划草案只有在与当地的城市规划协调一致的情况下才可正式通过实施。⑤ 2016 年，"杰出遗产景观"地取代了上述 ZPPAUP 和 AVAP 规划区域，其设立需经地方规划部门或市镇其他相关机构的

---

① Pennsylvania Historical & Museum Commission, *Bureau for Historic Preservation's Guidance for Historic Preservation Planning*.

② See *Code du Patrimoine* (2008), art. L641 - 1; *Code de l'urbanisme*, L313 - 1.

③ See *Code du Patrimoine* (2008), arts. L641 - 1 & L641 - 2.

④ *Code du Patrimoine* (2012), art. L642 - 1.

⑤ *Code du Patrimoine* (2012), art. L642 - 4.

提议或者同意，由法国文化部根据国家遗产和建筑委员会的意见以及有关机关开展的公众调查，以列级保护的方式设立，或经最高行政法院法令强制列级设立。① 在该区域范围内制定的保护区保护和利用规划（PSMV）适用《规划法典》第三卷相关规则；对于PSMV 未覆盖的区域，则依《遗产法典》第 L631 - 4 条制定单独的建筑和遗产再利用规划。② 在规划制定的过程中，法国建筑师（architecte des Bâtiments de France）对该区域内建筑和遗产保存、修复、复兴和开发的专业意见十分重要。在所在地制定相关规划的过程中，国家应该给予技术和资金方面的帮助。"杰出遗产景观地"的列级决定公式之后，还应即刻成立由相关市镇代表、国家及有关社团组织代表以及有相关资质的专业人士组成的地方杰出景观遗产地委员会。③

根据意大利《文化财产和景观法典》中关于政府部门遗产保护的职能分配的相关规定，景观的保护与强化属于中央政府和大区的共同职能；但如果大区长期不履行景观保护职责，文化遗产部有权取而代之。同时，各政府部门在景观保护与强化方面存在着密切合作的关系，比如合作开展相关的规划、宣传、教育、培训等活动。④ 另外，大区、文化遗产部和环境与土地保护部也可以达成制定景观发展联合规划的协议。⑤ 在景观规划的制定和批准程序之中，要确保各个政府部门协调一致，同时还要有相关当事人和地方社会团体的广泛参与⑥，这使大区景观规划更有利于应对景观的地域性；而文化遗产部与环境与土地保护部的协调合作，使景观规划也兼具整体性。根据《文化财产和景观法典》，景观规划主要包括以下几方面内容。第一，对景观地域进行分类，分类的标准是景观公共价值的相关性和完整性程度，从而明确哪些地域具有相对完好和高质量的景观价值，哪些地域的景观价值已经受到了破坏或者严重下降。第二，根据不同的景观价值现状，提出景观价值质量目标。第三，对景观实施或者限制实施的项目和工程，以及相应的程序和标准，以及对相关项目和工程的批准、审查、激励和惩罚等措施。第四，修改规划的条件、程序和时间表。⑦

在日本，历史风貌区维护及改善规划在历史风貌维护及改善基本方针的指导下，由市、町、村编制，并由主务大臣认定，对历史风貌区，尤其是其中的重点区域进行保护。历史风貌重点区域包括三种，主要是文化财产所在的土地范围：第一，被指定为重要文化财产、重要有形民俗文化财产、史迹名胜天然纪念物的建筑物所使用的土地。第二，重要传统建筑群保存地区范围内的土地；第三，其他特别有必要的土地范围。⑧ 历

---

① *Code du Patrimoine*（*2016*），art. L631 - 2.
② *Code du Patrimoine*（*2016*），art. L631 - 4.
③ *Code du Patrimoine*（*2016*），art. L631 - 3.
④ *Codice dei beni culturali e del paesaggio*，articolo 135.
⑤ *Codice dei beni culturali e del paesaggio*，articolo 143.
⑥ *Codice dei beni culturali e del paesaggio*，articolo 144.
⑦ *Codice dei beni culturali e del paesaggio*，articolo 143.
⑧ 参见日本《地域历史风貌保持及发展法》，第 2 条。

史风貌区规划由中央和地方政府分工合作制定，分为三个步骤，第一步是来自中央政府的主务大臣①制定基本方针。基本方针是对各不同地方编制的历史风貌区规划进行的统一和宏观的安排和指导，应当包括以下七个方面的内容：（1）维护和改善历史地域风貌的意义；（2）划定重点区域；（3）维护和改善地域历史风貌所必要的文化财产保护与利用的措施；（4）历史风貌区维护改善设施的整治维护和管理；（5）协同推进形成良好景观的政策措施；（6）历史风貌区维护改善规划编制和认定；（7）其他与维护和改善地域历史风貌相关的重要事项。② 第二步是市、町、村地方公共团体（地方政府）编制规划。规划之编制应当遵守主务大臣关于历史风貌区维护及改善的基本方针以及相关省令。在规划内容中应当包括本地区内历史风貌维护及改善方针、重点区域、文化财产保护、相关设施维护和管理、历史风貌建筑物相关事项、规划期限等。③ 第三步是主务大臣对改善规划进行认定。市、町、村在编制规划之后，向主务大臣提出申请，主务大臣对规划进行审查，规划文本给立务大臣审查认定产生法律效力。如位于日本神奈川县的小田原市于 2011 年经主务大臣认定颁布《小田原市历史风貌保持及发展规划》，其内容比较具有代表性：该规划的规划期限为 10 年，即 2011 年至 2020 年，自 2011 年起至今每年都会进行修改，包括介绍、正文六章和相关资料（图 3—1）。主要内容涵盖了以下七个

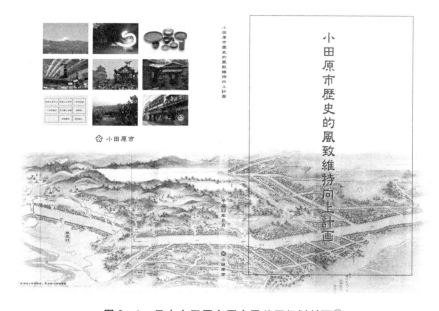

图 3 - 1　日本小田原市历史风貌区规划封面④

① "主务大臣"指的是日本内阁中负责文化遗产保护、乡村建设和城市规划事务的中央政府机构负责人，包括文部科学大臣、农林水产大臣、国土交通大臣。
② 参见日本《地域历史风貌保持及发展法》，第 4 条。
③ 日本《地域历史风貌保持及发展法》，第 5 条。
④ 图片来源：《小田原市历史风貌保持及发展规划》（2015 年 3 月修正）。

方面：第一，规划制定的背景、规划期限和制定程序。第二，该市历史风貌的形成背景，比如历史和社会状况、文化财产现状等。第三，需要进行维持和改善的历史风貌的类型，比如民俗活动"旧三大明神例大祭"、特色水产加工业、传统工艺、特色植物种植地区、历史街区"板桥地区周边"等。第四，历史风貌维护及改善的基本方针。第五，规划保护的重点区域，即"小田原城城下町"区域，主要涵盖了小田原城遗址公园一带。第六，文化财产保护和相关设施维护和管理。第七，历史风貌建筑物相关事项。①特别值得注意的是，该规划的保护对象类型呈现出综合性与多样化的特点，包括历史街区、民俗活动、传统工艺、特色产业等多方面内容：既有物质性的建筑、设施、街区、植

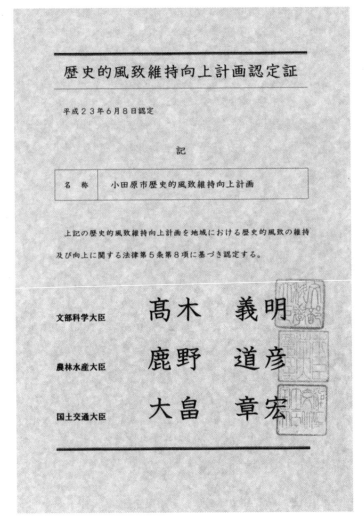

图 3-2　日本小田原市历史风貌区规划认定证书②

———————————

①　日本《小田原市历史风貌保持及发展规划》（2015 年 3 月修正）。
②　图片来源：小田原市官方网站。http://www.city.odawara.kanagawa.jp/municipality/c-planning/rekimachi/p08220.html，访问时间：2015 年 12 月 30 日。

物，也有非物质性的民俗活动、生产方式、工艺技术等；既包括文化财产，也包括非文化财产；既关注历史文化的保存，也关注当前区域经济发展和居民生活的改善。（图3—2）

（三）保护规划的法律效果

法律效力是"内含于法律规范之中的，对法律调整对象产生作用的能力"①。如果不具有法律效力，文物保护规划就不可能得到相关主体的遵守，也就无从达到保护文化遗产的目的。保护规划的效力范围涉及所有同保护区域相关的社会主体，包括公权力机关、社会组织和个人。在保护规划所涉范围内，不同主体的相关保护、建设、维修等行为，都必须以规划为依据。尽管五国不同区域保护规划的制定及其内容的侧重点不尽相同，但概括说来，保护规划的法律效果，主要包括建筑保护、相关工程及活动控制和区域功能引导三方面。此外，为确保保护规划的实施效果，各国一般会赋予保护规划以强制性执行力，有的国家还会通过追究违反保护规划的行为主体的法律责任，比如行政责任、刑事责任，或者要求其承担其他不利后果的方式，增强规划的法律效力。

1. 建筑保护

遗产保护规划最直观的效力在于，凡处在规划区域范围内的建筑，不论是因其本身所具有的历史、文化、艺术、建筑价值，还是对维护保护区域总体环境风貌有重要作用的其它建筑，未经有关机构许可，都不能随意拆除；在某些情况下，有关机关还可主动采取措施，对规划区域内的建筑和遗产进行保护。如在英国，非经地方规划部门或文化大臣的同意，保护区内的建筑不可拆除②，但文化大臣做出明确指示不适用前述拆除管控条款的除外③。保护区内建筑的拆除管制并不适用于保护区的宗教建筑、登录建筑（listed building）、列级古迹等，它们适用其各自的特殊保护规范。④ 在美国，地方规章（local ordinance）会要求有关主体对历史地域中建筑的建造、改造、拆除计划进行审查，通常会设立一个由当地居民组成的审查委员会，在历史保护区域内建造新建筑、改造和拆除已有建筑，其规划必须取得审查委员会的批准。⑤ 比如纽约市在1965年颁布了地标保护法（Landmarks Preservation Law），并建立了地标保护委员会，该委员会可以依法将某些建筑物指定为地标，地标建筑物的所有人未经该委员会的批准，不得拆除该建筑物或改变该建筑物的外观。⑥ 在法国，新修订的《遗产法典》规定，"杰出遗产景观地"建筑和遗产再利用规划（PVAP）的法律效果包括因文化、科技、建筑保护而对不可移动文物、公共空间、古迹、遗址、庭院和园林的拆除设置的相关控制，保护和修

---

① 谢晖：《论法律效力》，《江苏社会科学》2003年第5期。

② *Planning（Listed Buildings and Conservation Areas）Act 1990*，art. 74.

③ *Planning（Listed Buildings and Conservation Areas）Act 1990*，art. 75.

④ *Planning（Listed Buildings and Conservation Areas）Act 1990*，art. 75.

⑤ See Dwight Young, *A Perservation Premier*，National Trust for Historic Preservation Conference Fort Worth, Texas October 1995.

⑥ 参见黄泷一：《美国可转让土地开发权的历史发展及相关法律问题》，《环球法律评论》2013年第1期。

复应遵守的规则。① 在日本，《地域历史风貌保持及发展法》为保护历史风貌建筑物设置了变更现状的限制规则。这种措施在《文化财产保护法》中得到了广泛应用，主要针对建筑、设施等类型的不可移动文物。对历史风貌建筑物有加建、改建、迁移或拆除计划者，在该加建、改建、迁移或拆除行为开工前30天之内，必须依主务省令的规定，就工程类别、地点、开工日期及其他主务省令规定的事项，向市、町、村长官进行申报。② 如果符合规划，则市、町、村长官同意申报；如果可能妨害历史风貌建筑物，则建议申报者对设计方案进行修改或采取其他必要措施。除此之外，《地域历史风貌保持及发展法》还要求历史风貌建筑物的所有者及其他具有合法管理权利者，必须以不妨害历史风貌建造物的保护为前提进行适当的管理。③

2. 相关工程及活动控制

通过工程建设许可实现对保护区域内相关工程的控制，是保护规划制度的另一项直接效果。如在英国，规划许可是规划法领域最基本和常用的措施。所有建筑物外观的改变，新建筑和现存建筑的加建，以及其他商业性开发行为，都需要规划许可。对建筑使用及其土地性质的变更也必须获得规划许可。④ 在美国，以查尔斯顿为代表，最主要和常用的措施是建设审查，以限制对历史地域及其中历史建筑的变更，使之符合规划的要求。建设审查（architectural review）也称为设计审查（design review），指的是专门机构基于区域保护目标，对该区域内建筑的建造、维修、改造、拆除等行为及其建设计划进行审核，如果不符合保护规划则建议修改或者不予批准，本质上也是对规划区域内有关建设工程的审查。此外，针对规划内容进行的审查，在不同的地方也不尽相同：有些地方规章规定了对建筑内部设计规划进行审查，不过大部分地方规章的规定只约束外部设计，而且很多审查委员会只对面向公共道路的建筑外观设计规划享有管辖权。一些地方规章还会规定一些清晰和明确的专业标准，对历史地域内建筑规划进行审查和评估。这些关于规划审查的规定在不同地方规章中涉及诸多方面，诸如外观颜色、建筑风格、引导标示、景观美化、卫星天线的布置，等等。⑤ 在法国，保护区保护和利用规划（PSMV）区域范围内，任何改变不动产状态的工程都应依照建设许可规定的形式和条件，向行政机关申报。无须建设许可的工程也须取得特别授权，如果该工程与保护规划不符，则不得签发授权。行为人还应当遵守建设许可或工程授权中的指示。⑥ 在建筑和遗产开发区（AVAP）范围内的建筑或非建筑类不动产，所有意图或者已实际改造或改

---

① *Code du Patrimoine* (2016), art. L631 - 4.

② 日本《地域历史风貌保持及发展法》，第 15 条。

③ 日本《地域历史风貌保持及发展法》，第 16 条。

④ 朱晓明著：《当代英国建筑遗产保护》，同济大学出版社，2007 年，第 35 页。

⑤ See Dwight Young, *A Perservation Premier*, National Trust for Historic Preservation Conference Fort-Worth, Texas October 1995.

⑥ *Code du Patrimoine* (2012), art. L641 - 1.

变外观的工程，都应当取得有管辖权的行政机关签发的事先许可。① "杰出遗产景观地"及其相关区域规划确立之后，该区域内任何可能造成建筑遗产和其他不可移动文物全部或部分外立面状态改变的工程，都需要经过有关机关的事先许可；② 涉及环境或自然景观的，还须遵守《环境法典》相关规则。③ 根据意大利《文化财产和景观法典》的规定，景观工程的主管部门对景观工程的管理分为以下三个阶段：第一，工程的申请。一般情况下，除了不改变外观与环境的维护、修复的农业工程之外，对景观价值产生影响的工程应当首先向大区景观主管部门提交工程申请。申请书应当说明相关财产的现状、现有景观价值要素、拟进行的变更对景观的影响、必要的缓解和补偿措施等情况。④ 第二，工程的审查和批准。景观主管行政部门在收到申请之后，应当根据景观委员会的意见，对工程是否符合景观规划等与景观相适性要素进行审查。主管行政部门在审查之后，将批准建议提交监管人，依据监管人的意见作出批准或不批准的决定。⑤ 第三，工程的禁止和中止。文化遗产部和大区政府都有权禁止或中止景观工程的实施，包括禁止未经批准的工程，禁止以任何方式对文化财产造成损害的工程，以及中止任何工程。⑥ 景观规划的监督工作在中央政府层面由文化遗产部行使，在地方层面由大区政府行使。大区对景观保护主管部门执行法律的情况进行监督，对于不服从法律或长期怠于职责者，大区可以更换主管部门。⑦ 日本对于历史风貌区的总体保护同样采取限制现状变更的措施。在历史风貌区规划范围内，若需进行土地区划形状和性质改变、建筑物的新建、改建或加建及其他政令规定的行为者，在该行为开始前的 30 日内，必须依国土交通省令规定向市町村长官申报工程类别、场所、设计或施工方法、开工预定日期及其他国土交通省令规定的事项。⑧

3. 区域功能引导

除直接针对保护区内文物或建筑的控制性措施之外，保护规划从宏观上来说还具有区域功能引导的意义，但不同国家实现此效果的方式和手段并不相同。在英国，保护区功能的发挥通过提供财政或贷款补助等方式进行引导和促进：对该区域的保存和促进做出重要贡献或具有重要意义的活动或工程，有权机关从国库内支出对有关主体的资金或贷款补助。⑨ 在法国，保护区，建筑、城市和景观保护区（ZPPAUP）以及建筑和遗产开发区（AVAP）三类不同区域的设置，不仅由于遗产性质的不同，在功能上也存在一

---

① *Code du Patrimoine*（2012），art. L642 - 6.

② *Code du Patrimoine*（2016），art. L632 - 1.

③ *Code du Patrimoine*（2016），art. L632 - 2.

④ *Codice dei beni culturali e del paesaggio*，articolo 146.

⑤ *Codice dei beni culturali e del paesaggio*，articolo 146.

⑥ *Codice dei beni culturali e del paesaggio*，articolo 150.

⑦ *Codice dei beni culturali e del paesaggio*，articolo 155.

⑧ 日本《地域历史风貌保持及发展法》，第 33 条。

⑨ Planning（Listed Buildings and Conservation Areas）Act（1990），art. 77.

定的差异：针对后两类，尤其是最后一类保护区域的规划，不仅要求对区域内历史风貌的整体保护，还带有更好地开发利用区域内景观和建筑遗产、通过遗产复兴地方社会和经济的宗旨和期望。

4. 违法处罚

对违反法律规定的行为给予一定的处罚，是体现法律强制力、保证法律严肃性和权威性的必要方式。在大陆法系国家，如法国、意大利、日本，涉及文化遗产保护规划的法律或法典一般会专门规定相应的罚则，即如果违反了保护规划的实施措施，则将面临相应的法律制裁；在普通法系国家，关于保护规划的法律效力，虽然在制定法中一般没有专门的罚则章节，但也会在相关的条款中作出诸如行政强制措施等方面的规定。

在英国，政府部门有权对违反规划的行为采取"规划控制强制执行"（enforcement of planning control）措施，这项措施是整个规划程序中的最终一环。规划控制作为规划的最主要的实施方式，必须涉及强制执行的措施，任何未经规划许可而进行的开发，或违反许可条件的行为，必须取消或者停止。① 规划控制的强制执行主要包括违反规划通知（planning contravention notice）和停工通知（stop notice）两种类型。违反规划通知指的是对于有可能违反规划的行为，规划机构要求土地的所有者、占有者、利益相关方或工程实施者说明工程的相关信息，继而要求其作出补救措施。② 该通知主要应用于情节较轻，以及具体情况尚不清楚的情形。违反该通知将构成速决罪，面临不超过 3 级罪行的罚款。③ 停工通知指的是立即制止正在进行的违反规划控制的行为，用以防止其他强制性程序延迟而导致的不良后果。④ 无视停工通知继续进行违反规划的行为，也构成犯罪，将被处以 2 万英镑（速决罪）或者更高（普通犯罪）罚金。⑤

在美国，根据土地使用规划对私人所有土地进行管理、限制财产权等公权力行为，其基础是政府的警察权，政府行使警察权的方式包括强制措施、法律制裁等。为保障历史保护规划的实施，美国各州和城市、市镇一般会通过成文立法授权政府对违反规划的行为实行强制或制裁措施。比如《纽约市法规》（*Rules of the City of New York*）第 63 编《纽约市地标保护委员会法规》（*Rules of the New York City Landmarks Preservation Commission*）就规定了一系列行政强制措施（administrative enforcement）保障地标保护规划的实施，如果当事人违反相关规定，将会受到包括违反通知（notices of violation）、警告信（warning letter）以及停工命令（stop work order）在内的行政处置。⑥ 这些强制手段

---

① ［英］巴里·卡林沃思、文森特·纳丁著：《英国城乡规划》，陈闽齐等译，东南大学出版社，2011 年，第 160 页。

② *Town and Country Planning Act*（1990），art. 171C.

③ *Town and Country Planning Act*（1990），art. 171D.

④ ［英］巴里·卡林沃思、文森特·纳丁著：《英国城乡规划》，陈闽齐等译，东南大学出版社，2011 年，第 187 页。

⑤ *Town and Country Planning Act*（1990），art. 179.

⑥ *Rules of the New York City Landmarks Preservation Commission*，§ 11 - 02 to § 11 - 06.

同英国的违反规划通知、停工通知的含义和方式大体相似。

在法国，保护规划的强制性效力主要表现在两个方面：第一，对相关权利人改变现状的强制性限制。比如，保护区保护和再利用规划（PSMV）中包含强制性规定，如禁止拆除、侵占或改变保护区中的不动产，以及进行改动必须遵守特定的条件。① 第二，行政机关实施保护规划的强制性权力。比如，行政机关为了实施保护区保护和利用规划（PSMV），在公共或私人土地进行工程作业时，可以对不动产进行强制改变或拆除。② 该规划对公众和个人都具有法律约束力③，违反该规划的行为经过调查确认为违法的，可进行公益诉讼。有权提起公益诉讼的主体包括两类：第一是基于环保的立场，由环保组织针对那些直接或间接损害公众利益的行为提起公益诉讼；第二是基于文化遗产保护的立场，由市镇对发生在本地的相关违法行为提起公益诉讼。④ 如果严重违反保护规划，造成保护区内文化遗产发生一定程度损害的，则以其罪过程度和损害结果施以刑罚。在杰出遗产景观地区域内未经事先许可进行相关工程的，将依据《遗产法典》和《规划法典》的相关条款，对违法行为人施以不低于 1200 欧元的刑事罚金。⑤

在意大利，违反景观规划可能受到以下行政或刑事处罚：如果拒不履行景观规划所规定的义务和命令，负责景观保护的行政部门有权责令当事人在一定期限内，将景观中的文化财产恢复原状，或者支付相当于财产损失或违法所得的赔偿金。⑥ 如果未经批准或违反批准书的规定，在景观资产上从事施工活动，将处以罚金；完全不符合特许授权实施工程，或未经特许授权擅自施工，且在收到停工令后仍继续施工的，处以 1 至 4 年的监禁，并处罚金，并且在追究刑事责任之外，还要责令犯罪人恢复原状。⑦

在日本，对历史风貌建筑物有加建、改建、迁移或拆除工程，或者历史风貌建筑物的所有者发生变更，未依规定对市、町、村长官进行申报或者虚假申报的，处以 5 万日元以下的罚金。⑧ 违反历史风貌区规划，未对市、町、村长官进行申报或者虚假申报进行土地区划形状和性质改变、建筑物新建、改建或加建或者违反其他政令的行为者，将处以 30 万日元以下的罚金。特别值得注意的是，为了防止违反规划的组织者、命令者、领导者逃脱法律责任，上述处罚手段不仅针对直接行为人，也针对负责人。如果行为人的行为从属于法人代表、法人或者其他相关自然人，除了行为人受到处罚之外，其背后

---

① See *Code du Patrimoine*（2012），art. L641 - 1.

② *Code du Patrimoine*（2012），art. L641 - 2.

③ 邵甬著：《法国建筑·城市·景观遗产保护与价值重现》，同济大学出版社，2010 年，第 134 页。

④ 邵甬著：《法国建筑·城市·景观遗产保护与价值重现》，同济大学出版社，2010 年，第 134 页。

⑤ See *Code du Patrimoine*（2016），art. L641 - 1；*Code de l'urbanisme*，art. L480 - 4.

⑥ *Codice dei beni culturali e del paesaggio*，articolo 167.

⑦ *Codice dei beni culturali e del paesaggio*，articolo 181.

⑧ 日本《地域历史风貌保持及发展法》，第 41 条。

的法人代表、法人或者自然人也应当受同样处罚。①

第五节　所有权界定

不可移动文物是不动产的一种特殊类型，确定其所有权归属是对其加以保护利用的前提。大陆法系有明确的法律部门的划分，除《民法典》规范私人所有权之行使之外，往往还有专门立法规范国家或者地方政府等公法人主体对其所有财产的管理、使用和处分行为，公有财产在取得、处分和流转等方面与一般财产遵循不同的规则，所有权各项权能的行使受到更加严格的内容或者程序的限制。在英美法系国家，政府等公法人主体和私人财产所有权权能行使一般适用相同的财产法规则。

20 世纪以来，"社会本位"逐渐成为法学理论和各国法治实践的核心价值取向，所有权之目的不再局限于实现个人意志和行动的自由，还包含促进社会发展和增进公共利益的价值，公共利益之保障和公共福祉之增加具有价值上的优位性，"所有权社会化"理论逐渐形成。在此背景下，大陆法系的现代公物制度和英美法系的公共信托理论逐渐确立并不断发展，用以保护和利用那些承载着一定社会公共利益的公共物品和资源。大陆法系的现代公物制度是行政法中的概念，核心在于为促进和保障公共利益的实现，通过行政法对一些能够直接为公众所利用，或者能通过其功能发挥而提供社会发展所需公共服务的财产，对其所有权的行使设置一定的特殊规则，将其视为"公物"；财产所有人在此特定目的范围内，必须容忍该物公共服务职能的发挥，不得为有害公用目的的处分；私法中的所有权规则只有在不妨碍公物目的实现的范围内才可适用。英美法系国家的公共信托理论（Public Trust Doctrine，PTD）源于限制王权过程中对信托理论的应用，其逻辑起点在于，社会公众作为信托受益人，对于公共自然资源享有衡平法上的所有权（equitable title），此权利在位阶上超越了与之相冲突的私人权利，也超越了国王的权利；英国君主只是信托财产的受托人，对这些自然资源只拥有普通法上的所有权（legal title）。国王对信托财产的处置不得只为自己的利益进行，而应当保证并增进作为受益人的公众之固有利益。② 美国在此理论基础上改造而成的环境资源公共信托理论，构筑了环境资源作为公共信托财产的双重所有权制度，即环境资源与人类的生存和发展息息相关，是全人类共同的财产。公众有权为了不同的公共用途和目的使用这些资源；公众为使其共同财产得到更好保护，通过信托的方式将环境资源委托给政府管理，政府作为

---

① 日本《地域历史风貌保持及发展法》，第 40 条。

② See Janice, L. Lyon and Fogerty, *Unprecedented Extensions of the Public Trust*, in *CALIFORNIA LAW REVIEW*, VOl. 70, 1982, p. 1140; William Drayton Jr., *The Public Trust in Tidal Areas: A Sometime Submerged Traditional Doctrine*, in THE YALE LAW JOURNAL, VOL. 79, 1970, p. 768 – 769.

受托人取得普通法上的所有权，是环境资源名义上的所有者，负有为全体公民及子孙后代的公共利益管理和保护作为信托财产的环境资源的义务，需依照公共信托设立之意图，为作为信托受益人的全体公民及其后代的利益对环境资源进行管理和处分；公民作为信托关系中的委托人和受益人，是环境资源的实质拥有者，享有衡平法上的所有权。①"双重所有权"属性既肯定了私人使用公共信托财产所受到的限制，又为政府管理环境资源提供了理论依据。

不可移动文物不仅具有一般不动产所具有的使用和交换价值，还可给人带来精神文化方面的启迪与享受，这些特殊的精神文化价值，使其超越了对于法律上所有权主体的意义，从而具有了社会公益性，具备现代"公物"或者"公共信托财产"的核心要素和特征，是为"公物"或者"公共信托财产"的组成部分，应当遵循这些理论和制度的特殊规则。② 因此，在分析不可移动文物所有权问题时，不仅应当关注立法对于其所有权归属和取得的特殊规定，不同主体在行使其所有权时因公益保障而受到的特殊限制，更是本节关注的重点。

一、公有不可移动文物

对于国家、地方政府等公法人主体所有的不可移动文物，大陆法系和英美法系的规制方式不同：英美法系国家的财产法并不特意区分公有和私有财产在法律适用方面的差异，而大陆法系国家一般都针对公有财产出台专门的法律，如法国的《公法人一般财产法典》（*Code général de la propriété des personnes publiques*）以及日本③的《国有财产法》等。此外，由于不可移动文物具有特殊的公共属性，无论是大陆法系国家还是英美法系国家，都会在其文物立法中，为公有不可移动文物所有权的内容和（或）其行使设置特殊规则。

（一）所有权的特别取得

1. 直接取得

在欧陆和日本等法典化国家，国家和地方公法人主体对部分重要文物的所有权，可经由《民法典》及其特别文物立法的规定直取获得。如意大利《文化财产和景观法典》第53条将符合《民法典》第822条对国有财产类型的规定，属于国家、大区和其他政府部门的文化财产界定为国家文化财产；"根据相关法律规范被认定为具有历史、考古

---

① 张颖：《美国环境公共信托理论及环境公益保护机制对我国的启示》，《政治与法律》2011年第6期，第114页。

② 王云霞、胡姗辰：《公私利益平衡：比较法视野下的文物所有权限制与补偿》，《武汉大学学报（哲学社会科学版）》2015年第6期，第104~105页。

③ 在日本，所有权属于地方公共团体的公有财产，其使用和管理除应符合《地方自治法》和地方公共团体自行制定的相关法律规则之外，在很多其他方面都适用或准用有关国有财产的特别规定。《文化财产保护法》第12章第3节对地方公共团体在文化财产保护中的责任做了具体规定。公有文化财产的转让和管理大多数情况下参照适用国有财产的一般法律规则。

和艺术价值的建筑物、博物馆、画廊、档案馆、图书馆以及根据有关法律被视为公共财产的其他财产”则属于《民法典》第822条明确规定的国有财产的范畴。① 此外，根据《民法典》的相关规定，与上述财产的类型相同，但属于县或市镇村所有的，也适用有关国有财产的规定；② 国家、县及市镇村对某些财产享有的他物权，在该权利系为该物的利用，或者为将其用于公益目的而设定的，同样适用国有财产的规定；③ 公用事务所的建筑物与其备品一起，或公用其他财物，按其所属，为国家或者分别为县及市镇不得转让固有财产的一部分；④ 不为任何人所有的不动产，亦属于国家的固有财产。⑤

2. 依法强制获得

公法人主体对不可移动文物的所有权也可能因发生一定情形而强制取得。例如根据法国《公法人一般财产法典》的规定，公法人还可通过接收无人继承的遗产或该法典第L1123-1条规定范围内的无主不动产⑥以及因受刑罚而罚没、充公⑦等方式，无偿取得不可移动文物所有权。在日本，依据《民法典》第239条第2款规定，不可移动文物构成《民法典》所称“无主物”的，所有权归国家所有；《国有财产法》第2条也规定，代表国家行使其所有权的中央政府可依据特殊法令的规定直接取得包括不可移动文物在内的特殊财产。《文化财产保护法》第104条第1款则进一步规定，在国家机构或者以探查地下文物为目的的文化财产研究独立行政机构实施的发掘和探查活动中发现的文化财产，无法确定其所有权人的，归国家所有。

3. 接受捐赠或协议购买

此外，接受捐赠或者协议购买，也是国家取得不可移动文物所有权的重要方式。公法人主体或者依据法律规定由国家或地方直接设立并享有行政权力的主体依此类方式取得不动产所有权的，大致依照民法或普通财产法中不动产交易和取得的一般规则进行，但有的国家在单行文物立法及公有财产法中也就相关事项及其程序做出特别规定。如在

---

① 参见《意大利文化和景观遗产法典》，第53条注释，国家文物局编译，文物出版社，2009年，第97页。

② 《意大利民法典》，第824条。见《意大利民法典》，陈国柱译，中国人民大学出版社，2010年，第160页。

③ 《意大利民法典》，第825条。见《意大利民法典》，陈国柱译，中国人民大学出版社，2010年，第160页。

④ 《意大利民法典》，第826条。见《意大利民法典》，陈国柱译，中国人民大学出版社，2010年，第160～161页。

⑤ 《意大利民法典》，第827条。见《意大利民法典》，陈国柱译，中国人民大学出版社，2010年，第161页。

⑥ 根据法国《公法人一般财产法典》第L1123-1条的规定，“无主财产”包括超过30年无人继承的财产，以及没有众所周知的所有权人、未缴或由第三人代缴土地税超过三年的不动产。且本条对“无主物”的规定，仅在不妨碍《民法典》规定的时效取得的前提下有效。

⑦ *Code général de la propriété des personnes publiques*, art. L1125-1；*Code de procédure pénale*, art. 41-4.

英国,《历史建筑和古迹法》第5、5A条规定,对于具有突出历史或者建筑学价值的历史建筑、位于《(登录建筑和保护区)规划法》所述保护区范围内的建筑,以及位于具有历史价值的园林,文化部长或者"英格兰史迹"有权通过协议的方式,代表国家取得所有权;第8、8A条则是关于文化部和"英格兰史迹"接受历史建筑捐赠的规定。《古迹和考古区域法》第11条和《(登录建筑和保护区)规划法》第52条则是关于地方公共部门或机构通过协议收购不可移动文物的规定。在法国,公法人主体通过协议转让或购买不可移动文物的,依照私法的相关条款进行①,还须服从《遗产法典》的相关规定。值得一提的是,《遗产法典》还规定了代物清偿(Dation en paiement)这样一种国家获得文物所有权的方式,即依照《普通税法典》(Code général des impôts)第1716bis条的规定,以向国家转让文物艺术品的方式缴纳不动产转让相关税款。②

　　4. 征收或强制收购

　　在一定情形下对不可移动文物进行征收或强制收购,是国家和地方政府等公法人、或者依据法律规定由国家或地方直接设立并享有行政权力的主体取得所有权的一种重要方式。这种所有权取得方式涉及对原所有权人正当财产利益的剥夺,因此须以明确的法律规定为依据,且给予被征收人合理的补偿③。在英国,《古迹和考古区域法》、《(登录建筑和保护区)规划法》等主要单行文物立法明确规定了适用强制收购的情形,主要包括:(1)咨询"英格兰史迹"组织的意见之后,为保护之需,对古迹进行的强制收购;④(2)对于所有权人或其他负有保护和修缮责任的主体未能采取适当保护措施予以保护的登录建筑,文化部可以自行或者授权其他主体(包括地方委员会和一些专门的文物保护委员会)进行强制收购。⑤强制收购的具体程序规则依照1981年《土地获得法》(Acquisition of Land Act)进行。此外,上述《(登录建筑和保护区)规划法》第52条关于"由地方公共部门或机构协议取得具有建筑学或者历史价值的建筑物"的条款,也适用1965年《强制买卖法》第一部分,属于强制收购的范畴。在美国,在某些文物涉及重大公共利益,而对其采取的保护措施对私人所有权造成重大限制或损失时,对该文物的征收依《宪法》第五修正案"正当程序条款"进行。在法国,征收依照《公益征用法典》的相关规定进行,出现于以下两种情形中:(1)不可移动文物所有权人未履行行政机关对于文物维护或者修缮的通知,或者未遵守行政法院裁决的,行政机关可以国家的名义对该不可移动文物进行征收,并同意地方行政区或者公共服务机构作为征收受益人;⑥(2)基于公共使用之目的,因公共利益之需,以国家名义对从历史或

---

① *Code général de la propriété des personnes publiques*,art. L1111 - 1.
② *Code du Patrimoine (2016)*,art. L122 - 1.
③ 关于不可移动文物的征收补偿制度,本书将在本章第六节详细阐释,此处不予赘述。
④ *Historic Buildings and Ancient Monuments Act 1953*,art. 10.
⑤ *Planning (Listed Buildings and Conservation Areas) Act (1990)*,art. 47.
⑥ *Code du Patrimoine (2016)*,art. L621 - 13.

艺术角度看具有公共价值的已列级历史古迹或紧急列级的不可移动文物实施征收。地方行政区也可行使该权利。① 在意大利，《文化财产和景观法典》除概括规定"如属改善保护条件以满足公众享用之必须，可移动和不可移动文化财产可由政府以公用理由予以征收"② 之外，还具体规定为隔离或恢复遗迹、确保自然光线或景观、保护或修缮装饰面、增加公众享用、提高利用率而对建筑物和区域进行的手段性征收③，和为从事考古工作或开展文化财产探查活动而对有关建筑物进行的考古征收④两种具体类型。在文化遗产部宣布征收之公共用途的基础上，征收工作可由该部授权大区、其他地方政府部门及其他公共团体和机构进行；文化遗产部还可以代表公共非营利团体下达征用命令，对相关程序担负直接责任。⑤ 在日本，虽然《文化财产保护法》中未明确规定对文化财产的征收，但在为保护之必要的情况下，公用征收仍可依照其宪法、《土地征收法》和《城市规划法》进行。征收的主体必须是在法律上有权征收和使用必要土地及其特定公共利益的事业主体，除了国家、地方公共团体是当然的征收主体外，公共组织、公共社团、事业团体等特殊法人、特殊会社、特许企业等，也可以依法被赋予征收主体资格。

（二）公有不可移动文物的所有权行使

1. 专门机构代为行使所有权权能

理论上说来，国家和地方政府作为公有不可移动文物所有权主体，对其文物负有保护和管理职能。该文物事实上的使用人或控制人，则为对其负有保护义务的责任主体。但为保证文物保护和管理的专业性，许多国家及其地方政府都将公有不可移动文物交给专业的古迹文物保护机构进行日常管理和养护。如在英国，公有不可移动文物特别是国家所有不可移动文物，很多都交由专业的遗产保护信托机构"英格兰遗产"或者"国民信托"进行日常的管理和经营，文化部门、规划部门以及"英格兰史迹"一般只通过行使成文立法赋予其对公私文物的监管职权的方式，间接地对其所有不可移动文物管理、监督以及利用、处分方面的事宜做出安排。根据美国《国家历史保护法》的规定，联邦所有不可移动文物，保护和修缮责任由拥有或者在事实上管理该文物的联邦机构负责人承担；各州亦可在不违反文物立法和文物保护原则的前提下自主经营其所有不可移动文物。而事实上，美国公有不可移动文物中很大一部分被委托给专门的非营利组织进行专业化管理和经营，如每一个国家公园都由一个专门的非营利组织进行日常的管理、经营和维护，"历史保护国民信托"也受所有权主体或者政府委托，经营着数量众多的联邦所有不可移动文物。在法国，国家古迹中心（Centre des Monuments Nationaux）⑥

---

① *Code du Patrimoine*（2016），art. L621 - 18.

② *Codice dei beni culturali e del paesaggio*，articolo 95.

③ *Codice dei beni culturali e del paesaggio*，articolo 96.

④ *Codice dei beni culturali e del paesaggio*，articolo 97.

⑤ *Codice dei beni culturali e del paesaggio*，articolo 95.

⑥ 有关该机构的详细介绍，参见本书第六章第一节"开放机构"相关内容。

是国有不可移动文物,特别是向公众开放的国有不可移动文物的重要的专业保护机构,其他暂未向公众开放的公有不可移动文物,由其使用主体负维护责任。此外,根据2016 年新修改的《遗产法典》明确规定,作为工商性公共服务机构的香波堡(Chambord)也可受最高行政法院法令的委托,管理、保护和开发属于自己或其他属于国家所有的不可移动文物。①

在意大利,《文化财产和景观法典》第 18 条第 2 款明确规定,不动产构成国有文化财产的,"不管使用或者保管单位是谁,均由文化遗产部直接监管";大区和其他地方公共机构所有文化财产的监督则由文化遗产部与大区协商或协调确定。在日本,根据《文化财产保护法》第 163、164 条之规定,经依法指定的重要文化财产,重要有形民俗文化财产,史迹名胜天然纪念物或者重要文化景观归国家所有的,应由文部科学大臣对该文化财产进行管理;但如果该文化财产构成上述国有财产中依法归文部科学省以外其他省厅长官管理的行政资产②,或者由于其他特殊原因而不在文部科学大臣的管理之下的,该文化财产管理权主体的确定事宜应由文部科学大臣、该文化财产原属机构行政长官以及财务大臣协商解决。

2. 严格的所有权行使规则

在一些国家,相关立法还对公有不可移动文物的保护和管理做出一些具体的特殊规定。如在美国,《国家历史保护法》规定,负有保护责任的机构应依照 1996 年 5 月 21日颁发的 13006 号执行法令③对其所有或监管的文物进行利用,但须依照文物保护法律法规的要求和专业的技术标准对文物进行维护和修缮④,并在同内政部长协商的基础上依法设立鉴定、评估、提名"国家历史名胜"的专门项目⑤。在法国,国家或者国家设立的公共服务机构所有的不可移动文物之列级,根据国家遗产和建筑委员会的意见,依行政机关发布决定进行;地方行政区或其设立的公共服务机构所有不可移动文物的列级,则须经该不可移动文物所有权人的同意,若所有权人不同意列级,则由最高行政法院启动宣布列级程序,在咨询国家遗产和建筑委员会的意见之后,依照其意见对该文物宣布列级。⑥ 有关行政机关可依职权主动对国有的列级古迹实施必要的维护或者修复工程,费用由国库负担。⑦ 此外,法国还于 2016 年对《遗产法典》进行修改时,在"不可移动文物"一章中增设"国家公产"(domaines nationaux)专节,对属于国家、地方

① *Code du Patrimoine*(*2016*),art. L621 – 41.
② 日本《国有财产法》第 5 条规定:"各省厅长官必须管理属于其所管的行政资产。"
③ *61 Fed. Reg. 26071*(*40 U. S. C. 3306 note*)
④ *National Historic Preservation Act*(*1966*),Section 110(54 U. S. C. 306101).
⑤ *National Historic Preservation Act*(*1966*),Section 110(54 U. S. C. 306102).
⑥ *Code du Patrimoine*(*2016*),arts. L621 – 4 & L621 – 5.
⑦ *Code du Patrimoine*(*2016*),art. L621 – 11.

行政区、公共服务机构等公法人主体所有或部分所有的"国家公产"、表现与国家历史的特殊关联性的不可移动文物①的保护和管理做出具体规定：此类不可移动文物应由国家在尊重其历史、艺术、景观和经济价值的前提下进行专业的保存和修复②，由最高行政法院在文化部根据国家遗产和建筑委员会和该文物实际控制人的意见进行申请的基础上划定该名录清单及其保护范围。③ 对于部分属于公法人主体所有的受保护"国家公产"，应予以整体列级或登录；除为公众娱乐和游览之需，或因列入建筑修复、艺术创作或开发工程而添建必需的建筑物或构筑物外，不得进行新建或改建④；其管理应遵循公共秩序原则和人的尊严原则⑤。在意大利，《文化财产和景观法典》规定，除情况特别紧急外，大区和其他地方政府部门所有文化财产的强制保存措施应与占有该文化财产的部门达成协议以后确定。⑥ 在日本，管理主体必须履行《文化财产保护法》规定的保护义务，依照《文化财产保护法》和文部科学省颁布的相关条例和指令对文化财产进行管理和保护，并通过文部科学大臣就该不可移动文物的取得、（在不同预算单位之间的）转移、状态的改变和破坏损毁以及修复状况等信息，向文化厅长官告知；⑦ 管理该文化财产的省厅的长官欲改变不可移动文物之现状，以及出借、交换、出卖、转让重要文化财产或是采取其他财产处置措施的，都需通过文部科学大臣征得文化厅长官的同意，但不得违反《国有财产法》有关"行政资产不得租赁、交换、出售、出让、信托、用作出资，或将其转为私有"⑧ 的特殊规定。除中央省厅以外的其他国有机构欲改变其所管文化财产现状的，也须征得文化厅长官同意。文化厅长官在批准上述事项时，可附加一定的义务条件，管理机构应当遵守。⑨ 文化厅有权通过文部科学大臣，就专业问题向管理国有不可移动文物的省厅提供相关建议和指导，⑩ 还可为了更好地监测上述文化财产的保护状况，要求作为管理者的其他省厅和国家机构提交调查报告或者委任相关人员进行现场调查；⑪ 在其他省厅或者国家机构的管理主体未能妥善地采取措施保护其所管文化财产时，文化厅可以在其认为必要的情况下直接采取相关的保存、修复行动，⑫ 也可在一定条件下将这些活动委托给地方公共团体或者其他机构进行。⑬ 对于国有的登

---

① *Code du Patrimoine*（2016），art. L621 – 34.
② *Code du Patrimoine*（2016），art. L621 – 34.
③ *Code du Patrimoine*（2016），art. L621 – 35.
④ *Code du Patrimoine*（2016），arts. L621 – 37 & L621 – 38.
⑤ *Code du Patrimoine*（2016），art. L621 – 36.
⑥ *Codice dei beni culturali e del paesaggio*，articolo 40.
⑦ 日本《文化财产保护法》，第 167 条。
⑧ 日本《文化财产保护法》，第 18 条。
⑨ 日本《文化财产保护法》，第 168 条。
⑩ 日本《文化财产保护法》，第 169 条。
⑪ 日本《文化财产保护法》，第 171 条。
⑫ 日本《文化财产保护法》第 170、176 条。
⑬ 日本《文化财产保护法》第 174、177 条。

录有形文化财产,《文化财产保护法》第 178～181 条也规定了一系列类似的具体保护措施。

（三）所有权流转限制

为加强对公有不可移动文物的保护和管理,五国文物立法都为其所有权流转设置了一定的范围限制,或者规定了公有不可移动文物流转方式须遵循的特殊规则。

在英国,《古迹和考古区域法》第 21 条规定,公有古迹所有权流转的范围一般仅限于国家政府和地方公共机构之间、不同地方公共机构之间、地方公共机构与"英格兰史迹"等国家授权组织之间以及国家政府与"英格兰史迹"等国家授权组织之间。此外,在普通法信托制度下,其他专业的文物保护组织得通过信托关系的建立获得公有不可移动文物的信托所有权,依据信托关系规则,此种所有权的行使必须为受益人的利益进行,具体到文物方面,作为受托人的文物保护非政府组织应当充分发挥自身在文物保护、经营和利用方面的专业性,增进公有文物的保护和利用效果。

在美国,在确保该文物的历史、建筑或者文化价值得以得到妥善保存的基础上,作为责任主体的联邦机构可在其知悉相关保护规划之日起 90 天之内审查批准联邦所有不可移动文物的转让方案。[1] 在咨询相关委员会后,联邦相关机构有权在确保该不可移动文物保存的基础上将其下属各机构所有的文物出租给有关个人或组织,抑或是用该文物同其他价值匹配的文物进行交换[2],租赁收益可由订立租赁协议的机构自行保留,用以支付该机构所承担的管理、维护、修缮和相关专用。[3]

在法国,根据《公法人一般财产法典》的规定,国有不可移动文物的交换须符合最高行政法院颁布的特别法令确定的条件才被允许,国家公共服务机构所有的不可移动文物的交换需依据该组织成立规则中所确定的条件进行。[4] 以此为依据,《遗产法典》规定:国家或其公共服务机构所有的列级或登录不可移动文物,只有在文化部经咨询国家遗产和建筑委员会同意的基础上才可转让。若缺乏上述批准程序,文化部长在转让发生之日起 5 年内可宣布该转让无效。[5] 属于地方行政区及其公共服务机构所有的列级文物,未经大区行政长官同意不得转让。大区行政长官应在收到转让通知起 2 个月内发表其意见;若该列及文物的转让未遵守上述咨询程序,大区行政长官可在转让发生之日起 5 年内宣布该转让行为无效;[6] 违反此规定者将受到行政罚款,自然人不超过 6000 欧元,法人不超过 3 万欧元[7]。依法征收的列级古迹可通过友好协商的方式转让给公私主

① *National Historic Preservation Act* (*1966*), Section 110 (54 U. S. C. 306106).
② *National Historic Preservation Act* (*1966*), Section 111 (54 U. S. C. 306121).
③ *National Historic Preservation Act* (*1966*), Section 111 (54 U. S. C. 306121).
④ *Code général de la propriété des personnes publiques*, art. L1111 – 2.
⑤ See *Code du Patrimoine* (*2016*), art. L621 – 29 – 9, art. R621 – 84 – 1.
⑥ See *Code du Patrimoine* (*2016*), art. L621 – 22, art. R621 – 52.
⑦ *Code du Patrimoine* (*2016*), art. L642 – 1.

体。买受人应承诺按照不动产转让法令附件所述责任义务中规定的目的使用该古迹；转让给私人的，其转让条件和原则应经最高行政法院法令批准，原所有权人可对该转让原则和条件提出意见。① 国家或其公共服务机构所有的公产不得转让，也不适用时效取得制度。此类财产及其部件只有因可促进恢复其整体性特点之必须，才可转让给其他公法人主体。②

意大利《文化财产和景观法典》明确规定，除本法典所规定的特殊方式外，国家文化财产不得转让，也不得成为以第三方为受益人的权利客体。③ 该法典明确规定，不可转让的国有不可移动文物包括具有考古价值的国有建筑物和区域、根据现行法律的规定被认定为国家历史遗迹的建筑物以及公共博物馆、美术馆、艺术画廊等公共文化机构，《法典》第10条规定，主体所拥有的超过70年的不动产，还包括已根据本法典的相关条文规定的程序公示为具有特别重要的价值，可用以证明公众、集体或宗教机构的性质和历史的不可移动文物等，但此类国有不可移动文物可在国家、大区和其他地方政府部门之间流转。④ 不在该法典明确规定不得转让范围内的国家不可移动文化财产的转让需在符合以下列条件的情况下经文化遗产部的批准：（1）流转过程中必须确保文化财产的保护和强化，在任何情况下都不能影响公众享用；（2）批准文件必须明确指定转让建筑物的用途，该用途必须与建筑物的历史与艺术性质相一致，并且肯定不会影响文化财产的保存。⑤《文化财产和景观法典》第56～59条对转让批准的规则、程序等进行了具体规定。另外，除依该法典的规定不允许转让之外，民间非营利社团文化财产的转让以不对其保存或公众享用造成严重影响为条件⑥，需要文化遗产部的批准⑦。

在日本，为了将国有不可移动文化财产置于文部大臣的管理之下而在不同预算单位之间进行转移的，毋需按照《国有财产法》第15条的规定进行有偿转移，而可以无偿进行。但《国有财产法》明确规定行政资产不得转为私有。

二、私有不可移动文物

文物的公益属性不影响其所有权属，但私有不可移动文物所有权的行使却因维护公共利益之需而受到一定限制，并且所有权人须对其文物履行一定的保护和维护义务。虽然各国对私有不可移动文物所有权施加限制的具体方式不尽相同，但在限制内容方面却具有一定的共通性，不仅都将财产所有权人或实际控制人作为私有不可移动文物保护的

---

① *Code du Patrimoine*（2016），art. L621－21.
② *Code du Patrimoine*（2016），art. L621－36.
③ *Codice dei beni culturali e del paesaggio*，articolo 53.
④ *Codice dei beni culturali e del paesaggio*，articolo 54.
⑤ See *Codice dei beni culturali e del paesaggio*，articolo 55，articolo 56.
⑥ See *Codice dei beni culturali e del paesaggio*，articolo 55，articolo 57.
⑦ See *Codice dei beni culturali e del paesaggio*，articolo 55，articolo 56.

第一责任人，还对这些主体行使其财产权的范围和方式进行限制、为此类财产的处分和流转设置特殊规制。

（一）所有权人作为不可移动文物保护第一责任人

在绝大部分国家，所有权人也是私有不可移动文物保护的第一责任人。在英国，对列级古迹享有完全所有权或者不少于 45 年占有权的主体，经文化大臣同意，可成为列级古迹的监护人（guardian）或为该古迹指定一个监护人。[①] 古迹监护人有权监管与该古迹相关的各项活动，但须受到文化大臣或者地方有关机构的检查和监督。[②] 针对英国存在多种不完全不动产权利形态的具体情况，相关文物立法还设置许多特别规定：诸如 1925 年《安置土地法》（Settled Land Act）中所述法定所有人为终身承租人、不动产的信托受托人、不动产的终身继承人或者宗教、慈善或其他公共机构中的受托人以及其他与列级不动产具有一定利益关系的主体，作为列级古迹的受限制所有权人（limited owner），也可成为该古迹的监护人，经有关行政机关授权，以设置租约、地役或签订协议等方式，行使与完全所有权人几乎相同的保护的责任。[③] 登录建筑的完全或不完全所有权人，占有人、管理人或者其他有利益关系的主体，则须与地方规划部门签订遗产伙伴协议，就遗产的保护、利用和相关工程问题进行安排；[④] 在此过程中，文化大臣可以就协议的内容制定相关规则。[⑤] 此外，对于国家因保护登录建筑的需要而直接实施的紧急工程，该古迹所有权人有义务承担相关修缮费用。[⑥] 法国《遗产法典》明确规定，不可移动文物的所有权人或实际控制人是对该文物进行保护的义务人[⑦]，所有权人未实施必要的维护或者修复工程而使列级古迹受到严重损害，行政机关可以在听取国家遗产和建筑委员会的意见之后向其发出实施上述工程的催告，明确告知其实施该工程的期限以及修复费用的负担。[⑧] 所有权人未按时履行上述催告义务的，国家还可通过征收的方式，强制剥夺私人对该列级古迹的所有权。[⑨] 列级古迹由行政机关强制修复的，所有权人应在不超过工程总费用一半的限度内偿还该部分修缮费用。[⑩] 意大利《文化财产和景观法典》第 30 条也明确规定"文化财产的私人所有者、占有者或持有者必须做好其所有、占有或持有的文化财产的保存工作"。在日本，根据《文化财产保护法》第 4 条第 2 款规定"所有者管理、保护和修缮"的原则，所有权人是各类私有不可移动文物保护

---

① *Ancient Monuments and Archaeological Areas Act*（1979），art. 12.
② *Ancient Monuments and Archaeological Areas Act*（1979），art. 13.
③ *Ancient Monuments and Archaeological Areas Act*（1979），art. 18.
④ *Planning（Listed Buildings and Conservation Areas）Act*（1990），arts. 26A & 26L.
⑤ *Planning（Listed Buildings and Conservation Areas）Act*（1990），arts. 26B & 26M.
⑥ *Planning（Listed Buildings and Conservation Areas）Act*（1990），art. 55.
⑦ *Code du Patrimoine*（2016），art. L621 – 29 – 1.
⑧ *Code du Patrimoine*（2016），art. L621 – 12.
⑨ *Code du Patrimoine*（2016），art. L621 – 13.
⑩ *Code du Patrimoine*（2016），art. L621 – 14.

和管理的第一法定责任人；因某些特殊原因不能履行其管理和保护义务的所有权人，应当自行委任能够履行该义务的管理人成为责任主体。在美国，联邦政府对文化事务采取间接管理模式，在不可移动文物保护实践中，私人所有权得到极大的尊重，私人不可移动文物的保护工作都是在所有权人同意的情况下才得以开展，甚至连将私有不动产登录为受保护文物的行为都需要经过所有权人的同意①。在这种情况下，联邦政府部门一般无权直接对私人文物所有权人设置限制或者发布行政指令。

（二）所有权行使限度

1. 对所有权的限制依文物的保护级别而异

在一些国家，不可移动文物保护级别不同，对其私人所有权行使的限制程度也存在差别，保护级别高的不可移动文物的所有权受到的限制相对更大。

如在英国，文物立法对列级古迹所有权的限制比登录建筑更为严苛，主要体现在：（1）在文物认定方面：虽然不动产被认定为列级古迹或登录建筑只需通知权所有权人而毋需其同意②，但所有权人只有权对登录其不动产的决定请求复议（review）③，却不能对古迹列级发表意见。（2）从限制程度和内容方面看：《（登录建筑和保护区）规划法》只规定未经依法许可，拆除登录建筑，以及以任何可能影响其特殊建筑和历史价值的方式改建或者添建登录建筑的行为，须在征询皇家历史古迹委员会意见的基础上，经地方规划部门或者文化大臣的书面许可；④ 而对于列级古迹，包括所有权人在内的任何人未经文化大臣颁发专门的古迹工程许可，都禁止实施或者允许他人实施：1）任何对列级古迹造成损毁、破坏或者轻微损害的工程；2）以改建或添建列级古迹及其组成部分为目的实施的移除或者修复工程；3）在列级古迹所在土地上进行的挖掘或者倾倒。且列级古迹工程许可的授予，可附加的条件不仅包括对工程的规范，还包括允许文化大臣或"英格兰史迹"授权的主体在该许可颁发之前就该古迹及其遗址进行检查，并在文化大臣认为必要时进行考古调查相关发掘。⑤（3）在免责事由方面：行为人取得列级古迹工程许可但工程未遵守该许可附加的条件，或者造成列级古迹损毁或破坏的，所有权人只有在能证明自己已采取所有预防措施，并且履行了所有避免违法所需合理谨慎义务，或者其违法工程是在紧急情况下出于维护安全和健康利益之必要，且已尽可能在第一时间内将该工程的必要性书面通知文化大臣的情况下才能免责；⑥ 而对于违反上述登录建筑所有权限制条款的违法行为，所有权人的免责抗辩则可包括：1）该工程

---

① *National Historic Preservation Act*（1966），Section 101（54 U. S. C. 302105）.

② See *Nacient Monuments and Archaeological Areas Act*（1979），art. 1；*Planning（Listed Buildings and Conservation Areas）Act 1990*，arts. 2，2A & 2B.

③ *Planning（Listed Buildings and Conservation Areas）Act*（1990），art. 26D. 特别注意，本条规定仅适用于威尔士地区。

④ See *Planning（Listed Buildings and Conservation Areas）Act*（1990），arts. 7 & 8.

⑤ *Ancient Monuments and Archaeological Areas Act*（1979），art. 2.

⑥ *Ancient Monuments and Archaeological Areas Act*（1979），art. 2.

（行为）是紧急情况下为维护安全和健康利益，或者为保存该建筑之必须；2）采取维修、临时支撑或者遮蔽措施等其他措施保护该登录建筑，无法确保（使用人）的安全和健康；3）所采取的工程限于即刻所必要的最小干预措施；4）在合理期限内向地方规划部门发送证明工程必要性的书面通知。①

在法国，对列级不可移动文物的保护也远比登录不可移动文物严格。对于文物列级而言，虽对不可移动文物进行列级需征求所有权人意见，但在所有权人不同意列级的情况下，行政法院在咨询国家遗产和建筑委员会后，可宣布对该不可移动文物进行强制列级并规定列级带来的法定地役负担；②在不可移动文物的保存受到威胁时，文化部长还可依职权启动紧急列级程序，仅需由大区区长通知所有权人而毋需经其同意，紧急列级即可产生正式列级的法律效果。③不可移动文物经列级之后，未经文化部长批准，不得被部分或整体的毁坏、移位，也不得进行修复、修补或其他任何改变其现状的工程。相关工程经批准得以实施的，应在负责历史古迹的国家行政部门的科技监管下，由专业的修复机构或人员进行；④违者将依照《规划法典》第 L480－4 条有关规定处以 1200 欧元至 30 万欧元刑事罚金；再犯者还将面临 6 个月的监禁⑤。为确保列级古迹紧急加固或保证其受损害所需必要维护或修复工程的实施，行政机关可在必要时不经所有权人的同意而批准该工程对不可移动文物或毗邻不动产的临时占用，由省长令决定，期限不超过 6 个月。⑥所有权人或其他主体在列级古迹上设置地役的，须经大区区长许可；任何可能对列级古迹造成破坏的法定地役对该古迹都不适用。⑦而对受登录保护的不可移动文物，国家的登录行为毋需经所有权人同意，只需将登录决定告知所有权人，即可对所有权人施加不得改变登录文物或其组成部分之现状的限制义务。所有权人确需改变登录文物现状的，应提前 4 个月将其改造意图告知行政机关，依法申请建设、拆除、改造许可证，并详细说明其将计划并在许可证允许的范围内实施该工程。非经文物行政机关的同意，其他部门授予许可证或者出具不反对意见的行为不能生效。针对登录文物的工程应当在国家负责历史古迹的行政部门的科技监管下进行。⑧

2. 文物行政监管部门对私人文物所有权的行使具有较大的权力

对私有不可移动文物所有权人的限制也可通过赋予政府文物行政监管部门更大权力的方式进行。

如在英国，当不可移动文物相关工程涉及违反法定限制措施的情况时，有关部门可

---

①　*Planning（Listed Buildings and Conservation Areas）Act（1990）*, art. 9.

②　*Code du Patrimoine（2016）*, art. L621－6.

③　See *Code du Patrimoine（2016）*, arts L621－7, arts. R621－6 & R621－9.

④　See *Code du Patrimoine（2016）*, arts L621－9, arts. R621－6 & R621－11.

⑤　*Code du Patrimoine（2016）*, art. L641－1.

⑥　*Code du Patrimoine（2016）*, art. L621－15.

⑦　*Code du Patrimoine（2016）*, art. L621－16.

⑧　*Code du Patrimoine（2016）*, art. L621－27.

向所有权人颁发列级古迹/登录建筑执法通知，督促所有权人停止违法行为、恢复原状①，也可就列级古迹相关工程颁发停止通知、禁令或临时停止通知②，所有权人既未就该通知向有权机关提出申诉（appeal）、又未能按时执行通知要求的，将面临罚金处罚；③ 有权主体可自行或者授权其他主体，对不可移动文物的保存状况、其保护责任人（通常是所有权人）是否有违法行为以及相关指令或已得到许可的工程的执行情况等，进行定期或者不定期的检查，所有权人必须予以配合；④ 情况紧急时，相关监管主体有权在提前 7 日通知所有权人的情况下自行或者授权专业的文物保护机构进入该不可移动文物并采取保护和修缮措施。⑤

在日本，所有权人或者其委任的责任管理人在管理和使用不可移动文物时，应当接受文化厅的监管，并按照文化厅的指令采取一定的措施。不管出于何种目的和动机，所有权人或者其委任的责任管理人欲采取任何改变不可移动文物保存和利用现状的行动时，都须向文化厅报告；对不可移动文物的现状、保存条件以及其他方面造成重大影响的，须经文化厅批准。文化厅可以要求所有权人定期或者不定期提供有关该文物保存现状、采取的保护措施等问题的调查报告，还可就该文物保护专业技术方面的问题向所有权人或者受托责任管理人提供建议指导或者直接做出指示，所有权人必须执行。最后，所有权人怠于履行保护义务或者文化厅认为必要时，文化厅可出于文物保护的目的，依职权对该文物采取调查、检查、指定其他管理责任人⑥乃至主动修缮管理⑦等相关措施。

在意大利，未经有关部门依据相关的法律法规和行政程序的审查和批准，不得擅自拆除或改建，不得改变不可移动文物的用途及对该文物和景观造成破坏；⑧ 此外，政府还可因改善保护条件、满足或增加公众享用、隔离或恢复遗迹、维护自然环境或景观、保护或修缮装饰面、提高利用率以及进行考古或文化遗产探查之必须等原因，对私人的不可移动文物进行征用。⑨

---

① See *Ancient Monuments and Archaeological Areas Act*（1979），art. 9A；*Planning*（*Listed Buildings and Conservation Areas*）*Act*（1990），art. 38.

② See *Ancient Monuments and Archaeological Areas Act*（1979），arts. 9G，9H，9K；*Planning*（*Listed Buildings and Conservation Areas*）*Act*（1990），arts. 44A，44B，44C.

③ See *Ancient Monuments and Archaeological Areas Act*（1979），arts. 9C，9D，9E，9M，9J；*Planning*（*Listed Buildings and Conservation Areas*）*Act*（1990），arts. 39 & 43.

④ See *Ancient Monuments and Archaeological Areas Act*（1979），arts. 6，6A；*Planning*（*Listed Buildings and Conservation Areas*）*Act*（1990），arts. 88，88A，88B.

⑤ *Ancient Monuments and Archaeological Areas Act*（1979），art. 5；*Planning*（*Listed Buildings and Conservation Areas*）*Act*（1990），art. 54.

⑥ 日本《文化财产保护法》，第 s 条之一。

⑦ 日本《文化财产保护法》，第 38 条第 1 款。

⑧ See *Codice dei beni culturali e del paesaggio*，articolo 20，articolo 21.

⑨ See *Codice dei beni culturali e del paesaggio*，articolo 20，articolo 95 to articolo 97.

3. 设立遗产保护地役权

此外，通过私法的方式设立特殊的遗产保护地役权，也是一些国家通过限制私人不可移动文物所有权来实现文化遗产及其历史风貌保护的重要方式，以私有财产保护力度强大的美国为典型代表。

在美国，源于普通法地役权制度的遗产保护地役权在限制私人所有权方面发挥着重要作用。该地役权以保护不动产自然的、景观的、公共空间的价值，确保农业、林业、休闲娱乐或者公共空间利用的有效性，保护自然资源以及不动产的历史、建筑学、考古学或者文化价值为目的，对该不动产的利用设置一定限制，或者对其所有权人规定积极义务。① 该地役权又可分为保护自然及乡村景观的保存地役权（Conservation Easement）和偏向历史建筑或其他不可移动文物保护的保护地役权（Preservation Easement）两种，其实质即有关政府机构或非营利组织（受役主体，donee/grantee）与不动产所有权人（供役主体，donor）之间签订的保持其土地或房屋等不动产的某种自然状态或历史建设形态，并赋予受役主体对该不动产进行限制和监控的权利的协议。该协议为不动产所有人所设置的负担既可以涵盖其不动产整体，也可以只包括某些部分，通常包括以下几个方面：（1）供役主体具有保持其不动产景观或历史建筑的风格和文化完整性的义务，开发利用供役不动产的行为不得对文物建筑的历史文化价值造成破坏；（2）未经受役主体首肯，禁止对文物建筑的外立面、结构等做出变动，禁止拆除和改建；禁止变更或移除室内装饰；（3）供役主体必须尽到维护供役不动产的责任；（4）允许每年有若干天将供役不动产向公众开放；（5）供役不动产权属需要变更时，受役主体有优先选择权。此外，为保护历史地段和风貌区而设置的遗产保护地役权往往还会带有一些前瞻性的规划内容，如限制供役不动产高强度的商业开发，确定其将来可能的使用功能；限制供役土地上建筑物的高度、容量；为供役土地将来可能添建和改造的建筑物或市政设施划定范围等。② 遗产保护地役权协议始终跟随供役不动产及其附着土地（run with the land），不管所有权人或占有、使用权人如何变动，该协议都具有永久法律效力。1981年美国统一州法协会还起草并发布了《统一保存地役法》（*Uniform Conservation Easement Act*）对保存地役权的设立、转让、期限以及法律诉讼等问题进行规定，为各州立法部门或文物保护实践中遗产保护地役权的设立提供参考。此外，一些文物保护机构还将英美法中的信托制度运用于文物保护实践中，通过与文物所有权人签订信托协议的方式取得对该文物的普通法上的所有权，根据信托协议限制文物所有权人的部分权能，对文物进行更加科学的保护和利用。

（三）处分和流转的特殊规则

1. 文物交易的特殊要求

在一些国家，私有不可移动文物流转除遵循不动产交易一般规则外，还须遵守文物

---

① *Uniform Conservation Easement Act*，§1.

② 参见沈海虹：《美国文化遗产保护领域中的地役权制度》，《中外建筑》2006 年第 2 期，第 52 页。

立法对于一些具体情况或具体环节的特殊规定。如在法国，列级或登录文物的转让须在法律规定的期限内告知大区区长并取得其同意①。依法不可转让的列级或登录不可移动文物依《民法典》第 829、860 或 922 条的规定通过捐赠或继承的方式实现所有权转移的，在对该不可移动文物进行价值评估时，应扣除保护和维护该文物所需必要费用。②原所有权人应将该文物受列级或者登录保护的事实告知受让人③，并将开展该不可移动文物保存和修复工程所需的文件和勘察数据移交给受让主体④。所有权流转行为不影响文物列级或者登录的法律效力⑤。此外，列级文物不可通过时效取得的方式实现所有权转让；⑥ 非法取得列级古迹及其部件的行为无效，有权机关可在知道该事实之日起 5 年内宣布该转让无效；善意持有人有权获得与其取得该物所付价款相当的赔偿。⑦ 在意大利，一方面，《文化财产和景观法典》就一些特殊的私有不可移动文物的转让做出限制，规定对于作为私主体的非营利法人所有的不超过 70 年，国家尚未依据《法典》第 12 条规定的认证程序完成鉴定的不可移动文物，在完成鉴定及国家放弃取得所有权之前，不得转让。⑧ 另一方面，除法典明确规定需经文化遗产部批准的转让⑨之外，任何依法全部或者部分转让文化财产所有权或转让其占有的契据，均需依照该法典第 59 条规定的程序和方式，在 30 日内向文化遗产部通报；文化遗产部或者其他国家和地方政府部门，具有文化遗产的优先购买权，有权按照转让交易中确定的价格优先购买出于金钱考虑而转让的文化遗产，如出让方不愿意接受行使优先购买权一方的报价，财产的货币价值应由出让方和优先购买方通过协议指定的第三方确定。如若双方在第三方的指定问题上无法达成一致，或在被指定者不愿或不能接受委托，且指定替换者方面也未能达成一致，应由合同缔结地法院院长根据一方要求指定第三方。相关费用由出让方承担。⑩ 有关优先购买权行使的条件和程序，《文化财产和景观法典》第 61、62 条也做出了明确规定。值得注意的是，该法典中有关国家强制收购文物的规定并不适用于不可移动文物。⑪ 在日本，《文化财产保护法》第 46 条规定，任何人欲转让重要文化财产所有权的，应依照文部科学省相关条例，以书面的方式将受让方及其转让价金通知文化厅，并陈述其转让该文化财产的事由及条件。文化厅经审查后认为该转让事由合理的，应于

---

① See *Code du Patrimoine* (*2016*), art. L621 – 29 – 6; art. R621 – 84.
② See *Code du Patrimoine* (*2016*), art. L621 – 29 – 7.
③ See *Code du Patrimoine* (*2016*), art. L621 – 29 – 6.
④ See *Code du Patrimoine* (*2016*), art. L621 – 29 – 3.
⑤ See *Code du Patrimoine* (*2016*), art. L621 – 29 – 5.
⑥ See *Code du Patrimoine* (*2016*), art. L621 – 17.
⑦ See *Code du Patrimoine* (*2016*), art. L621 – 33.
⑧ See *Codice dei beni culturali e del paesaggio*, articolo 54.
⑨ See *Codice dei beni culturali e del paesaggio*, articolo 55, articolo 56.
⑩ See *Codice dei beni culturali e del paesaggio*, articolo 60 to articolo 62.
⑪ 参见根据意大利《文化财产和景观法典》第 70 条，国家强制收购只发生于可移动文物出口过程中。

30 日内向所有人出具通知，说明国家不愿意购买；如果文化厅审查后拒绝同意的，应决定由国家对该重要文化财产进行收购，收购价金应与拟转让该文化财产的价金相应。

2. 鼓励所有人向国家及公共机构转让文物

此外，一些国家还通过文物立法的明确规定或者税收杠杆的调节作用，鼓励私人文物所有者将其重要文物向国家及有关公共机构转让。如在英国，根据 1980 年《国家遗产法》相关规定，地产继承税可用具有国家遗产意义的土地或不动产实物来代替①，即以税收的方式鼓励此类地产所有者放弃其不可移动文物所有权，以便这些对国家具有重要价值的不可移动文物更好地体现其公共属性。在意大利，向国家转让文化财产可以该文化财产充抵应缴税款，并毋需批准。② 根据日本《文化财产保护法》第 42 条的规定，受领国家补助或者依法由国家承担全部或者部分修缮和维护费用而得以修缮的重要文化财产，所有人转让或者其继承人、受遗赠人或者受赠人受让该文化财产的，应按本法规定向国库归还自国家受领的剩余补助金或者由国家依法直接承担的修缮费用；但是，如该受让主体是国家，则文化厅可免除义务人全部或者部分的偿还义务。

三、宗教团体所有不可移动文物

在西方，由于基督教会对欧洲历史的重大影响及对文化保存和发展的重要作用，为宗教团体所享有的宗教财产，占文化财产特别是不可移动文物中的很大比重。与此同时，绝大部分现代西方国家实现政教分离以后，宗教团体及其事务在国内法中往往享有比较特殊的地位。为此，一些国家的文物保护立法，对于宗教团体所有或者控制的文化财产的法律适用，做出适用或安排。如在法国，政府曾于 1801 年与派伊七世（Pie VII）教皇签订协议，法国认可基督教四大教派的合法地位，但所有宗教财产归属于国家所有，国家对宗教事务享有直接管理权。1905 年《政教分离法》（*Loi du 9 décembre* 1905 *concernant la séparation des Eglises et de l'Etat*）实施之后，国家不再履行直接管理宗教事务的职责，只能以违反公共秩序为由对宗教自由加以限制。依据该法，大量原属于国家所有的宗教财产的所有权，除法律明确规定属于国家或市镇所有的情形外，可由各宗教协会（associations cultuelles）或者教区所在地慈善机构获得所有权。为对这些宗教协会所有或所控制的文化遗产进行最大限度的保护，1905 年立法专门规定了对于承载历史或艺术价值，且为公众所用的教堂、修道院、寺庙等宗教建筑的补充列级程序。③ 宗教建筑一旦被列级，即需遵守有关列级古迹的所有规定，既不可转让，也不适用时效取得的规定；这些宗教建筑应面向公众开放，且此开放行为不产生任何税费。④ 在英国，《古迹和考古区域法》第 51 条和《（登录建筑和保护区）规划法》第 60、86 条对不可

---

① See *National Heritage Act*（*1980*），arts. 8 – 9.

② *Codice dei beni culturali e del paesaggio*，articolo 57.

③ *Loi du 9 décembre* 1905 *concernant la séparation des Eglises et de l'Etat*，art. 16.

④ *Loi du 9 décembre* 1905 *concernant la séparation des Eglises et de l'Etat*，art. 17.

移动文物中属于教会所有的财产的范围、这些财产的列级或登录、相关工程许可证的授予、教会财产的强制取得以及因文物保护对宗教活动的限制而给宗教团体的补偿偿付等方面的事宜作出了特殊安排。意大利《文化财产和景观法典》第 9 条要求文化遗产部根据宗教活动之需要，在经与相关当局协调一致的情况下参与处理宗教团体或相关机构所有文化财产的保护和利用事宜。在适当的情况下，相关大区也有参与权。宗教文化财产相关事宜的处理须遵守 1984 年 2 月 18 日签订、1985 年 3 月 25 日第 121 号法律修订实施的《拉特兰条约修订协议》第 12 条的有关协定，或根据宪法第 8 条第 3 款在与基督教以外的其他宗教派别签署协议的基础上发布的法律的各项规定。在文物立法中未做特别规定的，当宗教财产构成不可移动文物时，应本着保障宗教信仰及活动自由和维护不可移动文物公共利益的原则，兼顾本国文物立法和宗教事务特别立法的适用。

第六节　文物保护补偿制度

为补偿部分私主体因文物保护而做出的额外付出或受到的损失，五国在文物立法及不可移动文物保护实践中，都通过一定的方式，对这些主体进行补偿，这不仅是实现文物保护中公私利益平衡的要求，对于鼓励和引导社会公众参与文物保护，也有积极意义。

依据现代法治中的"公益优先"和"利益平衡"原则，因维护公益之须而对受到特别牺牲的私人财产权利益进行补偿，在宪法上具有正当性，在具体法律制度中则属于行政补偿的范畴。文物保护补偿制度也不例外。一方面，文物保护以促进文化多样性、保障公民的基本文化权利为价值目标，受益主体是全体社会公众。而现代民主国家作为"公意"之代表，集聚社会成员个体之力，通过一整套有效的制度进行社会管理，以维护公共利益、保障公众权利。根据"谁受益、谁补偿"的原则，国家应代表受益的全体社会公众，对因此做出特别牺牲的私主体进行补偿；另一方面，因公共利益而对私人财产进行限制的行为，一般通过立法或者行政行为进行，文物保护作为政府文化职能的重要组成部分，很大程度上也依靠法律和行政规制的方式加以落实。而政府为保护文物而运用公权力对私人正当权益进行限制甚至剥夺的行为，实质上是通过征收部分私主体的正当权利，利用私主体正当合法的社会资源来实现文化管理职能的行为，由政府对其因履行文物保护职责而导致私主体正当权益受到限制或损失的行为进行补偿，亦符合现代法治理论中的"行为责任自负"原则。[1]

---

[1]　参见王云霞、胡姗辰：《公私利益平衡：比较法视野下的文物所有权限制与补偿》，《武汉大学学报（哲学社会科学版）》2015 年第 6 期，第 105～106 页。

理论上来说，文物保护对全体公民都施加了一定的限制和义务，但维护社会公益对全体公众施加的最低程度的限制，一般不会给主体造成直接财产利益的损失，因此在公众须容忍的范围内，属于法律权利边界的范畴。文物保护补偿制度的对象，应仅限于为保护文物做出了超出一般公众最低限度义务的特别牺牲的私主体，实践中主要包括文物的所有权人、占有人或实际控制人，以及实际上履行了维护义务的主体等。

在制度设计及其实施层面，对不可移动文物所有权人、占有人、实际控制人或维护者因文物保护而做出特别牺牲的补偿问题的考察，主要包括补偿事由和补偿方式两个方面。

（一）补偿事由

1. 自觉出资修缮文物

许多国家文物立法都为积极履行文物保护义务、自行出资对其文物进行修缮的所有权人或实际占有人，提供资金帮助。如在英国，根据1953年《历史建筑和古迹法》，文化大臣及"英格兰史迹"，可以向积极维护、修缮具有历史、建筑学意义的历史建筑及其保存和保护所需毗邻建筑或土地的主体发放全部或部分的补助或者贷款。发放贷款可附将历史建筑向公众开放的要求或者其他条件。[①] 违反相关法律规定或者合同约定使用或开展维护和修缮工程，或者将该不可移动文物出售、交换或者出租的，补助或者贷款可被收回。[②] 根据《古迹和考古区域法》第24条规定，列级古迹及其毗邻不动产的所有权人可请求文化大臣或"英格兰史迹"承担全部或者部分的古迹保护、维护和管理费用；但该古迹用于除专门看护人之外的主体日常居住的除外。《（登录建筑和保护区）规划法》则明确了地方相关部门在一定条件下在为登录建筑保护责任主体（所有权人、占有人或实际控制人等）提供无息贷款的义务。[③] 此外，对于修缮维护保护区内、村镇计划（town schemes）协议范围内建筑及促进其整体历史风貌的主体，国家或地方有关机构也应提供资金或者贷款支持。[④] 法国《遗产法典》的规定，在列级不可移动文物的保护因未实施必要的维护或者修复工程而受到严重损害的情况下，文化部长可以在催告所有权人按时实施修复工程的同时，给予不超过修复费用50%的资助。[⑤] 对登录不可移动文物进行维护和修缮工程的实际支出，国家有权在不超过40%的限度内给予适当补助。[⑥] 此外，对列级或登录不可移动文物负有保护义务的所有权人或承租人因资源不足或者修缮工程过于复杂无法开展保存和修复工程的，国家可给予免费（技术）援助；而在该所有权人或承租人具备其他公私主体都不具备的能力以最优条件（如最

---

① *Historic Buildings and Ancient Monuments Act*（1953），arts. 3A & 4.

② *Historic Buildings and Ancient Monuments Act*（1953），art. 4A.

③ *Planning*（*Listed Buildings and Conservation Areas*）*Act*（1990），art. 57.

④ *Planning*（*Listed Buildings and Conservation Areas*）*Act*（1990），arts. 77 & 79.

⑤ *Code du Patrimoine*（2016），art. L631 – 12.

⑥ *Code du Patrimoine*（2016），art. L631 – 29.

好的修缮技术或最低的修缮成本）开展修复工程的情况下，不论其是否齐备修复工程所需各项资源或者修复工程是否复杂，该主体都可得到国家根据实际修缮成本而确定的一定程度的额外补助。① 在意大利，不可移动文物的所有人、占有人或持有人在采取《文化财产和景观法典》第31条第1款所规定的志愿保存措施②过程中所涉及的开支，文化遗产部可酌情承担，最多不超过实际支出额的二分之一；③ 对于采取了特别重要保护措施或者将作为保护对象的文化财产开放公众使用或享用的，文化遗产部可承担全部或者部分费用，④ 若该措施构成法典第31条规定的志愿保存，文化遗产部可考虑全额拨款；⑤ 在确定上述拨款比例时，其他享受税收优惠的公、私资金也应加以考虑。⑥ 文化财产保护资金在保护工作完成和采取保护措施主体实际承担的费用核清之后，由文化遗产部发放，也可在对保护工作的进度进行定期评估的基础上进行预付。若保护工作没有完成或者仅是部分完成，受益人应将预付资金返还。相关资金的回收工作按照有关强制性征缴财产税的法律规定的程序进行。⑦ 但对于政府部分或全部出资进行保护或修复的建筑物，文化遗产部应与私人所有者达成专门协议或者做出专门安排，视该建筑物的实际情况向公众开放。⑧ 在日本，当重要文化财产的所有人或者责任主体无力承担管理和保护该文物所需必要费用，或者在出现其他特殊事由的情况下，中央政府可以给该所有人提供该文物的管理和修缮补助。⑨ 史迹名胜天然纪念物、文化景观、传统建筑群以及被划归为其他类型的具有重要价值的不可移动文物，在一定条件下也可适用上述规定，其所有权人或者责任管理者亦可享受一定补助。⑩ 此外，为激励作为责任管理人的地方公共团体或其他法人主体保护具有重要价值文化财产的积极性，《文化财产保护法》规定，由文化厅依法指定或者受所有人委托而成为重要文化财产（仅限于建筑或者附着于土地上的其他不可移动文化财产）责任管理人的地方公共团体或其他法人主体出于更好地保护该文物之目的，在必要情况下对该文物进行购买并继续置于其管理之下的，国家可以酌情给予买受人部分购买补助。⑪ 史迹名胜天然纪念物的责任管理者为更好地保护该文物而对其进行购买并继续置于自身管理之下的，亦可享受该类补助。⑫

---

① *Code du Patrimoine*（2016），art. L621 – 29 – 2.
② 根据意大利《文化财产景观遗产法典》第31条第1款的规定，"志愿保存"指的是文化财产的所有者、占有者或者持有者在依法获得批准之后主动从事文化财产的修复和其他保存工作。
③ *Codice dei beni culturali e del paesaggio*，articolo 35.
④ See *Codice dei beni culturali e del paesaggio*，articolo 34，para. 1.
⑤ See *Codice dei beni culturali e del paesaggio*，articolo 35，para. 1.
⑥ See *Codice dei beni culturali e del paesaggio*，articolo 35，para. 3.
⑦ *Codice dei beni culturali e del paesaggio*，articolo 36.
⑧ *Codice dei beni culturali e del paesaggio*，articolo 38.
⑨ 参见日本《文化财产保护法》，第35条。
⑩ 参见日本《文化财产保护法》，第124、138、146条等若干条款。
⑪ 参见日本《文化财产保护法》，第46bis条。
⑫ 参见日本《文化财产保护法》，第129条。

2. 正当利益因文物保护受到减损

其次，因文物保护之须而使所有权人或其他利益相关者的正当财产利益蒙受损失的，大部分国家文物立法也明确规定予以补偿。在英国，因有权机关颁发临时停工通知而受到财产损失的主体，有权得到相应的补偿。① 因依照《古迹和考古区域法》相关条款进入古迹或考古区域进行各类执法调查、检查而给古迹或其（毗邻）土地所有权人或其他利益相关主体造成财产损失，就损失补偿问题产生争议的，应将该争议提交至行政上诉法院（Upper Tribunal）②，由该法院依照适用于不同地区的《土地赔偿法》做出判决。③ 因依据《（登录建筑和保护区）规划法》履行对登录建筑的暂时保护（interim protection）④ 义务或按照文化大臣颁发的建筑保护通知⑤要求采取相关措施而受到损失的，受损主体有权获得补偿。⑥ 法国《遗产法典》明确规定了对因文物保护对相关主体的权利进行的限制以及造成的损失的赔偿机制：赔偿金的确定强调由赔偿主体和受偿主体协商决定，协商不成时，适用相关法律法规由有权机关做出裁决。如国家为了考古探测和发掘的需要，或者实施列级不可移动文物紧急加固工程，以及包含列级不可移动文物在内的故障维护和修复工程，有权通过与土地所有权人协商一致或者通过直接做出行政决定的方式，对私有土地或不可移动文物进行一定时间的占用。双方未能就赔偿数额达成一致的，行政赔偿根据 1892 年 12 月 29 日《关于实施公共工程对私人所有权造成损害之赔偿的法律》进行。⑦ 国家经所有权人允许对考古遗址进行核查并因此造成损失而未能达成协议的，土地所有权人可向普通法院提起损害赔偿诉讼。如该考古遗址系偶然发现且在发现后为开发商所开发利用的，因该项目的开展而给予遗址发现人的损害赔偿由开发商承担。二者未能就赔偿金额达成协议的，赔偿金额根据开发该遗址所获收益确定。⑧ 不可移动文物的列级保护要求所有权人受到约束和承担义务，而致其不可移动文物的状态或使用发生改变或遭到损失的，所有权人有权就其受到的直接的、物质的和确定的损失提起损害赔偿请求。未能就赔偿达成协议的，损害赔偿数额由征用法官裁

---

① See *Ancient Monuments and Archaeological Areas Act*（*1979*），art. 9N；*Planning*（*Listed Buildings and Conservation Areas*）*Act*（*1990*），art. 44D.

② 行政上诉法院（Upper Tribunal）是英国于 2008 年依据《特别法院、法院及执行法》（*Tribunals, Courts and Enforcement Act*）设立的行政司法机构，属于上诉法院系统（superior court of record），与高等法院（High Court）地位等同，主要包含四个特别法庭，分别为：行政上诉法院、（Administrative Appeals Chamber）、税收和衡平法庭（Tax and Chancery Chamber）、土地法庭（Lands Chamber）及移民和庇护法庭（Immigration and Asylum Chamber）。

③ See *Ancient Monuments and Archaeological Areas Act*（*1979*），arts. 46 – 47.

④ *Planning*（*Listed Buildings and Conservation Areas*）*Act*（*1990*），art. 2B.

⑤ *Planning*（*Listed Buildings and Conservation Areas*）*Act*（*1990*），art. 1.

⑥ See *Planning*（*Listed Buildings and Conservation Areas*）*Act*（*1990*），arts. 28B & 29.

⑦ See *Code du Patrimoine*（*2016*），arts. L531 – 10 & L621 – 15.

⑧ *Code du Patrimoine*（*2016*），art. L541 – 1.

决。① 行政机关出于文物保护的需要，因文物列级或者对列级文物设置地役而给所有权人造成损失而未能与所有权人就赔偿事宜达成协议的，赔偿数额依法分别由征用法官或大审法院裁决决定。② 在意大利，不可移动文物因考古探查而被临时占用时，所有人、占有人或者持有人有权获得补偿。③ 补偿可以用货币，也可以根据业主的要求用对国家没有保护价值的全部或者部分发现物品进行抵偿。④ 任何人在监护偶然发现的文化财产的过程中发生的费用，文化遗产部应给予补偿，且给予发现者一定的奖励。奖励可以是货币，也可以是其发现物品的一部分，有关当事人还可根据 1988 年 8 月 23 日第 400 号法律第 17 条第 3 款确定的限度和方式，向有关部门提出相当于奖金数额的课税减免申请，以代替奖励。⑤ 日本《文化财产保护法》对因文物保护而受到损失的主体规定的补偿，可分为公用限制补偿和损害结果赔偿两种类型：公用限制类补偿事由主要包括：（1）文化厅为保护重要文化财产及史迹名胜天然纪念物的整体性及周边环境之需，可在其认为必要时对该文化财产周边指定范围内的设施进行限制，由于其限制令给相关主体造成损失或者意外损害的；⑥（2）文化厅认为必要时，为保护在私有土地上发现的文物或者遗址之必要，依职权采取各种措施限制土地所有者改变该文物或遗址现状的活动，由此造成相关主体损失的。⑦ 损害结果赔偿情形主要包括：（1）文化厅依《文化财产保护法》第 38 第 1 款之规定主动采取措施修缮文物给该文物的所有人或责任管理人造成损失的；⑧（2）因文化厅拒绝颁发重要文化财产修缮许可证，或者在主体依文化厅授予的修缮许可证和同时给出的修缮指导进行修缮，却造成意外损失的；⑨（3）由于不可归责于所有人或者责任管理人的原因，在依法将文化财产向公众开放参观过程中导致该文物遭到破坏或者损毁的；⑩（4）文化厅依据《文化财产保护法》相关规定，依职权对不可移动文化财产展开调查的过程中使相关主体受到损失的；⑪ 该类补偿不问行政行为是否合法，只要损害结果是在该行政行为实施过程由于不可归责于所有权人或责任管理人的原因而导致，即可获得补偿。

3. 所有权利益丧失或受到重大减损

再次，在因严重损害所有权权能而使原所有权人丧失对不可移动文物之所有权，

---

① *Code du Patrimoine*（2016），art. L621 – 6.

② See *Code du Patrimoine*（2016），arts. L621 – 6 & L622 – 4.

③ *Codice dei beni culturali e del paesaggio*，articolo 99.

④ See *Codice dei beni culturali e del paesaggio*，articolo 88，Para. 3.

⑤ See *Codice dei beni culturali e del paesaggio*，articolo 90，articolo 92.

⑥ See *Codice dei beni culturali e del paesaggio*，articolo 45，articolo 128.

⑦ *Codice dei beni culturali e del paesaggio*，articolo 96.

⑧ *Codice dei beni culturali e del paesaggio*，articolo 41.

⑨ *Codice dei beni culturali e del paesaggio*，articolo 43.

⑩ *Codice dei beni culturali e del paesaggio*，articolo 52.

⑪ See *Codice dei beni culturali e del paesaggio*，articolo 55，articolo 131.

或使所有权人无法享有所有权之主要利益的，国家将启动行政征收程序，或参照行政征收的标准对所有权人进行补偿。如在英国，公法人主体强制获得私人不动产的程序和补偿，都依照《土地获得法》的相关规定进行，《古迹和考古区域法》特别规定，在评估应列级但尚未列级之古迹的征收补偿金额时，应假定任何可能对该古迹造成破坏或损害的工程都不会获得许可。① 即使是被所有权人故意遗弃、置之不理的登录建筑的强制收购，也应依法给予一定补偿。② 除所有权之外，其他因强制收购而受损失的私权利，也有权得到收购机关的补偿。③ 因拒绝颁发或改变登录建筑工程许可而使产权人无法再以合理的方式利用其地产的，该产权人有权要求有关部门购买该处地产的产权。④ 在法国，行政机关可根据《公益征用法典》之规定，基于公用目的和公共利益之需，以国家名义，对为列级文物或者考古遗址实施必要的隔离、保持畅通、恢复或价值实现提供必要条件的不动产和位于列级文物可视范围内的不动产进行征收。⑤ 此外，所有权人既未对该催告通知提出质疑又未遵守催告通知，或未遵守行政法院之裁决的，行政机关有权自行实施该工程或以国家名义对该不动产予以征用。行政机关依职权实施该工程的，所有权人有权向国家提起启动征用程序的请求；行政机关决定以国家名义对该列级历史古迹进行征用的，地方行政区或公立公共服务机构经该行政机关同意，可代替国家作为征用受益人。⑥ 在意大利，不可移动文物被征收时，征收补偿数额按所涉财产在国内自由买卖中可能获得的公平价格计算，由文化遗产部在咨询相关机构和专业人员的基础上确定，按照公共征用一般性规定确定的方式进行支付。⑦ 在美国，若因旧城改造而对私有不可移动文物进行征收的，也依照美国宪法第五修正案的要求，给予被征收人公平补偿（just compensation）。

4. 信赖利益补偿

最后，一些国家的文物立法还特别规定了对文物行政相对人信赖利益的补偿。如在英国，有关主体在已取得规划许可证的情况下已实施必要的发展工程，或者有正当合理且必要的理由在古迹工程许可签发之前为持续使用该古迹而实施相关工程，但因有权机关拒绝或者须附条件签发该许可而蒙受损失的⑧，或者有关主体已按照先前取得的工程许可着手相关工程或已应要求（临时）停止相关工程的古迹/登录建筑执法通知停止施工，却因为有权机关停止、撤回或改变该许可、提前终止停工通知或撤回临时停工通知

---

① *Ancient Monuments and Archaeological Areas Act* (*1979*), art. 10.

② *Planning* (*Listed Buildings and Conservation Areas*) *Act* (*1990*), art. 50.

③ *Planning* (*Listed Buildings and Conservation Areas*) *Act* (*1990*), art. 51.

④ *Planning* (*Listed Buildings and Conservation Areas*) *Act* (*1990*), art. 32.

⑤ *Code du Patrimoine* (*2016*), arts. L531 – 5, L531 – 12 & L621 – 18.

⑥ *Code du Patrimoine* (*2016*), art. L621 – 13.

⑦ *Codice dei beni culturali e del paesaggio*, articolo 99.

⑧ *Ancient Monuments and Archaeological Areas Act* (*1979*), art. 7.

而致使行为人蒙受损失的①，许可颁发机关应将相对人依此许可开展工程之花费和造成的财产损失补偿给该主体；日本《文化财产保护法》也规定，对由于政府行政行为的更改给文物所有权人造成的损失、由于有关行政机关拒绝颁发相关许可证造成主体前期已经进行的准备工作的损失，或者在主体依行政机关给出的指导建议开展相关工程而造成的损失，有关部门应予以补偿。②

（二）补偿方式

1. 金钱补偿

传统的行政补助与补偿以金钱补偿为唯一形式，在补助补偿范围和补助补偿标准上严格依照法律规定执行。行政补偿制度的基本标准为因国家行政行为而使相关主体的正当权利受到的"直接的、物质的和确定的损失"。直接损失是指因对合法权利进行特别限制而直接导致的损失；物质损失是指因权利限制而造成的所有权人财产性利益的减损；确定的损失是指现实中已经实实在在发生的损失，或者虽尚未发生但将来必定发生的损失。间接损失、精神损失和期待利益损失能否获得补偿，则依各国法律的特别规定、有权机关在个案中的认定以及补偿程序的不同而存在差异。如法国除依据《公益征用法典》补偿直接、物质和确定的损失之外，对于因文物保护而使财产所有权受到限制的，在补偿主体和受偿主体无法就补偿金额达成一致意见时，可适用相关的法律法规由有权机关作出裁决。日本虽然立法未明确将精神损失纳入补偿范围内，但实践中已出现因整个村落的房屋征收而对居民背井离乡的主观情感给予补偿的例子。③ 在美国，行政征收给予被征收人以征收财产的公平市场价值，包括财产的现有价值和财产的未来赢利的折扣价格，从而使被征收人在财产被征收后的状况不会比征收前更差。一般而言，各国对于所有权剥夺性补偿或者所有权受到重大限制而丧失其主要职能的补偿，相对来说是一种完全补偿，基本要求是补偿被征收财产的所有权及其他权利的全部损失。而在因文物保护使所有权受到一般限制的场合，大多数国家确立了合理补偿原则，只补偿由所有权人承担的超出一般社会公众文物保护义务的特别利益损害，若与一般社会公众应承担的义务相当，则不予补偿。

然而，随着社会管理手段的不断创新，文物保护实践中已出现一些针对所有权限制的新型补偿与激励方式。

2. 协议补偿

协议补偿由专业的遗产保护社会团体或者民间非营利组织负责实施。这些社会组织根据不同情况，采取一系列灵活的市场化方式，通过平等协商和补偿激励使不动产所有权人自愿参与到文物保护实践中。协议补偿兴起于英美国家。如英国单行文物立法中存

---

① *Ancient Monuments and Archaeological Areas Act* (*1979*), arts. 9, 9I, 9N; *Planning* (*Listed Buildings and Conservation Areas*) *Act* (*1990*), arts. 28 & 26A.

② 参见日本《文化财产保护法》，第43条第5款。

③ 杨建顺著：《日本行政法通论》，中国法制出版社，1998年，第612页。

在由国家或其委托的专业遗产保护组织与私有不可移动文物的所有权人达成地产权收购协议的规定。美国遗产保护地役权协议更是协议补偿的典型例子。对于愿意与文化遗产保护组织签订遗产保存地役合同的私人业主，联邦和州政府通过立法或者出台政策，提供一系列税收减免。除此之外，政府或一些专门的民间组织以及相关基金会也会采用直接购买的方式从私人业主手中换取对历史物业的限制，相当于给私人文物所有权人提供一定的文物保护补助，私人获得补助的条件就是需要将地役权出售给特定机构。这种补偿方式不仅在金额上有协商的空间，期限也可以根据不同的基金计划由供役者在一定范围内进行选择。近年来，大陆法系国家逐渐开始探索柔性行政在行政管理中的应用，通过与不动产所有权人签订行政合同的方式，就其权利和义务做出约定。所有权人必须依照协议规定的方式保护和利用文物，遵守协议为之设定的义务，行政机关则依照合同的约定给予所有权人一定的补助或者补偿。协议补偿方式不仅体现了对所有权人权利和意愿的尊重，而且在补偿期限、补助金额和补助方式上均有一定自由协商空间。

3. 税收或者信贷优惠

税收或信贷优惠不仅能激励有关主体自愿参与文物保护，也是文物保护中所有权限制的补偿方式之一。如美国 1976 年《联邦税收改革法》（*Tax Reform Act*，1976）允许符合标准的地役权捐献者获得所得税、赠与税和遗产税的抵减（deduction），之后许多州都相继立法确认了供役者所享受的税费优惠。在政府制订的总税务优惠纲要中，土地或者不可移动文物所处的位置、出让的限制大小，是税务官确定地役权价值的主要标尺。在价值计算上，最常用的衡量方法是直接比较捐出地役权前后的市场价差。这实际上相当于对私人财产权受限造成土地价值和利益减损的实际补偿（亦称完全补偿）。除了直接享受个人所得税的减额，供役者出让权益后，还可在不影响个人使用的情况下使得物业"虚拟贬值"，降低物业税以及物业继承者遗产税。[1] 在法国，根据《遗产法典》第 L623 - 1 条有关列级和登录文物适用税法规定的指引，列级或登录不可移动文物所有权人可根据《普通税法典》第 39 条第 1 款和第 4 款享受税收抵减；依据《普通税法典》第 L156 条第 II 项第 1°ter 之规定，经建筑部门和遗产部门协商而被列入"国家遗产"，或者被遗产基金会依《遗产法典》的相关规定授予称号的不可移动文物的地产费，不列入计税收入。此外，不可移动文物的交易还可根据《普通税法典》第 795 条享受交易税的免除。在意大利，非国有不可移动文物的所有人、占有人、持有人等保护和修缮不可移动文物的行为也可享受一系列税收减免等优惠政策。不可移动文物所有人、占有人等经文化遗产部或其授权的相关机构批准对不可移动文物进行保护和修缮的，其所支出的必要费用，可从个人所得税的计税收入中予以扣除。[2] 根据此项规定享

---

① 参见沈海虹：《美国文化遗产保护领域中的地役权制度》，《中外建筑》2006 年第 2 期，第 53 页。

② *Testo unico delle imposte sui redditi*，articolo 15（1）（g）.

受的税收优惠并不影响不可移动文物的所有人、占有人根据《所得税综合法》第 16 条在采取了修缮和行为之后，依法享受税收的减免，若房屋修缮或重建采取了具有艺术性或者专业性措施，减免的税率更是可高达 50%。① 根据《文化财产和景观法典》取得的补贴和资助，也不包含在计税收入之内。此外，意大利政府还为主动承担修缮义务的主体提供信贷利息补贴。无论不可移动文物的所有者、占有者还是持有者为开展经批准的保存工作而从信贷机构获得抵押贷款的，文化遗产部均可提供利息补贴，利息补贴的最高额度按照抵押贷款年利率的 6 个百分点计算。补贴金将根据协议规定的程序直接拨放给信贷机构。② 同样，对于政府提供利息补贴进行保护或修复的建筑物，文化遗产部应与私人所有者达成专门协议或者做出专门安排，视该建筑物的实际情况向公众开放。③ 根据日本《文化财产保护法》第 42 条的规定，受领国家补助或者依法由国家承担全部或者部分修缮和维护费用而得以修缮的重要文化财产，所有人转让或者其继承人、受遗赠人或者受赠人受让该文化财产的，应按本法规定向国库归还自国家受领的剩余补助金或者由国家依法直接承担的修缮费用；在计算该费用时，可依一定规则扣除继承人、受遗赠人或者受赠人缴纳或者应缴纳的遗产税或者捐赠税数额。

4. 权利转移

权利转移，以美国"发展权转移"为典型代表。发展权转移（Transfer of Development Rights）是美国文化遗产保护实践中运用较广的一种公私利益平衡和补偿机制，该理念随着 1916 年纽约市出台的城市分区法令而诞生。该法令允许不动产业主将附着于自己建筑物上高空权利（air right）转移至相邻的土地或者建筑上，而使后者可以突破相关规划对建筑物高度、位置和其他相关要求的限制。④ 自联邦最高法院通过"纽约中央火车站"一案确立发展权转移作为一种私权补偿机制的合宪性之后，该方式在全美 30 多个州得到广泛应用。基于城市遗产保护的发展权转移计划通常有如下要求：（1）对象仅限于重要建筑；（2）通常情况下开发容量按照 1:1 的比例转移，在特殊的发展项目中，允许 1:1.5 或 1:2 甚至更高的比例转移；（3）允许符合条件的承受转移用地在高度和总量控制下，获得最大的地面覆盖率；（4）要求申请转移者具有合理正确的用途并控制闲置率；（5）跟踪记录计划执行后历史建筑的维修情况；（6）除非在严格受控或特殊条件下，禁止对申请转移的重要历史建筑进行破坏和大型改造。与其他补偿方式相比，权利转移将所有权人在其文物上应享有的权利转移至其他空间行使，在满足文物保护之需的同时，给予所有权人与受限权利相似的权利，在补偿所有权人损失方面也更加完全。

---

① *Testo unico delle imposte sui redditi*，articolo 16（5）.

② *Codice dei beni culturali e del paesaggio*，articolo 37.

③ *Codice dei beni culturali e del paesaggio*，articolo 38.

④ Andrew M. Cuomo & Cesar A. Perales, *JAMES A. COON LOCAL GOVERNMENT TECHNICAL SE-RIES: Transfer of Development Rights*, available at: http://www.dos.ny.gov/lg/publications/Transfer_of_Development_Rights.pdf, accessed 26 - 07 - 2018.

第四章

考古发掘

　　考古学是研究如何寻找和获取古代人类社会的实物遗存，以及如何依据这些遗存来研究人类历史的一门科学。考古发掘是考古学研究的重要方法之一，指的是为进行考古学及其他相关科学研究，依法对可能埋藏文物的地方，以及对古文化遗址、古墓葬进行的调查、勘探和发现、挖掘文物的活动。作为文物保护的重要环节和内容，考古工作具有极强的专业性，对考古机构的设立、考古工作人员的专业资质及考古工作流程提出了一系列具体的要求。发掘所得文物和考古遗产的管理和利用，也是实践中的重要问题。

　　为规范考古行业准入及考古活动管理，解决考古活动及考古遗产保护和利用中可能出现的利益冲突与纠纷，确保考古目的的公益性及程序的规范性，各国纷纷建立并不断完善考古法律制度，作为其文化遗产法制的重要组成部分。鉴于水下考古及其文物保护的特殊性，此类活动宜适用一套特别的规则，不仅国际社会通过专门公约的方式加以规范，各国针对水下文物发掘、管理和保护也制定了一系列特别法律制度。

第一节　考古管理体制

　　虽然考古发掘较其他一些文物工作来说更具专业性且相对独立，但却是文物工作不可分割的一部分。因此，各国考古发掘相关事务一般都归口文物行政部门管理，即考古管理是文物行政管理的重要内容之一。一国的考古管理体制，大体上与其文物行政管理体制相一致。

一、考古管理理念及政策概述

　　五国的考古管理深受其现代文化遗产保护理念和文物行政管理体制的影响，大陆法系国家和英美法系国家之间存在显著差异。

在大陆法系国家，如法国、意大利和具有显著大陆法系特征的日本，文化遗产保护具有"自上而下"的特点，虽然近年来这些国家通过一系列政策和措施鼓励并不断加强公众参与，中央也将许多权力下放至地方政府，但国家始终是文化遗产保护的主导力量，扮演着领导角色。考古活动对发掘和研究民族历史具有重要意义，因此首先被认为是政府义不容辞的责任。为此，在这些国家，考古发掘主要由政府发起的专业公立机构开展，特别是在公共土地上，从事考古发掘的权利甚至一度为公共机构所垄断，私人主体——包括私人企业、机构或个人——参与考古发掘的权利受到严格限制，只有在一定条件下或者采取诸如与公共机构合作的方式，才得以参与其中。与此相适应的是，相关法律和行政法规对考古活动程序的规制也较为具体，这些都是考古活动中国家集权的显著体现。

反观英美法系国家，文化遗产保护公共政策和立法的产生和发展都是社会公众不断推动的结果，"自下而上"的特点比较明显，政府的文物行政管理工作多为对各主要方面的宏观监督和指导，许多具体事务的执行，都是由相对独立的社会机构或主体进行，靠行业协会或专业社团依照行业道德或者惯例进行自律性管理；即使是政府不得不承担的对公有文化遗产的管理和保护，也时常委托给专业的社会机构承担，一些在全国范围内具有广泛影响力的社会机构，甚至通过法律授权或政府委托，取得了代行部分文物行政管理职能的权力。在这种遗产管理理念和政策下，英美国家将考古视为一个独特的学术问题，允许并鼓励多方社会主体积极参与其中，虽中央或地方政府也设立一些专业的考古研究及发掘机构，但这些公立机构及其人员与私人机构及个人相比并没有优势地位，而是适用同样的标准和规则，与法、意等大陆法系国家存在明显不同。

二、考古管理体制

考古发掘无疑是文物工作不可分割的一部分。考古管理是各国文物行政管理的重要内容之一，一般都归口文物行政部门；各国中央和地方考古管理机构的设置，也与其文物行政管理体制相适应。

（一）中央管理机构

作为文物行政管理的一部分，各国考古管理的最高责任由其文物行政主管部门承担，在英、法、意、日为中央政府文化行政管理部门。美国则略有不同。

英国的考古管理与其他文物行政管理的具体工作一起，由其文化部下设独立机构"英格兰史迹"承担。但"英格兰史迹"在一般情况下并不直接进行考古管理工作，而是主要通过制定相关规程、政策，指导各地政府执行考古活动相关规划和审查及管理考古文物数据库等间接方式履行其职责。除此之外，该机构还可以自行开展一些研究性考古发掘和相关研究，编制和出版相关考古资料。①

---

① 参见李浪林：《英国考古的政策、管理和操作》，《华夏考古》2002 年第 1 期，第 100 页。

法国文化部在考古管理方面的职能主要涵盖两个方面：一是考古遗产的登录、研究、保护和相关知识的公众传播；二是对国家领土范围内的考古发掘活动进行监管，以尽量控制对此类脆弱且不可再生资源的破坏。文化部采取的考古资源管理措施包括普查登录考古遗址、界定和收购考古储备资源、规制预防性考古发掘、审批和监管相关项目研究、处置出土文物、实施紧急发掘以及保存考古遗址和相关文献等。① 2016 年《遗产法典》在修订时，修改完善了对国家在预防性考古（l'archéologie préventive）活动中的职能的规定，主要包括三个方面。第一，确保科学研究、遗产保护和经济发展几方面需求的平衡；第二，确保预防性考古公共部门在其科学、经济和财政层面保持统一且运行良好。第三，对于预防性考古进行科学监管，包括：（1）通过科学研究明确探测、保存和保护考古遗产的各项措施；（2）指定考古活动的科学负责人；（3）确保对考古活动的科学技术监管并对其实施进行评价；（4）汇集与考古活动相关的所有科学数据。② 此外，政府还应在地方行政区从事考古研究的公立公共服务组织的协助下，绘制和及时更新国家考古地图。③ 法国文化部遗产司遗产署下设的考古科由四个办公室组成，分别为考古名录编制和利用办公室（bureau de l'élaboration et de l'utilisation des inventaires archéologiques）、考古活动及其人员监督办公室（bureau du suivi des opérations et opérateurs archéologiques）、考古文献和考古遗址管理办公室（bureau de la gestion des vestiges et de la documentation archéologique）以及国家史前史中心（centre national de préhistoire）。④ 为履行上述职责，考古科自 2010 年机构改革和重组开始，即参与考古遗产登录和研究相关政策的设计，增进对国家土地政策的认识用以指导考古数据的取得和利用，致力于确保考古遗产在空间规划过程中得到保护，制定和实施相关研究政策，制定包括科学技术、管理和考古文献保护利用原则、方法和标准，参与处理考古职业准入事务、特别是考古人员和考古从业者培训需求的认定，参与组织考古领域继续教育与培训，评估考古研究结果，以及维护考古专业数据库。⑤

在意大利，根据《文化财产和景观法典》第 88 条的规定，考古探查和涉及文物的发现活动由文化遗产部统一负责。该部职责包括授予考古发掘特许权、代发掘主体下达占用施工场所建筑物的命令等。此外，如果文化遗产部认为有必要，还可收回上述主体的特许权，接管考古发掘工作。不仅如此，该部还可征用建筑物用于

① 参见法国文化部网站：http://www.culture.gouv.fr/Thematiques/Archeologie/L-archeologie-en-France，2018 年 4 月 5 日访问。

② *Code du Patrimoine*（2016），art. L522 – 1.

③ *Code du Patrimoine*（2016），art. L522 – 5.

④ 参见法国文化部网站：www.culture.gouv.fr/Thematiques/Archeologie/Qu-est-ce-que-l-archeologie/Organisation，2018 年 4 月 5 日访问。

⑤ 参见法国文化部网站：http://www.culture.gouv.fr/Thematiques/Archeologie/Archeologie-de-la-ville，2018 年 4 月 5 日访问。

从事考古工作或开展文化财产探查活动。在意大利文化遗产部下，考古、美术和景观司是负责考古管理的具体部门，该司又下设专门的考古遗产管理科，专门处理考古遗产保护相关事务的协调，包括在紧急情况下或者在大区秘书处的建议下由文化遗产部署机构开展考古发掘和所发掘遗产的登录、编目，国家考古遗产科技文献的搜集工作，对具有考古意义的财产依法进行收购、强制收购和变卖等，还可为了考古管理和研究需要，与高校和研究机构等其他主体展开相关合作。①

日本考古管理同样由其文部科学省直属文化厅负责。根据《文化财产保护法》，文化厅在考古管理方面的职能主要包括：（1）接受以科学研究为目的的考古调查或发掘申报并进行审批，并在必要时为保护埋藏文化财产而对上述考古发掘活动进行指示；②（2）为保护特殊文化财产之必要，可以对考古调查为目的的考古发掘行为下达禁止发掘、停止发掘或中止发掘等命令；③（3）如果发掘行为是基于建设工程或考古调查以外的其他目的实施，且拟实施工程范围是众所周知的埋藏文化财产所在地，则文化厅长官有权就事前考古发掘和其他事项作出指示；（4）为保护文化财产之须，就国家机关、地方公共团体或其他公法人机构依法开展的考古发掘行为，与其进行协商，并就考古发掘工程计划的策定筹划及其实施进行劝告和指导。④

美国联邦政府不设文化部，其文化遗产保护包括考古管理的权限主要在各州政府，联邦层面较为系统的有关考古发掘的规定只地见于1979年《考古资源保护法》，主要规制处在联邦控制的土地（包括原住民土地）上开展的考古发掘行为。由于联邦土地管理部门不同，并非所有的文物相关事宜都归属主管文化遗产事务的国家公园管理局或其所在内政部管理，在农业部和军队管理的土地上开展的考古发掘活动，则应由相应部门颁发许可。⑤ 但国家公园管理局作为政府处理文化遗产事务的专业机构，在制定考古管理政策和出台相关指导性文件等事务方面，仍有绝对的发言权。国家公园管理局下设部门咨询考古学家（Departmental Consulting Archaeologist，DCA），作为内政部长的决策咨询与建议者及国家公园局考古项目的管理者，负责研究和更新联邦考古规则，发展联邦与非联邦考古合作，保持及更新国家考古数据库，准备内政部向国会的联邦考古报告，拟定技术概要及纲领，开展考古培训，以及保留公有土地上遗址的盗

---

① 参见意大利文化遗产部考古、美术和景观司官网：http：//www. dgabap. beniculturali. it/servizio-ii-tutela-del-patrimonio-storico-artistico-architettonico-e-demoetnoantropologico/，2018 年 4 月 5 日访问。该司的成立及职能分工依据 2016 年文化遗产部相关法令进行，详见：http：//www. dgabap. beniculturali. it/wp-secret-content/uploads/2017/07/DM-del-23-gennaio-2016-imported-56987. pdf.

② 参见日本《文化财产保护法》，第 92、93 条。

③ 参见日本《文化财产保护法》，第 92 条。

④ 参见日本《文化财产保护法》，第 94 条。

⑤ See U. S. Government Publishing Office, 43 CFR Part 3, Part 4, available at：http：//www. gpo. gov/fdsys/pkg/CFR-2003-title43-vol1/pdf/CFR-2003-title43-vol1-part3. pdf, accessed 1 – 10 – 2013.

掘与破坏记录;① 国家公园管理局还设立五个地区项目中心或办公室（分别为中西部考古中心、东南部考古中心、水下资源中心、阿拉斯加地区文化资源办公室和国家首都地区考古项目办公室），协助开展所管辖地区考古研究、发掘和公众教育等相关项目。②

（二）地方管理体制

由于考古活动涉及土地管理与利用，与土地部门、规划和建设部门都有密切联系，各国地方考古管理机构建立在顺应本国文化遗产管理的中央与地方权力分配的基础上，视实际情况的不同而呈现差异化。

在英国，各郡县地方政府都有自己的考古管理部门，直接管理建设工程中的考古事宜并监管抢救性考古发掘的质量。建设工程在申请建设规划许可证时，都须进行考古关联性评估，由郡县地方政府派人进行田野调查，如有必要，应由专业机构展开考古发掘。在市场化的考古理念和政策影响下，考古关联性评估和后期开展考古发掘的主体没有地域限制，不一定要求公立机构或本郡县考古机构来做，任何符合考古专业资质的单位甚至个体都可以来投标，考古机构甚至可以主动联系土地开发者开展关联性调查及后续考古发掘。对于地方基建单位来说，不同考古队的投标价额是决定由哪个队伍实施考古调查和发掘的重要依据。在这种情况下，对考古活动质量的把关和控制，即成为重要问题，需要地方政府考古管理机构进行监管和控制。此外，管理本地考古档案，也是地方考古管理部门的重要职责之一，各方都应有一个比中央的数据库更为详细的本地数据库，该数据库的建设和维护，是地方考古管理机构不可推卸的责任。③英国各地方考古管理机构的隶属关系各不相同，如肯特郡（Kent County）的考古管理部门隶属于规划局环境管理处，有9个工作人员，管理着约3000平方公里土地上的考古工作（图4-1）。

在美国，由于存在联邦和州两套立法和管理体制，考古管理体制较英国更加复杂，在州历史保护官员之下，各州的考古管理与其文化遗产管理体制相适应。并引入一系列专业机构参与。如纽约州的考古活动处在州历史保护官员的行政监管之下，但作为独立机构的纽约考古委员会（New York Archaeology Council）和纽约考古协会（New York Archaeology Association）在专业指导、行业自律和管理方面发挥着重要作用，纽约考古委员会不仅制定了一系列技术准则，还出台了考古人员职业道德规范。④ 其他各州的考古管理体制也呈现地域特色，此处不予列举。

---

① National Park Service, *Federal Archeology Program*, available at: https://www.nps.gov/archeology/sites/FEDARCH. HTM, accessed 05 - 04 - 2018.

② See National Park Service, *Regional Centers & Offices*, available at: https://www.nps.gov/archeology/sites/centers. htm, accessed 05 - 04 - 2018.

③ 参见李浪林：《英国考古的政策、管理和操作》，《华夏考古》2002年第1期，第101页。

④ See New York Archaeology Council, *Ethics*, available at: https://nysarchaeology.org/nyac/ethics/, accessed 05 - 04 - 2018.

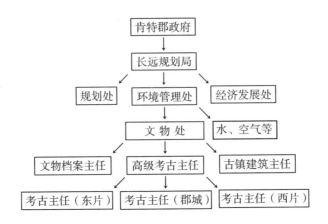

图 4 - 1　肯特郡考管理结构图①

　　在法国中央集权的文化遗产保护体制下，2016 年新修订的《遗产法典》规定，地方行政区在预防性考古中的职能在于参与及促进对考古活动的科学开发利用并传播其成果②，但其在考古活动和管理事务中的具体审批权力，有赖于文化部长在征询国家考古研究委员会（Conseil national de la recherche archéologique）意见的基础上进行授予，且国家有权以年审等方式对地方行政区考古管理职责的履行情况进行监管。③　为此，国家在考古事务方面的管理责任通过下设于各大区文化事务厅和所在省省长之下的地方考古部门（les services régionaux de l'archéologie）实现。④　自 1991 年起，各大区文化事务厅下设大区考古管理局，负责考古发掘的授权和管理工作。大区考古管理局由该区考古总督察（Conservateur régional de l'archéologie）负责，主要职责包括：（1）研究、保护、保存和宣传地区考古遗产；（2）监督相关立法和条例的实施；（3）准备年度发掘计划，向大区文化事务厅厅长提出计划发掘项目的津贴数额；（4）对发掘进行全程监控，督促发掘成果的公布出版和考古地图的编写；（5）支持相关的公共考古教育项目。⑤

　　根据日本和意大利文化遗产立法的规定，两国考古活动，特别是考古发掘的审批权集中于中央政府，地方并不具备审批权。两国地方政府在其文化遗产事务主管机构下设考古管理机构，职能主要在于依据文物保护立法的相关规定，辅助国家文物行政部门和规划部门制定相关规划，进行考古发掘、考古遗产的登录、监管及相关文献资料的保存，以及考古知识及成果的传播等。

---

　　①　图片来源：李浪林：《英国考古的政策、管理和操作》，《华夏考古》2002 年第 1 期，第 101 页。

　　②　*Code du Patrimoine*（*2016*），art. L522 - 7.

　　③　*Code du Patrimoine*（*2016*），art. L522 - 8.

　　④　参见法国文化部网站：http：//www. culture. gouv. fr/Thematiques/Archeologie/L-archeologie-en-region，2018 年 4 月 5 日访问。

　　⑤　参见谭玉华：《法国预防考古的历史与经验》，《历史教学》2013 年第 9 期，第 49 页。

第二节　考古机构及考古人员

　　考古机构指的是专门从事考古活动，包括考古发掘，出土文物修复，以及围绕考古活动展开相关研究和实践的机构。考古机构的业务活动具有极强的公益性和专业性，所涉及的行业技术标准在各国之间差异也相对较小。然而，从法制和管理视角看来，不同国家有关考古发掘的法律规定中有关机构建设和管理的差异化规定，特别是有关该行业及其工作人员资格准入制度的不同，鲜明地反映出各国在考古理念方面的差异。

一、考古活动主体：法制与实践

（一）大陆法系国家的考古主体

　　在大陆法系国家，如法国、意大利以及日本，实行中央集权式的考古管理，考古活动的政府主导性特征也较为显著，从事考古活动的主体一般限制为国家和地方政府专门的公立机构。

　　法国《遗产法典》对于考古主体的规定即集中体现了国家在考古活动中较大的主导权。一方面，《遗产法典》第 L521 - 1 条将建设工程实施之前的预防性考古定义为一项公共服务职能（missions de service public），这一定性固然强调了考古活动的公益性，但背后也蕴藏着作为一项公共服务的考古活动，是政府义不容辞的责任和理念，政府对于此项活动的开展具有话语权和控制权，社会主体的参与只能源于法律的特别授权或政府的委托，或者以公私合作的方式开展。具体而言，预防性考古探查（les diagnostics d'archéologie préventive）由行政性国立公共服务机构依照国家的规定或发布的命令进行，并受到国家代表的监督。公共服务机构作为考古发掘的主体，须在遵守法律相关规定的前提下开展考古发掘活动；被授予考古研究机构资格的其他法人，只能通过与公共服务机构签订合作协议的方式参与其中。① 法典对上述公共服务机构的管理和资金来源也做出了明确而细致的规定：其管理委员会由通过法令特别任命的主席、国家代表、具有一定资质的专业人士、考古研究领域公立高等教育和研究机构代表、预防性考古项目所在地或受该考古项目影响地区的地方行政区代表及其公私主体代表组成。该管委会的职能分配及运行，由特别法令加以规定，还可成立一个协助管委会开展工作的科学委员会。② 上述公共服务机构的固定工作人员通过签订合同的方式确定，这些人也受到最高行政法院根据有关规定制定的特别法令的约束；① 依赖地方行政区或其团体成立的考古部门，只有在所属地方行政区或其团体明确决定（授权同意），并且在与公共服务机构同等的条件下，才能开展一定范围内考古工程的预防性考古探查。② 地方政府也可为履行其考古服务职能之需，通过合同的方式，招募上述公共服务机构的非常任代理人。③ 探查之后的考古发掘也应处在国家的科技监管之下，由计划开展相关建设工程并发起该程序的主体承担项目责任。该主体可聘请上述公立公共服务机构、地方考古部门，或者经国家颁发许可取得资质的其他公私主体实施考古发掘。建设工程主体是私法人的，考古发掘工程不能由其自身或与其有利益关系的主体进行监理。④ 除国家或者任何公私主体给予的补贴之外，公共服务机构也可受委托自行从事考古活动，所获收入作为其资金来源的重要方式。⑤ 法国预防性考古实践的发展也鲜明地表现出由国家垄断到社会参与的过程。法国曾于 1973 年成立由文化部负责管理的国家考古发掘协会（Association pour les Fouilles Archéologiques Nationales），其主要任务是作为官方认可的考古机构实施考古发掘活动。在 2001 年 1 月 17 日有关预防性考古的法律颁行后，国家预防性考古研究院（Institut national de recherches archéologiques preventives，Inrap）作为法律规定的专业行政性国立公共服务机构，在执行预防性考古探查和发掘方面取得了垄断权，可联合地方行政区和其他法人机构进行预防性考古活动。随着地方行政区对获得本地预防性考古事务更大自主权的要求不断高涨，2003 年 8 月 1 日法律废除了国家预防性考古研究院在预防性考古活动中的垄断地位，赋予了地方考古部门实施一定范围的预防性考古活动的权力。⑥ 根据 2016 年最新修订的《遗产法典》，地方行政区或其团体的考古部门可自行实施的预防性考古探查和发掘项目包括：（1）在对所辖领土进行土地整治工程之前须进行预防性考古的，该地方行政区或其团体应在收到预防性考古探查通知书之日起 14 日内，将自行执行该考古探查的决定告知该大区的国家代表；（2）对在辖区内开展的周期超过三年的土地整治工程进行的预防性考古探查和发掘活动。⑦ 另一方面，除预防性考古之外的考古发掘工程的实施须得到国家的许可，国家还可在缺乏土地所有权人同意的情况下，通过法令强制在其土地上进行抢救性考古发掘。⑧ 由国家进行的抢救性考古发掘，也由国家预防性考古研究院实施。

在意大利，有权进行考古探查及发掘的主体可分为两类：一类是机构，包括公共部门和私营机构；第二类为探查工作所指向建筑物的所有人，不享有所有权的一般个人没

---

① *Code du Patrimoine*（*2016*），art. L523 – 3.

② *Code du Patrimoine*（*2016*），art. L523 – 4.

③ *Code du Patrimoine*（*2016*），art. L523 – 6.

④ *Code du Patrimoine*（*2016*），art. L523 – 8.

⑤ See *Code du Patrimoine*（*2016*），art. L524 – 1.

⑥ 参见谭玉华：《法国预防考古的历史与经验》，《历史教学》2013 年第 9 期，第 49 页。

⑦ *Code du Patrimoine*（*2016*），art. L523 – 4.

⑧ *Code du Patrimoine*（*2016*），art. L531 – 9.

有考古发掘权限。① 值得注意的是，由于这两类主体的考古探查和发掘权是通过文化遗产部授予的特许权而获得，如果主体在实施考古探查和发掘过程中不遵守授予特许权时的相关规定或者违反文化遗产部的有关指示，文化遗产部有权随时将特许权收回；文化遗产部想接管探查工作的，也可在给予获得特许权资格的主体相应补偿的前提下，收回特许权，且补偿金额亦由文化遗产部确定。这些规定，都体现了国家对于考古活动的强有力的控制权。国家机构层面，意大利文化遗产部下设庞贝、赫库兰尼姆和斯达比亚考古遗产特别管理署以及古罗马斗兽场、罗马国立博物馆和罗马考古区域特别管理署等专门的考古遗址管理机构，考古、艺术与景观遗产司还下设 17 个特别考古管理署，加上教育和研究司下设保存和修复高级研究院、艺术品修复研究所等一系列专业研究机构，保证了国家开展考古研究和发掘的专业队伍及其水平。此外，意大利高校文博考古专业实力蜚声全球，各大高校的文博考古研究院所，也构成意大利开展考古研究和发掘等专业活动的重要力量。

根据日本《文化财产保护法》第 94 条规定，国家机关、地方公共团体（地方政府）或国家、地方的法人等行政法令所规定的主体，在获得开展考古发掘许可的情况下，都有权对众所周知的埋藏文化财产进行发掘。实践中，日本的考古学研究和发掘的主要力量广泛地包括国家或地方文化财产保护研究机构、博物馆及大学考古研究机构等类型，如东京国立博物馆考古部、京都及奈良的国立博物馆考古实验室、奈良国家文化财产研究所考古分部等。在 20 世纪中叶，高校教师是考古发掘主力。60 年代以后，随着各地埋藏文化财产中心、各类地方研究所的成立和专业人员的增加，高校教师从事的考古发掘在全日本每年进行的考古发掘中所占的比重有较大幅度的下降。虽然如此，他们至今仍然是日本考古学界进行综合研究的骨干，在日本每年为数不多的学术发掘中，由大学教师承担的仍占相当比例。② 基本建设中的考古调查、发掘、研究与展示，由国立和地方文化财产保护和研究机构依据就近原则承担。据统计，到 2012 年，日本考古队伍人数已近万人。③

（二）英美法系国家的考古主体

反观英美法系国家，考古被视为一个学术问题，允许甚至鼓励多方主体探讨与参与，立法也并没有对有权参与考古活动的主体的类型和范围进行特别限制。理论上说，任何机构和个人，只要能成功申请到开展某一考古发掘项目的许可，就可以成为该考古项目的实施主体。当然，政府有关部门在项目审批和许可授予过程中，会在考虑和评估申请人或投标主体的专业资质、执业经验等多方面因素的基础上，对其是否能够从事此

---

① See *Codice dei beni culturali e del paesaggio*, articolo 89.

② 参见中国社会科学院外事局编：《日本人文社会科学现状与发展》，中国社会科学出版社，2003 年，第 106～107 页。

③ 彭明浩、潘攀、王冬冬、冉宏林、蒋宇超：《互动语境下的中日考古学——北京大学考古文博学院师生赴日本考古发掘与参观纪略》，《中国文物报》2012 年 12 月 21 日，第 12 版。

项考古活动进行评估和判断，从而决定是否授予其项目许可。此外，在英美法系国家，虽然国家或地方政府也设立一些专业的考古研究及发掘实施机构，但这些公立机构及其人员与私人机构及个人相比并没有法律上的优先权或优势地位，而是作为国家或地方政府在必要时自行开展考古活动的机构，适用同样的标准和规则。据统计，全英国大约有4000～6000人从事考古工作，大致可分为五类群体：（1）在中央政府部门制定指导性决策意见的考古学家和考古管理官员；（2）地方政府中的考古学者，主导考古政策的实施，并对考古发掘做质量上的监控；（3）田野考古和室内整理机构中的考古工作者，这是考古工作的主力，如伦敦博物馆考古部有200多人，主要从事抢救性考古工程发掘，室内整理部有50多人；牛津郡（Oxford）考古队和韦恩克斯（Wessex）考古队成员也多达一二百人，同样从事考古发掘和室内整理工作；（4）相关企业中的一些专业考古人员。由于英国法律强制规定建设工程项目开工前必须先进行考古探查，一些大公司特别是建筑管理、顾问公司等，还专门成立考古部，以做好规划及建设过程中的考古评估及预算策划；（5）大学、博物馆及文物局等机构中专门从事考古教学、研究的人员。全英国有54所大学设有考古系，每所大学的考古学系都有自己独特的专长，即有其他大学无法比拟的强项。① 此外，英国还有专门从事考古发掘和研究工作的企业、协会等，如英国考古有限公司（The Archaeological Company Ltd）、特许考古学家协会（Chartered Institute for Archaeologists，CIfA）、铁桥考古（Ironbridge Archaeology）等，都各有其专长。

二、考古资质的获得：条件与方式

尽管五国法律大都规定，符合本国法律规定的主体在实施具体的考古项目之前，都应依法经一定的审批程序取得项目许可证。但在通过具体的项目审批和许可对考古主体资质进行审查之前，是否存在统一的考古从业者资格准入制度，各国的政策并不相同。

作为在文物和考古管理事务中的中央集权较为突出的国家，法国和意大利即通过颁行法律或法令的方式，对考古机构及其人员的从业资格进行细致规定。两国关于考古从业资质的立法，在内容和评价标准等方面存在显著的不同。

法国文化部于2004年颁布《关于界定地方考古部门及可被授权从事预防性考古活动的公私主体之必要资质的法令》（*Arrêté du 8 juillet* 2004 *portant définition des qualifications requises des personnels des services et personnes de droit public ou privé candidats à l'agrément d'opérateur d'archéologie préventive*），以主体性质及其主要职能为标准，对几类依法可从事考古活动的主体的资质要求进行详尽规定。根据该法令，在预防性考古实施过程中履行科学性职能的地方考古部门人员须满足：（1）必须属于地方遗产保护机构

---

① 参见李浪林：《英国考古的政策、管理和操作》，《华夏考古》2002年第1期，第99～101页。

工作人员或者地方遗产保护官员；（2）具有考古专业文凭的合同制代理人，该文凭可以是第二学位（双学位之一）、硕士学位、博士研究项目、深入学习文凭（diplôme d'études approfondies）①、专业研究生学位（diplôme d'études supérieures spécialisées，法国特有，相当于硕士第二年），都必须在国家专业资格目录中；还可以是经认可的同等高等教育文凭；（3）接受除上述专业教育之外的其他类型专业培训的合同制代理人，具有3年以上考古现场或考古机构从业经验，出版并发表了考古相关著作或文章的；（4）合同制代理人，在本法令颁行之前已在法国或国外考古部门或机构履行科学性职责至少3年的。② 依托于研究或高等教育类公立公共服务机构开展预防性考古并履行科学性职能从业者，除符合上述（2）、（3）、（4）三条标准之一外，还必须是研究主任、研究人员、教授或同类人员、讲师、遗产策展人（conservateurs du patrimoine）、研究工程师或设计工程师其中之一。③ 在考古发掘实施过程中履行科学性职能的私法人考古机构工作人员，则只需符合上述（2）、（3）、（4）三条之一即可。④ 在预防性考古实施过程中履行技术性职能的地方考古部门人员须满足以下两个条件之一：（1）地方遗产保护机构、图书馆或者具有此类资质的地方机构的助理岗位工作人员；（2）合同制代理人，具有至少相当于高级技师文凭，技术院校学位或高中教育学位文凭，或在其领域具有专业资格证书并至少有一年以上在考古现场的专业工作经验。⑤ 依托于研究或高等教育类公立公共服务机构开展预防性考古并履行技术性职能从业者，则或者具备上述合同制技术性从业者须满足的第（2）个条件，或者是技术性研究机构的工作人员。⑥ 在预防性考古工作实施过程中履行技术性职能的私法人考古机构工作人员，只需同类工作岗位要求的专业教育、技能或从业经验方面的条件（第（2）条）。⑦

意大利则于2014年修改其《文化财产和景观法典》时加入了文化财产从业者资质条款。修订后法典的第9-bis条从原则上规定，本法典第一、二两编所规定各项具体的文物保存、保护和开发利用工作的责任主体，在行使其权利或履行其义务，涉及对文

① 此类文凭在英、法等国家都有存在，属于研究生学位，但主要以执业需求而非学术研究为导向，且可能是跨学科的。从这个意义上说，深入教育文凭类似于我国专业硕士学位。

② *Arrêté du 8 juillet 2004 portant définition des qualifications requises des personnels des services et personnes de droit public ou privé candidats à l'agrément d'opérateur d'archéologie preventive*，art. 2.

③ *Arrêté du 8 juillet 2004 portant définition des qualifications requises des personnels des services et personnes de droit public ou privé candidats à l'agrément d'opérateur d'archéologie preventive*，art. 3.

④ *Arrêté du 8 juillet 2004 portant définition des qualifications requises des personnels des services et personnes de droit public ou privé candidats à l'agrément d'opérateur d'archéologie preventive*，art. 4.

⑤ *Arrêté du 8 juillet 2004 portant définition des qualifications requises des personnels des services et personnes de droit public ou privé candidats à l'agrément d'opérateur d'archéologie preventive*，art. 5.

⑥ *Arrêté du 8 juillet 2004 portant définition des qualifications requises des personnels des services et personnes de droit public ou privé candidats à l'agrément d'opérateur d'archéologie preventive*，art. 6.

⑦ *Arrêté du 8 juillet 2004 portant définition des qualifications requises des personnels des services et personnes de droit public ou privé candidats à l'agrément d'opérateur d'archéologie preventive*，art. 7.

物实施干预的专业性具体工作时，应视工作的具体内容，将其相应地委托给具有足够专业水平和从业经验的考古学者、档案学家、图书馆学者、人种人类学者、体质人类学者、文化遗产修复师以及对文化遗产及艺术文物进行探查的相关科学技术人员、艺术史学者等专业人员承担，从基本法典层面确立了包括考古从业者在内的文物、博物馆行业从业者资格准入制度。为法典增加上述规定的法律①同时确立了文化遗产干预资质国家名录（Elenchi nazionali dei professionisti competenti ad eseguire interventi sui beni culturali）制度，收录符合资质的考古学家、档案学家、图书馆学者、人种人类学者、体质人类学者、文化遗产修复师以及对文化遗产及艺术文物进行探查的相关科学技术人员、艺术史学者等文化遗产从业者名单的文化遗产干预资质国家名录，由文化遗产部依照以下程序建立：文化遗产部在听取教育、高校和研究部（Ministro dell'istruzione, dell'universita' e della ricerca）的意见，以及国家、大区与特伦托和博尔扎诺自治省根据相关法律、法令的规定和相关专业协会的意见，在常设会议（Conferenza permanente）上事先达成合意之后，通过法令确立专业人士在上述文化遗产干预资质国家名录进行注册的要求和程序，以及在名录建立之后与各相关专业协会合作维护该名录的程序。该名录应在文化遗产部机构网站上公布。该法令应根据负责此事的议会委员会的意见，在本法生效六个月内出台。然而，该法同时规定，上述名录不构成任何形式的专业准入注册，专业人员不在此名录上注册，并不妨碍其从事该职业的可能性。② 作为意大利和欧州自治组织的职业协会联盟（Confederazione delle Associazioni Professionali，简称 Confassociazioni）还依据上述法律规定，就上述名录中考古学家、档案学家、图书馆学者和艺术史学者几类（几部分）人员的注册标准和方式提出了具体方案。③

　　与法、意两国不同，日本并未建立由政府主导的全国性考古从业资格认证制度④，但建立了一个由全国大学和有关研究机构共同组成的考古调查执业者（考古調査士）资质审查、评估和授予的专业认证机构，其主要任务在于通过依托其加盟大学组织的考试和其他方式的考核，在全国范围内审查、评估和认定申请者考古从业的资质等级。审查和认定委员会由其加盟大学相关专业的教授组成。⑤ 该资质认定体系根据从事考古发

---

① *LEGGE 22 luglio 2014*，n. 110：Modifica al codice dei beni culturali e del paesaggio，di cui al decreto legislativo 22 gennaio 2004，n. 42，in materia di professionisti dei beni culturali，e istituzione di elenchi nazionali dei suddetti professionisti.

② See *LEGGE 22 luglio 2014*，n. 110，Article 2.

③ See Coordinamento Confassociazioni Beni e Professioni Culturali：*Elenchi nazionali previsti dalla L. 22 luglio 2014 n. 110*，art. 2，c. 2.（Modifica al codice dei beni culturali e del paesaggio in materia di professionisti dei beni culturali，e istituzione di elenchi nazionali dei suddetti professionisti），available at：http：//www. archeologi. org/images/documenti/Requisiti_110. pdf，accessed 06 – 04 – 2018.

④ "予想される資格の効果"：http：//www. jabar. jp/shikaku/，2018 年 4 月 6 日访问。

⑤ 参见 "考古調査士資格認定機構について"：http：//www. jabar. jp/kikou/，2018 年 4 月 6 日访问。

掘的实际经验和以专业考试成绩为依据评估的专业知识水平，将考古调查人员资格分为三个等级：能够协助调查和考古发掘相关工作，进行摄影、记录，可负责相关考古地图的绘制、进行实际测量工作，并可编写考古报告中有关事实描述中部分内容的，可认定为二级考古执业者；可参与实际的考古发掘和调查，监管包括安全和卫生等在内的发掘调查各环节，独立处理与相关机构协调等事宜并撰写和编撰考古调查报告，并善于自我总结的，可被认定为一级考古执业者；而可担任挖掘现场及相关组织工作的负责人，具有与第一级考古执业者相同或更高的技能，通过发表优秀的学术论文等方式从学术高度和广阔视角进行考古发掘和调查，并能够积极参与制定遗址发掘调查的总体规划、与有关组织进行协调的，可被授予特级考古执业者。① 从 2008 年至 2016 年资质评定结果来看，日本绝大部分考古从业者只能获得二级考古执业者的资质，每年认定的一级考古执业者基本保持在个位数，而特级考古执业者更为稀少，并非每年都能产生，2008、2010、2011、2012、2014、2015、2016 年，都没有人被认定为特级考古学者。②

坚持"公众考古"理念的英美国家的情况与法、意、日三国有显著的不同，国家层面的资质准入和评估体系在英国和美国完全不存在，只有有关专业机构出台的一些导则性文件，为具有考古活动审批权的部门评估和审批申请开展某次考古活动的机构的资质提供参考。

根据美国《考古资源保护法》第 4 条，任何人均有资格向联邦土地管理人（Federal Land Manager）③ 及其授权的部门或机构提出发掘或取得位于公共土地（Public Lands，主要指联邦所有土地）上考古资源的申请。但申请人提出的考古发掘申请并非仅为一纸申请书，还应包括联邦土地管理人认为有必要提交的所有附加材料。为加强考古审批和管理的科学性，内政部有关部门发布了一系列标准或指南类的指导性文件。如人事管理办公室出台的《考古系列——职位分类标准》［*Position Classification Standard for Archeology Series*（GS-0193）］，对考古从业人员的必备资质进行了说明。《标准》指出，"学院或大学是当今考古学家基本培训的常用来源。为期 4 年的专业课程应包括考古学领域的工作方法和理论，地理和区域文化的发展……还应该包含例如地质学，植物学，历史等其他学科的课程，尽管考古学家并不是所有这些学科的专家，但他们必须充分熟悉各领域以了解结果并作出相关解释。全领域和高层次的职位通常涉及解决此类复杂性、新颖性或多样性的理论或应用问题，以求满足以下要求：对构成本领域职位所需知识核心的基本原理有全面的了解；熟悉、理解和应用考古学和相关学科的科学技术文

① "资格の種類と内容"，http：//www.jabar.jp/shikaku/about.html，2018 年 4 月 6 日访问。

② 参见"资格取得者数实績"，http：//www.jabar.jp/shikaku/about.html，2018 年 4 月 6 日访问。

③ "联邦土地管理人"为美国 1979 年《考古资源保护法》中明确界定的概念，指的是对于公共土地享有管理权的主体，如内政部（管理原住民土地）或者其他有权管理此类土地的联邦机构。See *Archaeological Resources Protection Act*（*1979*），section 4（16 U.S.C. 470cc）。

献中的复杂理论及其新发展；应用科学方法对科技问题进行完全培训；在考古学的标准实践、技术和方法的应用方面经验丰富；对社会文化人类学（民族史、民族学、民族志）、历史学、地质学、古生物学、土壤科学、生物学、植物学、计算机科学和建筑等相关工作领域达到一般理解；深入了解该机构或部门的相关目标，政策和计划，具备口头和书面沟通的知识和技能"。① 国家公园管理局还制定了详细具体的《考古指南》（Archeology Guide Module），让想要进行考古活动的申请人、考古许可证的签发机构、国家公园管理局下属考古学者（考古从业人员）以及考古活动和考古遗产的管理者等各方面主体，在处理具体事务时，都能得到详尽的信息和细致的指导。《考古指南》中明确指出，在国家公园土地上获得考古许可证的机构和个人，需满足以下要求："1. 具有人类学或考古学的研究生学位，或同等的专业教育培训和从业经验；2. 具有计划、装备及必要的工作人员，具备组织和监督方案中提出各种类型和规模的活动的能力；3. 通过及时完成相关论文，研究报告或类似文献整理等方式，证明其具有完成该项目的能力；4. 在考古现场、实验室或文献研究、行政或管理等方面至少具有 16 个月的从业经验和/或专业培训，包括获得与其申请项目同类项目的经授权许可的至少 4 个月从业经验和/或专门培训；5. 申请人最好具备至少一年对此项考古活动所涉历史时期相关考古资源进行研究的经历；参与史前考古的申请人最好应具有至少一年对史前时期考古资源的研究经历。"②

在英国，政府并不开展具体的考古实践工作，而是由特许考古学家协会（CIfA）作为英国考古行业的领导者，对其成员进行管理规制，并制定一系列专业和行业标准。与建筑行业不同，英国没有针对考古人员设置的行业资质认定制度，但特许考古学家协会制定了《考古田野调查标准及指南》（*Standard and Guidance for archaeological field evaluation*）③ 等一系列技术性文件，其中很多都包含对评估考古机构及人员资质的指导；此外，协会已宣布打算开始就是否有必要授予具有适当资质的成员以特许地位的问题，咨询其成员和部门的意见。④ 由英国文化部等政府部门在专业机构的协助下出台的系列关于历史环境保护的规划导则，如由社区和地方政府部（Department for Communities and Local Government）于 2010 年发布的《规划政策声明 5：历史环境规划》（*Planning*

---

① Position Classification Standard for Archeology Series，GS-0193，pp. 9 – 10，available at：https：// www. opm. gov/policy-data-oversight/classification-qualifications/classifying-general-schedule- positions/stand-ards/0100/gs0193. pdf，accessed 06 – 04 – 2018.

② National Park Service：*Archeological Permits：Overview*，available at：https：//www. nps. gov/ar-cheology/npsGuide/permits/overview. htm#permit，accessed 06 – 04 – 2018.

③ Chartered Institute for Archaeologists：*Standardand guidance for archaeological field evaluation*，a-vailable at：http：//www. archaeologists. net/sites/default/files/CIfAS&GFieldevaluation_1. pdf，accessed 06 – 04 – 2018.

④ *Archaeologist*：https：//www. designingbuildings. co. uk/wiki/Archaeologist，accessed 06 – 04 – 018.

Policy Statement 5：*Planning for the Historic Environment*，通常简写为 PPS5）和 2012 年发布的《国家规划政策框架》（*National Planning Policy Framework*）等，也对考古活动及考古遗产保护事宜进行了阐述。2015 年 3 月，PPS5 又为《历史环境优秀实践建议》（*Historic environment good practice advice*）所取代。这些与时俱进的政策、标准和导则性文件，都为有关部门在考古活动审批程序中审查执行主体是否具有相应资质，提供了重要参考。

第三节　考古活动规范

考古活动通常包括两类，或者说两个环节：一是为保护可能存在的埋藏文物或其他具有考古意义的史迹文物，在一定情形下主动对某一区域进行考古探查，确认该区域是否有历史古迹或埋藏文物分布；二是在已经确认或意外发现某区域确有文物分布的情况下，为保护文物，对该区域进行抢救性考古发掘。由于考古活动具有明显的公益性特征，通过明确具体的法律规定对两类考古活动进行规范，是各国考古管理的重要任务；此外，为保证考古活动的顺利开展，有关经费应当由谁承担，也是有关法律不可回避的重要问题。

一、建设工程中的考古探查

尽管从理论上说，绝大多数区域都有存在古迹或地下埋藏文物的可能，因此在新的建设工程实施之前，应尽可能对工程所涉区域进行考古探查。但大多数国家立法出于节约社会资源等因素的考虑，将是否有必要在建设工程所涉区域开展考古探查作业，交由主管考古工作的文物行政管理部门或其专业职能机构决定。

在英国，根据《城乡规划法》及其实施细则的规定，相关建设工程的实施应以取得建设规划许可证（Planning Permission）为必要条件之一。有权机关在决定是否签发该许可证时，须征询历史环境和文物主管部门的意见，且向文物部门的咨询程序为法定咨询，文物部门的意见必须遵从。[①] 文物部门在出具咨询意见时，可根据调查情况判断此区域是否具有考古价值，文化大臣或地方当局经前期调查认为此地具有重要考古意义的，可依据 1979 年《古迹和考古区域法》第 33 条的规定，将该区域指定为"重要考古区"（areas of archaeological importance）。"重要考古区"一经认定，文化大臣即有权

① See *Town and Country Planning*（*Development Management Procedure*）（*England*）*Order 2015*, Schedule 4.

委托其认为具有足够资质的主体开展考古调查。①

　　在意大利，建设项目或工程有可能对文化遗产造成影响的，须召开各部门业务协调会议。② 文化遗产部认为该项目或工程"与受到影响的文化财产保护的紧迫性不符"，可以通过在建设项目环境影响评估阶段行使否决权，并以此实现考古探查的提前介入。此否决权由文化遗产部独立行使，毋需与其他部门协商，但是应当"通报环境与土地保护部"。③ 当然，这种否决权存在的前提条件是文化遗产部已将可能埋藏有文化遗产的地块或建筑进行登记并确定监管人。

　　当然，有关部门实施专门考古探查活动决定的作出，也须以前期基本调查所掌握的数据和信息为基础。如在日本，市、町、村下设的教育委员会主要负责建设工程中涉及地下文物事项的审查及上报。具体而言，如果建设工程等开发行为可能涉及地下文物，则应履行如下职责：一方面，制定详细的开发计划，包括挖土、存土及在土地上拟建造何种建筑物；工程位于贝丘、墓冢等显然（众所周知）埋藏有地下文物土地上的，则必须进行考古调查；④ 另一方面，即使在施工过程中才发现文物，在保持文物原状并由市、町、村委员会上报所属县委员会之后，市、町、村教育委员会还有权开展部分考古调查，包括试掘调查和确认调查。⑤

　　法国更是极其重视通过事先的考古探查和发掘来避免城市规划和建设工程对地下埋藏文物造成破坏，在《遗产法典》中专门引入预防性考古（archéologie préventive）的概念。所谓预防性考古，即通过制定发掘计划，由国家对特定地点（一般是城市中拟实施建设工程的区域）进行发掘，其目的是防止或尽量减少建设工程对可能埋藏有地下文物的区域造成破坏。预防性考古分为考古探查指示（Prescriptions de diagnostic）和发掘指示（Prescriptions de fouilles）两种类型，也即具有先后顺序的两个步骤。考古探查指示是指通过研究、勘测或田野调查，提出考古遗产存在的证据，在必要的情况下对遗址现场进行勘察，并在诊断报告中注明结果的一种考古形式；发掘指示是在田野调查或实验室收集相关考古遗址数据的基础上，通过分析明确发掘具体情况，并在最终发掘报告里对整体结果予以介绍的一种考古形式。⑥ 根据《遗产法典》的规定，国家可在有关专业机构的协助下，编制全国考古地图，并在此过程中界定可能受发展和土地整治影响的区域，要求此区域的项目开展预防性考古活动。⑦ 在被纳入国家考古地图的土地上

---

　　① *Ancient Monuments and Archaeological Areas Act* (1979), art. 34.

　　② *Codice dei beni culturali e del paesaggio*, articolo 25.

　　③ See *Codice dei beni culturali e del paesaggio*, articolo 26.

　　④ 参见日本《文化财产保护法》，第 93 条。

　　⑤ 杜小军：《简析日本的"文化财"保护》，载郎保利主编：《而立集——山西大学考古专业成立 30 周年纪念文集》，科学出版社，2009 年，第 396 页。

　　⑥ 孔德超：《法国文化遗产法研究》，中国人民大学博士学位论文，2010 年，第 92 页。

　　⑦ *Code du Patrimoine* (2016), art. L522 – 5.

开展相关工程，工程主体必须提请国家就是否发放考古探查指示做出决定。① 由于位置、特性和重要性等原因影响或者可能影响到考古遗产的城乡发展和建设工程，必须预先经过严谨的手段进行探查，并依考古遗产保护的需要对土地开发活动进行调整②，经过预先探查确认有开展专门考古活动之必要的，则进入预防性考古程序③。

美国文化遗产立法的权限在各州，建设工程过程中的考古管理属于各州立法权的范畴，州与州之间的具体规定不尽相同。以宾夕法尼亚州为例，该州立法确立了大面积建设工程的强制性考古发掘制度，即拟建设面积超过 10 英亩的建设工程，必须提前进行考古探查和发掘。④ 此外，诸如宾夕法尼亚州、西维吉尼亚州⑤、新泽西州⑥、堪萨斯州⑦等地，也通过法律、法令或相关导则、指南，明确要求对整个拟建设区域或进一步确定的"（遗址）潜在区域"（potential area）进行概括的考古调查，以初步确定该区域是否存在考古遗址。

由此可见，在大部分国家，建设工程开工前都须经文物主管部门同意，且文物主管部门普遍拥有一票否决权：文物部门认为有必要的，可在建设工程实施之前对所涉土地进行考古探查和发掘；如该工程被文物主管部门认定为可能破坏地上或地下文物，不宜动工的，该建设工程就无法获得动工许可。这一举措赋予文物管理部门对在可能埋藏有文物的地段开展的建设活动的主动权和控制权，是行之有效的措施。

二、考古探查和发掘的程序规则

通常来说，国家是开展考古探查和发掘的当然主体，可通过其职能部门开展考古探查工作，也可通过委托或者特许等方式，将考古探查活动交由专业的公私机构开展。但是，所在土地所有权属、中央和地方关系的差异以及文物行政管理体制，都对有权开展考古探查的主体范围、主体须遵循的程序和规则以及违法须承担的责任产生影响。此外，不同国家的立法规范考古探查和发掘的方式也有所不同。

---

① *Code du Patrimoine*（2016），art. L522 - 4.

② *Code du Patrimoine*（2016），art. R523 - 1.

③ See *Code du Patrimoine*（2016），art. R523 - 14.

④ See David Templeton Pittsburgh, *Little aid for Pennsylvania archaeological sites near wells*, Pittsburgh, Pennsylvania（AP），May 2011, available at：https：//www.indiancountrynews.com/index.php/culture/archeology-ancestors/11579-little-aid-for-pennsylvania-archaeological-sites-near-wells, accessed 27 - 01 - 2019.

⑤ Guidelines for Phase I, II, and III Archaeological Investigations and Technical Report Preparation, available at：http：//www.wvculture.org/shpo/techreportguide/guidelines.html, accessed 07 - 04 - 2018.

⑥ State of New Jersey, *Archaeology and Archaeological Sites Survey*, available at：http：//www.nj.gov/dep/hpo/1identify/survarkeo.htm, accessed 14 - 03 - 2014.

⑦ Jennifer Epperson, William Banks, and Martin Stein, *Kansas SHPO's Guide to Archeological Survey, Assessment, and Reports*, available at：https：//www.kshs.org/preserve/pdfs/SHPO'S_Guide_Updated.pdf, accessed 28 - 01 - 2019.

（一）探查和发掘程序分别规范

一些国家考虑到考古探查和考古发掘作为考古活动两个不同阶段，在立法中分别进行规范。以法国为典型。

在法国，考古探查（les diagnostics d'archéologie）作为预防性考古正式发掘之前的必要环节，由国家委托给行政性公共服务机构或者其他地方行政区或其团体决定的地方考古部门进行，依照其委任决定和同时做出的相关指示开展，并须受到国家代表的监督。为更好地完成国家委托的工作，取得预防性考古授权的机构可以通过签订协议的方式，联合其他法人开展相关考古研究工作。① 某一地方考古部门为其他地方行政区或其团体的利益，在其管辖土地上开展考古探查工作的，还需经所在地地方行政区、其团体或者国家的同意。② 当然，负责考古探查工作的地方考古部门在通常情况下也不亲自开展此工作，而是与具体探查工程的实施主体签订协议，协议中规定考古探查的期限、进入该区域的条件、开展探查所用材料、设备配置及完成探查工作所必需的方式。工程自该实施主体获得参与考古探查的权利之日起算，可在协议中约定一定的期限，并明确实施主体超期完成的后果。双方在合同中未就探查工程期限达成一致意见的，工程期限由国家根据更谨慎一方的请求，在法律规定的期间内做出指示。考古探查结论，必须传达至有关工程的实施人和所在土地所有权人。③

法国《遗产法典》对于考古发掘的规制分预防性考古发掘和一般考古发掘两类，分别做出细致规定。预防性考古发掘由导致该考古发掘指示的工程的主体负责，但国家应对整个发掘过程进行科学监管。当然，上述责任主体可将具体发掘工作委托给具有考古资质的公私专业机构进行。在工程主体是私法人的情况下，考古发掘工程的实施不能由其自身或与其有利益关系的主体进行监理。计划或已经实施整体地块发展或者区块土地整治工程的主体，应承担其项目所涉整片区域内的预防性考古发掘的责任。④ 上述考古发掘仍须得到文化部的授权，发掘期限一般为 5 年，由文化部根据国家考古研究委员会的意见，在根据申请者提交的材料，考察其科技状况、管理结构以及对社会、财政和审计方面要求的遵守情况的基础上，决定是否签发发掘许可证。⑤ 责任主体通过公开招标等程序选择施工方的，其招标公告中应包含文化部对此次预防性考古发掘做出的具体指示规则，包括对计划工程的科学干预手段（如考古干预方式、方法和技术）以及执行考古发掘的条件和建议价额。工程主体在选定施工方之前，应将所有投标主体的材料交由国家，由国家对这些主体遵守指示的情况和能力进行评估，并提出意见。责任主体和实际承接方签订的合同应标明委托工程的价款、可使用的人力和技术资源，并确定实

---

① See *Code du Patrimoine* (*2016*), arts. L523 – 1 & L523 – 4.
② *Code du Patrimoine* (*2016*), art. L522 – 5.
③ *Code du Patrimoine* (*2016*), art. L522 – 7.
④ *Code du Patrimoine* (*2016*), art. L522 – 8.
⑤ *Code du Patrimoine* (*2016*), art. L522 – 8 – 1.

施发掘的期限要求和超期的违约赔偿，科学干预手段也应是合同的组成部分。该合同的执行取决于国家签发发掘许可证的情况。施工方应遵守国家的决定和要求，并依法受其代表的监督。国家应确保聘请发掘工程科学管理者的条件符合该工程完成（直至提交发掘报告阶段）的需要。发掘过程中须通过二次分包解决其中的科学问题的，分包之前应先向国家申明。由于责任主体或者施工方的原因导致发掘工程未能于发掘许可证签发之日起 6 个月内启动实施的，国家有权撤销该许可。由于施工方的原因，发掘所需的野外工作在发掘许可证签发后 12 个月内未完成的，经所在地行政机关咨询考古研究委员会意见后同意的，最多可延长 18 个月，只能延期一次，且国家有权宣布撤回许可。① 工程主体无法找到符合条件的施工方的，可请求《遗产法典》规定的专业的国立公共服务考古机构实施该发掘工程，双方无法就实施发掘的条件或者资金达成协议的，由根据最高行政法院法令组织的仲裁机构解决上述分歧。②

除预防性考古发掘适用上述规定之外，任何人非经事先许可，不得为了研究具有史前史、历史、艺术或考古学的古迹或文物，而在属于自己或他人的土地上的进行发掘或调查。提交至行政机关的发掘申请应表明将开展发掘工作的确切位置，一般范围和大致的持续时间。有权机关认为确有必要的，应当在法律规定期限内，根据科学委员会的意见，签发发掘许可证，并同时明确此项考古研究必须遵守的指示。③ 申请人并非在自己的土地上进行考古发掘的，发掘申请书须附土地所有人或者对土地享有其他合法权益的主体的书面同意书。同意书以及为取得同意书而与土地权利人订立的合同的条款必须考虑《遗产法典》有关考古发掘的规定，并且不得妨碍国家行使《遗产法典》赋予的权利。④ 考古发掘的责任主体为提出发掘申请并获得授权的主体。其发掘活动应该遵守国家在签发许可证时做出的指示，并受到有关职能部门代表的监督。对在此过程中发现的任何不动产或者动产，都应当予以保存，并立即向该监督机关申报。⑤ 责任发掘主体在实施发掘的过程中未遵守行政机关对该项研究活动的指示或者违反有关发现文物处理的规定的；或者由于发现物的重要性，行政机关认为有必要自行继续开展考古发掘或收购该土地的，发掘许可可以被撤销。因出现后一种情形而撤销许可的，发掘主体可获得相应补偿，以归还其所实际发生的费用为原则，具体数额由许可签发机关根据科学委员会的意见确定。发掘活动自行政机关通知其撤销意图之日起必须中止。行政机关自将撤销意图通知发掘主体之日起 6 个月内未正式宣布撤销发掘许可的，该项发掘即可在授权法令规定的条件下继续进行。发掘活动中止期间，所在区域被视为列级古迹，适用列级保

---

① See *Code du Patrimoine*（2016），art. L522 – 9.

② *Code du Patrimoine*（2016），art. L522 – 10.

③ *Code du Patrimoine*（2016），art. L531 – 1.

④ *Code du Patrimoine*（2016），art. L531 – 2.

⑤ *Code du Patrimoine*（2016），art. L531 – 3.

护的相关规则。①

除附属于私人建筑物或其完全封闭围墙之内的土地之外，国家为史前史、历史、艺术和考古研究的需要，有权在不属于自己所有的土地上开展强制考古发掘。未取得土地所有权人同意的，该探查和发掘由有权机关发布宣布属于公共事业的决定而强制实施，并可在该决定中授权宣布临时占用该土地，明确占用范围、占用周期及可能延长的时间。即使确有必要延期，临时占用周期一般也不得超过 5 年。② 土地因国家实施考古发掘而被强制占用的，土地所有权人因此而导致的损失有权得到补偿。③ 国家为开展考古发掘所必须，也可对所涉不动产进行征收。自行政机关将不动产征收意向通知其所有权人之日起，该不动产被视为列级古迹，适用列级保护的相关规则。但自该通知发布之日起 6 个月内国家未发布正式的公益征收声明的，列级保护规则不再适用。此外，征收时未被发现的古迹或物品的价值，不应被计算在征收补偿金计算范围内。④

（二）探查与发掘程序统一规范

在另外一些国家，立法并未将考古探查和考古发掘截然二分，而是统一在一套程序中。英国、意大利、日本即为如此。美国联邦政府层面因受到立法权限的限制，只能就处在联邦控制下的土地和原住民土地上的考古活动进行规范，同样也并没有对探查和发掘进行区分。

在英国，考古探查和发掘活动可由文化大臣委托其认为具有足够资质的任何公私主体实施，文化大臣也可在其认为必要时取消委托；⑤ 文化部也可在无法委托到合适人选的情况下将考古探查和发掘交由"英格兰史迹"（当考古区域位于英格兰）承担，或决定或由其自行（当考古区域位于其他地区）承担。⑥ 文化大臣对公私考古探查发掘主体的委托或委托的取消，应通过书面形式进行，并通知对考古探查所覆盖区域（或其组成部分）具有管辖权的地方政府，⑦ 在鼓励公众考古的理念下，被委托开展考古探查发掘活动的公私主体遵循一样的程序，适用统一规则。考古探查发掘机构有权随时进入其所探查的重要考古区进行考古记录并决定是否进行考古发掘，并且对该区内依法进行的其他活动对考古材料或文物的影响进行观察和记录，但在此过程中，必须遵守文化大臣随时进行的指导。⑧ 依法对该区域土地具有强制购买权（强制性土地权益）的机构欲在重要考古区域内开展倾倒、泄洪（flood）或者其他可能对土地造成影响的工程的，考古探查发掘机构有权在合理时间进入该区域展开考古探查，但须在首次探查活动开始之

---

① See *Code du Patrimoine* (2016), arts. L531 – 4, L531 – 7 & L531 – 8.

② *Code du Patrimoine* (2016), art. L531 – 9.

③ *Code du Patrimoine* (2016), art. L531 – 10.

④ See *Code du Patrimoine* (2016), arts. L531 – 12 & L531 – 13.

⑤ See *Ancient Monuments and Archaeological Areas Act* (1979), art. 34.

⑥ See *Ancient Monuments and Archaeological Areas Act* (1979), art. 41 (2).

⑦ *Ancient Monuments and Archaeological Areas Act* (1979), art. 34.

⑧ *Ancient Monuments and Archaeological Areas Act* (1979), art. 38.

后一个月内完成。① 专门考古探查发掘机构的委托不妨碍其他取得文化大臣书面授权的主体在合理时间进入该区域,对其中具有考古或历史学意义的建筑物或者构筑物进行探查并记录探查结果。② 文化大臣经咨询"英格兰史迹"意见认为有必要在此重要考古区内开展考古发掘的,应向工程开发商发送考古发掘通知,探查机构有权在该通知送达之日起 4 周内首次开展考古探查。探查发掘机关进行考古发掘的期限为 4 个月零 2 周,自上述通知送达之日起 6 周届满之日起算;通知中明确发掘工作自现场清理完毕后即开始的,则自探查发掘机关收到开放商的现场清理完毕通知之日起,或自探查机构与开发商约定的更早的日期起算。自开发商开始其工程之日起 6 周时间届满,但由于现场清理还未完成而并未收到清理完成通知的,探查发掘机构在不影响开发商进行现场清理的情况下,即可开展考古发掘。为开展考古发掘,探查发掘机构有权在合理时间进入现场或者通向现场所必需的通道。③ 文化大臣可随时对探查发掘机构依法实施的探查和发掘行为下达指令,并有权全部或者部分终止该机构进行考古探查和发掘的权利,或者改变或撤回其指令。该指令应送达该探查机关、有关地方当局以及开发商。④ 在古迹、重要考古区或者其他受保护区域以外开展的考古探查和发掘活动,虽不受《古迹和考古区域法》的约束,但英国文化部在《珍宝法》的《实施细则》中,也对此类活动的开展提出了许多程序上的要求。如考古发掘应取得土地权利人及其他有权主体的许可、有志于开展考古探查和发掘的个人应加入相关专业组织或协会、使用金属探测器应注意的事项,以及发现可能构成文物的物品后,应依据《珍宝法》及该《实施细则》履行通知报告义务等。

在意大利,考古探查由文化遗产部统一负责,文化遗产部可在给予业主一定补偿的情况下令临时占用探查活动所在地的建筑物。⑤ 文化遗产部可以将从事搜寻探查活动的特许权授予公共部门或私营机构。获得特许的部门或机构除了遵守特许权授予时规定的条件之外,还必须遵守文化遗产部认为必要的其他一切规定和指示,否则文化遗产部有权收回特许权。文化遗产部也可因需自行接管考古探查活动而收回特许权,但须以给予特许权获得者一定的补偿为条件。⑥ 2017 年,文化遗产部还出台了《有关受保护文化财产的公共工程合同的条例》(*Regolamento concernente gli appalti pubblici di lavori riguar-danti i beni culturali tutelati*),对包括考古探查和发掘工程在内的公共合同的签署及合同的必要内容进行规范。⑦

---

① *Ancient Monuments and Archaeological Areas Act*(1979),art. 39.

② *Ancient Monuments and Archaeological Areas Act*(1979),art. 40.

③ Ancient Monuments and Archaeological Areas Act(1979),art. 38.

④ *Ancient Monuments and Archaeological Areas Act*(1979),art. 38.

⑤ *Codice dei beni culturali e del paesaggio*,articolo 88.

⑥ See *Codice dei beni culturali e del paesaggio*,articolo 89.

⑦ See *DECRETO 22 agosto 2017*,n. 154:*Regolamento concernente gli appalti pubblici di lavori riguar-danti i beni culturali tutelati ai sensi del decreto legislativo 22 gennaio 2004*,n. 42.(17G00169)(GU n. 252 del 27 – 10 – 2017)

　　根据日本《文化财产保护法》，私人主体或者国家意外发现古迹或出土文物的，应由文化厅组织实施考古探查。① 除由文部科学省命令实施外，任何人想要通过土地挖掘探查地下埋藏文物的，应在其实施挖掘至少 30 天之前书面告知文化厅。文化厅认为属保护埋藏文化财产之必要的，可要求该主体补充提交相关材料以及有关此次发掘的报告，并且有权随时下令禁止、中止或停止此次探查发掘。② 如果该地区是众所周知的文化财产埋藏区，且上述发掘是为了文物探查以外的目的进行的，则须提前 60 日向文化厅书面报告。在此情况下，文化厅可出于保护埋藏文化财产之需要，做出开展文物探查的指示，并在土地挖掘工程实施之前生成有关埋藏文化财产的记录。③ 上述各类土地发掘工程由国家或地方政府下属或设立的机构实施，可不受上述期限的限制，但也必须将其探查发掘计划和方案报送文化厅，并且通过咨询程序就文物探查事宜与文化厅长官进行协商。④ 由于埋藏文化财产具有极高的历史、科学价值，且探查发掘的技术难度较大而有必要由国家进行发掘的，可由文化厅具体实施。在这种情况下，文化厅应将向土地所有权人颁发土地占用令状，阐明占用的目的、方式、考古发掘开始的时间以及其他必要信息。⑤ 除由文化厅自行实施的考古发掘之外，地方政府也可在其认为必要时实施考古发掘，但如果拟实施发掘的土地为国家所有或者为国家机构所占用，该决定的做出必须先由该地的教育委员会就此次发掘的目的、方式、开始时间和其他必要事项等，咨询文部科学省或其他有关国家机构的意见。地方政府可委托专业的施工方开展具体的发掘工作。文化厅在此过程中可给予地方政府必要的建议和指导。⑥

　　在美国，任何主体欲在联邦所有或者所控制的公共土地或原住民土地上展开考古探查和发掘的，须向联邦土地管理人申请发掘许可证，申请书中应载明发掘的时间、范围、确切地点、目的等等联邦土地管理人认为必要的信息，由根据《考古资源保护法》所制定的法规加以具体规定。联邦土地管理人授予许可证的条件包括：（1）认为申请人有资质开展此项考古发掘活动；（2）该发掘以深化有益于公共利益的考古知识为目的；（3）发掘所得考古资源为国家所有，且这些资源或者相关的考古记录和数据应保存在适当的大学、博物馆或者其他科学或教育机构；（4）该活动不违反关于公共土地的其他管理规划。该发掘可能对宗教或文化遗址造成破坏或导致其毁灭的，联邦土地管理人在签发许可证之前，应通知可能认为该遗址具有重要意义的原住民族或部落。许可证应包含体现考古资源保护的格式条款和内容，由内政部依据该法制定的具体的实施规则确定，还必须明确执行许可证所规定条件和条款，以及应遵守该法和其他相关法律法规的具体责任

---

① 参见日本《文化财产保护法》，第 96、97 条。
② 日本《文化财产保护法》，第 92 条。
③ 日本《文化财产保护法》，第 93 条。
④ 日本《文化财产保护法》，第 94 条。
⑤ 参见日本《文化财产保护法》，第 98 条。
⑥ 日本《文化财产保护法》，第 99 条。

人。印第安部落或其成员有意挖掘其部落所在土地上考古资源的，毋需申请许可证，但在该部落缺乏规制考古资源发掘的相关规则的情况下，其个人成员从事发掘仍需获得上述许可。对印第安部落土地进行考古发掘的，联邦土地管理人在颁发许可证之前须得到拥有或管辖该土地的印第安部落的同意，且许可证中可以包含该部落所要求的条款。各州州长也可通过提交书面申请，代表州或其教育机构进行考古研究和发掘。①

三、考古经费承担

纵观五国考古和文物保护体制及其相关立法，考古调查及发掘活动的经费来源，主要包括：第一，全部或部分由中央或地方财政经费承担；第二，以相关主体为获得考古许可须支付的特许权使用费的形式，由依法开展相关建设工程或考古活动的主体承担。

（一）全部或部分来源于政府财政

由于考古活动具有明显的公益性，一些国家通过法律明确中央或地方财政对考古活动的支持。如在英国，《古迹和考古区域法》第45条对考古活动经费做出明确规定：文化大臣、"英格兰史迹"或者地方政府认为其管辖某区域可能包含古迹或者其他具有考古学或历史学意义的物品的，可通过直接承担、支付或者给予支持、帮助的方式，全部或者部分承担该区域的考古调查经费。一旦全部或者部分地受到国家或者地方财政的资助，资助机关可按照其认为合适的方式公开考古活动成果。② 土地或者不动产的合法权利人因为国家依法组织开展的考古探查和发掘活动或者因探查机关依法行使各项权利而蒙受损失的，有权得到文化大臣、"英格兰史迹"或者其他行使考古活动权利的主体的补偿。③ 在美国联邦和各州"双轨制"的行政体制和市场化的文化管理体制下，联邦政府对文化活动——考古研究和发掘活动的引导、支持和管理，主要通过给予资金补助等方式加以实现。《国家历史保护法》也要求各州以多样化的方式与本地的公私主体展开遗产保护和研究领域的合作，并为公私主体开展此类活动提供多方面支持和帮助，资金支持是其中的重要形式之一。在法国，地方行政区或其团体开展预防性考古活动的，也可得到来自国家的补助。④ 2016年修订的《遗产法典》还要求国家出资建立"全国预防性考古基金"，为由国家颁发了探查和发掘指示的预防性考古活动提供经费支持。⑤ 日本《文化财产保护法》也明确规定，国家可对地方公共团体（地方政府）的考古发掘提供补助。⑥ 实践中，虽允许企业在一定情况下对考古活动提供赞助⑦，但如果该工程本身是不以营利为目的的住宅区

① See *Archaeological Resources Protection Act*（1979），Section 4.
② *Ancient Monuments and Archaeological Areas Act*（1979），art. 45.
③ *Ancient Monuments and Archaeological Areas Act*（1979），art. 46.
④ See *Code du Patrimoine*（2016），art. L524－11.
⑤ *Code du Patrimoine*（2016），art. L524－14.
⑥ 日本《文化财产保护法》，第99条。
⑦ 杜小军：《简析日本的"文化财"保护》，载郎保利主编：《而立集——山西大学考古专业成立30周年纪念文集》，科学出版社，2009年，第398页。

建设，则其考古经费不允许企业赞助，而应向国家申请。① 事实上，考古探查活动经费仍以国家和都、道、府、县一级的财政支持为主要来源，民间企业、团体、个人所占份额仍然较小（图 4 - 2）。②

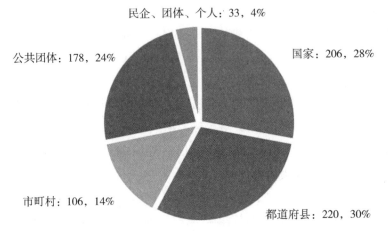

民企、团体、个人：33，4%

公共团体：178，24%

国家：206，28%

市町村：106，14%

都道府县：220，30%

图 4 - 2   2004 年埋藏文化财产发掘调查经费来源结构图（单位：亿日元）

注：图中数字标注，逗号（"，"）前为考古发掘具体经费金额；逗号后为该项占总金额比例，以%显示。如"国家"部分显示为"206，28%"，即表示国家投入经费 206 亿日元，占全部投入经费的 28%。

（二）来源于建设单位支付的特别经费

除国家和地方财政支持外，由拟在考古活动地区开展相关工程的建设单位支付考古活动费用，也是考古经费来源的重要方式。如在意大利，公私主体依法获得考古探查和发掘活动的特许权，也须缴纳特许权使用费，该项费用即可作为考古经费的重要组成部分，列入主体开展考古或者其他相关建设工程的预算中。如果在具有显著考古或公共价值的地段施工，即使该地段考古价值评估工作尚未完成，监管人也可以要求在该地段进行预防性考古取样分析，费用由市政工程的施工方承担。③ 法国《遗产法典》更是设专章对预防性考古的经费问题进行具体规定：除法典明确规定可免除的情形④外，建设工程中需开展的考古活动的，工程单位、须根据《规划法典》获得相关许可证的单位或根据《环境法典》须开展环境影响评估的单位等，须支付预防性考古特许权费（Redevance d'Archéologie Préventive）。⑤ 在土地整治项目中自愿申请考古探查的，特许权费用可从土地开发所需费用中扣除。⑥《遗产法典》还详细规定了收费标准（表 4 - 1）。

---

① 日本《文化财产保护法》，第 99 条。
② 日本文化厅：《埋藏文化财》，http：//www.bunka.go.jp/1hogo/main.asp%7B0fl = show&id = 1000000128&clc = 1000000033&cmc = 1000000097&cli = 1000000104&cmi = 1000000118%7B9.html，2015 年 3 月 2 日访问。
③ *Codice dei beni culturali e del paesaggio*，articolo 28.
④ See *Code du Patrimoine*（*2016*），art. L524 - 3.
⑤ *Code du Patrimoine*（*2016*），art. L524 - 2.
⑥ *Code du Patrimoine*（*2016*），art. L524 - 6.

表 4 - 1 法国《遗产法典》中预防性考古特许权费收费标准

收费项目	收费标准
须依据《规划法典》事先授权或申报的由公私法人实施的工程	不动产总价值的 0.4%
须依据《环境法典》进行影响评价的工程	0.5 欧元/㎡
须依据最高行政法院法令的规定进行事先声明的其他冲蚀工程	0.5 欧元/㎡

值得注意的是，这笔特许权费用仍用于上述应支付此费用的工程和项目，所谓"取之于斯，用之于斯"，国家仅作为"收款人"和"付款人"出现。当然，征收项目和使用费用途并不是一对一的，而是所有特许权经费注入政府账户，再由政府扣除应征税额后，将其专项用于以上三类项目活动中。

第四节 考古资源的保护和管理

考古资源的保护和管理是各国文物立法的重要内容，主要包括以下几个方面。

一、考古资源的管理

为保障考古活动顺利开展，确保其成果得到科学保护和利用，立法在规范考古活动的同时，也应对已确认或者可能具有考古价值的区域及其考古资源以及考古活动成果进行保护和管理。

有关考古遗产和资源保护和管理的立法至少应明确两方面内容，一是防止其遭到破坏以及对其进行合理利用的规范。二是考古活动所得出土文物的归属和保护。

英国法律对考古主体在考古区域内的相关行为进行严格规范，任何人在被依法划定为"重要考古区"或者其他受保护区域内进行可能影响考古资源或遗产的相关工程，都受到严格管制：主体在"重要考古区"实施、导致或者允许他人实施侵扰土地、倾倒或者泄洪（flooding）相关工程的，都须按照法律规定出示一个关于这些工程的通知，未出具该通知或者在出具通知起 6 周内擅自开工的，都构成违法犯罪行为。该通知由开发商出示，须遵守规定的格式，明确将开展的工程、开展该工程的具体地点、计划开始工程的日期，若工程开展之前需要进行现场清理的，还需明确预计完成现场清理的日期，且还应同时出具一个依法对该区域内土地享有财产权益的证明。主体违反上述程序规则的，或者上述证明中因故意或过失而包含了在满足要求方面的虚假信息的，都构成违法犯罪行为，将被处以一定金额的罚款，具体金额因构成速决罪或者一般犯罪的不同而有所差别。① 然而，经考古探查机关同意或者经文化大臣的指示而在重要考古区内开展上述工程的，或者主体确实不知道也没有理由相信其工程选址处在重要考古区内的，或者工程为紧急维护生命或者健康安全所必须、且开发商以书面形式通知文化大臣的，都可作为上述违法行为的抗辩理由。② 此外，任何主体在受保护区域（不仅是重要考古区，还包括列级古迹所在区域）内使用金属探测器探测埋藏文物的，都须经有权机关颁发书面许可，否则也将构成为违法犯罪，处以一定的罚金；任何人未经有权机关的书面许可，不得将其在受保护区域内使用金属探测器发现的具有考古或者历史意义的埋藏物进行转移，否则也将受到违法罚款。③

在美国，《考古资源保护法》作为规范联邦所控制的公共土地④和原住民土地上进行的考古行为，并保护其考古资源和考古遗产的专门立法，对考古资源的保护和利用进行了详细规定。根据该法，考古资源被定义为 100 年以上任何具有考古价值的过去人类生活或活动的物质遗存，包括但不限于陶器、编织物、瓶子、工具、岩画，等等。⑤ 该法明确了内政部和其他部门在制定相关规则保护和管理考古资源事务中的职责：内政部应依据该法制定从公共土地或原住民土地上转移出的考古资源在适当的高校、博物馆或者其他科学和教育机构之间进行交换的规则，以及对考古资源进行最终处分的规则；但此类规则涉及原住民土地的，应征求对该区域具有所有权或管辖权的原住民族或原住民部落的同意；⑥ 还采取与本法目的相一致的必要措施，促进和改善依法拥有考古资源藏品及其数据的私主体和负责公共土地及原住民土地上考古资源保护的联邦责任机构之间的交流、合作以及信息交换和共享。⑦ 内政部、农业部、国防部等相关联邦部门和机构，应在听取联邦土地管理人、印第安原住民部落以及各州代表之意见的基础上，通过公开听证程序，出台施行本法的统一规则；⑧ 还应制定土地探查规划以确定考古资源分布的区域和特点，根据考古资源的分布情况制定土地探查计划。⑨ 另一方面，该法对包括各类机构、团体等法人主体以及个人的相关行为进行细致规范：除非依法取得联邦土地管理人许可，任何主体不得挖掘、转移、损坏、改变或者丑化公共土地或者原住民土地的考古资源。如果这些考古资源已经被非法挖掘、转移出公共土地，任何主体不得贩卖、购买、交换、运输、接收或者提供贩卖、购买和交换的机会。此处的"非法"不

---

① See *Ancient Monuments and Archaeological Areas Act* (*1979*), arts. 35 ~ 36.

② See *Ancient Monuments and Archaeological Areas Act* (*1979*), art. 37.

③ See *Ancient Monuments and Archaeological Areas Act* (*1979*), art. 42.

④ 根据该法第 3 条的规定，"公共土地"包括由美国联邦所拥有和管理的土地，包括国家公园系统、国家野生动植物保护区系统（national wildlife refuge system）和国家森林系统的土地。

⑤ *Archaeological Resources protection Act* (*1979*), Section 3 (1) (16 U. S. C. 470bb).

⑥ *Archaeological Resources protection Act* (*1979*), Section 5 (16 U. S. C. 470dd).

⑦ *Archaeological Resources protection Act* (*1979*), Section 11 (16 U. S. C. 470jj).

⑧ *Archaeological Resources protection Act* (*1979*), Section 10 (16 U. S. C. 470ii).

⑨ *Archaeological Resources protection Act* (*1979*), Section 14 (16 U. S. C. 470mm).

仅指违反《考古资源保护法》或者联邦其他的相关法律，还包括各州法或者地方立法。任何主体故意违反，或者劝说、教唆、雇佣他人违反上述规定的，最高可处 1 万美元的罚金或者不超过 1 年的监禁，或者二者并处；如果涉案考古资源的商业或研究价值，或者修复涉案考古文物的花销超过 500 美元的，违法行为人可处最高 2 万美元的罚金或者不超过 2 年的监禁，或者二者并处。二次或者多次违反上述规定的，行为人可处 10 万美元罚金或最高 5 年的监禁，或者二者并处。① 上述违法行为人还可能受到联邦土地管理人的民事罚款，数额由内政部依据该法所制定的法规而确定，也应考虑涉案考古资源的价值或者修复该文物所用花销，且对于二次或者多次违法的行为人，民事罚款也可加倍。此外，未经联邦土地管理人许可，也不得向公众披露有关考古资源的性质、位置及其合法发掘或转移的相关信息。但所在地州长依法书面申请、阐述其理由并承诺将对其采取保护措施防止其商业化利用的，联邦土地管理人可将上述信息向其披露。②

在法国，考古遗产作为《遗产法典》中的一个法定概念，指的是所有人类在历史上留存的遗迹、财产以及其他踪迹，包括这些痕迹所产生的环境。对这些痕迹的保护和研究，特别是通过发掘或者发现的等方式，可以追溯人类历史发展以及人与自然的关系。③ 为对这些考古遗产进行保护，《遗产法典》规定了同历史古迹一样的国家强制列级保护制度④，规定并由国家在编制考古地图的基础上划定主要考古区域⑤，开发商在此区域内开展土地整治或其他相关工程的，应告知国家，由国家决定是否启动预防性考古活动环节。⑥ 未经事先授权，任何人不得在自有或属于他人所有的土地上进行古迹发掘或对具有史前史、历史、艺术或考古价值的物品进行发掘和探测⑦，否则将处以 7500欧元的罚金⑧。意外发现文物后有理由认为对该考古资源进行继续研究具有史前史、历史、艺术或考古学等方面公共利益的，考古发掘工作只能依照《遗产法典》中有关考古审批的规定，由国家或经国家许可的主体进行。行政机关可以命令从获得发现文物声明通知之日起 6 个月内暂停搜索。在此期间，发现物所在土地受到列级保护，列级的所有法律效果对其适用。⑨ 行为人违反国家对考古探查和发掘做出的指示，或者违反《遗产法典》列级考古遗产的相关规定，转让或者购买考古文物的，将处 2 年监禁和 4500欧元罚金；罚金的数额也可达涉案文物价值的两倍。⑩ 可移动考古文物构成一个连贯的

---

① *Archaeological Resources protection Act*（1979），Section 6（16 U. S. C. 470ee）.
② *Archaeological Resources protection Act*（1979），Section 9（16 U. S. C. 470hh）.
③ *Code du Patrimoine*（2016），art. L510 - 1.
④ See *Code du Patrimoine*（2016），art. L522 - 3.
⑤ *Code du Patrimoine*（2016），art. L522 - 5.
⑥ See *Code du Patrimoine*（2016），art. L522 - 4.
⑦ *Code du Patrimoine*（2016），art. L531 - 1.
⑧ *Code du Patrimoine*（2016），art. L544 - 1.
⑨ *Code du Patrimoine*（2016），art. L531 - 15.
⑩ *Code du Patrimoine*（2016），art. L544 - 4.

集合体，且对这一文物集合体完整性的保存具有科学价值的，行政机关应予认可，此类可移动考古文物集合体也须事先向国家考古部门申报。① 行为人违反本条整体保护的规定单独处置该整体中的部分可移动文物、将其予以转让或者与集合体分离的，将处以3750 欧罚金。②《遗产法典》还对考古资源的利用进行了规定：在预防性控考古过程中，实施发掘的主体可以对其预防性发掘的成果进行传播和科学利用③，具体规则由最高行政法院制定具体法规加以规定④。

　　日本和意大利文化遗产基本立法（法典）并未就考古资源的保护进行特别规定。在意大利，对考古资源的保护和利用规范散见于其他的一些单行立法或相关立法的条款中。保护和管理方面：如 2017 年颁布的《有关受保护文化财产的公共工程合同的条例》即要求有关考古发掘的公共合同中包含保护考古资源及其古迹遗产的具体规定（技术要求）。⑤ 利用方面：如 1994 年通过颁布法规对有关文化遗产（包括考古发掘）类出版物编辑和售卖的管理行为设立指南和标准。⑥ 2009 年有关特殊物品商业交易的法规对来自考古发掘或者考古遗址中的考古遗产进行商业交易的行为及价格进行严格限制；⑦ 此外，还出台并适时更新对包括考古公园、考古发掘遗址等在内的向公众开放的文化遗产收取门票的规范。⑧《文化财产和景观法典》中有关文化财产保护的一般条款，对于被已被认定为文化财产的考古遗产和资源，也当然适用。日本则只在《文

---

①　*Code du Patrimoine*（*2016*），art. L541 – 6.

②　*Code du Patrimoine*（*2016*），art. L544 – 4 – 1.

③　*Code du Patrimoine*（*2016*），art. L523 – 8 – 2.

④　*Code du Patrimoine*（*2016*），art. L523 – 11.

⑤　*DECRETO 22 agosto 2017*，n. 154，art. 5.

⑥　*DECRETO 31 gennaio 1994*，n. 171：Regolamento recante determinazione di indirizzi，criteri e modalita' per la gestione del servizio editoriale e di vendita riguardante le riproduzioni di beni culturali e la realizzazione di cataloghi ed altro materiale informativo，dei servizi riguardanti i beni librari e archivistici per la fornitura di riproduzioni e il recapito nell'ambito del prestito bibliotecario，nonche' dei servizi di caffetteria，di ristorazione，di guardaroba e di vendita di altri beni correlati all'informazione museale presso i musei，le gallerie，gli scavi archeologici，le biblioteche e gli archivi di Stato e gli altri istituti dello Stato consegnatari di beni culturali.（GU n. 58 del 11 – 03 – 1994）

⑦　See *DECRETO 15 maggio 2009*，n. 95：Regolamento recante indirizzi，criteri e modalita' per l'annotazione nel registro di cui all'articolo 128 del testo unico delle leggi di pubblica sicurezza delle operazioni commerciali aventi ad oggetto le cose rientranti nelle categorie indicate alla lettera A dell'allegato A al decreto legislativo 22 gennaio 2004，n. 42 e successive modifiche.（09G0104）（GU n. 170 del 24 – 07 – 2009）.

⑧　See *DECRETO 24 marzo 1997*，n. 139：Regolamento recante norme sugli indirizzi，criteri e modalita' di istituzione e gestione dei servizi aggiuntivi nei musei e negli altri istituti del Ministero per i beni culturali e ambientali.（GU n. 122 del 28 – 05 – 1997）；DECRETO 28 settembre 2005，n. 222：Modifiche al regolamento di cui al ministeriale 11 dicembre 1997，n. 507，recante norme per l'istituzione del biglietto d'ingresso ai monumenti，musei，gallerie，scavi di antichita'，parchi e giardini monumentali.（GU n. 255 del 02 – 11 – 2005）

化财产保护法》第 95 条规定：对于众所周知具有埋藏文化财产的土地，国家或者地方政府应努力完善与之相关的文献档案资料，并采取措施将这些信息广而告之。上述工作由地方政府开展的，国家政府可在必要时给予相关指导、建议或协助。

二、出土文物的归属

出于对出土文物的公益属性及其历史、艺术、科学价值的保护，大部分国家文化遗产立法对于出土文物的所有权都进行了特别规定。大致看来，大陆法系国家，如意大利、法国和日本都明确规定了出土文物在一定条件下归国家所有的情形，国家保护和管理文物的权力体现得更为鲜明。而英美法系由于深受普通法传统的影响，国家对于出土文物所有权的控制更为间接，较多地体现对私权的尊重。

在意大利，不论是《民法典》还是《文化财产和景观法典》，都坚持出土文物归国家所有的原则，《文化财产和景观法典》第 91 条明确规定，根据《民法典》第 822 条和第 826 条之规定，任何人以任何方式在地下或海床发现的第 10 条所述的文化财产，均属国家所有，不管是可移动的还是不可移动的，都将成为国家不可剥夺财产的一部分。但出土文物所在不动产所有者、依法获得考古发掘探查特许权的主体或者依法履行了通知和保护义务的意外发现人，有权获得不超过发现物价值四分之一的奖励，发现物所在不动产业主获得特许发掘权并发现出土文物的，可获得不超过被发现物品价值二分之一的奖励。[①]

根据日本《文化财产保护法》的明确规定，在由国家有关部门依法组织的考古发掘中，出土文物的所有者无法判明的，该文物归国家所有，发掘所在土地所有权人可获得该文物价值一半的奖励。[②] 由地方有关机构发掘获得的出土文物无法判明所有者的，该文物所有权则归属于管辖该文化财产发现地的都、道、府、县，发现者和土地所有者也可依法获得相当于该文物价值的补偿。[③]

法国曾沿用《民法典》第 716 条，规定在自己土地上发现埋藏物的主体拥有该物的所有权；埋藏物发现于他人土地的，发现者和土地所有者各享有一半的权利。然而，2016 年新修订的《遗产法典》废除了上述规则的适用，规定不论是有计划的考古发掘，还是意外发现，所得出土文物自发掘出土或其保护价值一旦得到认定，所有权都归属于国家。然而，不论发现方式如何，其原所有权人都可通过向法官（juge judiciaire）证明自己享有该文物所有权的方式，对上述公共所有权提出质疑。[④] 对于该条所有权规则生效之前的出土文物，应出于公共利益之需，在最长不超过五年的必要研究时期内，委托给国家考古职能部门保管研究。国家应将向土地所有者及意外发现者告知他们的所有

---

① *Codice dei beni culturali e del paesaggio*，articolo 92.
② 参见日本《文化财产保护法》，第 104 条。
③ 参见日本《文化财产保护法》，第 105 条。
④ *Code du Patrimoine*（2016），art. L541 – 4.

权。国家的科学研究结束后，该文物在确保得到妥善保存且可为国家有关部门所接触的前提下，可归还给其所有权人。土地所有者或（及）意外发现者在 1 年内未行使其所有权的，国家应以同样的形式再次告知。在此期间内，土地所有人和文物发现者中只有一人主张行使该所有权的，该物的所有权根据普通法律规则，由国家和主张该权利的主体所共有。第二次所有权告知 1 年之后，土地所有者或者发现者依然不行使对该文物的所有权的，该出土文物的所有权将自期满之日起无偿转移至国家。①

在英国，根据《珍宝法》及《实施细则》的规定，在不能证明原所有权人的情况下，王室或其特许权人拥有对埋藏珍宝的优先权利。然而，该权利可随时由文化大臣宣布放弃，文化大臣享有该珍宝归属的决定权。② 文化大臣可决定将意外发现文物送交博物馆保护，博物馆需要向发现人、发现所在土地占有人及土地的其他利益相关人发放一定的奖金。但奖金的支付在法律上没有强制性。③ 为应对日益增多的"寻宝"活动，1997 年英国政府发起了一个自愿性质的项目"可移动文物计划"，鼓励民众到当地设立的有关机构（郡委员会或是博物馆）登记发现的考古发掘文物。该机构除了记录发现的文物，还对物品进行鉴定，如果该物被鉴定为属于《珍宝法》规定的珍宝，则要适用《珍宝法》的规定；如果不是，则该物属于发现者拥有。

美国私权保护盛行，联邦层面的法律并未对其他在私有土地上出土文物的所有权归属进行特别规定。大致来说，出土文物所有权归属与所在土地所有权一致：在联邦公共土地上发掘或意外发现文物的，归联邦政府所有；在私有土地上出土的文物，一般而言归该土地所有权人所有，但具体规则依据土地所在州法的规定有所不同。随着 1990 年《原住民墓葬保护及文物返还法》的出台，原住民对其墓葬及其中出土文物的权利得到进一步强化和保护，在联邦或者原住民部落土地上出土的原住民人体遗骸、墓葬文物及其他文化遗产，无论是有计划的考古发掘还是意外发现，都依据《原住民墓葬保护及文物返还法》明确规定的所有权规则，属于符合条件的原住民或其部落所有。有计划的考古发掘应取得联邦政府、相关原住民机构以及文物所有权人的许可；意外发现文物的，发现者应书面告知内政部有关部门或者其他对联邦或原住民部落土地具有管理职权的机构，停止可能对该文物造成破坏的一切活动，并及时采取适当的保护措施。④

三、出土文物保护

在英国，任何人发现（包括在考古探查和发掘中发现，也包括意外发现）或者收

---

① *Code du Patrimoine*（2016），art. L541 – 5.

② *Treasure Act*（1996），art. 4 & 6.

③ *Treasure Act*（1996），art. 10.

④ See *Native American Graves Protection and Repatriation Act*，Chapter 2（c）（d）（25 USC Ch. 32，Section 3002）.

到有理由相信其为文物的珍宝的，应该自发现或收到此物的次日或者有理由相信其为文物之日起 14 日以内，通过书信、传真、电话或者电子邮件等方式通知所在地检验官或其他被委托或指定的地方官员，否则将被处以不超过 3 个月的监禁或者不超过第五量刑等级（目前为 5000 英镑）的罚金，或者二者并处。① 检验官收到通知后，应给予发现者一个已履行通知义务的书面确认（acknowledgement），并向其告知交付该物品的地点，该交付对象既可以是检验官自己或其他联络官员，也可以是某一博物馆、当地权威考古部门或者其他合适的考古机构。但直到该物品被交付专业机构以前，其发现人都有保护该物品的义务，不得擅自处分或者将其保管责任随意委托给他人。② 因检验官的指定而从发现人手中接收该物品的机构，应就该物品是否为文物提出自己的意见，该机构认为此物不是文物的，有关的调查程序通常不予启动，否则将根据《珍宝法》第 9 条的规定，通知所在地区国家博物馆（如大英博物馆或威尔士国家博物馆）并听取其意见之后，启动由检验官负责的调查程序。③ 为保护该出土物品的完整性并便于后期开展考古探查，检验官或者其他有权机关并不必对外公示该物品发现的具体位置等信息。④ 对于如何对该物品进行保护，《珍宝法》的《实施细则》也进行了细致的指导。⑤ 一旦物品被认定为文物，博物馆有权优先获得，文化大臣有权要求接收该文物的博物馆给予该文物发现人、发现所在土地所有人以及其他依法可对该文物享有利益的主体一定的奖励，但奖励金额不得超过经文物评估委员会根据一定程序和标准所评定的文物的市场价格。⑥

美国私权保护盛行且存在联邦和州两套法律系统。在联邦立法层面，除在联邦管辖的公共土地上进行挖掘的行为受到《考古资源保护法》的严格管制之外，《原住民墓葬保护及文物返还法》规定，意外发现文物的，发现者应书面告知内政部有关部门或者其他对联邦或原住民部落土地具有管理职权的机构，停止可能对该文物造成破坏的一切活动，并及时采取适当的保护措施。⑦ 在各州所辖公私土地上意外发现文物的归属及其保护规则，由所在州相关立法予以规定，各不相同，此处不予赘述。

法国《遗产法典》对出土文物的保护和利用进行了明确的规定：考古活动的负责人应在国家的科学技术控制下，确保考古物件的保存，并采取必要措施使其得到研究。其中的预防和抢救性保护工程，应委托给具有相关从业资质的人员，由后者在国家的科

---

① *Treasure Act*（*1996*），arts. 8，8A & 8B；*Treasure Act*（*1996*）*Code of Practice*（*2nd Revision*）*England and Wales*，para. 38.

② *Treasure Act*（*1996*）*Code of Practice*（*2nd Revision*）*England and Wales*，para. 38.

③ *Treasure Act*（*1996*）*Code of Practice*（*2nd Revision*）*England and Wales*，para. 44.

④ *Treasure Act*（*1996*）*Code of Practice*（*2nd Revision*）*England and Wales*，para. 46.

⑤ See *Treasure Act*（*1996*）*Code of Practice*（*2nd Revision*）*England and Wales*，para. 47.

⑥ *Treasure Act*（*1996*），art. 10.

⑦ *Native American Graves Protection and Repatriation Act*，Chapter 2（c）（d）（25 USC Ch. 32，Section 3002）.

技监管下进行。① 在依法将出土文物返还其所有权人之前，负责考古的国家部门经有关行政部门同意，有权从其中选择具有保存价值的一部分，提请相关职能部门予以列级保护。是否做出列级决定，须征求专业咨询机构，即所在地区考古研究委员会（Commissions territoriales de la recherche archéologique）的意见。② 考古文物归还所有权人的，有关机关可为所有权人出具允许该文物以展览为目的临时出口的许可证。③ 在工程施工过程中意外发现古迹、遗址、地下建筑、镶嵌图案、古运河航道要素、古代居住或者墓葬遗迹、碑刻或者其他可能具有史前史、历史、艺术、考古价值的物品的，发现者或发现所在地不动产所有者应立即向所在市镇市长进行报告，由市长毫不迟疑地将该消息告知省长，再由省长通知负责考古事务管理的行政部门。发现物已处在第三方管控之下的，该第三方也必须履行声明义务。发现地不动产所有权人或者委托保管主体须承担临时保护上述物品的责任；行政机关代表可亲赴物品的发现地或存放地点，并就其保存所必须的一切措施进行规定。④ 未履行上述报告义务或作出虚假报告的，将处以 3750 欧元罚金。⑤

　　根据意大利《文化财产和景观法典》的规定，任何人偶然发现不可移动或可移动文化财产的，应在 24 小时内报告文化财产监管人、市长或公共安全部门，并采取临时保存措施，让其在发现地保持原状。文物监管人还应立刻将该情况通知文化遗产宪兵。发现可移动文物但无法采取其他监护措施的，发现者有权为了确保物品的安全和保存状况而将其转移，等待主管部门的到访。如有必要，发现人可请求公共安全部门协助。发现人因监护和转移该文物而产生的费用由文化遗产部予以补偿。⑥此外，文化遗产部还应给予在其中发现文化财产的建筑物所有人、依法获得考古探查特许权的机构（前提是考古探查并非该机构的法定职能），以及履行了上述义务的文物意外发现者不超过发现物价值四分之一的奖励。考古探查特许权由所在区域不动产所有人获得，或者所有人就是文物发现者的，有权得到不超过被发现物品价值二分之一的奖励。但未经所有人或持有人同意进入他人地产并进行探查的，即使发现文物，也没有资格享受奖励。⑦

　　根据日本《文化财产保护法》的规定，土地所有权人或占有人发现民居遗址、墓冢或者其他（历史）遗存的，应在保持该遗存原状的基础上，立刻将该事实书面告知文化厅。文化厅收到通知以后认为该遗存十分重要的，则可启动考古探查。自

---

① *Code du Patrimoine*（2016），art. L546 - 1.
② See *Code du Patrimoine*（2016），arts. L546 - 2, L546 - 3 & L546 - 5..
③ *Code du Patrimoine*（2016），art. L546 - 6.
④ See *Code du Patrimoine*（2016），art. L531 - 14.
⑤ See *Code du Patrimoine*（2016），art. L544 - 3.
⑥ *Codice dei beni culturali e del paesaggio*，articolo 90.
⑦ *Codice dei beni culturali e del paesaggio*，articolo 92.

收到通知之日起 1 个月内，文化厅可要求该土地所有权人或占有人在一定期限（最多不超过 3 个月）和区域内中止或者禁止任何导致遗迹现状改变的行为。但文化厅在做出上述决定之前，需征求所在地政府的意见。当然，文化厅还可就这些遗存的保护给予必要指导。[①] 国家机构意外发现上述遗存的，也应按照上述规定要求，在保护原状的基础上第一时间通知文化厅。[②] 国家或者地方（都、道、府、县）教育委员会在考古发掘过程中所得文物，文化厅应将该物返还其合法所有人；无法找到其所有人的，则依据 2006 年《遗失财产法》的规定，交由警局处理。[③] 但若该物可能被认定为出土文物（而非普通埋藏物的），警局在无法辨认其合法所有权人的情况下，应将该物交给发现地所在辖区都、道、府、县的教育委员会[④]，由该教育委员会对其是否为文化财产进行评估[⑤]。但无论该物品是否为文化财产都不影响其所有权归属：在无法找到其所有权人的情况下，国家进行考古发掘的，该物品收归国库所有；[⑥] 除此之外，由发现地——都、道、府、县所有，并由该地方教育委员会给予文物发现者和土地所有者相应的补偿。[⑦] 除非国家认为该文化财产有必要收归国库，否则国家有权出于保护或者利用的考虑，决定以给予发现土地所有权人的补偿金同等的价款，将其所有出土物品转让给发现土地所有权人；以低于市场价格的价款转让给作为独立行政机构的国立文化财产机构；或者依申请转让给发现地地方政府。[⑧] 出土物品依法归都、道、府、县所有的，其教育委员会可决定将其以相应的价款转让给发现者或者发现土地所有者。[⑨]

第五节　水下考古与文物保护

　　早在远古时代，人类活动的范围就不局限于陆地，江河和海洋是许多民族生存发展不可或缺的一部分，也承载着祖先们探索自然和世界的历史印迹。随着科技的发展和社会的不断进步，考古活动的范围也逐渐深入水下，规范水下考古活动、保护丰富的水下文化遗产，也成为各国文物立法的重要任务之一。

---

① 参见日本《文化财产保护法》，第 96 条。
② 参见日本《文化财产保护法》，第 97 条。
③ 参见日本《文化财产保护法》，第 100 条。
④ 参见日本《文化财产保护法》，第 101 条。
⑤ 参见日本《文化财产保护法》，第 102 条。
⑥ 参见日本《文化财产保护法》，第 104 条。
⑦ 参见日本《文化财产保护法》，第 105 条。
⑧ 参见日本《文化财产保护法》，第 106 条。
⑨ 参见日本《文化财产保护法》，第 107 条。

　　由于水下考古与水下文化遗产保护为人们所认识的时间较短，当前为水下文物制定专门立法的国家（或地区）并不多。在国际社会，水下文物的保护和管理的国际法律规则的集大成者以 2001 年联合国教科文组织《保护水下文化遗产公约》（Convention on the Protection of Underwater Cultural Heritage，以下简称"2001 年《公约》"）为代表。该公约指出，水下文化遗产是人类文化遗产的组成部分，所有国家都应负起保护水下文化遗产的责任。事实上，教科文组织制定该公约的目的，就是要确保和加强对水下文化遗产的保护，并在此基础上鼓励人们以负责的和非闯入的方式接近仍在水下的文化遗产，以对其进行考察或建立档案资料，使公众了解、欣赏和参与保护。此外，考虑到对水下文化遗产进行科学勘测、挖掘和保护必须拥有一定的专业知识和先进的技术设备，2001 年《公约》特别建议缔约国开展合作，进行水下考古、水下文化遗产保存技术等方面的信息共享、交流和培训，并按商定的条件进行与水下文化遗产研究、保护有关的技术转让。① 然而，任何研究和开放活动都不能妨碍对水下文化遗产的保护和管理，更不能对水下文化遗产进行商业开发。② 意大利和法国已分别于 2010 年和 2013 年成为该公约缔约国，而英、美、日三国至今尚未加入该公约。

　　鉴于水下文化遗产保护和水下考古在理念、技术和所面对的实际问题等方面都具有一定的特殊性，本节将在厘清水下文化遗产概念的基础上，对五国水下考古和文物保护的管理体制、考古活动程序以及保护和管理规则进行论述。

一、水下文物的范畴

　　水下文化遗产是处于特殊环境中的文化遗产的一种。尽管在对"水下文化遗产"进行界定之前，理论界对"文化"、"遗产"以及"文化遗产"的定义问题一直没有统一的确定性共识。但保护那些具有考古和历史价值的沉没时间超过 100 年的物品（objects），是实践中的一种为国际和多国水下考古制度所认同或接受的趋势。2001 年《公约》对水下文化遗产的定义即来源于此③，即"至少 100 年来，周期性或连续地，部分或全部位于水下的具有文化、历史或考古价值的所有人类生存的遗迹"，具体可包括：（1）遗址、建筑、房屋、工艺品和人的遗骸，及其有考古价值的环境和自然环境区域；（2）船只、飞行器、其他运输工具或上述三类的任何部分，所载货物或其他物品，及其所在区域有考古价值的环境和自然环境；（3）具有史前意义的物品。同时，2001 年《公约》还将海底铺设的管道和电缆以及其他仍在使用的装置，排除在水下文化遗产的定义之外。④ 此外，基于国家法中的"国家主权豁免"原则，政府船舶和军舰及飞行器

---

　　① UNESCO Convention on the Protection of the Underwater Cultural Heritage，arts. 19 – 21.

　　② UNESCO Convention on the Protection of the Underwater Cultural Heritage，art. 2.

　　③ Craig J. S. Forrest，Defining ' underwater cultural heritage '，The International Journal of Nautical Archaeology，Vol. 31，No. 1，p. 7.

　　④ UNESCO Convention on the Protection of the Underwater Cultural Heritage，art. 1.

等，即使符合上述规定，其管辖权也仍然归属来源国。①

不难发现，2001 年《公约》在定义水下文化遗产时，采取了一种较为宽泛，但又有明确指向和可操作性的方式：从遗产表现形态上看，水下文化遗产包括所有人类生存或活动的遗迹，不仅包含遗址、遗骸等实物，还包含具有考古价值的环境；为对这一宽泛的定义进行限定，公约明确指出属于其保护范围的水下文化遗产应当已沉没至少逾百年。最后，公约明确排除了对海底管道、电缆及其他仍在使用的装置的适用。而至国家法层面，受本国水下考古的实践传统和文化遗产管理和法律体制的影响，水下文化遗产的范畴也不尽相同，不同国家立法对水下文化遗产的关注也呈现不同侧重。

从五国有关水下文化遗产的法律规定来看，五国中对该范畴定义最接近 2001 年《公约》的当属法国。《遗产法典》自 2004 年颁布之初，就在第 L532 - 1 条明确界定了"海洋文化财产"（biens culturels maritimes）的概念，即"指具有史前史、考古或历史价值的，位于海洋公共区域或毗邻区海底的矿层、沉船残骸、遗迹或其他任何财产"。所谓海洋公共区域，是指公共机构所有的海洋区域，主要包括海岸、海洋冲积层、港口、锚地以及领海的海床和底土等，是一个与海洋私有区域（或财产）相对的概念。②与 2001 年《公约》相比，法国《遗产法典》对水下文化遗产范畴的界定呈现以下特点：第一，遗产形态上与《公约》的规定大致一致，但对于遗产价值的表述更为明确，强调水下遗存具有史前史、考古或历史价值；第二，对于遗产沉没水下的时间未设具体限制；第三，作为大陆国家具有公法性质的规定，仅对在其领海范围内海洋的公共区域或毗邻区海底的水域范围发挥效力，不包括私有水域的范围。此外，《遗产法典》并未对水下文化遗产的原属国进行特别关注。换言之，对位于该法典所规定的海洋公共区域或毗邻区的海底以外来源于法国的海洋文化财产，并不在法典所谓"海洋文化财产"之列，法国政府也无权依据该法典主张相应权利。在加入 2001 年《公约》以前，法国主要采取与所涉国家签订双边或多边协议的方式来解决其国内法未能穷尽《遗产法典》对"海洋文化遗产"定义所造成的法律适用中的缺憾。例如，法国于 2004 年与美国、英国和加拿大就"泰坦尼克号"沉船达成的多边协议《关于皇家邮船"泰坦尼克"沉船的协定》（*Agreement Concerning the Shipwrecked Vessel RMS Titanic*），有效避免了由于国内法划定的水下文物范围延伸至国际海域造成的管辖权的潜在冲突，是一种较为温和的立法方式。2013 年法国加入 2001 年《公约》之后，更是使法国这方面的不利得到弥补。

相比之下，英国和美国立法对水下文化遗产的定义更为具体，历史沉船是其关注和

---

① 值得注意的是，作为一部国际公约，《保护水下文化遗产公约》意在解决可能出现纠纷的水下文化遗产保护问题，而无意干涉一国内政。因此，该公约理所当然地回避了以物理位置为命名要素之一的定义和划定外延的方式。

② 郭玉军、向在胜：《法国法中海底文化财产的法律地位》，《时代法学》2005 年第 4 期，第102～103 页。

保护的重点。英国法律中不存在统一的水下文化遗产或海洋文化遗产的概念，但该国在
1973 年颁布了《沉船保护法》，对于在英国水域范围内沉没或者位于海床上的具有历
史、考古学或者艺术学重要价值的沉船及其中装载的所有物品进行特殊保护。[①] 此外，
《古迹和考古区域法》第 53 条也通过允许将位于其领水范围内的历史古迹予以列级的
方式，对其进行保护。美国也于 1987 年颁布了《被弃沉船法》（Abandoned Shipwrecks
Act，ASA），对已查明的领土范围内约 300 艘沉船进行保护。根据该法第 6 条（a）款规
定，受保护的被弃沉船包括遗存于州所属范围内的水下的船只、遗存于州所属范围内的
珊瑚凝结物内的船只、以及位于一州的水下、且被列入（或有资格列入）"国家历史名
胜名录"的沉船。除此之外，美国还于 1994 年颁布《国家海洋遗产法》。该法的直接
目的在于推进国家公园管理局的"国家海洋遗产资助项目"（National Maritime Heritage
Grants Program），该项目旨在通过对国家海洋遗产进行登录的方式，促进海洋考古活动
的开展和海洋遗产的保护，从而增进公众对海洋在美国历史发展过程中的重要作用的感
知和理解。[②] 但作为一部就规定上述项目具体资助方法的立法，《国家海洋遗产法》并
未对国家海洋遗产进行定义；仅规定可接受该项目资助的活动，不仅包括海洋文化遗产
的保护与海洋考古，还包括相关传统航海技艺、经验、海事博物馆建设，以及与美国海
事历史相关的教育项目等。[③]

意大利、日本则未在其文化遗产基本法中对水下文化遗产进行特别定义。意大利在
其《文化财产和景观法典》第 10 条 4 款 i 项中，将"具有艺术、历史和人种—人类学
价值的船舶和漂浮物"定义为文化财产的一种类型。但法典并未言明何为"船舶"。加
入 2001 年《公约》之后，意大利根据《公约》内容制定了《水下文化遗产干预规则》
（Regole concernenti agli interventi sul patrimonio culturale subacqueo）[④]，但该规则多为开展
水下考古和文物保护的技术性规范，并未对水下文化遗产本身进行定义。日本《文化
财产保护法》中亦没有水下文化遗产或者水下文物的概念，水下文物保护和有关考古
活动的规制，适用《文化财产保护法》中有关埋藏文物（Treasure Trove）的规则。[⑤]

二、管理体制

作为考古及其遗产保护工作的重要组成部分，水下遗产工作的行政管理体制一般
来说与传统的陆上考古及其考古资源和遗产的管理相统一。但由于水下考古在工作

---

① Protection of Wrecks Act （1973），art. 1 （1）.

② National Park Service：Maritime Heritage Program，available at：https：//www. nps. gov/maritime/，
accessed 15 – 04 – 2018.

③ National Maritime Heritage Act，§308703.

④ See Regole Concernenti Gli Interventi Sul Patrimonio Culturale Subacqueo，available at：http：//
www. archeosub. it/legislaz/unescoit. htm，accessed 15 – 04 – 2018.

⑤ 参见日本亚洲水下考古研究所（アジア水中考古学研究所）网站："水中遺跡と文化財保護
法"：http：//www. ariua. org/archaeology/in_japan/protection_law/，2018 年 4 月 15 日访问。

环境和专业技术要求等方面又具有一定的特殊性，大多数国家都会颁行一些促进或规范水下考古活动的法律或者行政法规；行政管理机构在履行对水下考古及文物保护的管理责任时，也会在机构设置或者执行方式等方面，表现出一些与陆上考古管理不同的特点。

为更好地执行《沉船保护法》，英国文化部早在1986年就与专业水下考古机构（如高校的水下考古研究所等）签订合作协议，由后者开展潜水探查、并为水下考古及其文物保护相关决策提供专业咨询。根据协议，这些水下考古机构的具体职能在于协助监管受保护的沉船文物及水下考古许可证颁发相关事宜，以及对未受指定保护的沉船遗址进行评估，以便文化部及时做出指定。① 此外，文化部还成立专业的水下考古及遗产保护咨询机构——历史沉船遗址建议委员会，其成员的专业背景广泛地包括水下考古、海洋和海军历史、考古学、休闲潜泳、海洋和海事博物馆、遗产保护、海洋法、近海海洋学等，为受保护沉船遗址的指定和考古及海上休闲活动许可证的发放事宜提供咨询意见。② 2002年《国家遗产法》正式赋予英格兰历史建筑和古迹委员会（当前的"英格兰史迹"）开展和管理其领海水域海床上下考古及遗产保护相关工作的权力，也允许文化大臣将依据《沉船保护法》对水下文物进行行政管理的权力交由"英格兰史迹"行使。③ 地方考古机构在英国水下考古及文物保护方面也发挥着重要作用，其主要职能在于提供战略规划和发展控制方面的建议，但也参与管理以及制定相关规则等方面的工作。④ 在法国、意大利和日本，水下考古和文物保护的行政管理体制，也与陆上考古工作并无二致。

然而，美国水下考古和文物保护管理相关事宜主要由国家海洋与大气层管理局（National Oceanic & Atmospheric Administration，以下简称 NOAA）下设的国家海洋保护区办公室（Office of National Marine Sanctuaries，以下简称 ONMS）负责。⑤ ONMS 并不

---

① Paul Roberts and Stephen Trow, *Taking to the Water*: *English Heritage's Initial Policy for The Management of Maritime Archaeology in England*, English Heritage, 2002, p. 11, available at: www. divetheworld. com/Library/Marinearch/maritime_arch_policy. pdf, accessed 15 – 04 – 2018.

② *Accessing England's Protected Wreck Sites*: *Guidance Notes for Divers and Archaeologists*, English Heritage, available at: http: //www. protectedwrecks. org. uk/accessing-englands-protected-wreck-sites. pdf, accessed 15 – 04 – 2018.

③ Paul Roberts and Stephen Trow, *Taking to the Water*: *English Heritage's Initial Policy for The Management of Maritime Archaeology in England*, English Heritage, 2002, pp. 4 – 6. Available at: www. divetheworld. com/Library/Marinearch/maritime_arch_policy. pdf, accessed 15 – 04 – 2018.

④ Paul Roberts and Stephen Trow, *Taking to the Water*: *English Heritage's Initial Policy for The Management of Maritime Archaeology in England*, English Heritage, 2002, p. 20, available at: www. divetheworld. com/Library/Marinearch/maritime_arch_policy. pdf, accessed 15 – 04 – 2018.

⑤ 参见美国国家海洋保护区办公室网站：http: //sanctuaries. noaa. gov/maritime/welcome. html, 2013 年 12 月 25 日访问。

是专门的水下文物保护机构，凡是与美国海洋和五大湖区相关的事项（如建立海上风景区、水域内生物多样性的监测、遗产保护等），均归属该机构管理。该机构共有6名全职员工，负责13处海洋保护区和1处国家纪念地的垂直管理工作，这14处保护区域面积由1平方英里至13.7万平方英里不等①，由美国商务部长（the U.S Secretary of Commerce）指定，而后由ONMS为每处保护区制定专门的管理规划，内容涵盖保护区范围、资源详情、管理制度、研究及教育方案等。② 在地方一级，各州政府有权指定本级海洋保护区并对其进行管理。③

三、水下文物的保护与管理

由于法律和行政管理体制等方面的差异，各国立法规定水下文物保护和管理的方式不尽相同。如意大利，除《文化财产和景观法典》第94条表明意大利加入并适用2001年《公约》之外，水下考古和文物保护的具体规范见于《水下文化遗产干预规则》中，且该规则多为技术性规范，并未创设水下文物保护和管理的行政性制度。日本"没有规定水下文化遗产的法律，没有公开的水下文化遗产数据库，没有专门研究水下文化遗产的公共机构，没有作为考古学领域之一的专门研究水下文化遗产的教育机构（大学）"，甚至连日本学者都认为，在日本，水下文物的行政和法律保护、学术支持系统和人力资源开发体系等，都是远远不够的。④ 因此，此处只对英、美、法三国水下文物保护与管理的特殊制度进行阐释。

（一）英国

在英国，单行立法确立的水下文物保护制度主要包括三项。第一，《沉船保护法》确立的限制水域和禁止水域指定制度。对于海床上下被证明为沉船遗址的区域以及在沉船内外发现的具有历史学、考古学或者艺术学等方面重要意义的物品所在区域，文化大臣有权指定为限制活动水域，未经有关机关允许，任何人不得进入该区域。任何人未经许可改造、损坏或者移动该区域内沉船及其装载物；或开展与沉船利用直接相关或涉及沉船及其装载物移位的潜水或者救援打捞活动，或者以潜水或打捞为目的而使用建设或者其他装备；或在控制区域丢弃废弃物，完全或部分地妨碍控制区域的通行或对沉船遗址造成破坏；或者未经许可私自允许其他主体为上述行为的，都构成违法犯罪。⑤ 对于

---

① 参见美国国家海洋保护区办公室网站：http://oceanservice.noaa.gov/programs/nmsp/，2013年12月25日访问。

② See Monitor National Marine Sanctuary, *State of the Sanctuary Report*, 2008, available at: http://monitor.noaa.gov/publications/general/sos2.pdf, accessed 10 - 01 - 2014.

③ Maggy Hunter Benson, *The Marine Sanctuary: A Safe Harbor for Ocean Life*, available at: http://ocean.si.edu/ocean-news/marine-sanctuary-safe-harbor-ocean-life, accessed 10 - 01 - 2014.

④ 海の遺跡：第5回 – 水中文化遺産とその研究（水中考古学）を取り巻く環境：https://www.padi.co.jp/scuba-diving/columns/heritage/5/，2018年4月15日访问。

⑤ *Protection of Wrecks Act*（1973），art. 1.

由于沉船的装载物可能危及生命或财产的，或者因沉船自身的性质和状况使其应受保护防止非法干预的，文化大臣还可将该沉船所在水域指定为禁止水域，任何人未经批准擅自进入禁止水域的表面或者水下的，也构成为违法犯罪。① 实施以上两种违法犯罪行为，构成速决罪的，将面临不超过 400 英镑的罚金；以普通程序定罪的，罚金数量可能更高。② 第二，根据《古迹和考古区域法》的规定，位于英国内水或海岸带水域的古迹也可根据古迹列级制度予以列级，主体行为违反列级保护相关规定的，也将受到相应的处罚。③ 第三，英格兰建立的国家古迹记录（National Monument Record，NMR）中包含一组考古遗址名录，也是英国水下考古资源的保护和管理的有效的工具之一，名录中的海洋遗址达 4 万个。④

（二）法国

法国《遗产法典》规定，位于公海区域的文化财产，自发现之日起三年内无法确定其所有权人的，该财产归国家所有。⑤ 任何主体发现海洋文化遗产，都应将其留在原址，不得对其造成侵害，并在发现或抵达第一个港口 48 小时内向有关行政部门作出申报。⑥ 任何人因工作或其他公共或私人活动而意外地将海洋文化财产从公海海域转移的，不得将其据为己有，而应在上述 48 小时的期限内向有关部门进行申报。⑦ 违反上述报告义务或者发现海洋文化财产而对其地点和发现人等信息进行虚假报告的，将处以 3750 欧元罚金。⑧ 国有海洋文化财产的发现者，可以得到由有关机关确定的一定数额的奖励。⑨ 多个主体发现同一件海洋文物并申报的，申报利益应由第一个发现者享有。⑩ 在毗连区发现并申报属于国有海洋文化财产的，也可以领取报酬，数额由行政机关确定。⑪ 海洋文化财产的保存状况受到威胁时，行政机关在通知其所有权人后，可以采取一定保护措施。⑫ 如有关职能部门认为确有必要，可在经所有权人同意或者由国家强制宣布的情况下，征收某些海洋文化财产为公物，并给予所有权人一定的补偿⑬。

---

① *Protection of Wrecks Act*（*1973*），art. 2.

② *Protection of Wrecks Act*（*1973*），art. 3.

③ *Ancient Monuments and Archaeological Areas Act*（*1979*），art. 53.

④ See Paul Roberts and Stephen Trow，*Taking to the Water*：*English Heritage's Initial Policy for The Management of Maritime Archaeology in England*，English Heritage，2002，pp. 4 – 6. Available at：www. divetheworld. com/Library/Marinearch/maritime_arch_policy. pdf，accessed 15 – 04 – 2018.

⑤ *Code du Patrimoine*（*2016*），art. L532 – 2.

⑥ *Code du Patrimoine*（*2016*），art. L532 – 3.

⑦ *Code du Patrimoine*（*2016*），art. L532 – 4.

⑧ *Code du Patrimoine*（*2016*），art. L532 – 5.

⑨ See *Code du Patrimoine*（*2016*），art. L532 – 6.

⑩ See *Code du Patrimoine*（*2016*），art. L532 – 5.

⑪ *Code du Patrimoine*（*2016*），art. L532 – 13.

⑫ *Code du Patrimoine*（*2016*），art. L532 – 10.

⑬ *Code du Patrimoine*（*2016*），art. L532 – 11.

（三）美国

美国水下文物的保护管理的理念和方法与其他国家存在显著不同，概括说来，其特色主要体现在以下几个方面。

第一，对一定区域的水域生态和人文环境进行整体保护。在认识到海洋环境可能包含对国家具有重要意义的保存、娱乐、生态、历史、科学、教育、文化、考古和美学价值的基础上，联邦政府启动了"国家海洋保护区系统（National Maritime Santuary System）项目，旨在促进对海洋资源的保护、理解、管理及科学合理和可持续利用，促进公众对海洋环境的认知、理解和欣赏，以及为后代人保持多样性海洋生物栖息地生态系统。《国家海洋保护区法》（*National Maritime Santuary Act*）即为实施此项目而制定。该法的主要目的和内容包括以下几个方面：（1）将具有重要的国家意义的海洋水域认定和指定为国家海洋保护区，并建立国家海洋保护区系统管理制度；（2）加强海洋保护区内保护和管理的综合性协作，特别是对于可能影响保护区的活动的审批管理；（3）维护保护区内自然生态系统，并在适当的时候保护和促进自然生物的栖息地及其数量，恢复保护区生态过程；（4）促进公众对海洋环境以及国家海洋保护区内自然、历史、文化、考古资源的认知、理解、欣赏及合理和可持续利用；（5）支持和促进保护区内资源的科学研究和长效监管合作；（6）在不违反资源保护基本目标的前提下，允许对海洋保护区资源的公共和私人利用；（7）促进和改善联邦、各州、地方政府、原住民部落以及其他相关公私机构在保护区保护和管理规划方面的协同合作；（8）为保护区的保护和管理，包括管理手段的创新性应用提供激励，并创造先进范例；（9）促进海洋资源保护和利用的全球合作。① 在上述目标下，该法对国家海洋保护区的指定程序、指定所带来的法律效果、保护区保护和管理的多元主体合作、管理规划的审查、规则运用和国际协作、保护区内禁止的活动、违法处罚、有关费用承担、教育研究和监管、特别使用许可等问题做出详细规定。

第二，重视和保障有关主体的合法权利，探索水域及其文物保护和利用的平衡。《被弃沉船法》明确规定，各州承担其水下沉船及其资源保护和利用责任的宗旨，在于为潜水运动爱好者提供休闲和教育的机会，并且为旅游、生物保护区和历史研究保留不可替代的资源。由此，公众接近被弃沉船的权利必须得到保障，各州应制定和实施相关政策，保护水下自然资源和生物栖息区域，保证对沉船遗址的娱乐性开发，允许公私主体在保护沉船的历史价值和沉船遗址整体性的前提下，对被弃沉船进行恢复（recovery）。为此，法律还鼓励各州创建对上述资源进行特别保护的水下公园或者水下保护区，并规定对历史沉船遗址及此类财产进行的研究、阐释、保护和保存活动，可依据《国家历史保护法》的相关规定，获取一定的资金支持。② 为鼓励水下公园的开发和沉船相

---

① *National Maritime Sanctuary Act*, Section 301（16. U. S. C. 1431）.

② See *Abandoned Shipwrecks Act*, Section 4.

关水下资源综合管理中的行政性合作，内政部在征求有关公私主体和专业咨询机构意见的基础上，通过国家公园管理局在一定期限（《被弃沉船法》颁行 9 个月）内，准备和发布将水下沉船及其遗址登录至联邦"国家历史名胜名录"的指南，用以为联邦和各州相关机构履行其职能提供明确依据。其目的在于：（1）最大可能地促进文化资源的利用；（2）促进联邦和各州沉船资源管理中潜水运动员、渔民、考古学家、船难救助者和其他相关主体之间达成伙伴关系；（3）为公众出于娱乐目的接近和利用此类资源提供必要便利；（4）认可参与沉船发现和救援的个人和团队的利益。① 国家公园管理局据此已出台的指南，除对《被弃沉船法》及该指南适用的关键概念进行详细界定外，对联邦和各州沉船管理项目的确立、资金支持、有关调查活动的开展、文献整理和沉船评估程序、公众享用、志愿服务和水下公园等问题，都进行了细致而具有操作性的规定，最后一部分还公布了列入"国家历史名胜名录"的沉船遗址的清单。② 此外，《沉船保护法》还就联邦对一定范围内沉船的所有权③，以及本法与其他相关立法的关系④问题进行了明确规定。

第三，立法支持海洋自然和文化遗产保护相关教育和研究活动。《国家海洋遗产法》即为此方面专门立法，对"国家海洋遗产资助项目"有关事宜进行具体规定。"国家海洋遗产资助项目"设于联邦内政部，旨在促进美国公众对于海洋在其国家历史发展中的重要作用的认知和理解，包括给予"历史保护国民信托"开展的海洋遗产教育项目相应的资助，以及对各州历史保护官员依法开展的海洋遗产保护项目予以资助。给予"历史保护国民信托"的资助项目，主要包括对建立海洋博物馆或历史社团的资助、对鼓励传统海洋技术保存项目的资助以及对其他海洋历史资源相关教育活动的资助；给予各州历史保护官员的资助则包括海洋历史资源——包括水下考古遗址的认定，出于保存目的进行的海洋资源的收购与获得，海洋历史资源的修缮、修复、维护和促进，以及海洋历史资源研究、记录、规划活动等事宜。⑤ 资助（分配）标准、使用范围和限度等问题，在该法中都有明确规定。⑥

四、水下考古活动程序规范

尽管管理体制和立法规定存在差异，但各国都要求主体在开展水下考古活动之前得

---

① *Abandoned Shipwrecks Act*，Section 5.

② See National Park Service, *Abandoned Shipwreck Act Guidelines*，available at：https：//www.nps.gov/archeology/submerged/intro. htm，accessed 25 – 04 – 2018.

③ See *Abandoned Shipwrecks Act*，Section 6.

④ See *Abandoned Shipwrecks Act*，Section 7.

⑤ *National Maritime Heritage Act*，§ 308703.

⑥ 该法具体内容参见：http：//uscode. house. gov/view. xhtml？req = granuleid% 3AUSC-prelim-title54-chapter3087&edition = prelim，2018 年 4 月 25 日访问。

到有关部门的审批和许可。鉴于在意大利和日本两国，水下考古活动的审批许可程序与陆上考古审批程序并无不同，两国基本文物立法并未针对该问题做出特殊规定，此处只阐释英、美、法三国立法对水下考古程序的特别规定。

英国从 2015 年秋开始将水下参观许可证和水下考古统一为一类许可证，此做法并不改变许可证的审批和签发程序，只是改变了许可证类型，使其更加适应当代水下考古技术和公众因正当原因接近水下遗址的需求。在英国，任何主体都可申请水下文物考古许可。尽管水下考古活动通常是由一个团队实际实施，但许可证只签发给对团队中所有成员的行为负责的"主要被许可人"（Principal Licensee）个人，通常为许可申请的提交人；申请人将水下考古活动申请提交至"英格兰史迹"，"英格兰史迹"预审申请材料发现确实涉及许可签发程序的，经常规程序审查或者交历史沉船委员会（Historic Wreck Panel）审查之后，草拟批准许可或者做出不予批准的建议，交由文化部决定。是否签发许可证的最终决定权归于文化部，根据《沉船保护法》的规定，由文化大臣予以签发。被授予许可证的主体应当具备以下条件：（1）有足够的能力胜任考古工作并具有适当的装备，能够开展该法规定的禁止水域内的沉船及其具有历史和考古意义的装载物的重要考古作业；（2）具有在沉船水域内从事合法活动的其他合法理由。① 许可证的申请不要求申请者具备专业的考古资质，但应具有考古理论和实践相关的技术知识，该团队中通常还应包含一名知名考古学家（a named archaeologist）。水下考古活动受到该考古学家和"英格兰史迹"的严格监管，应提交年度考古报告，在考古活动完成后，还应提交完整的结项报告。②

根据法国《遗产法典》的规定，在公海、领海或毗连区内开展以下工程或安装相关装置的，须缴纳预防性考古特许权费：（1）依照《规划法典》需要授权或事先声明的工程，须取得建造或开发许可证、变更许可证，获得默认授权或指示或不予反对的初步声明决定的；（2）除上述工程以外的工程和装置，可能对环境造成影响的，除协调一致的发展区以外，可在进行公众调查之后决定是否实施该项目及其影响程度；（3）其他淘洗工程，须事先提交行政声明的。如果开发者希望在获得授权之前进行预防性考古探查，或者在相关法会颁布之前获得不予反对的意见，开展预防性考古所需费用将由公众调查环节评估的该工程的影响程度决定。③ 上述活动位于内陆而非海事公共水域

---

① *Protection of Wrecks Act*（1973），art. 1.

② *Accessing England's Protected Wreck Sites: Guidance Notes for Divers and Archaeologists*，English Heritage，available at: https://content. historicengland. org. uk/images-books/publications/accessing-englands-protected-wreck-sites-guidance-notes/heag075-guidance-notes-for-divers-and-archaeologists. pdf/，accessed 15 - 04 - 2018.

③ *Code du Patrimoine*（2016），art. L524 - 4.

的，特许权费由负责该区域文化事务的国家部门确定。[①] 但在此范围内开展的符合《环境法典》第 L122-1 条相关规定的考古评估工程，不包括在特许权费的收费范围之内。此类考古评估活动应在计划开展工程的主体与国家之间达成的协议框架内进行，该协议应规定考古评估活动的最后期限，实施的手段和资助考古评估的方法。[②] 此外，任何人未经事先申请并获得许可，不得使用专门设备进行探查，确定海洋文化财产的所在地并进行挖掘或调查，更不可征取该财产或对其进行移位。[③] 对海洋文化财产进行的挖掘、调查、移位和撤除工作，亦必须获得上述许可，并在专人指导下进行。[④] 违反上述规定对海洋文化财产进行探查、调查、抽样或发掘，或者对这些财产进行拆除、移位或征取的，可处以 7500 欧元罚款。[⑤] 若考古活动所涉海洋文化遗产存在确定的所有权人，在对这些文物进行干预之前，还必须与所有权人签订书面协议。[⑥] 当前，法国国立的专门水下考古机构为位于马赛的海底和水下考古研究所，作为一个行使国家职能的专业机构，该研究所在与国家海洋部门一起实施本土和海外省有关海洋文化财产的相关立法，监管法国所辖海域内的考古活动，对海洋考古遗产进行清查、研究、保护、保存以及为政府决策提供专业咨询和水下考古专业人员培训等诸多方面，发挥了重要作用。[⑦]

在美国特殊的水下文物管理体制和保护理念下，水下文物考古活动许可证由 ONMS 内设国家海洋保护区监控署（The Monitor National Marine Sanctuary Office，以下简称 MNMSO）负责审核和签发。根据 ONMS 制定的管理规则，任何个人或团体的科学研究、涉及与空难或海上事故有关的救助，或以恢复为目的开展锚定、停止或漂流、实施打捞或恢复、潜水、使用疏浚或破坏设备、水下爆破、在海底钻探、铺设电缆和拖网等活动，除为保护生命、财产和环境的紧急必要之外，都需要获得 MNMSO 署长（Director）签发的许可。许可证申请须以书面形式做出，寄送至指定地点。在审查考古研究活动许可申请时，许可证签发机关考察的评估因素主要包括：（1）申请人通常具有的专业水平和经济能力；（2）为实现其活动目标拟采取研究方法的恰当性；（3）该活动可能对国家海洋保护区有关历史、文化、美学和/或海事信息来源造成减损的程度；（4）研究活动方案的最终价值；（5）署长认为其他应当考量的事宜。签发保护区内海难或空难打捞等相关活动许可证时，署长须评估的主要因素包括：（1）申请人是否适合从事其

① *Code du Patrimoine*（*2016*），art. L524-8.
② *Code du Patrimoine*（*2016*），art. L524-6.
③ *Code du Patrimoine*（*2016*），art. L532-7.
④ *Code du Patrimoine*（*2016*），art. L532-8.
⑤ *Code du Patrimoine*（*2016*），art. L544-7.
⑥ *Code du Patrimoine*（*2016*），art. L532-9.
⑦ See *Archéologie sous les eaux*, available at: http://www.culture.gouv.fr/Thematiques/Archeologie/Archeologie-sous-les-eaux, accessed 28-04-2018.

计划的工作；（2）进行此类活动的必要性；（3）计划活动的适当性；（4）此类活动在多大程度上可能会降低历史，文化，美学和/或海事信息来源的价值；（5）署长认为适当的其他事宜。在评估是否应签发上述许可证时，署长应征询历史保护咨询委员会的意见。在许可签发之后，署长有权对上述活动进行监管，并有权要求提供活动进度和情况报告。① 此外，对于处于联邦所有或管理海域（包括原住民所辖海域）的历史沉船的考古活动，相应的联邦土地管理人有权根据《考古资源保护法》的相关规定，符合条件的主体授予考古活动许可证。对许可证申请主体的资质要求，也与前文所述美国对考古人员的资质要求大体一致，都包括专业学历背景、相关专业能力证明和一定时间的从业经验等几方面。② 对于在海洋保护区内进行非科研其他特殊活动，MNMSO 可根据个案评估情况，颁发特别临时许可证。③ 但对于不处在海洋保护区范围的沉船遗址，公私主体的潜水、调查、研究、探索、拍摄、测量、记录、捕鱼或者以其他方式享用公有沉船（包括历史沉船和尚未认定具有历史价值的沉船）的活动不对沉船部件本身或其所处环境造成打扰或破坏的，无须许可证。④ 只有在沉船遗址对接近者人身具有危害，沉船已极度脆弱、具有解体灭失的危险，对沉船的接近已使沉船受到严重破坏或污染，以及其他有效的专业活动许可证限制公众进入一定水域等有限的情形下，有关部门才可做出限制或者禁止公众接近沉船的个案决定，且应采取多种方式向公众发布通告。⑤

---

① See Monitor National Marine Sanctuary, *Permits*, available at: https://monitor. noaa. gov/visit/permitsa. html, accessed 16 – 04 – 2018.

② See National Park Service, *Abandoned Shipwreck Act Guidelines*, Part II. Guidelines B, *Guideline* 2, available at: https://www. nps. gov/archeology/submerged/federal. htm, accessed 28 – 04 – 2018.

③ Monitor National Marine Sanctuary, *Permits*, available at: https://monitor. noaa. gov/visit/permit-sa. html, accessed 16 – 04 – 2018.

④ National Park Service, *Abandoned Shipwreck Act Guidelines*, Part II. G, *Guideline* 1, available at: https://www. nps. gov/archeology/submerged/public. htm, accessed 28 – 04 – 2018.

⑤ National Park Service, *Abandoned Shipwreck Act Guidelines*, Part II. G, *Guideline* 5 – 6, available at: https://www. nps. gov/archeology/submerged/public. htm, accessed 28 – 04 – 2018.

第五章

可移动文物保护

可移动文物是具有历史、艺术、科学价值的动产，即可自由移动而不损害其存续安全和价值的具有独立意义的有形文物。那些虽然可以自由移动，但若移动便会使其脱离其所处环境，从而影响其所在地的整体历史文化价值的物件，则可视为不可移动文物的组成部分。当然，如果这些物件已因某种缘故而脱离其原所在地的，仍可视为可移动文物。

可移动文物既具有财产价值又具有历史文化价值，但各国均认为其历史文化价值是应予以优先保护的。因此，可移动文物保护也是各国文物立法的重要内容。根据特别法优先于一般法的原则，文物立法具有优先适用的效力。但在文物立法未做特殊规定的问题上，一般的财产法规则仍适用于可移动文物。

第一节　可移动文物范畴和保护措施

理论上说，可移动文物包括一切具有历史、艺术、科学等方面价值的动产。但出于法律资源的有限性和文物保护实践的需要，各国文物立法对于可移动文物的范畴界定及其认定问题，都有一系列具有实际操作性的具体规则。

一、可移动文物的概念

在可移动文物概念界定方面，大陆法系国家文物立法多采取抽象概括与具体列举相结合的定义模式。一方面从价值的角度对文物的概念，或者更大外延的"文化遗产"概念进行定义；另一方面采取分类列举的方式，对受法律保护的可移动文物的具体形态和类型进行规定。如法国《遗产法典》在第 L1 条将"（物质）文化遗产"定义为"承载历史、艺术、考古、美学、科学技术价值的公有或私有的可移动或不可移动物之整体"①，并通过各卷有关不同类型文化遗产的具体规则，将可移动文物分为图书馆、博物馆收藏文物，档案，可移动考古文物以及可移动历史古迹几种不同类型。在意大利，《文化财产和景观法典》在对"文化财产"做出统一定义的同时，还列举了可移动文物的具体形态。该法典规定，可移动文物从最广泛的意义上来说包括一切具有艺术、历史、考古、人种—人类学、档案和目录学价值的可移动物品，如博物馆、画廊、美术馆及国家、大区、其他地方政府部门及其他任何政府机构所设展览场所的收藏品；涉及政治或军事历史，以及文学、艺术、文化和科学技术历史，或对于证明公共、集体或宗教机构身份和历史具有特别重要价值的可移动物品；从传承、知名度和特殊环境特征等角度看，整体上具有特殊艺术或历史价值的收藏品或系列物品；涉及古生物学、史前学和原始文明的物品，具有古钱币研究价值的物品；稀有的珍贵书稿、手迹、文件、古籍，以及书籍、印刷品、雕版画及其铸模，稀有的珍贵地图和乐谱，稀有的珍贵照片及其底片和铸模、电影摄影胶片和音像载体；具有艺术、历史和人种—人类学价值的船舶和漂浮物；具有重大历史价值的档案，具有特殊文化价值的藏书，依法禁止永久性出口的在世作者创作的绘画、雕刻、书画艺术及其他艺术品，或生成时间不超过50年的任何艺术品等等。② 日本《文化财产保护法》将文化财产分为有形文化财产、无形文化财产、民俗文化财产、纪念物、文化景观、传统建筑群等6大类，虽然没有对可移动文化财的概念作出专条规定，但定义上述不同类别文化财产的过程，很多都包括可移动文物，例如具有历史或艺术价值的较高价值的绘画、雕刻、工艺品、书法、典籍、古书等有形的文化衍生物，有关风俗习惯、民俗艺能等方面的衣服、器具等。③

　　具有判例法传统的英美国家不讲求法律概念的抽象性，因此并没有一个统一的法条对可移动文物做出全面而准确的定义，而是随着有关判例法的发展和单行立法的增多不断扩展和丰富"可移动文物"的具体形态和范畴。英国涉及可移动文物保护的法律主要有《珍宝法》和《文物交易法》。根据英国以往的普通法，只有所有人不明和特意埋藏以待日后发现的金、银物品才能被宣布为珍宝并成为王国的财产。但如此狭窄的规定显然无法为其他类型的具有重要历史价值的文物提供保护。20世纪80年代，英国社会甚至出现大规模盗掘铁器时代的硬币，致使罗马—凯尔特寺庙严重损坏却无法予以惩治的状况。有鉴于此，英国于1996年通过了《珍宝法》，对"珍宝"作了重新定义，扩大了文物保护的范围。根据该法，以下物品属于"珍宝"的范畴：（1）发现时超过300年历史的硬币，或虽不是硬币但金属含量至少有10%为贵金属（金和银）的任何物品；（2）发现时超过200年历史并被国务大臣指定为具有杰出的历史、考古或文化

---

　　① 2016年法国《遗产法典》修订时，还在第 L1 条中增加一段，将联合国教科文组织《保护非物质文化遗产公约》第 2 条所定义的非物质文化遗产纳入该《法典》"文化遗产"的定义中。

　　② *Codice dei beni culturali e del paesaggio*，articolo 10，articolo 11.

　　③ 参见日本《文化财产保护法》，第 2 条。

价值的任何物品；（3）发现时或更早时属于上述同一批发现物一部分的任何物品。但这些物品并不包括未经加工的天然物品和从自然沉积物提取的矿物。此外，文化大臣还有权通过法令指定其认为具有突出历史、考古学和文化价值的物品进入《珍宝法》的规制范围，使更大范围、更多形态的潜在可移动文物得到了保护。① 2003 年《文物交易法》对"文物"（cultural object）的定义则采取了一种相对抽象的方式，泛指一切具有历史、建筑学、考古学价值的（可移动）物品②，极大地扩展了可移动文物的范畴。③ 在美国，对可移动文物作出明确定义的联邦立法，主要包括 1979 年《考古资源保护法》和 1990 年《原住民墓葬保护及文物返还法》。《考古资源保护法》规定，考古资源（archaeological resource）是指具有考古价值，能反映人类过往生活和活动的物品。这些物品不局限于陶瓷、编织物、容器、武器、工具、构件、画作、墓葬等，但必须要满足产生时长不少于 100 年的条件。④ 《原住民墓葬保护及文物返还法》则将文物（cultural items）定义为人类遗存（human remain）以及墓葬、祭祀用品和仍然在原住民部落中使用的具有重要文化含义的物品，并针对美国印第安部族文化的特点和具体情况，对这些物品的功能及其价值进行了具体解释。⑤ 美国的文物法制体系由成文法和判例法共同构成。由于文化保护和发展主要是各州的责任，相关成文法又包括联邦立法和州立法两套体系。这种多层次的规范体系扩大了可移动文物保护的范围，使具有历史、艺术、考古、人类学、宗教等方面价值的文物均得到了法律保护。

二、可移动文物的列级和登录

在可移动文物保护方面，一些国家采取与不可移动文物相类似的分级、分类保护措施，即依照文物价值的不同，将可移动文物分为不同的保护级别，适用不同的保护制度和标准。如法国《遗产法典》的列级与登录制度也适用于可移动文物；日本对重要文化财产的指定和对一般文化财产的登录，对可移动文物同样适用。另一些国家虽未对可移动文物设置严格的分级保护制度，但国家层面的可移动文物保护名录制度或具有类似效果的数据库同样存在，经过文物登录或认定程序进入保护名录或数据库的可移动文物，同样须遵守一系列特殊的保护规则。

（一）分级保护

法国和日本两国文物立法都确立了对可移动文物的分级保护制度。两国在该保护制

---

① See *Treasure Act*（1996），arts. 1 - 3.

② 在英美财产法中，财产（物）分为动产和不动产，在指代有形物质的方面基本等同于大陆法系的可移动物和不可移动物。但英美国家不动产和动产法律发展的历史和路径有所不同，具体法律规则也存在差异。

③ See *Dealing in Cultural Objects Act*（2003），art. 2.

④ *Archaeological Resources Protection Act*（1979），Section 3（1）.

⑤ See *Native American Graves Protection and Repatriation Act*，Section 2（3）.

度适用的程序及其法律效果等方面，也有很多相似之处。

1. 分级保护程序

可移动文物适用分级保护制度的前提，即通过一定的程序确认该文物的保护等级。法国《遗产法典》将可移动文物分为列级文物和登录文物两级；日本《文化财产保护法》则将可移动文物分为经指定确认的重要文物和登录确认的一般文物。虽然两国对于受保护文物级别的称呼不同，但在分级程序上却存在一定的相似之处。

在法国，在历史、艺术、科学、技术等方面承载公共利益，因而具有保护价值的动产，拟制不动产（immeubles par destination）[①]，从列级不动产中分离出来的部件，以及表现上述价值的可移动物的集合或整体，均可予以列级保护。属于国家或其设立的公共服务机构所有的动产的列级由文化部根据国家遗产和建筑委员会的意见发布的决定宣布；[②] 地方行政区或其公共服务机构所有的动产的列级，以及私人所有动产的列级，均应以征得所有权人同意为必要程序，由文化部根据国家遗产和建筑委员会的意见宣布。但在所有权主体不同意的情况下，最高行政法院也可根据国家遗产和建筑委员会的意见发布法令，直接宣布对不动产的强制列级，在这种情况下，私有文物的所有者有权获得因文物列级受到的强制约束所造成损失的赔偿。[③] 从历史学角度看承载重要公共利益的私人历史档案，经档案管理部门提议，也可由文化部发布决定予以列级保护。[④] 私人档案之列级缺乏所有权人同意的，也可根据最高行政法院的意见予以强制列级。[⑤] 列级结果须由档案管理机关立即通知档案的所有权人，但无论采取哪种方式，档案列级并不意味着将这些档案转让给国家。[⑥] 对已列级文物或档案解除列级，可由其所有权人提出请求，也可由文化部或法国档案司强制宣布，二者都需文化部发布决定才可生效。[⑦] 对于尚未达到列级价值标准、但又具有一定保护价值的动产，可在任何时候进行登录保护。与列级程序不同的是，私人所有可移动文物的登录，必须以所有权人同意为条件，由文化部发布决定宣布，且文物登录的结果，须通知该物的所有人、持有人、主要控制人和保管人。[⑧]

在日本，可移动文物分为重要有形文化财产和一般文化财产两个保护等级。重要有

---

① 法国《民法典》将不动产分为性质上的不动产和目的上的不动产两类。性质上的不动产（immeubles par nature），即从物理性质上看不可移动或者移动将对其价值造成巨大减损的物；目的上的不动产（immeubles par destination）即拟制不动产，主要指永久附着于或者以某种方式固定于不动产上的可移动物，该物与不动产的分离需要影响不动产之现状的松动或拆除措施。拟制不动产虽然是可移动物，但由于其特殊性质和目的，适用不动产相关规则。

② *Code du Patrimoine*（2016），art. L622 – 2.

③ *Code du Patrimoine*（2016），arts. L622 – 3 & L622 – 4.

④ *Code du Patrimoine*（2016），art. L212 – 15.

⑤ *Code du Patrimoine*（2016），art. L212 – 17.

⑥ *Code du Patrimoine*（2016），arts. L212 – 18 & L212 – 16.

⑦ *Code du Patrimoine*（2016），arts. L622 – 6 & L212 – 26.

⑧ *Code du Patrimoine*（2016），arts. L622 – 20 & L622 – 21.

形文化财产由文部科学大臣指定，其中一些对世界文化发展具有突出贡献和特殊价值的文物，还可指定为国宝。① 指定自政府公报公示之日起生效，但对于该文物所有者的效力则从指定该文物的通知送达该所有者时起才产生。文部科学大臣还必须向所有者颁发指定书。② 重要有形文化财产丧失其价值或者由于其他特殊原因，文部科学大臣可撤销该指定，但该撤销必须在政府公报上公示，并通知该文物的所有权人。③ 地方政府也可根据其地方性法规，在其管辖范围内指定受到特别保护的重要文化财产。④ 有形文化财产未被指定为重要文化财产的，可由文部科学省依其价值或者保护利用之需予以登录。⑤ 登录可移动文化财产的法律效力从政府公报公示该登录决定之日起算，但对于所有权人则从被通知并收到记载登录内容的文书之日起算。⑥ 地方政府同样有在其管辖范围内对一般可移动文化财产进行登录保护的权力。⑦ 值得一提的是，虽然《文化财产保护法》未明确规定所有权人同意是重要文化财产指定或一般文化财产登录的必要条件，但实践中，有关部门在指定或登录程序中，都会征得所有权人同意。

2. 分级保护的法律效力

分级保护制度的主要意义在于对于不同保护级别的文物设置不同的保护规则。一般情况下，列级或指定制度的法律效果，较登录的法律效果更为严格，但两级保护制度之间的差别及其体现，在不同国家存在具体的不同。

根据法国《遗产法典》的规定，未经有关部门许可，不得对列级可移动文物或档案进行改变、修理或者修复。即使是经许可的列级可移动文物修复工程，也应在国家古迹部门的科技监管下进行。⑧ 有关行政机关应至少每五年对列级可移动文物进行一次普查，被普查列级文物的所有权人或者持有人应当按照普查机构的要求，向普查机构展示其所有或持有的文物。⑨ 列级可移动文物属于国家、地方行政区及其公共服务机构或公益机构所有、占有或持有的，上述主体应采取必要的保护措施。有关部门认为因上述主体保护不力而使文物受到损毁之威胁的，可以通过紧急行政命令、以行政经费对该文物采取有效的保护措施；确有必要的，可将该文物转移至自愿提供文物安全担保或者与文物原所在地临近的国家或地方行政区博物馆或者教堂的珍宝馆（若该文物是宗教文物）进行保存。⑩ 违反该法典有关列级可移动文物保护的规定，如未经许可对可移动文物现

---

① 参见日本《文化财产保护法》，第 27 条
② 参见日本《文化财产保护法》，第 28 条。
③ 参见日本《文化财产保护法》，第 29 条。
④ 参见日本《文化财产保护法》，第 182 条。
⑤ 参见日本《文化财产保护法》，第 57 条。
⑥ 参见日本《文化财产保护法》，第 58 条。
⑦ 参见日本《文化财产保护法》，第 182 条。
⑧ *Code du Patrimoine* (2016), arts. L622 – 7 & L212 – 25.
⑨ *Code du Patrimoine* (2016), art. L622 – 8.
⑩ *Code du Patrimoine* (2016), arts. L622 – 9 & L622 – 10.

状进行改变、分离、毁坏，或者进行其他可能对列级文物造成损坏的行为，将面临 6 个月的监禁和 7500 欧元罚金。① 法律规定负有保护或监管责任的主体由于严重疏忽或严重职业过错造成列级文物损坏的，也将面临同样的刑罚。② 对于列级私人历史档案，所有权人或者持有人应当按照最高行政法院法令确定的条件，将其向被指定的受托机构展示。③ 将这些列级历史档案交给可能导致其移位或者改变的主体，也须经有关行政部门同意；与其相关的保护工作的实施，也须经事先审批，并在有关机构的科技监管下进行。④ 法律更是严格禁止一切对列级或紧急列级的历史档案进行破坏的行为。⑤ 而对于登录可移动文物，所有权人、占有人、实际控制人或保管人想要对该文物进行改变、维修或者修复的，须向有关行政部门做出预先声明。⑥ 最后，那些未予列级或登录保护的可移动文物，经遗产基金会的确认，也可受到此机构的保护。⑦

在日本，重要可移动文化财产的指定和一般可移动文化财产的登录在相关主体的权利限制和义务方面，并无太大差别：重要有形可移动文化财产灭失、毁坏或者丢失、被盗的，所有者或责任管理人必须持记载有文部科学省部令决定事项的书面材料，从知道事实之日起 10 日内报告文化厅长官。⑧ 除由文部科学省令决定之外，其保存场所的变更亦须提前 20 日向文化厅长官申报。⑨ 重要有形可移动文化财产所有权变更时，原所有者在交付该财产的同时，也必须向新所有者转移指定书。⑩ 文化厅长官有权要求重要文化财产的所有者或管理责任人就文化财产的保存现状提交报告；⑪ 特定情况下，还可在其认为必要且没有其他替代办法时，自行或委托专业调查人员对该文化财产的保护状况进行调查；⑫ 登录有形可移动文化财产损坏、灭失或被盗，其保存场所发生变更，及其所有权人或管理责任人欲改变其现状的，同样须依法向文化厅申报。⑬ 文化厅长官在其认为必要的情况下，同样有权要求登录文化财产的所有者或其管理责任人就该文化财产的保护现状和修缮情况等提交报告。⑭ 然而，在违反上述规定的法律责任方面，涉及重要有形可移动文化财产违法所面临的法律责任，则远重于涉及一般登录文化财产的违

---

① *Code du Patrimoine* （2016），art. L641 - 2.
② See *Code du Patrimoine* （2016），art. L641 - 4.
③ *Code du Patrimoine* （2016），art. L212 - 22.
④ See *Code du Patrimoine* （2016），art. L622 - 25.
⑤ See *Code du Patrimoine* （2016），art. L622 - 27.
⑥ *Code du Patrimoine* （2016），art. L622 - 22.
⑦ See *Code du Patrimoine* （2016），art. L143 - 2.
⑧ 日本《文化财产保护法》，第 33 条。
⑨ 日本《文化财产保护法》，第 34 条。
⑩ 日本《文化财产保护法》，第 56 条。
⑪ 日本《文化财产保护法》，第 54 条。
⑫ 日本《文化财产保护法》，第 55 条。
⑬ 参见日本《文化财产保护法》，第 61、62、64 条。
⑭ 参见日本《文化财产保护法》，第 68 条。

法责任：任何人毁坏、破坏或隐藏重要有形文化财产的，将处以不超过五年的监禁，并有可能并处劳役，或者面临不超过 30 万日元的罚金。行为人为该文物所有权人的，监禁和（或）劳役刑期不超过 2 年，罚金不超过 20 万日元。① 违反重要文化财产修缮报告制度未经许可改变文物现状、进行影响其保护之行为，或未遵守文化厅指示造成其现状改变或影响其保护的，处不超过 20 万日元的罚金。② 无正当理由拒绝或阻止国家或地方政府对"国宝"采取保护、修缮和防止被盗等措施的，处不超过 10 万日元的罚金。无正当理由拒不执行文化厅对"国宝"的修缮命令的，处不超过 30 万日元的罚金。③ 而违反上述规定对一般登录文化财产造成损害的，行为主体只需面临不超过 5 万日元的罚金；④ 重要文化财产和一般登录文化财产的管理责任人未按文化厅要求提交保护现状或修缮报告的，罚金数额都为 10 万日元。⑤

（二）登录保护

意大利、美国等国，文化遗产立法并无可移动文物的分级保护制度，对可移动文物的保护通过统一登录制度进行。

在意大利，《文化财产和景观法典》设置了对财产的文化价值进行鉴定的程序，明确了文物鉴定的具体规则。根据该规则，依法履行可移动文物的鉴定职能的文化遗产部有关机构，或依据职权，或根据物品所有权人提出的认定申请及提供的有关证明材料，根据文化遗产部确定的评估标准，对珍贵书稿、手迹、文件、古籍等有关物品的文化价值进行鉴定，以确定其是否具有艺术、历史、考古和人种—人类学价值，并以此价值的成立性，即该物品被认定为（可移动）文化财产，作为该物品受该法典保护的前提和依据。⑥ 对物品的艺术、历史、考古或人种—人类学价值的确认过程应予公示，被确认物品从而受到该法典的保护。但是，博物馆、画廊、美术馆的收藏品，以及各级政府部门和机构的展览场所的收藏品、档案、藏书等则不需公示，即使其所有权主体在法律地位上发生变化，这些物品仍受保护。⑦ 文化价值鉴定结果的公示程序应由监管人主动启动，也可以由监管人所在地的政府部门提出要求时启动，同时要通知被鉴定物品的合法所有者、占有者或持有者。通知的内容应包括通过初步调查确定的物品鉴定和评估要素、执行该法典各项规定的情况，及有关提供观察结果的期限说明。提供观察结果的期限在任何情况下都应不少于 30 天。文化价值鉴定结果的公示需经文化遗产部批准，公示应通过信使或有回执的挂号信件通知被鉴定物品的合法所有者、占有者或持有者。鉴

---

① 日本《文化财产保护法》，第 195 条。
② 日本《文化财产保护法》，第 197 条。
③ 日本《文化财产保护法》，第 201 条。
④ 参见日本《文化财产保护法》，第 203 条。
⑤ 参见日本《文化财产保护法》，第 202 条。
⑥ See *Codice dei beni culturali e del paesaggio*, articolo 12.
⑦ See *Codice dei beni culturali e del paesaggio*, articolo 13.

定结果公示方法应根据文化遗产部的要求在相关登记机构备案，并对其此后的合法所有者、拥有者或持有者具有法律效力。① 如对鉴定结果公示的合法性和法律依据有异议，有关主体可在接到通知后 30 天内向文化遗产部提起行政复议。文化遗产部应在收到行政复议后 90 天内，经与主管咨询机构协商后对此做出裁决，如果行政复议得到认可，文化遗产部应废除或修改有争议的措施。公示无异议的，文化遗产部应在大区和其他地方政府部门的参与下做好文化财产的登录工作。提出行政复议意味着有争议的措施中止法律效力。但作为一种防范措施，该物品仍需受到该法典的保护。②

物品被认定为文物的，文化遗产部应在大区和其他地方政府部门的参与下做好编目工作并协调相关活动。编目的程序和方式将由部长令制定。为此，文化遗产部应在大区的协作下，确定国家层面通用的数据收集、交换、获取、使用和处理及通过计算机将这些数据集成到国家、大区和其他地方政府部门数据库的方法。文化遗产部、大区和其他地方政府部门应按照前述部长令规定的方式负责为其所占有的文化财产进行编目，并在与所有者取得一致意见的前提下负责其他文化财产的编目工作，有关数据应汇总到国家文化财产目录。③

依法登录的可移动文物，受《文化财产和景观法典》的保护，因违反该法典有关保护规定而使文化财产受到损害，文化遗产部应责令当事者采取必要的措施将其恢复到原来的状态。费用由当事者自己承担。拒不恢复原状的，文化遗产部依职权执行该命令。相关费用按强制性国家财产收费规定确定的方式收取。确实无法恢复原状的，当事者必须赔付相当于损失物品或物品受损部分的价值。④ 拒不执行文化遗产部做出的间接保护令的，还有可能面临 6 个月至 1 年以下监禁，以及 775.00 欧元至 38734.50 欧元罚金的刑罚。⑤

美国《国家历史保护法》也规定了国家历史名胜登录制度。内政部经文物所有权人同意，有权将具有重要考古、建筑学价值的，或能反映美国历史的景观的可移动物品登录至"国家历史名胜名录"中。可移动文物登录程序的提名可由国家、联邦机构、地方政府或者任何个人，依照法律规定的程序启动。⑥ 在提名程序启动之前，内政部长应将物品将被提名的事实及该名录相关法律效果告知其所有权人，并允许所有权人在一定时间内同意或者反对该提名程序的启动。所有权人明确表示反对的，该物将无法列入"国家历史名胜名录"。⑦ 此外，对于原住民文物，《原住民墓葬保护及文物返还法》还规定，收藏有原住民人类遗迹（human remain）和随葬品的联邦机构和博物馆，应当建

---

① See *Codice dei beni culturali e del paesaggio*，articolo 14 ~ 15.

② *Codice dei beni culturali e del paesaggio*，articolo 16.

③ See *Codice dei beni culturali e del paesaggio*，articolo 17.

④ *Codice dei beni culturali e del paesaggio*，articolo 160.

⑤ *Codice dei beni culturali e del paesaggio*，articolo 172.

⑥ See *National Historic Preservation Act*（*1966*），Section 101（54 U. S. C. 302104）.

⑦ *National Historic Preservation Act*（*1966*），Section 101（54 U. S. C. 302105）.

立起这类物品的收藏目录并将其公开。①

（三）可移动文物登记

英国虽然没有可移动文物登录制度，但其《珍宝法》及其《实施细则》有关意外发现文物的鉴定制度的规定，为国家登记可移动文物相关信息奠定了基础。根据该法，发现者在发现珍宝或有理由相信该物品可能构成珍宝之日起 14 日以内须向发现地所在辖区检验官（或其他指定官员②）报告，否则视情节轻重面临不超过 3 个月的监禁或（和）不超过第 5 量刑等级（目前为 5000 英镑）的罚金。③ 此类财产的获得者，只要有理由相信所获的财产可能构成"珍宝"且这一情况在此之前并未报告检验官，也应该在 14 日之内及时报告，否则也可能面临不超过 51 周的监禁或（和）不超过第 5 量刑等级（目前为 5000 英镑）的罚金。④ 根据《珍宝法》及其《实施细则》，检验官有权就该发现物的具体情况对利益相关人（发现者或其他享有合法权利的主体）展开调查，宝藏发现者有义务提供必要信息，并有权参与与此宝藏相关的考古发掘。但文物宝藏的价值认定和评估，还是由英格兰艺术委员会下设文物评估委员会统一进行。

《珍宝法》出台后，英国政府开始主导鼓励公众参与发现文物的"可移动文物计划"（Portable Antiquities Scheme）项目，通过资助设立县议会或当地博物馆发现联络官（Finds Liaison Officers）职位，鼓励公众依据该法的相关规定，对所发现的具有考古价值的潜在可移动文物进行鉴定，由发现联络官确认其发现，为发现者提供更多相关信息，并对发现物的功能、材质、发现位置、发现时间等相关信息进行记录并录入指定的数据库中，以便为有关机构开展科学研究提供资源。文物鉴定和有关信息记录，不影响发现者或者发现土地所有者的所有权，发现物经鉴定不属于珍宝范畴的，所有权人可自由处置。

"可移动文物计划"自 1997 年在 6 个试点地区推出以来，取得很大成功，逐渐拓展为一项长期的全国项目，现由大英博物馆负责管理实施，有关人员自 2006 年起组建起大英博物馆文物与珍宝部（Department of Portable Antiquities & Treasure）这一独立部门。

第二节 所有权归属争议

文物所有权的来源并未脱离民法上物之所有权的一般规定。通常有两个途径，一为原始取得，一为继受取得。所谓原始取得，是指根据法律规定，最初取得财产的所有权

---

① *Native American Graves Protection and Repatriation Act*, Section 5.

② *Treasure Act*（1996），art. 8B.

③ *See Treasure Act*（1996），art. 8.

④ *Treasure Act*（1996），art. 8A.

或不依赖原所有人的意志而取得财产的所有权,其方式主要包括劳动生产、天然孳息和法定孳息、善意取得、没收、无主财产收归国有等。所谓继受取得,是指通过某种法律行为从原所有人那里取得对某项财产的所有权。这种方式以原所有人对该项财产所有权的处分作为取得的前提条件,具体方式主要包括买卖、赠与、继承遗产、接受遗赠、互易等。虽然可移动文物在所有权归属方面与不可移动文物并无不同,但由于可移动文物并不像不可移动文物一样具有明确的产权登记,且由于其可移动性而可能为不同主体占有,其所有权认定面临一些与不可移动文物确权不同的问题,因此,可移动文物的所有权认定存在与不可移动文物不同的规则。

实践中,可移动文物所有权归属的争议,集中表现在以下两个具体问题中。因各国可移动文物管理和法律体系的不同,对这些问题的不同规定又加剧了跨国文物流转中确认文物所有权的难度。

一、文物交易中的善意取得问题

善意取得制度是为保障交易稳定而确立的一项法律制度,最初确立于一些大陆法系国家的民法典中,即主体在不知情的情况下,通过正当的交易途径及合法的交易方式,以合理的价格,善意地从无权处分人手中受让财产的,即使出让人事实上没有处分该动产的权利,该善意受让人(善意持有人)仍可取得该动产的所有权。对于文物交易中善意取得问题的考察,核心争议点在于文物的善意持有人是否可因其善意持有该文物而获得足以对抗其原所有权人的权利,即通过善意取得或具有类似法律效果的制度,成为该文物新的合法所有权人。由于法律传统和文物交易状况及诉求的差异,对于承载着公共利益的文物是否适用善意取得制度,各国家的态度并不一致。近年来文化遗产保护领域一系列国际公约的确立,也不同程度地影响了各国对于文物善意取得问题的态度。

英美法系国家财产法奉行相对财产权理论,秉承"无效权利规则",即"无论何人不得将大于其所有的权利给予他人"[1]。因此,法律严格保护财产原所有人的权利。如美国《统一商法典》明确规定,在买卖合同中卖方承担的义务之一便是担保其所转让的所有权是完好的,并且转让的方式是适当的[2],而货物购买人也只能取得转让人所拥有的或有权转让的全部所有权[3]。拥有可撤销所有权(voidable tittle)的原所有权人,有权向支付了对价的善意购买人转让完好的所有权。但出售人一般不能向他人转移自己不享有合法所有权的财产。此规则在文物交易中同样适用,对文物原所有权人十分有利。作为世界主要的文物市场国以及文化财产非法交易中心之一,英国曾为维护交易安全和促进交易便捷之需,于1979年《货物买卖法》确立"公开市场规则"[4],与大陆

---

① 史尚宽著:《物权法总论》,中国政法大学出版社,2000年,第558页。

② *Uniform Commercial Code*,§2–312(1).

③ *Uniform Commercial Code*,§2–403(1).

④ *Sale of Goods Act*(1979),art. 22(1).

法系民法中的善意取得制度在财产所有权之取得上具有相近的效果。但 1994 年《货物买卖法》废除了此规则。此外，根据 1979 年《货物买卖法》第 23 条规定的可撤销所有权制度，若主体对某物拥有可撤销所有权，但在对此不知情的善意第三人完成该交易时未行使撤销权的，该善意购买人可获得该物的完全所有权，这为文物交易中的善意第三人取得交易物所有权提供了可能性。然而，"坎迪诉琳赛"案（*Cundy v. Lindsay*）①之后，法院确立了存在重大误解的合同无效原则，在这种情况下，从无权处分的主体手中购买文物的善意持有人亦无法获得所有权。因此，不管该物品历经几次转手，善意购买人都无法获得该物之所有权。

在大陆法系国家，动产的善意取得制度从法律规定上看，仍有适用于文物交易的空间。但随着司法实践的不断发展，法官界定文物交易中购买人"善意"的标准也在不断提高，甚至通过文化遗产立法的明确规定，将公有文物或者一些具有重要价值的可移动文物排除在善意取得制度的适用范围之外。在意大利，《文化财产和景观法典》对于文物交易中善意买受人之法律地位的问题并未作出特别规定，这一问题的解决仍以秉承了"无限制地承认善意取得的极端立场"的《民法典》为依据，即"无论受让人有偿或者无偿取得动产，也不问取得动产系占有委托物还是占有脱离物，均可发生善意取得"②。然而，意大利法院在文物返还案件的司法实践中，除援引相关国际公约或者涉案国立法精神作为公共秩序用以对善意取得制度进行限制外，还通过对善意取得进行严格解释，以维护文物艺术品市场的法律秩序。如在"昔兰尼的维纳斯"案（*Case of the Venus of Cyrene*）中，意大利最高行政法院在判决将文物返还前殖民地时，关照并援引了相关国际公约之精神，认为将文物返还其原属国是一项国际习惯法义务，符合国际道德原则，是公共秩序的体现；③ 在"厄瓜多尔诉达姆索"案（*Republic of Ecuador v. Damusso*）④ 中，都灵法院承认了文物原属国厄瓜多尔文化遗产保护的公共秩序，认为被告作为国际文物交易商和厄瓜多尔的史学专家，理应了解该国法律对考古文物出口的限制，在明知不合法的情况下对这些文物进行购买，甚至不符合"善意"的最低标准⑤，因此不能成立善意取得。此外，《文化财产和景观法典》第 54 条还明确规定，博物馆、美术馆、艺术馆和图书馆的收藏品，档案等一些特定的（可移动）文物不可进入所有权流通活动中。在法国，私人所有可流通文物的交易根据《民法典》（*Code civ-*

---

① *Cundy v. Lindsay*，3 App. Cas. 459，1878.

② 陈华彬著：《民法物权总论》，中国法制出版社，2010 年，第 282 页。

③ See Alessandro Chechi, *The Return of Cultural Objects Removed in the Times of Colonial Domination and International Law：the Case of the Venus of Cyrene*, The Italian Yearbook of International Law, Volume XVIII, 2008, Martinus Nijhoff Publishers, 2009, pp. 159 – 181.

④ *Republic of Ecuador v. Damusso*, Tribunal Turin, 22 february 1982.

⑤ 意大利《民法典》第 1154 条规定："对于明知物的由来不合法而取得的人，对于其转让人或者前占有人或其物的所有人事实的误信，不发生有利的作用。"

il）第 2277 条①"善意持有人"制度确定其所有权归属。在司法实践中，法院对购买人之"善意"的界定标准不断提高。如 20 世纪 80 年代的"弗里亚诉皮亚松"案（*Frias V. Pichon*）② 中，法院认为购买者因对宗教文物的真伪存在争议而支付了低廉价格、以及没有对该物品的来源进行调查的事实，并不影响对其"善意"的认定；而在当今的司法实践中，"二手货品交易商、普通收藏者、知名艺术商，因其身份不同，善意之标准亦有所不同"，总原则在于"要求购买人尽到调查交易文物所有权来源的审慎义务"。③ 2016 年新修订的《遗产法典》还就作为"公产"的列级文物的非法转让中善意持有人的求偿权问题作出特别规定：第 L622－14 条规定，列级文物属于国家所有的，不可转让；属于其他公法人主体所有的，只能依据相关行政法之规定，在有关行政机关同意的情况下，转让给其他"公产"所有权主体；第 L622－17 条规定："违反第 L622－14 条取得列级可移动文物的行为无效。行政机关或者原所有权人可在任何时候宣布转让行为无效或者追回所有权……经一次或几次转让取得该列级可移动文物的善意持有人，有权就取得该文物所支付的价款要求赔偿。要求返还该文物的行政机关，在向善意持有人支付赔偿价款之后，可向该文物的出卖主体进行追偿。本条之规定适用于遗失或者被盗文物。"日本《文化财产保护法》对可移动文物的善意第三人的权利亦无特殊规定，而是根据《民法典》的有关规定处理，即平稳而公然地开始占有动产者，如系善意且无过失，则即时取得行使于动产上的权利。④ 占有物系盗赃或遗失物时，受害人或遗失人自被盗或遗失之时起二年间，可以向占有人请求返还。⑤ 盗赃、遗失物，如占有人由拍卖处、公共市场或出卖同类物的商人处善意买受时，受害人或遗失人除非向占有人清偿其支付的价金，否则不得请求返还。⑥

二、时效制度对文物所有权的影响

时效制度包括取得时效和诉讼时效两类，各国有关时效的不同规定，对于文物所有权之归属的最终判定，具有十分重要的意义。一旦系争文物持有人依法享有时效利益，则不论其取得该文物时是否善意，他因时效而对该文物享有的所有权，至少在出现更高层级的所有权之前，可以得到法律的保障；即使是面临更高层级的所有权而需要返还的情况下，时效利益的保有者，仍可对其财产权损失要求赔偿。

---

① 法国《民法典》第 2277 条第 1 款规定："被盗物或者遗失物的当前占有人，若是在交易会、市场、公开销售或者售卖相类似物的销售处购得该物，原所有权人仅在向当前占有人支付其为取得该物所支付的价金之后，才能让占有人归还原物。"

② *Frias V. Pichon*，Tribunal civil de Seine，17 avril，1885.

③ 穆永强：《文化财产返还国际争议中善意购买人法律地位问题研究》，中国人民大学博士学位论文，2013 年，第 39～43 页。

④ 日本《民法典》，第 192 条。

⑤ 参见日本《民法典》，第 193 条。

⑥ 参见日本《民法典》，第 194 条。

英美法中的时效规则属于诉讼时效的范畴。在英国，1980 年《诉讼时效法》（*Limitation Act*）规定，货品所有权转让诉讼的时效为 6 年，原所有权人在时效期间内不提起返还之诉的，他对该货品的所有权归于消灭。① 对窃贼及从窃贼手中买受货品的人提起被盗物返还之诉不受 6 年诉讼时效之限制，窃贼及非善意买受者不能援引 6 年的时效期间作为抗辩，但买受人确为善意的，6 年期限届满，原所有权人之权利归于消灭，善意买受人不必返还该物。诉讼时效从诉因发生时起算，对于善意买受人提起的返还之诉，即从首次善意占有开始起算。② 作为一种通过程序性规则实现实体权利转变的制度，时效制度并不考虑文化财产的特殊性；国家层面针对可移动文物的单行立法，也没有对文物返还诉讼时效问题作出特别规定。在美国各州中，以新泽西州为代表的大部分州采用"发现规则"（Discovery Rule）来解决文物返还诉讼的时效问题，以纽约州为代表的少数州则采取对文物原所有人更为有利的"要求并被拒绝规则"（Demand and Refusal Rule）。"发现规则"包含两个构成要素：第一，它以原告是否获知构成其诉因的事实为衡量标准，其中必须包括"文物的现持有人是谁或至少知晓其具体下落"。第二，为防止文物原所有人怠于行使权利，鼓励其追寻文物下落，它要求原所有人必须"合理地审慎调查、追索文物"。该规则可以起到"鼓励善意购买人购买合法艺术品，打击被盗艺术品非法交易，并有利于原所有人追索其财产"的功效。与"发现规则"相比，"要求并被拒绝规则"对原所有人追索被盗文物及艺术品更为有利，它是指善意购买者对文物及艺术品的占有自原所有人向其提出返还请求并遭拒绝之日起方为"非法占有"；换言之，原所有人的追索时效从其向善意购买人要求返还并被拒绝时起算。不过，如果原所有人疏于主张其权利或有不合理的拖延，善意购买人可以提出"延误"（lathes）抗辩。③

大陆法中的时效规则多属于取得时效的范畴。根据法国《遗产法典》的规定，所有列级可移动文物和所有"法兰西博物馆"（musée de France）④ 的馆藏文物，不适用时效取得之规定。⑤ 而对于登录可移动文物，尤其是私有登录可移动文物，《民法典》第 2276 条⑥所规定的 3 年除斥期间依然适用；文物是否因被盗而流失，对于除斥期间并无影响。如在"谢巴托夫诉本西蒙"（*Stronganoff-Scherbatoff v. Bensimon*）⑦ 一案中，买受人购买了 1918 年苏俄政府收归国有的艺术品并于 1931 年在柏林出售。法院虽认

---

① *Limitation Act*，art. 3（2）.

② See *Limitation Act*，art. 4.

③ 参见霍政欣：《追索海外流失文物的法律问题探究——以比较法与国际私法为视角》，《武大国际法评论》（第 12 卷），武汉大学出版社，2010 年，第 99～103 页。

④ 法国博物馆设立和运营的相关规则，本书将在第五章有关内容中进行详细阐释。

⑤ *Code du Patrimoine*（2016），arts. L622 - 13 & L451 - 3.

⑥ 法国《民法典》第 2276 条规定："对动产之占有即等同于拥有所有权。但是，丢失物品的人或物品被盗的人，自其物品丢失或被盗之日起 3 年以内，可以向该物品的现时持有人请求返还；该现时持有人得向其取得该物品之人请求赔偿。"

⑦ *Stronganoff-Scherbatoff v. Bensimon*，56 Rev. crit. de. dr. int. privé 120，1967.

为，购买人明知所售物品的所有权存在争议，依然予以购买，不能适用善意取得制度，但可以因其和平和持续的占有行为，主张对这些艺术品的时效取得。意大利《文化财产和景观法典》中没有关于时效问题的特殊规定。① 根据其《民法典》第 1161 条②对动产时效取得的规定，所有权时效取得期间分为两种：善意占有动产的，经 10 年取得所有权；而在恶意占有——即使是抢劫、偷盗而得来的财产，只要主体以所有权人之名义公开持续地占有 20 年，占有人也可取得该物的所有权。较英、法两国来看，意大利所有权取得时效的期间较长，对于文物返还诉讼中的原所有权人来说是一个有利因素。日本的情况也是如此，《文化财产保护法》未确立特殊时效规则，《民法典》规定的动产所有权取得时效为 20 年，即"二十年间平稳而公然占有他人物者，取得该物所有权"③。其消灭时效规则适用于债权或所有权之外的其他财产权，对于所有权并不适用。此外，国家所有的文物，由于进入其《国有财产法》的调整范围，遵循该法的特殊规则，被排除时效规则的适用。

第三节　交易规制

多数国家文物立法大都将可移动文物分为馆藏文物和没有进入公共博物馆的民间收藏文物两大类，并依据其性质、所有权和法律地位等方面的差别，分别制定不同的规则加以规制。拍卖作为文物艺术品交易的一种重要方式，也存在一些与普通交易行为不同的法律规则。此外，由于文物具公共文化属性，承载着社会公共利益，多数国家出于保护文物、维护公共利益之需，在文物立法或（及）其他相关法律中，确立了国家或其代表在私有文物进行市场交易时享有优先购买权的规则。这些都是可移动交易法制的重要内容。

一、馆藏文物流转限制

对于公共博物馆、美术馆、图书馆等等可移动文物保存机构收藏文物的流转，多数国家都在其基本或者单行文物立法中设置了特殊规则。如法国《遗产法典》中设"博

---

① 该法典第二部分第 5 章第 3 节根据欧盟法"指令"规定的文物返还诉讼程序中的时效规定除外，因为该时效只在依该"指令"提起的欧盟成员国之间的诉讼中才有效，并不具备在意大利国内法上的普遍效力。

② 意大利《民法典》第 1161 条规定："……动产所有权及在该物上享有的其他物权，其占有为善意取得时，依 10 年间继续占有的效果取得。于占有人为恶意的场合，时效取得以经过 20 年完成。"参见《意大利民法典》，陈国柱译，中国人民大学出版社，2010 年，第 219 页。

③ 参见日本《民法典》，第 162 条。

物馆""图书馆"两卷，为馆藏文物和文献遗产的保护和利用设置详细的法律规则；英国则颁布《博物馆与美术馆法》，与1983年《国家遗产法》一起，对特定的博物馆、美术馆和图书馆转让或相互移交藏品进行规范，并加强对此类行为的监管。日本在《文化财产保护法》之外，也制定有专门的《博物馆法》，但该法主要是为日本公私博物馆的设立和日常管理设置基本规则，鲜有关于馆藏文物保护及其流转的规定。

根据英国1983年《国家遗产法》第6条之规定，维多利亚和阿尔伯特博物馆、科学博物馆等文物收藏机构可以通过购买、互易、接受赠与等方式获取文物以增加藏品，但不能通过出售、互易、赠与等方式自由处置其藏品，除非是复制品或者不适宜继续保藏的物品，后者的交易不能损害学生或其他公共成员的利益。1992年，英国又颁布了《博物馆与美术馆法》，根据该法第4条和第6条规定，国家美术馆理事会（The National Gallery Board）、泰特美术馆理事会（The Tate Gallery Board）或国家肖像馆理事会（The National Portrait Gallery Board）可以为丰富其藏品之需，通过购买、互易或接受赠与等方式获取任何相关物品。这里的"任何物品"对于前两者来说是指艺术品和相关的文献，对于国家肖像馆理事会来说指的是肖像或其他与画像有关的艺术品及其文献。但除非得到法律的授权，它们亦不得处置其获得的或固有的藏品。《博物馆和美术馆法》还在补充规定中确定了一个文物艺术品收藏机构清单，清单中所列明的任何机构，相互之间可销售、赠与或互易其藏品或享有财产权的其他物品。

在法国，《遗产法典》第4卷第2编为博物馆藏品的获得、管理和保护设置了一系列详细规则。凡获得"法兰西博物馆"称号的博物馆为丰富其藏品通过有偿或者无偿的方式获得文化财产的，须征求科学委员会（instances scientifiques）的意见，该委员会的组成和运行由专门法令另行确定。[①] 属于公法人所有的"法兰西博物馆"，其藏品也是"公产"的组成部分，并因此不可转让，也不可因时效而取得。对于公共馆藏，非国家或公立机构所属"法兰西博物馆"拟将其被解除列级的藏品出售的，应向文化部告知其出售意图及价格主张，以便文化部决定是否对该文物进行收购。文化部应在收到通知2个月之内做出是否收购该文物的决定，并与出让人协商收购该文物的价格；文化部逾期拒绝收购或未明确表示收购的，财产所有权人即可自由处置该财产。所有权人和文化部未能就收购价格达成一致意见的，价格由征收法院加以确定。收购款项应在收购决定通知原所有权人或者征收法院做出强制性裁决之日起6个月内支付。[②] 因捐赠或遗赠而被纳入公共馆藏的财产，或者虽不属于国家、但是在国家的帮助下获得的馆藏文物，不能通过解除列级进入市场流通领域。[③] 馆藏文物在属于公法人的"法兰西博物馆"之间免费流转，也需要征求法国博物馆高级委员会的同意。[④] 属于私法人所有的非

---

① *Code du Patrimoine* (2016), art. L451 – 1.
② *Code du Patrimoine* (2016), arts. L451 – 6 & D451 – 22.
③ *Code du Patrimoine* (2016), art. L451 – 7.
④ *Code du Patrimoine* (2016), art. L451 – 8.

营利性"法兰西博物馆"的藏品，通过捐赠、遗赠或在国家或地方行政区帮助下获得的，只能向公法人博物或者与自身同样性质的"法兰西博物馆"转让，该转让也须由文化部征求法国博物馆高级委员会意见之后给出同意意见。① 所有违反上述规定交易馆藏文物的行为无效，国家或者这些馆藏文物的所有权主体可在交易的任何时期宣布该交易无效，并要求对该文物藏品予以返还。馆藏文物属于公产的，藏品的所有者和管理者等主体，都可依据《遗产法典》第 L112 – 22 条和第 L112 – 23 条的规定，宣布该交易行为无效或者要求返还文物。②

除法律的专门规定之外，国际博物馆协会（ICOM）综合文物保护的基本原则与主要国家博物运营和管理的先进经验制定的《博物馆职业道德准则》（*Code of Ethics for Museums*），对各国博物馆机构及其从业者提出了最基本道德要求，在国际博协的成员国中具有显著的约束力。英、美、法、意等国都根据该道德准则的基本框架和内容，制定了本国的博物馆职业道德准则或宪章。英美国家的博物馆监管体制赋予各博物馆充分的自主权，各博物馆的运营以及博物馆行业规范，主要靠本国博物馆行业协会（行业联盟）制定的博物馆职业道德准则及为执行该准则而建立的一套惩罚机制进行。与这些国家的博物馆法律规范相比，其博物馆职业道德准则或宪章对于馆藏文物的取得、保护、利用、管理和退出，规定了更为细致的内容，是一种更高标准的行为规范。③

在馆藏文物交易方面，国际博协《博物馆职业道德准则》主要确立了以下原则：馆藏文物征集获得须以有效权利为前提④，不得征集非法或来源不明的文物⑤，禁止购买或者获得被占领地区文物，藏品征集应遵守文化财产进出口有关国际公约⑥。藏品处置须符合法律规则和法律程序。⑦ 馆藏退出文物可依据管理规定，通过捐赠、流转、互易、出卖、返还等方式，优先考虑提供给其他博物馆。⑧ 处理馆藏退出文物所得收入或补偿款须用于相似文物之征集。⑨ 博物馆员工、管理者及其家属不得购买其所在博物馆的馆藏退出文物。⑩ 博物馆或者博物馆员工不得直接或间接支持文化财产的非法交易或非法交易市场⑪，不得直接或间接参与营利性文物交易⑫。这些原则在英、美、法、意

---

① *Code du Patrimoine*（2016），arts. L451 – 10 & R451 – 25.

② See *Code du Patrimoine*（2016），art. L461 – 4.

③ 国际博协及主要国家《博物馆职业道德准则》的性质及其内容，本书将在第六章有关博物馆的章节中详细阐释。

④ *ICOM Code of Ethics for Museums*，art. 2. 2.

⑤ *ICOM Code of Ethics for Museums*，art. 2. 4.

⑥ *ICOM Code of Ethics for Museums*，art. 6. 4.

⑦ *ICOM Code of Ethics for Museums*，art. 2. 12.

⑧ *ICOM Code of Ethics for Museums*，art. 2. 15.

⑨ *ICOM Code of Ethics for Museums*，art. 2. 16.

⑩ *ICOM Code of Ethics for Museums*，art. 2. 18.

⑪ *ICOM Code of Ethics for Museums*，art. 8. 5.

⑫ *ICOM Code of Ethics for Museums*，art. 8. 14.

等国博物馆协会（博物馆联盟）制定的《博物馆职业道德准则》或通过有关行政部门出台的文博行业职业道德宪章中，都有不同程度的体现。

二、一般规则

除馆藏文物之外，其他私有可移动文物的交易规则，与本国民法有着密切联系。文物立法中未作特别规定的，适用民法相关规则。

在英国，文物交易与其他货物一样，主要受 1979 年《货物买卖法》（*Sale of Goods Act*，1979）及 1994 年《货物买卖和提供法》（*Sale and Supply of Goods Act*，1994）的规制。1979 年《货物买卖法》对买卖双方的权利义务作了详细规定，尤其是对卖方义务的规定，非常具有实用性。根据该法规定，物品出让人应承担默示担保的义务，即必须保证自己具有销售该物品的权利，在交易物上没有设定任何买方不知情的权利负担，出让人和其他主体不会妨碍受让人平稳地占有货物。[①] 交易物应与其说明相符。司法实践中，法院对于交易物是否与说明相符，倾向于严格解释，即要求物品与其说明中的陈述完全吻合。[②] 但除非出让人对物品的陈述对双方达成买卖合同有实质影响，否则该陈述不构成有特定法律意义的说明。此处的"实质影响"，要求法院在客观考察买卖双方的意图，特别是考察受让人合理信赖出让人的陈述而订立合同的意图的基础上来做判断。例如在"哈林顿和莱斯特有限公司诉克里斯托弗赫尔艺术品拍卖行"（*Harlingdon & Leinster Enterprises Ltd. v. Christopher Hull Fine Art Ltd*）一案中，作为艺术品拍卖行的被告致函原告，表明自己手头有两幅印象派名画家的作品待拍售，但其对这些油画知之甚少，且不是专业人士，原告在鉴别后仍同意买下一幅作品，后来发现所购买的是一幅赝品，于是诉上法庭。经审理，上诉法院认为，买方凭借自己的判断而购买了此画，不属于"凭卖方说明的买卖"，因此原告不能获得救济。[③] 此外，交易物须具有适于商销的品质，即须符合买方的目的。除非合同订立之前出让人已特别提请买受人注意交易物的缺陷，或者买受人自己已经检验过交易物、应当发现其瑕疵，否则出让人在商业经营中提供的交易物须具有适于商销的品质，即须适合于买受人购买该种货物通常的一种或几种目的。[④] 1994 年的《货物买卖和提供法》对上述规定作了重要修改，以"令人满意的品质"取代了"适于商销的品质"，其第 14 条第 2 款规定，如果交易物符合一个通情达理的人在考虑货物的说明、价格（如果相关）和其他相关情况后视之为令人满意的标准，那么就具有令人满意的品质。交易物的品质包括它们的状态和条件，且下列因素在适当的情形中构成货物品质的不同方面：适合于提供该种货物的通常的所有目的；外观和完好状态；不含微小的缺陷；安全，以及耐久性。该规定显然意在加重卖方责

① See *Sale of Goods Act*（1979），arts. 12 – 13.
② 参见潘华仿：《英国货物买卖法概说》，《比较法研究》1990 年第 4 期。
③ See *Harlingdon & Leinster Enterprises Ltd. v. Christopher Hull Fine Art Ltd*，QB 564［1990］1.
④ See *Sale of Goods Act*（1979），arts. 14 – 15.

任。若出让人想要使货物只适用于一个或部分通常目的，而不是所有通常目的，那么他必须借助谨慎的说明来排除其他目的。① 由此，尽管 1979 年《货物买卖法》仍表明"买方谨慎"是物品买卖的基本规则，但通过 1994 年立法和有关判例法的发展，普通法上的"买方谨慎"已在很大程度上演化为"卖方谨慎"。② 也就是说，在文物交易中，卖方承担的义务明显加强了，无论是在一般买卖中，还是在拍卖中，都是如此。根据 2003 年的《文物交易（犯罪）法》 [Dealing in Cultural Objects (Offences) Act, 2003]，文物交易犯罪指向的对象是污点（tained）文物，它被限定为具有历史、建筑或考古价值的被非法发掘或转移的文物（根据其来源地法确定其非法性），但不包括只具有艺术价值的物品。犯罪行为包括获取、处置、进出口污点文物的行为，与其他人合作从事这些行为，为另一方安排从事这些行为，或为另一方与第三方合作安排从事这些行为。③ 从 2003 年 12 月 30 日起，任何自然人或企业主体明知或相信其为污点文物而仍不诚实地进行交易的，即构成犯罪。经地方刑事法院定罪的，最高可判处 7 年监禁和（或）无限额的罚金；构成速决罪的，最高可处以 6 个月的监禁和（或）最高达 5000 英镑的罚金。④

在美国，民事立法权属于各州的权力范畴，联邦政府只能从保护对国家具有重要意义的文物的角度，对部分文物的交易提出一些基本的禁止性要求，如 1935 年《古迹法》规定，经内政部部长同意，联邦政府可通过接受赠与、购买等不同方式征购任何个人财产或不动产，包括不动产的权益或资产。但未经所有人同意，不得征购宗教或教育机构拥有或为公共利益拥有或管理的此类财产。⑤ 1979 年《考古资源保护法》则明确了从印第安人土地上出土或转移的考古资源的任何交换或最终处置行为，都必须征得对这块土地有所有权或管辖权的印第安人或原住民部落的同意。⑥ 任何人不得销售、购买、交换、运输、接受从公有土地或印第安人土地上违法出土或移走的任何考古资源，或者提供这样的资源用于销售、购买或交换；任何人不得在州际或国际商业活动中销售、购买、交换、运输、接受违反国家法或地方法的规定、规则、规章、条例或许可而被挖掘、移走、出售、购买、交换、运输或接受的考古资源，或者在州际或国际商业活动中提供这样的资源用于销售、购买或交换。故意违反或者怂恿、促使、唆使或雇用别人违反《考古资源保护法》的禁止性规定，销售、购买或交换被非法挖掘或转移的可

---

① 参见吴志忠:《试析英国货物买卖法之改进》,《中南财经大学学报》2000 年第 3 期。

② 叶强:《从"买方谨慎"到"卖方谨慎"——谈英国货物买卖法下的默示条款》,《国际商法论丛（第 6 卷）》, 2004 年, 第 430 页。

③ *Dealing in Tainted Cultural Objects-Guidance on the Dealing in Cultural Objects (Offences) Act (2003)*, available at: http://old.culture.gov.uk/images/publications/Dealincultural.pdf, accessed 18 - 03 - 2015.

④ *Dealing in Cultural Objects (Offences) Act (2003)*, art. 1.

⑤ *Historic Sites Act (1935)*, Section 2 (d) [16 U. S. C. 462 (d)].

⑥ *Archaeological Resources Protection Act (1979)*, Section 4 (16 U. S. C. 470dd).

移动文物的人，一经定罪，可被处以不超过 1 万美元的罚金或不超过 1 年的监禁，或两者并处；但如果涉及的考古资源的商业或考古价值及恢复和修复的费用的总额超过 500 美元的，则应处以不超过 2 万美元的罚金或不超过 2 年的监禁或两者并处。定罪后再犯的，应处以不超过 10 万美元的罚金或不超过 5 年的监禁或两者并处。① 虽然该法案的订立最初只是强调为了保护位于美国公有土地和印第安保护区内的考古资源，但是从 1996 年起，联邦检察官开始援引此法案适用于被盗的外国考古发掘文物。② 至 1990 年，《原住民墓葬保护及文物返还法》推翻了之前存在 80 年之久的鼓励为研究和展览目的发掘和搜集印第安人遗址和文物的政策③，禁止未经其直系后裔、负责印第安文化事务的官方管理机构或夏威夷原住民组织的同意而贩运原住民的遗骸用于出售或牟利，并贩卖非法获得的随葬品、圣物或其他文物的行为。④

根据法国《遗产法典》的规定，国家所有的列级可移动文物不得转让。属于地方行政区、公法人或公共服务机构所有列级可移动文物的转让，须经所属大区区长的同意并以法律法规规定形式进行，且只可转移给国家、公法人或其他公共服务机构。⑤ 私人转让其列级可移动文物的，应告知买主该文物被列级的事实，且在交易完成之日起 15 日内通知大区区长以取得其同意⑥，否则将面临自然人主体不超过 6000 欧元、法人主体不超过 30000 欧元的行政罚款⑦。违法转让不可转让的公有列级可移动文物的，该转让无效，文化部或原所有人可在任何时候要求予以返还或予以撤销，还有可能将面临自然人主体不超过 6000 欧元、法人主体不超过 30000 欧元的行政罚款。⑧ 如果非法转让是在公法人或公共服务机构同意后实施的，文化部可以国家名义、为国家的利益行使撤销权或要求予以返还。善意购买人有权要求返还其为获得文物而支付的价款。⑨ 考古发掘文物也不得随意转让，任何人未依法向国家考古部门事先声明而擅自转让考古发掘文物的，可处 3750 欧元罚金。⑩

在意大利，《文化财产和景观法典》除列明不可进入商业交易，只能在国家、大区

① *Archaeological Resources Protection Act*（1979），Section 5（16 U. S. C. 470ee）.

② Katherine D. Vitale，*The War on Antiquities：United States Law and Foreign Cultural Property*，Notre Dame Law Riview，Vol. 84，No. 4，2009，p. 1836.

③ ［美］伦纳德·D. 杜博夫、克里斯蒂·O. 金著：《艺术法概要》，周林译，知识产权出版社，2011 年，第 7 页。

④ Jack Trope，*Native American Graves Protection and Repatriation Act*，p. 21，available at：http：// saige. org/words/wp-content/uploads/2013/06/NATIVE-AMERICAN-GRAVES-PROTECTION-AND-REPAT-RIATION-ACT-saige-2013. pdf，accessed 16 – 04 – 2015.

⑤ *Code du Patrimoine*（2016），art. L622 – 14.

⑥ *Code du Patrimoine*（2016），art. L622 – 16.

⑦ See *Code du Patrimoine*（2016），art. L642 – 1.

⑧ *Code du Patrimoine*（2016），art. L642 – 2.

⑨ *Code du Patrimoine*（2016），art. L622 – 14.

⑩ See *Code du Patrimoine*（2016），art. L544 – 1.

和其他地方政府部门之间流转的国家文化遗产①之外，其他的公有及民间非营利民间社团所有文化财产，经文化遗产部批准可以转让。转让文化财产需由财产所有者提出转让申请，转让申请须载明：（1）对该文物使用目的和当前用途的说明；（2）妥善保护该文物所必须的方案；（3）通过流转使该文物获得增值的目标，以及实现该目标的时机和方式；（4）根据上述增值目标所确定的该文物预期用途（使用目的）的说明；（5）对该文物进行公共利用的方式，以及按照预期使用可能产生的后果。转让许可应在听取文化财产监管人、大区及通过大区而获得的其他地方公立机构之意见的基础上颁发，特别应包含以下内容：原保存方案中所规定的保护要求和条件；在考虑可能后果的基础上确定的对该文物进行公共利用的条件；对实现申请中的增值目标及其所采取方式和时机的表态。转让行为与该文物的历史、艺术等方面的特点不相适应，或者有损于该文物的保护和公共享用的，文化遗产部不应发放转让许可。在此情况下，文化遗产部还应对与该文物的特点及其保护相适应的利用方式提出建议。文化遗产部还有权根据对授权申请的建议与其他利用方式的对比，与相关利益主体就许可申请的内容进行协商。转让许可证的颁发意味着该文化财产脱离了国家所有权，但转让后的文化财产仍然受到本法相关条款的保护。② 上述转让许可证的内容，应在转让合同中加以列明，并作为《民法典》第1456条规定的义务，须附特别的终止条款。监管人发现受让人不履行上述义务的，在不影响其行使保护权的前提下，应通知有权机关，以便其终止该转让并使违法行为得到妥善处理。③ 为国家利益而转让文化财产的行为，包括缴纳税款义务的转让，不在授权范围之内。④ 此外，文化遗产部也以增加文物或丰富公共收藏为目的，批准属于政府收藏品的单件文化财产与属于政府部门、机构和个人的其他文化财产（如外国外政府部门、机构和个人的文化财产）之间进行的交换。⑤ 任何全部或部分转让文化财产的契据，均须以《文化财产和景观法典》第59条规定的方式，向文化遗产部报告。转让通知应递交于财产所在地监管人，内容包括：转让各方的证明及其本人或法定代理人签字；文化财产的鉴定材料；文化财产所在地说明；转让的性质和条件说明；用于通信联系的各方在意大利的常住地说明。上述内容不全或表述不完整、不准确的，则视同没有履行该通知义务。⑥ 违反法律规定或不按规定的条件和方式转让可移动文物的，其转让、协议和交易视为无效⑦，情节严重的还要受到刑事处罚。如未依法经批准出让民间非营利社团等主体所有的可移动文物，未按法律要求在该期限内通报文化遗产全部或部

---

① See *Codice dei beni culturali e del paesaggio*，articolo 54.

② *Codice dei beni culturali e del paesaggio*，articolo 55.

③ See *Codice dei beni culturali e del paesaggio*，articolo 55 – bis.

④ *Codice dei beni culturali e del paesaggio*，articolo 56.

⑤ *Codice dei beni culturali e del paesaggio*，articolo 58.

⑥ *Codice dei beni culturali e del paesaggio*，articolo 59.

⑦ *Codice dei beni culturali e del paesaggio*，articolo 164.

分转让情况的，以及相关出让人在国家优先购买权行使期限结束之前将文物交付给买受人的，处 1 年以下监禁，并处 1549.5 欧元至 77469 欧元罚款。[①] 将绘画、雕塑和图形艺术作品或古董或具有历史或考古价值的物品的赝品、改制品或复制品作为真品销售，或以销售为目的持有或从国外引进，或使其流通的，处 3 个月至 4 年监禁，并处 103 欧元至 3099 欧元罚款。如犯罪行为发生在商业活动中，应从重惩罚。如在出售时以文字形式在物品上标明其为赝品的，则不构成犯罪，不可惩罚。[②]

日本《文化财产保护法》关于可移动文物转让的规定较为简单，只涉及重要文化财产及出土文物，而未限制一般文化财产的转让。有偿转让重要文化财产的，须先向国家提交出售申请，由文化厅长官决定是否行使国家优先购买权。[③] 对于出土文物，除因保存之须或从其用途来看确实有必要由国家或者都道府县保有外，文化财产出土所在土地所有者或（及）其发现者，只要能支付与发掘补偿金数额相当的金额，国家或地方政府就可以将该文物向其转让。[④] 除确有必要由国家保有外，基于国立博物馆、文化财产研究所以及文物发现所在地方公共团体的申请，国家可以低于市价的价款，向其转让该文物。[⑤]

三、拍卖

文物艺术品拍卖中的重要法律争议之一，在于不保真声明是否可免除拍卖人的责任。一些国家的法律在一定范围内赋予了拍卖人瑕疵担保免责的权利，此条款甚至在一定程度上被视为国际拍卖领域的惯例。然而，仍有许多国家的法律规定拍卖行不能免除对拍卖艺术品的保真责任。

英国现行交易法制倾向于保护买受人赋予卖方日益加重的义务。然而，由于没有专门的拍卖法，各拍卖行自己拟定的拍卖条款及其细则更趋向于维护拍卖行的利益，特别是当拍品描述不恰当而引起责任与义务纠纷时更是如此，很多拍卖行的拍卖条款中对于"免除或限制拍卖行对买方的责任"的规定都很详细，力图避免因对拍品的不恰当描述而引起的损失承担任何法律责任。例如，英国苏富比拍卖行（Sotheby）的拍卖标准文本中，对买方的自行检查义务和苏富比的拍品瑕疵担保责任及责任限制作了详细的规定。"买方的自行检查义务"强调：鼓励潜在买家在售前展示中检查拍品，苏富比对每个拍品的认识部分依赖于卖方提供的信息，苏富比无法对每个拍品的真伪或其他品质进行详尽的尽职调查。买方认可上述事实并同意自行对其感兴趣的拍品以令自己满意的方式进行检查。拍卖行向投标人提供的任何与拍品相关的信息都不是对事实的陈述，而仅

---

① *Codice dei beni culturali e del paesaggio*, articolo 173.
② *Codice dei beni culturali e del paesaggio*, articolo 178.
③ 参见日本《文化财产保护法》，第 46 条。
④ 参见日本《文化财产保护法》，第 106 条第 1 款。
⑤ 参见日本《文化财产保护法》，第 116 条第 3 款。

仅是苏富比持有的观点。而苏富比的瑕疵担保责任是：如苏富比的拍品事后被证实为赝品的，除非属于苏富比免责范围，苏富比应撤销拍卖交易，并向买方退还其为拍品已支付的所有拍卖款项。"赝品"是指由制造者或者其他人通过捏造或仿造作者身份、起源、日期、年代、文化、来源而制作的仿制品，且其描述与拍卖目录中所载的描述不符。任何拍品不得仅仅因为其被损坏、被修复或被修改而被视为赝品。但在以下几种情形下，拍品保真责任不适用：1. 拍卖目录的相关描述与拍卖时为专家和学者普遍接受的意见不相符，或合理地指出相关领域公认的专家对该描述持不同的意见；2. 通过拍卖成交时不被大众认可、极其昂贵的、不切实际或根据苏富比的合理判断可能损坏拍品或降低拍品价值的方法方证实拍品为赝品的；3. 拍品的价值并未因其被认定为赝品而显著降低的。拍品保真责任在拍卖成交日起 5 年内有效，不得转让给任何第三方。如向苏富比主张拍品保真责任，买方必须：1. 自收到任何可能导致买方合理质疑拍品真实性或出处信息之日起 3 个月内书面通知苏富比，详细列明该拍品序号、拍卖成交日期及拍品被认为赝品的原因；2. 将拍品以与拍卖成交之日相同的状况返还给苏富比，并向苏富比转让该拍品完整的所有权，且该所有权上不附带拍卖成交之后产生的任何第三方权利负担。除在拍卖目录中描述拍品未尽到合理的注意义务外，苏富比对其提供给买方信息中存在的错误或疏忽不承担任何责任。[①] 英国佳士得拍卖行的拍卖标准文本也规定了限制性的保真责任。佳士得仅对拍卖目录中以大写字体标题形式做出的拍品的描述提供真品保证，对任何出现在大写字体标题下方的补充说明的材料不负责任，且对该等材料中的任何错误或疏忽亦不负责任。如果任何标题中明确提出了保留意见，拍品保真责任亦不适用。此外，拍卖行保真责任的承担还须拍卖目录的相关描述与专家学者普遍接受的意见相符，且拍品保真的受益权不可转让。[②] 但是，上述条款在一定情况下，会因违反《不公平合同法》与《消费者合同不平等条款规章》而无效。邦瀚斯（Bonhams）、菲利普斯（Phillips de Pury & Company）、奇西克（Chiswick）、伍利·沃利斯（Woolley & Wallis）等英国著名的拍卖行亦均有赝品退款的保真责任的规定。在法律实践中，苏富比亦有因此而承担保真责任的实例。在"桃心花木椅"一案中，苏富比提供的拍品资料显示这两把椅子是从 1759 年第四任伯恩伯爵的手里买到的。然而，1999 年，经鉴定发现这两把木椅是赝品，制造日期是 1990 年。该事件发生后，苏富比承担了拍品保真责任，由其保险公司向买方进行了赔偿，将拍卖款项尽数退还给买家，并冻结出售该木椅的卖方的财产，对其提起诉讼，请求赔偿损失。[③] 此外，英国古董经纪人

---

① 参见《苏富比拍卖规则》，https：//www. docin. com/p-1705355721. html，2019 年 1 月 20 日访问。

② 参见《佳士得拍卖规则》，https：//www. christies. com/pdf/onlineonly/ECOMMERCE _ CONDI-TIONS_OF_SALE_C_INC_January_2019. pdf，2019 年 1 月 20 日访问。

③ 参见《拍卖市场正为赝品买单》，http：//news. ifeng. com/a/20140907/41894694 _ 0. shtml，2019 年 1 月 3 日访问。

协会也有相关的行业规范，该协会会员必须保证所拍卖的物品为真品，如果被认定是赝品要保证退货，如果出现恶意售卖赝品的行为，其会员资格将被吊销。① 为避免卖方通过虚假拍卖侵害买方的利益，英国 1961 年的《虚假拍卖法》第 1 条还规定："凡当事人唆使、实施或协助进行虚假拍卖的，均被视为犯罪，一经定罪，可根据情节处以相应的罚金或监禁或两者并处。"

美国在联邦法层面同样没有统一的拍卖法，相关规定主要体现在《美国统一商法典》（Uniform Commercial Code）之中，此外还散见于破产法、反托拉斯法等其他法律中。在州法层面，有些州有专门的拍卖法，例如伊利诺伊州颁布的《伊利诺伊州拍卖执照法》（Illinois Auction License Act）等。此外，拍卖还受到判例法的调整。《美国统一商法典》第 2 - 328 条对拍卖的成交、有无保留、卖方指使出价情况下买方的权利等作了简单规定，这也是文物拍卖应遵守的基本规则。根据本条规定，如果拍卖人在知情的情况下接受某个卖方代表所做的出价，或卖方做出或指使做出一个出价，且事先并未声明保留此种出价权，买方有权决定是撤销该次出售还是以拍卖完成前最后一个善意出价买进货物。在文物拍卖中，瑕疵担保的责任主要是由《美国统一商法典》第二编关于担保的规定规范的。2003 年修订后的法典的买卖篇扩大了担保的范围和对于买方的保护，加强了卖方的担保义务。其第 2 - 312 条第 1 款规定："除本条第 3 款另有规定外，买卖合同中包含卖方的下列担保：1. 所转让的所有权是完好的，转让的方式是正当的，而且不使买方由于对货物的任何似是而非的赔偿或利益而涉及诉讼；2. 所交付的货物上不存在任何买方在订立合同时所不了解的担保权益或其他留置权。"② 该条款增加了使买方不因货物悬而未决的利益问题而涉诉的规定。美国各州的立法也遵循保护买方的精神，大多数州规定，如果在拍卖中所卖出的货物系赃物，即使拍卖行实际上不知情，或无法推定其为赃物，拍卖人也应该接受退货。③《美国统一商法典》规定了明示担保与默示担保两种担保方式。明示担保的产生并不取决于卖方是否使用"担保"或"保证"这类正式用语，也不取决于卖方是否具有提供担保的特别意图，但是，卖方仅仅确认货物的价值，或仅仅对货物提出意见或做出评价，并不构成担保。④ 在文物拍卖中，援引这一条款的困难在于，如何将"构成交易基础的对事实的许诺或确认"与一般性的声明意见区分开来。如果竞买人是信赖并依靠拍卖人提供的证实拍品为真的专家意见而达成交易的，则应构成明示担保。该法典第 2 - 314 条规定了默示担保："1. 除非经排除或修改（第 2 - 316 条），只要卖方系从事某种货物交易的商人，他对该种货

① 王云霞主编：《文化遗产法学——框架与使命》，中国环境出版社，2013 年，第 229 页。

② 高富平主编：《电子合同与电子签名法研究报告》，北京大学出版社，2005 年，第 323 页。下面关于 2003 年修订后《美国统一商法典》有关担保的条文也引自本书。

③ ［美］伦纳德·D. 杜博夫、克里斯蒂·O. 金著：《艺术法概要》，周林译，知识产权出版社，2011 年，第 34 页。

④ See Uniform Commercial Code, art. 2 - 313.

物商销性的担保即为买卖合同中的默示担保。2. 货物至少应同时满足下列标准才具有商销性：（1）根据合同所提供的说明，货物应在本行业内可以不受异议地通过；（2）货物如果为种类物，应在说明的范围内具有平均良好品质；（3）货物应适用于该种货物的一般使用目的；（4）货物每个单位内部或全体单位之间的种类、质量或数量应均匀，差异不超出协议许可的范围；（5）货物应按协议的要求装入适当的容器，进行适当的包装并附以适当的标签；（6）如果容器上或标签上附有保证或说明，货物应与此种保证或说明相符。3. 除非经排除或修改（第2－316条），交易过程和行业惯例可以引起其他默示担保。"该法典对商人的定义是，从事某类货物交易业务或因职业关系对交易所涉货物具有专门知识或技能的人。据此，从事文物、艺术品拍卖的拍卖行在本条款的调整范围内，而普通个人的买卖则不在其中。关于"在本行业内可以不受异议地通过"，该条注释中指出，在艺术品领域该条可以解释成参考特定艺术家的承认、鉴别和评估、艺术时期、与特定艺术家和艺术时期相关的特定作品。① 第2－315条也是关于默示担保的规定："如果卖方在订立合同时有理由知道买方要求货物适用于特定用途，且有理由知道买方依赖卖方挑选或提供适用货物的技能或判断力，卖方即默示担保货物将适用于该特定用途，除非依下条排除或修改此种担保。"该条注释把"特定用途"限定为一种具体的、与买方事业性质有关的特殊用途，使其有别于第2－314条适销性默示担保所涉及的"一般性用途"。一般以留待增值为目的的购买人或以收藏为目的的收藏家似乎不符合特定用途的条件。但想获得某一幅特定作品，或想充实某一种具体收藏的买主则处于这种担保的范围之内。② 但在艺术品诈骗案中，解释和运用《统一商法典》中有关担保和免责声明的条款有一定的困难，一些州因此制定了具体处理艺术品担保问题的法律。如纽约州立法机构1966年通过了一项法律，规定任何一位艺术商向一位非商人的买主出售一幅作品时，只要在该作品的介绍中点明了作者或创作情况，即构成一项明示担保。纽约州法律确认消费者在弄清作品来源方面需依靠艺术商的经验、受教育程度和专业技能。因此，法律禁止艺术商将其对作者身份的认定仅仅说成是他的"判断"而非对事实的确认。该法律还作出一项推定，有关艺术品真伪的说明构成交易的基本组成部分，该法律甚至不允许卖方为吸引顾客购买一件有争议的作品而进行"吹嘘"。③密歇根州、佛罗里达州也有类似的规定。④ 2003年修订后的《美国统一商法典》买卖篇还增加了关于电子商务的规定。例如，规定合同可以通过双方当事人的电

---

① 张函：《国际艺术品贸易中的法律问题》，武汉大学2009年博士学位论文，第49页。

② ［美］伦纳德·D. 杜博夫、克里斯蒂·O. 金著：《艺术法概要》，周林译，知识产权出版社，2011年，第49页。

③ 参见［美］伦纳德·D. 杜博夫、克里斯蒂·O. 金著：《艺术法概要》，周林译，知识产权出版社，2011年，第50页。

④ ［美］伦纳德·D. 杜博夫、克里斯蒂·O. 金著：《艺术法概要》，周林译，知识产权出版社，2011年，第50页。

子代理人进行交互作用而订立，赋予了电子签章与传统意义上的签章同等的法律效力，等等。这为文物的网络拍卖提供了相应的法律规则。

虽然法国近年来先后通过了《艺术品市场拍卖人员行为守则》（*Code de bonne conduite pour les ventes aux enchères*）、《动产自由拍卖法》（*Loi n° 2011 – 850 du 20 juillet 2011 de libéralisation des ventes volontaires de meubles aux enchères publiques*）等法律法规，但《民法典》仍是对包括拍卖在内的商品交易行为的基本依据，对于规制拍卖活动仍然具有重要作用。《民法典》关于出卖人担保义务的规定，对于拍卖人也适用。该法典第 1641 条规定："因卖出物有隐蔽瑕疵，致使买受人不能将其用作指定的用途，或者使其在作指定用途时效用降低，而如果买受人事先了解此种情形，即可能不会买受该物或仅在降低价格后始予买受时，出卖人应付担保责任。"而根据第 1643 条，出卖人的瑕疵担保责任是可以通过约定加以规避的。在文物拍卖中，当拍卖人援引这条规定来声明免除自己的责任时，竞买人承受的风险就相应地增大了。因此，在文物艺术品的拍卖中，法国《民法典》对买方提供的保护是有限的，拍卖人会尽可能扩大免责声明的范围，除非买方切实履行了自行检查的义务，且通过合理的手段在拍卖后鉴定出了拍品的严重瑕疵或者认出其属于赝品，而这种结果在自行检查中不能合理发现，且与拍卖方的描述严重相左的情况下，或者能归入拍卖方的担保责任范围之内的情况下，买方才能要求拍卖人承担担保责任。在上述情况下，根据该法典第 1644 条和第 1645 条的规定，如果买方发现拍品属于赝品，他可以请求向拍卖人退货；如拍卖人原已知道拍品有严重瑕疵或属于赝品，而怠于告知买方的，则除须退货之外，还要承担损害赔偿的责任。此外，在互联网时代，网络拍卖的兴起对传统的拍卖法构成了挑战，为此，法国于 2000 年 7 月出台了《动产自由拍卖法》，对网上拍卖和有拍卖公司进行的公开拍卖做出了区分，对私人进行的网上文物拍卖进行规制和监督，防止文物不必要的流失和损毁。根据该法，私人网上拍卖和拍卖公司进行拍卖的本质区别就是是否有拍卖公司的参与。没有拍卖公司参与的就属于私人拍卖的范畴。①

与其他国家不一样的是，意大利要求拍卖人在拍卖活动中承担更严格的瑕疵担保责任。拍卖人除须根据《民法典》承担瑕疵担保责任外，他还要根据《文化财产和景观法典》的规定，对拍品承担保真责任。意大利《民法典》第 1476 条规定，出卖人有就物的瑕疵向买受人提供担保的义务。第 1490 条规定，出卖人要对出卖之物不存在瑕疵进行担保，该瑕疵是指不能按指明用途使用，或者显而易见地降低了物的价值。如果出卖人恶意地向买受人隐瞒物的瑕疵，则有关免除或者限制担保的约定无效。第 1491 条规定，如果在缔结契约时买受人知道物的瑕疵，则不必进行担保，如果瑕疵十分易被识别，同样毋需进行担保，但是，在该情形下，出卖人声明物不存在瑕疵的除外。可以说，《民法典》规定的瑕疵担保责任十分严格。在此基础上，《文化财产和景观法典》

---

① 王云霞主编：《文化遗产法学——框架与使命》，中国环境出版社，2013 年，第 234 页。

第 64 条更明确地指出："根据有关行政管理的法规，任何人从事有关画作、雕塑、书画作品或古董，或具有历史和考古价值物品的公开销售、商业展览或展销活动，或经常出售上述作品或物品，必须向买主提供物品的真实性证明文件，或至少要有大概来源和出处的证明文件；如无此类文件，则必须提供能够说明有关作品或物品的真实性或其大概来源和出处的所有相关信息的申明。根据作品或物品的性质，此类声明应附上该作品或物品的照片。"根据这条规定，在文物拍卖中，保证拍品为真是一个基本的责任。要求提供真实性的证明文件自不必说，提供来源和出处等信息或者提供这些信息的申明的替代要求，同样也是为了最大限度地保证所交易的文物为真品。据此可以推定，只有在权威专家意见不一致或通过损坏拍品的方法才可能鉴别真伪等情况下，拍卖人才可以合理地免除保真的责任。其他严重的瑕疵担保责任，则须根据《民法典》的规定来承担。如果拍品为赝品或有严重瑕疵，拍卖人被证明应承担责任的，则买受人可以要求解约或降价。根据《文化财产和景观法典》第 178 条的规定，如故意将赝品、复制品作为真品出售，还将承担刑事责任，行为人将被处 3 个月至 4 年监禁，并处不超过 3099 欧元罚款。

日本《民法典》关于出卖人的瑕疵担保责任的规定亦适用于拍卖人。该法典第 570 条规定，买卖标的物有瑕疵时，以买受人不知其事，且因之不能达到契约目的的情形为限，买受人可以解除契约。于其他情形，买受人只能请求损害赔偿。这条规定对拍卖人是较为有利的，因为只有在竞买人不知道文物拍品存在瑕疵且不能达到"契约目的"的特定情形，竞买人才能要求解除契约。但对于何谓"契约目的"，因法律缺乏明确规定，在实践中，拍卖人通过声明免除自己瑕疵担保责任的规定，能够很容易规避自己本应承担的责任，致使买受人承担的风险增大了。这对于文物拍卖竞买人来说无疑是很不利的。

四、优先购买权

"文化遗产的特殊价值和属性，其传承与保护涉及社会成员的公共利益，文化遗产权的行使也受到公共利益的极大限制，这种权利在很大程度上是一种需要以公法加以规范与保护的公权，只在有限的意义上具有私权的某些属性"①。文物交易中的国家或其他公共主体优先购买权的设置，正是维护文物公益属性的体现，也成为各国文化遗产法中的重要制度之一。

英国文物立法中确立的优先购买权存在于文物的跨国流转领域。文物将流转出口的，法律给予本国文物保护机构相应的优先购买权。根据 2002 年《出口控制法》的规定，任何超过 50 年历史的物品的出口都要申请出口许可证，并由艺术品和文物出口审查委员会进行审查，如果该委员会认为出口物品属于国家珍宝，则给予本国的博物馆、美术馆或者"国民信托"等文化遗产机构以优先购买权。认定国家珍宝的标准主要有

---

① 王云霞：《论文化遗产权》，《中国人民大学学报》2011 年第 2 期，第 26 页。

三项：该物品是否与英国的历史和民族生活有紧密的联系而导致其出口即为英国的重大损失；它是否具有杰出的艺术价值；对于艺术、学术或历史的某些特殊分支的学术研究是否具有突出的重要意义。① 如经审核认定为国家珍宝，委员会通常会设定 2～6 个月的出口延缓期，以给予本国的博物馆、美术馆等文物收藏机构或其他相关机构以一定的期限考虑是否购买。委员会经评估后会设定一个对所有权人和其他利益相关者来说比较公平的价格，本国的博物馆等机构可以等于或高于这个价格的标准优先进行购买，如所有人拒绝出售，则该国宝不得出口，而如果没有机构愿意购买则允许其出口。

相比之下，法国、意大利和日本文物立法赋予国家和有关公共机构优先购买权的适用范围较广。法国《遗产法典》第 L123－1 条规定：国家可依照《商法典》L321－9 条的规定，通过代位中标人或者买受人的方式，对公开出售（拍卖）或场外交易的文物艺术品行使优先购买权。文化部可在交易开始时，就通过主导拍卖的公共或部门官员，《商法典》第 L321－4 和 L321－24 条规定有资格组织公开拍卖或场外交易的社团，宣布其行使优先购买权的意图。这些主体应提前 15 天向文化部表明其文物交易计划，并提供与前述财产相关的有用信息，交易开始当天还应通知文化部。文化部应在公开拍卖或接到场外交易通知之后的 15 天内决定是否实施优先购买权。第 L123－2 条规定，国家还可应地方行政区或其团体，地方公共服务机构、具有"法兰西博物馆"称号的非营利性私法人或者经认证的公益基金会、档案基金会的请求，行使优先购买权。② 行使国家优先购买权的具体方式和程序由最高行政法院通过法令予以规定。③

在意大利，文化遗产交易中的优先购买权不仅被赋予国家，在一定情形下还被赋予大区和其他公共机构，且上述有权优先购买的主体可确定该财产的价值。出让方不接受该价值的，应与优先购买方协商，共同指定的第三方决定。如双方无法就指定第三方或其替代者达成一致，第三方估价机构可由合同缔结地的法院根据一方的要求指定。相关费用由出让方承担。第三方估价具有明显错误或者显示不公正的，可以被推翻。④ 优先购买权应在收到文化遗产转让通报之后 60 天内行使。该通报没有提交，或提交不及时或不完整的，优先购买权可在文化遗产部收到迟到通报，或获知通报的全部内容之后 180 天内行使。行使优先购买权应在上述期限内通知出让人和购买人，该通知具有中止财产转让契据的效力，出让人不得向原买受人交付被优先购买的文物，优先购买权主体不受转让合同条款的约束，自从最后一次通知之日起取得该文物所有权，在交易标的物的全部或者部分被优先购买的，原买受人有权解除交易合同。⑤ 一旦收到可能涉及优先

① 参见英格兰艺术委员会有关艺术品和文物出口审查委员会的简介：https：//www.artscouncil. org.uk/supporting-collections-and-cultural-property/reviewing-committee，2019 年 1 月 26 日访问。

② *Code du Patrimoine*（*2016*），art. L123－3.

③ *Code du Patrimoine*（*2016*），art. L123－4.

④ See *Codice dei beni culturali e del paesaggio*，articolo 60.

⑤ *Codice dei beni culturali e del paesaggio*，articolo 61.

购买权的转让通报，文化遗产监管人应立即通知文化财产所在地大区和其他地方公共机构。如涉及可移动财产，大区应通过自己的官方通报及国家级层面的其他合适的广告手段告知公众，对所涉物品及其价格进行说明。大区和其他地方公共机构应在接到通报后20天内向文化遗产部提出优先购买建议。文化遗产部放弃行使的优先购买权，应在收到通报之后20天内通知其他有权行使该权利的机构，由该机构应承担有关费用，并根据优先购买规定，在收到上述通报后60天内通知出让人者和购买者人。如没有提交通报，或通报提交得不及时、不完整，上述三个期限分别为从收到通报或获知通报主要内容之日起90天、120天和180天。①

日本《文化财产保护法》虽未明确使用"优先购买权"这一术语，但其第46条"对国家提交出售申请"的规定实际上就是一种优先购买权。根据该条和第83条的规定，想有偿转让重要文化财产或者重要有形民俗文化财产的，必须持有记载受让方、预售金额及其他文部科学省部令要求事项的书面材料，首先向文化厅长官提出向国家出售的申请。在提交的书面材料中，可以记载希望将该重要文化财产转让的原因。如果文化厅长官认为转让原因可行时，在收到该申请后30日之内向买卖双方下发不许买入该重要文化财产或者重要有形民俗文化财产的通知，在这段时期内，双方应中止交易行为，以便由国家确定是否购买该文物。违反上述规定情形之一，即不向文化厅长官提出申请、在申请材料中进行虚假描述，或在上述期间内擅自将该文化财产转让给他人的，出让方应处10万日元以下的行政罚款。② 文化厅长官在收到出售申请后30日内下发国家购买该重要文化财产或者重要有形民俗文化财产的通知，且交付前述申请书上填报的预售金额的，优先购买得以成立。也就是说，对于重要文化财产或者重要有形民俗文化财产的买卖，应首先由国家考虑是否行使优先购买权，国家决定购买即排除了一般私人买卖的可能。当然，一般文化财产的买卖不受此限制，其国内流转相对自由。

与上述几个国家不同，美国法律对于优先购买权的规定多出现在公司法等商事法律中。但在文物交易方面，美国奉行自由交易的方针，其文物保护法中并没有关于优先购买权的规定。

第四节　出入境管理

不论是可移动文物的跨国交易，还是各国博物馆馆藏文物之间的跨国展览和交流，

---

① See *Codice dei beni culturali e del paesaggio*，articolo 62.

② 参见日本《文化财产保护法》，第202条。

都涉及文物出入境问题。由于文物对于其创造民族或原属国家具有不可替代的特殊意义，文物出入境制度构成各国文物立法的重要内容。

通过刑罚处罚或（及）行政许可的手段禁止或限制某些珍贵文物出境，是可移动文物出入境制度的核心内容。与此相对应的是，部分国家对于鼓励、限制或禁止入境的文物范围及其入境程序，也有法律上或者政策上的明确规定。本节将从禁止或限制出境的文物范围、文物出境程序、出口审批中的国家强制购买权，以及文物入境管理相关规定四个方面，对五国法制中可移动文物出入境管理制度进行比较分析。

一、禁止或限制出境的可移动文物范围

与其文物保护和管理体制相适应，五国法律在规制可移动文物出境范围方面采取了不同思路。总的来说，在明确禁止或限制出境的文物范围方面，英美法系国家相关法律规定远不如以抽象和全面的法典为特色的大陆法系国家的规定细致和全面。此外，欧盟法在文物进出口方面的规定也影响着作为其成员国的法国和意大利。英国虽于 2016 年通过全民公投决定退出欧盟，但由于"退欧"涉及一系列漫长而复杂的程序，截至目前，文物进出口相关法律、法令尚未由于"退欧"而发生变化。

英美法系国家的法律制度以判例法为特色和基础。尽管近年来英国和美国的成文立法范围日益广泛，数量不断增多，但其法律内容更多的是具有很强实际操作性的规则，而缺乏抽象的理论概括，在具有显著行政法性质的文物法制领域尤为如此。在英国，无论是 2002 年《出口控制法》（*Export Control Act*，2002）还是专门规制文物出口管理的 2003 年《文物出口（控制）法令》（*The Export of Objects of Cultural Interest* ［*Control*］ *Order*，2003）中，都没有明确规定禁止或限制出口文物的具体类别或者判断标准，而是通过明确文物出境程序的方式，实现对部分文物出境的限制。只有在《文物出口（控制）法令》附录部分对本法所称文物（Objects of cultural interests）进行了一个概括的定义，除几类排除适用的物品外，将所有在出口时制作或者生产超过 50 年的具有文化意义的物品都包含其中。排除适用的物品类型包括：（1）邮票和其他集邮册；（2）出口人及其配偶的出生证书、结婚证书、死亡证明以及其他与其个人事务相关的文书文件；（3）出口人或其配偶的书信或者其他文字作品；（4）由出口人出口的属于制造者或生产者及其配偶或遗孀个人财产的物品。[①] 此外，《文物交易（犯罪）法》中的"污点文物"交易禁止制度，也涉及对此类文物出入境限制或禁止的相关规定。[②] 根据美国宪法对于联邦与州分权的相关规定，物品出入境的管理职权属于联邦政府所有。联邦政府基于国际条约的义务、国家安全、技术保护和外交政策等方面的原因，由商务部制定

[①]　*The Export of Objects of Cultural Interest（Control）Order 2003*，Schedule 1.

[②]　关于英国法制中的"污点文物"及其交易禁止制度，本书将在第八章"文物非法贩运"中进行详细阐释。

了禁止或限制出境的名单，称为"出口管制商品清单"（commodity control list，简称CCL）。1979年《考古资源保护法》则通过对公有土地或土著居民土地上非法挖掘考古资源——包括但不限于陶器、篮子、水瓶、武器、武器投射器、工具、建筑的一部分、壁画、雕刻、人类骨骼等100年以上具有考古价值、反映人类生活或活动的物品①设置国际或国内交易禁止制度②，扩展了禁止或限制出口文化财产的范围。

相比之下，法、意两个大陆法系国家文化遗产法典，都对禁止或限制出口的文物的范围，进行了较为明确而全面的规定。根据两国文化遗产法典，可移动文物依其法律权属、价值大小以及出境目的等方面的不同，归为禁止永久性出境和经审批允许永久出境两类。此外，禁止永久出境的文物还可因文教交流活动之需，经审批临时出境。（一）禁止永久性出境。根据建立欧洲经济共同体（欧盟前身）的1957年《罗马条约》（*Treaty on the Functioning of the European Union*，*TFEU*［*Treaty of Rome*］）第36条的规定，具有艺术、历史和考古学价值的国家珍宝不受进出口配额禁止制度的限制，即这些国家珍宝并不纳入欧洲共同市场进行自由贸易的范围，成员国对其出口进行限制，是文化自治原则的集中体现。由此，法国《遗产法典》规定，属于国家珍宝的文物，禁止永久性出口。③ 国家珍宝具体包括以下几类：1. "法兰西博物馆"的馆藏文物；2.《遗产法典》第L211-4条所述公共档案和根据法典第二卷予以列级的历史档案；3. 根据法典第六卷予以列级的历史古迹；4. 构成《公法人一般财产法典》第L2112-1条所述可移动公产之组成部分的财产；5. 其他从历史、艺术或考古学视角来看承载重大国家遗产利益的财产。④ 在意大利，《文化财产和景观法典》规定的禁止永久性出口的文物分为两类：一类是绝对禁止出境的文物，包括：1. 易损坏的文化财产，即在运输过程中或在不利的环境条件下容易受到损坏的文化财产；2. 博物馆、美术馆或档案馆、图书馆藏品或文献遗产。此类文物在任何情况下不可出境。⑤ 另一类是禁止永久出境的文物，包括：1. 该法典第10条第1、2、3款所界定的公私可移动文物、博物馆藏品、档案、文献等；2. 国家、大区、其他地方政府部门、其他任何公共团体和机构及民间非营利社团所有的属于过世艺术家作品且生成时间在进行文物鉴定之前已超过50年的可移动物品；3. 法典第10条第3款所述由文化遗产部与相关咨询机构协商后做出预防性认定的，因可能会在客观特性、出处和存在环境等方面对文化遗产造成损害而在规定时间段内不准出口的公私物品。⑥ （二）经审批允许永久出境。在法国，不属于国家珍宝的其他文化财产，经行政

---

① *Archaeological Resources Protection Act*（*1979*），Section 3.（16 U. S. C. 470bb）.
② *Archaeological Resources Protection Act*（*1979*），Section 6.［16 U. S. C. 470ee（c）］.
③ *Code du Patrimoine*（*2016*），art. L111-2.
④ Code du Patrimoine（2016），art. L111-1.
⑤ *Codice dei beni culturali e del paesaggio*，articolo 66，para. 2.
⑥ *Codice dei beni culturali e del paesaggio*，articolo 65，para. 2.

机关依法颁发出境许可证的，可依照许可证之内容永久出境。① 在意大利，经主管部门颁发出口许可证方可永久出口的文化财产包括：第一，具有文化价值且生成时间超过 50 年的过世艺术家作品；第二，个人所有的具有文化价值的档案和单份文件；第三，生成时间超过 25 年的摄影、电影、音像、动画等材料，以及事件的口头或文字记录；第四，超过 75 年的运输工具；第五，具有科技发展史价值的，超过 55 年的物品和工具。② （三）经审批允许临时出境。临时出境许可证多颁发于那些以文化交流和展览为目的或具有公共用途的出境文物，且一般具有一定的允许出境期限。如在法国，国家珍宝以及其他文化财产以修复、鉴定、参加文化活动或公共收藏机构展览为目的临时出境的，行政机关颁发临时出口许可证，并附明确的文物回国要求。③ 在意大利，经批准允许颁发临时出口许可证的文化财产包括：1. 在确保完整性和安全性的前提下，为参加艺术活动、展览会或重要文化展示活动而须临时出口的文化财产；④ 2. 在使领馆、欧盟机构或国际组织担任职务，因工作要求移居国外的意大利公民在任期内作为家具使用的文物；3. 用作驻外使领馆的内外部装饰物的文物；4. 因必要的分析、调查或保护工作必须在国外进行而须临时出境的文物；5. 根据互惠协议或与国外博物馆机构签订的文化协定的需要而须临时出境且出境期限不超过 4 年的文物。⑤ 此外，历史超过 75 年的交通工具出境参加国际展览和国际会议的临时出境，毋需批准。⑥

兼具大陆法系和英美法系特征的日本，则在《文化财产保护法》中依据文化财产保护级别和保护类型的不同，规定了不同级别文物的出境限制措施：（1）重要文化财产出境禁止：包括国宝在内的重要文化财产禁止出境；出于国际文化交流以及其他特殊原因，且经过文化厅长官批准的除外。⑦ （2）登录文化财产出境限制：登录有形文化财产的出境必须依照文部科学省的规定，在出境前 30 天之前告知文化厅长官。文化厅长官如果认为有保护的必要，可以对其出境进行必要的指导、建议、劝告。⑧ （3）重要有形民俗文化财产出境限制：任何主体欲出口重要有形民俗文化财产的，必须获得文化厅长官的许可。⑨

二、文物出境许可程序

获得出境许可是文物合法出境的前提。然而，在不同的可移动文物登录和出入境管

---

① See *Code du Patrimoine* （2016），art. L111－2.
② *Codice dei beni culturali e del paesaggio*，articolo 65，para. 3.
③ See *Code du Patrimoine* （2016），art. L111－7.
④ See *Codice dei beni culturali e del paesaggio*，articolo 66，para. 1.
⑤ *Codice dei beni culturali e del paesaggio*，articolo 67，para. 1.
⑥ See *Codice dei beni culturali e del paesaggio*，articolo 67，para. 2.
⑦ 参见日本《文化财产保护法》，第 44 条。
⑧ 参见日本《文化财产保护法》，第 65 条。
⑨ 参见日本《文化财产保护法》，第 82 条。

理体制下，申请出境许可证的程序、出境许可的类型及其颁发机构，在不同国家存在差异。

在英国，可移动文物出境许可证分为两类：一类是根据 2003 年《文物出口（控制）法令》第 2 条规定颁发的出口许可证（licence），如果没有国务大臣授权并颁发许可证，禁止任何文物出口到任何地方，文物的出境应当遵循出境许可证的具体要求。第二类是基于欧盟法颁发的共同体许可证（Community Licence），其法律依据是"欧共体"理事会于 1992 年 12 月 9 日颁布的有关文物出口的规则。两类许可证都由文化大臣签发，通常须咨询英格兰艺术委员会下设艺术品和文化财产出口审查委员会的意见。文化大臣在两种许可证签发中有较大的自由裁量权。该许可证既可以是一般性的规定，也可以针对某个特定物品或情形；既可以设立截至日期或更新日期，也可以是无限期的；许可证的成立既可以是无条件的，也可以是附加条件的。而且，文化大臣还有权随时根据情况的发展变化，或者他认为合适的情形，改变、中止或废除出境许可证，但应当及时地通知许可证的持有者。① 《文物出口（控制）法令》对申请人在申请文物出口许可过程中可能涉及违法行为的法律责任做了具体规定：当事人在申报文物出口许可证材料中故意或者过失作假，或者其行为违反出口许可证的条款和规定，构成速决罪的，处法定数额的罚金，在一般犯罪中则处任意数额的罚金或者 2 年以下监禁，或者二者并处。通过虚假材料申报取得的许可证亦须吊销。② 当事人未依照有关部门的要求将文物出口或者运输至目的地的，亦将构成速决罪或者一般犯罪，分别按照一定的刑罚标准进行处罚。③ 此外，该法还对与文物出口许可相关的信息公开制度进行了规定。④

法国的文物出境许可分为一般出口许可和临时出境许可。一般出口许可由政府负责文化遗产的部门（文化部）发放给文物所有权人及其代理人。文化部应通过决议的方式，确定文物一般出口许可证申请表，并制定出口许可申请应同时提交的相关调查报告和证明文件清单。⑤ 文化部应在自收到完整申请材料之日起 4 个月内做出颁发或者拒绝颁发出口许可证的规定，拒绝颁发出口许可的决定只能根据由最高行政法院确定其成员的专业委员会意见做出，该委员会成员须包含国家和具有相关资质的专业人员代表。⑥ 申请被拒绝的，自得到拒绝通知之日起 30 个月期间内不得再次就该文物申请出境。⑦ 最高行政法院发布应颁行专门法令，就出口许可证的申请和颁发的要求和程序进行详细规定。⑧ 临时出口许可又分为针对一般文物的临时出口许可和针对国家珍宝的临时出

---

① See *The Export of Objects of Cultural Interest*（*Control*）*Order 2003*，art. 3.

② *The Export of Objects of Cultural Interest*（*Control*）*Order 2003*，art. 4.

③ *The Export of Objects of Cultural Interest*（*Control*）*Order 2003*，art. 6.

④ See *The Export of Objects of Cultural Interest*（*Control*）*Order 2003*，art. 8.

⑤ *Code du Patrimoine*（*2016*），art. R111 – 4.

⑥ *Code du Patrimoine*（*2016*），art. L111 – 4.

⑦ *Code du Patrimoine*（*2016*），art. L111 – 6.

⑧ *Code du Patrimoine*（*2016*），art. L111 – 5.

许可，都由文化部签发，且需要具有与其申请目的相应的许可期限。① 一般文物临时出
口许可证的签发或者拒绝应自收到申请材料之日起 1 个月内，根据对文物自出口国领土
回国担保书的审查结果做出②，国家珍宝临时许可证的签发除遵守上述期限、审核上述
担保书之外，文化部还可要求提供有关该文物的具体说明。③ 临时出境许可期限届满
的，文物所有者或持有者应依照有关职能部门的要求，就此情况向其报告。④

　　意大利的文物出口许可也分为一般出口许可和临时出境许可两类。允许永久出境的
文物出口的，需要文化财产自由流转证书。自由流转证书的颁发须经过以下五步程序：
第一，申请者首先向出口主管部门做出明确的申报，同时提交该文化财产，并且说明每
件文化财产的市场价值；第二，出口主管部门在申请人提交文化财产后 3 天之内通知文
化遗产部内相应职能机构；第三，文化遗产部出口主管机构在收到通知之日起 10 天之
内，向出口主管部门提供该文化财产相关信息；第四，出口主管部门按照文化遗产部征
求相关咨询机构意见后确定的指导原则，根据文化遗产部提供的信息，发放或者拒绝发
放自由流转证书，并在 40 天之内通知相关当事人；第五，如果申请出境的文化财产属
于大区所属机构所有，出口主管机构还应当与大区协商，大区应在 30 天内提出意见。
大区反对颁发自由流转证书的意见具有约束力。⑤ 自由流转证书的有效期为 3 年，在此
期间，相关当事人可以将该文化财产永久性出境。拒绝颁发自由流转证书则须启动公示
程序，同时出口主管机构应当将文化遗产部对该文物的鉴定信息通知有关当事人。⑥ 申
请人如对出口主管机构拒绝颁发自由流转证书持有异议，可以在 30 天内向文化遗产部
提出复议。文化遗产部应征求相关咨询机构意见，在 90 天内做出裁决；在此期间，公
示程序停止。⑦ 临时流转证书是出口主管部门向文化财产出境申请人颁发的，允许文化
财产参加展出活动等临时性出境的许可证。其颁发须经过以下四步程序：第一，申请人
首先向出口主管部门申报，并将相关文化财产提交给出口主管部门，同时说明各件物品
的市场价值和保证物品境外安全的责任方；第二，相关当事人应当根据申请出境文化财
产的价值进行投保，如果可由国家承担风险则不需要投保；第三，出口主管部门应当在
文化财产提交后 40 天之内，按照文化遗产部经征求相关咨询机构的意见后确定的指导
原则，确认申报文化财产的价值是否公平合理，最终发放或者拒绝发放临时流转证书；
第四，出口主管机构做出必要指示，并通知相关当事人。临时流转证书应当说明这些文
化财产回国的期限，可以根据相关当事人的要求延长，但一般最长不得超过出境之日起

　① See *Code du Patrimoine*（*2016*），art. L111 - 7.
　② See *Code du Patrimoine*（*2016*），art. R111 - 13.
　③ See *Code du Patrimoine*（*2016*），art. R111 - 14.
　④ *Code du Patrimoine*（*2016*），art. L111 - 7.
　⑤ *Codice dei beni culturali e del paesaggio*，articolo 68.
　⑥ *Codice dei beni culturali e del paesaggio*，articolo 68.
　⑦ *Codice dei beni culturali e del paesaggio*，articolo 69.

18 个月。如果拒绝颁发，则和自由流转证书的规定一样启动公示和通知程序，允许申请人提出复议。①

在日本，文化财出境许可大致包括以下三类：（1）重要文化财产出境许可。重要文化财产在原则上是禁止出境的，除非是有国际文化交流或者其他方面的特别必要，才可以提出出境申请。出境申请者应向文化厅长官提交申请书，主要包括重要文化财产的情况、管理者与申请者的情况、出境事由、出境方式与时间、展览会情况等事项。同时，申请者还需要提交其他附属资料，比如重要文化财产的图像、承诺书、证明材料等。文化厅长官经过审查，只有符合国际文化交流的必要，才可以颁布出境许可。②（2）重要有形民俗文化财产出境许可。重要有形民俗文化财产的出境必须由文化厅长官颁布许可，其申请程序与重要文化财产的出境许可程序大致相同，但在批准标准上较重要文化财产低，只要履行相关的程序即可获得出境许可。③（3）登录有形文化财产出境备案。登录有形文化财产的出境必须在出境日期 30 天之前报告文化厅长官，文化厅长官可以施以必要的建议、指导和劝告。④

美国奉行贸易自由和私权保护原则。总体上说，除一些在来源国范围内也同样禁止或限制流通的文化财产外，对文化财产，特别是私有文化财产的出境程序本身不作特殊的审批程序，是典型的文物市场国。在加入 1970 年《关于禁止和防止非法进出口文化财产和非法转让其所有权的方法的公约》之后，美国制定了专门的公约实施法，但该法主要规范的是美国应如何应对其他缔约国根据公约要求美国限制进口或返还其文物的问题，对本国文物的出境仍未做限制性规定。

三、国家强制收购权

部分国家，主要是大陆法系的法国、意大利，还规定了文物出口中的国家强制购买制度，即在文物所有权人申请出境许可证时，国家可为公共利益之需，对该文物进行强制收购，从而阻断文物的跨国流转。

在法国，文化部自拒绝发放一般出境许可之日起 30 个月内，可为维护公共收藏利益，向该文物所有权人提出收购该文物的邀约。国家收购要约应按照该文物在国际市场

---

① *Codice dei beni culturali e del paesaggio*, articolo 71.

② 参见日本《国宝等重要文化财产现状变更及出境、重要有形民俗文化财产出境许可申请等相关规则》（国宝又は重要文化财の现状变更等及び输出並びに重要有形民俗文化财の输出の許可申请等に関する规则），第三号，第 3 条、第 4 条。

③ 参见日本《国宝等重要文化财产现状变更及出境、重要有形民俗文化财产出境许可申请等相关规则》（国宝又は重要文化财の现状变更等及び输出並びに重要有形民俗文化财の输出の許可申请等に関する规则），第三号，第 3 条、第 4 条。

④ 参见日本《国宝等重要文化财产现状变更及出境、重要有形民俗文化财产出境许可申请等相关规则》（国宝又は重要文化财の现状变更等及び输出並びに重要有形民俗文化财の输出の許可申请等に関する规则），第三号，第 5 条、第 6 条。

上的实际价格出价。所有权人在 3 个月内不接受此收购要约的，应由文化部和文物所有权人各自自费指定一名专家，共同评估决定该文物的价格。任何一方无法指定评估专家的，由大审法院院长临时予以指定，两位专家应自收到委托之日起 3 个月内，共同出具对该文物进行估价的报告。两位专家对该文物估价不一致的，由双方再指定一名共同认可的专家做出估价；双方无法就专家的指定达成一致意见的，同样由大审法院院长临时指定。该专家同样须在受指定之日起 3 个月内出具估价报告。文化部向文物所有权人收购该文物的要约应自专家提交估价报告之日起 2 个月内发放，否则不可拒绝发放文物出境许可证。所有权人同意由国家收购该文物的，收购价款应自双方协商一致之日起 6 个月内支付；若所有权人自收到国家收购要约之日起 2 个月内拒绝该要约或者未作明确异议，拒绝出境的许可重新生效，且所有权人无法得到任何补偿。①

意大利《文化财产和景观法典》也规定了文物出口审批中的国家强制收购制度：出口主管部门可在决定是否颁发自由流转许可证的期限内，建议文化遗产部强制性收购已申请自由流转证书的物品或财产，同时通知大区和相关当事人，并声明建议强制收购的物品在履行相关收购手续之前仍由出口主管部门保管。在此情形下，自由流转证书的发放期限延长到 60 天。文化遗产部有权根据出口许可证申报中所述的价值有选择地收购相关物品或文化财产。收购规定应在申报后 90 天内通知相关当事人。在收购通知发出之前，相关当事人可以决定不出口或设法撤销出口。文化遗产部放弃收购的，应在出口许可证申报提出后 60 天内通知提出收购建议的出口主管部门所在大区。该大区有权按照国家优先购买权相关规定，根据自己的资金实力和购买承诺，有选择地收购相关物品或文化财产。有关收购规定应在申报提交后 90 天内通知相关方。②

四、文物入境管理制度

根据联合国教科文组织 1970 年《关于禁止和防止非法进出口文化财产和非法转让其所有权的方法的公约》（以下简称 1970 年《公约》）的要求，缔约国应根据本国的情况，在其领土之内建立一个或一个以上的国家机构，协助制订旨在防止重要文化财产的非法进出口和非法转让的法律和规章草案③，并禁止进口从本公约另一缔约国的博物馆或宗教的或世俗的公共纪念馆或类似机构中窃取的列入公约保护清单的文化财产④。随着该公约影响力的不断增大，其缔约国日益增多。各国在加入该公约之后，纷纷根据上述要求，完善本国的文物入境管理制度。

---

① See *Code du Patrimoine* (2016)，art. L121 - 1，arts. R121 - 1 to R121 - 7.
② See *Codice dei beni culturali e del paesaggio*，articolo 70.
③ *UNESCO Convention on the Means of prohibiting and Preventing the Illicit Import*，*Export and Transfer of Ownership of Cultural Property* (1970)，art. 5.
④ *UNESCO Convention on the Means of prohibiting and Preventing the Illicit Import*，*Export and Transfer of Ownership of Cultural Property* (1970)，art. 7.

为履行 1970 年《公约》义务，英国在 2003 年《文物交易（犯罪）法》通过禁止"污点文物"出境或入境的规定，对公约的有关精神和要求做出回应。任何进口"污点文物"的行为都将构成犯罪。值得注意的是，该法关于"污点文物"的规定，使其禁止入境文物的范围与 1970 年《公约》所保护文物范围相比更加宽泛，更有利于防止文物的非法入境。然而，该法对非法交易行为的认定主要是基于当事人的一种主观状态，即明知或相信，确定这种主观状态在司法程序上有着较高的标准。这就意味着文物交易者有可能通过规避该法的规定，而达到非法入境却不承担法律责任的目的。此外，英国于 2017 年年底颁布一项新的法令，宣布自 2017 年 12 月 12 日起，明知或有理由怀疑文化财产为非法出口，仍参与其交易并将其进口至英国境内的行为，构成一项新的犯罪。本罪行中，"交易"包含以下行为：（1）在英国境内通过收购、租借、接受等方式获得或者通过售卖、出租、出借、赠与等手段处理非法出口文化财产，或者将非法出口文化财产进口至英国或者自英国出口；（2）与其他主体达成实施上述行为的合意；（3）为其他主体实施上述行为或达成上述合意做出安排。但由于该法是作为英国于 2017 年 9 月 12 日加入 1954 年《武装冲突情况下保护文化遗产的海牙公约》及其议定书的回应，该犯罪所涉文化财产的范围十分有限，仅包括根据 1954 年《海牙公约》对文化财产的定义而自被占领土非法出口的部分。①

作为重要的文物市场国，美国通过两种方式履行 1970 年《公约》在文物入境方面的要求：一方面，根据其 1983 年《文化财产公约实施法》的规定，在一般情况下，除非有缔约国颁发有相应的证书或其他文件证明出口行为并不违反该缔约国的法律，指定清单上的考古或人种材料不得进口到美国。② 在向新闻署咨询之后，财政部长应当根据美国与缔约国依本法第 section 303 条达成的协议规定的进口限制或者紧急进口限制措施，指定缔约国的考古或人种材料清单，作为限制文化财产入境的依据。③ 在常规的进口限制之外，如果缔约国特定的文化财产出现一定的情势，如新发现对于理解人类历史具有重要意义的材料，或者来源于具有重大文化意义遗址的文化财产或某个文明的遗存部分，此类文化财产全部或部分地处于被劫掠、拆除、流失、损坏的危险之中的，总统就可以启动文化财产的紧急进口限制。④ 由公约另一缔约国博物馆、宗教的或世俗的公共纪念馆或类似机构中窃取的文化财产，一律不得进口。⑤ 另一方面，美国通过外交途径同一些国家签署双边协议共同限制文化财产的非法入境。自从 1983 年《文化财产公

---

① See *Dealing in unlawfully exported cultural property*：*Guidance on the Cultural Property（Armed Conflicts）Act 2017*，available at：https：//www. gov. uk/government/uploads/system/uploads/attachment_data/file/661760/Guidance_on_s17_dealing_offence_ – _final. pdf，accessed 11 – 03 – 2018.

② *The Convention of Cultural Property Implementation Act*，Section 303，Section 307.

③ *The Convention of Cultural Property Implementation Act*，Section 305.

④ *The Convention of Cultural Property Implementation Act*，Section 304.

⑤ *The Convention of Cultural Property Implementation Act*，Section 308.

约实施法》颁布以来，在 1970 年《公约》的精神下，美国同多个国家签署了谅解备忘录等形式的双边协议，管控和限制文化财产自他国进入美国境内。其中，中美谅解备忘录具有典型意义。在法律上，中美两国同时作为 1970 年《公约》的缔约国，需要合作执行公约的相关规定，《文化财产公约实施法》也是美国限制外国文化财产入境的国内法依据；在现实中，中国文物的流失问题严峻，而美国是一个重要的文物市场国，自中国非法贩运和走私的文物，多数最终流入美国等市场国家。① 为此，2009 年 1 月 14 日，中美两国签署了《中华人民共和国政府和美利坚合众国政府对旧石器时代到唐末的归类考古材料以及至少 250 年以上的古迹雕塑和壁上艺术实施进口限制的谅解备忘录》（简称《中美限制进口中国文物谅解备忘录》），对中国文物向美国的入境进行了严格的限制。除非有中国政府颁发的许可或其他证件证明合法出口之外，谅解备忘录主要对两种文化财产入境美国进行了限制：第一种是旧石器时代（约公元前 75000 年）到唐朝结束（公元 907 年）之间的考古材料，以及这期间创造于中国并代表中国的文化遗产；第二种是至少 250 年以上的古迹雕塑和壁上艺术；还涵盖了美国政府公布的"指定清单"中的各种中国文化财产，包括各类金属物、陶瓷、石材、纺织品、其他有机物质、玻璃和绘画。这些"指定清单"上的文化财产一旦入境美国，即没收并交由美国政府处理，美国政府应通知中国政府将之取回。② 该谅解备忘录的有效期为 5 年，期满后可以顺延。自签署以来，这个协议有效遏制了中国考古文物的非法盗掘和出境行为，也使得一批试图非法入境美国的中国文物通过这一制度被禁止入境以及被美国政府没收，并最终得以返还中国。2014 年两国政府谅解备忘录进行了修订并且顺延，这为遏制文化财产非法贩运国际公约框架下的国家间合作迈出了具有重要意义的一步，对国际社会加强重视人类共有文化遗产保护产生了积极影响③（图 5—1）。

法国是 1970 年《公约》和 1995 年国际统一私法协会（UNIDROIT）《关于被盗或者非法出口文物公约》（以下简称 1995 年《公约》）两个公约的缔约国，但已往的国内法中并未有有关文物进口的限制，而是以两个公约的相关内容为直接依据。2016 年 7 月法国修改《遗产法典》时，根据公约的精神和内容，新加入了文物入境规则。法典规定："属于 1970 年《公约》目录类别中的文化财产，自缔约的非欧盟成员国入境的，须出具符合出口国法律规定的同意该物品出口的许可证或者其他证明文件。未能提交该文件的，不允许入境法国。"④ 禁止进口、出口、转移、运输、留置、售卖、购买和交

---

① 王云霞：《中美限制进口中国文物谅解备忘录及其对中国的影响》，《南京大学法律评论》2011 年秋季卷，第 363～365 页。

② 《中华人民共和国政府和美利坚合众国政府对旧石器时代到唐末的归类考古材料以及至少 250 年以上的古迹雕塑和壁上艺术实施进口限制的谅解备忘录》，第 1 条。

③ 参见国家文物局：《中美关于限制进口中国文物的备忘录有效期顺延》，http：//www.sach.gov.cn/art/2014/1/16/art_722_10353.html，2018 年 3 月 11 日访问。

④ *Code du Patrimoine*（2016），art. L111 – 8.

GUIDE TO CULTURAL PROPERTY IMPORT RESTRICTIONS CURRENTLY IMPOSED BY THE UNITED STATES OF AMERICA

Notes:
- Each Country Name in the left column links to its information page.
- Each date (m/d/yr) shown links to the Federal Register notice of a restriction and the text of its *Designated List* (when restriction came into force).
- Language names link to the texts of the documents indicated.
- Restrictions are in force for 5 years from the most recent extension date shown.

	1987·93	94	95	96	97	98	99	2000	01	02	03	04	05	06	07	08	09	10	11	12	13	14	15
Belize																					2.27.13 re archaeo. + ethno. MOU English		
Bolivia	3.04.89 Emer. Rest. re ethno. textiles Coroma								12.7.01 re archaeo. + ethno. materials (MOU English, español; 12.4.06 ext. English, español; ext. 12.01.11 English & español)														
Bulgaria																					1.14.14 re archaeo + ethno. MOU		
Cambodia							12.2.99 Emer. Rest. re archaeo. Khmer									9.22.03 re archaeo. Khmer (MOU English & Khmer; 9.19.08 ext. English; 9.19.13 ext. English)							
China																	1.14.09 re archaeo. (MOU English & Chinese; 1.8.14 ext. English)						
Colombia														3.17.06 re archaeo. + ethno. (MOU English, español; 3.15.11 ext. English, español)									
Cyprus						4.12.99 Emer. Rest. re ethno Byzantine (ext. 03)				7.19.02 re archaeo. (MOU)				9.04.06 re archaeo + ethno (7.16.07 ext. English; 7.13.12 ext. English + correction)									
El Salvador	9.11.87 Emer. Rest. re archaeo. of Cara Sucia		3.10.95 re archaeo. (MOU English, español; 3.8.00 ext. English, español; 3.8.05 ext. English, español; 3.10.10 ext. English, español)																				
Greece																			11.21.11 re archaeo +ethno. (MOU English, Ελληνικά)				
Guatemala	4.15.91 Emer. Rest. re archaeo. Petén				10.03.97 re archaeo. (MOU English, español; 9.29.02 ext. English & español; 9.29.07 ext. English & español; 9.29.12 ext. English & español)																		
Honduras												3.16.04 re archaeo. (MOU English, español; ext. 09 English, español; 3.7.14 ext. English)											
Iraq	Executive Orders 12722 and 12724												Executive Order 13350			4.30.08 Import Restriction							
Italy									1.23.01 re archaeo. (MOU English, Italiano; 1.19.06 ext. English, Italiano; 1.19.11 ext. English + Italiano)														
Mali		9.23.93 Emer. Rest. re archaeo.			9.23.97 re archaeo. (MOU, English & français; 9.19.02 ext. English & français; 9.19.07 ext. English & français; 9.19.12 ext. English & français)																		
Nicaragua								10.26.00 re archaeo. (MOU English, español; 10.20.05 ext. English, español; 10.20.10 ext. English, español)															
Peru (en español)	5.07.90 Emer. Rest. re archaeo. Sipán				6.11.97 re archaeo. + ethno. (MOU English, español; 6.9.02 ext. English, español; 6.9.07 ext. English, español; 6.9.12 ext. English & español)																		

图 5—1　美国通过双边协议实施的对外国文化财产的进口限制情况

换依据联合国安理会决议属于自原主国非法出口的具有考古、艺术、历史和科学价值的文化财产。① 但文化财产因所位于或者所留置国家的武装冲突或者其他灾害而处于紧急情况或处在严重危险之中的，经其原主国、持有国的请求或者依据联合国安理会的决议，法国可为文化财产提供安全的处所供其暂时存放，同时通知联合国教科文组织。原主国或者持有国的危险或者紧急情况解除后，或者原主国或持有国在任何时候提出返还请求的，法国应当将暂时存放的文化财产予以返还。②

意大利也是 1970 年《公约》和 1995 年《公约》的缔约国。根据其《文化财产和景观法典》的规定，特定范围的文化财产由欧盟成员国或从其他国家进口的，应由出口主管部门根据申请核发证书，须以文物的鉴定文件及原产地证明文件证明该文物系合法出口为条件，当事人不得提供多人担保书或类似的声明文件作为获取进口批文的依据。进口证书有效期为 5 年，可根据相关当事人的要求延长。在涉及进口文化财产的原产地认定问题时，批准和延长证书有效期的条件、方式和程序由部长令规定。③

作为 1970 年联合国教科文组织公约的缔约国，日本制定了《文化财产非法进出境限制法》以配合该公约在日本的实施。该法明确表示将遵守公约所规定的缔约国义务，

---

① *Code du Patrimoine*（2016），art. L111 - 9.

② *Code du Patrimoine*（2016），art. L111 - 11.

③ See *Codice dei beni culturali e del paesaggio*，articolo 72.

限制相关的文化财产入境。日本关于外国可移动文物的入境管理主要依据是"特定外国文化财产"的认定。"特定外国文化财产"指的是根据 1970 年《公约》第 7 条第 2 款第 1 项的规定及其他缔约国政府的通知，从该缔约国的博物馆或宗教的或世俗的公共纪念馆或类似机构中窃取的业已用文件形式列入该机构的财产清册的文化财产，其指定通过以下的程序进行：日本外务大臣应当及时地将窃自缔约国的特定文化财产的目录通知给文部科学大臣；根据外务大臣的通知，文部科学大臣应当同经济产业大臣协议，通过文部科学省令的方式，将这些文化财产规定为"特定外国文化财产"。① 任何人进口"特定外国文化财产"，应当根据《外汇与对外贸易法》（外国为替及び外国贸易法）第 52 条的规定，凭借内阁命令获得进口许可。② 进口许可的颁布应当遵守日本已签署的国际条约和协定。因此，基于 1970 年《公约》的规定，日本所指定的"特定外国文化财产"在一般情况下是不予进口的。然而，这一入境管理制度仍存在一些问题：一方面，在《文化财产非法进出境限制法》实施之前进口的外国文化财产不在上述法律制度的规制范围之内③，也即在法律框架内无法对在 1970 年《公约》和日本相关国内法颁布实施之前非法流入日本的文化财产进行相应的处置。另一方面，日本至今尚未成为 1995 年《公约》的缔约国，而 1970 年《公约》框架下的文化财产的保护范围又有所局限，这导致了日本指定的"特定外国文化财产"的范围狭窄，截至目前，日本文部科学省仅在 2003 年和 2012 年两次指定过共三件"特定外国文化财产"，分别来自土耳其和马达加斯加。④ 因此，相关法律在限制外国文化财产非法入境方面实效究竟如何，还有待观察。

---

① 参见日本《文化财产非法进出境限制法》，第 3 条。

② 参见日本《文化财产非法进出境限制法》，第 4 条；《外汇与对外贸易法》，第 52 条。

③ 参见日本《文化财产非法进出境限制法实施细则》（文化财の不法な输出入等の规制等に関する法律施行规则），第 1 条。

④ 参见日本《文化财产非法进出境限制法》，第 3 条第 2 次；《基于文化财产非法进出境管制法第三条第二项规定对特定外国文化财产的指定省令》（文化财の不法な输出入等の规制等に関する法律第三条第二项に规定する特定外国文化财を指定する省令）。

第六章

文物的合理利用

文化遗产保护并非将其保存起来"束之高阁",而是应通过合理利用,更好地实现其当代价值,切实保障公民的文化人权,促进文化可持续发展。文物利用与其保护并非相互对立的关系,利用不仅是文物保护的目的,更是文物保护的重要方法;如何在保护的基础上实现文物的科学合理和可持续利用,成为许多国家文物保护制度及其实践日益重视的问题。

文物作为祖先创造并不断传承至今的智慧成果和人类文明发展的重要见证,对其原创民族、国家的形成与发展以及全人类文化多样性的形成,都有着重要意义,是全人类的共同财富,任何国家、团体或个人都无权独自拥有或任意支配。文物所承载的公共利益决定了公益性利用是发挥文物价值的最重要方式,即通过科学合理和可持续的方式,在妥善保护的前提下,最大可能地将文物及其价值展示在社会公众面前,使公众能够通过近距离接触和深入了解,切身感受到文物之美,并挖掘和了解文物背后的历史信息和文化内涵,从而受到心灵的启迪。由此,将文物开放展示,鼓励公众前来欣赏参观,是文物利用的最基本、也是最重要的方式。此外,部分文物,特别是一些不可移动文物,在当代社会仍有发挥其原有功能或经合理改造而发挥新的公共文化功能的可能性,随着文化遗产范畴的不断扩大及其保护理念的日益发展,不可移动文物经修复和合理改造,延续或者赋予其新的功能,成为现代城市或乡村中的公共文化活动空间或休闲度假场所,也是当代文物利用的主要方式之一。因此,本章重点关注通过以上两种方式对文物进行公益性利用的过程及与之相关的法律规范。基于私人所有权而对其所有文物进行的非公益性处分,在本书第三、五两章相关部分已有涉及,本章不予讨论。

第一节　文物保存、展示与经营机构

科学保护是对文物进行合理利用的前提。设立专业机构对文物的内涵和价值进行专门研究，对文物本身及其背后的历史文化信息进行专业化保存和科学保护，并在此基础上以不同的形式对该文物及其相关信息进行展示，或者允许和鼓励公众参观、体验，近距离接触文物和欣赏文物，充分发挥文物在公众享用和教育、科学研究、文化艺术发展等方面的社会价值，是现代文化遗产保护理念的必然要求。

专业化文物保护、展示与经营机构在各国普遍存在，在文物的公益性利用中发挥着重要的作用。此类专业机构虽存在一定共性，但其设立、运行、规制和管理须与本国文物保护现实国情及文物行政管理体制相适应。

一、可移动文物保护、展示和研究机构

可移动文物保护和展示机构，主要指对可移动文物进行收藏、保护和展示的博物馆、美术馆，以及图书馆、档案馆等一些特殊类型可移动文物的收藏机构。此类机构在各国普遍存在，很多在世界范围内享誉盛名的博物馆由国家设立或受公共财政的资助。在英国，除闻名世界的大英博物馆（British Museum）和国家美术馆（National Gallery），展示第一次世界大战以来战争和武装冲突类文物的帝国战争博物馆（Imperial War Museum）、专门收藏和展示对英国历史和文化发展做出重要贡献的人士肖像的国家肖像馆（National Portrait Gallery）、保存和展示英国皇室军械的皇家军械博物馆（Royal Armouries Museum）等，都受到文化部的资助。法国也跻身博物馆事业发达国家的行列，卢浮宫博物馆、奥赛博物馆、凡尔赛宫博物馆、蓬皮杜国家文化艺术中心等文化部主管的一系列国家博物馆（Musée national）① 在世界范围内享誉盛名。意大利不仅在文化遗产部博物馆司下设 17 个城市区域博物馆，还有 25 个特别自治国家博物馆。日本除东京国立博物馆、京都国立博物馆、奈良文化财产研究所、亚洲太平洋地区无形文化财产研究中心等专门研究机构下辖于独立行政法人"国立文化财产机构"外，还有一些博物馆（如国立科学博物馆）本身即具有独立行政法人资格。在美国，史密森尼学会（Smithsonian Institution）作为唯一一所由联邦政府资助的半官方性质的第三部门博物馆机构，拥有包括国立美国历史博物馆、国家肖像馆（National Portrait Gallery）、国立美国原住民博物馆等 19 座博物馆和 9 个研究中心。当然，各国还存在大量私立博物馆，其中以美国的纽约大都会艺术博物馆（Metropolitan Museum of Art）、盖蒂艺术中心（The Getty Center）和意大利的贝利尼家族博物馆最具知名度。针对历史档案和文献遗产这一重要的可移动文物类型，各国一般也设有专门的保存机构，并且在一定范围内向公众开放，允许公众查阅。英国国家档案馆（The National Archives）是文化部下设的对国家标志性档案文件进行专门管理的非部门性机构（non-ministerial department）②，其职能包括整理

---

① 法国《遗产法典》法规部分第 R421 - 2 至 R421 - 4 条明确列举了文化部主管的各公立博物馆。

② 参见英国政府网：https://www.gov.uk/government/organisations/the-national-archives，2016 年6 月 2 日访问。

和保存重要国家档案并将其开放以便公众查阅以及代表政府管理王室版权（Crown Copyright）。国家档案馆还是英国政府发布所有立法的官方机构，以及公共部门信息再利用事宜的审批许可机构。① 法国《遗产法典》和意大利《文化财产和景观法典》也将公共档案馆和图书馆纳入规制范围，并对档案和文献遗产的开放做了详细规定。

（一） 博物馆的设立、管理及其法律地位

在西方国家，博物馆的设立和管理，都有明确的法律依据。但由于法律传统和管理体制的不同，不同国家公立与私立博物馆的法律地位存在一些具体的差异。

英国出台了一系列专门的单行法规，对中央和地方政府设立的公共博物馆、美术馆、图书馆等文物收藏、保护和展陈机构的法律地位、理事会组成及其职能做了具体规定，如《帝国战争博物馆法》（*Imperial War Museum Act*）、《国家海事博物馆法》（*National Maritime Museum Act*，1955）、《大英博物馆法》（*British Museum Act*，1963）、《国家遗产法》（1983）、《伦敦博物馆法》（*Museum of Londrn Act*）、《博物馆和美术馆法》（1992）等，其中《国家遗产法》中包含对维多利亚和阿尔伯特博物馆、自然博物馆、皇家军械博物馆理事会组成及其职权的规定，《博物馆和美术馆法》则是针对国家美术馆、泰特美术馆（The Tate Gallery）、国家肖像馆以及华莱士收藏馆（Wallace Collection）等的规定。以大英博物馆为例，根据《大英博物馆法》的规定，其独立理事会由25人组成，包括英国女王委任代表1名，首相委任代表15名，枢密院议长经皇家社会学院、皇家学会、英国国家学术院和伦敦古迹协会分别提名而委任的代表4名，以及由本理事会自行委任代表5名。② 每位理事任期依其委任状（委任说明）中的具体规定而定，但最多不超过10年，在上一届任期结束20个月内再度被委任为理事会成员的，任期不超过5年。③ 理事会在不违反本法规定的前提下，有权通过协议或合约取得和保有土地及财产，以及采取一切必要或有利于实现其职能的行为④。大英博物馆理事会的职责包括：在符合本法规定的前提下对经许可存放在大英博物馆的藏品进行妥善保存，非为更好保护藏品之必要，不得将其（临时）转移；藏品无法继续保存在博物馆的仓储内的，可在不减损博物馆目的和宗旨的前提下决定将其存放于其他位于大不列颠的合适场所；在博物馆藏品面临公权力检查，或者为更好保护的目的经许可将藏品保存于其他地点的情况下，保证这些藏品的安全；非依据本法或相关法律明确规定，不得售卖、交换、捐赠或者以其他方式处分藏品。⑤ 该法规定的藏品退出条件包括：（1）待退出收藏物品是另一件藏品的复制品；（2）物品年代不早于1850年，且理事会持有经拍照或类

---

① See *The National Archives*: *Our role*, available at: http://www.nationalarchives.gov.uk/about/our-role/, accessed 02 – 06 – 2016.

② See *British Museum Act*, art. 1 (1).

③ See *British Museum Act*, First Schedule.

④ See *British Museum Act*, art. 2.

⑤ See *British Museum Act*, art. 3.

似于摄影的技术复制而成的印刷品复制件；（3）理事会认为该藏品不适宜收藏在本博物馆，且将其退出不会减损参观者的利益；（4）理事会认为该藏品因其物质形态被损坏或受到毁坏性侵扰而对实现本博物馆之目的无益，也可以将该藏品予以销毁或者处分。在上述情况下，处分该藏品所得资金，应用于购买其他藏品以丰富博物馆馆藏。①《博物馆和美术馆法》第6条还明确了将藏品转让给其他同类机构的条件，主要包括对转让主体的限制和向不同主体转让条件和方式的规定。大英博物馆理事会在决定是否出借博物馆藏品进行公共展览以及确定时间和方式时，应考虑参观者的利益、展品的物质条件和稀有程度以及展出可能面临的风险。② 馆长（Director）由理事会委任，须获得英国首相同意，依照国务大臣规定的任期和条件行使职权。馆长就博物馆的日常管理和财产保管对理事会负责。经文官部长（Minister for the Civil Service）同意，理事会还可委任其他工作人员以维持博物馆的正常运行。馆长及工作人员的薪酬由国务大臣决定。③ 此外，英国还于1964年出台了《公共图书馆与博物馆法》（*Public Libraries and Museums Act*，1964），对英格兰和威尔士地方行政区设立的图书馆、博物馆和美术馆的管理、运营等事宜做出规定，主要包括允许其适当收取费用④、设立购买藏品所需基金等⑤。为公众而设立、不以营利为目的的私人博物馆和美术馆，若其收藏或展览满足公众教育标准的，可申请注册为慈善机构（charity）⑥。认定为慈善机构的私人博物馆、美术馆，可依据《慈善法》（*Charities Act*）及有关政策的规定，享受税收减免优惠，并能获得一系列捐赠和援助（gift aid）。如凡用于慈善目的的花销，可享受捐赠税、交易税、租金或投资收入税等税收的减免。

在美国，史密森尼学会是唯一一所由政府资助的、半官方性质的第三部门博物馆机构，设立于1846年，创办资金来源于英国科学家詹姆斯·史密森（James Smithson）之遗赠。目前，该机构下设国家历史博物馆、国家肖像馆、国立美国原住民博物馆等19座博物馆和9个研究中心，以及部分作为"历史或建筑地标"的动物园，大多数位于华盛顿特区，部分位于纽约、弗吉尼亚州、巴拿马等地。史密森尼学会及其下设的博物馆、研究所等机构实行独立管理，经费来源于美国政府拨款、其他捐助以及所属商店和杂志销售盈利。此外，史密森尼学会还与一些非成员机构的博物馆、教育文化机构建立了长期的合作关系，形成了史密森尼联盟（Smithsonian Affiliations）。除史密森尼学会及其联盟体系之外，美国联邦或者各州也存在大量的博物馆、艺术馆等可移动文物保存、

---

① See *British Museum Act*，art. 5.

② See *British Museum Act*，art. 4.

③ See *British Museum Act*，art. 6.

④ See *Public Libraries and Museums Act*（1964），art. 13.

⑤ See *Public Libraries and Museums Act*（1964），art. 15.

⑥ See *The Review of the Register of Charities*：*Museums and Art Galleries*，available at：https：// assets. publishing. service. gov. uk/government/uploads/system/uploads/attachment_data/file/358894/rr10text. pdf，accessed 28–01–2019.

展示和经营机构。美国的博物馆大致可分为四类。一是私立非营利性博物馆，占美国博物馆的绝大部分。此类博物馆与政府没有直接的行政隶属关系，而是由博物馆理事会负责管理，包括负责制定工作方针和承担信托责任。这些博物馆通过多种活动获得和募集资金，并不定期或经常性地接受政府的资助。二是政府主办的博物馆，约占美国博物馆总数的四分之一。这些博物馆是联邦和地方政府所属机构，有的博物馆经费由政府全额拨付并禁止其从事直接的筹款活动。三是高校博物馆，这类博物馆的工作人员包括作为高校雇员的受薪工作人员和学生，经费主要由所在高校提供，还可来源于补助金、赞助和创收。四是私立营利性博物馆，只占美国博物馆的极少数，为个人或公司所有并经营，也可能有受薪雇员和理事会，但只是打着博物馆旗号的企业，不能算是真正的博物馆。① 美国博物馆无论国立、州立、市立、郡立还是私立，绝大部分是在私人藏品捐赠或信托的基础上建立的。但是，一旦博物馆建立之后，除极少数博物馆企业，大都履行《国内税收法典》（*Internal Revenue Code*）第501条规定，承担公共教育职能，以非营利组织的法律身份开展活动并享受税收优惠，变成了事实上"公有公营"的非营利性机构。博物馆的理事会对本馆事务尤其是资产具有最高决策权，日常行政一般委托由理事会任命的馆长全权负责。即使是国立博物馆，政府部门一般也不干预其管理工作，仍由理事会负责或在政府代表监督下管理，并且在资金上不同程度地依赖于私人企业或基金会的支持。② 美国联邦政府未设统一的博物馆管理机构，个别州有诸如"博物馆处"的管理机构，主要负责博物馆的审核、监督和服务，在职责上服务重于管理。博物馆与政府之间的关系主要表现在经费支持方面，各级政府并不干预博物馆的具体事务，而是通过严格审批程序、提供经费支持、监督博物馆运作等方式来施加影响。

法国《遗产法典》设专卷对公私博物馆的设立及管理进行详细规定。《遗产法典》把博物馆定义为"其藏品的保存和展示承载公共利益、并出于促进公众认知、教育和娱乐目的而设立的永久性收藏机构"③，还详细规定了不同性质博物馆适用的相关规则。国家博物馆名录经文化部提议，录入《遗产法典》法规部分第四卷第二编，绝大部分是公共服务机构。作为介于中央和地方行政管理体制之间的国家职能机构（services à compétence nationale），国家博物馆的职能具有很强的国家性，其职权并非来自任何一级地方行政机构的委任，其具体任务和宗旨较中央机构而言又具有很强操作性，因此在中央行政部长的赋权下享有一定的自治权。④ 根据藏品、研究、教育活动内容的不同，

---

① 参见北京大学考古文博学院宋向光教授教学资料，译自《美国的博物馆》，《国际博协通讯》2002年2期。转引自张健：《对发达国家博物馆管理的学习与借鉴》，《博物馆研究》2011年第1期，第33页。

② 参见段勇著：《当代美国博物馆》，科学出版社，2003年，第15～17页。

③ See *Code du Patrimoine*（2016），art. L410 - 1.

④ 参见法国文化部官网：http：//www. culturecommunication. gouv. fr/Ministere/Etablissements-et-services-deconcentres/Services-a-competence-nationale，2015年4月26日访问。

15 个大遗产部门（des grands départements patrimoniaux）（如国家文物部 [Département des antiquités nationales]、埃及文物部 [Département des antiquités égyptiennes]、东方文物部 [Département des antiquités orientales]、油画部 [Département des peintures]）① 分设于不同国家博物馆之中，国家博物馆藏品的借出、保存和展示相关政策，须经这 15 个大遗产部门负责人组成的国家博物馆科学委员会加以审议并出具咨询意见。② 国家博物馆藏品收购方案还需经国家博物馆艺术委员会审核，文化部根据其咨询意见制定国家博物馆年度收购文物藏品的一般原则。③ 此外，《遗产法典》中还规定了国家博物馆收购、借出和储存文物藏品的详细条件和程序。④ 地方行政区或其所属团体的博物馆自筹资金，自 1986 年起根据相关规则可在文物藏品的保护和利用方面接受国家的财政援助。⑤ 省级或者市镇博物馆则可由民法主体（公民或法人），即捐赠藏品、文物藏品所有人所在省或市镇申请，经最高行政法院颁行法令设立。⑥ 私人收藏者也可注册成立非营利性博物馆，其设立和管理除需符合《遗产法典》的相关规定外，还要遵循法国私法中关于非营利机构的条款。此外，为公共利益而保存和展陈文物藏品的公私博物馆还可向行政机关申请，依法兰西博物馆高级委员会的建议进行认定，获得"法兰西博物馆"称号。经认定的"法兰西博物馆"应积极履行相应职能，包括：（1）保存、修复、研究和丰富其文物藏品；（2）尽可能将其藏品开放公众欣赏；（3）策划并实施一系列旨在使全体公民接近和参与文化生活的教育和传播活动；（4）促进遗产保护相关知识的公众认知、研究与传播。《遗产法典》还规定，各"法兰西博物馆"开展的科学和文化活动，应包含面向公立教育机构和合作伙伴在内的教育等具体活动。⑦ 一旦某博物馆被授予"法兰西博物馆"称号，该馆的永久藏品便不可转让，并应按照相关规定对藏品登记造册，博物馆本身也将得到来自政府的科学研究、技术和资金等方面的支持。⑧ 未获认定而使用该称号的博物馆，将面临 15000 欧元的罚金。⑨"法兰西博物馆"还受到政府的科学技术监管⑩，有关部门如认为该博物馆不再符合"法兰西博物馆"称号条件

---

① See *Code du Patrimoine*（2016），arts. R422-1 & R422-2.

② See *Code du Patrimoine*（2016），art. D422-4.

③ See *Code du Patrimoine*（2016），art. R422-5.

④ See *Code du Patrimoine*（2016），arts. R423-1 & D432-18.

⑤ See *Code du Patrimoine*（2016），arts. L410-2 & L410-3.

⑥ See *Code du Patrimoine*（2016），art. L410-4.

⑦ See *Code du Patrimoine*（2016），art. L441-2.

⑧ 参见法国文化部官网：http://www.culturecommunication.gouv.fr/Aides-demarches/Protections-labels-et-appellations/Appellation-Musee-de-France，2018 年 1 月 28 日访问。

⑨ See *Code du Patrimoine*（2016），art. L442-5.

⑩ See *Code du Patrimoine*（2016），art. L442-11.

的，可吊销称号①。目前，全法共有 1218 家博物馆被授予"法兰西博物馆"称号，其中，82% 是地方行政区及其团体博物馆，13% 是作为私法法人的非营利机构（学会或者基金会）博物馆，5% 为国立博物馆，包括 61 家直属于国家的博物馆和 38 家由文化部管理的国家博物馆。②

在意大利《文化财产和景观法典》中，"博物馆"被定义为"为教育和研究目的而获得、编目、保存、整理和展出文化财产的永久性设施"③。意大利全国范围内设立了诸多用以保存和展示文物的博物馆，不仅包括文化遗产部博物馆司下设的 17 个城市区域博物馆，还有 25 个特别自治国家博物馆和 5 个国家考古公园。此外，档案司还下设 101 个国家档案馆用于国家档案的保存。这些博物馆和档案馆除作为文物和档案的保存和保护机构，还具有向公众展示其藏品、考古文物和档案，保障公众对文化遗产之享用，从而使公众受到文化教育的功能。④ 根据《文化财产和景观法典》的相关规定，博物馆、图书馆、档案馆等文化机构和场所属于政府部门的，都被指定为公众享用并为其服务；⑤ 公众依法享有文化财产的使用权和享用权，可进入文化机构和场所参观或查阅相关资料。⑥ 公共文化机构和场所可依法收费，在一定条件下也可以免费，具体事宜由大区和其他地方政府部门通过协议加以协调。⑦

在日本，作为文化财产保存、保护、展示、研究和促进专门机构的综合性或者专门博物馆，依设立主体和重要性程度不同，分为独立行政法人⑧和公益财团法人两类。一些重要的国立博物馆和专门研究机构，由作为独立行政法人的国立文化财产机构进行统一管理。国立文化财产机构下辖东京国立博物馆、京都国立博物馆、奈良国立博物馆、九州国立博物馆 4 个国家博物馆机构以及东京文化财产研究所、奈良文化财产研究所以及亚洲太平洋地区无形文化财产研究中心 7 个专业的可移动文物收集、保管、开放展示

① See *Code du Patrimoine*（2016），art. L442 – 3.

② 参见法国文化部官网：http://www.culturecommunication.gouv.fr/Aides-demarches/Protections-labels-et-appellations/Appellation-Musee-de-France，2018 年 1 月 28 日访问。

③ See *Codice dei beni culturali e del paesaggio*，articolo 101.

④ 意大利《文化财产和景观法典》第 101 条有关文化机构和场所的规定将"博物馆"定义为"为教育和研究之目的而获得、保存、整理和展出文化财产的永久性设施"；将"图书馆"定义为"为促进阅读和研究之目的而收藏和保存书写或刊印在任何基底上的系列藏书、资料及信息以供查阅的永久设施"；将"档案馆"定义为"为研究和调查之目的而收藏、编目和保存具有历史价值的原始文件以供查阅的永久设施"。这些机构的展示、研究和教育功能显而易见。

⑤ See *Codice dei beni culturali e del paesaggio*，articolo 101，para 3.

⑥ See *Codice dei beni culturali e del paesaggio*，articolo 105.

⑦ See *Codice dei beni culturali e del paesaggio*，articolo 103.

⑧ 依据日本《独立行政法人通则法》对独立行政法人的定义，独立行政法人指的是"其事务、事业从公共见地来看是确实应该供给，但没有必要由国家自己来直接实施，而委托给民间的主体又具有不被实施的危险，或者是有必要由一个主体独占来实施，以有效率、有效果地实施该事业为目的的法人"。（《独立行政法人通则法》第 2 条）参见［日］盐野宏著：《行政组织法》，杨建顺译，北京大学出版社，2008 年，第 66 页。

以及文化遗产保护和活用的研究机构，其宗旨在于通过各种专业手段，支持和有效促进文化遗产的科学保护和合理利用，具体包括：（1）作为国家的博物馆，收集、保存和展示作为国民共同财产的有形文化财产（美术工艺品）；特别致力于国宝和重要文化财产等具有较高价值的文化财产之保护和丰富，采取措施防止其丢失或损坏，并开展一系列文化财产征集活动；（2）对购入和接受捐赠的文化财产（美术工艺品）进行管理，开展与之相关的各项研究，并促进研究成果的展示和共享；（3）作为国立的文化财产技术研究机构，通过与之相关的基础性和探索性研究促进文化财产相关知识和技艺的发展，通过研究成果的应用提高文化财产所有者和管理者的修复质量和修复技术；（4）通过开展和促进国际公约倡导或要求的各项行动，促进有形和无形文化财产保护的国际合作。① 为达成上述目标，国立文化财产机构主要采取以下几个方面的具体措施：（1）设立博物馆；（2）收集有形文化财产并将其向公众开放展示；（3）举办与有形文化财产的收集和展示相关的讲座、出版相关书籍资料，以及开展其他形式的宣传教育活动；（4）以保存和利用文化财产为目的对其所辖博物馆进行利用；（5）开展与文化财产相关的调查和研究；（6）对前述调查研究成果进行传播和推广，促进其运用；（7）收集、组织并提供文化财产相关信息和资料；（8）以人员培训、调研及其设施配置等方式协助地方政府、博物馆及其他文化财产保存和研究机构开展上述第（2）、（3）、（5）、（6）、（7）项业务活动；（9）应地方政府之请求，为地方政府开展上述（2）、（3）、（5）、（6）、（7）项业务提供建议和帮助；（10）开展与（1）至（9）项相关的其他业务。② 日本还有一些博物馆，如国立科学博物馆等，本身即具有独立行政法人资格。独立行政法人在业务运营中具有相对独立的地位，国家对其业务的干预只能局限于违法行为的纠正上。③ 因此，这些博物馆同国立文化财产机构一样，在独立决策及其自主执行方面具有较大的灵活度和较为广阔的空间。此外，根据《博物馆法》的相关规定，地方公共团体也可设立公立博物馆并依法对其进行管理。地方公立博物馆由设立地方公用团体的教育委员会管辖，国家可在预算允许的范围给地方公立博物馆一定的补贴。④ 在日本，私人博物馆并不常见，且绝大多数由财团赞助而设立。从法律地位上看，公私博物馆除属于独立行政法人之外，大都属于公益财团法人。无论其法律地位如何，各类博物馆之设立和运行，都须符合《文化财产保护法》和 2008 年《博物馆法》之相关规定，并不违反《文化财产非法进出境限制法》的相关法律义务和禁止性规定。根据日本《博物馆法》第 3 条，博物馆应当履行以下几方面职能：（1）收集、保管

---

① 参见日本国立文化财产机构官网：http：//www. nich. go. jp/kiko/activity/，2017 年 4 月 9 日访问。

② 参见日本国立文化财产机构官网：http：//www. nich. go. jp/kiko/purpose/，2017 年 4 月 9 日访问。

③ 参见［日］盐野宏著：《行政组织法》，杨建顺译，北京大学出版社，2008 年，第 67 页。

④ 参见日本《博物馆法》，第 18、19、24 条。

和展示其藏品，包括原件、种类物、复制品、模型、文献、表格、图表、电影胶片、录音等；（2）在藏品原属地建立博物馆分支或者进行博物馆展览，而不是将其异地收藏；（3）公众利用博物馆藏品的，博物馆应给予必要的解释、建议和指导，或为其提供必要的研究室、实验室、工作室或图书馆；（4）开展与藏品相关的技术调查或研究；（5）就藏品的保存和展示相关事宜进行技术研究；（6）制作和传播有关藏品指导手册、论著、清单目录、图片记录、年度报告和调查研究报告等；（7）协助和资助与藏品有关的讲座、会议、短期培训、图片展览和研讨会等活动的开展；（8）通过制作清单目录和相关论著等形式，向博物馆所在地或者周边社会公众传播欣赏和利用文化财产的方式和方法；（9）通过对社会教育所获成果的利用鼓励或者支持相关教育活动或其他活动；（10）与其他博物馆或者类似机构展开密切的交流和合作，以实现出版物信息和藏品资料的交流；（11）与学校、图书馆、研究所及市政厅等相关教育、科学和文化机构合作，并促进此类互动。此外，博物馆在履行其职能的过程中，还应基于当地实际尽力改善居民文化生活，协助学校教育。

（二）职业道德准则在博物馆运营和管理中的作用①

现代博物馆运营和治理的独立性和专业性，决定了作为公权力手段的法律法规对于博物馆及其从业人员的规制不宜过细。相反，立足于博物馆的本质属性，确认、实现和维护该行业共同价值的职业道德，却以更强的适应性和更高的承诺度，通过内化于博物馆管理者和从业者内心的教育性和规劝性引导，为博物馆之运营和治理提供一整套相对细致的规范和标准。②为此，在很多国家，尤其是博物馆事业发展程度较高的国家，由本国的博物馆协会或博物馆联盟所制定的《博物馆职业道德准则》在博物馆及其从业人员的活动及其监管中，起到举足轻重的作用。国际博物馆协会（以下简称国际博协）自1986年起探索制定国际博物社区普遍适用的《博物馆职业道德准则》，既是对早年已依靠完善的道德准则和行业自律体系规范博物馆行业运行和管理的国家的先进经验的总结和推广，也是在体现国际博协对现代博物馆的基本价值和社会功能之认识的基础上，对其管理和从业者的行为提出的最具普遍意义的方向性和目标性倡导。

在英美法系国家，博物馆行业自律的传统由来已久，本国博物馆协会肩负着通过实行行业内部的道德自律来协助政府实行行业管理的重要职能，不仅颁布并适时修订更新本国的博物馆职业道德准则，还通过设立专门机构或者与政府有关部门合作的方式，促进和监督该道德准则之实施。在美国，博物馆协会（后更名为博物馆联盟，American Alliance of Museums，AAM）早在1925年便制定了第一部《博物馆工作人员道德准则》，就博物馆工作人员行为的基本道德原则、博物馆与公众的关系、博物馆之间的关系、馆

---

① 参见王云霞、胡姗辰：《〈国际博物馆协会博物馆职业道德〉的法律意义》，《东南文化》2018年第1期，第95~96页。

② 参见蔡琴：《博物馆职业道德研究的若干问题》，《中国博物馆》2014年第2期，第82~84页。

长与理事会的关系、馆长与其他工作人员的关系、不同工作人员之间的关系等做出规定。① 现行道德准则制定于 1991 年，并于 2000 年进行了较大修改，对美国各类博物馆机构的定位和使命、藏品管理和利用的基本原则、博物馆与社会公众和所在社区的关系、博物馆工作人员的忠诚责任、博物馆联盟及其各会员在遵守和实施该道德准则方面的责任等问题，进行了详细阐释，并对博物馆及其管理机构在机构建设和内部治理，藏品取得、保护、管理和利用，提供公共文化服务等事务中的具体职责与义务做出详细规定。② 美国博物馆联盟还推荐其博物馆会员结合自身实际情况，根据该道德准则的基本精神制定并实施各博物馆自己的道德准则；并设立了道德委员会，负责定期审议和组织修订该道德准则，为指导其博物馆会员制定和发展其自己的道德准则提供信息、教育等必要帮助。③ 此外，美国博物馆联盟还公布了一系列更为细致的标准和博物馆运营、管理的优秀范例，以辅助"道德准则"之实施。④ 在英国，博物馆协会（Museums Association，MA）自 1977 年制定第一部《博物馆实践和行为准则》开始，即成为博物馆行业道德自律的主要实施和监管力量。经五次修订，英国现行《博物馆职业道德准则》于 2015 年生效实施，包括公众参与和公共福利、藏品管理以及个人和机构忠诚三大部分，分别对博物馆的公共服务职能、机构建设与内部治理和从业人员行为规范进行规定⑤，并将博物馆与公众关系置于首位，突出强调博物馆的社会责任和公众服务功能。与美国博物馆联盟的道德准则不同的是，英国博物馆协会的道德准则作为对其会员直接适用的道德规范，为其管理机构及其从业人员设置的责任、义务以及禁止性规范更为具体，还有配套《实施指导细则》⑥ 对该道德准则每项条款的具体适用加以解释。英国博协下设的道德委员会（Ethics Committee）作为该道德准则的实施监督机构，除制定和适时组织修订该道德准则

---

① See *Code of Ethics for Museum Workers* (1925), by American Association of Museums, available at: https://babel. hathitrust. org/cgi/pt? id = mdp. 39015059682297; view = 1up; seq = 1. accessed 29 – 07 – 2017.

② See *Code of Ethics for Museums* (*adopted in* 1991, *amended in* 2000), by American Alliance of Museums, available at: http://www. aam-us. org/resources/ethics-standards-and-best-practices/code-of-ethics; https://maritimemuseums. files. wordpress. com/2013/07/aamcode-of-ethics-for-museums. pdf, accessed 29 – 07 – 2017.

③ See *Code of Ethics for Museums* (*adopted in* 1991, *amended in* 2000), by American Alliance of Museums, available at: http://www. aam-us. org/resources/ethics-standards-and-best-practices/code-of-ethics; https://maritimemuseums. files. wordpress. com/2013/07/aamcode-of-ethics-for-museums. pdf, accessed 29 – 07 – 2017.

④ See *Ethics and Best Practices in Museums*, by American Alliance of Museums, available at: http://www. aam-us. org/docs/default-source/advocacy/brief-ethics-best-practices. pdf? sfvrsn = 20, accessed 29 – 07 – 2017.

⑤ See *Code of Ethics*, by Museums Association, available at: http://www. museumsassociation. org/download? id = 1155827, accessed 29 – 07 – 2017.

⑥ See *Code of Ethics Additional Guidance*, by Museums Association, available at: http://www. museumsassociation. org/download? id = 1173810, accessed 29 – 07 – 2017.

外，在必要情况下还可就博物馆或有关从业人员违反该道德准则的行为展开调查，并建议英国博协理事会对违反该道德准则的机构和个人做出一定的处罚。① 与此相适应，英美法系国家博物馆管理体制和相关法律制度的设计，对通过职业道德准则实现的行业自律亦予以较大尊重。在英国，即使是公立博物馆也与政府保持"一臂之距"，日常经营和管理由理事会负责，独立自主开展活动。中央政府只"负责制定政策和统一划拨文化经费"。② 英国《博物馆登记办法》中还明确指出，英国博物馆高度尊重"ICOM 道德准则"，不再制定其他法律。③ 在美国，各博物馆与政府之间的关系亦主要表现在经费支持方面，美国博物馆联盟制定的一系列技术标准和道德准则，在行业内部得到高度认可。

欧陆国家的博物馆职业道德准则以国际博协现行《博物馆职业道德准则》的基本框架和内容为参照制定，且在发行方式上比英、美等国带有更多的官方色彩。在法国，国际博协法国国家委员会根据国际博协《博物馆职业道德准则》和法国《遗产法典》的有关规定，针对公共文化遗产保存机构和具有"法国博物馆"称号的机构及其负责人制定了职业道德宪章，并以文化部通讯（Circulaire）的形式颁布执行④，已成为成文法的法律渊源之一。在意大利，由国际博协意大利国家委员会、当代艺术博物馆协会、国家宗教博物馆协会、国家科学博物馆协会等国内几个主要的博物馆协会联合制定《全国博物馆职业宪章》（Carta Nazionale delle Professioni Museali），并于 2006 年出台。⑤ 该宪章填补了《文化财产和景观法典》在博物馆相关规定方面的疏漏和空白，不仅是意大利各博物馆及其从业者的职业行为规范，还是政府有关部门对博物馆行业进行监督和管理的依据，事实上具有了行业法规的性质与作用。⑥

---

① See *Ethics Committee of Museum Association*, available at：http：//www. museumsassociation. org/ethics/ethics-committee，accessed 29 – 07 – 2017.

② 参见张健：《对发达国家博物馆管理的学习与借鉴》，《博物馆研究》2011 年第 1 期，第 34 页。

③ 参见安来顺：《职业道德语境下博物馆的公众服务功能》，《东南文化》2017 年第 3 期，第 96 页。

④ See Circulaire n. 2007/007 du 26 avril 2007 portant charte de déontologie de conservateurs du patrimoine（fonction publique d' Etat et territoriale）et autres responsables scientifiques des musées de France pour l'application de l'article L. 442 – 6 du Code du patrimoine, avaible at：http：//www. icom-musees. fr/uploads/media/Doc_Patrimoine/charte-conservateurs-Circulaire-18avr07. pdf，accessed 29 – 07 – 2017.

⑤ See Carta Nazionale delle Professioni Museali, available at：https：//www. yumpu. com/it/document/view/15499512/carta-nazionale-delle-professioni-museali，accessed 19 – 11 – 2017.

⑥ See *Angelika Ruge*（eds.）, *Museum Professions-A European Frame of Reference*，available at：http：//icom. museum/fileadmin/user_upload/pdf/professions/frame_of_reference_2008. pdf，pp. 8 – 9；also see Francesco Staffa，*Introduzione alla Carta Nazionale delle Professioni Museali*，https：//r. search. yahoo. com/_ylt = A0SO82JF9hBa6FMA2gVjAQx.；_ylu = X3oDMTEyOW5mMTcwBGNvbG8DZ3 ExBHBvcwMzBH Z0aWQDQDjQ2NzJfMQRzZWMDc3I-/RV = 2/RE = 1511089862/RO = 10/RU = http% 3a% 2f% 2fwww. simbdea. it% 2findex. php% 2ftutte-le-categorie-docman% 2fcarta-delle-professioni-museali% 2f20-bussola-1-carta-delle-professioni% 2ffile/RK = 2/RS = bMiycTeX1IFhM9wEGSrrgVFldn0-，pp. 1 – 2，accessed 19 – 11 – 2017.

二、不可移动文物开放经营机构

不可移动文物开放经营的专业化，也是西方国家文物保护的特点和可资借鉴的重要经验之一。一系列专门的不可移动文物开放经营机构的设立，不仅能在将文物向公众开放的同时保证文物得到有效保护，防止因开放参观而造成的不必要的破坏和减损，同时也能通过对文物内涵和价值更加科学和深入的阐释，依托专业化的旅游经营服务，提升公众参观游览的体验和效果。

不可移动文物具体形态、珍贵程度及其权属的不同，决定了其开放经营机构的差异。一般而言，对于对民族国家具有重要意义的公有不可移动文物，法律或行政法规都会安排一系列专门的公立机构或委托一些具有一定政府背景的专业信托组织进行经营；而私有不可移动文物的经营开放，则多以所有权人与一些民间信托组织签订协议的方式进行，由于历史发展已久，许多遗产保护方面的民间信托组织亦已在国内外具有广泛影响。

（一）公有重要不可移动文物的开放经营

由于各国文化遗产保护和管理体制不同，其公有重要不可移动文物开放经营机构的设立也呈现出与本国体制相适应的特点。

在英国，不可移动文物根据其权属、保护级别、具体形态和用途等方面的不同，保护、维护和管理、经营的主体亦不相同。对于一些属于国家或者公共主体所有、可为公众享用的不可移动文物，由文化部下设一些专门的保护和经营机构负责日常的维护、管理与开放经营。此类机构的典型主要包括"皇家公园"（Royal Parks）、"历史皇宫"（Historical Royal Palaces）以及从原"英格兰遗产"中分出的"英格兰遗产"信托组织。"皇家公园"是英国文化部下设独立管理和独立预算的执行部门，是对英格兰景观遗产中的公共历史环境进行专门保护、管理和公众开放的机构，负责管理和保护伦敦市内历史性公共用地，包括一些重要保护区和野生生物栖息地。[①] 迄今为止，该机构管理的公共用地总面积已超过5000英亩。"皇家公园"对其所管辖的历史性公共用地的管理，不仅包括根据各公园或公共用地的专门景观管理规划，对其整体环境和风貌进行保护，也包括根据一些专门制定的规范和政策，对这些场地在向公众开放过程中不同主体对景观的享用进行有效监管。"历史皇宫"最初成立于1989年，是环境部下设的独立执行部门，现为文化部下设的独立慈善企业，负责经营和管理自19世纪起向公众开放的主要皇家宫殿，是英国政府针对此类特殊文物设立的集保存、保护、宣传、经营等多种职能于一身的专业文物机构。与"皇家公园"相比，具有企业法人性质的"历史皇宫"作为文化遗产（景区）经营者的特点更加明显，不仅通过专业的文物保存和修复

---

① 参见"历史皇宫"网站机构简介：https://www.royalparks.org.uk/about-us/what-we-do，2016年6月2日访问。

措施，保护宫殿本身及其中具有重要价值的文物和艺术品，向公众完整地展示这些皇家宫殿的历史风貌；还通过提供配套的讲解或文字说明以及定期或不定期组织相关活动等更加积极的方式，使前来参观游览的游客对宫殿本身及与之相关的英国皇家活动的历史有更加深入的了解。"英格兰遗产"信托自 2015 年从原"英格兰遗产"机构改革中分离出来，承原"英格兰遗产"之名，对原处在该机构直接管理之下的 400 多处英格兰范围内国有历史遗址和古迹进行更加专业化的保护、管理和经营，并根据"英格兰史迹"的许可将这些文化遗产开放公众参观。在分立之初，英国政府给予"英格兰遗产" 8000 万英镑的启动经费以帮助其转型为一个自主财政、自筹资金的遗产保护和经营慈善机构，但该机构理事会成员的任免仍由"英格兰史迹"决定；后者还为"英格兰遗产"的遗产保存、保护、促进和经营等各项相关活动提供技术和服务等方面的支持。

在美国，联邦政府所有不可移动文物及文化景观的保护、修复与经营，一般纳入国家公园管理体制，由国家公园管理局进行统一管理并经其审批设立特许经营。美国是国家公园制度的发源国，国家公园在美国有广义和狭义之分：狭义的国家公园指的是直接冠以"国家公园"之名、拥有独特地理属性的自然区域和少数重要的历史文化遗产保护区域；而广义上的国家公园，即涵盖国家公园管理局所管辖全部区域的国家公园体系，除狭义的国家公园外，还包括国家历史名胜、国家战场（遗址）（National Battlefield［Site］)、国家历史公园（National Historic Park）、国家纪念地（National Monument）、国家纪念碑（National Memorial）等。狭义国家公园的管理处于此管理体系之核心，其保护和管理措施最为严格。[①] 美国国家公园制度的核心要旨，在于保护自然历史文化遗产的完整性。国家公园管理局一方面采取各种措施，避免或最大程度地减少对公园资源和价值的不良影响，一切国家公园体系的建设或管理措施的实行，都应以保护为前提；另一方面还担负着为民众提供服务、满足民众以合理的方式享用这些国家公园、实现其休闲目的的职能。[②] 由此，在国家公园制度下，美国对不可移动文物的保护是与其旅游开发和经营相结合的。美国国家公园采取的是典型的中央集权型管理模式，联邦政府内政部国家公园管理局主导所有国家公园的管理工作，地方政府无权介入其中。该局下设七个地区办公室分管各片区国家公园事务，各国家公园还设有作为专门内部管理机构的基层管理局，从而形成以"国家公园管理局—地方办公室—基层管理局"为主线的垂直管理体系。[③] 各基层管理局设有讲解处、维护修复处、资源管理处、特许经营

---

① 参见王辉、孙静：《美国国家公园管理体制进展研究》，《辽宁师范大学学报（社会科学版）》2015 年第 1 期，第 44～45 页；刘琼：《中美国家公园管理体制比较研究》，中南林业科技大学硕士学位论文，2013 年，第 7 页。

② 参见吴保光：《美国国家公园体系的起源及其形成》，厦门大学硕士学位论文，2009 年，第 56～57 页。

③ 参见朱华晟、陈婉婧、任灵芝：《美国国家公园的管理体制》，《城市问题》2013 年第 5 期，第 91 页。

处和执法处等主要业务部门，在园长的领导下负责该公园的参观游览、资源保护和教育科研等工作的开展，以及公园内各项特许经营的管理等方面的工作。① 除管理局永久雇工和期约雇工之外，各国家公园还会根据实际需要雇佣季节性临时人员。不论是正式员工还是临时雇员，都将自己定位为"管家"或者"服务员"（steward）而并非"业主"（owner）的角色，认为国家公园完全是属于所有美国人民及其子孙后代的共同财产，管理者只能对其进行管理和维护，没有任意支配的权力。这一观念在美国国家公园的管理中处于支配地位，不仅指导着国家公园管理中的各项活动，还是制定各种政策规范的宗旨。② 此外，国家公园允许并鼓励其管理和经营中的公众参与，对旅游开发相关产业实行特许经营制度，但对遗产资源经营权的界限有着明确而严格的限制。根据 1965 年《国家公园管理局特许事业决议法》（*Act Relating to the Establishment of Concession Policies in the Areas Administered by Nationale Park Service and for Other Purposes*），特许经营的范围仅限于公园的餐饮、住宿等旅游服务设施及旅游纪念品，不涉及核心遗产资源的经营和利用；经营主体必须通过公开招标确定；特许经营收入除了上缴国家公园管理局以外必须全部用于改善公园管理；主体在特许经营过程中有妥善保存和保护文化遗产的义务，不得违反文物保护相关法律的规定对国家公园内的文物造成破坏。③

法国通过《遗产法典》设立了国家古迹中心和建筑与遗产局两个专业的不可移动文物开放经营机构。国家古迹中心的前身是设立于 1914 年的国家历史和史前古迹管理局（Caisse nationale des monuments historiques et préhistorique），现为根据《遗产法典》第 L141 - 1 条下设于文化部的行政性国立公共服务机构，以维护、保护、修复国家古迹以及其中的收藏品，并向公众展示这些古迹和收藏，增强公众对国家遗产的认识，以及在不损害其保护和利用的条件下促进（鼓励）公众对这些遗产的经常接触为宗旨。作为法国第一个公立的文化遗产经营和旅游机构，国家古迹中心保存、维护、修复、经营、开发 100 多处各类国有古迹，并通过将这些古迹向广大公众开放，使其价值得到重现。此外，其下设的遗产出版社（Éditions du patrimoine）出版发行一系列有关古迹旅游指导、文物建筑理论和技术等多方面的书籍、图集或摄影作品，以促进公众对文化遗产的认知。④ 根据《遗产法典》第 L141 - 1 条的规定，国家古迹中心由管理委员会（conseil d'administration）主持和管理日常工作。其成员由国家代表、特别是最高行政法院和审计法院的成员以及从地方和行业代表中选出的具有相关资质的知名人士组成；其

---

① 参见刘琼：《中美国家公园管理体制比较研究》，中南林业科技大学硕士学位论文，2013 年，第 23 页。

② 参见刘琼：《中美国家公园管理体制比较研究》，中南林业科技大学硕士学位论文，2013 年，第 24 页。

③ See *Act Relating to the Establishment of Concession Policies in the Areas Administered by National Park Service and for Other Purposes*，Public Law 89 - 249 - Oct. 9，1965.

④ 参见法国国家古迹中心官网：http：//www. monuments-nationaux. fr/fr/le-centre-des-monuments-nationaux/les-missions/，2015 年 4 月 24 日访问。

资金来源主要包括公法人或私法人的捐赠，门票和导游服务的收入，利用这些遗产（遗址）举行艺术和文化展览、进行图片和影视拍摄所收取的费用，特许权使用费，以及在经营范围内从事其他活动而取得的收入等。建筑和遗产局根据《遗产法典》第L142-1条的规定设立，是工商性国立公共服务机构。该机构旨在增进公众对建筑和遗产的认知，促进历史与其当代城区的融合，鼓励建筑艺术创作在国内外的传播，同时也开展遗产经营利用方面的研究，参与公务人员和遗产与建筑专业人员的培训工作。建筑和遗产局设有建筑部（Département architecture）（法兰西建筑研究院，Institut français d'architecture）、遗产部（Département patrimoine）（法兰西古迹博物馆，Musée dss monuments français）和培训部（Département formation）（夏约研究院，école de chaillot）三个部门，还设有档案中心和图书馆等信息资料机构，通过不同部门之间的分工合作，实现赋予法国建筑设计与创作国际化视角，在社会公众中普及建筑遗产意识、进行建筑师职业培训，为建筑职业、建筑历史档案的保存和梳理以及相关研究等工作广集资源，以及促进相关企业、基金会和其他合作伙伴与该局的联系等5大职能目标[1]，将建筑和遗产"毫无保留地紧密结合在一起进行研究、培训和展示"，其运作思路充分体现了当代创作与历史遗产的平衡、巴黎与外省及与外国的平衡，以及大众人士与专业人士的平衡。[2]《遗产法典》第L142-1条对建筑和遗产局的管理也进行了规定，其管理委员会（理事会）成员包括国家代表、行业协会选出的代表以及由文化部长任命的具有相关资质的知名人士。

意大利和日本的情况与英、美、法有所不同，并不存在一个对公有不可移动文物进行统一经营的专门机构，而是根据公有不可移动文物的具体情况及其权属的不同，分级分地进行管理。在意大利，国有不可移动文物不管其使用或保管单位是谁，均由文化遗产部直接监管。[3] 为此，文化遗产部设立了特别的管理机构对某些具有特别重要意义和历史文化价值的历史古迹和文化遗产进行专门管理。例如，考古、美术和景观司下设39个考古、艺术和景观特别管理署；博物馆司则下设古罗马竞技场遗址与罗马中心考古区特别管理署和庞贝古城特别管理署，对这两处重要的文化遗产进行专门管理。[4] 这些特别管理机构大都是为保护对国家或者全人类文明具有重要意义的文化财产及文化景观设立，与一般的管理机构相比有更加灵活和综合的行政管理权，不仅负责该文物或景观的保护和修复等文化遗产保护的专业性工作，还负责该文化遗产及景观的公众开放事

---

① 参见法国建筑和遗产局官网：http://www.citechaillot.fr/fr/cite/missions/tisser_des_liens_etroits_avec_les_entreprises/，2015年4月24日访问。

② 参见邵甬著：《法国建筑·城市·景观遗产保护与价值重现》，同济大学出版社，2010年，第212页。

③ See *Codice dei beni culturali e del paesaggio*，articolo 18.

④ 意大利文化遗产部官网发布的该部组织机构图：http://www.beniculturali.it/mibac/multimedia/MiBAC/images/Organigramma2016.jpg，2016年8月29日访问。

宜。大区和其他地方公共机构所有不可移动文物的保护责任在拥有该文物的大区或者地方机构，但其管理（包括对开放经营活动的监管）则由文化遗产部和大区协商决定。①日本的情况与意大利类似，公有不可移动文物的开放和经营包含在所有权主体对该文物的管理责任中，但国家和地方政府可自行委托专门的管理机构（管理主体）对其所有不可移动文物进行经营管理。

（二）私有不可移动文物的经营

从法理上说，私有不可移动文物由其所有权人保护和管理，所有权人对其文物自然也享有经营权。然而，作为一种承载着公共利益的文化资源和财富，不可移动文物公共价值的挖掘、展示和发挥，具有极强的专业性；文物也只有在妥善保护的基础上，才能得到可持续利用，使其社会价值得到持续发挥，这一切都离不开专业的遗产保护、管理与经营主体的帮助。另一方面，保护文物的义务时常使文物所有权人一定的正当权能受到限制或者给其带来许多额外负担，非专业人员无法在遵守这些限制或承担这些利益减损的同时做到物尽其用。为此，西方许多不可移动文物所有权人倾向于在不改变其所有权的前提下，将文物委托给专业的遗产保护机构进行管理和经营，许多专业化的遗产保护、管理和经营信托机构也应运而生。通过遗产保护信托机制实现私有不可移动文物经营管理的专业化，成为文物保护事业高度发展的西方国家最具借鉴意义的经验之一。

在英国，"国民信托"（National Trust）即为此类专业的遗产保护信托机构中最具典型性和影响力的一个。该组织经由欧塔维亚·希尔（Octavia Hill）、罗伯特·亨特（Sir Robert Hunter）和哈德维克·罗恩斯利（Hardwicke Rawnsley）三人于 1895 年创立，经120 余年发展，已成为英国最大的慈善组织之一，管理和经营着英国许多重要的历史环境和自然景观区域。"国民信托"的基本活动方式是通过购置、接受大众捐赠或以签订契约等方式取得具有历史文化价值的不可移动文物的所有权或管理经营权，在对这些文物进行保护和修复后将其向公众开放。该组织成立的国民信托公司，通过经营文化景观旅游及发展休闲度假产业等营利性活动，一方面使经过维护和修缮的文物古迹更好地向公众开放，另一方面以经营所得收入作为该组织古迹保护和修复经费的重要来源之一，形成古迹保护和经营的良性循环。"国民信托"的国内会员数量达到英国人口的 5% 以上。会员以英格兰、威尔士和北爱尔兰为中心，遍布世界各地。"国民信托"也在美国、加拿大、澳大利亚、新西兰等国家建立了合作伙伴或分支机构并广泛吸纳外国会员，如与美国皇家橡树基金会（Royal Oak Foundation）建立合作伙伴关系，并通过该基金会吸纳美国会员。这些外国会员享受与英国本地"国民信托"会员同等的待遇。②根据英国 1907 年《国民信托法》（National Trust Act of 1907）规定，国民信托公司经营其

---

① See *Codice dei beni culturali e del paesaggio*，articolo 18.

② 参见饶传坤：《英国国民信托在环境保护中的作用及其对我国的借鉴意义》，《浙江大学学报（人文社会科学版）》2006 年第 6 期，第 82 页。

古迹财产所获收益在任何时候都不能在其会员中进行分配①，其保有和经营的古迹遗产不得转让，也不得用于清偿债务②。除此之外，英国政府还资助并支持了一些致力于保护和开发特定文化遗产类型以及为有权主体保护和利用此类文化遗产提供专业信息和帮助的独立慈善组织，如"教堂保护信托"（Church Conservation Trust）和"英国历史沉船信托"（National Historic Ships Trust）等，也保证并促进了这些特殊文物保存、保护、修复和利用的专业性。

在美国，"历史保护国民信托"（National Trust for Historil Preservation）对于未纳入国家公园体制的私有不可移动文物的经营发挥着重要作用。该机构与英国的"国民信托"相类似，主要职能和工作方式在于通过收购和接受具备历史文化价值的遗址、建筑和物体的捐赠，基于公共利益对其进行专业的管理、维护和经营。虽然该组织从法律地位上来说只是一个民间非营利机构，但究其创建历史，国家公园管理局在其中起到了重要的促进作用，其早期倡导者大都是各级国家公园管理局的官员。③ 根据成立章程，历史保护"国民信托"的事务，通常接受由美国首席检察官、内政部长、国家艺术馆馆长以及6位依法选任的公民代表组成的理事会的指导。④ 实践中，该机构主要通过与联邦、州、市政职能部门或相关机构、公司、协会或个人签署合作协议的方式，收购、接受捐赠或者受所有权人委托，对具有公共用途的历史建筑、遗址、文物等资产进行专业的保护、保存、维护和经营；并开展与此相关的研究、教育培训和专业咨询工作。此外，该组织还通过1966年《国家历史保护法》取得了为政府相关决策提供咨询的职能。

日本也有针对文化财产保护的"国民信托"（ナショナル・トラスト），于1968年12月正式成立。1992年9月还成立了日本国民信托协会（日本ナショナル・トラスト協会）。这两处机构在运行理念上大致相同，但在具体的业务上，"国民信托"更多地涉及文化财产的管理，而日本国民信托协会则更多地涉及自然财产（林地、山地、风景地等）的管理。⑤ 此外，日本还有很多小型的信托团体遍布全国各个地区，这些地方性的信托团体在各自所处的地域范围内也拥有相当广泛的影响力。从名称上看，此类信托机构很容易被误认为是隶属于政府的官方组织，但它们并不属于日本政府，同"国民信托"和日本国民信托协会一样，同政府之间都没有直接的关系，在机构认证上也均为非营利法人（NPO）、一般财团法人、公益财团法人等非营利法人类型，是属于具

---

① See *National Trust Act*（1907），art. 5.

② See *National Trust Act*（1907），art. 21.

③ 有关"历史保护国民信托"创立和发展之历史，详见［美］威廉·穆塔夫著：《时光永驻——美国遗产保护的历史和原理》，谢靖译，电子工业出版社，2012年，第25～35页。

④ 参见美国1949年《历史保护国民信托章程》，第1条。中文译文参见［美］威廉·穆塔夫著：《时光永驻——美国遗产保护的历史和原理》，谢靖译，电子工业出版社，2012年，第178页。

⑤ 参见［日］木原启吉著：《国民信托》（日文版），东京：三省堂，1998年，第152～172页。

有独立运营资格的第三方社会组织。① 迄今为止，"国民信托"负责管理和经营的全国各地的文化财产达9处，其中不乏重量级的精品，② 其他一些文化财产也大多属于都、县一级的指定文化财产，如位于京都府的驹井家住宅以及位于东京都的旧安田楠雄邸庭园等。这些文化财产在"国民信托"的经营下，在开放、管理、观光和推广方面都取得了非常显著的成效。

第二节 开放利用的范围、方式与限度

一般来说，文物的合理利用应具备以下要件。第一，应以保护为前提。保护是利用的前提，利用是更好保护的实现方式。第二，应以对文物的深入研究为前提。准确、全面诠释文物的历史、艺术、科学价值，有利于增进人们对文物的正确认识和深入理解。不能任意歪曲、丑化、庸俗化文物内涵。第三，应体现服务公众的要求。文物属于公共文化资源，其利用应做到面向社会、服务公众。尤其是国有文物，因其集中体现着全体国民的文化利益，更应体现公共服务的基本要求，不能仅以小部分人为服务对象。第四，应尊重历史、尊重科学，要与公众的生产生活相协调。

法律对合理利用内涵和边界的界定，主要是对利用的手段、途径、方法等进行规范性和正当性评价。鉴于文物所承载的公益属性和公共文化价值，文物合理利用的基本方式，在于通过展陈和向公众开放，使公众得以接近和尽可能深入了解该文物，从而获得文物背后所蕴含的历史信息和文化熏陶，以及心灵的愉悦和享受。因此，法律对文物开放利用方式和限度的规制，主要体现在两个方面。一是在一定范围和限度内规定文物和古迹的强制开放制度，即规定符合一定条件的文物古迹，必须全部或部分开放公众欣赏参观，以实现其公共文化价值。二是通过一些禁止性规定，为文物利用的方式和手段设置一定的边界，以保证利用的合理性和可持续性。

一、文物开放制度

（一）公有文物要求开放，私有文物鼓励开放

在英国，凡属于国务大臣、"英格兰史迹"和地方行政区所有或者处在这些主体直接监管之下的古迹，公众都有接近欣赏的权利。但作为古迹监管者的文化大臣或"英

---

① 参见［日］横川節子著：《国民信托之旅》（日文版），东京：洋販出版，1997 年，第 78 页。

② 如从平安时代到江户时代一直享有盛誉的旧大乘院庭园（1958 年被指定为名胜）以及大名鼎鼎的岐阜县白川乡合掌村中的一栋旧民居——寺口家（该民居虽然没有被日本政府单独指定为文化财产，但白川乡合掌村在 1995 年被联合国教科文组织登录为了世界遗产）。参见日本国民信托网站：http：//www.national-trust.or.jp/properties/properties.htm，2017 年 3 月 31 日访问。

格兰史迹"，可以为维护古迹安全或保护古迹之必需，控制该古迹向公众开放的时间，在一定条件下还可全部或者部分不对公众开放。文化大臣和地方行政区还可就其所监管古迹的公众开放制定相关规则，规定文物开放的时间、保护该文物的必要措施，对可能对文物本身或者其公众享用行为造成影响或侵扰的行为的规制，以及参观游览费用的收取等问题。文化大臣制定文物开放规则时可咨询"英格兰史迹"的意见。① 为了提升文物开放的质量、为公众参观游览提供便利，法律还规定文化大臣、"英格兰史迹"以及地方行政区应为公众参观游览公有古迹文物提供必要信息及便利服务措施，并可为此向公众收取适当费用。②

在法国，"法兰西博物馆"票价的确定应遵循有利于最大多数的公众前来参观的原则③，每个"法兰西博物馆"都应具备负责公共接待、知识普及，以及从事文化活动和文化传播相关的服务的功能，在必要的情况下，几个博物馆可共同承担这几项服务④，并且上述服务应由具有专业资质的人员加以保障⑤。为更大限度地向公众展示更多博物馆的藏品，《遗产法典》还规定，"法兰西博物馆"可以因向公众展览所需，接收并在5 年内存储属于私人博物馆的文物艺术品藏品。⑥ 此外，《遗产法典》还在"档案"卷规定了公私历史档案的公众查阅制度。⑦ 随着界定国家财产的法令的生效而自动被列级为历史古迹的属于国家或国立公共服务机构的文物建筑整体或者部分，原则上不允许添建，但出于保护或者向公众开放之必要，可开展建筑修复、艺术创作或者合理利用工程。⑧ 此外，国家古迹中心和建筑和遗产局两个专业的公私文物保护、修复和经营机构通过《遗产法典》设立，也体现出法国对文物开放的重视。

意大利《文化财产和景观法典》更是设专编⑨对文化财产的公众享用进行规定。该法典先是从总体上规定，属于公共部门所有的博物馆、图书馆、档案馆、考古公园和考古区、纪念性建筑群等文化机构和文化场所，都应为公众享用或提供公共服务。属于私人所有且向公众开放的展览和咨询设施及上述场所，都应提供私人的社会公益服务。⑩ 随后，该法典还就国家和大区在促进上述文化机构和为文化场所开放享用中的职责进行规定。⑪ 公共文化机构和场所的开放可以免费，也可以收费。文化遗产部、大区和其他

---

① See *Ancient Monuments and Archaeological Areas Act* (*1979*), art. 19.

② See *Ancient Monuments and Archaeological Areas Act* (*1979*), art. 20.

③ See *Code du Patrimoine* (*2016*), art. L442 – 6.

④ See *Code du Patrimoine* (*2016*), art. L442 – 7.

⑤ See *Code du Patrimoine* (*2016*), art. L442 – 9.

⑥ See *Code du Patrimoine* (*2016*), art. L451 – 11.

⑦ See *Code du Patrimoine* (*2016*), arts. L213 – 1 to L213 – 8; arts. L222 – 1 to L222 – 3.

⑧ See *Code du Patrimoine* (*2016*), art. L621 – 37.

⑨ See *Codice dei beni culturali e del paesaggio*, Titolo II: Fruizione e valorizzazione.

⑩ See *Codice dei beni culturali e del paesaggio*, articolo 101.

⑪ See *Codice dei beni culturali e del paesaggio*, articolo 102.

地方政府部门可以通过协议对此类机构的公众开放事宜进行协调。如需收费，文化遗产部、大区和其他地方政府部门应确定：（1）得以免费进入的情形；（2）用以确定相关价格的门票种类和标准，门票价格应包括制定下文 3 所述协议时衍生出的费用；（3）门票发行、分配和销售及收取相关费用的方式，也可以通过与公共部门或个人协议确定。在签订协议的基础上，还可以办理门票预售和第三方销售；（4）分配给全国画家、雕刻家、音乐家、作家和剧作家的国家援助和社会福利的门票销售收入比例。① 经文化财产鉴定公示的具有特殊价值的不可移动文化财产，如具有特别重要的艺术、历史、考古或人种—人类学价值以及从总体上涉及政治或军事历史，文学、艺术和文化历史，或对于证明公共、集体或宗教机构身份和历史而言具有特别重要价值的不可移动文物，以及经鉴定公告的收藏品，即使属于私人所有，也应接待公众出于文化目的的参观。参观程序由所有人和监管人签订协议确定，并通知该文化财产所在的市镇或城市。②

在日本，重要文化财产所有权人或委托管理主体承担将该文化财产对公众开放的职责，其他主体经所有权人或委托管理人同意，也可将重要文化财产向公众开放。管理主体可向前来参观的游客收取一定的费用。③ 文化厅也可建议重要文化财产所有权人或其委托管理主体，在不超过 1 年的时间内将其重要文化财产交由文化厅设立的国立博物馆（如由作为独立行政法人的国立文化财产机构设立的博物馆）或者其他公共文化机构以向公众展示；所有权人或委托管理人也可自行建议由上述国立或公共机构将该重要文化财产向公众展示。④ 由文化厅建议或命令重要文化财产交由国家公共机构进行展示的，相关展陈费用根据文部科学省制定的标准，由国库承担。政府应根据上述标准对将文化财产开放展示的所有权人给予一定的津贴补助。⑤ 重要文化财产向公众开放展示期间，文化厅应委派其相关职员对其进行管理。⑥ 当然，文化厅也可建议私有文化财产所有者或其委托管理人在不超过 3 个月的期限内自行将其文物开放公众参观，在这种情况下，文化厅在文物开放期间将给予所有权人或委托管理者必要的指导，所有权人或委托管理人未能遵守的，文化厅有权暂停或终止其公众开放。开放展示的有关费用依据文部科学省的规定，全部或部分由国库承担。⑦ 因文化厅建议或要求向公众展陈或开放重要文化财产、却由于非所有权人或委托管理人的原因导致文化财产损毁或灭失的，国家还应向所有权人赔偿相应损失。⑧ 登录文化财产的展陈开放的责任也由所有权人或委托管理人承担，其他主体欲进行开放的，须与所有权人或委托管理人达成协议。登录文化财产和

---

① See *Codice dei beni culturali e del paesaggio*，articolo 103.
② See *Codice dei beni culturali e del paesaggio*，articolo 104.
③ 参见日本《文化财产保护法》，第 47 条。
④ 参见日本《文化财产保护法》，第 48 条第 1、5 款。
⑤ 参见日本《文化财产保护法》，第 50 条。
⑥ 参见日本《文化财产保护法》，第 49 条。
⑦ 参见日本《文化财产保护法》，第 51 条。
⑧ 参见日本《文化财产保护法》，第 52 条。

史迹名胜天然纪念物的展陈开放亦可向参观者收取一定费用，文化厅认为必要时，可在文物开放展陈期间给予所有权人或委托管理人必要的指导或建议。① 此外，对于无形文化财产以及有形和无形民俗文化财产的公众展示与开放，《文化财产保护法》也做出了详细规定。②

美国国家公园设立的目的就在于通过对自然和文化遗产的妥善保护，使当代人和后代人都能欣赏和享用这些遗产。为公众休闲娱乐、接触和享用文化遗产提供空间和机会，是国家公园的重要职能。

（二）受公共财政资助修缮文物的强制开放

此外，一些国家对受到公共财政资助的私有文物，也有在一定条件和一定范围内开放的附加要求。在英国，根据 1953 年《历史建筑和古迹法》获得英国政府资助或者贷款的文物，"英格兰史迹"在授予其补助或贷款的同时，可附加要求将该文物全部或部分向公众开放的条件。③ 在美国，私人所有文物除完全交由专业的遗产信托、由这些专业机构进行开放经营之外，所有权人继续对其不可移动文物行使使用权，但与专业的遗产保护信托或者其他组织签署遗产保护地役协议的，也可在该地役协议中约定在一定时间和一定范围内将该文物开放公众参观。在法国，古迹遗产维修和保护工程受遗产基金会资助的，在所有权人与遗产基金会签订的保护维修资助合同中约定受资助修缮的古建应在修缮工程完成之日起 10 年内，以法令规定的方式和条件向公众开放。④ 意大利《文化财产和景观法典》也明确规定，文化财产的保护和修复受到国家资金补助或利息补贴的，应根据国家与所有权人签订的协议中约定的条件和方式对公众开放，相关协议条款应在考虑修缮工程类型、文化财产的艺术和历史价值等因素的基础上，确定开放公众参观的时限。⑤ 在日本，重要文化财产的管理、维护和修缮全部或部分由国家负担或者获得相应补助的，文化厅有权命令其所有者或委托管理主体在不超过一年的期限内将该文物交由国立博物馆或其他公共文化机构用以向公众展示，或者在不超过 3 个月的期限内自行将其重要文化财产开放；文化厅认为必要的，还可多次更新该文化财产在国立博物馆或文化机构向公众展示期间，每次不超过 1 年，但连续不超过 5 年。所有权人或委托管理人必须遵守。⑥ 文化厅要求将文物展陈或者自行开放的，开放展示费用依据文部科学省的相关规定或标准，全部或部分由国库承担。⑦

---

① 参见日本《文化财产保护法》，第 67 条、第 116 条第 3 款。

② 参见日本《文化财产保护法》，第 75、84、88 条。

③ See *Historic Buildings and Ancient Monuments Act* (1953), arts. 3A & 4.

④ See *Code du Patrimoine* (2016), art. L143 - 2 - 1.

⑤ See *Codice dei beni culturali e del paesaggio*, articolo 38.

⑥ 参见日本《文化财产保护法》，第 48 条第 2、3、4 款，第 51 条第 2、3 款。

⑦ 参见日本《文化财产保护法》，第 50、51 条。

二、文物利用的合理边界

鼓励公私主体对文物进行合理利用，充分发挥文物在当代的价值，已成为西方国家遗产保护领域的普遍共识和实践，这固然与全社会对文化遗产及其意义和价值的认知密切相关，也离不开一套"宽严相济"、相对完善的法律制度的保障。

（一）依文物类型与级别设置不同的利用规则

在多数国家，与文物的分级分类保护原则相适应，不同类型、不同保护级别文物的开发利用应遵循的规则和限制并不相同。如英、美、法、日四国有关立法，都在其分级分类保护的基础上，为不同级别和类型文物的开发利用设置了不同程度的限制或规则。

在英国，虽未直接规定，但法律对列级古迹与登录建筑相关工程的不同限制程度，决定了这两类文物在利用的方式和可能性上必将存在区别：一方面，法律对列级古迹原状保护的要求远高于登录建筑，除为公众参观而设置必要的安全设施和游客接待设置之外，对列级古迹的各种监护措施总的说来接近静态保存，对添建改建的限制十分严苛。而反观登录建筑，其保护融入地方规划，采取的是活态保护的方式，建筑被登录并不影响所有权人和其他主体对该建筑的正常享用，在获得规划部门相关许可的前提下，该建筑可以被改建、扩建甚至拆除。换言之，在英国立法者看来，列级古迹在当代的主要功能在于尽可能完整地展示其所创造和历经时期历史、艺术、科学、文化和社会发展的真实面貌，具有历史信息传递和民族教育的重要意义。由此，向公众开放不仅是对处在国家及其相关职能部门直接监管之下的列级古迹的要求，即使该古迹是私有的，所有权人或占有人没有正当理由也不得完全拒绝。而登录建筑作为具有一定历史和艺术价值的建筑类型的典型代表，是所在地建设规划的重要组成部分，在实践中与所有权人或占有人的关系较列级古迹更为密切，承载着其更多的实际使用需求，可通过科学的规划和一定程度上的改造，平衡其历史文化价值和在当代社会实际功用的发挥。列级古迹和登录建筑两类文物完全不同的定位，决定了其利用方式、可能性和受到的限制、规制都必然存在显著的区别。而法律对于保护区内不属于列级古迹和登录建筑的私有建筑文物的管理和利用限制更为宽松，在遵守尊重历史文化原貌、保留原有社区肌理与功能、维持新建建筑与原有环境和谐等原则的前提下，一定尺度、面积范围内的建设活动，甚至可以不经规划许可直接进行。

在美国，不可移动文物的利用和经营视其是否处于国家公园管理体制下而采取不同的方式、受到不同的限制。美国每个国家公园都在国家公园管理局的监督下，由一个专门的非营利组织受联邦政府的全权委托进行直接的管理和经营。① 这些非营利组织将自己定位为"管家"或者"服务员"而并非"业主"的角色，其收益只能来自岗位工

---

① See *National Park Service Organic Act. 2.*

资，而不能将遗产资源作为生产要素投入。① 此外，法律对国家公园遗产资源的经营权有着明确而严格的限制。国家公园内全面实行特许经营制度，特许经营的范围仅限于公园的餐饮、住宿等旅游服务设施及旅游纪念品，不涉及核心遗产资源的经营和利用。经营主体必须通过公开招标确定。特许经营收入除了上缴国家公园管理局以外必须全部用于改善公园管理。特许经营者有妥善保存和保护文化遗产的义务，不得违反文物保护相关法律的规定对国家公园内对文物造成破坏。对于未纳入国家公园管理体制的不可移动文物，法律则通过设立标准和明确禁止性规定来约束其开发利用的范围和限度。一方面，内政部根据"国家历史名胜名录"的评估标准，制定了历史建筑制翻新标准和指南②，用于判定国家公园管理局是否可以发放证书，以协助项目开发商取得 1976 年、1981 年和 1986 年分别出台的税收法案所规定的税收抵免资格。由于税收优惠资格是美国遗产保护和利用领域的重要规制手段，这一标准中的部分内容事实上也为美国不可移动文物开发利用规定了应遵守的基本边界，如：（1）不论是否与其历史功能一致，对其明显的建筑、定位和环境特征的改变都应当控制在最小程度内；（2）在翻新利用过程中，房产的历史特性都应当予以保留，还应当避免对历史建材进行更换，并避免改动房产的特征和空间关系；（3）每所房产都应当被视为其所在时期、地点和使用方式的实物纪录，不应当为创造历史氛围而改动房产，例如，添加推测来自其他历史房产的器物或局部；（4）对于随岁月流逝而不断改变的历史房产而言，那些业已形成历史意义的变更都有理由被保留和保存；（5）任何明确构成历史房产特征的器物、形态、表面处理和构造技术及工艺范例，均应设法保存；（6）新的加建、正立面改变以及相应的新建工程，不可毁害形成房产器物点的历史材料、形态和空间关系；新的部位应当与原物有所区别，并与有关的历史材料、形态、尺度和比例协调一致，并维护房产和环境的整体性；（7）新的加建和小区新建工程应当符合以下要求：如果日后被拆除，对历史房产及其环境的主要形态及整体性均不受影响。③ 在美国，不少历史住宅被改作房屋博物馆。在房屋博物馆之外，室外博物馆也是近年来美国流行的不可移动文物保护与利用方案之一，实际上就是指修复、重建或复制后用以诠释历史或文化发展、特定的时期或活动的不可移动文物群落。④ 此外，在历史地段保护与开发利用范围、限度上，美国各

---

① 参见苏杨：《美国自然文化遗产管理经验及对我国的启示》，《世界环境》2005 年第 2 期，第 38 页。

② The Secretary of the Interior's Standards for the Treatment of Historic Propertieswith Guidelines for Preserving, Rehabilitating, Restoring and Reconstructing Historic Buildings, available at: http://odessa.delaware.gov/files/2014/10/Appendix-5-NPS-Standards-Guidelines-for-Preservation.pdf, accessed 27 – 09 – 2017.

③ 参见［美］威廉·穆塔夫著：《时光永驻：美国遗产保护的历史和原理》，谢靖译，电子工业出版社，2012 年，第 187 页。

④ 参见［美］威廉·穆塔夫著：《时光永驻：美国遗产保护的历史和原理》，谢靖译，电子工业出版社，2012 年，第 75 页。

州立法的宽严程度不一，但联邦税收法案起到了重要的引导作用。尽管有了更多的保护规划，但有关工程在审核中也更多考虑到经济的影响。如"历史保护国民信托"制定并推行了"主要街道计划"对现有存量建筑物进行修复和翻新，设计相应的街道景观，将现代购物中心的管理方法应用到较小市镇的商业中心，号召本地居民利用主要街道的商业优势，目的是促进商业进一步发展。

　　法国将文化遗产视为重要的经济文化资源，强调遗产保护与其价值发挥的并重，一方面重视文物在现世的使用价值，另一方面重视文物使用过程中对历史文化价值的体现。由此，法国立法也体现出不可移动文物保护与开发利用并重的立场，国会每年也会邀请相关专家编写文化遗产开发利用报告作为指导性政策。与列级和登录两级不同保护制度相应，对文物利用的限制也存在不同：对于列级文物，未经行政机关许可不得部分或整体的毁坏、移位或其他任何形式的改变。经许可的工程除应在负责历史古迹的行政部门的科技监管下进行之外，通过协议对列级不可移动文物设置地役也须经有权机关审批同意，可能造成列级文物损毁的，即使是法定地役也不予适用。① 若干可移动文物藏品作为一个整体被列级保护的，该整体成为不可分割的一部分，除非得到列级部门的许可，开发利用时也不能将其中的一部分或者构成要素与该整体相分隔。② 列级文物也不能通过《民法典》针对一般财产规定的时效取得制度加以获得。③ 依法被征收的文化遗产可转让给公私主体，但私人买受人须遵守由最高行政法院法令确定的转让原则和条件。④ 属于国家、地方行政区或其公共服务机构所有的列级不可移动文物转让时，也应依照相应职能部门的要求说明保存措施，否则该转让行为可能被宣布无效。⑤ 对于登录不可移动文物，法典对开发利用的限制则明显宽松：所有权人欲改造登录不可移动文物的，应提前向有权机关报告，并在施工之前获得经古迹部门同意的建设许可或拆除许可；⑥ 改造登录可移动文物，只需向文物部门预先声明。⑦ 当然，无论列级或登录文物在开发利用过程中转让的，须通知有权机关并获得其同意；文物所有权虽几次倒手，因列级或登录而产生的法律效果，依然对最终获得其所有权的主体具有约束力。⑧ 列级或登录不可移动文物经许可而开展工程的，可经有权机关的许可安装遮盖施工脚手架的篷布，并利用该空间进行展示宣传。文物所有权人因该展示宣传所获收入，经展示宣传项目负责人同意，可用于支持文物修复相关工程。⑨ 为保证某一区域整体历史风貌完整，

---

① See *Code du Patrimoine* (2016), arts. L621 – 16, L622 – 1 – 2 & L622 – 7.
② See *Code du Patrimoine* (2016), art. L622 – 1 – 1.
③ See *Code du Patrimoine* (2016), arts. L621 – 17 & L622 – 13.
④ See *Code du Patrimoine* (2016), art. L621 – 21.
⑤ See *Code du Patrimoine* (2016), art. L621 – 11.
⑥ See *Code du Patrimoine* (2016), art. L621 – 27.
⑦ See *Code du Patrimoine* (2016), art. L622 – 22.
⑧ See *Code du Patrimoine* (2016), arts. L621 – 29 – 6, L622 – 15, L622 – 23 & L622 – 29.
⑨ See *Code du Patrimoine* (2016), art. L622 – 29 – 8.

法典还通过设置强制性公共地役的方式，对不可移动文物毗邻建筑相关工程进行限制，限制范围依第 L621－31 条的规定，由文物部门或规划部门在开展公共调查并咨询有关专业机构的基础上确定，通常为以文物为中心 500 米半径内，并且应符合双向可视性标准。被列级为"杰出遗产景观地"进行保护的城市、村庄或者街区的开发利用，应根据《规划法典》第三卷第三章的要求制定保护和开发规划，对于该规划未覆盖到的部分，应根据《遗产法典》第 L631－4 条的规定，另行制定建筑和遗产利用规划。① 该区域内不可移动文物的开发利用，根据上述两个规划的具体内容和限制，经相关职能部门依法审批进行。

在日本，《文化财产保护法》倡导在妥善保护的前提下，尽可能将文化财产公开展示以充分发挥文物的当代价值。但出于对所有权的尊重，《文化财产保护法》对文物利用的限制也是以对各级别、各类型文化财产所确立的差异化保护制度为基础，这些保护制度构成所有权人或其他主体对文物进行开发利用时必须遵守的规则和不能跨越的边界，在此前提下，法律并不对文物开发利用的具体方式进行规定和限制。如在对重要或登录文化财产进行开发利用时，同样要依法确定该重要文化财产的责任管理人作为对该文物的保护承担法律责任的主体，责任管理人发生变更的，须书面通知文化厅并依文部科学省令说明情况；② 文化财产、史迹名胜天然纪念物及重要文化景观的位置、保护现状需发生变化而可能影响其保存（环境）时，责任管理人应提前报文化厅批准；③ 在文化厅为保护重要文化财产及史迹名胜天然纪念物周边环境的整体性而划定的保护区域内，有关的开发建设行为可能受到限制；④ 还须遵守前文有关向公众开放的规定。重要文化财产及史迹名胜天然纪念物所有人或占有人，无正当理由不得拒绝、妨碍或回避其责任管理人所进行的管理、修复或为管理和修复而采取其他必要措施。⑤ 由所有权人或责任管理人以外的主体开发利用文物，将重要文化财产开放公众欣赏参观的，应得到文化厅的许可，除非该主体已建立了经过许可的文物展览场所并计划在此展示重要文化财。在毋需报批的情况下，举办此类展览或开放展示应在展览或展示结束后 20 天内书面报告文化厅并依文部科学省令说明展示情况。已取得展览或展示许可但实际未遵守许可中规定的条件的，文化厅可中止展览展示，并吊销许可证。⑥ 登录文化财产的开放展示则只需开放展示主体与所有权人达成协议；⑦ 重要有形民俗文化财产的开放展示须由开放主体在展览展示开始前 30 日向文化厅书面报告并依文部科学省说明相关情况；⑧

---

① See *Code du Patrimoine* (2016), art. L631－3.

② 参见日本《文化财产保护法》，第 31、32、60 条。

③ 参见日本《文化财产保护法》，第 34、43、62、64、115、139 条。

④ 参见日本《文化财产保护法》，第 45、128 条。

⑤ 参见日本《文化财产保护法》，第 32 条之二，第 5 款；第 115 条第 5 款。

⑥ 参见日本《文化财产保护法》，第 53 条。

⑦ 参见日本《文化财产保护法》，第 67 条第 2 款。

⑧ 参见日本《文化财产保护法》，第 84 条。

传统建筑群保护区内建筑遗产的开发利用，则须符合所在城市的城市规划。

（二）明确规定文物享用与开发的基本要求

部分国家为凸显对文物利用的重视，在文化遗产法典中设专编对文物的享用和开发进行规定，其中以意大利最具代表性。

在意大利，《文化财产和景观法典》第二编"文化财产的享用和价值发挥（Valorizzazione）"除规定公私文化场所的公共开放，还明确了私有文物的所有者或占有者经申请并经国家、大区和其他地方公共机构批准，可将其拥有或保管的文化财产用于与它原有文化用途相符的目的。除交由文化遗产部保管的文化财产之外，文化财产享用须经文化遗产部的特别许可。特许权的授予应在确保文化财产的保护和公共享用的前提下进行，并确保使用目的符合该财产的历史艺术特性。为了更好地保存文化财产，文化遗产部颁发的特别许可应就许可范围、内容和获得许可的主体应履行的义务作出进一步规定。[①] 在不违反有关著作权规定的情况下，文化遗产部、大区和其他地方政府部门可批准通过复制或者其他手段性、临时性的方式，使用其所保管的文化财产，但复制行为只能在特别许可的情况下根据文化遗产部专门指令所规定的方式或者文物监管人的许可进行，不得通过直接接触雕刻作品或浮雕作品原件的方式复制原件。[②] 文化财产的特许使用费和与复制相关费用由承担财产保管责任的主体确定，还应考虑特许使用活动的性质、生产复制品的方式方法、使用的场所和财产及使用时间、复制品的用途和复制目的及给申请者带来的经济利益等因素。特许使用费通常应提前支付。鉴于特许活动可能会损坏文化财产，承担财产保管责任的主体应通过银行或保险系统建立一定数额的保证金。文化财产使用费和复制费的最低限额由给予特许的行政部门规定。但个人或其他承载公共利益的主体不以营利为目的，因科研、教育、学习或创造性表达、自由展示等原因使用文化财产并传播文化财产价值的，可减免特许权使用费。[③]

文化遗产的价值发挥包括为促进文化遗产知识的传播，确保为遗产的利用和公众享用创造最佳条件，以及通过提供专门技能、资金或媒介资源，实现资源、设施或网络的稳定建构促进和支持文化遗产的保存和价值发挥而开展的一系列相关活动。这些活动可由国家或者私人发起，并鼓励和支持国民以个体或组织形式参与[④]，很大程度上涉及文物的开发利用。根据《文化财产和景观法典》的规定，公有或者已交由公共主体保管的文化财产的价值发挥，一般需在该法典所规定的文化机构和场所内依法进行，在这些地点之外的活动则要确保符合业已明确的文化财产的法定用途。国家、大区和其他地方政府应就与公众有关的文化遗产签订协议，确定共同战略和价值发挥的目标，以及战略规划和文化发展的计划。协议涉及私人财产的，须征得有关主体的同意。有关公共部门

① See *Codice dei beni culturali e del paesaggio*，articolo 106.

② See *Codice dei beni culturali e del paesaggio*，articolo 107.

③ See *Codice dei beni culturali e del paesaggio*，articolo 108.

④ See *Codice dei beni culturali e del paesaggio*，articolo 6，articolo 111.

或机构也可以与文化团体或志愿团体达成特别协议,共同开展旨在提高和传播文化财产知识的工作。① 私人也可利用其文化财产发起相关活动、建立相关设施,但必须确保执行由文化遗产部、大区或地方政府在有关高校的帮助和参与下制定的规范利用活动的质量标准。② 在公共文化机构和文化场所可设立的文化帮助和接待服务包括:与目录及其编制、声像和计算机援助、相关信息资料和文化财产的复制等有关的出版与销售服务,与书籍和档案资料的复制和图书借阅投递有关的服务,录音档案、幻灯片和博物馆藏品管理,文化财产复制品的销售渠道和商业利用管理,儿童资助与娱乐、信息与教育指导及援助服务、会议场所提供,自助餐厅、饭馆、行李暂存等服务以及文化展览和文化活动的组织与促进工作。③

当然,私人文化遗产,特别是私有不可移动文物,其所有权或使用权人在自由决定如何享用或利用该文物时,也须因保护文物而受到改造方法和程序等方面的一定限制,如不论该文物是否向公众展示,未经监管人批准,禁止拆除壁画、铭牌、涂鸦、牌匾、碑文、壁龛和其他建筑装饰物;④ 除非不会对所述建筑物或场所的外观、体面和公众享用造成损害且经监管人批准,禁止在作为文化财产的建筑物或场所张贴广告、安装广告牌或其他广告媒体;⑤ 除非根据有关道路交通及街道车辆广告的法律法规给予批准,且监管人事先确定广告媒体的设置及类型不影响受保护文化财产的外观、体面和公众享用,禁止在文化财产建筑群内或附近的道路两旁设置广告牌或其他广告媒体;⑥ 经申请批准在为从事文化财产建筑保存或修复作业而搭建的脚手架掩盖物上张贴广告的,时间不超过作业工期。⑦ 在具有考古、历史、艺术和环境价值的区域开展商业活动也受到一定限制。根据有关改造商业区域的法律规定,市政当局应与监管人协商确定该区域内禁止从事的商业活动或特殊条件下才能从事的商业活动。如市镇可在咨询监管人意见后确定开展非物质文化遗产相关传统手工艺活动和其他传统商业活动的区域;文化遗产部相关区域办公室经与大区和市镇沟通,可制定对国家文化财产进行保护和旅游开发的限制要求,以确保文化财产的庄严性,包括禁止个人使用许可的公共使用的形式、停车许可证和占地许可证等内容。⑧

(三) 文化遗产标志和称号的使用规则

为规范遗产开发与利用,一些国家还规定了对相关标志或称号进行利用的程序和规则。在美国,凡《国内税收法典》第 501 (c) (3) 条规定的承担公共教育职能的非营

---

① See *Codice dei beni culturali e del paesaggio*, articolo 112.

② See *Codice dei beni culturali e del paesaggio*, articolo 114.

③ See *Codice dei beni culturali e del paesaggio*, articolo 117.

④ See *Codice dei beni culturali e del paesaggio*, articolo 50.

⑤ See *Codice dei beni culturali e del paesaggio*, articolo 49, para. 1.

⑥ See *Codice dei beni culturali e del paesaggio*, articolo 49, para. 2.

⑦ See *Codice dei beni culturali e del paesaggio*, articolo 49, para. 3.

⑧ See *Codice dei beni culturali e del paesaggio*, articolo 52.

利组织，都可申请加入作为半官方博物馆机构联合体的史密森尼联盟，该联盟的成员（博物馆或者其他机构）可以使用史密森尼联盟的徽标，并注明"与史密森尼学会合作"（In Association with the Smithsonian Institution）的字样。根据法国《遗产法典》的相关规定，未经法定审批程序获得"法兰西博物馆"称号的博物馆或者其他机构盗用该称号，或者已经被剥夺该称号的博物馆继续使用的，机构创立者或负责人将面临15000欧元的罚金。① 出于商业目的使用构成国家"公产"的不可移动文物的标志，应事先取得该公产管理部门的许可，该许可可以单边法令或协议的形式发布，可附加或不附加经济条件。但出于执行公共服务或者文化、艺术、教育、教学、研究、活动信息的发布和说明等公益性目的使用该标志的，则不必事先报批。②

第三节 文物委托经营

文物委托经营是文化遗产保护利用发展到专业化程度较高的阶段时出现的一种兼具公益性与私益性目的的文物利用方式，指的是文物所有权人或有权处分该文物的其他主体，将其文物全部或者部分地委托给具有一定专业资质的文化遗产保护、管理和开发经营机构，由该机构负责文物的保护、维护、修复，采取向公众提供文化或旅游产品等方式对文物进行利用，使文物的价值得到更大的发挥，并可依此服务或公众的相关文化消费而获得收益的行为。由于既有效地兼顾了文物所有权利益和文物保护、管理的专业性，又可通过专业化的经营和公众服务有效地提升文化遗产社会价值发挥的效果，这种文物利用方式自兴起以来在西方国家得到日益广泛的应用，不仅是私人文物所有者，甚至国家和地方行政区域等公法人主体也将其所有或处在其管理之下的文物委托给专业机构进行保护和经营。在专业化程度不断提高和分工日益细致的当代社会，通过委托经营促进文物价值的发挥，成为公私文物所有者开发利用文物的一种有益方式。

一、文物委托经营的发展及其法律依据

西方国家文物委托经营的出现与两个背景有关。一方面，随着文化遗产范畴的不断扩大、受保护文化遗产数量的不断增多以及公众接近和欣赏文化遗产需求的日益增强，国家承受的文物保护和开放经营的责任不断扩大，人力、物力和财力的压力也日益增加。委托经营的方式既能减轻国家面临的人力和物力的压力，又能通过经营收益缓解文物保护和开放给公共财政带来的负担，因此日益受各国青睐。另一方面，西方社会，尤

---

① See *Code du Patrimoine* (2016)，art. L442 – 5.
② See *Code du Patrimoine* (2016)，art. L621 – 42.

其是英美国家的文化遗产保护历史呈现明显的"自下而上"的发展趋势，公众多具有文化遗产保护的意识、愿望和诉求，早期产生于民间的一些文物保护和研究社团、机构经一百多年的发展，已具有较大的规模和较高的专业水准，在此基础上成立的一些文物托管和经营机构，也在长期的实践中积累了丰富的资源和经验，并形成了一套既能保证文物保护、管理和利用的科学性和合理性，又能通过市场化行为获得可观的经济收益，并使文物所有权人获利的经营模式，由此不仅为委托经营提供了机构保障，还激发了私人文物所有者将其文物委托经营的积极性。

经 16 世纪至 18 世纪一些文物研究者和民间文化遗产保护研究社团的推动，19 世纪早期，英国社会出现遗产旅游热，前往遗产景观和历史遗迹参观和休闲逐渐成为越来越多英国人的生活方式和强烈愿望。① 英国私人所有的文物占相当大的比重。然而，遗产旅游热使得很多私有遗产或遗址景观的所有权人自愿将其遗产景观向公众开放。一些所有权人会向前来参观的游客收取一定的门票费用。虽然对于很多古迹所有者来说，门票的主要目的并非从中营利，而是一种控制人数的手段，许多人甚至将该门票收入捐献给慈善机构。② 这不仅是英国私人文物开放经营的早期实践，还带动政府开放了一批国有文化遗产或遗址，同样对游客收取适当的费用以维持其旅游服务的正常运转。英国管理、经营和建设王室财产的工程办公室于 1837 年开放汉普顿宫（Hampton Court Palace），自此便肩负起将国有历史古迹开放公众参观的重任，并负责这些开放古迹的经营。但随着工程办公室公共职能范围的不断扩展、文化遗产保护管理的日益专业化和国有文物数量的不断增加，英国政府凭借一己之力管理和经营公共文化遗产显然力不从心。在这种情形下，起源于民间实践经验累积基础之上的专业的文物托管保护组织应运而生。著名的"国民信托"早在 1895 年即依据当时的《公司法》而创立，开始通过接受捐赠和收购地产等方式对这些土地上的自然和文化遗产进行管理，并将其中具备开放条件的部分辟为对公众开放的旅游景点进行经营。为获得收购某些重要古迹所需资金，"国民信托"还组织开展了一些公募活动。至 1907 年，英国国会颁布《国民信托法》，对原"国民信托"进行重组，并赋予其对一定文化和自然遗产进行管理和经营的权利。该法正式确立了新成立的"国民信托""为维护具有美学或者历史意义的土地或房屋所承载国家利益而对这些文化和自然古迹进行永久保护"的宗旨，授予其通过收购或接受捐赠等方式获得自然和文化古迹、毋需许可证而对古迹进行保有和继承、为实现宗旨之必要而设置相关地役以及为公众欣赏和娱乐而对其所保有和管理的自然和文化古迹进行经营等多方面权利。"国民信托"还依该法正式取得了信托资格，有权为实现古迹的

① See Simon Thurley, *Men From History: How Britain Saved Its Heritage*, Yale University Press, 2013, pp. 6 – 16.

② See Peter Mandler, *The Fall and Rise of the Stately Home*, Yale University Press, 1999, pp. 97 – 100.

公益目的而从事信托行为。① 为促进国有文物保护、管理和经营的专业化，2015 年，原"英格兰遗产"分立为负责文物行政管理和政策咨询的"英格兰史迹"和作为专门的遗产管理和开放经营慈善信托机构的新"英格兰遗产"。该组织接受英国政府 8 千万英镑的资金，成为一个慈善信托组织，摆脱原"英格兰遗产"的半行政机构职能，专门负责 400 多处国有古迹遗产的保护、管理和开放经营事宜，即成为英国重要国有古迹遗址的委托经营机构。为鼓励公众更多地接触、游览文化遗产并参与相关活动，"英格兰遗产"还鼓励公众成为其会员，允许会员免费或以折扣价游览其管理和经营的古迹遗址，并不定期组织一些会员活动。2014～2015 年，"英格兰遗产"会员已达到 134 万余人。

美国文化遗产保护发展的历史与英国类似，国家层面对文化遗产的关注也是一系列自发的公众遗产保护运动的结果。但国家公园管理局在"历史保护国民信托"的创建中起了很大的促进作用，其早期倡导者和创建中包括国家公园管理局机构前任或时任官员，为将同类国家机构中形形色色的保护者召集起来提供了条件。② "历史保护国民信托"创立筹备工作于 1947 年即启动，4 月召开会议成立的国家理事会既"反映了草根本色"，又是全国的遗产保护者们"首次听说其他地区的保护"并"亲眼见证他们不是各自为战"。③ 至 1948 年 11 月在国家艺术馆召开年会时，代表们都认为该组织已作为实体存在，且认为该组织再作为国家公园管理局的附属机构并不合适。由此，时为国家历史纪念处员工的理事会首位执行长官不仅争取到一些私立基金会等慈善组织的鼎力支持，还着手准备了"历史保护国民信托"执照申请书提交国会。此类执照和总理事的任命书可以使组织成立以后立即享受到国家级部门的待遇，这使得美国的"历史保护国民信托"多少带有官方色彩。④ 1949 年 10 月底，机构章程得到国会通过，美国"历史保护国民信托"正式成立，并于 1951 年获得第一处受保护古迹伍德伦种植园（Woodlawn Plantation）。此外，由于美国对重要文物史迹的保护和经营采取了国家公园的管理制度和模式，这一部分文物史迹的委托经营又与英国有所区别：在政府为主导、多方力量参与、公私合作的国家公园管理体制下，每个国家公园都由一个专门的非营利组织进行直接的管理和经营，国家公园的管理机构自身除制定相关的政策和规划文件以及通过其地区办公室对所管辖片区国家公园的经营管理状况进行垂直监督和管理外，还需为游客提供交通系统、公共卫生间、信息和解说设施等等必要的基础服务设施。自 1965 年开始，美国通过《国家公园管理局特许事业决议法》对国家公园体系全面实行

① See *National Trust Act*, art. 4.
② 参见［美］威廉·穆塔夫著：《时光永驻：美国遗产保护的历史和原理》（第三版），谢靖译，电子工业出版社，2012 年，第 26 页。
③ 参见［美］威廉·穆塔夫著：《时光永驻：美国遗产保护的历史和原理》（第三版），谢靖译，电子工业出版社，2012 年，第 27 页。
④ 参见［美］威廉·穆塔夫著：《时光永驻：美国遗产保护的历史和原理》（第三版），谢靖译，电子工业出版社，2012 年，第 27～28 页。

特许经营制度，允许私营机构采用竞标的方式，缴纳一定数目的特许经营费，以获得在公园内开发餐饮、住宿、河流运营、纪念品商店等旅游配套服务的权利。特许经营的出让方式通常是由国家公园管理局的地区主任和美国政府与在公开招标中的中标的主体签订出让合同。出让的期限通常不超过 10 年，通过参众两院批准的，最多不能超过 20 年。但美国国家公园特许经营的界限非常明确，仅限于提供于消耗性土地中利用与国家公园核心资源无关的服务。特许经营权的授予须满足以下标准：（1）其设施及服务对于其所在公园的公共性使用与享受而言具有必要性和适当性，并且可以确保公园外的无法满足此类需求；（2）其服务及设施的提供方式可以进一步推动对国家公园资源、环境与价值的保护和保存；（3）在设计、规划、选址、施工、建筑材料选择、公用设施系统及废弃物的回收或管理中能够体现可持续理念；（4）提高游客对于公园的使用率及享受度，并且不会造成对国家公园内文化和自然资源价值的不可接受的损坏。[①]　国家公园的特许经营制度体现了通过政府管理和企业经营相互配合的高效的资源运作方式，通过特许经营、有偿服务和明确划分经营者的权利及义务，实现了资源开发与保护的良性循环。

意大利的情况也是如此，《文化财产和景观法典》在规定所有权人为文物保护责任人，也有权在符合法律规定的前提下开发利用其文化财产之外，特别规定公共文化遗产开发利用活动的经营管理，可采取直接管理和间接管理两种方式。直接管理通过该文化遗产管理机构内部的组织机构进行，应具有充分的科学性、组织性、财务和会计自主性，并配备适当的技术人员，也可通过公共财团实现。而间接管理是通过授予第三方一定的管理开发利用活动的权利，通过与法律规定具有一定资质的相关机构合作的方式进行。间接管理须由公共部门与委托管理者签订委托协议，协议应表明在任何情况下必须保证公共文化财产的基本服务。[②]　不难发现，此处的"间接管理"，实质即将公共文化遗产委托给具有一定资质的专业第三方进行经营管理的方式。

在"国家遗产"理念的影响下，大革命之后的法国早期立法，将受列级保护的所有文物——不论其所有权归属于国家还是私人——的保护、管理和维护、修复责任都归于国家。但这一美好的保护愿景很快受到了有限的财政资金的限制，庞大的文物维护费用使国家无力担负起这样的责任，不得不对立法进行修正，将私有文物的保护和修缮责任归为文物所有权人，国家只给予一定的资金补助。文物维护和修复是所有权人的义务，不履行义务的所有权人可能面临行政甚至刑事处罚。面对远比一般建筑的维护和修缮更高额维护费用和更烦琐和专业的工程执行过程，将各项烦琐的具体程序交由专业的文物托管经营机构进行，同时通过市场化经营补贴文物维护和修缮费用，成为许多所有

---

①　刘琼：《中美国家公园管理体制比较研究》，中南林业科技大学硕士学位论文，2013 年，第 29 页。

②　See *Codice dei beni culturali e del paesaggio*, articolo 115.

权人的最佳选择。国家公共事业的委托经营在法国法律上称为公共服务委托（délégation de service public）①，随着文化遗产保护任务的日益繁重和公共文化服务的日益专业化，公共服务委托也成为解决政府文化遗产保护和经营困境、同时减轻公共财政压力的有效手段。1914 年 10 月，法国即通过法律设立了国家历史和史前古迹管理局，通过集中各方面资金，大量收购历史古迹或者（紧急）列级文物，并资助这些文物古迹保护和修复工程。该机构历经 1930 年、1965 年和 2000 年几次调整和改革，成为现在对国有历史古迹进行专业化管理、经营和开放的国家古迹中心，作为专门的公立文化遗产经营和旅游机构，保存、维护、修复、经营、开发 100 多处各类国有古迹，通过将这些古迹向广大公众开放而使其价值得到重现。另一个专门的古迹开放与经营机构建筑与遗产局也于 2004 年由法兰西古迹博物馆、夏约研究院和法兰西建筑研究所合并而成。但与英美国家相比，上述国有文物开放和经营机构都是公立的，官方色彩更为浓厚，受国家文物主管部门的支持和影响也明显更大。

日本国有文化财产的管理也大都通过设立专门的管理经营机构进行，其余的少量公有文化财产由文化厅直接管理。委托经营范围则仅限于私人所有的文化财产。根据《文化财产保护法》的规定，私有文物的保护和管理可由所有权人负责，也可由其委托的责任管理人负责。② 特殊情况下，文化厅认为所有权人或其委托的责任管理主体并不能有效肩负起管理和经营文化财产责任的，也可自行委托其他专业机构作为责任管理人。③ 日本借鉴英国经验先后设立"国民信托"和日本国民信托协会两个文化财产和自然遗产托管机构，还有很多小型的以 NPO 法人、一般财团法人、公益财团法人等非营利法人类型存在的信托团体遍布全国各个地区。这些遗产托管经营机构的运作模式简单来说分为两个部分。第一，在资产来源上，依靠其他社会组织和个人的不动产捐赠，即由第三方将拥有所有权的文化财产（历史建筑物等）或自然财产（农地、林地、风景地等）无偿捐赠给信托机构并由其负责运营。另外，由于还有来自社会各界的捐款，在某些有价值的文化财产或自然财产公开出售时，这些机构可以利用捐赠资金直接予以购买。第二，在资产经营上，信托机构的主要收入则来自相关文化财产和自然财产公众开放所得门票收入及关联性文创产品的经营收入，这部分收入在总收入中占据了相当大的部分。税收方面，由于此类机构大都具有公益性，第三方向此类机构进行捐款的，也可以享受同公益信托委托人相类似的所得税和法人税层面的减免。然而，诸如日本"国民信托"、日本国民信托协会这类遍布全日本的公益性机构，至今却仍未取得日本

---

① "公共服务委托"的概念规定于法国《地方行政区普通法典》第 L1411 - 1 条，指的是根据 2016 年 1 月 29 日第 2016 年第 69 号命令（ordonnance），由作为委托方的行政机构以书面的形式和特许经营合同的方式，将某项公共服务委托给一个或多个市场主体进行管理，由该主体承担与经营该服务相关的风险，由此换取对特许合同所涉服务以适当价格进行开发运营的权利。

② 参见日本《文化财产保护法》，第 31 条。

③ 参见日本《文化财产保护法》，第 32 条之二。

《信托法》上公益信托机构的资质，其经营和管理过程不受《信托法》和《公益信托法》的约束，不需要向捐赠人负责，也没有具体的期限规定。原所有人在将这些财产捐出的同时便放弃了自己对于这些财产的所有权，这些机构便拥有了针对捐赠财产的完整意义上的所有权，这并不同于公益信托中受托人只拥有名义上的所有权的情况。而依照《公益信托法》设置文化财产公益信托的，就当前检索到的 3 件涉及文化财产的案例情况来看①，几乎都是以赞助文化财产保护和利用为目的的"资助型"为主，还没有专门以不可移动文物（如历史建筑等有形文化财产）所有权作为信托财产并对该文化财产进行保护和利用的"管理型"公益信托。这不得不说是日本私有文物委托经营中的一大局限。

二、委托经营关系中的主体资质

在委托经营关系中存在委托方和受托方两方主体。文物作为委托经营对象的特殊性，对两方主体资质提出了一定的要求。

（一）委托主体

一般说来，不论文物是公有还是私有，所有权人都是当然的委托主体，有权决定是否将其文物委托给专业机构管理、经营，以及交由哪个机构进行管理经营。然而，实践中委托主体的确定主要面临两个问题：第一，什么机构可作为代表行使公有文物的委托经营权；第二，若私有文物的法定委托经营主体对文物保护和管理不力，国家或地方有关部门是否可另行指定特定的委托经营机构。

1. 公有文物的委托主体

公有文物的所有权人为国家或者地方政府，但多数国家的文物保护立法都会根据公有文物的占有使用情况和是否具备开放条件等具体情况，明确对不同公有文物负有直接保护和管理责任的主体。在这些法定的直接责任主体的人力、物力和国家有限的公共资源都不足以支持其自行开放经营该文物的情况下，委托经营即可能发生，委托主体即为依据法律规定对这些文物负有直接保护和管理责任的机构。

实践中，部分公有文物因为政府部门或其他公共机构所占用，不以向公众开放为其主要功能。此外，对于一些对民族、国家甚至全人类具有十分重要意义的文物，大部分国家都直接设置专门的保护、管理和开放经营机构。在这两种情况下，对公有文物本体一般不再适用委托经营，但一些不涉及文物本体的相关旅游配套服务，仍可通过协议委托或特许经营的方式，交由专业的市场主体承担。

2. 国家指定委托

对国家在私有文物委托经营过程中保护不力时是否有权将该文物交由其指定机构管

---

① 参见日本信托协会网站：http://www.shintaku-kyokai.or.jp/kouekiDB/top.htm，2017 年 8 月 30 日访问。

理和经营的问题，不同国家的法律规定呈现较大差异。国家在一定情形下将在委托经营中保护不力的私有文物指定交由其他机构管理和经营的，在日本、意大利和法国等大陆法系国家的法律制度中都能找到直接或间接的依据。英美两国，特别是美国，私权保护和有限政府理论盛行，且私有文物委托经营因具有丰富经验的和极强专业性的民间非政府组织的强大机构保障而日趋成熟，未见国家有权对文物进行指定委托经营的法律规定。

日本《文化财产保护法》明确肯定了国家有指定委托的权利。根据该法规定，在无法找到文化财产所有权人，或所有权人或其管理人显然无法或不合适承担管理责任的情况下，文化厅可指定合适的地方政府或其他适合的法人担负起保护该重要文化财产的必要责任，包括对保护该重要文化财产所必需的设施、设备或其他相关物品的管理。在文物因委托经营而保护不力、有受到破坏的危险时，文化厅享有另行指定委托经营的权利。但为防止公权力对私人文物所有权产生过度侵害，法律对国家指定委托的条件和程序进行了严格限制：（1）明确国家指定委托只适用于重要文化财产、登录有形文化财产、重要有形民俗文化财产所有权人或其委托管理人保护不力或者重要文化财产所有权人无法找到的情形；（2）被指定管理经营机构可以是地方政府也可以是合适的其他公私法人，但它们因文化厅指定而拥有的管理经营权是有限的，只限于保护该重要文化财产必需的行为；（3）文化厅在进行指定委托时，除无法找到所有权人的情况，必须事先取得该重要文化财产所有权人和依法享有占有权的主体的同意，以及受指定地方政府或其他法人机构的同意，但上述主体没有正当理由不得拒绝；（4）指定委托须在政府公报上进行公示，并应对所有权人、占有人、受托地方政府或法人机构进行告知；（5）文化厅的指定委托管理是一种临时行为，当第（1）条的情形消失或者其他特殊原因出现时，文化厅可撤销该指定委托。① 除法律有特别规定外，管理和保护该重要文化财产的必需费用由责任管理主体承担，但此规定并不排除文物所有权人依据与委托管理人的协议，在他（她）原本可享有的文物经营利润的限度内负担相应的保护和管理费用。②

相比之下，意大利和法国立法对这一问题的态度更为谨慎，国家在文物委托管理经营不力时的干预权只有间接的法律依据。在意大利，国家指定委托可以《文化财产和景观法典》第 43 条所规定"为保障文化财产的安全并依法做好文物保存工作，文化遗产部有权将可移动文化财产移交或暂时保存于公共机构"的强制性保管条款以及第115 条"对私人发起进行的文化财产强化活动实行直接或间接管理"的条款为法律依据③，指定委托的具体实施方式则由文化遗产部根据文物保护、管理和利用的具体情

---

① 参见日本《文化财产保护法》，第 32 条之二，32 条之三，第 60 条，第 80 条。
② 参见日本《文化财产保护法》，第 32 条之四。
③ 该条中"间接管理"的方式包括将管理工作直接委派给在很大程度上由公共管理部门组成的、拥有文化财产或公共管理部门保有较大利益的机构、基金会、协会、财团、公司或其他实体开展，以及根据一定标准将管理特许权交给第三方行使。

况、方式和指定委托的必要性程度进行个案把握。法国《遗产法典》的关于可移动文物藏品指定委托的规定与意大利类似，根据第 L452－2 条，"法兰西博物馆"藏品所有权人未依法履行藏品保护义务经催告无效的，管辖该博物馆的行政机关可采取保护该藏品的必要措施，包括将藏品临时转移至能提供所需保存条件的安全地点。但对于不可移动文物利用（包括委托经营）中出现文物破坏或者受到损坏威胁的情况，经催告所有权人或其他责任主体拒不履行的，则通过强制征收，而非另行指定委托来处理。

（二）受托主体

受托主体即接受文物所有权人的委托，直接对文物进行管理和经营的专业机构。由于文物的公益性和其经营管理的特殊性，受托主体的选择对于文物保护、管理和经营效果的影响尤为明显，为此，受托主体资格的确定，是文物委托经营中的重要问题。

具体而言，对受托主体资格的考察包括实质要件和形式要件两个方面。

实质要件是主体成为合格受托主体的必要条件，即具有文物保管、维护和合理利用的专业能力。文物的脆弱性和不可再生性要求主体在开展任何有关文物的活动时必须谨慎，须以维护文物安全为前提，这就要求受托人在对文物进行开发经营的过程中须具有相应的专业技术能力，能切实履行文物保护的义务。从文物特性及其妥善保护的角度出发，文物保管、维护和合理利用能力具体可包括三个方面。第一，文物安全保障能力。受托人须具备文物科学保护和管理知识及相应技术，如正确清洗、打扫古建筑内部环境及其装饰结构，合理布置内部管线，能及时发现潮湿、干燥、虫蛀等自然因素导致的文物及其部件破损，并采取符合文物保护要求的防护措施等。第二，监控与风险应对能力。受托人能够有效监控文物保存及其安全状态，并能及时应对各类导致文物形态变化、损坏、灭失或其价值减损的风险。文物经营中的风险除因自然因素而导致的文物损坏或其价值减损外，由于商业经营而人为带来的风险尤其需要重视。如在不可移动文物商业经营中设置一定的餐饮空间，由此而产生的火源、油烟、过多的用餐消费人数等问题，都有可能减损文物的本体及其价值，需要加以监控防范。再如由于过度追求商业利益而导致文化场域庸俗化对文物价值造成的减损，也应是受托文物经营主体需监控和防范的问题。第三，文物价值诠释能力。能适当解读、展示和传播文物的多方面的价值。须在确保文物价值尤其是文化价值的真实性和可持续性的同时，从人的使用及经验出发，将文物与人联系起来，考虑文物对人的意义及不同参观者的需求。

形式要件指的是受托主体的法律形式。尽管从理论上来说，除委托主体之外的一切具有独立权利能力和行为能力且符合实质要件的企业、非营利机构或个人都不被排除在外，但实践中能够凸显文物经营专业性的，一是专业的文化遗产管理经营企业，二是一些成熟的非营利组织。与中国多以旅游企业作为文化遗产经营主体不同，西方国家在文化遗产委托经营中产生了一类专业的文化遗产管理公司，其出发点在于通过维护和向公众开放展示文化遗产，诠释和传播文化遗产的价值。如文化空间公司（Cultural Space）是当前欧洲具有较高知名度的大型文化遗产私人管理公司，成立于 1990 年，目前受托经营法国和比利时 11 处博物馆、纪念馆、历史古迹等文化场所并组织相关的文化艺术展览、展示和其他文化活动，年接待游客超过 200 万人次，纪念品销售额达 2000 余万欧元。① 英国"英格兰遗产"信托也下设专门的文物管理和经营公司，并可从事相关书籍和影视资料出版、纪念品售卖、旅游接待等与文化遗产传播相关的文化旅游产业。② 此类文化遗产管理经营企业与旅游公司的显著差异在于具备专业的文化遗产维护能力，其工作人员多有古建修复、艺术史、文化史、遗产经济学、社会学等专业背景。专业的非营利组织机构是文物委托经营另一类重要受托主体。此类主体在西方国家获得文化遗产管理资格的主要途径来源于三个方面。第一，源自有关法律直接的授权性规定。这类非营利机构多为半官方机构，包括国家为实现某一目的授权成立的区别于行政机构的社会组织，这些组织协助国家实现特定的治理目标，接受国家的财政支持，但具有独立于政府部门的中立地位和经营目标，多以国民信托、文化遗产保护基金会等法律形式出现，并可在某一领域为国家提供咨询意见。第二，源自该非营利组织在某一领域的专长而被行政主体授予文物经营管理资格。一些非营利组织因在环境保护、文化遗产保护、修复和利用等方面显著的专业优势，而被政府有关部门授予开展文物经营管理的资格，可成为委托经营的受托主体。第三，根据具体情况直接委托。此类做法多见于地方政府。地方政府有时会根据其辖区内文物保护和利用的实际状况，越过对公有文物委托经营的招投标等市场竞争性磋商程序，直接选择某一非营利组织承担，但此类做法并非没有争议。

此外，对于国有文物的委托经营，许多国家对受托主体的遴选还存在公开竞争性准入程序要件。如依据英国的《公共合同法》和《公共事业合同法》，公共事业相关委托经营项目须经一定程序确定受托主体，主要分为公开招标、限制性招标、竞争性谈判和磋商四类。公开招标是依据招投标基本原则在官方渠道发布招标公告，任何有意向的组织或机构都可以申请参加，直接进入评标程序。限制性招标是指对招标公告感兴趣的组织或机构提出竞标申请之后，由相关部门按照预先设定的标准，如财务状况、资质说明等，筛选出一部分申请者进入评标程序。竞争性谈判是指对于某些情况复杂的招标项目，公共部门通过预先审核程序确定一部分竞标人，与他们就项目方案进行商谈，确定最终实施方案后，由竞标人进行最后投标，并选出最终中标者。在上述三种方式都无法适用的情况下，公共部门可邀请特定候选人进行协商，确定受托主体。其他国家的情况与英国相类似，对公共事业委托经营项目受托主体的准入，也以公开竞争性程序为主，以非竞争性磋商为补充。

三、委托经营客体设置

委托经营法律的客体即委托主体通过一定形式（委托协议或特许经营许可证）交

---

① 参见文化空间公司网站：www.culturespaces.com/fr，2018 年 3 月 2 日访问。
② See *National Heritage Act* (1983)，art. 35.

由专业主体进行开发经营的项目的内容及其范围。与传统项目只包含一个主要任务内容不同，文物的委托经营是在更好地发挥文物价值的目标指引下所进行的多个相互关联的传统项目的集合，不仅包括文物本体维护和修复项目，还包括为促进文物参观者接近、欣赏文化遗产的体验而进行的一系列辅助性技术或服务项目。

由于文物承载着一定的公共利益，文物，特别是国有文物委托经营项目的设置不仅须符合所涉文物的自身在形态、结构和保存状况等方面的特点，还须在严守法律法规所确定的文物利用范围、方式与边界的基础上进行进一步考量。

20世纪80年代起，西欧国家在遗产领域发动了一场以"去国家化"和引入社会力量为核心的深入变革。在法国，对于卢浮宫、凡尔赛宫这样的国家级重要博物馆的公共服务职能，"去国家化"通过让博物馆成为一个独立的经营单位，接受国家委托独立运营的方式加以实现。博物馆可自行选择合适的合作伙伴，将非专业事务，如餐饮、纪念品商店等，再次委托给其他主体。城堡、保护区等历史古迹类文物的经营则通常采取整体委托的方式。修缮和环境整治工程规模较大、所需资金较多的，特许经营是常见的委托方式。经营者投入资金，对文物进行修缮并添设开展经营所需必要设施，经营期限届满后，新建设施的所有权即转移至作为特许经营批准方（委托主体）的公共部门；若相关设施和经营条件在委托经营关系成立时即已存在，租赁与经营收入分成则成为委托经营协议的主要内容。在意大利，私营化在文物经营中占有重要比重。威尼斯广场等多处世界遗产在接受公共部门管理的同时皆由私人投资进行修缮、维护和经营，博物馆的私营化也日益广泛，罗马多家博物馆的经营也由专门的文物管理经营公司进行。荷兰、英国、比利时等国也有很多私人文化遗产管理公司广泛介入公私文化遗产的经营中。总体上看，文物所有权和保护级别等主要影响的是文物的监管方式，对委托经营项目的设置并不产生直接影响。然而，从实践经验来看，对以下几方面因素的考量在文物委托经营项目的设置中影响较大：

1. 区分文物形态结构、本体及周边环境。在西方国家，文物委托经营的设置根据其形态、结构以及文物本体和周边环境关系的不同而呈现出受托主体、委托宗旨和具体内容的差异化。不仅可移动文物和不可移动文物委托经营模式有所差别，不同类型的不可移动文物，以及文物本体及其周边环境委托经营项目的设置也存在差异：单体建筑类文物的经营，多侧重其内部空间的利用方式和功能发挥；建筑群和非建筑类文物经营项目的设置，通过文化环境的营造实现文物本体与周边环境相协调的整体性则是重要的考量因素。

2. 区分主业与辅助性业务。文物经营项目不仅包括对文物本身的利用项目，如博物馆、古迹公园等用以参观休闲或主题教育等文化场所和历史文化环境的打造，以及为此而开展的文物修缮、研究、维护、讲解等相关工作，即文物经营项目的"主业"；还包括为更好地满足参观者的文化体验所增设的一些辅助性服务项目，如借助3D电影、动态演示、角色扮演等现代科技手段增加文物及其价值展示的方式，以及为参观者提供的餐饮、卫生、休憩、购物、停车等参观旅游保障服务。在西方国家，文物经营中的主业和辅业可以由不同受托主体承担，且二者的经营要求和受法律管制和政府限制的程度也不尽相同。通常来说，主业作为向社会公众提供的基本公共文化服务，在经营方式、开放经营收费等多方面，都受到公共利益的限制；而辅助性业务相对而言则具有明显的商业特征，通常具有创收功能。

3. 区分文化遗产经营中的公共利益和非公共利益。文化遗产经营的目的不外乎以下两个方面：一是通过经营发挥文化遗产在精神和文化教育层面的价值，实现文化遗产的保护与传承；二是在经营中平衡多方面利益，使遗产成为社会发展的催化剂，促进社会政治、经济、文化、环境等各方面可持续发展。在西方，文化遗产承载公共利益与一定程度和范围内文化遗产经营的商业化并不矛盾，根据实际情况寻找二者之间的平衡点才是文化遗产合理经营和利用的关键。在实践中，为民众提供公共服务是公共利益实现的重要方式，而非公共利益多以商业利益的形式表现出来。文化遗产领域也不例外。一方面，文物委托经营须获得政府公共部门的正式委托和授权，在此过程中政府公共部门可对文物经营的范围、内容和方式提出具体要求，明确经营主体在实现和维护公共利益方面的职能；另一方面，通过限制具有公共利益保障性质的服务项目的收费标准，同时适当允许经营主体开拓其他辅助性业务（附加经营项目）并依此获得商业受益，使文物经营中的公共利益和私人利益获得较好平衡。

四、委托合同形式及内容

文物委托经营关系本质上是由委托主体和受托主体合意达成的合同关系。私人所有文物的委托经营，由所有权人与作为受托主体的专业管理经营机构签订委托协议达成，通过协议明确双方主体应享有的权利和履行的义务。国有文物的委托经营合同的形式灵活多样：如在法国，公共服务委托合同包括特许经营合同、行政租赁合同和私人管理公共服务合同。特许经营合同通常涉及基础设施建设，政府公共部门将文化遗产相关公共服务的建设与运营全部交由受托主体承担，受托主体出资并完成建设后，通过向用户收费的方式收回投入成本，公共部门则对服务定价做出一定的限制。因特许经营通常涉及较大规模的投资，多适用于大型的文化遗产旅游经营项目，受托人的投资主要用于文物修缮、维护和各项旅游服务设施建设。如尼姆斗兽场经营即由尼姆市政府与前文所述文化空间公司签订特许经营合同进行，合同约定的特许经营期限为 12 年，公司投入用于旅游服务设施建设的资金约 187 万欧元，以及该文物每年的固定维护费大约 16 万欧元，投资回报率在 4.5% ~ 12% 之间。[①] 在特许经营模式下，投资风险主要由受托人承担，

---

① See Amailia Paz Maturama Martinez, *Gestion et mise en valeur des monuments antiques*, *Arles et du sites du Pont du Gard*, Etude compare MASTER PROFESSIONNEL, TOURISME, p. 81 – 82.

特定情况下委托主体也给予一定的补偿。① 行政租赁指的是受托主体经有关部门许可，向委托主体支付租金，租用已有公共设施向社会提供文化遗产相关公共服务，并通过参观者（用户）购买该服务的方式获得收益的经营行为，多用于剧院类等已建成文化遗产的经营利用，此种委托模式的风险同样由受托人自行承担，要求经营者积极发挥主观能动性，营造出多元的文化服务。② 私人管理公共服务是委托机构通过聘请、授权受托主体经营已有文化遗产公共设施，双方创建共管经营账户，受托主体按照事先约定的比例从经营收入中获取收益、但不承担经营风险的行为，③ 多用于博物馆等有着固定服务内容的文化遗产的利用经营中。受托经营者的贡献主要体现在两个方面，一是实现固定服务内容和方式的优化，二是在此基础上营造出更为丰富的文化、社会和经济效应。受托经营者毋需承担固定资本投资的风险，风险主要集中在经营不当带来的门票减少以及相关文化产品开发经营的损失方面。除此之外，文物委托经营还可以通过签订投资租赁协议的方式进行：在政府公共部门无力维护其为公务而使用的公共文化遗产的情况下，与受托主体签订租赁合同，由受托主体投资对其进行整修和日常维护后将该文物交由公务部门使用。④ 此类模式在国家、市镇的纪念性建筑和大量教堂的维护和修缮中发挥了重要作用，使得大量为公务所使用的古迹和为公众提供精神信仰的教堂得以维护。如马赛的一些清真寺就采用了这种管理经营模式，投资人通过出资修缮和日常维护取得了清真寺的租赁权，市政府则通过支付租金的方式取得其实际使用权。

文物委托经营关系中，委托主体和受托主体具体的权利义务配置依据合同形式的不同而有所差别，但通常都包含以下几方面主要条款：（1）受托主体取得文物（特许）经营权的方式及条件；（2）承担文物本体修缮及周边环境整治义务的主体；（3）受托经营者的经营期限及可开展文物经营业务的范围、内容及方式；（4）经营者在文物经营过程中应受的活动限制及对所经营文物的日常保养、维护责任；（5）经营收益的取得、使用和分配方式；（6）文物经营中各项风险的承担；（7）委托主体和（或）文物管理部门对受托主体文物经营行为的监管权利；（8）违约责任及其处罚。

第四节　文物合理利用激励制度

为鼓励和促进文物合理利用，许多国家税法都有对从事文化产业和提供公共文化服

①　See CE, 10 avr. 1970, *Beau et Lagarde*：*Rec. CE*, p. 243.

②　See CE, 29 avr. 1987, *Cne d' Elzncourt*：*AJDA 1987*, p. 543.

③　See F. Lichére, *Régies intéressée*：JCI. Administratif, Fasc. 755.

④　See Baux emphytetiques administratif, *Loi n° 88 – 13 du 5 janvier 1988 portant amélioration de la décentralisation*, article. 13.

务的市场主体进行部分税收减免的规定；在一些国家，私主体文物利用项目和相关工程
还能得到一定的公共财政补贴或贷款利息补贴。这些财税措施同上文已论及的适当放宽
文物利用限制、简化相关行政程序等制度和规则安排一起，有效激励和引导不同社会主
体参与文物合理利用。

一、税收优惠

通过税收减免激励市场主体参与文物合理利用，是西方发达国家常用的激励方式。
税收激励手段通常包括两类，一类是针对专门从事文物利用的特定主体的税收减免，另
一类是在一般主体进行文物利用活动时给予相关税收优惠政策。

（一）特定活动或产品的税收优惠

英国政府对于文物保护的税收支持十分克制，基本没有财产税、所得税或遗产税的
优惠与减免。但对于极少数特别重要的历史建筑、公园、庄园以及艺术品，若满足对公
众开放，且继承人始终妥善照管遗产等条件，可享有遗产税豁免，但该文物一旦进入交
易市场，则仍需收税。[①] 然而，如果所有权人将遗产捐赠给"国民信托"，则可享受减
免税收，且后人依然保持免费居住在该建筑文物中的权利，[②] 这有效地促进了文物利用
和经营的专业化。尽管整修受保护建筑没有税收减免，但在一定条件下，受保护建筑
（主要是登录建筑）一旦获得变更许可，包括局部变更许可，则可获得某些税收减免。
如将非住宅类保护建筑改建为民居或者商业居住用房，或者改变其住房居住类型，对空
置住房进行更新改造，可获得5%的增值税减免。[③] 在登录建筑改造为公寓、住宅或慈
善用途，在保持建筑主要外墙不动，且改造费用占总投入60%以上时，还可获得增值
税免除。[④] 此外，根据1994年《增值税法》（*Value Added Tax Act*，1994），主体提供文
化、教育类服务相关收入或为开展文化、教育服务而进行的物品采购行为，可免征增值
税。[⑤] 据此，税收部门于2011年颁布有关文化服务增值税税收优惠的专门通知，规定
对于具有文化性质的场所、地点、活动或者表演，具体包括博物馆、美术馆、艺术展
览、动物园或者具有文化性质的戏剧、音乐、舞台舞蹈表演等，其入场费所得可免征增
值税。[⑥]

---

① 参见朱晓明著：《当代英国建筑遗产保护》，同济大学出版社，2007年，第187~188页。

② 参见朱晓明著：《当代英国建筑遗产保护》，同济大学出版社，2007年，第188页。

③ See *VAT Construction*，*VCONST*08940，published by HM Revenue & Customs，available at：ht-tps：//www. gov. uk/hmrc-internal-manuals/vat-construction/vconst08940，accessed 05 – 03 – 2018.

④ "英格兰遗产" 2005年《振兴与历史环境》（*Regeneration and the Historic Environment*）报告，转引自朱晓明：《当代英国建筑遗产保护》，同济大学出版社，2007年，第188页。

⑤ See *Value Added Tax Act*（1994），Schedule 9.

⑥ See *VAT Notice* 701/47：*Culture*，published by HM Revenue & Customs on 01 – 09 – 2011，availa-ble at：https：//www. gov. uk/government/publications/vat-notice-70147-culture/vat-notice-70147-culture，accessed 05 – 03 – 2018.

　　法国也有一系列促进文物保护和利用行为的税收减免，例如：企业购买被拒绝出口且公法人主体又拒绝收购的文化财产（国家珍宝）的，可在购买该文物价款的金额范围内享受40%的所得税减免；① 购买源自于活态艺术的作品并将其作为其固定资产的，可从其收购该作品后以及接下来4年内的盈余中扣除与购买价格相等的计税金额。② 有关机构实施预防性考古或进行考古工程的费用构成其机构总资产的部分，可从当年所得税或营业税的计税财产中扣除。③ 在以下情形中，纳税人完全修复一幢建筑所产生的支出，可享受所得税减免：（1）该建筑坐落于保护和发展规划或者建筑和遗产开发规划所覆盖的列级的"杰出遗产景观地"之内，或者该修复工程已依据《规划法典》第L313－4条的规定宣布为公用事业的；（2）截至2019年12月31日以前，该建筑位于2009年3月25日第2009－323号法律第5条定义的老旧退化地区，且该修复工程因对该地区的住房动员和改造更新而被宣布为公用事业的；（3）截至2019年12月31日之前，该建筑位于依2003年第1号法律第10－3条确定为城市和规划更新项目目标的老旧退化住房高度集中居住区范围内，且该修复工程被宣布为公共事业的。在前两种情况下，减免税率达支出总额的30%。税收减免适用于与住宅或计划用作住宅的相关修复工程所产生的花销。所有权人为共同所有权的相关工程需支付的费用以及共同所有权人代表因此产生的实际支出，也可享受支出金额22%的所得税减免。④

　　在美国文化事务市场化管理的体制下，各项税费政策在文化遗产领域也发挥着鼓励社会公众参与文物开发和合理利用的重要杠杆作用⑤，主要表现在以下几方面。

　　1. 通过税费的减额或抵扣，降低私人和开发商投入遗产保护的"负外部性"，以较少的联邦抵扣预算带动更多的社会资金和资源投入到文化遗产保护和利用中。如建筑遗产所有权人、长期承租人或者开发商可享受物业税抵减，包括减免宅基地的地价税；其保护利用项目支出的一部分得以在一定年限内从所得税中抵扣，还可通过加速历史建筑折旧周期的方式，对额外增加的开支费用予以减税。低收入者住房遗产保护工程的承建商不仅可享受投资税抵扣（历史建筑和非历史建筑的投入抵扣率分别为20%和10%），还可就物业保护后的增值部分享受增值税减免，其建造可支付住房投资的部分还可依联邦相关法律者政策，以逐年抵扣的方式予以返还。

　　2. 采用特殊更新（发展）区域增税融资方式（TIF）实现保护项目的集资，解决遗产保护和利用中的资金短缺，并通过在一定时期内对项目受益地区额外征税，以促进

① See *Code du Patrimoine*（*2016*），art. L122－7；Code général des impôts，art. 238bis-0AB.
② See *Code du Patrimoine*（*2016*），art. L122－8；Code général des impôts，art. 238bis-AB.
③ See *Code du Patrimoine*（*2016*），art. L543－1；Code général des impôts，art. 236ter.
④ See *Code du Patrimoine*（*2016*），art. L633－1；Code général des impôts，art. 199tervicies.
⑤ 参见沈海虹：《美国文化遗产保护领域中的税费激励政策》，《建筑学报》2006年第6期，第17~20页。

各地遗产保护和开发的相对均衡。

3. 通过设定不同的抵扣、抵减额度，引导遗产保护的方向，既侧重带动社会投资，注重投资性商业房产的保护与再利用，又逐渐将私宅纳入优惠的范围，以促进其当代价值的发挥。如联邦政府的"历史更新抵扣税"政策（HRTC），通过对私人用于历史建筑更新的投资以所得税抵扣的方式按一定比例逐年返还，鼓励民间投资遗产保护。但这一制度覆盖的文物遗产相关工程的对象、范围以及抵扣税率、条件等，随着不同时代美国建筑遗产保护的实际状况和主要政策的不同侧重而不断变化（表6-1），一些州也设置此类抵扣税，为业主或开发商用于历史建筑更新的投资设立一定的所得税抵扣返还额度，其适用对象包括符合联邦抵扣税标准的所有物业和各州自行设定的历史建筑标准，抵扣额度依该建筑遗产的不同功用而各不相同，范围在总投资5%~50%之间，有些州偏向对商业建筑优惠，有些州偏向对住宅建筑优惠的抵扣，通常设定一定年限的抵扣期限并常有最低投资额和最高抵扣额限定。

4. 通过对税收优惠申请者提出明确的技术要求，提高文化遗产保护和开发利用的质量。内政部颁布统一的技术规范并贯彻至各州。凡申请税费优惠的项目必须照此规范进行更新。"这个做法巧妙地绕开了美国各州法令不一以及私人业主价值观的差异，在不强迫私人意愿的同时，确保了政府的抵扣投入落到实处"[①]，也保证了项目工程质量。

5. 逐年返还或者设定豁免缴税年限，此类做法有利于实现私人物业维护的长效管理。

总之，美国联邦和各州的遗产保护税收激励政策，有效鼓励了私人和开发商投资闲置的历史建筑，加速了老城区更新速度，税费政策成为美国历史建筑再利用真正的策动者。

在意大利，《文化财产和景观法典》的许多条文规定了社会主体履行文物保护义务，参与文物保护、修复和强化活动可享受一系列特殊的税收优惠。该法第31条规定，为了确定其享受法律规定的减免税待遇的资格，监管人可对文化财产保存工作的必要性予以证明。第35条规定，在确定国家对文化财产所有者、占有者或持有者采取志愿保存措施给予资金补助比例时，其他享受税收优惠的公、私资金也应加以考虑。第48条规定，为申请享受税法规定的减免税待遇，文化遗产部有权根据有关方面的要求宣告文化财产展览或展示及其他文化创意活动的重要文化价值或科学价值。税法中也有对社会主体参与文化遗产保护之相关税收减免的特殊条款和特殊规定，主要通过特定税收减免、规定较低税率以及将文物保护相关支出从计税财产中扣除等方式进行，如社会主体参与不可移动文物保护和开发工作的，可取消文化遗产继承税、免除文物修复材料增值税，以及对文化遗产工程的赞助者、投资文物或者文物修复工作的企业和个人给予税收

① 沈海虹：《美国文化遗产保护领域中的税费激励政策》，《建筑学报》2006年第6期，第17~18页。

表 6 - 1　美国"历史更新抵扣税"（HRTC）政策发展情况①

年份	特征	对象	政策内容
1976	*特定的登录建筑对象的保护和更新，可获得联邦所得税抵扣	*法定历史遗产对象 1. 国家历史名胜名录对象（National Register of Historic Places） 2. 国家历史保护区内建筑（National Regis-ster Historic District）	*1976 年《税收改革法案》制订 *项目投资必须超过 5000 美元 *更新后的持续 5 年内必须为营利使用 *对象必须获得国家公园的认证且符合内务部 SISR 规范要求
1981	*面向最广泛的一次调整，含历史建筑和一般老建筑	*法定历史遗产对象 *30 年以上的非居住商业物业 *50 年以上的各种历史建筑（含住宅）	*1981 年《经济复兴税法》ERTA 制订，是历史上抵扣优惠额度最大的政策（1986 年中止） *30 年以上商业物业，抵扣额 15% *40 年以上商业物业，抵扣额 20% *50 年以上所有类型物业，抵扣额 25%，不分等级 *对象必须获得国家公园的认证且符合内务部 SISR 规范要求
1986	*将对象扩大到普通历史建筑，但范围小于 1981 年政策 *基本延续至今	*法定历史遗产对象 *建于 1936 年以前的建筑单体 *对象为商业住宅；住宅除外	*1986 年《税收改革法案》制订 *建筑的更新必须保留原外立面和内部结构 *无须州历史保护办公室和国家公园的特殊管理 *登录及保护区内建筑抵扣额为 20% *普通历史建筑对象的保护和更新，可获得 10% 的联邦所得税抵扣 *对象必须获得国家公园的认证且符合内务部 SISR 规范要求
2000	*增加普通历史住宅的税费优惠	*法定历史遗产对象 *未被收录到国家遗产名录且建于 1936 年以前的建筑单体 *对象用途类型不限（增加了住宅部分）	*2000 年《历史住房户援助法案》HHAA 制订 *抵扣额为房主支出总额的 20%，上限为 4 万美元。法案要求住户的支出中至少有 5% 是用于住宅外立面修复，房屋加建工程不能享受该政策

---

① 表格来源于沈海虹：《美国文化遗产保护领域中的税费激励政策》，《建筑学报》2006 年第 6 期，第 18 页。

优惠政策等。① 除了食品部门以外，意大利经济企业的增值税率是 19%，而一般文化企业的增值税率仅为 9%。② 此外，欧盟有关促进文化产业发展的财税优惠政策在意大利也适用。

在日本，不同类型、不同保护级别文化遗产保护和开发的税收优惠也有详尽而细致的规定。对于重要文化财产，2016 年《租税特别措施法》第 34 条第 2 款规定："出售重要文化财产所属土地的所得款项，可对最高不超过 2000 万日元的部分免征所得税。"此外，重要文化财产在继承的过程中，根据《国税厅长官通令》（2004 年 6 月 4 日）的相关规定，可在第三方评估总价值 70% 的范围内予以免征继承和赠与税，属于民居类别的，该民居本体及所属范围内的其他固定建筑物，依《地方税法》（2016 年 11 月 28日修订）第 348 条第 2 款的规定，都属于免征固定资产税范畴。此外，该法第 702 条之二第 2 款还规定，对重要文化财产中的建筑物予以免征都市计划税③。对于登录有形文化财产，根据《国税厅长官通令》（2002 年 7 月 8 日）的要求，转让住宅类型登录有形文化财产的，对该住宅连同其所属土地总评估价值的 30% 免征继承和赠与税。此外，依据日本《地方税法》第 349 条之三第 12 款的规定，自 2005 年起，对此类住宅总评估价值的 50% 予以免征固定资产税。对于重要有形民俗文化财产，涉及附属土地问题的，沿用重要文化财产转让的相关规定，在其本身属于民居的情形下，该民居及其范围内的其他一些建筑物，依《地方税法》第 348 条第 2 款第 2 项第 8 号的规定，同重要文化财产一样，也属于免征固定资产税范畴，《地方税法》第 702 条之二第 2 款也规定对此类住宅整体予以免征都市计划税。对于登录有形民俗文化财产，相关法律比照登录有形文化财产的征税标准，对可能出现的不可移动类型登录有形民俗文化财产的转让情形作出了规定，对不可移动类型登录有形民俗文化财产总评估价值的 50% 予以免征固定资产税。④ 史迹名胜的税收减免政策同重要文化财产类似，转让相关附属土地的，均予以一定的所得税减免，并同样免征固定资产税。⑤ 此外，《地方税法》第 702 条之二第 2 款还规定，对史迹名胜中的建筑物整体免征都市计划税。对于登录纪念物，依《地方税法》第 349 条之三第 12 款的规定，在登录纪念物之上所建住宅及其保护范围内的土地，对其总评估价值的 50% 予以免征固定资产税。此外，同登录有形民俗文化财产一样，该法第 362 条第 2 款也一并规定，对登录纪念物之上的住宅及其土地总评估价值 50% 的部分还予以免征都市计划税。文化景观适用税收规定同"登录纪念物"

① 参见张国超：《意大利公众参与文化遗产保护的经验与启示》，《中国文物科学研究》2013 年第 1 期，第 44 页。

② 参见吴卓平、杨杰、汪惠青：《意大利与美国支持文化遗产保护的公共财政制度比较分析》，《中国市场》2010 年第 10 期，第 116 页。

③ 都市计画税是以城市规划内的不动产（土地、房屋）所有人为征收的一个税种，一般情况下与固定资产税一起缴纳。

④ 参见日本《地方税法》，第 349 条之三第 12 款。

⑤ 参见日本《地方税法》，第 348 条第二款。

"登录有形文化财产"和"登录有形民俗文化财产"的税收减免规定一致。对于传统建筑群，根据《国税厅长官通令》（2002 年 7 月 8 日）的要求，对其本体连同其所属土地总评估价值的 30% 免征继承和赠与税，且依《地方税法》第 348 条第 2 款和第 702 条之二第 2 款的规定，对位于重要传统建筑物保护区域内的民居免征固定资产税和都市计划税。

（二）特定主体税收减免

给予具有公益慈善目的的非营利机构或从事相关文化经营服务产业的企业一定的税收优惠，是西方国家鼓励公益事业发展的一种重要手段，此类机构也是文化遗产专业化经营利用的重要力量。有关文物保护非营利机构税收激励政策问题，本书将在第八章展开详细阐释，此处不赘述。

二、资金补贴

在有的国家，对于文化遗产合理利用还通过给予一定财资金补贴的方式进行激励。如在意大利，私人为开发利用非公有文化财产而发起相关活动和建立相关设施可得到国家、大区和其他地方政府部门的资助，资助的程度视所涉文化财产的重要性而定。采取资助措施时，应与文化财产的所有者、占有者或持有者达成协议，共同确定强化方式。大区和其他地方政府部门也可以通过参与协议对文化财产开发利用活动表示支持。① 在法国，非国有文物建筑修缮工程除了依据《遗产法典》享受国家财政补贴之外，地方政府也会提供一定的资金支持，遗产基金会资金补助则不仅拓宽了资金来源渠道，也使许多暂未受列级或登录保护的非国有文物得到了妥善的保护和利用。② 在日本，除本书第三章所述《文化财产保护法》对各类文化财产的修缮设置的一定补助外，《重要文化财产（建筑物、美术工艺品）修理、防灾事业支出国库补助要项》（1979 年 5 月 1 日文化厅长官裁定）和《重要有形民俗文化财产修理、防灾费用国库补助要项》（1979 年 5 月 1 日）还对重要文化财产以及重要民俗文化财的维修加固、警报设备、消防设施、避雷设施、防盗设施等方面设置了补助。③ 同年实施的《民居保护管理设施费国库补助要项》（1979 年 5 月 1 日文化厅长官裁定）中，还专门规定了对列为重要文化财产的民居进行修缮所花费的建筑费及设计监理费等方面的补助措施。④《重要文化财产等（美术工艺品·民俗文化财产）保护利用整合事业费国库补助要项》（2003 年 4 月 1 日文化厅长官决定）中，也有对重要文化财产的展览设备、解说设备、排水设施、设计及监

---

① See *Codice dei beni culturali e del paesaggio*, articolo 113.

② 参见邵甬著：《法国建筑·城市·景观遗产保护与价值重现》，同济大学出版社，2010 年，第 178～180 页。

③ 参见日本文化厅：《重要文化财（建造物·美术工艺品）修理、防灾事业费国库补助要项》，昭和 54 年 5 月 1 日；《重要有形民俗文化财修理·防灾事业费国库补助要项》，昭和 54 年 5 月 1 日。

④ 参见日本文化厅：《民家保存管理施設費国庫補助要項》，昭和 54 年 5 月 1 日。

理费用等进行补助的规定。① 《登录有形文化财产建筑物修理费用国库补助要项》（1997年7月11日文化厅长官裁定）则规定了对列为登录有形文化财产的建筑物进行补助的各项具体内容。② 对列为史迹的文化财产宣传、利用、测量、调查及事务方面的补助措施规定于《史迹等保护利用规划费国库补助要项》（1979年5月1日文化厅长官裁定）。③ 对于文化景观，《文化财产保护法》第141条第3款规定："国家为保护重要文化景观，在必要情形下，可对都道府县或市町村就重要文化景观的管理、维修、景观打造及修复所支出的费用予以适当补助"；另在《推进文化景观保护事业国库补助要项》（2005年4月1日文化厅长官决定）中对其防灾设施、景观标识、景观修复、景观边界等方面的补助措施进行了详细规定。④ 最后，传统建筑群的开发利用除可依据《文化财产保护法》第146条⑤得到相关补助外，还可依据《重要传统建筑群保存地区保护费用国库补助要项》（1979年5月1日文化厅长官裁定）的相关规定获得修缮、维护、防灾设施、设计监理等方面费用的补助。⑥ 这些各有侧重的资金补贴，扩宽了社会主体参与文化遗产开发利用过程中的资金来源渠道，缓解了他们在妥善修缮基础上对文物进行开发经营的资金困难。

---

① 参见日本文化厅：《重要文化财等（美术工艺品·民俗文化财）保存活用整备事业费国库补助要项》，平成15年4月1日。

② 参见日本文化厅：《登録有形文化财建造物修理事業費国庫補助要项》，平成9年7月11日。

③ 参见日本文化厅：《史跡等保存活用計画等策定費国庫補助要项》，昭和54年5月1日。

④ 参见日本文化厅：《文化的景観保護推進事業国庫補助要项》，平成17年4月1日。

⑤ 该条规定："国家为保护重要传统建筑群划定区域，在必要情形下，可对都道府县或市町村就该区域内的传统建筑物及其相关环境的管理、维修、景观打造及修复所支出的费用予以适当补助。"

⑥ 参见日本文化厅：《重要伝統的建造物群保存地区保存事業費国庫補助要项》，昭和54年5月1日。

第七章

公众参与

所谓"公众参与"，是指公众在公共事务的决策、管理、执行和监督过程中拥有一系列参与性权利，从而自由地表达自己的立场、意见和建议，合法地采取旨在维护个人切身利益和社会公共利益的行动。这一概念中的"公众"，广泛地包括与政府保持相对独立的不特定个人和团体。① 公众参与在文化遗产保护中具有重要意义，更是当代文化遗产保护的重要原则，实质上已成为衡量保护是否切实存在的决定性因素。② 文化遗产作为祖先创造的文明精华，见证并承载着人类文明和智慧不断发展的伟大历史，也是我们当代人及后代人进行科技、文化和艺术创新最丰富和最有利的智识资源。文物保护原本就是面向公众、服务公众的。认可公众参与文化遗产保护的自发愿望并通过法制设计帮助其达成愿望，是切实保障公众文化权利的重要组成部分。一味强调国家对文物保护的垄断，忽视社会公众的积极性，不仅造成许多不必要的资源的消耗，更是对公民文化人权的不尊重。

从实践层面看，文物保护涉及公众生产生活方方面面的实际利益，相关保护活动和措施有可能造成对公众权利的限制和减损，离开公众的理解、支持和参与，文物保护工作也无法顺利开展。此外，公众参与文物保护的过程，也是促进文物保护意识和理念广泛传播的有效手段，有助于提高文物保护社会效果，并在全社会营造更加多元、宽容和生动的文化环境。最后，公众参与还是对文物工作中公权力行使状况的监督和有力补充：行政权力的行使需要有法律的明确授权，运用行政管理的手段进行文物保护的手段和方式极其有限，离不开公众多样化保护行动的补充；滥权和懒政等行政工作人员可能出现的问题的防治，以及依法行政格局的形成，也离不开社会公众的监督。

在西方国家，文物保护中的公众参与由来已久。公众以多样化的形式和方式，自觉

---

① 参见李拓等著：《中外公众参与体制比较研究》，国家行政学院出版社，2010年，第2~3页；俞可平：《公民参与民主政治的意义》，载贾西津著：《中国公民参与》，社会科学文献出版社，2008年，第1页。

② 参见王云霞主编：《文化遗产法学：框架与使命》，中国环境出版社，2013年，第84页。

自发在文物保护中发挥作用，成为文物保护的重要力量，甚至推动文物保护事业的重要发展，更成为西方国家文物保护的显著特色。与此相对应的是，在这些国家，文物保护中公众参与的法制保障也相对成熟，相关立法在为公众参与文物保护提供明确的路径与渠道指示的同时，还为公众的参与行动创造良好的法律环境，提供坚实的制度保障，这些都是完善我国文物法制可资参考和借鉴的有利经验。

第一节　文物保护中公众参与实践及理念的发展

纵观五国文化遗产保护实践和理念的发展历史，不难发现，不同国家社会公众在文化遗产保护中的角色和作用并不相同。总的来说，在中央集权程度较高的法、意、日三国，文物保护理念、制度与实践，遵循"自上而下"的发展模式，其文物保护事业始终处在国家的主导之下，文物保护理念和实践的发展，都有一个由"国家集权"到"全民参与"的发展过程。而在英、美两国，文化遗产保护运动是"自下而上"的，特别是在现代文化遗产保护实践和理念形成的初期，政府文化遗产领域很多政策和法制的形成，都离不开社会公众的呼吁和努力，可以说，公众参与构成两国文化遗产保护运动的基石，伴随着两国现代文化遗产保护实践和理念发展的全过程。

一、从"国家集权"到"全民参与"

在法、意、日三国，现代文化遗产保护实践的开端都建立在中央集权的基础上，文化遗产保护首先是国家维系其民族认同和文化发展的需要，或者被认为是现代政府应当履行的社会建设职能的组成部分。

（一）遗产保护成为现代国家公共职能

法国现代文化遗产保护理念和制度即诞生于法国大革命的基础上。大革命初期，革命政权在初期既缺乏对文化遗产意义和价值的科学认识，又缺乏在动乱中保护和管理文物的精力与经验，因此折价变卖了许多在革命中征收或没收而来的文化财产。然而，革命政府在对其他没收或征收而来的国有财产进行分类登录、整理和保护的过程中，逐渐认识到某些物品具有重要的历史、艺术和科学价值，应当进行特殊分类，并采取一定的特别保护措施，国家层面的现代文物保护实践和制度由此诞生。事实上，法国现代文物保护的制度和实践，最初主要建立在"国家遗产"理念的基础上。① 所谓"国家遗产"，指的是因对国家的存续和发展，以及对维系国民的文化

① 参见胡姗辰：《欧洲文化遗产权利理念之发展》，中国人民大学博士学位论文，2017年，第56～60页。

和身份认同、促进国家及民族团结具有十分重要意义，而受特别保护的历史和文化
遗产。这一概念的产生，以当权者认识到文化遗产具有见证国家历史、表现国家文
化传统、表征该国文化特色、并可通过其历史和文化教育功能的发挥维系国民文化
和身份认同等方面的重要价值为前提。"国家遗产"理念的主要缔造者亨利·格里高
尔（Henri Grégoire）于1974年向国民公会（Convention nationale）提交了有关文物破
坏的报告①，详细阐释了历史以及见证和表现历史的文物在促进民族国家团结、增强
民族认同感与自豪感以及开展爱国主义公共教育中的重要意义②，古迹艺术品及其保
存空间逐渐被统治者视为国家及其文化面貌的象征，文化遗产在塑造法兰西民族认
同、促进民族凝聚力中的作用日益凸显。此外，格里高尔将文物保护的出发点放在
文物艺术品的创造者身上，提出旧制度时期的文物艺术品并非由旧秩序本身所造就。
恰恰相反，它们表达的是反抗压迫、特权和专制等旧秩序的自由精神③，与法国大革
命倡导的自由价值相一致。无知便是奴役，只有以文化和教育的熏陶抵抗无知，才
是真正通向自由的道路。古迹和艺术遗产正是新秩序中的人们了解、学习祖先知识
和智慧的重要媒介，可为人们更好地利用这些知识实现真正的自由提供重要帮助。④
通过将文化遗产保护与自由价值相联系，格里高尔不仅论证了现代秩序下文化遗产
保护的正当性，还赋予政府履行文化遗产保护责任的义务，要求其通过建立相关机
构、制定和有效执行一系列反对和打击文物破坏行为的法律，并通过法律引导和教
育民众等方式⑤，对国家遗产进行妥善保护，使文化遗产的价值及其在公民教育方面
的作用得到充分发挥。在大革命时期所确立的国家行政体制，革命政府对具有历史、
艺术和科学价值的文化财产进行特殊分类和特别保护的实践以及"国家遗产"理念
的交相影响下，文化遗产保护成为现代法国政府的重要职能。

　　意大利现代文物保护理念诞生于拿破仑对罗马文物古迹的大肆掠夺中，其核心在于古
罗马文化遗产作为欧洲文明之源，在塑造欧洲历史和文化发展方面的重要价值以及"拆
分即破坏"⑥的整体保护和原址保护理念。其倡导者主张，"故土本身即为博物馆的组成

　　① See Henri Grégoire, *Rapport sur les destructions opérée par le Vandalisme, et sur les moyens de le réprimer*, Séance du 14 fructidor, l'an second de la République.

　　② See Ibid, p. 23 – 25; *Troisième Rapport sur le vandalisme*, Séance du 24 frimaire, l'an III de la République française, p. 16 – 17.

　　③ See Henri Grégoire, *Rapport sur les destructions opérée par le Vandalisme, et sur les moyens de le réprimer*, op. cit., pp. 11 – 12. p. 22.

　　④ See Henri Grégoire, *Rapport sur les destructions opérée par le Vandalisme, et sur les moyens de le réprimer*, op. cit., pp. 11 – 12. p. 18 – 20, p. 23, p. 27; *Second Rapport sur le Vandalisme*, op. cit., p. 10; *Troisième Rapport sur le Vandalisme*, Séance du 24 frimaire, l'an III, p. 2 – 3, p. 20.

　　⑤ See Henri Grégoire, *Troisième Rapport sur le vandalisme*, op. cit., p. 14 – 15, p. 19.

　　⑥ See Edouard Pommier (eds,), *Lettres à Miranda sur le Déplacement des Monument de l'Art de l'Italie*, *Première Lettre*, Paris: Editions Macula, 2000, *Troisième Lettre*, p. 100.

部分"①，"国家就是一座博物馆"②，真正的罗马博物馆"实际上由雕像、巨像、寺庙、方尖碑、恺撒柱、浴室、竞技场、圆形剧场、凯旋门、古墓灰泥粉饰、壁画、浅浮雕、碑铭、装饰物、建筑材料、家具、生活器具等组成；当然，还包括居所、遗址、山脉、采石场、古道、被毁城市遗址、地理关系、此间文物的关系、记忆、地方传统、得以延续的风俗，以及本国特有的其他类似物与和睦关系"③。因此，"拆分罗马博物馆，意味着扼杀根植于其整体当中的所有知识"④。然而，由于其出发点为意大利文物保护面临的实际问题，旨在证明将文物返还其原属国的正当性，该理念奠定的仍是政府主导文化遗产保护事务、对文化遗产进行守护和管理的理论基础。自 1861 年完成统一以后，意大利现代文化遗产立法《古迹或具有艺术价值之物品之保存和保护相关规定》（*Disposizioni circa la tutela e la conservazione dei monumenti ed pggelti aventi pregio d' arte o di antichità*）直至 1902 年才得以出台，且尽管此后相关立法不断修改，至 21 世纪初《文化财产和景观法典》出台时，意大利文化遗产保护中的中央集权特色仍有显著体现，且在该法典 2016 年历经的最近一次大的修改中，中央政府对文物保护事务的管理权还有加强的趋势。

日本的文化遗产保护最初也"完全是为国家自身目的，而没有考虑国民的利益"，立法上更没有涉及国民权利的问题⑤。从立法内容上看，明治维新后，政府最早出台的《古器旧物保存办法》对及时制止当时因"大政奉还"和"神佛分离"而产生的文物破坏风潮具有积极意义。然而，该法对古代工艺美术品、古建筑等 31 个门类的文化财产所确立的分类登录保护制度，主要也依靠国家权力加以实施，在要求古社寺等文物所有者不得破坏登录在册的古旧器物外，还要求政府有关部门对全国古旧器物的毁损及流失情况进行普查。由于当时文部省行政职权范围十分有限，普查范围只涉及古社寺所收藏的古代美术品，宫内省也于 1888 年在其"图书寮"的基础上组建由文部省次官、图书统领九鬼隆一（1852～1931）男爵负责的全国宝物临时调查局，以古社寺为中心，对全日本现存宝物类文化财产（可移动文物）展开初步调查，共计普查到包括古籍、绘画、雕刻、工艺美术品和字刻等类型在内的可移动文物 215091 件。⑥ 1874 和 1880 年，日本还两次就民众发现古墓葬的报告制度做出明确规范。⑦ 对于民间个人所有或收

---

① See Edouard Pommier（eds,），*Lettres à Miranda sur le Déplacement des Monument de l'Art de l'Italie*，*Première Lettre*，Paris：Editions Macula，2000，*Troisième Lettre*，p. 101.

② See Edouard Pommier（eds,），op. cit.，*Quatrième Lettre*，Paris：Editions Macula，2000，p. 115.

③ See Edouard Pommier（eds,），op. cit.，*Troisième Lettre*，p. 102.

④ See Ibid，p. 100.

⑤ 参见刘小蓓著：《公众参与遗产保护的记录机制研究》，暨南大学出版社，2017 年，第 67～68 页。

⑥ 参见周超著：《日本文化遗产保护法律制度及中日比较研究》，中国社会科学出版社，2017 年，第 29～30 页。

⑦ 参见周超著：《日本文化遗产保护法律制度及中日比较研究》，中国社会科学出版社，2017 年，第 30 页。

藏的古器物，该法却并未采取相应的具体措施。《古社寺保存法》诞生于甲午战争后日本民族意识空前高涨、对本国传统文化的重视也达到一个新高度的时代背景中，该法设立的保存金申请制度，也要求国家承担那些因资金困难而无力修缮的古社寺及可移动文物收藏机构的修缮资金，并赋予内务部长将古社寺的建筑物及其宝物中具有特别历史标志或是可以成为工艺美术品典范的物件指定为特别保护建筑物或国宝的权利，并对这些特别建筑物或国宝的保存、保护和强制展出进行规定。《史迹名胜天然纪念物保存法》和《国宝保存法》，也多是从行政管理和禁止性规定的视角规范文物保护工作，强调有关国家机构的行政职权及文物所有权人、管理人等相关主体的义务，并未涉及公众参与和公众权利的内容。这种立法模式和由国家专门行政机构（文部科学省文化厅）主导的文化财产保护模式一直延续至今，在现行《文化财产保护法》中仍有鲜明体现。

（二）遗产保护进入"全民参与"时代

然而，进入 20 世纪，特别是 20 世纪后半叶以来，随着文化遗产外延和内涵的不断扩展导致的遗产数量的激增、遗产保护核心价值导向的变化以及社会管理理念的不断发展，社会公众日益成为文化遗产保护中一支不可或缺的力量，上述三国有关文化遗产保护的法制和政策也开始由"举国体制"向"全民参与"转变。随着文化遗产形态的不断丰富和认定标准的逐步扩展，法律保护的"文化遗产"不再仅仅局限于与国家的历史和文化相联系遗产形态，而可以涵盖更加丰富多样的内容；文化遗产保护也不再为少数主体所垄断，而日益变成大多数主体都可能涉及的法律事务，加之现代民主和法治理念要求国家及其政府机关成为"公共意志"的代表，以公共利益为价值目标和指导原则进行各项管理活动，上述三国文化遗产立法的核心价值导向逐步实现了由"国家利益"到"公共利益"的转变。这不仅意味着受保护文化遗产范围的扩大和私人权益受到公共利益的限制，还意味着是否合乎公共利益，成为判断文化遗产相关事务或活动及其参与主体正当性和合法性的唯一标准。由此，国家在文物保护事务中的垄断性权力被打破，作为"公共利益"之代表的国家政府，虽承担文物保护和管理的职责，但却无权垄断文化遗产保护和利用；国家不再是文化遗产保护的唯一主体，其他以维护公共利益为己任或宗旨的社会主体，也有权参与其中并发表意见。总之，"公共利益"的价值导向为公众参与文物保护利用提供了理论依据和理念基础。除私有遗产的所有者之外，与遗产保护相关的各类半官方或民间社团组织，日益成为西方文物保护中的重要力量，在代行政府职能、提供专业咨询、开展遗产经营、进行遗产保护宣传教育以及资金募集等各方面，发挥着重要作用。

在法国，当代文化遗产事业发展战略的重点在于将文物保护与公民生活环境品质的提升紧密结合。通过文物保护促进经济发展、增加就业机会及促进文化旅游的可持续发展，提高社会公众对文化遗产价值的认知，从而调动他们自觉参与文物保护的积极性，并培养他们参与文物保护的能力，都是文化遗产工作中十分重要的内容。法国政府为鼓励和引导公众参与文物保护做出了许多积极努力。一方面，投入大量人力和财力进行文

化遗产保护相关宣传和专业教育，不仅在各地建立很多遗产保护修缮技术方面的专业
培训机构，并在许多专业文物保护和修复机构中定期组织开设面向地方修复师、工
匠等技术人员的专业培训课程，一些遗产保护机构甚至组织专门针对文物所有权人
的培训，为他们更好地履行文物保护义务提供指导；在对一般公众进行基本保护理
念和知识的宣传，从而提高其文物保护意识方面，法国也颇有建树：国家古迹中心、
各类公私博物馆等文物展示和研究机构，以及各类文化遗产保护社团组织，除通过
在文物展示和讲解过程中向参观者阐释文物的意义和价值外，还定期或不定期组织
开展各种面向公众的文化遗产教育活动，如进行公众讲座，举办针对青少年的各种
文化遗产体验和活动、知识竞赛等；文化遗产教育也是法国基础教育的重要内容。
此外，法国还于 1984 年最早设立了"文化遗产日"，通过每年不同的主题，向公众
普及文化遗产保护的基本知识和理念，拉近公众与文化遗产的距离和感情，增强公
众对文化遗产当代意义和价值的体验和认知，从而达到提高其遗产保护意识、鼓励
其积极参与文化遗产保护的目的。另一方面，法国政府为公众参与文物保护制定了
各类激励政策和全方位的保障制度，这些制度、政策与国家土地、税收政策相结合，
在调动社会主体以多样化方式有序参与文物保护，从而集中和优化配置各方面资源、
形成合力方面，具有显著作用。

　　在意大利，法律也鼓励具有专业知识背景和技能的社会公众以多样化方式参与到文
物保护事业中。一方面，《文化财产和景观法典》明确规定，政府相关主管部门可将部
分职责交由社会组织开展，如文化遗产部可将其负责的考古探查活动通过特许的方式授
予具有相关资质的公、私机构进行[1]，还可授权特定的社会团体从事文化遗产的征用工
作[2]，部分专业水准经有关程序认可的社会组织也常受政府或者私人的委托，直接开展
文物保护、保存和修复方面的专业工作，甚至长期代管特定文物。另一方面，政府还以
与专业社会组织签订协议的方式，实现文化遗产保护领域的公私合作。如文物保存指导
原则、技术规则、标准和模式的确定，以及文物修复或其他保存活动辅助性工作专业人
员的培训等，政府职能部门可以专门协议的方式与大学、专业科研机构和其他公、私机
构协作进行；[3] 此外，一些社会组织已成为政府有关部门做出文物保护和管理决策的法
定咨询部门，其意见直接影响到决策内容。如根据《文化财产和景观法典》和相关立
法解释的规定，在制定景观规划的程序中，经环境部认定的全国性环境保护协会或活动
范围不少于 5 个大区的环保组织对景观规划的意见，在规划制定的过程中起着重要作
用；[4] 凡涉及已经列入保护范围的历史建筑、历史街区的拆迁、重建、修缮等事宜，地

---

[1]　See *Codice dei beni culturali e del paesaggio*，articolo 89.

[2]　See *Codice dei beni culturali e del paesaggio*，articolo 95.

[3]　See *Codice dei beni culturali e del paesaggio*，articolo 29.

[4]　参见意大利《文化财产和景观法典》，第 139、144 条及其注释。注释参见国家文物局编译：
《意大利文化和景观遗产法典》，文物出版社，2009 年，第 105 页。

方政府必须征得当地社团的同意。① 这些法律规定，不仅表现出意大利政府鼓励公众参与文物保护、保障公众参与权的决心和力度，也反映出文物保护、修复、规划和管理相关专业教育在意大利具有十分广泛的覆盖面，既具有参与遗产保护的热情和积极性、又具有相关专业背景和技能的人群，在全社会已达到一个很高的比例，这些主体参与文物保护的方式更加专业、参与程度也更深。可以说，意大利文物保护中的公众参与已发展到一个较为成熟的阶段。

第二次世界大战之后，在文化财产范围不断拓展、保护机构日益健全的背景下，日本政府逐渐意识到文化财产是全民的宝贵财产，保护这些文化财产的目的，在于提高国民的文化素质，同时为推动世界文化进步做出贡献。② 文化财产保护目的的转变也改变了政府对于文化遗产保护中公众参与的态度，一系列鼓励、支持公众参与文物保护的政策和措施陆续出台。如早在 20 世纪 60 年代初，由社会公众，主要是文化遗产社区主导的"造乡运动"在日本许多乡村轰轰烈烈地展开，在"保护优于开发"的理念下，乡村中许多传统建筑、民俗文化遗产和其他具有历史、艺术价值的文化财产得到妥善保护和修复，重现其可贵价值；在京都、奈良、镰仓等地，由市民主导的古都风景保护运动也一度高涨，甚至催成了《古都历史风貌保护特别措施法》（古都における歴史的風土の保存に関する特別措置法）的制定与实施。1975 年《文化财产保护法》的修订，也是地方民众及其自治体不懈努力的结果。③ 随着 1998 年《特定非营利活动促进法》的出台，从事文化遗产保护的非营利组织的活动得到更明确的法律规范和保障，进一步促进了文物保护中公众参与的发展。

二、从"公众运动"到国家政策

与法、意、日"自上而下"的文化遗产保护发展历程不同，英、美文化遗产保护实践、理念和制度的形成，更多的是社会公众不断呼吁和推动的结果，是"自下而上"的。

在英国，民众在接触、欣赏、感受和了解诸多公私历史古迹的过程中，对国家和民族的认同感、归属感和自豪感不断加深，游览历史古迹时，逐渐不再仅仅关注其建筑、景观或可移动文物的艺术和美学价值，对其所承载的历史信息以及在民族国家形成中的积极作用等，也有了更多的关注。至 19 世纪 80 年代，浪漫主义运动和对旧时光的兴趣，更是刺激了公众对文化遗产的热情，也促使英国政府日益关注文物的保护、修复和利用，通过赋予皇家不动产维护和管理机构新职能的方式，实现国家对文物的干预。因此，英国"国家遗产"理念从一开始就不排斥甚至鼓励社会公众的接触和参与，是一

---

① 参见顾军、苑利著：《文化遗产报告：世界文化遗产保护运动的理论与实践》，社会科学文献出版社，2005 年，第 26 页。

② 参见刘小蓓著：《公众参与遗产保护的记录机制研究》，暨南大学出版社，2017 年，第 68 页。

③ 参见刘小蓓著：《公众参与遗产保护的记录机制研究》，暨南大学出版社，2017 年，第 70 页。

种顺应和满足公众欣赏和利用文物的需求、允许甚至引导公众在文物保护中发挥积极作用的保护理念和方式，有关制度的设计对利益相关者以及一般公众的正当权益更为关注和尊重，文物立法在确立和划定政府对民族文化遗产管理权的过程中与私人文物所有权人的冲突、斗争与博弈，较欧陆国家更为激烈，私人文物所有权限制制度以及国家强制收购制度，最初都引起了全社会的激烈争论与强烈反对，即使在 1882 年正式通过的第一部古迹保护法中，政府在私人文物保护中的权力亦十分有限。

在美国联邦和州二元管理体制下，联邦政府的权力受到严格限制，最初对文化遗产保护问题的关注，更多的是民间文保社会组织不断呼吁和推动的结果。与英国类似，美洲大陆（美国）早在 18 世纪中期就有历史建筑和文物保护专门社团的成立，一些私人或遗产保护社团创建的博物馆、艺术馆或者举办的文物展览，在带动公众文物保护的热情方面也发挥了重要作用。19 世纪早期，美国还出现了私人出资修复建筑遗产——位于罗德岛州新港的图罗犹太教会堂（Touro Synagogue）的实例。[1] 至 19 世纪，尽管联邦政府开始对部分古迹的维护和修缮给予关注，但政府行动在这一时期依旧不成系统，本国民众——无论是组织还是个人——的热切愿望和自发行动，仍是美国历史文物保护的主导力量，许多民间出身的人物作为历史保护运动的领导者，在美国文化遗产保护的历史中写下了光辉篇章，甚至推动了联邦政府遗产保护政策和法制的进步。如《国家公园管理局组织法》的出台是约翰·缪尔（John Muir）和其环境保护协会的共同推动的结果；1935 年《历史遗址法》也是在"美国历史建筑调查组织"（Historic American Building Survey，HABS）及"平民保护组织"（Civilian Conservation Corps）的推动下通过的。[2]

公众参与和推动文物保护的特色，直至今天仍对英、美两国的文物保护实践产生了深远影响，甚至深刻影响着政府干预和管理文化遗产保护事务的方式。一方面，相对于欧陆国家和日本等"中央集权"式的文物保护和管理模式，英美两国行政机构对文化遗产事务的直接干预较小，而是将很多事务通过法律授权和政府委托交给在全国范围内具有影响力的社会组织承担。两国的遗产保护"国民信托"皆被委以重任，通过法律的直接授权，在文物保护和管理中扮演着重要角色，甚至代行了许多政府职能，英国文化部下专门的文物行政管理机构"英格兰史迹"甚至并非纯行政机构，具有社会组织的独立性，其职能范围和履职方式，也远超出具有有限的行政权力的政府机构。在鼓励多元主体协作和第三方专业机构运营的遗产保护和管理政策下，两国遗产保护领域专业的社会组织的数量不断增多，行动也更加活跃，许多社会组织在自身建设和内部治理方面也十分成熟，可在完全毋需政府资助和引导的情况下独立运行。另一方面，两国公众

---

① 参见［美］威廉·穆塔夫著：《时光永驻：美国遗产保护的历史和原理》，谢靖译，电子工业出版社，2012 年，第 12 页。

② 参见顾军、苑利著：《文化遗产报告：世界文化遗产保护的理论与实践》，社会科学文献出版社，2005 年，第 81 页。

对文物保护的参与不仅通过设立文保社团组织的方式进行，其他组织形式，如财团组织、非营利机构甚至文化企业，都是文化遗产领域公众参与的重要方式，一系列完善的配套激励和保证政策，则为这些参与行为提供了动力和规范方式。此外，英、美两国文化遗产领域的行业自治，如博物馆协会对其会员实行的行业自律性管理，在规范业内主体行为、推动行业健康有序发展方面，也比采取"由上至下"的中央集权式管理的国家更为灵活。

第二节　公众参与的法律依据及保障

西方国家文物保护中公众参与的有序发展，除良好的社会文化土壤之外，也离不开完备的法律保障。文化遗产保护中公众参与的保障，核心在于通过相关法律制度的确立，保障公众参与文物保护的权利，同时规范公众行使这些权利的方式，使其参与行为处在合法、有序且有效的范围内。

一、公众参与文化遗产保护的权利基础

公众参与公共事务大体上包括前后衔接的三种最基本权利，即知情权、参与行动权和监督权。其中，知情权是前提，没有知情权就谈不上参与和监督；参与行动权是核心，是公众对公共事务产生实际影响的具体体现；监督权是保障，是使知情权和参与权得以落实的切实保障。对公众参与文化遗产保护而言，这三种权利同样缺一不可。①

（一）知情权

知情权是现代行政法赋予公众的一项基础性权利，为《联合国宪章》等国际法文件确认为基本权利之一。② 广义的知情权指公民、法人或其他社会组织依法享有的，要求义务人公开一定信息和在法律允许的范围内获得各类信息的权利和自由。狭义的知情权则仅指公民、法人或其他社会组织依法享有的了解国家机关所掌握的信息的权利。知情权是公众参与政治、经济、文化和社会生活的一项必要权利，在参与文化遗产保护中同样不可或缺，要求政府和其他主体在履行文化遗产保护职责中做到信息公开透明，并在保证文物安全的基础上，促进文化遗产普查或调查所得的文物本身的信息，其保护现状、保护条件和保护方法等关键数据的公众开放和共享，为公众采取更加科学的方式和手段参与文物保护提供条件。

---

① 参见王云霞主编：《文化遗产法学：框架与使命》，中国环境出版社，2013 年，第 92 页。

② 参见黄建国：《公众知情权在政府信息公开中的作用和实现》，《徐州建筑职业技术学院学报》2008 年第 4 期，第 62 页。

（二）行动权

行动权作为文化遗产保护中公众参与权的核心，得到许多国际法文件的确认和强调，其核心表现为公众能够按照法律程序将其真实的意思表达出来，并可通过自身或者借助其他主体（也包括政府机构）的力量得到落实。在实践中，公众参与的行动权并非一项单一的权利，而是公民依据本国的宪法和法律享有的表达自由权和各项行动自由权在文物保护领域的集中体现，具体而言，可分为事前参与、事中参与和事后参与三个不同阶段。事前参与指的是公众有权参与文物保护和利用机制的制定和有关决策的做出，这些权利的行使通常发生在文物保护利用政策、法律和决策制定过程中，或者是有关主体依法采取相关措施实施文物保护利用行动之前，具有一定的预见性。事前参与权的行使，不仅可以增进公众的参与意识，使文物工作拥有更加深厚的群众基础；对于有关国家机关节约物力和财力，以及立法机关完善相关法律法规制度和行政部门制定具体保护措施和决策而言，也是一种鞭策和促进。事中参与包括公众以自己的实际行动参与文物调查、宣传、教育、研究、保护、传承、开发和利用等事务的权利。虽然国家具有保护和管理文化遗产的职责，但如果没有广大公众的积极响应和参与，"不仅可能因国家财力和人力的有限性而使许多文物处于无力管理和保护的状态，而且会因公众的漠不关心而使文物遭到进一步破坏，政府的管理与保护工作也会因缺乏有效支持而无法得到促进，甚至出现严重的失职和腐败"[①]。因此，公众参与文物保护利用各环节的行动权，既是公众文化参与权和文化遗产权利的基本要求，也是一国文物保护能否真正取得成效的关键所在。事后参与权指的是公众对文物保护与管理中的失职行为以及破坏文物的重大事件，享有参与调查、提起行政复议和文化遗产公益诉讼的权利。这些权利的行使往往发生在文物破坏事件发生之后，具有补救和挽回性质。

（三）监督权

监督权实质是行动权的组成部分，也是现代法治赋予公众的基本权利之一，包括属于事前参与的质询权和属于事后参与的针对文化遗产违法行为或重大破坏事故的参与调查和提起诉讼的权利。监督权所形成的制约机制，能有效保障事前和事中参与权利的落实，对于杜绝政府和其他职权机构在文物保护和管理中的失职和腐败行为，也有积极意义。

二、公众参与权利的制度保障

在西方国家，公众在文化遗产领域的知情权、参与权和监督权，都通过相对完善的法制设计得到保障，促进和确保了其参与文物保护利用的有序性。

（一）完善的政府信息公开和公众质询制度

完善的政府信息公开制度，是政府行政行为公开透明的要求，也是公众知情权的制度保障。各级政府依法公开其行政信息的程度，对文物保护中公众参与的广度和深度产

---

① 参见王云霞主编：《文化遗产法学：框架与使命》，中国环境出版社，2013年，第95页。

生重要影响。信息公开的重要目的之一，在于允许公众对政府行为和决策进行质询，对行政行为和行政决策的合法性予以监督，并提出意见。西方国家政府信息公开和公众质询制度的确立和实施，都有可圈可点之处，在文化遗产领域尤为如此。

英国公众参与公共生活与公共政策制定以 1698 年《权利法案》为宪法依据和基本法律框架，对政府各项政策、公共管理和服务工作等具体信息的知悉是公众参与社会生活和公共政策的基础。为此，英国政府于 2000 年颁布《信息自由法》（*Freedom of Information Act*，2000），为保障公众对政府信息的知情权，从而保证公众在社会管理和公共政策制定中的参与权提供了具体依据和方法。根据该法，公众对公共机构制定的政策及做出的决策等享有知情接触权（access to information held by public authorities），公共机构应主动或者依公众的请求公开这些信息①，公共机关未对公众公开信息的请求做出及时有效回应的，公众可以将该请求提交给信息专员（the Information Commissioner），信息专员有权命令公共机关公开信息②；该公共机关拒不执行信息专员的命令的，信息专员可以向高等法院提起诉讼③，一旦起诉，该机关即可能被罚款，责任人亦可能面临监禁。信息专员不同意信息请求或者公共机关提起上诉的，该请求可能被提交到信息法庭，最终由该法庭负责人裁决。《信息自由法》为公众知悉政府和其他公共机构在文化遗产领域的政策和决策提供了法制保障。此外，由于城市规划领域公众质询的需求日益强烈，英国规划立法还特别规定，在地方发展规划编制过程中，有关社区参与政策的声明是必须的。地方政府制定当地发展规划时，必须在保证公民公开获得相关信息、积极鼓励公众参与并提出意见的基础上，出具一个《社区参与报告》，且应对公众意见给予及时的回复，尽最大努力让那些很难涉及的主体也能参与其中。公众也可以利用前述一般规划中有关公众参与权利和程序的规定，对规划过程中涉及的文物保护问题发表意见。④

美国从联邦到州层面建立了一套相对完善的政府信息公开法制。在联邦层面，1966年《信息自由法案》（*Freedom of Information Act*）对政府和其他公共机构应当公开的信息的范围、形式、方式、程序等做出具体规定，此外，《行政程序法》（*Administrative Procedure Act*）、《阳光政府法》（*Government in the Sunshine Act*）、《政府伦理法》（*Ethics in Government Act*）等一系列立法的相关规定，为联邦政府公共机构的信息公开机制的实施提供了法律依据和保障。许多州也制定了专门的法律，对政府等公共机构信息公开的内容和程序进行规定。⑤ 通过联邦和州层面一系列政府信息公开专门法律的制定和实施，公众对政府法规政策、相关决策和行为的知情权得到了保障，为他们以各种形式参

---

① See *Freedom of Information Act*（2000），art. 1.
② See *Freedom of Information Act*（2000），art. 50.
③ See *Freedom of Information Act*（2000），art. 54.
④ See *Planning and Compulsory Purchase Act*（2004），art. 18.
⑤ 如加利福尼亚州《公共记录法》（*California Public Record Act*）、田纳西州《公开记录法》（*Tennessee Open Record Act*）、德克萨斯州《公共信息法》（*Texas Public Information Act*）等。

与社会管理和社会事务，并对政府和公共机构行为进行监督奠定了基础。另一方面，为保障公众的质询权，美国政府在各项社会事务中引入听证制度。其听证制度广泛涵盖了政府立法、制定政策与做出具体行政行为等国家和政府各类决策行为的全过程。行政机关做出可能对相对人权利和利益造成不利影响的决定之前应进行事前听证，在做出决定时没有进行事前听证的，相对人还可在行政决定作出以后要求事后听证。对于社会保障和福利津贴等方面的事务，还可能采取混合听证方式，事前举行非正式听证，若当事人不服，则举行正式听证；或者当事人不服行政机关的决定，先举行非正式听证，再举行正式听证。从形式上说，正式听证指行政机关在制定法规和作出行政裁决时，通过举行正式的听证会，使当事人得以提出证据、质证、询问证人，行政机关则基于听证记录作出决定的程序。正式听证一般由行政法官主持，必须举行审判型的口头听证，当事人有权提出证据，进行口头辩论，行政机关必须根据听证记录作决定。非正式听证可由普通行政官员主持，行政机关在制定法规或作出行政裁决时，须给予当事人口头或书面陈述意见的机会，以供行政机关参考，行政机关不需基于记录作出决定。该类听证中公众发表意见主要采取口头或书面方式，没有质证和相互辩论的环节，行政机关作决定时不受参与人意见的限制。非正式听证因程序灵活简便，在实践中的运用也更加广泛。正式听证与非正式听证程序的并存，也保障了社会公众以不同方式、不同程度参与到政府和相关公共机构有关文物保护的行政决策中。

法国行政信息公开制度最早确立于1978年《行政机关与公众关系法》（*LOI n°* *78 - 753 du 17 juillet 1978 portant diverses mesures d'amélioration des relations entre l'administration et le public et diverses dispositions d'ordre administratif, social et fiscal*），该法规定公众有权获得行政机关的文件信息，但排除了公众对政府信息进行再利用、再传播或者商业开发的权利。① 1998年，法国政府宣布所有基本公共信息将全部通过互联网公开。② 2016年，法国《行政机关与公众关系法典》（*Code des relations entre le public et l'administration*）正式实施，其第三卷对公众获取行政文件和再利用公共信息进行专门规制，肯定了公众获取行政文件的权利，明确了可查阅行政文件的范围和查阅条件，以及对行政信息进行再利用的权利和相关规则。此外，该法典还对部分行政决策制定过程中的公众征询和公众调查等环节的实施程序进行细致规定③，进一步深化了公众在政府行政行为中发表意见、进行质询的权利。

意大利于1990年制定了《行政程序与获得政府文件权利法》（*LEGGE 7 agosto 1990, n. 241: Nuove norme in materia di procedimento amministrativo e di diritto di accesso ai*

---

① 参见刘勇祥：《政府信息公开制度比较研究》，华东师范大学硕士学位论文，2005年，第24页。

② 参见王名扬著：《法国行政法》，中国政法大学出版社，1997年，第5页。

③ See *Code des relations entre le public et l'administration*, Livre 1, Titre 111, L'association du public aux decisions prises par 1'' administration.

documenti amministrativi)① 确立了行政信息公开制度。根据该法，除包含第 24 条第 1、
2、3、5、6 款规定特殊内容之外，所有公共行政机关、自治和特别公司、公共机构和
公共服务运营商的行政文件，都应向公众公开，但虽由行政机关掌握却不具备行政文件
形式和性质的档案资料，则不在公开之列。② 信息公开依申请进行，并须说明申请理
由。申请人经批准，可免费查阅申请公开的行政文件，只有在须复印该文件时，才收取
文件复制费用。③ 第 26、27 条还对有关机关应主动公示的信息进行了具体规定。在此
基础上，意大利《文化财产和景观法典》则细化了遗产保护工作须公示的信息的内容、
程序，并对公众质询权进行规定：如第 13 ~ 16 条对物品文化价值鉴定结果的公示要求、
具体程序及对公示结果不服的复议规则进行规定；第 25 条规定对涉文化财产相关工程
授予许可内容，应予以合理公示等。

在日本，知情权被认为包含两层含义：一是公众从政府、宣传媒体及其他信息来源
获取各种信息的权利，即 "信息的领受权"，也即 "知的自由"；二是公众对政府掌握
信息公开的请求权，即 "知的权利"。④ 在社会团体和市民运动的不断推动下，日本于
1999 年颁行《行政机关所持信息公开法》（行政機関の保有する情報の公開に関する法
律），对中央行政机关职员在职务上制作、取得的文书、图画及电磁记录等文书的公开进
行规定。该法对申请信息公开的主体和目的，都未作任何限制，任何人，包括本国国民和
外国人，也不论是否在日本国内有居住地或申请公开的事项是否与本人有利害关系，都可
以向行政机关长官提出信息公开的要求，对于申请人将如何使用该信息，也未作限制。⑤
只有在有关信息涉及个人隐私、法人经营信息、国家安全和外交、公共安全、国家机关或
地方公共团体的内部审议和讨论过程以及其他一定的事务性信息时，才列入不予公开或限
制公开的范畴。⑥ 各地方公共团体的信息公开依据其自行制定的信息公开条例进行，虽各
地方条例的名称各不相同，但一般都包含条例制定目的、信息公开的实施机关（几乎全
为行政机关）、予以公开信息的范围（公开文书）、请求权人、适用除外条款、涉第三人
信息处理、本人信息公开请求、公开程序等内容。⑦ 在《行政机关所持信息公开法》确立

---

① 法律全文：www. normattiva. it/atto/caricaDettaglioAtto? atto. dataPubblicazioneGazzetta = 1990 – 08 –
18&atto. codiceRedazionale = 090G0294&queryString = % 3FmeseProvvedimento% 3D% 26formType% 3Dricerca
_semplice% 26numeroArticolo% 3D% 26numeroProvvedimento% 3D241% 26testo% 3D% 26anno Provvedimen-
to% 3D1990% 26giornoProvvedimento% 3D&currentPage = 1，2018 年 5 月 9 日访问。
② See *LEGGE 7 agosto 1990，n. 241：Nuove norme in materia di procedimento amministrativo e di dirit-
to di accesso ai documenti amministrativi*，articolo 22，articolo 23.
③ See *LEGGE 7 agosto 1990，n. 241：Nuove norme in materia di procedimento amministrativo e di dirit-
to di accesso ai documenti amministrativi*，articolo 25.
④ 参见刘杰著：《日本信息公开法研究》，中国检察出版社，2008 年，第 9 ~ 10 页。
⑤ 参见日本《行政机关所持信息公开法》，第 3 条，法律全文见：http：//elaws. e-gov. go. jp/search/
elawsSearch/elaws_search/lsg0500/detail? lawId = 411AC0000000042&openerCode = 1，2018 年 5 月 8 日访问。
⑥ 参见日本《行政机关所持信息公开法》，第 5 条。
⑦ 参见刘杰著：《日本信息公开法研究》，中国检察出版社，2008 年，第 19 ~ 29 页。

的不限主体的依申请信息公开制度的基础上，日本《文化财产保护法》规定了政府有关机关须主动通过《官方公报》予以公示的信息，包括各类文化财产的指定、登录或选定，指定和登录撤销，以及文化财产责任管理主体的委任等。

（二）文化遗产或其他相关立法明确规定公众参与的途径与方式

西方国家文化遗产专门立法或者其他相关立法，对于公众应在文物保护的哪些阶段，以怎样的方式，参与哪些方面的工作，一般都有较为明确的规定，这一方面是对文物保护中公众参的行动权的肯定，另一方面也可为公众参与行为进行科学引导。

在英国，《国家遗产法》《珍宝法》《博物馆和美术馆法》等文物立法明确确立了"英格兰遗产"、艺术品和文化财产出口审查委员会、文物评估委员会以及一些公立博物馆托管委员会等非政府机构作为政府文物保护职能部门的地位，并对其构成、具体职权和为履行职权而可享有的必要权利进行详细规定。

美国联邦政府也通过专门的文物立法，明确公众与政府部门的协作关系。《国家历史保护法》明确规定，联邦政府在遗产保护工作中应制定鼓励各州、地方政府、印第安原住民部落、以及私主体和个人参与的政策，促进非联邦所有的私人文物的保护，鼓励和支持社会主体和个人的文物保护活动；鼓励对可利用国家历史环境的公共和私人保护和利用；协助州政府、地方政府、印第安原住民部落、夏威夷相关机构以及"历史保护国民信托"等其他文物保护主体和机构开展遗产保护的相关活动。① 此外，一些致力于统一各州立法的专业组织还起草了文化遗产保护某一方面的专门的法案，试图通过该法案使政府与民间文物保护组织建立协作关系，通过这些民间组织采取平等协商等市场化的手段，间接地实现文物保护的一些必要措施。如根据 1981 年美国统一州法协会发布的《统一保存地役法》，致力于历史环境保护的慈善组织、信托组织等民间社团机构，都可以成为遗产保护地役权的拥有者，可通过与不动产所有权人签订遗产保护地役协议的方式取得该地役权，从而对该不动产所有权进行限制。而政府则对自愿签订遗产保护地役协议的所有权人给予税收的减免。通过这种方式，这些独立开展活动的民间文化遗产组织实际上成为政府文物工作的协作者，协助政府实现因文物保护而对私人所有权实施限制的过程。事实上，联邦政府在市场化的文化管理体制下，对于未列入国家公园保护制度的私人不可移动文物的管理，主要通过制定法规政策的方式，引导文物所有者、其他相关主体或者社会公众自觉进行，即使在国家公园制度中，市场化管理方式也为社会公众参与提供了保障：国家公园一般都由专门的非营利组织直接管理和经营，并实行观光服务产业的特许经营制度。再次，市场化的文化事务管理模式激励了文化艺术行业协会行业自律管理模式的形成。最后，《国内税收法典》亦采取税收减免的方式，对作为非营利组织的美国文化艺术团体和机构的行为进行引导，并激励公司、企业和个人对文化艺术发展团体（包括文化遗产保护领域的非营利机构）的发展进行赞助。②

---

① See *National Historic Preseravtion Act*（1966），Section 2（54 U. S. C. 300101）.

② 《美国税法典》"所得税"部分"免税团体"章第 501 节。参见翟继光编译：《美国税法典》，经济管理出版社，2011 年，第 739～754 页。

在法国，《遗产法典》《规划法典》《环境法典》等法典的许多具体规定，为公众参与文物保护的内容和方式提供指引：如《遗产法典》针对不同类型的文物的保护设立了一系列专业咨询机构，并规定公众代表和相关领域的专家学者是这些咨询机构的法定成员。通过加入此类咨询机构，公众得以实际上参与政府相关决策过程。该法典还直接将部分行政管理权委托给一定的社会组织，授权其履行政府部门某些方面的管理或服务职能。此外，《遗产法典》允许一些具有专业性的社团或协会通过与政府相关部门签订行政合同的方式，参与某些或者某个文物的修复和管理，同时享有行政合同赋予的各种权利。最后，法典明确赋予一定的文化遗产社团提起公益诉讼的资格。除《遗产法典》之外，《规划法典》和《环境法典》对各类保护规划编制时公众调查和参与环节的明确规定，也为公众参与提供了明确指引。

意大利将"鼓励和支持国民以个体或组织的形式参与强化文化遗产的工作"① 作为文物保护的一项重要原则明确规定在《文化财产和景观法典》的"总则"中，并通过一系列具体的法律规定促进和保障文物工作中的公众参与，主要方式包括两种。第一，明确参与主体的资格、权利和责任。在主体资格方面，对于需要具备文物保护相关知识、发挥专业技术的直接性参与，该法典及其解释对其资质有着较高的要求，对其身份有一定限制，如必须为相关领域的高校专家、科研工作者或者取得国家相关资质，具有一定从业经验的专业人员；或是通过与主管部门、大区等政府公共部门签订特别协议的方式取得参与文化遗产工作的权利，文化遗产部及依法律规定有文物保护职责的地方公共团体对这些社会主体的参与资格保留撤销的权利；对于捐赠、投资等经济性间接参与，则不做任何限制，以提高公众参与的积极性，扩大文物保护工作的资金来源。在权利义务方面，该法典根据参与主体与文物关系的不同，对包括文化财产所有人、占有人和以各类组织形式出现的公众机构的权利义务和责任进行细致的规定。第二，细化参与程序。对于社会主体以积极行动参与文物管理、保护和开发的行为，《文化财产和景观法典》与其他相关行政法规相配合确立的一系列行政法制度，对社会公众参与的方式和程序进行了明确细致的规定，如相对人保障制度，政府信息公开制度，听证制度，行政申诉、行政复议和行政诉讼制度（包括公益诉讼制度）等。相关法律法规对政府部门在做出相关决策时必须咨询和考虑公众意见的环节，以及搜集和调查公众意见的方式和程序也有具体的规定。此外，该法典确立的文化遗产的委托经营制度及特许（经营）制度，也对委托经营协议及特许经营权授予方式和条件等各方面做出规制，使公众参与程序进一步明确化。这些具体制度都为包括行政相对人在内的文物保护中的公众参与提供了明确具体的程序依据和保障，有效地保障了社会公众的参与权。

在日本，公私合作是国家发展文化和艺术事业的核心理念之一。文化财产的保护和活用是国家发展文化艺术事业的重要组成部分，该领域的公众参与也得到法律的切实保障：《文化财产保护法》在"总则"第 4 条中明确规定了文化财产保护中所有人和一般国民的

① See *Codice dei beni culturali e del paesaggio*, articolo 6, para. 3. 根据该条第 1 款之规定，"文化遗产的强化工作包括行使保护职能和规范相关活动，以便促进文化遗产知识的传播，确保为遗产的利用和公众享用创造最佳条件"，"还包括促进和支持文化遗产的保存工作"。

责任，是有关公众参与的原则性规定。该条指出，"一般公众应真诚地配合国家政府和地方公共团体为实现本法之目的而采取的各项措施。文化财产的所有权人和其他相关权利人应在认识到文化财产是一种珍贵的国家资产的基础上，为公众妥善保护好该文化财产，并促进其文化性利用，例如将其开放公众参观。国家政府和地方公共团体在实施本法的过程中应尊重文化财产所有权人和其他相关权利人的权利"。在公私合作的核心理念和公众参与的基本原则下，日本文化遗产保护和活用中的公众参与通过以下两方面具体的法律制度和规定得以保障。第一，通过《文化财产保护法》的具体规定明确一般公众对文化财产的权利和权利行使方式。如公众在取得文化厅长官的许可后，可以要求将重要文化财产、重要可移动民俗文化财产向公众开放①，具有一定资格的公众组织或个人在取得文化厅许可的前提下可以进行考古探查和挖掘活动②。对于在考古发掘中发现文化财产并按法律规定上交国家有关机构的，发现者有权获得奖励。③ 社会主体（法人）还可受文化厅委托成为史迹名胜天然纪念物的管理机构。④ 此外，《博物馆法》还承认私立博物馆的地位，并对其管理做出规范。⑤ 这些条款不仅对一般公众参与文化遗产保护和活用的环节、范围进行明示，对其参与的程序和方式也有十分具体的规定，具有很强的可操作性。第二，通过与相关行政法制度相配合保障公众的程序性参与权。除《文化财产保护法》外，日本《行政程序法》中也大量存在着相对人权利保障和公众参与方面的规定。如《文化财产保护法》第154条对文化厅在保护和管理文化财产实践中需要进行裁决性听证的情形进行了明确列举，而《行政程序法》第13条规定，在作出不利行政处分之前必须听取有关相对人意见，在符合条件时应进行听证。《文化财产保护法》第155、166条规定的"意见听证"的具体程序也需按《行政程序法》的规定实施。此外，日本行政诉讼法中还设立了民众诉讼制度⑥，其中，《地方自治法》第242条之二所规定的住民诉讼⑦制度，也为社会主体从财政方面监督政府文化财产保护和管理的工作，从而维护公共利益，促进文化财产保护工作依法开展提供了制度保障。

（三）规范有序的文化遗产社会组织活动和成长环境

除组织形式灵活多样，成立条件和程序简易外，西方国家也为文化遗产社会组织的

---

① 参见日本《文化财产保护法》，第53、84条。
② 参见日本《文化财产保护法》，第92条。
③ 参见日本《文化财产保护法》，第104、105条。
④ 参见日本《文化财产保护法》，第113条。
⑤ 参见日本《博物馆法》，第27、28条。
⑥ 根据日本《行政事件诉讼法》第5条的规定，民众诉讼实质是请求纠正国家或公共团体的机关不符合法规的行为的诉讼，是以作为选举人的资格及其他与自己的法律利益无关的资格而提起的诉讼。该法第42条规定，民众诉讼必须在个别法做出规定时才能提起，典型事例是基于《地方自治法》242条之二的地方住民诉讼。参见江利红著：《日本行政诉讼法》，知识产权出版社，2008年，第617页。
⑦ 住民诉讼是指地方公共团体的居民基于地方自治法第242条之二的规定，对于该地方公共团体的机关或其职员的违法财政支出、财产取得、管理或处分等一定的财务行为或事实而提起的诉讼，请求停止、撤销该行为或确认无效、损害赔偿、返还不当得利等。参见江利红著：《日本行政诉讼法》，知识产权出版社，2008年，第630页。

活动和成长提供了宽松有利的环境，为其更好地发挥在文物保护中的作用提供了基础。

英国各类民间社会组织活动和内部管理直接以其章程作为依据，除依据特别法律法令成立和运作的非政府组织以及依照《慈善法》登记成立的慈善组织需要遵守该组织成立所依据法律法令中各项特殊的管理规定之外，政府对其他各类社会组织行为的监管仅仅通过宏观的法律手段，及公开竞争机制进行，社会组织可在不违反一般法律禁止性规定的前提下组织开展各项活动，同时"向社会公众公开报告包括财务信息在内的运作情况，市场自动过滤，促进优胜劣汰"[1]。社会组织一旦获得慈善组织资格，即自动享受税收优惠。政府每年还对慈善组织投入大量的财政资金补贴。对于受政府财政资助的社会组织而言，通过财政资金的分配对其进行监管也是一种重要的监管方式，例如，英国对包括私人博物馆、美术馆在内的各类文化艺术团体和文化机构实施"一臂之距"的管理原则，作为主管部门的文化部只负责制定文化政策和财政拨款，通过具体拨款的方式对直接管理这些文化艺术团体、组织的非政府文化公共机构（博物馆、美术馆等各类艺术委员会）在宏观上加以协调，体现政府对文化艺术的管理目标和支持重点；而对于接受资助的组织和团体而言，间接来源于政府的资助也是不固定的，需要根据每年的成绩和下一年的规划，由作为其直接主管机构的非政府公共文化机构委员会通过各种方式进行监督和评估后确定。[2] 这种监管方式既体现了国家对于包括博物馆在内的文化艺术团体和社会机构的鼓励和支持，又保证了此类团体在管理和活动中的自主性和专业性。

美国政府对社会组织的成立以及运作的监管同样以引导和激励为主。公民在成立非营利组织时可以选择是否在州政府注册，注册的非营利组织具有法人资格，由州税务局审定是否享有本州免税资格，不注册的则不具有法人资格，不能享受免税待遇。[3] 美国国内税务局根据该条列明的享有免税资格的非政府组织的具体形式达到 30 多种[4]，其中，慈善性非营利组织又分为公共慈善组织和私人基金会，后者除免税非营利组织需要遵守的相关法律和条例的规定之外，还需受到《国内税收条例》部分其他条款的技术性制约。慈善组织与非慈善组织的重要区别，即在于是否获得一定数量公众的支持。[5] 此外，税法还对慈善组织参与活动的方式及其资金的使用做出一定的禁止性规定，如慈

---

① 财政部国际财金合作司：《英国、法国社会组织发展与管理体制情况介绍》，参见财政部国际司网站：http：//gjs. mof. gov. cn/pindaoliebiao/cjgj/201308/t20130821_980382. html，2015 年 10 月 18 日访问。

② 参见刘世风：《海外民办博物馆管理经验及启示》，《中国博物馆》2014 年第 1 期，第 12 页。

③ 参见王名、李勇、黄浩明编著：《美国非营利组织》，社会科学文献出版社，2012 年，第 102 ~103 页。

④ 参见李培林、徐崇温、李林：《当代西方社会的非营利组织——美国、加拿大非营利组织考察报告》，《河北学刊》2006 年第 2 期，第 76 页。

⑤ 美国《联邦税法典》第 501 条和《国内税收条例》第 170 条规定，公众支持占总体支持的比重达到或超过 1/3，该组织自动获得公共慈善组织的法律地位；公众支持比重小于 1/3 大于 1/10 的，该组织保留公共慈善组织资格，以通过实施检验为条件；小于 1/10 的，该组织自动降格为私人基金会。李培林、徐崇温、李林：《当代西方社会的非营利组织——美国、加拿大非营利组织考察报告》，《河北学刊》2006 年第 2 期，第 77 页。

善组织不得参与竞选活动，公开支持或反对某一公职候选人，其净收入不得用于支付私人股东或者个人福利。国内税务局还可依据税收法律法规和条例的规定，对非营利组织财务报告进行监督、审计，通过评估对违规的非营利组织做出处罚。各州层面的监管大都通过首席检察官对非营利组织账簿和记录行使审查权以及定期听取非营利组织业务报告的形式进行。此外，公众也可以要求非营利组织公开其相关报告并对其实施审查。① 通过上述方式，非营利组织的各种活动被限制在法律允许的范围内。

法国对社会组织的管理持开放态度，主要通过赋予社会组织不同的法律能力，以及经济利益引导来促进社会组织的规范化。未登记申报的社团不具有法律能力，由每个社团成员对外负无限责任；登记注册的社团具有有限的法律能力，可以参加法律诉讼程序，可以接受会员的捐款、政府或公共实体的赠予和补助，可以拥有的房产也严格限制在实现目标所必需的范围内。社团以公益为目的，可以向捐赠者开具收据以减免其所得税；经认定的公益性社团拥有完全法律能力，可以接受遗产；基金会拥有完全的法律能力，除企业基金会外均可向公众募资。② 以公益为目的的社团和所有基金会均享受税收优惠，向社会组织捐赠的组织和个人也享受税收优惠。

在意大利，《宪法》第18条保障公民结社自由，规定在不违反限制条件③的情况下，所有公民均有不经许可自由结社的权利。但其至今尚无一部专门的结社法律，各类组织成立的程序和要求均以《民法典》相关条款为准。组织可以在规定的登记机关登记注册，也可以不注册，没有强制性要求，只有法律地位的差别。④ 意大利《民法典》中除了公司、企业等商业主体之外，非商业私法人包括协会、基金会、委员会三种形式，构成意大利非政府组织的基本形式，协会、基金会、委员会是否依照一定程序获得承认、具备法律资格只影响其财产的独立性和责任承担方式，并不影响其运作。⑤ 可以说，在意大利，非政府组织的成立几乎没有门槛，环境十分宽松。另一方面，意大利政府在考察、调研的基础上，通过不断修改和完善现有的法律，并根据社会发展需要制定新的单行法等方式，对这些非政府组织的权利义务、管理和活动方式以及责任承担等各方面进行规范，为非政府组织的规范运作和良性发展奠定了法制基础。近年来，立法者对社会组织的态度已从防范为主转向鼓励为主，"进一步增加激励措施，放宽限制，考虑让非政府随着社会的需求发展壮大"，以及"在加强监管的前提下推动非政府组织的发展"。⑥此外，《文化

---

① 参见李培林、徐崇温、李林：《当代西方社会的非营利组织——美国、加拿大非营利组织考察报告》，《河北学刊》2006年第2期，第77页。

② 参见财政部国际司网站：《英国、法国社会组织发展与管理体制情况介绍》，http：//gjs. mof. gov. cn/pindaoliebiao/cjgj/201308/t20130821_980382. html，2015年11月11日访问。

③ 意大利《宪法》第18条对结社自由只规定了3项限制：不得追求刑法禁止的目标；不得密集结社；不得以军事手段追求政治目的。

④ 参见中国现代国际关系研究院课题组编著：《外国非政府组织概况》，时事出版社，2010年，第111页。

⑤ 具体规定参见意大利《民法典》第一编第2章（第11~42条）有关法人的规定。

⑥ 参见中国现代国际关系研究院课题组编著：《外国非政府组织概况》，时事出版社，2010年，第110页。

财产和景观法典》也在文化遗产保护和强化的不同环节和不同方式中明确规定了非政府组织与公共部门合作或独立参与文化财产保护和强化的权利。这些规定都为文物保护社会组织的活动和发展提供了良好的环境。

第三节　参与形式和路径

主体形式多元和活动方式多样，是当代公众参与社会治理的显著特征，文化遗产领域也不例外。尽管由于管理体制和历史传统的不同，各国文物保护中的公众参与在广度和深度上存在一些具体的差异，但当代法治文化、社会治理模式和文化遗产保护理念的趋同性，决定了公众在参与文物保护的组织形式和行动路径方面仍存在一些共同之处。

一、组织形式

社会公众及其组织形式广泛涵盖了包括个体、营利性企业法人以及非营利组织机构等市场主体的各种类型，不同组织形式的性质特点以及法律地位各不相同，但在当代文物保护领域都大有可为。

在当代法治文明中，自由独立的个体是最基本的法律主体，具有法律所赋予的各项权利与自由，也须履行各种法定义务。相关法律在保障其以符合法律规定的各种方式参与文物保护的自由权的同时，要求其承担的文物保护义务则是底线性的：对于与文物并没有直接关系的一般公众，法律要求他们履行消极的、间接的保护义务，即要求他们在日常生产生活和欣赏文化遗产之美时，应遵守法律为保护文物而设置的相关禁止性规定，不对文物的保存现状造成减损或破坏，且在意外发现文物或可能具有文物价值的物品时及时向有关部门报告，使文物回归原主或置于国家或专业机构的妥善保存之下，而不至于毁灭或流失，更不能非法将发现文物据为己有。

然而，在社会分工日趋细致，专业化程度不断提高的当代社会，个体所掌握的资源和所具有的活动能力，都是十分有限的。不论是出于资源集中和优化配置的考虑，还是为拓展公众参与社会活动的范围、提高其参与能力，个体依托不同的组织形式参与文物保护事务，是更为明智的选择，五国文物保护相关法律和政策也大力倡导不同组织形式的参与和相互协作。公众设立的各类组织机构以其形式、依据、法律性质为标准，大致可分为以营利为目的的企业和以公益服务为主要宗旨的非政府组织。其中，遗产社区居民为保护、传承和发展文化遗产而成立的专门组织或机构，无论其采用何种组织形式，都因其与文化遗产的密切联系而具有一定意义上的特殊地位，享有一些特殊的权利和职能。

表面上看，企业的逐利性与文物保护的公益性在价值目标方面存在一定的冲突，但实践中，许多企业行为，包括其经营行为和公益活动，都与文物保护密切相关，为保护文物做出了自己的贡献。一方面，许多具有文物保护和修复资质的专业机构，都以企业的形式存在，如专注于古建保护和修复的企业在各国广泛存在，其他一些建筑规划和设计公司虽不以古建维护和修复为唯一职能，但只要符合所在国有关文物保护和修复的相关资质，也可将该类活动作为其业务范围的重要组成部分。在英美国家，从事考古活动的私营公司也大量存在，已成为两国考古活动的重要力量。另一方面，在文化和旅游产业日益繁荣的当代社会，从事文化遗产旅游开发和借助遗产元素开发文创产品的企业也大规模兴起，这些企业以旅游创收和售卖文化创意产品为其获取利润的方式，其经营过程为文化遗产的公众展示和价值阐释做出了一定的贡献。近年来，具有一定公益属性、以承担一定社会职能的"社会企业"（social enterprise）在文物保护领域也不断增多，日益发挥重要作用。

当然，西方国家文化遗产保护公众参与制度中，最鲜明的特色在于各类专门的遗产保护社会组织的建立。此处的"社会组织"作为一个社会学概念，指的是在相对独立于国家的民间公共领域中，公众为了特定目的而组建的，不同于政府机构和企业的稳定合作形式，泛指在各国法律中的非政府组织（NGO）[1]、非营利组织（NPO）[2]、第三部门（the Third Sector）[3]、慈善机构（Charity）等组织形态，包括志愿服务组织，专业或行业协会、学会，基金会，慈善信托和由私人设立的提供基本公共服务的不以营利为目的机构，如私立学校、医院、艺术团体、博物馆和研究机构等。西方国家文化遗产领域

---

[1] "非政府组织"这一概念的广泛使用出现在《联合国宪章》第 10 章第 71 条确立此概念之后。该条规定："经济及社会理事会得采取适当方法，与各种非政府组织会商有关本理事会职权范围内的事件……"（参见顾建国、马立、[加] 布鲁斯·哈迪等著：《非政府组织的发展与管理——中国和加拿大比较研究》，上海交通大学出版社，2009 年，第 5 页）世界银行组织在《非政府组织法的立法原则》中给出的定义是：非政府组织是指在一特定的法律系统下，不被视为政府部门一部分的协会、基金会、慈善信托、非营利公司或其他法人，且不以营利为目的。（参见谈志林著：《走向公民社会：地方社团发展的制度分析——以北京市、温州市、哈尔滨市社团为例》，中国社会科学出版社，2010 年，第 14 页）非政府组织完全地或部分地依赖政府基金、慈善捐助和志愿服务，是典型的推崇价值观的组织，致力于增进社会中弱势群体的利益、保护环境、提供基本的社会服务及推动某方面社会管理和社会事务的发展。

[2] "非营利组织"的概念首先出现在美国 1967 年税法中，其原义指"由私人为实现自己的某种非经济性愿望或目标而发起的各种各样的社会机构或组织。其中不仅包括基金会、慈善筹款协会等公益类中介组织，也包括社交联谊、互助合作、业主和专业协会等互助类组织，还包括私人创设的学校、医院、社会福利机构、艺术团体、博物馆、研究机构等服务类组织"。（参见文军、王世军著：《非营利组织与中国社会发展》，贵州人民出版社，2004 年，第 2 页）非营利组织具有非营利性、中立性、自主性、多样性、专业性、灵活性、参与性等特点，以服务大众为宗旨，在提供公共服务、代行某些政府职能以及影响公共决策等方面发挥着重要作用。

[3] "第三部门"首先由 T. 列维特（Levitt）于 1973 年提出，并定义为"非公非私的、既不是国家机构也不是私营企业的第三类组织，也即对应于第一部门即公共部门（政府）和第二部门即私人部门（市场）之外的各类社会组织的总称"。（参见谈志林著：《走向公民社会：地方社团发展的制度分析——以北京市、温州市、哈尔滨市社团为例》，中国社会科学出版社，2010 年，第 14 页）从功能上看，"第三部门从事那些政府和企业不愿意做、做不了或做起来没有效率的事情"，广泛地包括社团组织、民办非企业单位、基金会、业主委员会等。（参见康晓光著：《依附式发展的第三部门》，社会科学文献出版社，2011 年，第 78 页）

的社会组织形式类型灵活多样，职能范围广泛丰富，但各类社会组织在其主要业务范围内都具有较强的专业性，在补充政府有限行政职权及其行使方式和效率的不足、制约企业逐利性与文物保护公益性的冲突以及整合和优化配置各类社会资源等方面，发挥着重要作用。本章下一节将对五国文物保护社会组织的发展及其作用进行详细阐释。

最后，遗产社区作为与文化遗产密切联系的一类特殊主体，在其所守护和传承的文化遗产的保护和管理中享有优先权利的理念，也体现在相关国际法文件中①，并在五国文物保护和管理的实践中表现出来。如日本以"保存和提升传统文化和传统工艺，改善当地人生活环境"为主要目的，由20多个町（相当于中国的村级单位）的居民自发成立社团、协会进行"造乡运动"，并在此过程中制定适用于遗产社区的保护规则（如1971年《保护妻笼宿居民宪章》）；美国遗产保护和考古活动立法中，在涉及原住民文化遗产时，对与其具有文化联系的原住民部落或族群的知情同意权和决策参与权予以尊重和保障。这些都是遗产社区在遗产保护中的特别地位和重要作用的有力证明。

二、参与途径和方式

根据谢里·埃斯坦（Sherry Arnstein）提出的"公众参与阶梯"理论，公众参与是一种公民权利的运用，也是一种权利的再分配，其方式从低到高依次可分为操纵（Manipulation）、治疗（Therapy）、告知（Informing）、咨询（Consultation）、展示（Placation）、合作（Partnership）、权力转移（Delegated Power）和公民控制（Citizen Control）8个阶梯。其中，第一和第二阶梯仅表明公民在政府的操控下被动地参与公共事务；第

---

① 对"遗产社区"的概念及其权利的直接规定，最明确见于2003年《保护非物质文化遗产公约》及其实施文件。2006年联合国教科文组织在东京举行的"非物质文化遗产保护中的社区参与：加强2003年非物质文化遗产公约的实施"专家会议上，就非物质文化遗产保护中"社区"的概念及与"群体"的区分做出明确阐释，指出"遗产社区"是"由那些认同感和（相互）关联感（sense of connectedness）来源于根植于对其文化遗产的实践、传播或者参与而形成共同历史联系的人们所组成的网络"（See the Raport of Expert Meeting on Community Involvement in Safeguarding Intangible Cultural Heritage: Towards the Implementation of the 2003 Convention, 13 – 15 March 2006, Tokyo, Japan, available at: http://www.unesco.org/culture/ich/doc/src/00034-EN.pdf, accessed 04 – 05 – 2016.)；《公约》承认各社区，尤其是原住民在非物质文化遗产的生产、保护、延续和再创造方面重要作用，确认其在遗产保护利用中的主体地位。为此，遗产社区被赋予非物质文化遗产认定的参与权［第11条（b）］、获得非物质文化遗产保护所必要的教育和培训的权利（第14条），以及对非物质文化遗产相关活动及其管理的参与权（第15条）。为明确上述权利的行使和保障方式，东京专家会议还提出一系列具体化建议（See Raport of Expert Meeting on Community Involvement, op. cit）。遗产社区参与文化遗产保护的特殊权利并非仅仅局限于非物质文化遗产领域，联合国教科文组织1962年《关于保护景观和遗址的风貌与特性的建议》、1976年《关于历史地区的保护及其当代作用的建议》，古迹遗址国际理事会（ICOMOS）1990年《考古遗产保护与管理宪章》、1999年《国际文化旅游宪章》，以及2005年联合国教科文组织发布的《会安草案——亚洲最佳保护范例》和2006年第二届文化遗产保护与可持续发展国际会议上通过的《绍兴宣言》等国际文件，都为遗产社区参与文化遗产的旅游开发与管理，提供了依据。（参见胡姗辰：《社区参与文化遗产旅游开发和管理的法律机制研究》，中国人民大学硕士学位论文，2013年，第17~22页）

三和第四阶梯，政府将信息传达给公众，并从公众那里获得回馈信息；第五和第六阶梯，公众越来越深入地参与到公共管理中，作用变得不可或缺；第七和第八阶梯，公众从政府那里获得广泛且深入的社会治理权力，真正成为社会的主人。①

依此理论，文物保护中的公众参与，依据参与程度由浅入深，可粗略地分为四个阶段。第一，公众依照法律法规和政府出台的具有一定强制性的规范性文件被动地采取行动，即被动地履行法律法规强加的文物保护义务，或是积极响应并配合政府法规政策的宣传和执行。第二，政府依法将文物保护现状、相关决策和行动方式等信息公开后，对政府履行其文物保护和管理职能的程序和效果进行监督，提出质询。第三，公众以直接或者间接的方式，自觉自发地参与文物保护的实际环节，为文物保护提供各类资源。其中，与政府或其他公共主体展开合作，是实现资源整合和优化配置的有效方式，能有力提升文物保护的社会效果。第四，公众通过法律授权或者行政委托的方式，代行政府一部分行政管理职权，在政府行政决策乃至相关法律法规的制定中发挥实质性影响。

（一）依法履行文物保护义务，协助政府宣传或执行相关法规政策

自觉履行文物保护的法定义务，遵守相关管理规定，并在此基础上对文物保护理念及有关制度和政策进行公众宣传，是公民和社会组织行使宪法和法律赋予的公众参与权的直接体现，也是公众参与文物保护最基本和最常见的方式。前者是对各类主体的行为和活动最基本的要求，后者如制作、刊发和出版宣传文物保护基本知识及其法规政策的读本、书籍，举行文物保护相关公众宣讲与讲座、举办各类知识竞赛等，内容丰富实用，形式也灵活多样，操作简单易行，且受客观环境和专业知识技能的制约程度较小，覆盖受众和影响力也最为广泛。在西方国家合理的制度设计和良好的法制宣传氛围下，公众遵守文物立法、履行文物义务的自觉程度较高，许多个体和各类社会组织也积极投入到文物保护的公众宣传和教育活动中，文物保护社会参与、保护成果全民共享的良好社会气象基本形成。

（二）对政府履行文物保护和管理职责进行监督和质询

信息公开与程序规范是对现代政府行政行为的基本要求，这就意味着政府做出相关决策的过程须公开透明，内容和程序都须有明确的法律依据，并接受社会公众的质询和监督。在文物行政管理中亦应如此，这也给社会公众对与文物保护相关决策提出质询并发挥监督作用提供了空间。如政府在编制遗产保护相关规划时应依法进行的公众调查，就是公众以这种方式参与文物保护的典型例子。在英国，2004 年《规划和强制购买法》规定政府部门在编制特别功能区规划的过程中应开展公众审查（examination in public）；在符合有关法律规定的一定条件下，公众审查环节甚至是强制性的。② 在地方发展规划编制过程中，有关社区参与政策的声明也是必须的。地方政府制定当地发展规划时，

① See Sherry Arnstein, *A Ladder of Citizen Participation*, AIP Journal, July, 1969.
② See *Planning and Compulsory Purchase Act*（2004）, art. 8.

必须保证公民公开获得相关信息、积极鼓励公众参与并且对公众的意见给予及时的回复。公众调查程序也是法国《遗产法典》对各类文化遗产及其保护区域保护利用规划的编制做出的强制性规定。此外，法国政府还十分重视文化遗产普查中的公众参与，许多公民也愿意积极配合和协助有关机构的文物普查工作，主动提供相关信息；一些民间组织还为文物普查提供相关咨询，甚至直接参与其中。很多人非常自豪地称自己为"遗产的发现者"。意大利《文化财产和景观法典》中的许多条款都充分保障行政相对人或者一般公众对政府行政行为的质询和监督权。如文化财产价值鉴定程序可依据该物品所有者提供相关证据材料进行申请而启动；① 对文化价值的鉴定结果应按规定程序进行公示，公示结果应依法通知文化财产的所有者、占有者或者持有者，对公示结果的合法性和法律依据存在异议的，可在接到通知后30日内向文化遗产部提起行政复议；② 对文化遗产部依法做出的间接保护指令以及出口主管部门拒绝颁发文化财产自由流转证书的决定，相对人均有权提出行政复议。③ 具有显著公共价值的建筑和区域，应依法定程序和法定方式向社会公示，公示期间，拥有共同利益关系的团体和其他任何相关人都可以向有关部门提供相关的资料并表达其意见，有关大区也可下令进行启动公众调查程序，大区和其他主管部门的决策应在考虑公众意见和公众调查结果后作出。④ 在日本，政府在做出某些重大的文化遗产相关行政决策前，也须依法进行听证。

此外，文物公益诉讼也是公众行使监督权的一种重要方式，在部分国家已得到制度上的确认或司法实践中的应用。在英国，《国家遗产法》赋予作为半官方社会组织的"英格兰史迹"对法律规定一定范围内的文物违法行为提起诉讼的权利。⑤ 法国《遗产法典》第 L114 - 6 条明确赋予依法注册成立 3 年以上的文化遗产社团提起公益诉讼的资格。在意大利，《文化财产和景观法典》也明确规定：经依法认定的因公共利益而成立的环境组织以及对此有利害关系的公、私实体，若对景观工程的批准有异议，可向大区行政法院提出申诉，也可向共和国总统提出特别申诉。⑥ 日本《行政事件诉讼法》中的民众诉讼制度，也为公众对地方公共团体在文物保护和活用中的财政违法行为进行监督提供了途径。

（三）直接或间接参与文物保护的实际环节，为文化遗产保护提供各类资源

不同社会主体掌握的不同的社会资源，决定了他们可直接或间接地参与文物保护的某些环节，或为文物保护做出贡献。如捐资捐物，向国家或其他文保公益机构捐献其文

---

① See *Codice dei beni culturali e del paesaggio*, articolo 12.
② See *Codice dei beni culturali e del paesaggio*, articolo 13 to articolo 16.
③ See *Codice dei beni culturali e del paesaggio*, articolo 47, articolo 69.
④ See *Codice dei beni culturali e del paesaggio*, articolo 139, articolo 140.
⑤ See *National Heritage Act*（1983）, art. 33.
⑥ See *Codice dei beni culturali e del paesaggio*, articolo 146, para. 11.

物或对不可移动文物的地役，参与文物保护志愿服务，以及开办文物保护和修复学校、私人博物馆、文物信托或文物经营公司等。具有相关专业知识背景和实践经验的主体，如专家学者、具有专业资质的企业或非营利机构，还可直接参与文物考古、保护、修复、规划和开发等一系列专业的文物保护活动，或者为这些活动提供专业咨询。这些参与方式在西方国家文物保护实践中都已得到普及，且形成了相对成熟的模式，在本书前文许多部分都有体现。

此外，近年来遗产保护中的公私合作不断兴起，成为整合和优化资源配置、优势互补的新方式。一方面，英、美、法、意等国从法律制度上肯定了政府通过与社会主体签订协议的方式进行遗产保护领域的公私合作的形式。如根据意大利《文化财产和景观法典》，诸如文物保存指导原则、技术规则、标准和模式的确定，以及文物修复或其他保存活动的辅助性工作专业人员的培训事宜等，政府职能部门都可以专门协议的方式与大学、专业科研机构和其他公、私机构合作进行;① 文化遗产部也可通过特许的方式将考古探查活动的交由公、私机构开展。② 公私文化财产的强化，以及景观资产的保护，都可在一定条件下通过协议的方式交由特定的社会主体实施。另一方面，非营利机构通过与政府等公共主体签订协议的方式参与文物保护利用的某些具体工作;或者由公私主体合作共同开发经营文化遗产的案例，在上述国家的文物保护利用实践中也不断增多，在本书第六章相关内容中已有所体现。在行政资源有限、行政权力的边界日趋严格的社会发展形势下，这种合作共赢的遗产保护模式，既充分调动和发挥了社会公众参与文物保护的积极性和能动性，又节约了政府行政管理的资源和成本，同时又不减损政府对公众参与的监管力度，在西方国家文物保护利用中运用日益广泛，合作内容不断扩展，合作形式也日趋丰富。

（四）代行政府职能，参与相关立法或决策

通过法律授权或行政委托的方式，由一些已经发展成熟、在全国范围内具有广泛影响力的社会组织或非营利机构代行政府在文物保护与管理中的部分职权，是一国文物保护公众参与发展到一定阶段的产物，是其公众参与文物保护的能力相对成熟的标志，也是西方国家文化遗产保护中公众参与的最大特色，详细内容将在本章下一节加以阐释。此外，文物行政管理中完善的专业咨询制度、相关立法对强制咨询的规定以及国家或地方立法中的公众听证或公众调查程序，也使以组织或个体的形式成为法定咨询机构或其成员的社会公众，得以参与相关决策、政策和法律的制定。此类参与方式对于遗产社区公众表达其意愿、自主决定其遗产的命运，以及继续独立自主地守护和传承与其休戚与共的文化遗产，都具有特殊意义。

---

① See *Codice dei beni culturali e del paesaggio*, articolo 29.
② See *Codice dei beni culturali e del paesaggio*, articolo 89.

第四节　文物保护社会组织的职能

文物保护社会组织作为公众参与文物保护的重要方式之一，具有广泛的覆盖面、丰富多样的组织形态、专业和灵活的工作方式和相对中立的社会角色，具有"上达政府、下接地气"的纽带特点，能够整合来自各方面的最优资源，以多样化的方式发挥作用，具有独特的优势，已成为西方国家文物保护领域的一支重要的力量。

一、五国社会组织的形态、成立条件与特点

在西方国家，社会组织的结构和类型灵活多样，成立条件十分宽松；参与文化遗产保护的社会组织不仅包括专业的行业协会、委员会，还包括形式多样的非营利组织和机构，遗产保护基金会也是文物保护组织中的一种重要类型。

英国近年来社会组织的类型不断增多，不仅包括各类慈善组织、志愿组织及社区组织，还包括合作社（co-operative）、社会企业（social enterprise）等新兴的非营利组织形态①。英国长期以来鼓励和支持崇尚志愿精神的非政府组织的发展，各类非政府组织只要有3名以上成员且拥有自己的章程，即可成立，但慈善组织的成立必须依据《慈善法》登记进行。除具有半官方背景的"英格兰史迹"等社会组织依法律法规授权行使特定的行政权力外，民间文物保护组织主要可分为负责文物维护及其相关产业经营的民间信托组织、负责文物维护和修复的志愿组织、开展相关咨询的专业咨询组织及以筹措文物保护资金为主要宗旨的基金会等类型。

在美国，公民在成立非营利组织时可以选择是否在州政府注册，注册的非营利组织具有法人资格，由州税务局审定是否享有本州免税资格，不注册的不具有法人资格，不能享受免税待遇。② 在文物保护领域，独立的研究型"智库"，相关民间基金会，以及文化艺术、社会活动、环境保护等方面的基层社会组织，自始便是一支很活跃的力量，是联邦和各州政府文物保护工作的重要补充，对政府相关立法和决策也产生了重要影响。

法国《结社法》（*Loi du 1er juillet 1901 relative au contrat d'association*）对社会组织成立的规定亦十分宽松，社团或者协会只需要两人或两人以上以某个非营利宗旨为目标且制定一个组织章程即可成立。③ 依法登记注册并不是协会或者社团成立的必要条件，

---

① 参见王名、李勇、黄浩明著：《英国非营利组织》，社会科学文献出版社，2009年，第47～52页。

② 参见王名、李勇、黄浩明著：《美国非营利组织》，社会科学文献出版社，2012年，第102～103页。

③ See *Loi du 1er juillet 1901 relative au contrat d'association*，art. 1.

而只影响法人资格的取得。① 依法成立的社团经过至少 3 年的考察，才可成为行政法院认定的公益性社团（les associations reconnues d'utilité publique）。② 此外，还有一小部分非政府组织则是依据其他相关法律③成立的各类基金会（fondation）。文化类社会组织是法国非营利部门的发达领域，不仅有诸多不同类型的古迹保护协会、遗产基金会等公民自发组成或者组建的社团和财团组织，还有将近一半的志愿者工作在文体领域④。法国社团组织的成员较其他国家更加多元化，许多民间社团组织成员中包括相关机构的专家学者和行政官员，这些官员和学者在社团中并不享有凌驾于其他成员之上的特殊权利，但他们在相关领域的工作经验和在实际工作中遇到的困难，都可以影响所在社会组织的活动方向和方式。

意大利《民法典》中的非商业私法人包括协会、基金会、委员会三种形式，是否依照一定程序获得承认、具备法律资格只影响其财产的独立性和责任承担方式，并不影响其运作。⑤ 此外，1991 年，意大利通过第 266 号和第 381 号法律对志愿者组织和社会合作社组织的设立和管理进行专门规制；1997 年第 460 号立法令提出了非营利社会公益组织的概念。

在日本，广义的非营利组织可包括任何公益团体，其中独立于行政部门的非营利组织又可划分出市民公益活动团体以及特定非营利活动法人。与特定非营利活动法人相比，市民公益活动团体，特别是遗产社区居民自发组织的文化保护组织，在文化财保护中扮演着更加积极的角色。如"造乡运动"中，许多乡镇的规划从制定到实施，再到后期的管理，都是由传统社区的居民自发组成的各种协会、委员会、共建会、协议会等非营利组织主导和进行；旧城改造中，类似的遗产社区住民社团组织在传统建筑、景观和其他相关文化财产的保护和活用中也发挥着十分重要的作用。与西方典型的非政府组织相比，日本非营利组织民间色彩较弱，而对政府的依赖性较强。⑥ 其非营利组织的一大特点是官办或者官助居多，许多非营利组织要么由政府一手扶植，要么在政府的建议下成立，或者在建立之初便明确以与政府展开合作为指导原则；其成员的头面人物很多

---

① See *Loi du 1er juillet 1901 relative au contrat d'association*, art. 2.

② See *Loi du 1er juillet 1901 relative au contrat d'association*, art. 10.

③ 法国关于文体事业发展资助的 1987 年 7 月 23 日第 87-571 号法律第 18 条对基金会的身份、地位和类型等进行了明确的规定。根据该条规定，基金会是"由一个或几个自然人或者法人为实现共同利益（'intérêt général'）和非营利目的之需，共同决定的将财产、权利或者资源不可撤销地赋予某项特定事业的行为而组成的机构"。基金会和社团组织一样，也有是否取得法人身份，以及是否被行政法院认定为公益性基金会的区别，但并非所有的基金会都属于严格意义上的非政府组织，因为基金会的设立主体还可能包括政府和私人企业。

④ 参见［美］莱斯特·M. 萨拉蒙等著：《全球公民社会：非营利部门视界》，贾西津、魏玉等译，社会科学文献出版社，2007 年，第 72 页。

⑤ 具体规定参见意大利《民法典》第一编第 2 章有关"法人"的规定（第 11~42 条）。

⑥ 参见中国现代国际关系研究院课题组编著：《外国非政府组织概况》，时事出版社，2010 年，第 115 页。

都由政府机构的退休人员组成，与政府仍有着密切关系。

二、社会组织在文物保护中的角色作用与活动方式

美国学者凯默尔（Kramer）指出，非营利组织在现代社会担当了开拓与创新者、改革与倡导者、价值维护者以及服务提供者等多元化角色。[①] 在文物保护活动中，形式灵活多样、介于公共领域（政府）和市场经济领域（企业）之间的社会组织基于其独特的性质、特点和社会功能，有着其他保护主体所不具备的优势。一方面，社会组织的宗旨和目的千差万别，活动内容千姿百态，其组织形态也因目的和活动内容的不同而异。这种灵活多样性使其既具有广泛的覆盖面，可以涉及政府和其他市场主体不能涉及或者不愿意涉及的社会事务；又可以通过其目的和宗旨来限制自身的活动范围和活动形式，并通过其成员在目标领域内的专业性保证活动的专业性。具体到文物保护中，既可以通过一些文化、教育类社会组织以多样化的活动方式倡导和宣传文化遗产保护的先进理念，提高社会公众对文化遗产及文物保护工作的关注；也可以整合公民社会领域有利于文物保护的各种优势资源，聚集一批在文物保护工作中具有专业技能的人才，通过专业性的文物保护组织的设立，更高效地负责某些有极强专业性的具体业务。另一方面，作为介于政府和企业之间的"第三力量"的社会组织具有角色中立性的特征，这种中立的角色使其能上达政府、下接地气，成为联络和沟通公私主体的纽带和缓和官民矛盾的"减压阀"。在文物保护领域，以一定的社会组织的方式组织和开展相关活动是公众或社区参与的一种重要方式，而社会组织的中立性则是其有效整合来自各方最优资源，鼓励和引导公众和社区良性参与文物保护的重要保证。[②]

尽管英、美、法、意、日五国社会组织，特别是社会组织的发展和活动状况存在一定的差异，一些国家的文物保护社会组织在成员机构、成立和运行方式上也存在鲜明的特点，但由于各国文物保护和管理的主要环节和工作内容存在一定共性，社会组织的参与方式在很大程度上也是共同共通的，并因此可为我国文物保护中公众参与制度的完善提供借鉴和参考。

概括说来，西方五国社会组织主要从以下几个方面在本国文物保护中发挥作用。

（一）代行部分行政管理职能

社会组织经法律授权或行政委托而获得政府一部分行政管理职权并代表政府开展一系列文物保护利用的监督管理职能，以英国具有半官方背景的社会组织"英格兰史迹"最为典型，由于本书第二章已对该机构的性质和职能进行具体介绍，此处不予赘述。除此之外，作为英国文化部下设职能部门的英格兰艺术委员会、"霍尼曼公共博物馆和公

---

① 参见文军、王世军著：《非营利组织与中国社会发展》，贵州人民出版社，2004 年，第 21 ~ 22 页。

② 参见胡姗辰：《论文化遗产保护中社会组织的作用》，载王云霞主编：《公众参与文化遗产保护的法律机制》，文物出版社，2014 年，第 235 ~ 236 页。

共公园信托"（Horniman Public Museum and Public Park Trust），以及遗产彩票基金会和国家遗产纪念基金会等遗产保护资金管理和分配机构，从法律地位上来说，都是文化部资助的独立非政府法人，具有浓重的民间色彩，为英国文化部履行文物保护和管理职能提供各方面的协助。在美国，通过非政府组织进行平等协商是联邦政府监管私人文物的主要手段。在美国不可移动文物保护实践中，对所有权的限制大多是由一些专门的文物保护非营利组织与私人所有权人签订协议创设一定保护地役的方式实现。在意大利，特定社会团体经法律或政府的授权，可代替政府从事文化遗产的征用工作。① 在日本，许多以发展文化艺术、促进社会发展为宗旨和目标的非营利组织与政府相关管理活动的目标具有一致性关系，并或直接受中央政府相关部门或地方公共团体的领导，或在其指导下开展活动，实际上成为政府的办事机构，长期与政府保持着密切的合作关系，由政府给予资金和政策上的支持，形成一种"半官半民"的"第三部门"，在文化财产保护事务中与政府形成合力。

（二）提供专业咨询

在公众参与文物保护的制度相对完备、实践相对成熟的背景下，西方国家很多文物保护社会组织都具有很强的专业性，其成员普遍都具有遗产保护、修复和开发技术或者法律等方面的专业背景。此外，一些区域性或者地方性社会组织还"具有置身于当地文化生态环境之中的地缘优势，更容易获得当地民间艺人和民众的配合与协助"②。由此，许多社会组织成为政府文物保护和管理决策和具体工作中的重要咨询部门。在英国，文化部在做出文化遗产相关决策时须根据决策事项的不同，征求"英格兰史迹"艺术品和文化财产出口审查委员会和文物评估委员会等具有官方背景的社会组织咨询意见，具有一定专业性的民间社会组织的意见，也是影响地方遗产保护相关规划的重要因素。其中，古迹协会（Ancient Monuments Society）、不列颠考古委员会（Council for British Archaeology）、古建筑保护协会（Society for the Protection of Ancient Building）、乔治小组（Georgian Group）及维多利亚协会（Victorian Society）等环保部规定的5个社会组织，能在一定程度上介入法律程序，凡涉及登录建筑的拆除、重修或者改建，地方规划当局都必须征得他们的意见作为处理问题的依据。英国政府每年都会因其介入法定程序而给上述5个社会组织相当的资助。③ 美国政府通过立法确立某些社会组织为法定咨询机构的身份，并赋予其一定的行政参与权或者对其开展活动予以支持。如《国家历史保护法》规定，内政部长在公布或者修订各州史迹保存项目规则前，须同州历史保护办公室以及"历史保护国民信托"进行协商。④ 一些文物保护和修复方面的民间专

---

① See *Codice dei beni culturali e del paesaggio*, articolo 95.

② 参见杜红艳：《国外民间组织在历史文化遗产保护中的作用与启示》，《探索》2012年第2期，第2页。

③ 参见焦怡雪：《英国历史文化遗产保护中的民间团体》，《规划师》2002年第5期，第80页。

④ See *National Historic Preservation Act*（1966），Section 101（54 U. S. C. 302301）.

业智库，也可为政府的文物保护工作提供专业技术咨询。在法国，得益于社会组织成员构成的多元性，一些包含政府代表的专业性社会组织出具的咨询意见往往更具针对性，因此被赋予"法定咨询机构"的职能，政府在作出某些决定之前，必须依法咨询该组织的意见，一些组织的咨询意见甚至具有强制性，有关行政决策必须尊重。① 此外，很多民间组织致力于通过资料搜集对被政府忽视的文化遗存进行文物的申请、鉴定、管理和保护，因此被称为"遗产发现者"。这些组织在活动中搜集的丰富的信息和资源，为法国文物保护的政府决策提供了宝贵依据，对其决策结果也有重要影响。在意大利，一些社会组织已成为政府和有关部门在进行文物保护和管理相关决策中的法定咨询部门，其意见直接影响到政府公共部门的决策工作。如根据《文化财产和景观法典》和相关立法解释的规定，在制定景观规划的过程中，经环境部认定的全国性环境保护协会或活动范围不少于5个大区的环保组织对景观规划的意见起着重要作用；② 此外，"凡涉及已列入保护范围的历史建筑、历史街区的拆迁、重建、修缮等事宜，均须征得有关民间组织的同意"③，这些民间组织则通过定期举行联席会议的方式讨论施工许可证的发放等相关问题，通过会议讨论出具意见书并呈报许可证申请者所在地方政府及文物管理部门，为后者的有关决策提供参考。

（三）开展行业管理和自治

充分发挥行业协会的作用，通过行业协会实施对其会员的管理和约束机制来规范整个行业的运行，是一些西方国家，特别是英美法系国家时常采取的社会治理方式。在这种行业管理模式中，为行业内机构及从业者制定行为规范并通过一定的业内惩戒机制督促这些主体切实遵守和实施的行业协会，从法律性质上来说，也属于社会组织的范畴，但这些行业协会的专业性、在业内广泛和深刻的影响力以及政府管理政策方面的认可和支持，使它们得以成为行业标准和规范的制定者和执行者，出台的职业道德规范和行为标准也成为行业内的"准法律"，自身也因此具有"准法律执行者和监督者"的特殊地位，有效地节约了国家的行政成本，成为政府进行行业管理的有力助手。当前文化遗产领域的行业自治集中体现在英美两国的博物馆管理中，本书第五章对此已有详细阐释。除此之外，一些国家的建筑师协会在规范从事不可移动文物保护和修复方面也在一定程度上发挥了积极作用。

① 如《遗产法典》第L611-1条、L612-1条规定的国家历史古迹委员会及大区遗产和景观地委员会作为成员多元的社会组织，在《遗产法典》规定或列举的职能范围内为有关机关作出相关决策和开展相关工作提供咨询意见；在大部分情况下，法典条文明确规定这些组织的咨询意见具有法定的强制性效力，有关机关必须遵从。
② 参见意大利《文化财产和景观法典》，第139、144条及其注释。注释参见国家文物局编译：《意大利文化和景观遗产法典》，文物出版社，2009年，第105页。
③ 参见杜红艳：《国外民间组织在历史文化遗产保护中的作用与启示》，《探索》2012年第2期，第2页。

（四）从事遗产保护与经营

在西方国家，直接从事文化遗产保护与经营的社会组织的最常见形态包括四类。第一，以非营利机构或慈善组织形式成立的民办博物馆、美术馆和艺术馆，在保存和展示文物，特别是私人文物和尚未被国家立法和公立博物馆所关注的文物方面发挥着重要作用，极大地丰富了文物保护范围，提升了社会公众接触和欣赏文化遗产的途径和可能性。此类机构在五国均大量存在，一些私立或民办博物馆，如纽约大都会博物馆，丝毫不比公立博物馆逊色，甚至在博物馆的规模、专业性和运营质量等方面都遥遥领先，达到世界闻名的程度。第二，各类专业的古迹信托或托管组织，其中以英国的"国民信托"和美国的"历史保护国民信托"为典型。与具有逐利性的文化遗产开发经营企业相比，作为非营利组织的古迹信托或托管机构保护和管理受托文物的公益性宗旨和目的更为纯粹；在科学保护和合理利用的宗旨下进行文物开发经营行为，所得收益也能更大比例地返回到遗产保护等公益性用途中。实施上，以专门的非营利性信托机构为依托的文化遗产国民信托制度，早已成为英美文化遗产保护领域"公私伙伴合作（Public-Private Partnership，简称 PPP）的一个典范"[1]，一方面采取"社区导向保存机制（community-led conservation）"，由该协会遍布在全国各地的会员加以引导，以社区为中心开展文化遗产的保护和保存工作，通过社区参与，加强当地民众对于文化遗产的认同感，让历史真正走进民众生活，进而激发民众的创造力及想象力；另一方面又被赋予实践政府文化遗产政策的使命，让政府职能得以在各地发挥。公私主体的巧妙配合使得各自的优势得到最大化发挥，有助于更好地实现文物保护工作的实际社会效果。第三，遗产社区各类组织机构。作为社区参与文物保护、管理和开发利用的组织形式之一，非营利性社区组织通过制定并执行与其具有文化关联的文物的保护和利用策略，谋求文物保护和可持续利用与地方社区经济文化复兴与社会可持续发展的结合与平衡，其目标宗旨的多元性决定了活动方式的灵活性；涉及开发经营的，选择怎样的经营模式与策略、如何规范经营行为，以及经营收益的使用和分配等问题，都需要根据所在社区不同的经济社会发展实际情况进行个案分析，对这些问题的处理也是影响其文物保护和经营效果的关键因素。第四，基金会。虽然从法律性质和主要功能上看，作为财团法人的文化遗产基金会的主要职能在于为文物保护募集资金，并通过给予资金补助的方式保护那些政府和私人无力保护或尚未获得社会广泛关注的文化遗产，但一些遗产基金会也掌握着强大的专业资源，可自行开展一些文物保护、修复和经营管理项目，如法国遗产基金会即为如此。

（五）从事遗产保护巡查和宣传教育等志愿活动

以符合社会组织活动相关法律规范的方式自发对文化遗产的保存状况进行巡查、记录，发掘和研究文化遗产的历史文化价值，并组织和开展文物保护公众教育和宣传等与

---

[1] 参见郝伟：《国家信托：英国遗产保护的成功经验》，《社会与公益》2012 年第 10 期，第 1 页。

文物保护相关的志愿活动，是大多数社会组织，特别是社区组织最常规的业务之一。此类活动对社会组织及其成员专业性的要求相对较低，可发动参与和覆盖的人群广泛，活动方式也灵活多样。通过带头守护文化遗产，特别是尚未被法律所保护、未被政府所重视的文化遗产，此类文化遗产志愿者组织在促进公众更广泛和深入地了解文化遗产，普及文物保护相关知识，促进社会公众文物保护意识的提高等方面也发挥着积极作用。

（六）进行质询与公众监督

如本章第二节所述，在法国、意大利等一些西方国家，文化遗产立法将提起文物公益诉讼的权力交由经认定的社会组织行使，使得这些社会组织能够更有力地监督和质询政府和其他主体与文物保护相关的决策和行为，并更有效地代表公众与破坏文物的违法行为作斗争。

第八章

流失文物追索与返还

　　流失文物追索与返还，指的是文物因战争劫掠或非法出口而离开其原生环境时，文物的原主国或者原创民族有权通过合法途径追索该文物，恢复对其行使所有权，而流失文物所在国家有义务在合乎法律的限度内尽可能提供便利或协助，促成该文物的所有权回归其原主国家或民族。

　　造成文物从其原生环境流失的原因复杂多样，既有战争劫掠、殖民统治以及原主国文物进出口制度阙如等历史原因，又有文物盗窃、非法贩运和跨国黑市交易等至今仍时有发生的现实原因。因此，流失文物所有权的追索，虽在很多方面涉及复杂的法律问题，但其实际解决又与民族和国家的历史发展和国家政策，以及国家关系和国际政治秩序发展等因素密切相关，仅凭一国法制很难得到彻底解决。在应对流失文物的追索与返还问题时，不同国家法制设计因其为文物资源国还是文物市场国、坚持民族主义还是国际主义立场而存在较大分歧。

　　本章第一节将探讨造成文物流失的各方面原因，分析国际文化财产保护领域有关国际公约的产生及其主要内容，厘清五国文物返还法制产生的历史背景和社会基础。第二节将梳理作为欧盟成员国的法国、意大利和英国①如何在欧洲区际法框架下构建和实践其文物追索与返还法律制度。第三节以美国和英国相关法制和政策为样本，讨论原住民文物返还问题。第四节将对五国文物追索与返还的典型案例进行探讨，明确法制框架下流失文物追索与返还的主要途径。

---

　　①　英国虽于2016年通过公投决定退出欧盟，但目前尚未因"退欧"而对其文物返还法制进行实质性修改。故其文物返还法制仍可被认为处在欧盟法框架下。

第一节　问题的产生与有关国际法规则的确立

流失文物的返还问题，既涉及在国际法框架下将非法出口文物的所有权归还其原主国，也包括国家法制框架下的原住民文物返还。为更好地分析此问题，理解五国相关法制及其实践，有必要简要梳理文物流失的原因，以及国际社会为解决文物返还问题做出的努力。

一、文物流失原因

"艺术帝国主义"（art imperialism）是梅里曼（John Henry Merryman）教授提出的概念，用以指代文物在帝国主义时代离开原址而存放在西方博物馆中的现象。此处的"帝国主义时代"并非社会发展中的特定阶段，而是在人类历史上艺术品劫掠集中爆发的时期，泛指"自公元前 396 年罗马人洗劫维伊城算起，包括拿破仑的北方、意大利和埃及行动，以及美国对美洲印第安人文化的碾压，直至第二次世界大战结束时第三帝国的覆灭"①。根据梅里曼的总结，"艺术帝国主义"分为侵略、机会主义、文物分成和文物积聚四种形式②，亦即造成文物从其原址流失至其他国家的四种具体原因。

侵略式艺术帝国主义的历史最为漫长，也最为重要。早在希腊神话中已有以侵略手段获取文化财产的故事，通过侵略战争获得包括文物艺术品在内的财产的制度化实践形成于古罗马时期，其开端为公元前 396 年诺阿军队洗劫维伊城时对文化遗产实行的掠夺。③从古罗马以及欧洲中世纪时期历次侵略活动对战败方财产（特别是文化财产）的掠夺，到拿破仑军队入侵意大利时组织专门机构将意大利许多珍贵文物艺术品运往巴黎以及 1897 年英国对贝宁进行惩罚性远征时大量掠夺其文物艺术品，直至第二次世界大战中纳粹军队进行的大规模文物掠夺，侵略者或征服者掠夺文物艺术品的动机，历经从最初单纯地以炫耀战利品作为传达"政治凯旋论"的有效手段，到近代欧洲社会对文物艺术品的热情及随之而来的需求逐渐高涨的变化。在早期的战争法规则中，战胜国对战败国进行战利品掠夺是合乎法理的：在古罗马法中，若罗马与敌国宣战，罗马市民对

---

① 参见［美］约翰·亨利·梅里曼著：《帝国主义、艺术与文物返还》，国家文物局博物馆与社会文物司（科技司）译，译林出版社，2011 年，第 1~3 页。

② 参见［美］约翰·亨利·梅里曼著：《帝国主义、艺术与文物返还》，国家文物局博物馆与社会文物司（科技司）译，译林出版社，2011 年，第 3 页。

③ 参见［美］约翰·亨利·梅里曼著：《帝国主义、艺术与文物返还》，国家文物局博物馆与社会文物司（科技司）译，译林出版社，2011 年，第 4 页。

敌国人民及其财产的掠夺，是一种"战时先占"（occupatio bellica），作为"先占取得"的一种形态，被认为是万民法上所有权取得的正当方式。自中世纪起至近代早期国际法形成之前，战利品是否可合法取得与战争本身的性质密切相关，"所有源于正义战争的捕获物或者战利品的获取均为合法"成为公认学说。① 事实上，通过战争掠夺财富作长期支配人类社会的习惯法规则，一度为法律所承认②，甚至在很多情况下，掠夺财富就是战争的直接目的。换言之，在近代国际法制度产生之前，战争掠夺是实现财产所有权转移的合法方式。即使从道义上诟病和反对战争劫掠行为的人也无法否认这一点，只能质疑战争目的的正当性或者战争中财产劫掠行为对于实现战争目的的必要性。

机会主义式艺术帝国主义主要指文物转移的合法性受到争议的文物取得方式③，包括在非战争环境中通过一系列非法或者不符合进出口管理制度的方式将文物艺术品转移出原属国的行为，包括以偷窃、诈骗等绝对非法的手段获取并转移文物，也包括利用当时一些国家文物艺术品进出口制度和管理的缺失或者不完善，利用一定机会获取文物之后将其转移出原属国国境之外的行为。

此外，在 20 世纪初的考古热潮中一度通行"文物分成"的惯例，即由外国考古队和文物来源国平等分配发掘出土的文物。作为彼时国际考古实践中长期通行的做法，文物分成常常在文物来源国的默许或者非正式协议下进行，一度成为欧美博物馆获得藏品的重要方式，也是造成文物离开原生境流失至海外的重要原因之一。

文物积聚则主要指因殖民统治等原因，原住民文物由其原创民族流出转移至其他地区的现象，这种现象的产生与该国中掌握统治权的民族与处在弱势的土著民族之间的关系密切相关。如在美洲，欧洲殖民者与当地原住民印第安人的关系复杂多变，印第安民族一度从最初依据与殖民者的协议保持独立自治的民族，沦落为因被视为好战的不法之徒和异教徒而遭到野蛮镇压的弱势民族，再到具有依赖性的联邦信托受益人和白人社会的"外来异客"。在上述历史背景下，数量庞大的美洲印第安文物艺术品，包括与其宗教相关的物品，通过各种并非平等协商和自愿转让的方式，从原住民手中流出。④ 事实上，在殖民盛行的时代，殖民地各民族的文物大量流向作为其宗主国的帝国主义国家，使这些帝国主义列强的博物馆藏品在文物积聚中不断丰富。

---

① 参见［荷兰］雨果·格老秀斯著：《捕获法》，张乃跟等译，上海人民出版社，2015 年，第 65 页。

② 关于捕获物或战利品获取的正当性的古代法渊源，格老秀斯在其《捕获法》一书中进行了详细的梳理和分析。参见［荷兰］雨果·格老秀斯著：《捕获法》，张乃跟等译，上海人民出版社，2015 年，第 49 ~ 56 页。

③ 参见［美］约翰·亨利·梅里曼著：《帝国主义、艺术与文物返还》，国家文物局博物馆与社会文物司（科技司）译，译林出版社，2011 年，第 9 页。

④ 参见［美］约翰·亨利·梅里曼著：《帝国主义、艺术与文物返还》，国家文物局博物馆与社会文物司（科技司）译，译林出版社，2011 年，第 10 页。

二、文物返还主要国际公约的形成及其内容

在现代国际法形成之前，在战争中被掠夺的具有文化意义的物品应当予以返还的观念和呼吁就一直不绝于耳。早在公元前 146 年，波利比乌斯（Polybius）就曾经写道："就每一种（除金银财富之外的）其他形式的财富而言，将其留在原处是更加荣耀的做法，而且应将财富及其艳羡一起留下。与其让我们民族的荣耀基于绘画和雕塑的丰美，不如让其基于神圣的习俗和高尚的情操。此外，我希望后世的征服者们能从这些思想中有所了悟，不去劫掠被他们征服的城市，不去用其他民族的不幸装饰自己的国家。"① 上述言论主张，对于在财产利益之外还具有其他方面利益的财物，并不能通过"战时先占"实现所有权转移，因为这些财物——主要是绘画、雕塑等具有文化意义的财物——对于被征服民族而言，具有非财产性的更重要的意义；这些非财产性价值阻断了一般财产法中通过战争掠夺实现所有权合法转移规则的适用性。中世纪教皇也曾以宗教财产的神圣性为由，宣布"上帝的教堂及财产是神圣的，在任何战争中均不得遭受劫掠"，并以此为依据于 1039 年勒令捷克军队归还在波捷战争中掠夺的雕像、铜钟、金银器具等教会财产。② 文艺复兴及启蒙运动时期，欧洲学界对"文化遗产应免于战争劫掠"这一理念的倡导和论证主要通过两方面视角展开。一是由"与战争无关的财产应免于掠夺"的思想，逐渐发展为"特殊战利品应当予以返还"的国际人道法原则，作为此类财产重要组成部分的文化财产在战后也应予以返还。这种观点以"现代国际法之父"格老秀斯（Hugo Grotius）以及著名的启蒙思想家洛克（John Locke）、卢梭（Jean‐Jacques Rousseau）的论证为代表：格老修斯提出，对战争无用之物应当免于战争掠夺，这些物不应受到战争的影响。③ 洛克认为，征服者在正义战争中对被打败的人所取得的支配权只是对其生命的绝对权力，但并不因此而对他们的财产享有权利；除战争赔偿之外，"征服者不能仅仅因为他已制服那个谋以强力毁灭他的人而享有夺去他们财产的权利"④。卢梭也主张，"战争绝不是人与人之间的关系，而是国与国之间的关系……每个国家只能以其他国家为敌，而不能以人为敌"，因此，战争决不能产生非为战争目的所必需的任何权利，人民及其财产应免受战争的影响。⑤ 这些充满人道主义的思想，亦成为日后国际人道法产生的理念基础。二是从文化财产具有的特殊意义和价值出发。如 1758 年，瑞士学者瓦泰尔（M. de Vattel）明确地指出，一些具有突出审美价

---

① See Charles De Visscher, *International Protection of Works of Arts and Historic Monuments*, (U. S.) Department of State, 1949, p. 823.

② 参见霍政欣著：《追索海外流失文物的法律问题》，中国政法大学出版社，2013 年，第 13 页。

③ 参见霍政欣著：《追索海外流失文物的法律问题》，中国政法大学出版社，2013 年，第 13 页。

④ 参见［英］洛克著：《政府论（下篇）——论政府的真正起源、范围和目的》，叶启芳、瞿菊农译，商务印书馆，2009 年，第 116~117 页。

⑤ 参见［法］卢梭著：《社会契约论》，李平沤译，商务印书馆，2011 年，第 14~15 页。

值的建筑、遗址、文物艺术品，既是其原属民族的骄傲，又全人类的共同的财富，摧毁它们就是肆意剥夺全人类欣赏这些文物艺术品的权利，就是宣布与全人类为敌。①

（一）早期文物返还国际规则的确立

尽管被掠和流失文物返还的理念和实践发源于欧洲，但 1863 年，第一部系统体现战时文化财产保护及返还原则的法规却由美国哥伦比亚学院（后改名为"哥伦比亚大学"）教授弗朗西斯·利伯（Francis Lieber）起草，并因此而命名为《利伯守则》（Lieber Code）。该法有关在战时保护和必要时转移文化财产的规定②，成为国际人道法文化财产相关规则的基础。自 1874 年美国与欧洲共同签署的《关于陆战法规和惯例的国际宣言》（史称"布鲁塞尔宣言"）（Project of an International Declaration concerning the Laws and Customs of War [Brussels Declaration]）开始，到 1880 年国际法学会（Institute of International Law）主持编撰的《牛津陆战法规手册》（The Laws of War on Land, Oxford, 1880），禁止战时出于非军事目的劫掠敌人的财产、特别是禁止破坏用于宗教、教育、艺术、科学或者慈善目的的公私财产以及历史古迹的规则一再被确认，虽均没有正式的法律效力，却直接推动了 1899 年和 1907 年两部《海牙公约》（Hague Conventions, 1899 and 1907）文化财产相关规则的形成。作为具有法律效力的正式国际公约，两部《海牙公约》要求占领方尊重家庭的荣誉和权利、个人生命权和私有财产权，并禁止抢劫和没收私有财产。③对于宗教、艺术、科学和慈善机构以及历史古迹，不仅应采取一切可能的保全措施④，还规定在军事占领期间，上述财产即使为国家所有，也应视为私有财产对待，任何没收、损毁或有意损害上述财产的行为，都将受到法律追究⑤。一战以后，《凡尔赛合约》除对德国的领土割让和战争赔偿做出规定外，亦要求德国对劫掠的文化财产予以返还或者以具有相同性质、数量与价值的财产进行"同类

① See E. de Vattel, *Le droit des gens ou, Principles de la loi Naturelle, appliqués à la Conduite et aux-affaires des Nations et des Souverains*, Tome 1, 1758, reproduced by the Columbia Planograph Co., 1915, pp. 266 – 273.

② 参见《利伯守则》第 34 ~ 36 条。第 34 条规定，宗教场所、医院、其他专门的慈善机构，以及教育机构或知识促进机构（如公立学校、大学、科学研究机构、艺术品博物馆或科学组织等）不被视为本法则第 3.1 条所述"公有财产"（而因此不得被战胜方占有或没收）；第 35 条规定，经典艺术作品、图书馆藏书、科学藏品和科学器具等应当受到保护，其所在地区应尽量避免成为战争打击的目标；第 36 条规定，如有可能，征战国应为敌国之利益，在不破坏的前提下对敌国的上述财产实行转移，转移之后，该物品最终的所有权由和平条约决定；上述物品由美军获得的，不得出售、抛弃，也不得私占或肆意破坏之。《利伯守则》全文见 https://archive.org/stream/pdfy-NG4E2nsEimXkB5mU/The% 20Lieber% 20Code% 20Of% 201863_djvu. txt，2016 年 11 月 19 日访问。

③ See Convention (IV) *Respecting the Laws and Customs of War on Land and its Annex: Regulations concerning the Laws and Customs of War on Land* (The Hague, 18 October 1907), Regulations: Art. 46 – 47.

④ See Convention (IV) *Respecting the Laws and Customs of War on Land and its Annex: Regulations concerning the Laws and Customs of War on Land* (The Hague, 18 October 1907), Regulations: Art. 27.

⑤ See Convention (IV) *Respecting the Laws and Customs of War on Land and its Annex: Regulations concerning the Laws and Customs of War on Land* (The Hague, 18 October 1907), Regulations: Art. 56.

返还"。① 值得注意的是,《凡尔赛合约》并未认可时效制度,应返还的对象不仅包括德国在一战期间所掠夺的文化财产,甚至早至 17 世纪普鲁士王国掠夺的财产。②

第二次世界大战是对既有国际法规则的严重践踏,但与此同时也刺激了人们对于和平和人道主义的渴望及对战争更加深刻的反思,催生了文化财产保护和返还方面更加完善的新规则。1943 年,同盟国在《关于敌军占领或控制领土内的财产剥夺行为无效的声明》(Inter-Allied Declaration Against Acts of Dispossession Committed in Territories Under Enemy Occupation or Control)(又称"1943 年伦敦宣言")中宣布:"保留对敌对国战占领或控制领土上直接或间接进行的任何财产(又要这些财产属于或曾属于居住在此领土内的个人,包括法人)转移或交易的权利和利益宣告无效的权利,无论此类转移或交易是公开掠夺或抢劫,或看似合法交易,或自称自愿交易,此警告一律适用"。③ 此宣言在英、法、瑞士、瑞典等欧洲国家的被掠文物追索和返还案件中予以适用,旨在实现将被掠文物归还原属国或原所有权人的效果。④ 1949 年,《日内瓦第四公约》(Geneva Convention Relative to the Protection of Civilian Persons in Times of War)亦特别提及,禁止掠夺私人财产⑤,禁止摧毁被占领土内的属于社会或集体组织的动产或者不动产,除非这种摧毁行为属于军事必要行为⑥。

鉴于当时的国际法规则并没能阻止一战和二战中破坏和劫掠文化财产的现象,通过制定一项专门的公约来保护对全人类具有重要价值的文化财产日益成为许多国家的共同愿望。1954 年《武装冲突情况下保护文化财产的国际公约》(又称 1954 年《海牙公约》)即由此诞生。该公约对文化财产的保护基本延续了 1899 和 1907 年《海牙公约》保护宗教、艺术、科学和慈善机构以及历史古迹的精神和方法,但特别指出文化财产作为全人类共同遗产,对世界文化发展的重要意义。并因此对文化财产实行"双重保护":"一方面,它作为财产被保护,所有关于保护民用财产和物品的条款都适用于保护文化财产;另一方面,对文化财产的保护涉及在武装冲突期间对这些财产的特殊保护,……这两种保护不是互相排斥的,而是相辅相成的"⑦。然而,1954 年《海牙公约》并未就被掠文物返还问题作出专门规定,1943 年《伦敦宣言》及其执行机制,以

---

① See *Treaty of Versailles*, arts. 238 & 247.

② See *Treaty of Versailles*, art. 245.

③ See *Inter-Allied Declaration Against Acts of Dispossession Committed in Territories Under Enemy Occupation and Control*, available at: http://www.lootedartcommission.com/inter-allied-declaration, accessed 26 - 12 - 2016.

④ 参见［澳大利亚］林德尔·V. 普罗特主编:《历史的见证:有关文物返还问题的文献作品选编》,国家文物局博物馆与社会文物司(科技司)译,译林出版社,2010 年,第 4 ~ 9 页。

⑤ See *Geneva Convention Relative to the Protection of Civilian Persons in Times of War of 12 August 1949*, Art. 33.

⑥ See *Geneva Convention Relative to the Protection of Civilian Persons in Times of War of 12 August 1949*, Art. 53.

⑦ 朱文奇著:《国际人道法》,中国人民大学出版社,2007 年,第 223 页。

及在这一时期形成的文物返还的规则和惯例，并未全部载入其中，而只是在第 4 条笼统地规定缔约各方应"禁止、防止及在必要时制止对文化财产以任何形式实施的盗窃、抢劫或侵占以及破坏行为。不得征用缔约另一方领土内可移动的文化财产"。各国国内私法上现行规定的不一致，如有关文物善意持有人是否有权取得被掠文物所有权的规则的不一致，是该公约不涉及返还问题的重要原因之一。

（二）联合国教科文组织"1970 年《公约》"

在二战后新独立的前殖民地国家的压力下，联合国教科文组织制定了 1970 年《关于禁止和防止非法进出口文化财产和非法转让其所有权的方法的公约》（简称 1970 年《公约》）。该公约从民族主义的立场出发，"念及文化财产构成文明和民族文化的一大基本要素，只有尽可能充分掌握有关其起源、历史和传统背景的知识，才能理解其真正价值"，因而要求缔约国通过创建受保护文化财产名录，并完善本国文物进出口管制制度等方式，加强国家间合作，共同防止本国文化财产的非法转让或非法出口。在此公约保护范围之内的文化财产，一旦出现非法出口或者非法流转的情况，在提出返还请求的原主国向不知情且以合理价格购买了该财产的善意第三人或者其他对该财产具有合法权利的人支付公平补偿的前提下，被请求国应采取适当的措施，将该文化财产返还原主国。① 至 2018 年 12 月，该公约缔约国达到 138 个，包括曾经作为文物非法贸易中心的法国、德国、英国、美国，以及许多重要的文物来源国，如意大利、希腊等。

1970 年《公约》确认了"各国有责任保护其领土上的文化财产免受偷窃、秘密发掘和非法出口的危胁"，明确了"各国必须日益从认识到尊重本国及其他所有国家的文化遗产的道义责任"，并在此基础上，订立了 26 个条款，对公约所适用文化财产的定义、缔约国在预防和打击文化财产非法进出口和所有权非法转让中应承担的义务、缔约国向联合国教科文组织请求给予技术协助的权利以及公约加入和批准程序等问题进行了规定。根据公约第 2 条，缔约国指定并创建保护名录的文化财产应"根据宗教或世俗的理由""具有重要的考古、史前史、历史、文学、艺术或科学价值"，具体可包括以下几种类型：（1）动物群落、植物群落、矿物和解剖以及具有古生物学意义的物品的稀有收集品和标本；（2）有关历史，包括科学、技术、军事及社会史、有关国家领袖、思想家、科学家、艺术家之生平以及有关国家重大事件的财产；（3）公开的和秘密的考古发掘或考古发现的成果；（4）业已肢解的艺术品或历史古迹或考古遗址的构成部件；（5）一百年以前的古物，如铭文、钱币和印章；（6）具有人种学意义的文物；（7）有艺术价值的财产，如全部是手工完成的图画、绘画和绘图，不论其装帧框座如何，也不论所用何种材料（但不包括工业设计图及手工装饰的工业产品）；用任何材料制成的雕塑艺术和雕刻的原作；版画、印片和平版画的原件；用任何材料组集或拼集的

---

① See *UNESCO Convention on the Means of prohibiting and Preventing the Illicit Import*, *Export and Transfer of Ownership of Cultural Property of 1970*, art. 7（b）（ii）.

艺术品原件；（8）稀有手稿和古版书籍，单本或成套的具有历史、艺术、科学、文学等特殊意义的古书、文件和出版物；（9）单张的或成套的邮票、印花税票及类似的票证；（10）档案，包括有声、照相和电影档案；（11）一百年以前的家具物品和古乐器。在公约框架下，各缔约国不仅应"利用现有手段，特别是通过消除其根源"，预防和制止文化财产的非法出口和其所有权的非法转移，还须保证相关主管机关积极合作，根据缔约原主国的要求，采取适当措施收回非法出口或转让文化财产，并将其归还至原主国。缔约国防止文化财产非法出口和非法转移所有权的预防性措施具体包括：（1）制定并出台旨在切实保护文化财产，特别是防止文化财产的非法进出口和非法转让的法律和法规；为博物馆馆长、收藏家、古董商等有关各方的利益制订符合本公约所规定道德原则的规章，并保证这些法规规章得到切实执行；（2）根据全国受保护财产清册，制订并不断更新其出口将造成文化遗产严重枯竭的重要的公共及私有文化财产的清单；（3）加强文化财产研究与公共教育，成立保证文化财产的保存和展出所需科学及技术机构（如博物馆、图书馆、档案馆、实验室、工作室等）并促进该类机构的发展；采取教育措施，鼓励并提高对各国文化遗产的尊重，并传播有关本公约规定的知识；（4）做好文化财产管理与监督工作，组织对考古发掘的监督，确保某些文化财产的原地保存，并保护某些地区，供今后考古研究之用；注意对任何种类文化财产的失踪进行适当宣传；① （5）建立并严格执行文化财产出口许可证制度，除非附有国家颁发或认可的出口许可证，禁止文化财产从本国领土出口。② 在促进非法出口或非法转让文化财产返还原主国方面，该公约规定缔约国的具体义务包括：（1）采取与本国立法相一致的必要措施防止本国领土内的博物馆及类似机构获取来源于另一缔约国并于本公约生效后非法出口的文化财产；尽可能随时把自缔约原主国非法运出文化财产的信息通知该缔约国；（2）禁止进口从另一缔约国的博物馆、公共纪念馆或类似机构中窃取的、已列入该机构财产清册的文化财产；根据缔约原主国的要求，采取适当措施收回并归还进口的此类文化财产，但追索国须向不知情的买主或对该财产具有合法权利的其他主体支付公平的赔偿，收回和归还失物的请求必须通过外交部门进行，请求方应提供明确其收回或归还失物要求的必要文件及其他证据，归还和运送文化财产所需一切费用均由请求方负担，各方不得对遵照本条规定归还的文化财产征收关税或其他费用；③（3）依法对没有出口许可证非法出口，以及违反上述返还义务和程序中禁止性规定的行为进行惩处或给予行

---

① See *UNESCO Convention on the Means of prohibiting and Preventing the Illicit Import*, *Export and Transfer of Ownership of Cultural Property of 1970*, art. 5.

② See *UNESCO Convention on the Means of prohibiting and Preventing the Illicit Import*, *Export and Transfer of Ownership of Cultural Property of 1970*, art. 6.

③ See *UNESCO Convention on the Means of prohibiting and Preventing the Illicit Import*, *Export and Transfer of Ownership of Cultural Property of 1970*, art. 7.

政制裁;① (4) 任一缔约国在其文化遗产由于考古或人种学材料遭受掠夺而处境危殆而向蒙受影响的其他缔约国发出呼吁时，所涉缔约国应参与协调一致的国际努力，确定并实施必要的具体措施，包括对有关特定物资的进出口及国际贸易实行管制，在尚未达成具体协议之前，有关各国应在可能范围内采取临时性措施，以便制止对请求国的文化财产造成不可弥补的损失;② (5) 通过教育、情报和防范手段，限制非法从缔约国运出文化财产的流转，并视各国情况，责成古董商保持一份记录，载明每项文化财产的来源、提供者的姓名与住址以及每项售出的物品的名称与价格，并须把此类财产可能禁止出口的情况告知该文化财产的购买人，违者须受刑事或行政制裁; (6) 努力通过教育手段，使公众心目中认识并进一步理解文化财产的价值和偷盗、秘密发掘与非法出口对文化财产造成的威胁;③ (7) 在符合本国法律的情况下，通过一切适当手段防止可能引起非法进出口的文化财产所有权的转让;保证本国的主管机关进行合作，使非法出口的文化财产尽早归还其合法所有者;受理合法所有者或其代表提出的关于找回流失或失窃文化财产的诉讼;承认本公约缔约国有权规定并宣布某些文化财产是不可让与的，因而也不能出口，若此类财产已经出口，务须促使将其归还给原主国。④ 为切实履行公约义务，公约要求各缔约国根据本国的情况，在其领土之内建立一个或一个以上的文化财产保护国家机构，配备足够人数的合格工作人员⑤，并在可能范围内为这些保护机构提供足够的预算，并在必要时为此目的设立一项基金⑥。缔约国可根据本公约向联合国教科文组织请求给予提供的必要技术援助包括：信息和教育、咨询和专家建议、协调和斡旋。为此，联合国教科文组织可以主动开展有关非法转移文化财产问题的研究并出版研究报告，可以请求任何非政府的主管组织与其合作，还可以主动向缔约国提出有关本公约实施的建议，并经缔约国的请求进行斡旋，使缔约国之间与公约相关的争端得到解决。⑦

作为一个规制文化财产跨国流转，防止文化财产非法出口和非法交易，促进和平时期流失文物返还的专门国际公约，1970 年《公约》从公法的角度，以文物原主国作为

---

① See *UNESCO Convention on the Means of prohibiting and Preventing the Illicit Import, Export and Transfer of Ownership of Cultural Property of 1970*, art. 8.

② See *UNESCO Convention on the Means of prohibiting and Preventing the Illicit Import, Export and Transfer of Ownership of Cultural Property of 1970*, art. 9.

③ See *UNESCO Convention on the Means of prohibiting and Preventing the Illicit Import, Export and Transfer of Ownership of Cultural Property of 1970*, art. 10.

④ See *UNESCO Convention on the Means of prohibiting and Preventing the Illicit Import, Export and Transfer of Ownership of Cultural Property of 1970*, art. 13.

⑤ See *UNESCO Convention on the Means of prohibiting and Preventing the Illicit Import, Export and Transfer of Ownership of Cultural Property of 1970*, art. 5.

⑥ See *UNESCO Convention on the Means of prohibiting and Preventing the Illicit Import, Export and Transfer of Ownership of Cultural Property of 1970*, art. 14.

⑦ See *UNESCO Convention on the Means of prohibiting and Preventing the Illicit Import, Export and Transfer of Ownership of Cultural Property of 1970*, art. 17.

该文物创造者及与该文物之间不可割裂的文化联系为理念基础，对有效保障国家对于其重要文化遗产的保有和管理权，追索因非法出口而流失的文化财产有重要意义。公约制定过程中曾尝试为延长其溯及力而努力，以便为大部分在欧洲霸权和殖民时代从原主国流失的文化财产的返还提供法律支持。在 1969 年公约草案中，曾有要求缔约国承认一国对公约生效以前已属于该国或其公民在此前获得的所有权的条款，但被政府专家特别委员会删除；① 中国也曾提议，与一国历史和文化不可分割的重要文化财产非法流入另一缔约国的，两国应本着国际友好原则，促进该文物归还其原主国，但依旧因为溯及力问题遭到拒绝。② 因此，溯及力仍是公约在解决由于历史原因而造成的流失文物的追索与返还问题中最大的局限。

（三）国际统一私法学会"1995 年《公约》"

1995 年国际统一私法学会在罗马通过了《有关被盗或非法出口文化财产的公约》（简称 1995 年《公约》）。作为 1970 年《公约》的补充文件，该公约对属于附件中所列分类的所有被盗或非法出口文物——而非仅限于登记在册及已申报的文物——生效，旨在促成缔约国就归还被盗或非法出口文物的做法达成一致，并允许由国家法院直接受理文物归还申诉。

1995 年《公约》分为适用范围和定义、被盗文物返还、非法出口文物的归还、一般规定和最后条款 5 章共 21 条。根据公约规定，"凡非法发掘或者合法发掘但非法持有的文物，都应当视为被盗"，其持有者应当予以归还。"任何关于返还被盗文物的请求应自请求者知道该文物所在地及其拥有者身份之时起三年之内提出，或在任何情况下自文物被盗时起五十年以内提出"，但"关于返还某一特定纪念地或者考古遗址组成部分的文物，或者属于公共收藏的文物的请求，则不受三年请求时效限制"，且"任何缔约国可以声明一项请求应受七十五年的时效限制，或受到该国法律所规定的更长时效限制"，该声明应在签署、批准、接受、核准或者加入时作出。③ 被盗文物的持有者只要不知道、也理应不知道该物品是被盗的，并且能证明自己在获得该物品时是慎重的（其持有是"善意"的），则在返还该文物时有权得到公正合理的补偿。在确定文物持有者是否善意时，应当注意获得物品的所有情况，包括当事各方的性质、支付的价格、持有者是否向通常可以接触到的被盗文物登记机关进行咨询、通常可以获得的其他有关信息和文件、是否向有关机关进行咨询，或者采取一个正常人在此情况下应当采取的其他措施等因素；持有者若以继承或者其他无偿方式获得文物，则不应享有优于其前手的

① See *Draft Convention on the Means of Prohibiting and Preventing the illicit import*, *Export and Transfer of Ownership of Cultural Property* (16 C/17) ("*Final Report*" of the Special Negotiating Committee, 1970), *Annex II*, p. 4.

② See *Revised Draft Convention Concerning the Means of Prohibiting and Preventing the illicit import*, *Export and Transfer of Ownership of Cultural Property* (*UNESCO DOC. SHC/MD/5*, *Annex II*), p. 10.

③ See *1995 UNIDROIT Convention on Stolen or Illegally Exproted Cultural Objects*, art. 3.

地位。① 缔约国也可以请求另一缔约国法院或者其他主管机关命令归还自请求国领土非法出口的文物。如果请求国证实从其境内流出的文物严重地损害了公约列明的一项或多项利益，如该物品或者其内容的物质保存，组合物品的完整性，该科学性或者历史性资料的保存以及有关部落或者土著人社区对传统或者宗教物品的使用的，或者证实该文物对于请求国具有特殊的文化意义的，被请求国的法院或者其他主管机关应当命令归还此文物。归还请求应当在请求国知道文物所在地和拥有者身份时起三年内提出；或在任何情况下自出口之日或者自出口许可证规定该物品应被归还之日起五十年以内提出。② 在文物非法出口后获得该物品的善意持有者，有权在归还该物时得到请求国公正、合理的补偿。在确定持有者是否善意时，应考虑到获得物品的情况，包括缺少请求国法律所要求的出口许可证的情况。拥有者若以继承或者其他无偿方式获得文物，则不应享有优于其前手的地位。文物持有者经与请求国协商一致，可以下列方式之一代替补偿：（1）保留对该物品的所有权；（2）有偿或者无偿地将所有权转让给他所选择的居住在请求国境内并提供了必要担保的人。据此归还文物的费用应由请求国承担，但不妨碍该国向其他人追偿此种费用的权利。③ 根据本公约提起的文物返还请求可以向缔约国文物所在地法院或者其他主管机关提出，也可向根据其现行法拥有管辖权的缔约国法院或者其他主管机关提出。当事人亦可同意将争议提交任何法院或者其他主管机关，或者提交仲裁。即使返还请求向另一缔约国法院或者其他主管机关提出，物品所在地缔约国法律许可的，仍可实施包括保护性措施在内的任何临时性措施。④ 本公约不妨碍缔约国适用比本公约更为有利的规定解决被盗或者非法出口文物的返还问题，但这一规定不得解释为为缔约国创设承认或者执行另一缔约国法院或者其他主管机关作出的违反本公约规定之裁决的义务。⑤

根据该公约第 10 条规定，公约仅适用于对缔约国生效后在该国提出的被盗或非法出口文物返还的请求，但不以任何方式证明发生在本公约生效以前的非法移交是合法的，也不限制国家或者其他人根据本公约框架外的救济措施，对于本公约生效前被盗或者非法出口的文物提出返还或者归还请求，因此，1995 年《公约》与 1970 年《公约》一样，在适用中面临着溯及力问题。此外，作为一个从私法角度促进文化财产返还原主国或原所有权人的国际公约，文化财产在民法上的所有权是决定返还问题的核心和关键因素，而许多流失文物——即使在该公约对缔约国生效以后——在自原主国非法出口之后，几经复杂的跨国倒手，如何确定其所有权，与相关国家民事法律中时效取得制度和善意取得制度的具体条件和具体规定有着千丝万缕的联系，而不同国家上述制度的差异

---

① See *1995 UNIDROIT Convention on Stolen or Illegally Exproted Cultural Objects*, art. 4.
② See *1995 UNIDROIT Convention on Stolen or Illegally Exproted Cultural Objects*, art. 5.
③ See *1995 UNIDROIT Convention on Stolen or Illegally Exproted Cultural Objects*, art. 6.
④ See *1995 UNIDROIT Convention on Stolen or Illegally Exproted Cultural Objects*, art. 8.
⑤ See *1995 UNIDROIT Convention on Stolen or Illegally Exproted Cultural Objects*, art. 9.

始终客观存在。由于上述原因造成的该公约在执行上的困难，1995 年《公约》的缔约国远不如 1970 年《公约》广泛，且多为有追索流失文物需求的文化财产的来源国，如法国、意大利等，英国、美国等文物市场国以及日本尚未加入该公约。

三、UNESCO 促进文化财产归还原属国或返还非法占有文化财产政府间委员会

为处理 1970 年《公约》及其他与文物返还相关的公约、协定等国际法文件适用范围以外的文物返还案例，教科文组织还于 1978 年成立"促使文化财产返还原主国或归还非法占有文化财产政府间委员会"，旨在通过为相关国家提供谈判、仲裁及调停平台，促进重要文物的归还；委员会同时也致力于制定措施防止文物非法贩卖，提高公众对打击文物非法贩卖的认识。① 委员会由 22 个教科文组织成员国组成，每届任期 4 年。其主要职责在于：（1）努力寻找合适的方式和途径，促进将文物归还其原主国的双边谈判；（2）促进以文物返还或回归其原属国为内容的多边或双边合作；（3）鼓励为建立文物流失国代表性收藏名录持续性项目开展必要的调查和研究；（4）促进有关文化财产返还或归还原主国的问题的真实性，规模和范围的信息公开和公众传播；（5）指导教科文组织有关文化财产返还或归还原主国的活动方案的规划和实施；（6）鼓励建立或强化博物馆或其他文化财产保存机构，培训必要的科学技术人员；（7）按照《国际文化财产交换建议》促进文化财产的交流；（8）定期向教科文组织全体大会报告其活动情况。②

四、打击文物盗窃和非法贩运国际力量

由于艺术品市场的需求不断增大，国家边界日益开放，交通运输能力大幅改善和部分国家政策不稳定等原因，20 世纪后半叶，文物艺术品的非法贩运与非法交易越发猖獗，成为文物自其原主国流失的重要原因之一。1970 年《公约》制定后，为防止文物因非法贩运而自原主国流失，国际社会也加强了对文物盗窃和非法贩运等犯罪行为的打击力度。

国际刑警组织（INTERPOL）下设专门的艺术品犯罪部门（Works of Art Unit），为各国刑警打击涉及文物艺术品的犯罪所需重要信息的全球交流和共享提供了便利平台，通过建立一个极具综合性的不同国家和地区间网络，在搜寻被盗或流失文化财产并将其归还原主国或原属民族方面发挥着关键作用。③ 该部门与联合国教科文组织、国际博

---

① 参见 UNESCO 官网：http：//www.unesco.org/new/zh/culture/themes/illicit-traffic-of-cultural-property/，2018 年 3 月 12 日访问。

② See *Intergovernmental Committee*（*ICPRCP*）available at：http：//www.unesco.org/new/en/culture/themes/restitution-of-cultural-property/，accessed 11 – 03 – 2018.

③ See *Specialized Police Forces*，available at：www.unesco.org/new/en/culture/themes/illicit-trafficking-of-cultural-property/partnerships/specialized-police-forces/，accessed 11 – 03 – 2018.

物馆协会、联合国打击毒品和犯罪组织以及世界海关组织保持着密切的伙伴关系，在行使刑事侦查和执法权力、打击跨国文物盗窃和非法贩运犯罪的过程中，极其重视信息的交换和共享，建立了国际刑警组织被盗文物艺术品数据库，向各国执法机构和其他经授权的相关主体开放。此外，公众也可通过该部门，了解国际刑警组织新近介入的文物艺术品盗窃案件，已发现的流失文物和艺术品，已被发现追缴但仍未为其所有权人所主张的文物，以及阿富汗、伊朗、叙利亚、利比亚等武装冲突地区文物艺术品偷窃情况。①

第二节 欧洲区际法规则及其成员国法律措施

在欧洲，成立于 1945 年的欧洲委员会和由欧洲共同体组织发展而来的欧洲联盟，作为当今最具影响力的区际组织，深刻地影响着其成员国法律制度和政策的发展与走向。欧洲委员会以多元民主、人权保障和法律至上为宗旨和核心价值，确立了"共同遗产"的概念和原则，其文化遗产相关公约、政策及活动，以及欧洲人权法院司法实践，是影响当代欧洲文化遗产法制发展的重要力量。欧洲共同体虽始于建立共同政治和经济发展资源的目标，但一直致力于通过"共同市场"规则实行"事实上的文化政策"，早在 1977 年就发布题为《共同体文化部门之行动》（*Community Action in the Cultural Sector*）的通讯，将打击文化产品盗窃（其中特别提及考古遗产）作为重要内容之一。② 1992 年，欧洲共同体通过《马斯特里赫特条约》（*Treaty on European Union* [*Maastricht Treaty*]）向欧盟转型后，更是正式将文化纳入其职能范围，要求欧盟各项行动旨在鼓励各成员国之间的合作，并于必要时在加强欧洲各民族人民对欧洲文化、历史的了解和传播，以及保存与保护对全欧洲具有重要意义的文化遗产等领域，对各成员国之行动提供支持与辅助。③

一、欧洲区际法中有关文物返还的法律文件和专门机构

促进流失文物回归其原属国不仅是尊重各民族和地区文化尊严和发展的需要，也是更好地保护文物、从而促进文化多样性发展的重要内容。为此，欧委会和欧盟都出台了一系列法律或政策性文件，就解决欧洲范围内的文物返还问题提供相关指导。

① See *Works of art*，available at：https：//www. interpol. int/Crime-areas/Works-of-art/Works-of-art，accessed 11 – 03 – 2018.

② See *Community action in the cultural sector*，*Commission Communication to the Council*，sent on 22 – 11 – 1977，*Bulletin of the European Communities*，Supplement 6/77，p. 8.

③ See *Treaty on European Union* [*Maastricht Treaty*]，art. 128.

（一）欧洲委员会公约及政策

欧委会在其制定并于 1985 年开放签字的《欧洲文化财产违法行为公约》（*Convention européenne sur les infractions visant des biens culturels*）中，对文化财产返还问题做出了专门规定，要求文物流入国与文物来源国通力合作[1]，通过履行通知及告知文物非法流入或流出的有关信息[2]，依照国内有关法律程序协助文物来源国对文物犯罪嫌疑人或相关证人进行质询[3]等方式，为在本国范围内发现的由其他缔约国非法流出的文化财产的返还做出努力，并规定缔约国在上述调查和质询过程中所产生的证据或者法律文件，毋需附加的（外交）认证[4]。然而，截至 2018 年该公约缔约国依旧未达到生效所需足够数量，因此尚不具备法律效力。

欧委会还对二战期间纳粹掠夺文物的返还问题予以特别关注，于 1999 和 2000 年先后通过《有关被掠犹太文化财产的决议》（*Resolution 1205〔1999〕of the Parliamentary Assembly on looted Jewish Cultural Property*）与《维尔纽斯论坛宣言》（*Vilnius Forum Declaration*），就这一问题的解决发表意见。《有关被掠犹太文化财产的决议》认为，将被掠犹太文化财产返还其原所有人或继承人（包括个人、机构、社区），或其原属国家的行为，是重新构建犹太文化在欧洲的地位的重要方式，因此呼吁各成员国通过改变相关国内法制度，包括延长诉讼时效、取得时效等法定期间，废除特定文化财产不可转让制度，为以返还为目的搜集此类文物过程中发生的违反法定义务的行为提供豁免，或者暂时搁置出口限制等方式，促进被掠犹太文物之返还；同时倡议各国为被掠犹太文物之返还所面临的权利主张提供担保，放松或者改变现行有关被借艺术品免受司法诉讼的"扣押豁免"制度，以及撤销由于所有权剥夺行为而使后手获得的所有权。此外，受政府资金资助的主体如发现自己持有被掠犹太文物的，应予以返还；因各种原因无法返还原物的，应在政府的协助下按照该文物的市场价值予以赔偿。2000 年，欧委会还主持召开了"大屠杀时代被掠文化财产维尔纽斯国际论坛"并通过了《维尔纽斯论坛宣言》，赋予各国政府共同承担起将大屠杀时代被掠犹太文物返还其原所有权人或继承人的责任，并就此提出一系列具体要求，主要包括：（1）各国政府、博物馆、艺术品交易者或者其他相关主体应为实现返还提供一切必要的信息；（2）政府应建立信息中心和调查点，为被掠犹太文化财产调查提供支持；（3）建议各国政府定期召开国际专家会议，就此问题交换意见和实践经验。[5]

---

[1] See *Convention européenne sur les infractions visant des biens culturels*, art. 6.

[2] See *Convention européenne sur les infractions visant des biens culturels*, art. 7.

[3] See *Convention européenne sur les infractions visant des biens culturels*, arts. 8 – 9.

[4] See *Convention européenne sur les infractions visant des biens culturels*, art. 10.

[5] See Evelien Campfens, *Sources of Inspiration: Old and New Rules for Looted Art*, Evelien Campfens (eds.), *Fair and Just Solutions? Alternatives to Litigation in Nazi-Looted Art Disputes: Status Quo and New Developments*, Eleven International Publishing, 2015, p. 77.

（二）欧盟文物返还指令（Directives）

在欧盟法体系中，有关文物返还问题的专门立法始于 1993 年《关于从成员国非法转移文物之返还的指令》①。该指令经 1997 年②和 2001 年③两次修订，而后为 2014 年颁布的一个内容更为全面和完善的新指令④所取代。

受欧盟 2014 年《指令》规制的文物的范围，仅指一定条件下"由国内立法或行政程序确认的属于《欧洲经济共同体条约》第 36 条⑤所规定国家珍宝范畴内"的文物。⑥根据该指令，各缔约国应通过完善其国内立法，协助请求国进行流失文物搜索，及时向其告知相关信息，为请求国自身或协助其国民提起流失文物追索诉讼提供有效途径，促进文物返还其原属成员国、所有权人或其继承人。⑦能够证明自己在取得该文物时履行了合理注意义务的善意持有人在返还该文物时，可以从请求国得到相应补偿。关于文物来源的证明文件、交易双方主体的性质、为获得该文物所支付的价格、善意持有人在取得该文物时查询了可供查阅的被盗文物登记清单或者以合理的手段可以获得的其他信息，以及是否采取了一个理性人在当时情况下可能采取的其他各种措施等，都是考察持有人是否为"善意"的因素。⑧请求国向善意持有人支付补偿金后，可追究将该文物非法转移出国的责任人的法律责任，并向其追偿补偿金。⑨在诉讼时效方面，依据该《指令》提起的文物返还诉讼，应在请求国知晓流失文物所在国及其占有人身份之日起 3 年期限内，不超过自文物非法转移行为发生之日起 30 年；属于该《指令》第 2 条之

---

① See *Council Directive 93/7/EEC of 15 March 1993 on the Return of Cultural Objects Unlawfully Removed from the Territory of a Member State.*

② See *Directive 96/100/EC of the European Parliament and of the Council of 17 February 1997 Amending the Annex to Directive 93/7/EEC on the Return of Cultural Objects Unlawfully Removed from the Territory of a Member State.*

③ See *Directive 2001/38/EC of the European Parliament and of the Council of 5 June 2001 amending Council Directive 93/7/EEC on the Return of Cultural Objects Unlawfully Removed from the Territory of a Member State.*

④ See *Directive 2014/60/EU of the European Parliament and of the Council of 15 May 2014 on the Return of Cultural Objects Unlawfully Removed from the Territory of a Member State and Amending Regulation (EU) No 1024/2012.*

⑤ 《欧洲经济共同体成立条约》第 36 条规定："本条约第 30～34 条（商品进出口配额限制制度——笔者注）之规定，不应为（成员国）因公共道德，公共秩序，公共安全，保护人或者动物的生命或健康，保护植物生命，保护具有艺术、历史或考古价值的国家珍宝或者保护工业或商业财产之需，对上述物品进行进出口或者交易禁止或限制造成障碍。"

⑥ See Article. 1 of Directive 2014/60/EU. 2014 年《指令》的适用范围仅限于 1993 年 1 月 1 日之后从成员国非法转移至另一成员国境内的文物（第 14 条）；在此之前的非法转移文物的返还，应适用 1993 年《指令》。

⑦ See Article. 5 and Article. 8 of *Directive 2014/60/EU.*

⑧ See Article. 10 of *Directive 2014/60/EU.*

⑨ See Article. 12 of *Directive 2014/60/EU.*

（8）规定的"公共收藏品"或者属于宗教机构文物的，诉讼期限可延长至 75 年。① 此外，欧盟《指令》不妨碍请求国或被盗文物所有权人依据成员国内国法提起文物追索的刑事或民事诉讼。②

（三）欧洲被掠艺术品委员会（Commission for Looted Art in Europe）

欧洲被掠艺术品委员会成立于 1999 年，是一个国际性的专家和非营利性机构，为全世界的家庭、社区、有关机构和政府调查、认定被掠夺文化艺术财产，并使其权属恢复原状。该机构通过与政府和有关文化机构协商的政策和程序，促进被掠文化财产的认定并追寻其合法所有者。在促进文物返还其原所有权人方面，该委员会在遵守基本原则的前提下，主要扮演以下角色：（1）为全世界范围内被掠文物的追索者提供指导、有关专家服务及其他必要协助，并为其认定、定位和找回该文化财产；（2）与博物馆、政府和其他有关机构合作，认定和定位被掠文化财产，并确保其归回原合法所有权人；（3）声援和亲自进行各国的文物返还诉讼和其他类似程序；（4）促进全欧公共政策和立法的改进，以使被掠文物返还问题得到妥善解决；（5）监督有关被掠文物及其返还国际原则的执行，并推进这些原则进一步落实；（6）为拍卖行和艺术贸易确立业务行为守则，特别是关注有关物品来源信息与所有相关的必要记录的条款；（7）促进被掠文物返还案件的非诉讼纠纷解决机制。自成立以来，该委员会已成功促成了 3500 余件纳粹掠夺文物归还其原合法所有人，并就此类争端处理、文物藏品来源研究和其权利追索问题，为欧洲、美国和远东的博物馆、图书馆和艺术交易商提供了专业意见。该机构还在与政府和有关机构协商过程中，显著影响了欧洲政府和其他相关机构有关规范性文件的更新或出台，如欧委会 1999 年 11 月第 1205 号《有关被掠犹太文化财产的决议》、2000 年《维尔纽斯论坛宣言》，以及诸如意大利、荷兰和英国等许多欧洲国家文物返还法制和有关程序等。③

二、主要成员国法律措施

在欧委会、欧盟等机构确立的文物返还法律框架下，英、法、意三国采取了一系列措施，完善本国文物返还法律制度，成立专门机构处理战争掠夺文化财产的返还问题，并建立专门执法机构，加强对文物盗窃和非法交易等导致文物流失的违法犯罪行为的打击力度。

（一）完善相关法律制度

完善相关法律规定，是英、法、意三国回应欧洲区际法制——主要是对成员国具有强制约束力的欧盟指令的第一步。与各自文物法律体系的不同特点相适应，英国通过颁

---

① See Article. 12 of *Directive 2014/60/EU*.

② See Article. 16 of *Directive 2014/60/EU*.

③ 参见欧洲被掠艺术品委员会网站：http://www.lootedartcommission.com/Services，2018 年 3 月 12 日访问。

布专门单行立法的方式对文物返还问题进行规制，法国和意大利则通过修订其文化遗产法典的方式进行。

英国为实施欧盟《第 93/7/EEC 号文物返还指令》，于 1994 年制定了专门的《文物返还条例》，并根据欧盟指令的变化而数次修订该法，最近一次修改发生于 2015 年，即根据 2014 年的文物返还新指令（2014/60/EU）所做的调整。该条例适用于 1993 年 1 月 1 日以后从另一欧盟成员国非法转移至英国的、属于成员国的具有历史、艺术和考古价值的国家珍宝，并属于该指令明确列出的文物类别，或属于宗教机构的公共藏品。《条例》对英国为促进文物回归原主国应履行的义务，以及欧盟成员国可享有的权利和行使权利的条件进行了明确规定。根据该条例，应欧盟另一成员国的请求，英国国务大臣应搜寻从该国非法流出的指定文物，并采取措施确认该文物的现占有人或保有人，但这些行动须在请求国提供搜索该文物所必须的一些必要信息和便利设施的情况下，特别是该文物所处实际或可能位置信息的情况下才可进行。不论是否根据成员国请求开展的文物搜索所指向的特定文物或所获其他成果，国务大臣在英国领土范围内发现其他成员国文物，并有理由相信该文物是非法转移而来的，都应将这一情况通知相关成员国。此后，国务大臣应采取行动，确保该成员国有关职能部门对涉案物品展开核查，经核查确认为本条例所保护的文物的，国务大臣还应配合该成员国采取保存该文物之物质形态的一切必要措施，并采取一切必要的临时措施阻止任何可能使该文物逃避或规避本条例规定的返还程序的行为。有关成员国应在获得通知后 6 个月内完成核查程序，否则国务大臣将停止履行后续的保存和阻止规避适用行为的义务。因文物保存而产生的费用，由依据本条例向英国提出文物追索请求或者经通知展开核查并寻求文物回归的成员国承担。[1] 文化大臣在履行前述一系列义务的过程中，可请求有关职能法院发布诸如开展文物核查、采取保存措施及阻止返还规避等内容的相关命令；法院还可在一定情况下发布命令，授权国务大臣及有关官员进入特定地点展开调查，占有该文物，或者将该文物交由指定机构保存。[2] 相关成员国也有权为非法出口文物的回归，在具有管辖权的法院对该文物的现占有者或者保有者提起诉讼。成员国发起诉讼程序的，应提交：（1）请求归还物体的描述及说明其为本条例适用之文物的证明文件；（2）成员国有关职能机关做出的该文物已从其领土非法出境的声明。法院确认追索文物的《条例》适用性且确已从起诉成员国非法转移的，可命令将文物予以归还。[3] 但法院在判决归还文物的同时，可要求成功追索文物的请求国对能够证明自己在购买该文物时履行了谨慎注意义务的善意持有人进行合理补偿。文物持有人因赠与或继承取得该文物的，不得享受比其前手转让人更多的权利。[4] 为执行法院返

---

① See *The Return of Cultural Objects Regulations*（1994），art. 3.

② See *The Return of Cultural Objects Regulations*（1994），arts. 4－5.

③ See *The Return of Cultural Objects Regulations*（1994），art. 6.

④ See *The Return of Cultural Objects Regulations*（1994），art. 7.

还文物的命令而产生的费用，由起诉国自行承担。① 起诉还应在规定的诉讼时效内进行，若有关成员国未在知道流失文物的位置及其确切持有者或保有者之日起 3 年内，或者自该文化财产从请求国领土非法出口之日起 30 年内起诉，或未在其他具有特别规定的特殊诉讼时效期限内起诉的，该文物不予返还。适用特殊诉讼时效的文物包括 2014 年指令第 2（8）条所述公共收藏品及属于宗教机构文物清单中的物品，诉讼时效是自该物品从其他成员国非法转移之日起 75 年。② 除此之外，英国还特别制定了适用于大英图书馆、大英博物馆、帝国战争博物馆、国家美术馆、国家海洋博物馆等 17 家博物馆理事会的《大屠杀时期被掠文物返还法》，规定这些博物馆藏品若属于纳粹掠夺犹太艺术品，且返还咨询委员会建议返还的，经国务大臣批准，必须返还。③ 返还咨询委员会经国务大臣指定而建立。④

　　法国则通过在其《遗产法典》第一卷第一编设"文化财产返还"专章的方式回应欧盟指令。违反欧盟法规定或 1992 年 12 月 31 日以后自欧盟成员国非法出境的国家珍宝⑤，一旦在法国境内被发现的，内政部下属国家司法警察体系打击文物非法贩运办公室（Office central de lutte contre le trafic des biens culturels）应通知该相关成员国⑥。经成员国提出明确而具体的请求，该办公室应就所涉文化财产进行搜寻或者展开调查，确认该文化财产所有权人、占有人和持有人身份。⑦ 所涉文化财产的保存受到质疑或存在灭失风险的，该办公室可请求大审法院法官命令采取一切必要的保护措施。保护措施应当通知该文化财产的所有权人、占有人和持有人。该文化财产原属中央职能机关自知道文化财产的地点及其占有人或持有人之日起 3 年内未起诉的，或者成员国在依法提起文物返还诉讼后，在得到文物位于法国的通知后 6 个月内未核查该文化财产是否属于受欧盟法保护的国家珍宝并告知核查结果的，前述文物保护措施停止生效。⑧ 成员国向大审法院提起文化财产返还诉讼的，应以实际持有该文化财产的主体为被告，无论该主体是自己占有还是代表他人持有。起诉时该文化财产的出口不再是非法行为的，该起诉不予受理。⑨ 对于确实属于受欧盟法保护且依指令应归还至其原主国的文化财产，法院可判令将该财产予以返还。在考虑案件具体情况的基础上，对于在获得该文化财产时尽了必要的谨慎义务的善意持有人，法院可判决由请求国给予该善意持有人相应补偿金以弥补其损失。持有人在取得该文化财产时的所有具体情况，如说明该财产来源的文献资料、

---

① See *The Return of Cultural Objects Regulations*（1994），art. 9.
② See *The Return of Cultural Objects Regulations*（1994），art. 6（6）（7）.
③ See *Holocaust（Return of Cultural Objects）Act*（2009），art. 2.
④ See *Holocaust（Return of Cultural Objects）Act*（2009），art. 3.
⑤ See *Code du Patrimoine*（2016），arts. L112 - 1 to L112 - 2.
⑥ See *Code du Patrimoine*（2016），art. L112 - 3，art. R112 - 6.
⑦ See *Code du Patrimoine*（2016），art. L112 - 4，art. R112 - 3.
⑧ See *Code du Patrimoine*（2016），art. L112 - 5.
⑨ See *Code du Patrimoine*（2016），art. L112 - 6.

依据该成员国法律要求提供的出口许可等文件材料的完整性，交易相对方资质，所支付的价款，购买时是否查询了他可接触到的所有被盗文化财产登记文件及在合理情况下可得到的所有信息，或者是否采取了正常人在相同情况下可能采取的获得这些信息的其他方法等，都是考察持有人是否尽到必要的谨慎义务的具体因素。但文物持有人因赠与或继承取得该文物的，持有者不得享受比其前手转让人更多的权利。补偿金应在该文化财产返还时予以交付。① 因对涉案文化财产采取保护措施及根据法院判决执行文化财产返还命令而产生的相关费用由请求国承担，且上述费用的清偿是该文化财产予以返还的必要条件，自收到包含文化财产返还命令的判决通知之日起 3 年内未支付上述费用的，视为放弃判决利益。②

与欧盟指令一致，成员国在法国提起文化财产返还诉讼的时效亦为自该国中央职能部门知道该财产所在地及其所有人、持有人或占有人身份之日起 3 年或者在任何情况下自该文化财产从请求国非法出口之日起 30 年；对于登录至公共收藏品及被列入宗教机构管理的财产清单中的文物，若请求国立法有事先声明的，诉讼时效为 75 年，或者不受诉讼时效的约束。③《遗产法典》还特别规定，依据该法典提起的文物返还诉讼，不影响有关成员国或者流失文物的原所有权人在适当的情况下提起其他民事或刑事诉讼。④

此外，为更好地追索本国流失文物，法国《遗产法典》对于自本国非法出口并流入欧盟其他成员国的文化财产的追索也进行了规定：为追索 1992 年 12 月 31 日以后从法国境内非法出口的国家珍宝，文化部应请求相关成员国协助在其境内进行寻找，并在确认该文物位于该国境内的情况下，向该国告知该文物自法国非法出口且位于该国的事实，⑤ 并由文化部代表国家文化财产所在国有管辖权的法院提起诉讼。该诉讼不影响国家或者所有权人在适当的情况下为追索该文化财产提起其他的民事或刑事诉讼。⑥ 管辖法院作出归还文化财产的命令并要求给予善意持有人损失补偿的，补偿金由国家支付。⑦ 国家提起非法出口文物的追索诉讼以及管辖法院所作的裁决，都应向社会公众告知。⑧ 经追索诉讼回归法国的文化财产在归还其合法所有权人之前，由国家担任其保管人。国家可指定其他保管人保管该文化财产。国家在保管该文化财产期间，可将其予以展出。⑨ 经追索而回归法国的文化财产，在其原所有权人按国家的要求偿付由国家支付

① See *Code du Patrimoine*（2016），art. L112 – 8.
② See *Code du Patrimoine*（2016），art. L112 – 9.
③ See *Code du Patrimoine*（2016），art. L112 – 10.
④ See *Code du Patrimoine*（2016），art. L112 – 6.
⑤ See *Code du Patrimoine*（2016），art. L112 – 13，art. R112 – 20.
⑥ See *Code du Patrimoine*（2016），art. L112 – 14，art. R112 – 20.
⑦ See *Code du Patrimoine*（2016），art. L112 – 16.
⑧ See *Code du Patrimoine*（2016），art. L112 – 15.
⑨ See *Code du Patrimoine*（2016），art. L112 – 17.

给善意持有人的补偿金及采取保存措施、执行返还命令支出相关费用的情况下，可归还至该原所有权人。国家亦可同意对上述费用进行减免。① 自行政机关向社会公开文物追索诉讼判决之日起，5 年内未找到该文物原所有权人的，该文物则归国家所有。②

意大利《文化财产和景观法典》也根据欧盟法相关条例和指令，对从欧盟成员国领土非法出境的文化财产的归还问题进行具体规定并根据欧盟相关法律文件的修改而及时更新。这些规定同样适用于依据欧盟法指令的规定自 1992 年 12 月 31 日至欧盟成员国非法出口的国家珍宝。该法典第 76 条明确规定，在根据欧盟法履行与其他成员国协作或合作义务时，欧盟指令所述中央职能机关在意大利为文化遗产部。为履行欧盟指令所规定的各项义务，文化遗产部将充分利用其核心机构和附属分支机构，并与其他政府部门、大区和地方政府及其公共部门合作。为恢复和归还属于其他成员国的文化财产，文化遗产部应做到以下六点：（1）确保与其他成员国主管职能部门合作；（2）应其他成员国请求，在该成员国提供有助于调查的相关信息或设备，特别是有关文化财产所在位置方面的信息资料的情况下，在本国领土范围内进行调查，以确认该文化财产所在位置及其占有人或持有人；（3）将在本国领土上发现的，根据准确而完整的证据判定为自某一成员国非法出口的文化财产的相关情况告知该国；（4）与相关成员国合作，在上述通知发出后 6 个月内对所涉文化财产进行核查，确定其是否为适用欧盟法可予以返还的文物；（5）必要时将所涉文化财产转移至有关公共机构进行临时保管，并采取其他必要措施保证其安全，防止它在返还诉讼中发生转移；（6）协助解决返还请求国与文化财产的占有人、持有人之间在归还问题上产生的争端，可在考虑各方的特点和所涉文化财产性质的情况下建议请求国和财产占有人或持有人在协商基础上，依法仲裁解决。为与其他成员国合作传播和共享盗窃和非法出口文化财产相关信息，文化遗产部还应启用根据欧盟第 2012/1024 号条例建立的文化财产国内交易信息系统。③ 对于从其他成员国非法出境并流入意大利的文化财产，该成员国可向普通法院提起返还诉讼。诉讼应提交至相关文化财产所在地法院。除《民事诉讼法典》第 163 条规定的条件之外，返还诉讼的提出还须向法院提交可证明涉案财产为文化财产的文件以及返还请求国主管职能部门出具的该文化财产非法出口的声明。成员国的文物返还诉讼除通知所涉文化财产的占有人或持有人之外，还应通知文化遗产部，并记录在文物追索诉讼专项档案中。文化遗产部还应利用前述文化财产信息系统将该档案副本告知其他成员国有关中央职能机关。④ 文物返还诉讼必须在请求国得知非法出境文化财产的确切下落并且确认其占有人或持有人身份之日起 3 年内，或在任何情况下自该文化财产非法出境之日起 30 年内提出。但博物馆、档案馆的公共收藏品，以及宗教机构财产清单中的文物，则不受诉讼

---

① See *Code du Patrimoine* (*2016*), arts. L112 - 18 to L112 - 19.

② See *Code du Patrimoine* (*2016*), art. L112 - 20.

③ See *Codice dei beni culturali e del paesaggio*, articolo 76.

④ See *Codice dei beni culturali e del paesaggio*, articolo 77.

时效的限制。① 法院在做出文化财产归还令的同时，可根据善意购买人的请求，确认返还请求国按公平标准对其进行补偿。为获得该补偿，善意购买人必须证明自己在实施购买行动时履行了谨慎注意义务。对其是否履行了谨慎注意义务的考察包括说明该财产来源的文献资料、依据该成员国法律要求提供的出口许可等文件材料，交易相对方资质，所支付的价款，购买时是否查询了其可接触到的所有被盗文化财产的登记文件及在合理情况下可得到的所有信息，或者是否采取了正常人在相同情况下可能采取的获得这些信息的其他方法等。但文物持有人因赠与或继承而取得该文物的，持有者不得享受比其前手转让人更多的权利。② 补偿款应在文化财产归还请求国时由该国支付。承担补偿义务的请求国可向文物非法流转的责任人进行追偿。文化遗产部指定的公证人、法官或公职人员应就财产的交付和补偿的支付情况制作官方笔录，并向文化遗产部交付该笔录副本。官方笔录的形成即意味着要求归还的诉讼登记的撤回。③ 因寻找、转移和保管待归还文化财产而产生的费用，文化遗产部为协助请求国追索其文物采取的一系列措施产生的其他开支，以及执行法院归还命令所需必要开支，均由请求国承担。④

意大利须依据欧盟法相关规则追索自其领土范围内非法流出文物，追索诉讼应由文化遗产部在外交部的协同下，向所涉文化财产发现地成员国法院提起。文化遗产部应争取本国司法官员的协助。⑤ 文化遗产部通过诉讼追回的文化财产不属于国家所有的，在被交付给合法权利人之前应由文化遗产部加以保管。在追回文化财产和对其进行保管的过程中发生的费用，应由该文化财产的合法权利人在接受财产交付时予以返还。无法确定该文化财产权利主体的，文化遗产部应在国家《官方公报》或者以其他公告方式，将该文物追索诉讼的情况向公众发布。文化财产的合法权利主体自上述公告发布之日起 5 年内没有提出返还要求的，该文化财产归国家所有。文化遗产部应在咨询有关机构意见并与大区协商之后，下令将该文化财产移交给国家、大区或其他地方公共部门的博物馆、图书馆或档案馆，以确保其得到最佳保护，并在最适宜的文化环境中供公众享用。⑥

根据欧盟法和《文化财产和景观法典》相关规定，意大利文化遗产部应将为执行欧盟相关条例而采取的措施通知欧盟委员会，并在其年度预算中向国会提交一份有关依法执行文物返还与追索及落实欧盟条例指令情况的报告；每三年还要在咨询相关机构的基础上，向欧盟委员会提交一份关于欧盟文物返还条例指令执行情况的报告。该报告也应抄送给国会。⑦ 意大利文化遗产部已按照部长令规定的方式建立了被盗文化财产数据

---

① See *Codice dei beni culturali e del paesaggio*, articolo 78.

② See *Codice dei beni culturali e del paesaggio*, articolo 79.

③ See *Codice dei beni culturali e del paesaggio*, articolo 79, articolo 80.

④ See *Codice dei beni culturali e del paesaggio*, articolo 81.

⑤ See *Codice dei beni culturali e del paesaggio*, articolo 82.

⑥ See *Codice dei beni culturali e del paesaggio*, articolo 83.

⑦ See *Codice dei beni culturali e del paesaggio*, articolo 84.

库。① 为鼓励和推动公众对不同欧盟成员国文化遗产及相关法规和保护工作的相互了解，文化遗产部还应努力与其他成员国的相应部门达成合作协议。②

（二）成立专门机构返还战争被掠文物

两次世界大战均伴随着野蛮的财产掠夺，文化财产在被掠财产中占有很大的比重。为解决这一问题，促进文物，特别是第二次世界大战中纳粹掠夺文物返回其原主国，英、法、意三国都成立了相应的返还机构，专门处理这一问题。

早在 1944 年，法国文化部就为了处理纳粹统治时期被掠文化财产的认定、恢复（弥补）和返还问题，成立了专门的艺术品返还委员会（Commission de Récupération Artistique，CRA）。该机构在存续的 5 年间，承担着追索战争时期被掠文化财产并且返还给其原合法所有权人或其继承人的任务。为此，CRA 从被掠夺艺术品和文化财产的所有权人那里搜集了大量的信息，并与盟军和其他类似的国外机构合作。CRA 还编订了战争期间流出法国的文化财产清单。这份清单于 1947～1949 年间作为"被掠财产"的组成部分发布，并被分发至法国、德国和奥地利等国博物馆、美术馆和艺术品交易商。CRA 于 1949 年被解散，其职能于 1950 年 1 月转移至私人财产和利益办公室（Office des Biens et Intérets Privés，OBIP），由该机构协助法兰西博物馆司处理文物返还案件。③ 1997 年 3 月，法国政府成立了法国犹太人掠夺研究代表团（Mission d'étude sur la spoliation des Juifs de France，"Mission Mattéoli"），又一次兴起对战争期间被掠文物的调查。该代表团的主要职责，是就法籍犹太人在 1940 至 1944 年间，在法国的被占区和维希政府统治区，如何因被剥夺了权利而失去了可移动和不可移动财产的问题展开深度调查，对被掠艺术品的调查是该代表团特别调查的专门领域之一。代表团于 2000 年发布了调查结论，承认尽管各方面为将战争期间被掠文化财产返还给其原合法所有人做出了很多实质性努力，但被掠文物艺术品返还问题仍未完全解决。④ 在代表团将完成其调查的最后阶段，法国政府决定由一个独立机构来决定对二战时期掠夺受害者的赔偿问题。该机构于 1999 年 9 月成立，名为"因被占领期间反犹太人立法而发生的掠夺受害者赔偿委员会"（Commission pour l'indemnisation des victimes de spoliations intervenues du fait des législations antisémites en vigueur pendant l'Occupation，CIVS）⑤，该机构所涉赔偿不仅包括纳粹时期被掠文物，还涵盖由于 1940～1944 年法国的反犹太人立法而被掠夺的所有财产。

---

① See *Codice dei beni culturali e del paesaggio*，articolo 85.

② See *Codice dei beni culturali e del paesaggio*，articolo 86.

③ See Evellien Campens（ed.），*Fair and Just Solutions? Alternatives to Litigation in Nazi-Looted Art Disputes: Status Quo and New Developments*，Eleven International Publishing，2015，p. 56.

④ See Evellien Campens（ed.），*Fair and Just Solutions? Alternatives to Litigation in Nazi-Looted Art Disputes: Status Quo and New Developments*，Eleven International Publishing，2015，pp. 58－59.

⑤ See *Décret n°99－778 du 10 septembre 1999 instituant une commission pour l'indemnisation des victimes de spoliations intervenues du fait des législations antisémites en vigueur pendant l'Occupation.*

在意大利，纳粹时期被掠文物返还问题受到政府高度重视，先后成立的两个专门委员会都与此相关。意大利犹太人财产返还委员会（Commissione per la ricostruzione delle vicende che hanno caratterizzato in Italia le attività di acquisizione dei beni dei cittadini ebrei da parte di organismi pubblici e privati）成立于 1998 年。如其名称所述，该委员会的主要职责在于调查公私主体在意大利取得犹太人财产的有关行动。为实现上述职能，该委员会可经有关部门授权查阅相关的公私档案，在常规研究框架或经首相本人提出请求而委托其个人成员展开更加细致的调查，具体包括：（1）从财政部犹太人财产办公室发布的，保存在国家档案中心的 6100 条征收法令中分析性查阅、解读和总结有关材料，并以此为基础建立一个包含相关信息的数据库，通常由四位专家图书馆员和档案馆员负责；（2）两位学者查阅总结一些特定地方涉及财产扣押的专门论著；（3）另一位学者负责收集和评论涉及战争剩余物资恢复、保护和转让的独立机关管理情况的档案文献；（4）第四位学者则负责就 1938～1945 年间犹太人受到的物质损失展开研究。调查工作由当代犹太文献中心负责。进入 21 世纪，委员会扩充了四名研究人员，主要负责开展与银行业和种族法对紧急部门的影响问题展开深入调查，以及赴罗马、菲拉拉、摩得纳和帕尔马等地进行现场调查。① 通过上述各方面努力，委员会期望达成以下几个目标：（1）对效力不同的各级法律规范限制性规定进行分析；（2）在鉴别所获文献真实性的基础上，确认哪些人是上述法律规范的受害者及其被征收财产的数量、质量和总价值，并对样本城镇受征收活动影响的具体状况进行具体分析；（3）依托所获文献，分析被掠财产返还相关法律规范以及返还实践。② 该委员会在被掠财产普查、数据库建设以及开展相关研究方面做出的努力和取得的丰硕成果，为促进这些被掠文物归还其原合法所有人奠定了有益基础。1943 年，纳粹军队劫掠了罗马犹太社区两座无价的博物馆，里面珍藏的大量珍贵手稿、古版书和 16 世纪艺术品因此流失。为此，意大利政府于 2002 年成立罗马犹太社区文献遗产返还委员会（Commissione per il recupero del patrimonio bibliografico della Comunità ebraica di Roma razziato nel 1943），该委员会由历史学家、档案学家、代表部长委员会主席（President of the Council of Ministers）的政府高级官员以及外交、文化、司法等部的部长构成，肩负着"促进与 1943 年罗马犹太社区文献遗产劫掠和流失相关问题的进一步研究，并在此基础上提出使这些遗产得以复原和返还的建议"的职能。③

---

① See *Summary Report of the Commission's Work*, available at：http：//presidenza. governo. it/DICA/beni_ebraici/english_version/11_34_ms. pdf，p. 10，accessed 13－03－2018.

② See *Summary Report of the Commission's Work*, available at：http：//presidenza. governo. it/DICA/beni_ebraici/english_version/11_34_ms. pdf，p. 16，accessed 13－03－2018.

③ See *Report on the Activities of the Commission for Recovery of the Bibliographic Patrimony of the Jewish Community of Rome Stolen in* 1943，available at：http：//presidenza. governo. it/USRI/confessioni/doc/rapporto_finale_eng. pdf，pp. 2－3，accessed 13－03－2018.

英国直至 20 世纪 90 年代才逐渐将二战期间被掠文物返还问题提上日程。① 2000 年建立了专门处理被掠文化财产问题的返还咨询委员会，成为文化部下设咨询性非政府公共部门，旨在处理纳粹时期流失文物的原所有人或其继承人针对已经构成英国国家收藏品的被掠文物提出的返还请求。该委员会在处理这些争议时，通常兼顾法律和非法律因素（如道德力量等）。作为一种非诉讼争端解决方式，该委员会的建议对任何一方并不具有法律约束力，而依靠争议各方的接受程度自觉执行。②

（三）建立打击文物盗窃和非法贩运的专业执法队伍

为了有效阻止文物盗窃，打击非法贩运行为，许多欧洲国家，诸如德国、西班牙、比利时、保加利亚、塞浦路斯、希腊、匈牙利、爱尔兰、立陶宛、荷兰、波兰等，均建立了专门的文物执法队伍。英国、法国和意大利也不例外。③

意大利文化遗产宪兵部队（Comand o Carabinieri per la Tutela del Patrimonio Culturale）是该国文物保护体制中的最大特色之一，对其他国家专门的文物警察体制的建立内也有借鉴意义。意大利文化遗产宪兵起源于 1969 年 5 月 3 日教育部（时为意大利文物和艺术主管部门）向宪兵总部要求并获准建立的艺术遗产保护总部（Nucleo Tutela Patrimonio Artistico），是世界上第一支文化遗产保护领域专门的警察队伍。1971 年 9 月 13 日，该机构升格，负责指挥全国的保护文化遗产宪兵部队，后成为文化和自然遗产部的一部分。1992 年 3 月 5 日，文化和自然遗产部颁布法令确认该宪兵部队是该部的法定作战单元，是警察部门依据法律和公约在国内外追索被盗艺术品的专责机构，并将该机构正式更名为文化遗产保护宪兵。2001 年 7 月 6 日，总统发布命令，正式赋予该宪兵部队的指挥机关"保护文化遗产宪兵总部"的名称。④

文化遗产宪兵部队的主要工作在于包括调查并打击秘密挖掘、盗窃和非法交易的艺术作品，破坏文物和考古区域，非法出口以及伪造文物等与文物相关的违法犯罪行为。一旦发生文物案件，相关部门须在第一时间报告文化遗产宪兵部队，由他们汇总线索，部署监听、监控、查扣被盗文物等。文化遗产宪兵与意大利 13 万宪兵部队配合工作，可调用直升机宪兵、海上宪兵和骑警宪兵等进行侦查监控。⑤ 除此之外，文物宪兵的职能范围还包括监控文物安全状况、保护名胜古迹安全、提供预防性安全咨询与忠告、追

① See Evellien Campens（ed.），*Fair and Just Solutions？Alternatives to Litigation in Nazi-Looted Art Disputes：Status Quo and New Developments*，Eleven International Publishing，2015，p. 63.

② See *Government Bodies：Spoliation Advisory Panel*，available at：http：//www. lootedart. com/MFEU4P88744，accessed 13 - 03 - 2018.

③ See *Specialized Police Forces*，available at：www. unesco. org/new/en/culture/themes/illicit-trafficking-of-cultural-property/partnerships/specialized-police-forces/，accessed 11 - 03 - 2018.

④ 参见意大利国防部官网：http：//www. carabinieri. it/cittadino/tutela/patrimonio-culturale，2015 年 4 月 2 日访问。

⑤ 参见意大利国防部官网：http：//www. carabinieri. it/cittadino/tutela/patrimonio-culturale，2015 年 4 月 2 日访问。

索被盗文物艺术品和进行文物保护相关国际维和等。意大利文化遗产宪兵与联合国教科文组织、国际统一私法协会、国际古迹遗址理事会、国际博物馆协会以及国际刑警组织等保持着密切的联系与合作，为打击违反国际公约的跨国文物犯罪做出了重要贡献。①

意大利文化遗产宪兵实行双重管理体制：一方面与其他特殊宪兵一样统一隶属于国防部，属于军队序列，经费由国防部统一支付；另一方面直接隶属于文化遗产部，日常工作听从文化遗产部命令。文化遗产宪兵总部除设司令员和副司令员各一名外，还有指挥中心和行动支队两大部门。指挥中心设人事秘书处、作战处、数据处理处和公众服务队4个处室。其中，数据处理处的核心工作是管理名为"里奥纳多数据库"的被盗文物数据库。行动支队内设考古处、文物处、赝品与当代艺术处3个处室，除可在全国范围采取行动，并支持各地方分队工作之外，还直接负责意大利核心区域拉齐奥和阿布鲁佐两个行政大区的文物警察事务。赝品与当代艺术处专职负责艺术品生产、流通领域的打假。② 此外，2006年4月28日法令将文化遗产宪兵分为12个行动分队，办公地点在各地重要文化遗产地内。各分队的管辖范围为1~3个行政大区不等。文化遗产宪兵部队的工作人员都是从宪兵部队中挑选的，进入工作岗位之前，需要接受严格的警察业务和文物、艺术品知识培训。

法国则在内政部下属的国家司法警察体系中设立了打击文物非法交易办公室，通过与海关、司法部和外交部等展开紧密合作，负责预防、调查和打击文物盗窃、窝藏、伪造和非法交易等文物犯罪行为。③ 该办公室不仅负责预防和查处法国境内发生的针对文物、特别是国宝的盗窃、非法交易以及伪造等犯罪行为，监管和维护法国艺术品交易市场秩序，负责开展文化部相关执法官员的培训和实习等方面的工作，还与联合国教科文组织等国际组织和机构展开密切合作，共同打击违反国际公约的国际文物违法流转等跨国文物犯罪行为。④

在英国，专门的文物执法队伍是下设于各主要都市的城市警察（Metropolitan Police）体系的艺术和文物组（Art and Antiques Unit），通常可包含1名警官侦探、3名警员侦探和2名辅助性人员。作为英国专门的文物警察队伍，该机构主要负责收集整理、

---

① 参见意大利国防部官网：http：//www. carabinieri. it/cittadino/tutela/patrimonio-culturale/compi-ti，2015年4月2日访问。

② 参见意大利国防部官网：http：//www. carabinieri. it/cittadino/tutela/patrimonio-culturale/artico-lazione，2016年8月29日访问。

③ 参见法国内政部国家警察司官网打击文物非法交易办公室简介：http：//www. police-nationale. interieur. gouv. fr/Organisation/Direction-Centrale-de-la-Police-Judiciaire/Lutte-contre-la-criminalite-organisee/Office-central-de-lutte-contre-le-trafic-de-biens-culturels，2015年7月19日访问。

④ See Ministère de la Culture et de la Communication, *Guide d'information à l'usage des propriétaires publics et privés: sécurité des biens culturelsde la prévention, du vol à la restitution, de l'objet volé*, p. 32, 33, available at：http：//www. culture. gouv. fr/culture/securite-biensculturels/appli. htm, accessed 2015 – 08 – 26.

传播艺术和其他文物犯罪相关情报，与其他海外力量一起认定文物的非法贩运，并在具有英国背景的文物交易商和拍卖商参与或被卷入来源可疑的文物的交易时采取必要行动①，是一个兼具情报搜集和执法职能的机构，其核心业务主要包括以下几个方面②：(1) 所辖地区重大（top tier）艺术品和文物犯罪调查；(2) 为城市警察处理涉及艺术品的犯罪提供专家意见及支持；(3) 向个人、博物馆或其他有关机构提供预防艺术品犯罪的建议，并与这些机构一起致力于减少艺术品犯罪；(4) 被盗艺术品信息和图像数据记录和相关数据库建设，并依此数据展开艺术品犯罪趋势及犯罪网络分析，如伦敦城市警察中的艺术和文物组维护和管理的伦敦被盗文物数据库包含 54000 件被盗文物③；(5) 艺术品犯罪相关情报和数据的搜集，并培养和拓展情报来源途径；(6) 协助国内警察展开调查并获取相关情报，并通过快速部署以协助艺术品追索以及对相关犯罪人员的逮捕和起诉；(7) 与文物艺术品交易商、拍卖行、博物馆、美术馆、保险公司和财产追索机构合作，减少文物艺术品犯罪并提高此类案件的侦破率；(8) 与国际执法机构联络，共同打击文化财产非法交易行为；(9) 与政府相关部门合作，共同制定打击艺术品犯罪的国家战略；(10) 对文物市场中赝品和伪造文物艺术品并非法出口案件展开调查。然而，由于种种现实原因，部分地区城市警察中的艺术和文物组面临着可能被解散的命运。④ 当然，除了城市警察体系中的专门文物警察队伍，英国文化部也可成立专门的领导小组来打击文物非法贩运犯罪，该领导小组由相关政府部门和执法机构代表组成，旨在建立一种多部门合作的方式（a more structured approach）处理文物非法贩运的犯罪问题。专门领导小组所确定的方案执行所需相关费用，仍由警察系统承担。⑤

第三节　原住民文物返还问题

　　原住民，或称为土著居民，顾名思义，是指一个地方的原始居民。在政治或法律范

① See *Metropolitan Police：Arts and Antiques Unit*，avaibale at：https：//www. theyworkforyou. com/wrans/？ id = 2005 - 11 - 23c. 216. 6，accessed 11 - 03 - 2018.

② See Gertrude M. Prescott，*A Different Kind of "Special"：The Metropolitan Police's Art and Antiques Unit's Initiative ArtBEAT*，Art Antiquity and Law，Vol. XI，Issue 2，June 2006，pp. 203 - 204.

③ See *An Uncertain Future for the Art & Antiques Squad*，available at：http：//illicitculturalproperty. com/tag/london-art-and-antiques-unit/，accessed 11 - 03 - 2018.

④ See *An Uncertain Future for the Art & Antiques Squad*，available at：http：//illicitculturalproperty. com/tag/london-art-and-antiques-unit/，also see *Met Police unit tasked with targeting art thieves faces closure after detectives moved to cover Grenfell tragedy*，available at：https：//www. telegraph. co. uk/news/2017/08/16/met-police-unit-targets-art-thieves-faces-closure-detectives/，accessed 11 - 03 - 2018.

⑤ *Metropolitan Police：Arts and Antiques Unit*，avaibale at：https：//www. theyworkforyou. com/wrans/？ id = 2005 - 11 - 23c. 216. 6，accessed 11 - 03 - 2018.

畴下，"原住民"或"土著居民"目前尚无统一的准确定义，国家法层面的原住民群体及其成员资格通常由国家承认或登记决定；① 国际社会也由于不同地区原住民社群表现出来的差异性特征而反对僵化的定义方式。然而，不论是 20 世纪 80 年代联合国特别调查员马里尼斯·科博（Marinez Cobo）在相关研究中定义原住民的尝试②，国际劳工组织第 169 号《关于独立国家境内原住民和部落居民公约》（*Convention Concerning Indigenous and Tribal Peoples in Independent Countries*）对原住民的定义③，还是世界银行《原住民实施指南 4.20》所列举的定义原住民的标准④，都认为"原住民"或"土著社群"一般系指在外来的种族到来并通过征服、占领和殖民等手段在此占据了统治地位，建立了一个新的国家之前，祖祖辈辈繁衍生息在该地区的人民。原住民保有、定居并守护祖先留下来的土地，并依靠该领地上的自然资源而维系生存；拥有自己独特的语言、文化，在长期的发展中形成了习惯法性质的社会管理体制、法律制度和生活方式，并保持文化和社会特征及其社会、经济、文化和政治制度与主流社会和文化相区别；主观上自我认同且也被他人认同为一个独特的文化社群或其成员；因新的统治力量的形成和主流

① 如在美国，联邦对原住民及其社群的承认通常以土著部落和合众国之间先前签订的条约或协议为基础，或是通过条例或行政程序而做出单边承认；一些国家以客观标准和各群体自我认同等多方面元素为标准和依据，在其国内立法甚至宪法中对原住民做出清晰界定。

② 联合国特别调查员尼斯·科博（Marinez Cobo）在研究报告中采纳的定义为：原住民社群、人民和民族具有在其土地上发展起来的前入侵和前殖民社会的历史延续性，他们在主观上也认为自己不同于在现今所属国家占据主流地位的社会文化或该社会文化的组成部分，因而形成了该社会中的非主流部分，并下决心将作为其存续和发展基础的祖先的领土及族群身份（认同）以符合其文化观念、社会体制和法律制度的土地、文化和生活方式予以保留、发展并传承给后代。历史延续性包含以下一个或多个方面因素保留和发展至今的延续性：1. 占有或至少保有祖先的土地；2. 与这些土地的原始占有者有共同的血脉；3. 具有基础或独特的文化表现形式（如宗教、生活在某一部落体制中、社群的成员权、服饰、生存方式、生活方式等）；4. 语言（如是否作为其唯一语言、母语、居家或家族沟通的惯常方式，抑或是主要的、首选的、习惯性的、基本的或惯常的语言）；5. 定居于一国或是世界范围内的特定区域；6. 其他相关因素。（See U. N. Doc. E/CN. 4/Sub. 2/1986/7/Add. 4，paras 379 – 380）然而，该定义要求历史延续性的条件，被认为实质上将此定义限定在有过欧洲殖民史的国家的原住民中，而排除了亚洲和非洲的原住民，因此过于局限。参见［德］西尔克·冯·莱温斯基著：《原住民遗产与知识产权：遗传资源、传统知识和民间文学艺术》，廖冰冰、刘硕、卢璐译，许超审定，中国民主法制出版社，2011 年，第 10 页。

③ 根据《关于独立国内原住民和部落居民公约》第 1 条的规定，该公约适用于："1. 独立国家中的部落民族，其社会、文化和经济状况使他们有别于其国家社群的其他部分，并且其地位全部或部分由其习惯或传统，或由特别的法律或规则加以规定；2. 独立国家中的民族，在其所属国家或该国某地区被征服或被殖民化时即已居住在那里的人口的后裔，且无论其法律地位如何，他们仍部分或全部地保留了本民族的社会、经济、文化和政治制度。"

④ 在该《指南》中，"原住民""土著少数民族""部落族群"等概念描述了这样一种社群：其文化和社会身份不同于主流社会，并因此而在发展过程中处于不利地位。他们通常长居于某一特定的地域，具体可通过以下几方面因素加以认定：1. 紧密依附于祖先的领地和该领地的自然资源；2. 自我认同并亦为他人认同为是一个独特的文化社群的成员；3. 具有通常不同于所属国家语言的土著语言；4. 存在习惯性的社会和政治制度；5. 主要从事生活资料的生产以维持生存。

文化的潜在冲击而在所属国家处在非主流的、相对弱势的地位。这些土著社群中因获得"民族"（people）身份而享有国际法上应有的追求民族自治（self-determination）等相应的集体权利的，则称为原住民族，区别于在异族统治下的国家中受到内部或外部殖民的原住民个体或社群。据联合国有关机构估计，在全世界五大洲70多个国家中，生活着5000多个土著人团体，共有3亿土著居民，如美洲的印第安人、大洋洲的毛利人和靠近北极圈的因纽特人等。

多年来，原住民社群或民族一直在为争取留在祖先的土地上、拥有自然资源和传统生活方式而进行斗争，但在当今主流社会中都处在弱势地位。由于曾长期受到外来殖民者的压迫和歧视，许多土著居民的生活非常贫困，原住民社群和民族的独特传统文化，也在当代主流文化和社会发展的冲击下濒临灭绝。20世纪90年代，国际社会开始关注和重视这部分人群的人权保护问题。1993年6月18日，在维也纳召开的世界人权大会举行"世界土著人国际年"大会，呼吁国际社会重视世界各国土著居民的存在，尊重其历史、文化和传统，并保障他们平等生存的权利；第四十五届联合国大会将这一年定为"世界原住民国际年"。此后，国际社会在一系列国际公约及法律文件中都特别重视原住民的人权保障和文化保护问题，一再重申对于在人口、文化等方面占少数的原住民社群或民族，应当与其他公民一样，平等而不受歧视地享有各项人权，其生活方式、传统文化和习俗等，都应受到尊重。2007年，联合国通过《原住民权利宣言》，确认原住民可以个体或集体的方式，平等而不受歧视地享受《联合国宪章》《世界人权宣言》和国际人权法等确认的各项人权和基本自由；原住民族享有自决权，可自行决定和管理其内部事务，有权维持和增强其独特的政治、法律、经济、社会和文化体制而不受强制性破坏和同化。为切实保障原住民平等地享有各项人权，国际社会和有关国家政府应投入各类资源，并采取必要行动。①

一、文化遗产与原住民权利

原住民或土著社群（民族）独特的文化传统和生活方式，作为文化多样性的生动体现，是全人类共同遗产的重要组成部分。其文化和社会生活独特性，体现在与其所生活的土地、自然资源和环境具有不可割裂关系的精神寄托和宗教信仰方面，也体现在与其宗教或自然信仰密切相关的聚落布局、建筑形态和风貌、传统礼仪、节庆艺术、生活方式等多方面。其文化遗产，包括一切可体现其族群独特身份的、表现其祖先或成员思想和技能的创造性事物，也包括从过去及自然中获得但被其赋予神圣意义的景观、现象或物品。其祖先或具有神圣身份部族首领的遗骸，宗教或祭祀用"圣物"，或者在日常生活中创造出来的物质文化遗存，以及作为其传统礼仪、习俗乃至其生活方式的非物质

---

① 参见联合国《原住民权利宣言》，该宣言全文文本见 http：//www. un. org/esa/socdev/unpfii/documents/DRIPS_en. pdf，2018年3月14日访问。

文化遗产，都是原住民文化遗产的组成部分。总之，原住民文化遗产不仅是该民族或族群历史发展的鉴证和维系其成员文化认同的纽带，更与他们的思想信仰和生活方式有着不可割裂的联系，是他们日常生活的必要组成部分。

由于土著社群或民族有着与当代主流社会显著不同的文化传统与生活方式，其话语体系、观念信仰等，也无法用当代的理论和话语诠释和解读。在原住民世界和西方文明世界中，各种概念，"例如整体概念、财产、定义、传统、信仰制度、在社会中创造和知识的重要性以及'公有领域'的概念"，都存在着根本差异，在这两个世界之间很难找到一个共同的沟通基础。① 具体到权利观念方面，一方面，当代西方法学中所谓"权利"以理解个人权利为基础，而在原住民观念体系中，个体服从于其社群的集体权利观则置于中心位置。原住民个体从出生起就属于其社群并与该群体不可分离，依赖该群体形成其完整的成员身份。在此基础上，每个社群又以自己的方式决定着其成员个体权利分配与个体权利和集体权利的平衡。另一方面，许多原住民社群话语体系中的"财产"概念，与当代西方的法律概念也存在显著不同，在原住民的观念中，社会和自然的各方面都是一个统一的、相互联系的整体，"文化"是与其生存无法分离的生活方式的组成部分，而并没有文化与经济、文化和自然的区别；② "原住民已经声称'财产'的概念是外来的、不相容的，并且与其集体价值是对立的，因此他们的歌曲、设计等等是不能异化的（inalienable），决不能成为财产"。③ 这些权利观念上的分歧，使得原住民文化遗产相关权利与普通文化财产相比，更具有特殊性，对原住民文化遗产权利的保障较普通财产性权利甚至一般文化财产权利相比，与主体生存和自由的联系更加紧密。

由此，土著社群或民族对其文化遗产的保有、利用和保护，关乎的不是财产权，在一些土著社群或民族的文化和观念体系中，并无现代法意义上的"财产权"的概念。他们通过保有其文化遗产实现的，除了证明和维系自己作为一个独立族群或民族及其成员的文化身份之外，还包括以自己所坚守的信仰、按自己所认同的生活方式存续下去的基本生存权，以及人身和思想宗教信仰自由权等基本人权和自由。与此同时，国家和国际社会采取的一系列保护原住民文化遗产或文化传统的努力，除维护和促进文化多样性的宗旨和价值之外，对生存权、自由权、文化人权甚至民族自决权等基本人权的保障，更是这些行动的重要目标。总之，保护原住民文化遗产，保障原住民（社群或民族）

---

① 参见［德］西尔克·冯·莱温斯基著：《原住民遗产与知识产权：遗传资源、传统知识和民间文学艺术》，廖冰冰、刘硕、卢璐译，许超审定，中国民主法制出版社，2011 年，第 4 页。

② See Rennard Strickland, *Implementing the National Policy of Understanding, Preservation and Safeguarding the Heritage of Indian Peoples and Native Hawaiians: Human Rights, Sacred Objects and Cultural Patrimony*, Arizone State Law Journal vol. 24, 1992, pp. 175 – 192.

③ See Darell, *Addison and Posey, Comment, Current Anthropology*, vol. 39/2（1988），p. 211. See also, *reading rights versus relationship*, Sandler, p. 161. 转引自［德］西尔克·冯·莱温斯基著：《原住民遗产与知识产权：遗传资源、传统知识和民间文学艺术》，廖冰冰、刘硕、卢璐译，许超审定，中国民主法制出版社，2011 年，第 4 页。

对其文化遗产进行保有、使用和控制，并决定该遗产之命运的权利，具有人权保护的意义。将原住民文物归还给其原主，不仅是对其基本财产权利和利益的保障，更是对其文化人权、思想宗教信仰自由权甚至生存权和自决权的保障。

二、国际博协《博物馆职业道德准则》的原住民文物收藏及返还规则

在前述"艺术帝国主义"背景下，许多对土著居民或其部落和民族具有重要意义的文物，包括人体遗骸，因种种原因大量进入西方博物馆。为妥善处理博物馆收藏原住民人体遗骸及其文物引发的文物返还纠纷问题，国际博协《博物馆职业道德准则》中已经有针对此类文物藏品的特别规定。

根据国际博协《博物馆职业道德准则》，人体遗骸或具有神圣意义的藏品，只有在具备妥善储藏和保护的条件下才可获得，并且应以满足专业标准且符合其来源社区、族群或宗教团体利益和信仰的方式进行；① 对人体遗骸和具有神圣意义的物质材料展开研究和展出，也必须依照上述方式进行，展出还应以尊重相关个体及其族群的人格尊严为前提。② 此外，该道德准则中不予收藏来源不明的文物以及文物的来源国或民族有权主张返还等方面的规定，也可为原住民部落或民族及其后裔所援引，作为要求博物馆返还其文物或人体遗骸的有利依据。

三、美国原住民文物返还相关法制

20 世纪 80 年代以来，全球去殖民化运动的影响开始波及博物馆和文化遗产界。一些国家纷纷开始追索因战争或殖民而流失海外的文化遗产，经不懈努力，大量非法流失的文物已回归原所有权人或原属国博物馆，"博物馆对文物的暂时拥有不再能保证其文物的永久保留"③。这股潮流亦在保管原住民藏品的机构中激起变革，争议物品的范围不仅涵盖了具有美学价值的文物艺术品，更包括人体遗骸、宗教物品，甚至与此相关的考古学或民族学原始资料。

如前文所述，原住民文物返还问题"首先必须被看作是一个人权问题"。原住民及其社群的核心诉求在于通过重新掌握对其文化遗产的保有和控制，维系其社群的传统信仰、文化和生活方式；而对于原住民所属国家来说，向原住民返还其文物，更是对自己尊重原住民传统文化和生活方式，维护平等团结的民族关系，以及履行人权保障职责、切实保障少数人权利的重要彰显，与其政治稳定也有密切联系。因此，在原住民族群大量存在、原住民问题较为突出的国家，原住民相关立法一般都有尊重和保护原住民传统

---

① See *ICOM Code of Ethics for Museums*, art. 2. 5.

② See *ICOM Code of Ethics for Museums*, arts. 3. 7 & 4. 3.

③ 参见［美］迈克尔·F. 布朗、玛格丽特·M. 布鲁洽克：《〈美国原住民墓葬保护与文物返还法〉的法律疑难与非预期后果》，载［美］约翰·亨利·梅里曼著：《帝国主义、艺术与文物返还》，国家文物局博物馆与社会文物司（科技司）译，译林出版社，2011 年，第 202 页。

文化的规定，有的国家甚至出台了针对原住民文物保护及返还的专门立法，以美国的《原住民墓葬保护及文物返还法》为典型。

（一）立法背景及意义

美国从托马斯·杰斐逊时代开始，便将印第安人视作自然界的一部分来研究，他们把印第安人视为如动植物一般的"标本"，将其遗骸从墓葬里挖出来放进"人种动物园"进行展览，并当作"活化石"收藏进一些博物机构。[①] 与此同时，随着美国社会的不断发展，北美的印第安人消失殆尽，其人数在 20 世纪 90 年代一度降至历史最低点，其历史遗迹也随之大量消失。

在博物馆人类学家急于将印第安历史收集归档时，1906 年美国议会通过了《文物法》，旨在保护美国古代历史，同时促进科学界的相关持续性研究。印第安考古记录记载了美国从一片荒蛮到世界先进国家的进化发展过程，故而被视为美国国家身份的一个关键因素。自该法通过起，美国的印第安原住民遗产被正式交由科学界看管，"无论印第安人对自己的过去有何种说法，都俨然与美国叙事毫无瓜葛了"[②]。

面对如此严重的侵略和同化，美国的印第安人自 20 世纪 60 年代开始，便借助国际社会相关法律和政治文件，为捍卫其权利展开斗争。原住民虽通过强调未被白人统治的历史来试图建立起制度化机制以重申自己社群的权利，他们也憎恶那些以科学研究的名义将其文物和祖先遗骸据为己有的专家学者，但他们在努力恢复自己的语言、文化和历史，寻求将自身文化和历史身份转化为有形政治权利的过程中，始终保持着愿意与各州和联邦政府沟通的积极形象，并在此过程中愈发关心自己部落的祖传遗物及人体遗骸的追索和保有问题。1990 年《原住民墓葬保护及文物返还法》即国会对上述问题做出的回应。

《原住民墓葬保护及文物返还法》标志着联邦政府关于印第安人权利立场的重要转变以及美国考古学在理念和实践上的巨变。一方面，它明确承认了印第安人的过去和美国的现在的关联，反映了美国在自我认识上的深刻转变，强调了美国视自身为一个多元社会的观念；另一方面，该法有史以来第一次赋予印第安人以质询的权利，"可以直接或隐晦地质疑主流意识中所谓的美国对印第安历史的拥有权"，从而将自身的精神和历史赋予其中。[③] 可以说，《原住民墓葬保护及文物返还法》是北美原住民为维护自身权

---

① 有关杰斐逊时期以及美国考古学早期历史的资料，参见 David Hurst Thomas, *Skull Wars: Kennewick Man, Archaeology, and the Battle for Native American Identity*, New York: Basic Book, 2000，转引自［美］约翰·亨利·梅里曼著：《帝国主义、艺术与文物返还》，国家文物局博物馆与社会文物司（科技司）译，译林出版社，2011 年，第 227 页。

② 参见［美］约翰·亨利·梅里曼著：《帝国主义、艺术与文物返还》，国家文物局博物馆与社会文物司（科技司）译，译林出版社，2011 年，第 228 页。

③ 参见［美］戴维·赫斯特·托马斯：《发现者、持有者与深度美国史：争端解决之教训》，载［美］约翰·亨利·梅里曼著：《帝国主义、艺术与文物返还》，国家文物局博物馆与社会文物司（科技司）译，译林出版社，2011 年，第 228～229 页。

利不断斗争取得的重要成果，不仅有利于促进原住民文物的追索与返还，对于促进原住民部落的族群文化认同，以及社会公众对原住民在美国历史进程中作用和地位的认知，也有重要意义。

（二）适用范围与原住民文物所有权确定规则

《原住民墓葬保护及文物返还法》共 13 章，收录于《美国法典》第 3001～3013 节，分别对有关定义，所有权，人体遗骸和相关陪葬品清单编制，非相关陪葬品、宗教圣物和文化遗产概况，物品返还，评议委员会，处罚，资金补助，保留条款，联邦政府与印第安部落和夏威夷自治机构的特殊关系，有关规则制定，拨款授权以及法律执行等问题，进行具体规定。该法适用于美国本土境内原住民、其直系后裔及其部落，夏威夷原住民及其部落等经美国联邦认证的原住民部族及其成员，对在某一原住民部落中具有象征性意义的，作为其文化标志的，表现其祖先和现存后裔之间亲族关系和文化从属性的人体遗骸、墓葬用品、宗教圣物以及其他文物的保护、处置以及返还等事宜加以规定，保障原住民及其部族对其文物的正当权利。该法的主要目的之一在于，要求接受联邦资助的博物馆和其他联邦相关机构编制其收藏或保有的原住民人体遗骸和墓葬用品的文物清单，并提供其收藏或保有其他原住民文物的大致情况。这些博物馆机构须与原住民部落或其自治机构进行商议，就上述物品的返还或者其他处分方式问题达成一致意见而努力。该法另一方面目的在于为原住民墓葬遗址提供更强有力的保护，并为原住民人体遗骸、陪葬品、宗教圣物、其他文化遗产及其土地的转移进行更加细致的监管。①

受该法规制的物品包括在联邦或者原住民土地上发现的，对美国某个原住民社群具有象征性意义的，可表现其祖先和现存后裔之间亲族关系和文化从属性的物品。根据第一章对主要概念的定义，该法所称"原住民"包括所有经联邦认定的原住民族或部落，具体包括经联邦认定为印第安部落而有资格获得美国政府向印第安人提供的特殊项目或服务的印第安部落、群落、民族或具有其他组织形式的群族或社区（包括阿拉斯加原住民村庄），其他对美国具有本土意义或与之相关的原住民部落、民族或文化，以及夏威夷州原住民。而受该法保护的原住民文物包括：（1）墓葬，作为某种文化中丧葬礼仪或仪式组成部分的任何自然的或经准备的存放人体遗骸的地点，无论埋葬在地下还是显露于地表；（2）（原住民）人体遗骸；（3）其他文化物品。其他文化物品包括：（1）相关陪葬品，其作为某种文化中丧葬礼仪或仪式的一部分，可充分证明其在逝者去世时或去世后被与人体遗骸放置在一起，且目前人体遗骸和相关陪葬品均由联邦政府或博物馆机构占有或控制；此外，其他专为殡葬或放置人体遗骸而特别制作的物品，也可视为

① See Francis P. McManamon, *The Native American Graves Protection and Repatriation Act （NAG-PRA）*, in Linda Ellis （eds.） *Archaeological Method and Theory: An Encyclopedia*, Garland Publishing Co., New York and London, 2000. available at: https://www.nps.gov/archeology/tools/Laws/nagpra.html, accessed 20－03－2018.

相关陪葬物；（2）非相关陪葬物，其作为某种文化中丧葬礼仪或仪式的一部分，可充分证明其在逝者去世时或去世后被与人体遗骸放置在一起，该人体遗骸尚不为联邦政府或博物馆机构所占有或控制，且有有力证据证明该物品与某些特殊的个人、家族或知名人体遗骸有极大的关系，或有有力证据证明该物品从与某一印第安部落有文化从属性的个人墓葬中移除而来；（3）宗教圣物，即传统美国原住民宗教领袖为进行该部族传统宗教礼仪，或者其宗教追随者为实践该宗教习俗而使用的物品；（4）其他对原住民群体具有历史、传统或者文化意义的遗产，包含对美国原住民族群或文化本身具有重要核心意义的历史、传统或文化内涵的物品，该物品绝非为某个原住民个体所有的财产，因此任何个人，无论其是否为印第安部落或夏威夷原住民组织的成员，均不可转让、挪用或转送该物品；即使该物品被原住民从本族群中分离出来，该族群对物品的所有权依旧不可剥夺。上述定义中，"文化从属性"指的是经合理历史或史前史追溯，现代印第安部落或夏威夷原住民组织与一个可辨识的早期群体，共享同一群体身份。①

此外，该法所称"占有权"则指的是经拥有转让权的个人或族群自愿同意而获得的占有某物的权利，原住民非相关陪葬品、宗教圣物以及其他文化遗产所有权的取得，只需经拥有转让权的个人或族群的自愿同意。但该过程依据宪法第五修正案适用征收程序的，对"所有权"的定义适用财产法的相关规定。经挖掘、发掘，或经与物品有文化从属关系的印第安部落或夏威夷原住民组织家庭或官方主管机构知情同意而获得人体遗骸或相关陪葬品的，可被视为对该物品享有合法占有权。②

该法第2章明确规定，自1990年11月16日之后，在美国联邦或者原住民部落土地上挖掘或发现原住民文物的所有权或控制权，依照以下规则确定。第一，原住民人体遗骸以及相关陪葬品，为该原住民直系后裔所有；上述直系后裔无法确定的情况下，以及非相关陪葬品、宗教圣物和其他文化遗产的所有权和控制权，按照以下顺位确定：（1）归发现该文物或人体遗骸所在土地的原住民部落或夏威夷原住民组织所有；（2）归与该文物或人体遗骸具有最近的文化从属关系，并在获得通知后对该文物或人体遗骸主张权利的原住民部落或夏威夷原住民机构所有；（3）与该物的文化从属关系无法合理确定，并且该物发现于经印第安人诉求委员会（Indian Claims Commission）或美国索赔法院（United States Court of Claims）认定的某个原住民部族土地上的，归对该物或人体遗骸主张权利的占有该片土地的原住民部落所有，或者归主张且拥有更强有力的证据证明自己对该人体遗骸或文物具有明显强于占有发现土地的部族的文化从属性的部族所有。第二，未被主张权利的原住民人体遗骸或者文物，将按照内政部经与本法第6章所

---

① See *Native American Graves Protection and Repatriation Act*（1990），Section 2：Definiton（25 USC Ch. 32，Section 3001）.

② See *Native American Graves Protection and Repatriation Act*（1990），Section 2：Definiton（25 USC Ch. 32，Section 3001）.

成立的委员会、原住民群体、博物馆和相关科学界代表共同协商而制定的相关规则处理。① 上述确权规则，为原住民或其部族进行人体遗骸和流失文物的追索奠定了权利基础。

（三）文物返还规则

为促进原住民人体遗骸和文物返还其所属社群，《原住民墓葬保护及文物返还法》确立了以下主要规则。

1. 馆藏原住民文物及相关信息登录制度。每一个占有、实际保有、控制或收藏有原住民人体遗骸和相关陪葬品的联邦机构和博物馆，都应编制其保有此类文物的名录清单，并根据自身所掌握的该文物的相关信息，确定该遗骸或者文物的地理来源和文化从属。有关原住民部落管理机构、管理人员以及族群的宗教领袖也通过提供咨询的方式参与名录编制。完成编目后，文物保有、收藏机构和博物馆最迟应在 6 个月内通知相关印第安部落或夏威夷原住民组织。通知中的信息应符合以下要求：（1）具有可辨识的每一具原住民人体遗骸或者每一件相关陪葬品及其获得时的周边环境和具体情况；（2）列明可清晰识别其来源部落的人体遗骸或相关陪葬物；（3）列明与印第安部落或夏威夷原住民组织的文化从属关系不可清晰辨识的原住民人体遗骸或相关陪葬物，且根据遗骸或相关陪葬物品获得的周边整体环境合理推断与该遗骸或物品有文化从属性的印第安部落或夏威夷原住民机构。② 对于非相关陪葬品、宗教圣物以及其他文化遗产，法律也要求其占有、控制和收藏机构（博物馆或联邦有关机构）在尽可能拥有或掌握相关信息的基础上提供有关此类物品的书面概要。概要所描述的信息应包括该机构保有此类收藏品的范围和规模、此类收藏的具体类别、确定可靠的地理来源、获得该物品的方法和时间以及文化从属关系。③

2. 原住民部落对相关信息的接触和知情权。经印第安原住民部落或夏威夷原住民机构请求，有关联邦机构或博物馆应补充提供包括编目和目录信息、相关研究、说明该物地理来源或文化从属的其他相关数据以及该人体遗骸或物品获得登录的基本事实等在内的相关记录、信息，并允许该原住民部落或机构接触和查阅。④

3. 人体遗骸和文物返还制度。该法第 5 章确立的原住民人体遗骸和文物返还制度包含了一系列具体的具有极强的操作性的规则。第一，占有、控制或收藏此类遗骸或文物的联邦机构或博物馆应予返还的情形。遵照该法第 3 章的规定，原住民人体遗骸或相

①　See *Native American Graves Protection and Repatriation Act*（1990），Section 3：Ownership（25 USC Ch. 32，Section 3002）.

②　See *Native American Graves Protection and Repatriation Act*（1990），Iaventory for human remains and associated funerary（25 USC Ch. 32，Section 3003）.

③　See *Native American Graves Protection and Repatriation Act*（1990），Section 6：Summary for unassociated funerary objects，sacred objects，and cultural patrimony（25 USC Ch. 32，Section 3004）.

④　See *Native American Graves Protection and Repatriation Act*（1990），Section 3，Section 6.

关随葬品与特定的印第安部落及夏威夷原住民组织的文化从属关系成立的；或者符合该法第 4 章规定，某特定印第安部族或夏威夷原住民组织的文化从属关系通过非相关陪葬品、宗教圣物及其他文化遗产得以显现的，若该印第安部落或夏威夷原住民组织及其直系后裔提出文物返还请求的，在符合有关条件和程序的前提下，占有、控制或收藏该遗骸或文物的联邦机构或博物馆必须立即返还；若原住民人体遗骸或者墓葬用品与其部族的文化从属关系并非依据第 3 章所列名录或第 4 章所列概要载明相关信息而成立，或者此人体遗骸或墓葬用品并不包含在任何此类名录清单中，在符合相关程序和规定的前提下，原住民部落（印第安部落或夏威夷原住民组织）只有在提供强有力证据——如地理、血缘、生物、考古学、人类学、语言学、民俗学、口述传统、历史学或其他方面相关信息，或者专家意见——证明其与该遗骸或物品具有文化从属关系的基础上，其向占有、控制或收藏该遗骸或文物的联邦机构或博物馆提出的返还请求才能得到支持。第二，返还地点和方式的确定。依据本法进行的人体遗骸或文物返还应与提出返还请求的原住民部族直系后裔进行协商，以决定遗骸或文物返还的地点及其运送方式。第三，返还时间。一般情况下，符合上述应予返还情形的，有关联邦机构或博物馆应在收到原住民部族及其后裔提出的返还请求之后，立即予以返还；但若该遗骸或物品为完成特定科学研究不可或缺，且该研究结果将为国家带来重大利益的，该遗骸或物品可在此研究完成之日起 90 天内予以返还。第四，举证责任与返还标准。印第安部落或夏威夷原住民组织的直系后裔依据本章之规定请求返还非相关陪葬品、宗教圣物或者其他文化遗产的，在相反证据未被引入的情况下呈交可独立支持联邦相关机构或博物馆无权占有该物品的证据的，除非该联邦机构或博物馆可推翻此证据并证明自己对该物品享有所有权，否则应立即将此物予以返还；考虑到占有、控制、收藏原住民人体遗骸、文物的联邦机构或博物馆在实践中的信息来源渠道和搜集能力远超出原住民部落，法律还规定任何联邦机构或博物馆应与原住民部落（印第安部落或夏威夷原住民组织）及其后裔共享其所掌握的争议文物相关信息，以帮助该原住民部落（及其后裔）提出返还诉讼。第五，竞合返还请求之处理。联邦相关机构或博物馆面临多个原住民部落主张对同一件遗骸或文物的返还请求，且无法清晰判断哪个请求方才是最合适的权利主张主体的，该文物应由现占有、控制或收藏的机构或博物馆保留，直至这些请求主体就如何处置该文物达成一致意见，或者根据本章的规定或通过有管辖权的法院解决该争端。第六，返还责任的优先性。任何依本法规定善意向原住民返还遗骸或文物的联邦机构或博物馆，不因由于受害第三方的起诉、信托义务或公共信托的违反或者违反与本法不一致的各州法律而承担责任。①

4. 实施监督和保障制度。为确保该法各项制度得到切实执行，第 6 ~ 8 章还确立了

---

① See *Native American Graves Protection and Repatriation Act*（1990），Section 7：Repatriation（25 USC Ch. 32，Section 3005）.

一系列法律实施监督和保障制度。第一，成立审查委员会。要求联邦政府内政部于该法实施之日起 120 天内成立负责监督和审查本法第 3、4、5 章所规定的原住民遗骸和文物登录、认定程序和返还活动执行情况的审查委员会。委员会应包括 7 名成员，其中 3 名由内政部从印第安部落、夏威夷原住民机构和传统原住民宗教领袖所提名的人选（其中至少包括 2 名传统宗教领袖）中委任；另外 3 名由内政部从国家博物馆机构和科学研究机构提名的人选中委任；最后 1 名成员则由联邦机构从根据上述规则产生的所有成员所共同制定和同意的提名名单中加以委任。但联邦政府官员或雇员不可成为该委员会成员。委员会从其成员中指定一位担任主席，带领该委员会履行以下职责：A. 监督依据本法第 3、4 两章实施遗骸和文物登录及其文化从属关系的认定过程，确保此过程中所有相关的信息和证据都得到公正、客观的考虑和评估；B. 应相关方请求，审查并就原住民遗骸或文物的文化从属关系以及该遗骸或物品的返还做出决定；C. 通过包括召集争端各方在内等的多种方式，促进原住民部落（印第安部落、夏威夷原住民组织）及其直系后代与联邦机构或博物馆之间人体遗骸或文物返还的争议的解决；D. 编制为各联邦相关机构和博物馆所占有或控制但无法认定其文化归属的人体遗骸清单，并就采取特别行动处理这些遗体的方式和程序提出建议；E. 在委员会工作范围内就对原住民部落或组织造成影响的事务与原住民部落（印第安部落、夏威夷原住民组织）和博物馆展开协商；F. 与内政部协商制定执行本法规定的相关规则，并完成内政部委任的其他相关职责；G. 适时就将被返还文化物品的未来保护提出建议。委员会须每年向国会提交年度报告，汇报上年的职能履行情况及遇到的相关阻碍。① 第二，违法处罚。博物馆未履行本法规定义务的，将按照内政部确立的规则规定的程序受到内政部的民事处罚。处罚的评定应根据听证会记录确定，每一个违反本法规定的行为都将视为一次单独的违法行为。处罚的力度应根据本章规定制定的具体规则确定，并考虑违法行为所涉文物的考古、历史和商业价值，受害主体所遭受的财产和非财产损失，以及违法行为发生的次数等因素。② 第三，补助规则。在印第安部落和夏威夷原住民组织依本法追索其人体遗骸或文物的过程中，内政部有权给予适当的补助，以协助其实现文物返还；内政部也可给予博物馆机构一定的补助，以支持其依照本法第 3、4 两章的规定完成遗骸或文物名录的编制、认定或概要的编写。③

　　5. 其他手段或法规的适用。为进一步拓宽原住民追索其文物的可能途径，《原住民墓葬保护及文物返还法》还在其"保留条款"中明确规定本法规定不得解释为：（1）

---

① See *Native American Graves Protection and Repatriation Act*（1990），Section 8：Review committee（25 USC Ch. 32，Section 3006）.

② See *Native American Graves Protection and Repatriation Act*（1990），Section 9：Penalty assessment，museums（25 USC Ch. 32，Section 3007）.

③ See *Native American Graves Protection and Repatriation Act*（1990），Section 10：Grants（25 USC Ch. 32，Section 3008）.

限制有关联邦机构或博物馆将文物返还原住民族群（印第安部落或夏威夷原住民组织）或个人，或者限制经与之有文化从属关系的原住民族群同意订立其文物处分、控制相关协议的权利；（2）搁置本法生效之时已提出文物返还请求的处理；（3）否定或以其他方式阻碍文物返还争议进入诉讼程序；（4）限制任何已授予原住民个人以及印第安部族或夏威夷原住民组织的实体性或程序性权利；（5）限制联邦或各州有关财产偷盗法律规则的适用。① 概言之，《原住民墓葬保护及文物返还法》只是为原住民文物的追索与返还提供了一种特殊的新增方式或程序，并不影响原住民及其社群依照其他已有的各种合法方式，如缔约、诉讼等，进行流失文物的追索。

四、英国人体遗骸返还相关法律及规定

（一）问题的产生和立法背景

作为"艺术帝国主义"的主要国家之一，英国在殖民统治期间通过发现、掠夺、与殖民地原住民交易或者从外国博物馆机构收购等多种方式，获取了大量包括人体遗骸在内的文物。一个受博物馆、档案馆和图书馆委员会（the Council for Museums, Archives and Libraries）资助的政府工作组对英国 148 个博物馆及相关机构收藏人体遗骸的情况展开的调查数据显示，在实际回应该调查的 146 个机构中，60 个机构承认自己保有 1500～1947 年间的海外人体遗骸，其中的 30 个机构共收到 33 例原住民人体遗骸返还请求，27 例来自澳大利亚原住民社群，5 例来自美国原住民部落；大英博物馆、自然历史博物馆和皇家外科医师学会 3 个机构收到的人体遗骸返还请求超过 20 例。在此项调查进行期间，只有 7 例请求成功实现了遗骸的返还，5 例判决正在进行，13 例返还请求因为法律禁止而被拒绝，8 例因为其他原因被拒。② 然而，这依然不能涵盖英国博物馆及相关机构保有人体遗骸和面临返还纠纷的全部情况。

20 世纪早期，原住民社群向英国博物馆要求返还其人体遗骸或文物时面临着许多法律障碍，如根据英国法律规定，大英博物馆等国家博物馆不得随意处分关乎重要公众利益（特别是学生利益）的文物藏品③，"财产"及其所有权的概念原则上不适用于人体遗骸等。随着原住民文物追索运动在世界范围内日益高涨，原住民——特别是澳大利亚原住民向英国博物馆提出的文物和人体遗骸的返还请求不断增多，对这一问题的规范成为英国日益迫切的需要。在这种情形下，2000 年，英国首相和澳大利亚总理举行会

---

① See *Native American Graves Protection and Repatriation Act*（*1990*），Section 11：Limitations on applying the Act（25 USC Ch. 32, Section 3009）.

② See Department for Media, Culture and Sports, *Care of Historic Human Remains：A Consultation on the Report of the Working Group on Human Remains*（*hereafter Working Group Consultation*, 2003, cited in *Repatriation of Historic Human Remains：United Kingdom*, available at：https：//www. loc. gov/law/help/re-patriation-human-remains/united-kingdom. php, accessed 23 – 03 – 2018.

③ See *British Museum Act*, art. 5（1）（c）.

晤，共同发表了一份《关于促进人体遗骸返还至澳洲原住民的声明》，两国政府同意加强将人体遗骸返还澳大利亚原住民社群的努力，一致认为走相互协作之路乃解决这一问题的重要方式，但如何减少原住民遗骸返还的阻力还需要在原住民社群与文物（包括人体遗骸）收藏机构之间进行长期的协调。① 作为落实该声明的行动，英国艺术部成立了一个旨在调查受公共财政支持的博物馆、美术馆机构中保有人体遗骸藏品的情况并以此为基础对有关法律改革提出建议的工作组。在 2004 年《人体组织法》（*Human Tissue Act*，2004）中修改或加入相关条款即为立法部门采纳该工作组建议的成果。

（二）《人体组织法》相关规定

根据 2004 年《人体组织法》第 30 条规定，有关机构和个人未经该人体组织来源主体的同意，不得转移、贮藏或者为包括研究和公共展览等在内的特殊活动保留人体遗骸。然而，该条规定适用的人体组织的范围却尚未包括许多博物馆现有的进口人体遗骸，以及超过 1000 年的人体遗骸。为促进这些现已为博物馆机构占有的人体遗骸返还给其原住民（社群），该法第 47 条允许大英博物馆、国家海事博物馆、自然历史博物馆等 9 座博物馆及其他收藏机构的理事会在认为合适的情况下，出售或转让其藏品中在该法生效前去世时间短于 1000 年的人体遗骸，从而改变了《大英博物馆法》等针对公共博物馆的立法禁止这些博物馆出售其文物藏品的规定。

（三）《博物馆人体遗骸管理指南》

为更好地管理各博物馆保有的人体遗骸，规范其利用人体遗骸的行为并妥善处理原住民提出的返还请求，英国文化部于 2005 年出台了《博物馆人体遗骸保护指南》（*Guidance for the Care of Human Remains in Museums*，2005）（以下简称《指南》），就公共博物馆所保有的人体遗骸的保护、管理、利用以及返还事宜进行具体规定。② 除对关键术语的定义之外，本《指南》分为三部分，分别为"法律与道德框架"、"人体遗骸的保存、保护和利用"以及"人体遗骸返还请求"。

根据《指南》的定义，"人体遗骸"主要指从智人进化而来的曾存活过的人的躯体及躯体的各部分，包括所有骨骼、器官和皮肤等软组织、胚胎等，还包括所有利用人体遗骸的相关部分，如骨骼、骨架等制作的工艺品。然而，本《指南》中对"人体遗骸"的定义也不包括逝者的毛发和指甲，这与《人体组织法》的规定一致。此外，一个群体被认为拥有共享的地理位置、共同文化、精神或宗教信仰，使用共同语言，并自我认同为一个独立社区的，都是本《指南》所称"文化社区"。因此，该《指南》虽并未明确出现"原住民"的字眼，但对"文化社区"的定义，显然包含原住民部落或社群在内。

---

① 参见［澳大利亚］林德尔·V. 普罗特主编：《历史的见证：有关文物返还问题的文献作品选编》，国家文物局博物馆与社会文物司（科技司）译，译林出版社，2010 年，第 236 页。

② 该《指南》文本参见大英博物馆网站：https://www.britishmuseum.org/pdf/DCMS%20Guide. pdf，2018 年 3 月 23 日访问。

从具体内容来看，除第二部分内容涉及人体遗骸这一类特殊的"物品"保存和管理的具体技术条件和方法，《指南》主要通过以下三方面规定促进博物馆和其他人体遗骸收藏机构对该遗骸的返还：首先，从宏观上明确收藏机构做出人体遗骸管理和返还相关决策应遵循的程序和道德原则；其次，通过规范这些机构对其所藏人体遗骸的管理和利用行为，使相关文化社区有机会了解有关信息、自主自愿做出是否追索的决策，减少收藏机构与遗骸所属（原住民）文化社区的冲突，从而促进双方协商解决遗骸返还纠纷，实现返还中的"双赢"；最后，直接对收藏机构处理文化社区遗骸返还纠纷的程序和方式及进行具体规定与指导。

1. 人体遗骸管理和返还决策的程序和道德原则

在明确《人体组织法》及其他相关法律是人体遗骸管理和返还事宜必须遵守的法律框架并承认现行英国法律在解决这一问题局限性的基础上，《指南》在"道德框架"部分明确列举了博物馆和收藏机构在做出人体遗骸管理和其返还事务决策中须遵守的程序和道德原则。

程序原则包括六个方面。（1）严谨：在恰当的知识、技巧和谨慎之下，理性行动，论证决策的正确性。（2）坦诚与正直：值得被他人信任；公开利益冲突；在与相关各方进行信息沟通时表现诚意；遵照原则做出行动。（3）敏感与文化理解：对他人的感受表现出关注和同情；对不同宗教、精神及文化背景表示理解。（4）尊重个人和社群：对个人和社群表示尊重；尽可能减少对个人和社群的不利影响；尊重隐私和秘密。（5）负责任地沟通：保持公开度和透明性，公开并坦诚地倾听、传达、沟通。（6）公正：公平地行动，慎重考虑有关各方的利益；行为始终如一。

道德原则包括五个方面。（1）避免伤害原则（Non-maleficence）——在任何情况下尽量避免伤害，包括伤害个人、社群或广大公众。例如，永远不要采取有可能给特定社群造成灾祸的行动。（2）尊重信仰多样性——尊重不同的宗教、精神和文化信仰及各自的保留观点，做到宽容：以谦虚的心态看待他人的观点，尊重个人、文化、团体和社群；决策者应考虑各种文化和历史背景、信仰以及各方关注的价值观。例如要求博物馆认可和尊重某些社群可能保有的某种特殊的有关人体遗骸的文化价值观，尽管这种价值观不为其他人所认同。（3）尊重科学价值——尊重人体遗骸的科学价值以及科学探索可能为人类带来的利益。个体与社群，无论过去、现在和未来，都将直接或通过他们的亲属、后裔和社群而间接地因科学成果而受益。（4）团结——通过人体遗骸领域的合作与共识促进人道主义，推进相同目标和因尊重基本人权而容忍差异性的共同利益。通过善意和认可共同人性，相互尊重，相互理解，促进团结与合作；努力寻求相关各方面都能接受的、关于人体遗骸权益的共识。（5）善意——有益于他人，有助于个人、社群或普通公众：有关行为应尽可能带来好结果，包括促进有益于人类的知识的发展（如为科学研究之目的使用人体遗骸）或者尊重个人意愿（如向亲人归还其遗骸，使逝者入土为安）。

2. 相关保障

为妥善保护、管理和利用博物馆及相关机构已收藏的人体遗骸，同时与其文化社群保持友好关系，从而增进妥善解决返还争议的可能性，《指南》在对博物馆或者其他机构人体遗骸的获得、租借、转让、存储、保护、管理、公众展示、利用、接触、教育、研究和取样以及藏品名录编制等方方面面进行具体规定时，始终考虑到人体遗骸作为一种特殊的藏品以及该藏品与其原属文化社群所具有的特殊关联性和对该社群的特殊意义，在严守各项程序合法性的基础上，严格规范人体遗骸藏品取得、租借和进行转让条件、方式和程序，为此类藏品的妥善保存、保护和管理提出更高的要求，并在进行公众展示和科学研究等利用时特别注意发挥该藏品科学研究与公众教育价值与尊重其原属社群信仰和文化之间的平衡，鼓励采取探索创新的展示方式、有针对性地区分展示受众以及对其各方面价值进行科学研究和解读等多样化方式，在尊重其原属文化社区的信仰、习俗和意愿，并通过友好协商征求其意见的基础上，对人体遗骸藏品进行合理利用。为更好地落实上述各项具体制度并保持其稳定性，《指南》还对收藏有人体遗骸的博物馆或者其他机构的政策制定、人事选任以及特殊机构设置等，提出了要求与期望。

3. 人体遗骸返还程序和规则

人体遗骸返还的具体规则和程序规定于《指南》的第三部分，为收藏有人体遗骸的博物馆及其他机构处理和应对原住民文化社群提出的返还请求提供了具体的具有可操作性的指导。

《指南》首先指出，原住民直系后裔、其文化社群，甚至某些民族国家提出人体遗骸返还请求的原因多种多样，可能出于宗教或精神信仰方面的原因，出于后代子孙希望祖先在其世代生活的土地下安息的愿望，出于维护被侵犯的人权的需要或纠正过去遭受的不公正等。博物馆及相关机构对于涉及人体遗骸返还的请求，应当在考虑该人体遗骸的占有状况，利益相关个体或社群的文化和宗教价值观以及他们与要求返还的人体遗骸的关系，该遗骸的文化、精神和宗教意义，其科学、教育和历史学重要性，以及其过去、现在和未来（返还后）的保存和利用状况等多方面因素的基础上，个案分析，妥善处理。在理想的状态下，返还请求的处理应在合适的时机，以博物馆和请求人双方进行公开的、具有建设性的对话的方式进行。博物馆机构也应该通过其政策和机制的调整，在其权力范围内竭尽所能，努力实现政策公开、广泛咨询、行为透明，进一步促进协商的平等和公正。实践中，为更从容地应对此类返还请求，博物馆应当准备一份面向公众的、清晰的指导材料，具体内容包括：评估申请的标准，请求受理的周期，负责决策与交流的人员在所属机构中的职位，以及负责接待外部咨询人员的职位。该材料应易于查阅，并可解释和用于诉讼案件。此外，博物馆应事先组织专家顾问团，为处理此类请求提供支持。费用问题不应成为解决返还请求的障碍，更不应成为拒绝申请的借口。

在这些实体和程序目标、原则的指导下，《指南》还为博物馆处理此类请求提供了一个着眼于实际步骤，有助于确保程序公正与管理完善的程序范本。根据此"范本"，博物馆处理人体遗骸返还请求，主要包括以下几个环节和步骤。第一，接受请求，明确其具体内容。正常情况下，相关个人和文化社群的返还请求及其证明材料都应通过正式途径发出，对于博物馆而言，处理此类问题的首要原则就是坦然地面对任何请求主体，并与之进行有建设性的对话。博物馆应在收到返还申请后正式告知请求人并向其解释处理程序，指派负责处理其请求并为之提供服务的具有相应技巧的专门人员，并厘清所有与最后是否归还决定相关的偏颇、含糊且可能影响到决策公正的信息。在这一阶段，与请求主体的沟通和磋商必不可少，专家的意见——包括来自请求人所属国家政府的建议，也至关重要。第二，证据采集。接受请求之后，博物馆机构应汇总相关的档案或报告。借鉴请求人提交的原始申请中的证据，并补充新证据。为进一步增加这一环节的可操作性，《指南》还专门提供了在搜集相关证据和准备报告的过程中可遵循的分类准则，将需要调查和明晰的主要内容分为：请求人身份及其与返还请求所涉遗骸的关系，人体遗骸在文化、精神及宗教方面的重大意义，遗骸的年代，遗骸的历史变迁和取得方式，遗骸收藏机构的法律地位，遗骸对博物馆和公众的科学、教育及历史价值，遗骸过去的利用方式，遗骸返还后可能面临的命运，遗骸档案，除返还之外其他可能的处理方式，原属国家政策，以及过往类似的判例、案例等。第三，综合分析。一旦所有证据收集齐备，博物馆机构应加以分析，考虑可采取何种应对策略。此为处理返还请求中最为关键的一环。在这个过程中，博物馆机构可使用前述相关标准与收集到的证据，与请求人展开充分、公开的持续对话；通过评估相关证据，以道德和法律指导和衡量不同的标准，根据对证据的综合分析，得出最终的结论。展开分析的过程还应当尽可能公开透明。第四，采纳建议。博物馆在分析决策过程中，还应倾听来自外部专家的意见，如邀请相关专家组成常设顾问团，或为特定案件组建特别委员会。第五，决策。是否予以返还的最后决策的做出，须形成一份完整的书面报告，包括所有事实、因素和证据，并提交主管机构，以供其作为决策依据。最终决策应综合评定上述各要点，并由博物馆管理机构做出，个人不可做出此类决策。第六，实施。博物馆管理机构应正式执行该决策。将最终的决策结果告知请求人，向其说明理由，并给予请求人一定的回应时间，同时准备应对此阶段还可能出现的进一步磋商。在执行阶段，最终的决策结果不应只被简单视为"同意"或者"不同意"，而应站在为人体遗骸找到未来最合适的保护和利用方式的角度，尽可能在各方之间达成共识。即使返还请求被拒绝，也不应成为阻碍各方在未来进行再度对话或沟通的理由。博物馆机构还应预设应对程序，以应对有关主体就此决策提起的申诉。处理申诉程序的人员不应包含作出第一次决策的人员，或与其有关联关系的人。

第四节　文物追索的主要途径及其阻碍因素

纵观文物追索与返还理论、制度和五国实践，除通过回赠、回购等具有较大随机性和局限性的市场化方式实现流失文物的回归之外，流失文物的追索主要可通过以下几种方式进行：（1）依据有关国际公约进行；（2）订立双边条约或协定；（3）通过专门受理机构进行；（4）在非政府组织或其他有关机构的协调和斡旋下进行；（5）通过诉讼的方式进行。从法学视角来看，上述方式可归为诉讼追回和非诉方式追回两大类，在英、美、法、意、日五国均有相关案例。本节将以涉及五国的文物返还案例为样本，分析此两类途径在实践中可能遇到的局限和阻碍，以及五国对这些阻碍的回应。

一、文物返还诉讼

作为"艺术帝国主义"的主要成员和博物馆事业较为发达的国家，五国博物馆或者其他文物收藏机构中，大量存在以殖民、战争掠夺或其他非法手段保有的其他国家、民族或文化社群的流失文物。在寻求文物返还其原属国家、民族或社群的热潮中，五国政府或其很多文物收藏、交易机构，都收到了大量文物返还请求，其中的不少追索请求，都是通过提起诉讼的方式进行。

然而，以诉讼方式谋求文物返还的实践，在很多环节都面临着理论上或实际操作中的难题。一方面，由于绝大部分旨在促进或者客观上有利于流失文物回归其原主国的国际公约和内国立法大都制定于20世纪中叶以后，而很多文物因战争、殖民掠夺流失于有关公约或法律生效之前，甚至因当时原属国文物进出口管理制度不完善而偷运出境，司法途径在这些案件中存在局限性。另一方面，跨国文物追索诉讼在程序上面临着诸多不确定因素，其中，以下几方面问题最为普遍和典型。

（一）原告资格认定

对诉讼主体资格的确认，是诉讼程序启动的第一步和重要前提。一般来说，各国民事诉讼法对诉讼主体资格的认定，遵循两条共同的基本原则。第一，主体必须是法律意义上的人，亦即法律所认可的自然人、法人和其他组织；这是原告资格的形式要件。第二，原告必须与诉讼具有直接法律关系，亦即原告适格的实质要件。[1] 然而，由于实践中造成文物流失的原因复杂多样，再加之不同国家法律的具体规定和限制存在差别，在跨国文物追索和返还诉讼中，原告资格的成立性也很容易成为案件的争议焦点之一。

1. 形式要件

就原告是否具备形式要件的判定，各国法院一般适用法院所在地法进行认定。据此，一个在其本国具有诉讼主体资格的原告，有可能不被法院所在地法认可。[2] 然而，在文物返还诉讼中，也有的法院会在考虑案件实际情况的基础上，选择适用原告所属国法律处理这一问题，对原告是否符合提起诉讼的形式要件进行判断。

---

① See L. V. Prott, *Movables and Immovables as Viewed by the Law*, International Journal of Cultural Property, 1992（01），p. 245.

② 参见霍政欣著：《追索海外流失文物的法律问题》，中国政法大学出版社，2013年，第76页。

英格兰法院审理的"邦普发展公司诉伦敦警察局案"（*Bumper Development Corp.*, *Ltd. v. Commissioner of Police of the Metropolis and Others*）①，即涉及对文物返还的请求主体是否具有诉讼主体资格的讨论。该案中，一尊青铜神像"纳塔拉湿婆"（Shiva Nataraja）于 1976 年在印度南部的泰米尔纳德邦帕哲（Pathur）寺庙遗址附近被非法挖掘并几经倒卖。1982 年，邦普公司通过诉讼对该神像进行保护，决定由印度联邦政府、泰米尔纳德邦、最初拥有这尊佛像的寺院、该寺院的受托人和该寺院的主神"湿婆林伽"（Shiva Lingam）作为主张所有权的共同第三人。一般而言，以法院地法确定诉讼主体资格是世界绝大多数国家法院在此问题上普遍奉行的圭臬，也是英格兰法官遵循的基本原则。该神像最初所处的寺庙及其庙神"湿婆"，并非英国法认可的具有诉讼主体资格的法人。然而，本案法官认为，在认定法律主体时，不应局限于英国法中法律主体的标准，而应当在不损害公共利益的情况下，采取尊重他国法律和惯例的更加宽容和友好的态度。为此，法院援引了枢密院早先对"穆利克诉穆利克案"（*Mulick v. Mulick*）确认的"家神虽不是财产法普通上的动产，但在印度教法中具有法律人格和诉讼主体资格"的原则，承认了"湿婆林伽"和其原所在寺庙为适格诉讼主体。

2. 实质要件

在文物返还诉讼中，原告对拟追回流失文物享有一定的权利，是判断其是否适格的实质要件，这种权利因不同的诉讼类别（如文物所有权之诉或仅为保护文物而要求法院签发禁令的诉讼等）而异，且该权利是否合法，也可能因为依据法院地法还是依据原告所在国家的法律加以判定而产生不同结果。

在大多数情况下，在文物所有权追索和返还诉讼中，主体对作为诉讼标的物的涉案文物拥有或曾经拥有所有权，是其作为适格原告的必要条件。而对于原告的所有权是否成立的判定，则又涉及准据法的选择和外国法（原告所在国法律）承认等更为复杂的问题，尤其是当原告主张的所有权是由本国法律所确认的国家所有权时更为如此。

如美国亚利桑那州的原住民部落霍皮部落（Hopi Tribe）曾为了向法国伊芙拍卖行（The French Auction House EstimationsVentens aux Enchère）（EVE）和巴黎内莱·米奈拍卖行（The Paris Auction House Néret-Minet）追索本部落的神圣面具，先后四次向巴黎高等法院提起禁止拍卖之诉②，但无一不被法院驳回，原告不适格是其中一条重要理由。法院认为，由于美国《印第安人宗教自由法》与《原住民墓葬保护及文物返还法》无

①　See *Bumper Development Corp.*, *Ltd. v. Commissioner of Police of the Metropolis and Others*，st lawlegal. eu 2013：https：//lawlegal. eu/bumper-development-corp-ltd-v-commissioner-of-police-of-the-metropolis-and-others/，accessed 27 - 01 - 2019.

②　See TGI Paris，interim oder，12 avril 2013，RG N。13/25880；TGI Paris，interim order，6 decembre 2013，RG N。13/59110；TGI Paris，interim oder，27 juin 2013，RG N。14/55733. See also Birkhold，Matthew H.，*Cultural Property at Auction：The Trouble with Generosity*，The Yale Journal of International Law Online 39，Spring 2014，pp. 88 - 93；Cornu，Marie，*About Sacred Cultural Property：The Hopi Masks Case*，International Journal of Cultural Property，Issue 20，2013，pp. 451 - 466.

域外效力且未禁止美国在境外出售原住民部落物品，本案中的原住民部落依据法国法律，既不具备独立的法律人格，也非真正的物之所有者，因为法国《民法典》第 544 条对个人财产的界定并不认可霍皮部落的所主张的财产集体共有制，而仅限于专人所有制度。由此，霍皮部落的诉讼主体资格不成立。

"伊朗伊斯兰共和国政府诉英国伦敦巴拉卡特美术馆案"（*Government of the Islamic Republic of Iran v. The Barakat Galleries Ltd.*）① 也涉及对这一问题的探讨。英国上诉法院在面对这一问题时，提供了另一种解决问题的思路。本案原告伊朗政府诉称，英国巴拉卡特美术馆从法国、德国和瑞士等国陆续收购的一批制作于公元前 3000 年至公元前 2000 年的古代雕刻容器出土于伊朗境内，根据伊朗相关法律的规定，其所有权属于伊朗政府，系非法盗掘并被偷运至国外。因此，伊朗政府依据英国 1977 年《侵权（财产侵犯）法》［*The Torts（Interference with Goods）Act*］，向英国高等法院提起动产侵占之诉（action in Conversion），请求巴拉卡特美术馆返还该批共 18 件文物。本案经一审和上诉审两次审判，伊朗政府对该批文物的所有权是否应获得承认，以及伊朗是否能因此而成为本案适格诉讼主体的问题，始终是主要争议焦点之一。一、二审法院均对原告的诉讼资格问题进行了详细探讨。

根据英国《侵权（财产侵犯）法》有关动产侵占之诉的规定及有关判例，动产侵占之诉的适格原告须证明自己对争议财产具有财产性权利。因此，本案中明确伊朗政府对这批文物是否具有此类利益，是判断其是否能提起此类诉讼的关键。由于伊朗政府主张自己对系争文物享有所有权及占有权，根据英国的冲突法规则，本案中对伊朗是否享此批文物所有权的判断，应以其主张占有权的发生地，即伊朗本国法律为准据法。两审法院对此均无异议。两次裁判的分歧点，主要在于两个问题：第一，伊朗文物立法的规定是否可赋予伊朗政府为《侵权（财产侵犯）法》所承认和保障的所有权；第二，法院是否有义务承认伊朗文物立法在英国的域外效力。

针对第一个问题，一审法院接受被告的主张，认为伊朗本国民事立法并不能提供证明伊朗政府对此批争诉文物享有所有权的依据。由于伊朗 1979 年《防止未经授权盗掘物法》是一部具有公法性质的刑事立法，一方面，伊朗政府根据该法规定对该文物享有的占有权并非财产性的，不符合依据《侵权（财产侵犯）法》提起动产侵占之诉的条件。而英国上诉法院则认为，本案中对于伊朗相关立法是否赋予伊朗政府对争诉文物所有权问题的判断，不应依据英国法对有关物之所有权的概念，而应当考察伊朗法赋予伊朗政府的权利，近乎相当或等同于英国法中有关所有权的内容。分析 1979 年《防止未经授权盗掘物法》的具体内容不能发现，尽管无法找到有关伊朗政府对文物享有所有权的直接而明确规定，但根据该法，对于本国境内发掘或意外发现的文物，除国家之

---

① See *Government of the Islamic Republic of Iran v. The Barakat Galleries Ltd.*，［2007］EWCA Civ 1374；Case No：A2/2007/0902/QBENF，A2/2007/0902（A）/FC3.

外，其他任何主体都无法成为其真正所有者。因此，该法大部分内容是刑事条款并不影响其有关文物所有权这一明显不属于刑事条款的规定，相反，作为一部新近立法，它只是修改了此前立法中有关尚未发现文物的所有权的相关规定，是为一种新的所有权规则。故而，伊朗政府依据本法所享有的该批争诉文物的所有权确属成立。

第二个问题，根据冲突法规则，英国没有义务承认外国的公法性法律。有鉴于此，一审法院基于上述 1979 年《防止未经授权盗掘物法》为刑事性公法的判断，认定英国法院没有义务承认和执行该法律，并驳回了原告伊朗政府的诉讼请求。而上诉法院则在分析多个相关判例的基础上指出，一国在其他国家的法院主张其财产所有权，并非主张其公权力，而与私人财产所有权主张无异。本案中伊朗政府主张的所有权并非基于对私人财产的强制征收，而是基于其根据本国法律所享有的合法所有权，因而有资格提起诉讼，并因此判定合法恢复其对该批文物的所有权。

（二）诉讼时效问题

诉讼时效问题是流失文物返还诉讼可能面临的另一个关键问题，如果法院认定诉讼时效届满，原告即使有充分证据证明自己的合法所有权，依然会丧失胜诉的可能。各国诉讼法对诉讼时效及其起算规则的规定不尽相同，又加剧了所有权人通过诉讼追索流失文物的难度。

1990 年"土耳其诉美国大都会博物馆案"（*Republic of Turkey v. Metropolitan Museum of Art*）① 即涉及对诉讼时效的争议。根据法院所在地纽约州的《民事诉讼法》（*Civil Practice Law and Rules*），在不违反案件适用实体法关于权利行使时效之规定的情况下，请求返还原物纠纷的诉讼时效为三年。此类诉讼时效的起算规则经一系列判例的发展，确定为"要求并被拒绝"，即当原所有人向善意购买人提出返还原物的请求并被拒绝时，诉讼时效才开始起算。本案中，土耳其政府于 1986 年就 20 世纪 60 年代从土耳其领土非法盗掘出土并经转手最终进入大都会博物馆的吕底亚宝藏，正式向大都会博物馆提出返还请求，但遭到拒绝，因此于 1987 年向纽约南区联邦地方法院提起文物返还诉讼。大都会博物馆即提出诉讼时效届满的抗辩，认为"所罗门·古根海姆诉鲁贝尔案"（*Solomon R. Guggenheim Found v. Lubell*）② 确立的免除原所有权人合理注意义务的规则③对本案并不适用。再者，即使承认此案确立的先例规则，自己也可以"迟误"抗辩为由请求法院认定诉讼期限届满。法院未采纳被告的主张，认定诉讼时效应自 1986 年

① See *Republic of Turkey v. Metropolitan Museum of Art*，762 F. Supp. 44（S. D. N. Y. 1990）.

② See *Solomon R. Guggenheim Found v. Lubell*，153 A. D. 2d 143（N. Y. App. Div 1990），aff'd. 77 N. Y. 2d 311（N. Y. Ct. App. 1991）.

③ 联邦第二巡回法院曾在 1987 年"迪维尔斯诉鲍丁格案"确立了"要求并被拒绝"规则对所有权人的具体要求：第一，原所有权人在寻找财产下落时，应尽到合理注意义务；第二，在持有人身份得以确定后，原所有权人应在合理期限内向持有人提出返还请求。然而，纽约州最高法院上诉法庭在 1990 年"所罗门·古根海姆诉鲁贝尔案"中对本规则进行了修正，否定了"迪维尔斯诉鲍丁格案"确立的对原所有权人的要求规则。

原告正式向被告提出返还请求时起算，至起诉时尚未届满。"迟误"抗辩是否成立，与诉讼时效无关，而是需进一步认定的事实性问题。

(三) 法律选择

如本书第五章所述，各国对文物善意取得和时效取得的规定不尽相同，在跨国追索诉讼中，法院对准据法选择的不同，将直接影响到判决结果，一些依据某国法律可以予以返还的文物，可能由于应诉法院根据一定的冲突法规则选择适用了另一国的准据法，而无法得到有利于返还的判决。因此，如何确定文物返还案件中判定所有权归属的准据法，是影响文物追索与返还诉讼结果的又一大关键问题。

首先，尽管物权（财产权）适用物之所在地法是国际私法领域争议较少的一个冲突法规则，19 世纪晚期以来已被两大法系国家广泛采纳。[1] 然而，一方面该冲突法规则并非在所有国家的所有案件中绝对适用。如美国在动产交易案件中，法官时常采取"最密切联系"原则确定准据法选择，交易进行时涉诉动产的所在地只是衡量"最密切联系"的诸多因素之一。另一方面，在即使普遍认可及适用"物之所在地法"为财产纠纷冲突法规则的国度，各国甚至各地法院在对于动产的"物之所在地法"的解释和认定方面，也可能存在差异。如英国和法国法院在下述两个案件中的法律选择，是对"物之所在地法"进行差异化解释的显著体现。

第一个案例是在司法实务界产生广泛影响的"文克沃斯诉佳士得、曼森及伍兹公司案"（*Winkworth v. Christie，Manson & Woods Ltd*）[2]。原告文科沃森（Winkworth）在其位于英格兰的居所内失窃了一件日本古董。该古董随后被运往意大利，并在那里被善意购买人达诺（D'Annone）所购买。随后，买受人将该物带回英格兰，并委托佳士得公司进行拍卖。原告在得知此物下落后，遂以所有权人身份向英格兰法院起诉，请求法院签发禁止拍卖令，并要求被告返还其文物。此案集中表现了不同国家善意取得制度对文物返还案件的重要影响，因为虽然依照英国法，交易后手在任何情况下都无法取得多于前手的权利，从窃贼手中购买此物的善意购买人无法取得该物的所权，但若适用交易所在地国意大利法，善意购买人则已经取得了该文物所有权。因此，此案中，依据什么方法确定"物之所在地"进行准据法选择，是决定原告是否能胜诉的关键。尽管原告提出，古董是在英格兰被窃，自己对于该物被运往意大利交易的事实毫不知情，且此物在诉讼时又回到了英格兰，因而主张适用英格兰法，但英格兰法院的法官认为，"所有权的安全对善意购买人和无辜的盗窃受害者而言具有同等重要的地位"，本案中的"物之所在地"，应解释为此物进行所有权转让时的所在地。该地所在国家法所认可的所有权，"其效力高于与此不一致的、较早的所有权，不论最初创制所有权依据的是哪一个国家的法律"。最终，法院据此适用意大利法有关善意取得的规定，判决原告败诉。

---

[1]　See Lawrence Collins（ed.），*Dicey & Morris on The Conflict of Law*，13th ed.，1999，p. 917.

[2]　See *Winkworth v. Christie，Manson & Woods Ltd.*［1980］1 Ch.

从司法实践中看，英国法院将"物之所在地"解释为"发生所有权转让时的物之所在地"，是大部分国家普遍采取的做法。然而，法国在"谢巴托夫诉本西蒙案"（*Stronganoff-Scherbatoff v. Bensimon*）① 中，却对"物之所在地"做出了不同的解释。本案原告向法国政府起诉，主张对原苏联政府在俄国十月革命中收归国有并在柏林出售给被告，并随后进入法国的艺术品享有所有权，要求被告予以返还。法国赛纳大审法院认为，涉及动产的涉外纠纷，应适用诉讼发生时的流失文物所在国家的法律，即法国法，而并非所有权按转让发生时的物之所在国德国法。将"物之所在地"解释为"诉讼时物之所在地"的原则，在法国最高法院的"阿方斯·奥斯瓦德案"（*Société D. I. A. C v. Alphonse Oswald*）② 中再次得到确认。

（四）举证责任

除诉讼资格和准据法选择对文物所有权追索诉讼的结果造成影响以外，由于一些文物流失时间较长且流失原因复杂，对于其原所有权人或原属国家和族群来说，难以证明自己为该文物的合法所有权主体，也是文物追索诉讼中遇到的最常见、最难以逾越的障碍之一。

一些因复杂的历史原因出境而流失海外的文物，特别是因原属国的进出口制度和规则不完善而流失的文物，国家或其原属权利人（如所有权人的继承人）有时很难证明自己曾合法拥有该文物，并且该物从自己手中流出是出于非法的原因，而这些都是其返还诉求获得法庭支持的重要前提。如日本刺刀在日本传统文化中具有核心地位，许多带有历史或者考古意义的刺刀都被认定为是国宝，日本刀的制作工艺也被认为是非物质文化遗产。然而，由于二战后盟军（主要是美国）根据《波茨坦公告》解除日本武装时，对于刀具是否属于武器及平民是否可持有等问题的态度摇摆不定，许多具有文物意义的日本刀具流失至海外。在这种情况下，寻找足够的证据证明某一日本主体对刀具具有法律意义上的所有权且该刀具的出口是由于某种非法的事由，在实践中存在较大的难度，通过诉讼使日本刀回归，面临举证方面的困难。

此外，原住民社群证明自己对某文物享有为当代法律所保障的合法财产权利，也可能存在天然或人为的障碍。一方面，原住民社群的财产所有及其管理体制与当代主流社会的财产所有制不同，特别是涉及人体遗骸或者对其个体或群体具有重要意义的宗教圣物时，当代法律中"财产所有权"的概念对其来说更是陌生而不适宜的。另一方面，由于许多博物馆中收藏原住民藏品的过程本身就十分复杂，其记录完全不足以说明和认定这些文物和遗骸的来源、用途、神圣性和部落归属情况，因此即使在像美国这样针对原住民墓葬及其文物进行特别立法保护的国家，原住民组织或部落根据《原住民墓葬保护及文物返还法》追索其人体遗骸和墓葬文物，也因对原住民举证责任的要求而在实际操作中存在不小的困难。根据该法，这些原住民部落、组织及其个人请求返还其人体遗骸或文物时，都

---

① See *Stronganoff-Scherbatoff v. Bensimon*, 56 Rev. crit. de. dr. int. privé 120（1967）.

② See *Société D. I. A. C v. Alphonse Oswald*, 60 Rev. crit. de. dr. int. privé 75（1971）.

须以证明该物的"文化从属性",即自己的直系后裔身份或对该物或遗骸的优先占有权为前提,这是多数原住民返还案件的核心问题。表面看来,原住民社群可通过证明该文物或遗骸来自于他们世代生活且现在仍居住的地区来主张与某些文物的历史渊源,文化从属性的认定似乎并不难。但在文物与对其主张文化联系和权利的社群分离已久的情况下,相比几十年来都参与原住民文物买卖和交易的专业或业余考古学家、历史学家和私人收藏家①,不论是原住民社群本身还是法院法官,对于该物品文化从属性的证明或认定,在实践中都将因专业性和说服力问题,受到公众的质疑,使问题复杂化。

(五)外国法的承认与执行

即使法院依据"物之所在地法"等一定的冲突法规则确定了文物追索返还诉讼中的准据法,该国法律的适用仍将受制于两条例外性原则的限制:(1)公共秩序保留原则,即若准据法与法院所在地国的基本道德原则和公共秩序相抵触,法院往往会排除该法的适用,以本国法取而代之;(2)公法域外效力之例外,即根据主权平等原则,一国法院无义务承认其他国家具有公法性质的法律。这两条例外原则的适用,也大大地增加了文物返还诉讼结果的不确定性。

实践中,"公共秩序"的认定一般缺乏客观具体的标准,法院在其中的自由裁量权较大,这一原则"既可能为追索文物排除法律障碍,也可为之制造障碍"②。如英国曾在合并审理的"哥达市和德意志联邦共和国诉苏富比拍卖行与考比特金融公司"案(*City of Gotha and Federal Republic of Germany v. Sotheby's and Cobert Finance S. A*)③ 中,以德国《民法典》中有关物权追索 30 年消灭时效的规定将损害恶意交易中原所有权人的诉权利益,并庇护劫掠者与恶意购买者违反英国的公共政策为由,排除作为物之所在地(所有权转移所在国)法的德国法的适用,转而适用英国法支持了原所有权人的返还请求。而在法国,"国有财产不可分割""货物自由流转""善意购买利益"等,都可以作为因公共秩序保留而排除物之所在地法适用的理由。④ 此外,近年来,为文化遗产领域国际公约所确认的一些有利于文物保护和返还的原则,也逐渐成为越来越多国家所援引的作为公共秩序保留而排除相关准据法适用的依据。如尽管意大利《民法典》对善意取得制度的规定采取了一种"无限制地承认善意取得的极端立场"⑤,使意大利

① 参见〔美〕迈克尔·F. 布朗、玛格丽特·M. 布鲁洽克著:《美国原住民墓葬保护与文物返还法》的法律疑难与非预期后果》,载〔美〕约翰·亨利·梅里曼著:《帝国主义、艺术与文物返还》,国家文物局博物馆与社会文物司(科技司)译,译林出版社,2011年,第207页。

② 参见霍政欣著:《追索海外流失文物的法律问题》,中国政法大学出版社,2013年,第90页。

③ See *City of Gotha and Federal Republic of Germany v. Sotheby's and Cobert Finance S. A.*, available at: http://germanlawarchive. iuscomp. org/? p = 956, accessed 27 - 01 - 2019.

④ See Paula Loughlin & Stephen Gerlis, Civil Procedure, 27 (2004); Bibliothèque royale v. Charron, 46 Revue critique de droit international privé (1967),转引自霍政欣:《追索海外流失文物的法律问题》,中国政法大学出版社,2013年,第90页。

⑤ 参见陈华彬著:《民法物权总论》,中国法制出版社,2010年,第282页。

成为"允许善意购买人立即从窃贼手中取得有效所有权的国家",并"因此成为漂流被盗文化财产的交易地"①,但一些意大利法院在处理文物返还案件时,如"昔兰尼的维纳斯案"(*Case of the Venus of Cyrene*)中,意大利最高行政法院在判决将文物返还前殖民地时,关照并援引了相关国际公约的精神,认为将文物返还其原属国是一项国际习惯法义务,符合国际道德原则,是"公共秩序"的体现;②又援引国际公约及涉案国立法精神作为"公共秩序"用以限制善意取得制度的适用。德国在审理"一般保险公司诉EK公司案"时,尽管彼时尚未加入联合国教科文组织1970年《公约》,但也以原被告所签订的海运保险合同违反由1970年《公约》体现出的国际公共政策为由,判定合同无效。法院指出,"为了维护国际文物交易的适当标准,任何违背原属国禁令出口文化财产的行为,民法不予保护",漠视其他国家保留本国文化财产的愿望的做法,亦可以被视为不执行合同的公共政策的标准。③

而在既没有共同加入相关公约、又缺乏双边条约的情况下,一国诸如文物进出口管理等具有公法性质的法律在他国并不产生域外效力,他国法院无须承认和执行。如在"德·康斯希尼案"(*Stato Francese c. Ministero per I bent culturali e ambientali e De Contessini*)④ 中,法国就一件被盗列级文物在善意购买人所在地意大利提起返还诉讼。彼时法国还未加入1970年《公约》。意大利法院拒绝适用法国法,而是根据意大利立法承认了善意购买人的所有权。然而,一方面,在某些特殊情况下,一些法院对于这一原则也有所突破,如上述"伊朗伊斯兰共和国政府诉英国伦敦巴拉卡特美术馆案"中,尽管一审的高等法院以1979年《防止未经授权盗掘物法》为公法,英国法院无须承认为由,拒绝承认伊朗对涉诉文物的权利,上诉法院却承认了伊朗依据这一具有公法性质的法律对文物的所有权。另一方面,1970年《公约》的制定和主要文物来源国和市场国的加入,对于解决外国文物进出口相关法律的域外效力问题,从而促进流失文物的跨国追索和返还,有着重要的促进作用。

二、文物追索与返还的非诉方式

通过诉讼的方式进行跨国流失文物追索可能存在上述法律适用和执行等方面的局限

---

① 参见穆永强:《文化财产返还国际争议中善意购买人法律地位问题研究》,中国人民大学博士学位论文,2013年,第55页。

② See Alessandro Chechi, *The Return of Cultural Objects Removed in the Times of Colonial Domination and International Law: the Case of the Venus of Cyrene*, The Italian Yearbook of International Law, Volume XVIII, 2008, Martinus Nijhoff Publishers, 2009, pp. 159 – 181.

③ 参见〔澳大利亚〕林德尔·V. 普罗特主编:《历史的见证:有关文物返还问题的文献作品选编》,国家文物局博物馆与社会文物司(科技司)译,译林出版社,2010年,第29页。案件详细情况见 L. V. Prott and P. J. O'Keefe, *Law and the Cultural Heritage: Vol. III Movement*, Butterworths, London, 1989, p. 659.

④ See *Stato Francese c. Ministero per I bent culturali e ambientali e De Contessini*, Tribunale di Roma, 27. 6. 1 1987, Rivisita di internazionale 71 (1988).

与障碍，其判决结果也具有较大的不确定性。因此，诉讼的方式在流失文物追索中的适用度并不高，特别是一些流失时间较为久远的文物的追索与返还，更需要通过司法途径之外的多方面努力加以实现。

除"仲裁"这一种与诉讼具有高度相似性的"准司法"方式之外，在当前"让文物回归其原属国或原属社群"已成为国际社会普遍共识的大环境下，通过不同的方式促成当事国家或其他主体就流失文物的返还问题进行对话与协商，并促进这些主体就文物返还的具体方式达成具有可行性的一致意见，是流失文物返还并回归其原属国家或社群的关键。近年来，在有关国际公约和道德原则的呼吁和影响下，不同国家、文物收藏机构和其他有关主体之间就将文物归还其原属国、民族（社群）或原所有权人而达成的相关协议日益增多，通过此类非诉（或称"非对抗性"）的方式实现文物回归的案例也日益增多。然而，在这些返还协议达成的背后，少不了各方面的艰苦努力。此处仅以英、美、法、意、日五国通过非诉方式成功追索本国流失文物的案例，以及五国官方机构在处理文物返还请求的经验为例，对几种非诉返还的方式及其经验进行简要分析。

（一）政府协调与谈判

协商与谈判作为文物追索与返还双方在进入对抗性司法关系的之前都会先行采取的纠纷解决手段，其效果受到很多因素的影响。但如果文物原所有权人能掌握足够证据证明其对系争文物享有正当权利的情况下，或在一国政府机构能作为谈判的一方，并能有效协调争议双方对该文物核心诉求的冲突的情况下，通过协议实现文物返还，往往能比通过采取对抗性手段追回产生更好的效果。如在意大利文化遗产部与美国大都会博物馆就在意大利领土非法盗掘出口的欧弗洛尼奥斯陶罐的返还进行谈判并达成的文物返还协议中，根据协议回归意大利的文物除上述陶罐外，还包括其他 20 件陶杯、陶罐和银制品，同时，意大利同意通过将约定文物或同等价值文物艺术品给予借展，以及与大都会博物馆建立考古发掘、文物修复等领域的长期文化合作交流机制。本案中，意大利政府能在谈判中占有有力位置，关键在于其通过与瑞士、法国等国对有关地点的联合执法和突击搜查，掌握了文物持有者购进非法流失文物的有力证据，足以对大都会博物馆坚持主张的所有权进行质疑；此外，意大利政府深知美国各大博物馆在展出古希腊、古罗马文物方面的迫切需求，奉行"不归还就暂停借展"、而归还文物即可准许最长 4 年的文物借展的"胡萝卜加大棒"政策，对本已处在不利地位的大都会博物馆来说无疑是极具吸引力的交换条件。正如时任意大利文化遗产部部长罗科·布第利奥内（Rocco Buttiglione）所言，如果有必要，"不防用文物借展把这些博物馆拉到谈判桌旁"①。同期，希腊文物部也采用类似方式，通过努力搜集相关证据并效仿意大利应用"胡萝卜加大棒"式的借展条件，

---

① See Hugh Eakin, *Italy Using Art Loans to Regain Antiquities*, The New York Times, January 10 2006, available at: https://www.nytimes.com/2006/01/10/arts/italy-using-art-loans-to-regain-antiquities. html, accessed 31-03-2018.

促使美国盖帝博物馆与其达成协议返还了4件珍贵的古希腊文物。①

（二）专门返还机构促进

对于一些因战争劫掠而流失的文物，专门的返还机构在其回归中发挥着重要作用。如本章第二节所述主要针对二战被掠艺术品设立的专门返还机构，在促成有关主体达成文物返还协议方面的作用也不可忽视。例如，在英国《大屠杀时期被掠文物返还法》正式出台之前，在返还咨询委员会的建议下，大英博物馆突破《大英博物馆法》第3条第4款有关禁止国家博物馆转移、交换或出售任何馆藏文物的规定为文物返还带来的法律障碍，以由英国政府支付政府特惠金代替原物返还的方式，妥善处理了犹太裔律师亚瑟·费尔德曼（Arthur Feldmann）的后裔尤里·贝利（Uri Peled）对大英博物馆收藏费尔德曼生前收藏4幅古代名画的返还请求②，格拉斯议会亦通过以政府特惠金代替原物返还的方式，解决了与慕尼黑艺术馆关于纳粹时期流出名画《火腿馅饼》的返还纠纷③，还在促成《大屠杀时期被掠文物返还法》的制定之后向英国国务大臣提出建议，实现了国家图书馆对意大利贝内文拖弥撒经书（Beneventan Missal）的返还④。

（三）特别法律法令规定

事实上，面对"公共收藏品不得转让"这一博物馆法律规则，通过特别法律法令实现文物返还的例子，在其他国家也有存在。如为解决法国国家自然历史博物馆在向南非返还已列入其公共收藏品的原住民文物"霍屯督人的维纳斯"（Venus Hottentot）人体遗骸面对的法律障碍，在法国文化、家庭与社会事务委员会的建议下，法国国民议会制定并通过了一项特别法律，对该藏品解除列级，从而使该遗骸的返还不再因受博物馆法的规制而存在法律障碍。该法令还明确规定，法国国家自然历史博物馆须在该法生效之日起2个月内向南非返还该遗骸。⑤ 在此案提供的借鉴和参考下，2008年，法国鲁昂市自然历史博物馆向新西兰毛利人返还其16颗武士纹身头骨，也是通过由国民议会制定特别法律⑥的方

---

① See The Getty, *Hellenic Republic Ministry of Culture and the J. Paul Getty Trust Issue Joint Statement*, August 22, 2006, available at: http://www.getty.edu/news/press/center/statement06_getty_greek_joint_release_082206.html, accessed 31 – 03 – 2018.

② See British Museum Press Release, *Feldmann Drawings decision*, April 15 2006, available at: http://britishmuseum.org/about_us/news_and_press/press_releases/2006/feldmann_drawings_decision.aspx, accessed 31 – 03 – 2018.

③ See Edd McCrackers, *Museum Ready to Hand Back Nazi Loot*, The Herald, June 13, 2009.

④ See Report of the Spoliation Advisory Panel in Respect of a Renewed Claim by the Metropolitan Chapter of Benevento for the Return of the Beneventan Missal Now in the Possession of the British Library (2010), p. 2, available at: https://www.gov.uk/government/uploads/system/uploads/attachment_data/file/78078/Benevento_5119_HC448_7 – 9.pdf, accessed 31 – 03 – 2018.

⑤ See *Loi n° 2002 – 323 du 6 mars 2002 relative à la restitution par la France de la dépouille mortelle de Saartjie Baartman à l'Afrique du Sud.*

⑥ See *LOI n° 2010 – 501 du 18 mai 2010 visant à autoriser la restitution par la France des têtes maories à la Nouvelle-Zélande et relative à la gestion des collections.*

式得以实现。

（四）民间机构的参与

实践中，除官方设立的专门文物返还机构外，一些国家的专门民间机构及相关人士，在促进流失文物返还中也发挥着重要作用。如在法国的犹太人保罗·罗森博格（Paul Rosenberg）家族向美国西雅图艺术馆提出返还其在二战时期遭纳粹掠夺的马蒂斯名画《宫女》的请求且双方在签署中止诉讼时效协议后，委托第三方独立研究机构"大屠杀艺术品追索计划"（Holocaust Art Restitution Project）就此画的来源展开调查。在该机构做出调查报告确认此画作系罗森博格家族被盗收藏品之后，西雅图博物馆即与请求人达成庭外和解，承认了该家族对画作的所有权，并将画作予以返还。①

---

① See The Seattle Art Museum, *Press Statement*: *SAM to Return Matissse Odalisque to Rosenbergs*, June 14, 1999, on file with Association of Art Museum Directors, available at: https://plone.unige.ch/art-adr/cases-affaires/odalisque-painting-2013-paul-rosenberg-heirs-and-seattle-art-museum/press- statement-of-the-aamd-sam-to-return-matisse-odalisque-to-rosenbergs-14-june-1999/view, accessed 27 – 01 – 2019.

外文词汇对照表

英国

Acquisition of Land Act	《土地获得法》
action in conversion	动产侵占之诉
Advisory Council on National Records and Archives	国家记录和档案咨询委员会
Agreement Concerning the Shipwrecked Vessel RMS Titanic	《关于皇家邮船"泰坦尼克"沉船的协定》
Ancient Monuments and Archaeological Areas Act，1979	《古迹和考古区域法》（1979）
Ancient Monument Board for England	英格兰古迹理事会
Ancient Monuments Department	古迹部
Ancient Monuments Protection Act，1882	《古迹保护法》（1882）
Ancient Monuments Society	古迹协会
area council	区域委员会
areas of archaeological importance	重要考古区
Architects Accredited in Building Conservation（AABC）	注册建筑保护师制度
Arts Council England	英格兰艺术委员会
British Museum	大英博物馆
British Museum Act	《大英博物馆法》
-Department of Portable Antiquities & Treasure	－文物与珍宝部
capital transfer tax	资产转让税
charity	慈善机构
Charities Act	慈善法
Chartered Institute for Archaeologists（CIfA）	特许考古学家协会
Church Conservation Trust	教堂保护信托
Committee for Encouragement of Music and the Arts	音乐和艺术激励委员会

Commodity Control List（CCL）	出口管制商品清单
Community Licence	共同体许可证
Conservation Principles, Policies and Guidance for the Sustainable Management of Historic Monuments	《历史古迹可持续管理保护原则、政策与导则》
Consultant Architect（CA）	咨询建筑师
coroner	检验官
Council for British Archaeology	不列颠考古委员会
Council for Museums, Archives and Libraries	博物馆、档案馆和图书馆委员会
Crown Copyright	王室版权
cultural object	文物
Dealing in Cultural Objects Act, 2003	《文物交易法》（2003）
Department for Communities and Local Government	社区和地方政府部
Department for Culture, Media & Sport	文化、媒体和体育部
Department for Digital, Culture, Media & Sport	数字化、文化、媒体和体育部
Department of Environment	环境部
Department of National Heritage	国家遗产部
designate/designation	（保护区）指定
Directorate of Ancient Monuments and Historical Buildings	古迹和历史建筑理事会
enforcement of planning control	规划控制强制执行
English Heritage	"英格兰遗产"组织
examination in public	公众审查
Export Control Act, 2002	《出口控制法》（2002）
Finds Liaison Officers	发现联络官
Freedom of Information Act, 2000	《信息自由法》（2000）
Georgian Group	"乔治小组"
guardian	（古迹）监护人
Guidance for the Care of Human Remains in Museums	《博物馆人体遗骸保护指南》
Hampton Court Palace	汉普顿宫
Heritage Lottery Fund	遗产彩票基金
heritage partnership agreement	遗产伙伴协议
High Court	高等法院
Historic Buildings and Ancient Monuments Act, 1953	《历史建筑和古迹法》（1953）
Historic Buildings and Monuments Commission for England	英格兰历史建筑和古迹委员会
Historic Buildings Councils for England	英格兰历史建筑委员会

Historic England	"英格兰史迹"
Historic environment good practice advice	《历史环境优秀实践建议》
Historical Royal Palaces	"历史皇宫"
Historic Wreck Panel	历史沉船委员会
Holocaust（Return of Cultural Objects）Act, 2009	《大屠杀时期被掠文物返还法》（2009）
Horniman Public Museum and Public Park Trust	霍尼曼公共博物馆和公共公园信托
Human Tissue Act, 2004	《人体组织法》（2004）
Imperial War Museum	帝国战争博物馆
Imperial War Museum Act	《帝国战争博物馆法》
Institute of Conservation（ICON）	遗产保护学会
Institute of Paper Conservation	纸质品保护协会
interim preservation notice	暂时保护通知
Ironbridge Archaeology	铁桥考古
Limitation Act	《诉讼时效法》
list/listing	（历史建筑）登录
Metropolitan Police	城市警察
-Art and Antiques Unit	- 艺术和文物组
Minister for the Civil Service	文官部长
Minister of Works	工程大臣
Ministry of Health	卫生部
Ministry of Works	工程部
monument	古迹
Museum of London Act	《伦敦博物馆法》
Museums and Galleries Act, 1992	《博物馆和美术馆法》（1992）
Museums Association（MA）	（英国）博物馆协会
-Code of Ethics	- 《博物馆职业道德准则》
-Code of Ethics Additional Guidance	- 《博物馆职业道德准则实施指导细则》
-Ethics Committee	- 道德委员会
national council	国家委员会
National Gallery	国家美术馆
National Heritage Act	《国家遗产法》
National Heritage List for England	英格兰国家遗产名录
National Heritage Memorial Fund（NHMF）	国家遗产纪念基金
National Historic Ships Trust	历史沉船信托
National Land Fund	国家土地基金
National Lottery etc. Act, 1993	《国家彩票法》（1993）

schedule/scheduling （古迹）列级

Scottish Society for Conservation&Restoration 苏格兰保护及修复协会

Secretary of State 国务大臣

Settled Land Act 《安置土地法》

Society for the Protection of Ancient Building 古建筑保护协会

Spoliation Advisory Panel （SAP） 返还咨询委员会

Standard and Guidance for archaeological field evaluation 《考古田野调查标准及指南》

stop notice 停工通知

summary conviction 速决罪

tainted cultural objects 非法文物

The Archaeological Company Ltd （英国）考古有限公司

The Export of Objects of Cultural Interest（Control） 《文物出口控制法令》（2003）
 Order, 2003

the Information Commissioner 信息专员

The National Archives 英国国家档案馆

The National Gallery Board 国家美术馆理事会

The National Portrait Gallery Board 国家肖像美术馆理事会

The Protection of Cultural Objects on Loan（Publication 《借贷文物保护条例》（2008）
 and Provision of Information）Regulations, 2008

The Return of Cultural Objects Regulations, 1994 《文物返还条例》（1994）

The Reviewing Committee on the Export of Works of Art 艺术品和文化财产出口审查委员会
 and Objects of Cultural Interest

The Tate Gallery 泰特美术馆

The Torts（Interference with Goods）Act 《侵权（财产侵犯）法》

The United Kingdom Institute for Conservation of Historic 英国历史及艺术保护研究院
 and Artistic

Town and Country Planning Act 《城乡规划法》

Town and Country Planning（Development Management 《城乡规划令（发展管理程序）》（2015）
 Procedure）（England）Order, 2015

town schemes 村镇计划

Treasure Act, 1996 《珍宝法》（1996）

 -The Treasure Act 1996 Code of Practice -《珍宝法实施细则》

Treasure Valuation Committee 文物评估委员会

Tribunals, Courts and Enforcement Act, 2007 《特别法院、法院及执行法》（2007）

University College London 伦敦大学学院

University of East London 东伦敦大学

Upper Tribunal	行政上诉法院
-Administrative Appeals Chamber	—行政上诉法庭
-Immigration and Asylum Chamber	—移民和庇护法庭
-Lands Chamber	—土地法庭
-Tax and Chancery Chamber	—税收和衡平法庭
Value Added Tax Act, 1994	《增值税法》（1994）
Victorian Society	维多利亚协会
Wallace Collection	华莱士收藏馆

美国

Abandoned Shipwrecks Act	《被弃沉船法》
Act Relating to the Establishment of Concession Policies in the Areas Administered by National Park Service and for Other Purposes	《国家公园管理局特许事业决议法》
administrative enforcement	行政强制
Administrative Procedure Act	《行政程序法》
Advisory Council on Historic Preservation	历史保护咨询委员会
air right	高空权利
American Alliance of Museums（AAM）	美国博物馆联盟
-Code of Ethics for Museum Workers, 1925	–《博物馆工作人员道德准则》（1925）
-Code of Ethics for Museums	–《博物馆职业道德准则》
-Ethics and Best Practices in Museums	–《博物馆道德与范例》
American Battlefield Protection Program Act, 1996（amended 2013）	《美国古战场保护法》（1996，2013 年修订）
Antiquities Act, 1906	《古物法》（1906）
archaeological resource	考古资源
Archaeological Resources Protection Act（1979）	《考古资源保护法》（1979）
Archeology Guide Module	《考古指南》
architectural review	建筑审查
Board of Architectural Review（BAR）	建筑审查委员会
California Public Record Act	加利福尼亚州《公共记录法》
Civilian Conservation Corps	平民保护组织
Civil Practice Law and Rules	（纽约州）《民事诉讼法》
Code of Federal Regulations	《联邦法规汇编》
conservation easement	保存地役权

Convention on Cultural Property Implementation Act, 1983	《文化财产公约实施法》（1983）
cultural items	文物
deduction	税收抵减
Demand and Refusal Rule	要求并拒绝规则
Department of Homeland Security	国土安全部
Department of the Interior	内政部
design review	设计审查
Discovery Rule	发现规则
Ethics in Government Act	《政府伦理法》
Federal Land Manager	联邦土地管理人
Freedom of Information Act	《信息自由法案》
Government in the Sunshine Act	《阳光政府法》
Guidance for Historic Preservation Planning	《历史保护规划指南》
Historic American Building Survey（HABS）	美国历史建筑调查组织
historic district	历史街区
Historic Preservation Training Center	历史保护培训中心
Historic Property on National Register	国家登录文物
Historic Sites Act, 1935	《古迹法》（1935）
human remain	人类遗骸
Illinois Auction License Act	《伊利诺伊州拍卖执照法》
Indian Claims Commission	印第安人诉求委员会
Inspector General	（基金会）总监事
Institute for the Preservation of Cultural Heritage	文化遗产保护研究所
Internal Revenue Code	《国内税收法典》
Lakefield Heritage Research	湖区遗产研究会
Landmarks Preservation Commission	地标委员会
Landmarks Preservation Law	地标保护法
local ordinance	地方规章
Metropolitan Museum of Art	大都会艺术博物馆
National Arts and Cultural Development Act, 1964	《国家艺术和文化发展法》（1964）
National Battlefield（Site）	国家战场（遗址）
National Center for Preservation Technology and Training（NCTPP）	国家保护技术和培训中心
National Council on the Arts	国家艺术委员会

Position Classification Standard for Archeology Series（GS-0193）	《考古系列——职位分类标准》
preservation	保护
preservation easement	保护地役权
Priority Funding Areas Act	《优先资助区法》
Public Lands	（联邦所有）公共土地
reconstruction	重建
rehabilitation	复原
restoration	修复
Royal Oak Foundation	皇家橡树基金会
Rules of the City of New York	《纽约市法规》
Rules of the New York City Landmarks Preservation Commission	《纽约市地标保护委员会法规》
Rural Legacy Act	《乡村遗产法》
Secretary of Commerce	商务部长
Secretary of the Interior	内政部长
Smart Growth and Neighborhood Conservation Initiative	《精明增长和邻里保护政策》
Smithsonian Affiliations	史密森尼联盟
Smithsonian Institution	史密森尼学会
Standards for Preservation Planning	《保护规划标准》
Standards for the Treatment of Historic Properties	《历史财产保护标准》
State Historic Preservation Officer（SHPO）	州历史保护官员
stop work order	停工命令
Tennessee Open Record Act	田纳西州《公开记录法》
Texas Public Information Act	德克萨斯州《公共信息法》
The Getty Center	盖蒂艺术中心
The Monitor National Marine Sanctuary Office（MNMSO）	国家海洋保护区监控署
Tax Reform Act, 1976	《联邦税收改革法》（1976）
The Rhode Island Historical Society	罗德岛历史协会
town scheme	城镇计划
Touro Synagogue	图罗犹太教会堂
Transfer of Development Rights	发展权转移
Uniform Commercial Code	《统一商法典》
Uniform Conservation Easement Act, 1981	《统一保存地役法》（1981）
United States Court of Claims	美国索赔法院

warning letter	警告信

法国

abords des monuments historiques	历史古迹周边环境保护制度
Aires de mise en valeur de l'architecture et du patrimoine（AVAP）	建筑和遗产开发区
archéologie préventive	预防性考古
architecte des Batiments de France	法国建筑师
architecte du patrimoine	遗产建筑师
Arrêté du 8 juillet 2004 portant définition des qualifications requises des personnels des services et personnes de droit public ou privé candidats à l'agrément d'opérateur d'archéologie préventive	《关于界定地方考古部门及可被授权从事预防性考古活动的公私主体之必要资质的法令》
Association pour les Fouilles Archéologiques Nationales	国家考古发掘协会
associations reconnues d'utilité publique	公益性社团
biens culturels maritimes	海洋文化财产
Caisse nationale des monuments historiques et préhistoriques	国家历史和史前古迹管理局
Centre de recherche et de restauration des musées de France	法兰西博物馆研究和修复中心
Centre des Monuments Nationaux	国家古迹中心
Circulaire	通讯（法国法规的一种形式）
Cité de l'architecture et du patrimoine	建筑和遗产局
-Département architecture（Institut français d'architecture）	－建筑部（法兰西建筑研究院）
-Département formation（école de Chaillot）	－培训部（夏约研究院）
-Département patrimoine（Musée dss monuments français）	－遗产部（法兰西古迹博物馆）
classer/classement	列级保护
Code civil	《民法典》
Code de bonne conduite pour les ventes aux enchères	《艺术品市场拍卖人员行为守则》
Code de l'environnement	《环境法典》
Code de l'expropriation pour cause d'utilité publique	《公益征用法典》
Code de l'urbanisme	《规划法典》
Code des relations entre le public et l'administration	《行政机关与公众关系法典》

Code du Patrimoine	《遗产法典》
Code général de la propriété des personnes publiques	《公法人一般财产法典》
Code général des collectivités territoriales	《地方行政区普通法典》
Code général des impôts	《普通税法典》
Code pénal	《刑法典》
Commission de Récupération Artistique（CRA）	艺术品返还委员会
Commission des monuments historiques	历史古迹委员会
Commission nationale des monuments historiques	国家历史古迹委员会
Commission nationale du patrimoine et de l'architecture	国家遗产与建筑委员会
Commission pour l'indemnisation des victimes de spoliations intervenues du fait des législations antisémites en vigueur pendant l'occupation（CIVS）	因被占领期间反犹太人立法而发生的掠夺受害者赔偿委员会
Commission régionale du patrimoine et de l'architecture	大区遗产与建筑委员会
Commission scientifique des musées nationaux	国家博物馆科学委员会
Commission scientifique nationale des collections	国家收藏品科学委员会
Commission territoriales de la recherche archéologique	地区考古研究委员会
Conseil artistique des musées nationaux	国家博物馆艺术委员会
Conseil national de la recherche archéologique	考古研究国家委员会
conservateur du patrimoine	遗产策展人
Conservateur régional de l'archéologie	大区考古总督察
Constitution de la République française	《法兰西共和国宪法》
Convention nationale	国民公会
délégation de service public	公共服务委托
Département des recherches archéologiques subaquatiques et sous-marines	海底和水下考古研究所
diagnostics d'archéologie	考古探查
diagnostics d'archéologie préventive	预防性考古探查
diplôme d'études approfondies	深入学习文凭
diplôme d'études supérieures spécialisées	专业研究生学位（法国特有，硕士第二年）
Direction de l'architecture et du patrimoine	建筑与遗产司
Direction des archives de France	法国档案司
Direction des musées de France	博物馆司
Direction générale des patrimoines	遗产司
Directions régionales des affaires culturelles（DRAC）	大区文化事务厅
domaines nationaux	国家公产

école de Chaillot	夏约研究院
éditions du patrimoine	遗产出版社
établissement public	公共服务机构
fondation du patrimoine	遗产基金会
Fonds régionaux d'art contemporain	当代艺术区域基金会
immeuble nu	开放式不动产
inscrire/inscription	登录保护
instances scientifiques	科学委员会
Institut national de recherches archéologiques preventives （Inrap）	国家预防性考古研究院
Journal official	政府公报
juge judiciaire	法官
Le Haut Conseil des musées de France	法兰西博物馆高级委员会
Médiathèque de l'architecture et du patrimoine	建筑和遗产音像资料中心
Ministère d'état chargé des Affaires culturelles	文化事务部
Ministère de la Culture et de la Communication	文化与交流部
Ministère de l'Education nationale	国民教育部
Ministère de l'Intérieur	内政部
Ministère des Affaires culturelles et de l'Environnement	文化事务和环境部
Ministère des Lettres，Sciences et Beaux-arts	文学、科学和美术部
Mission d'étude sur la spoliation des Juifs de France （Mission Mattéoli）	法国犹太人掠夺研究代表团
missions de service public	公共服务职能
monument	古迹
monuments mégalithiques	巨石纪念碑
musée de France	法兰西博物馆
Musée national	国家博物馆
-Département des antiquités égyptiennes	－埃及文物部
-Département des antiquités nationales	－国家文物部
-Département des antiquités orientales	－东方文物部
-Département des peintures	－油画部
-des grands départements patrimoniaux	－大遗产部门
Laboratoire de recherché des monuments historiques	历史古迹研究实验室

Loi n° 2006 – 791 du 5 juillet 2006 autorisant l'approbation de la convention internationale pour la sauvegarde du patrimoine culturel immatériel　　《加入〈保护非物质文化遗产公约〉的第 2006 – 791 号法律》（2006）

Loi n°62 – 903 du 4 août 1962 complétant la législation sur la protection du patrimoine historique et esthétique de la France et tendant à faciliter la restauration immobilière（Loi Malraux）　　《关于设立历史街区的马尔罗法》（1962）

Loi du 9 décembre 1905 concernant la séparation des Eglises et de l'Etat　　《政教分离法》（1905）

Loi n°2001 – 850 du 20 juillet 2011 de libéralisation des ventes volontaires de meubles aux enchères publiques　　《动产自由拍卖法》（2011）

Loi du 21 avril 1906 organisant la protection des sites et monuments naturels de caractère artistique　　《景观地法》（1906）

Loi n°78 – 753 du 17 juillet 1978 portant diverses mesures d'amélioration des relations entre l'administration et le public et diverses dispositions d'ordre administratif, social et fiscal　　《行政机关与公众关系法》（1978）

Loi du 25 fénier 1943 portant modification de la loi du 31 – 12 – 1913　　《关于修改〈历史古迹法〉的法律》（1943）

Loi n°60 – 708 du 22 juillet 1960 relative à la création de parcs nationaux　　《关于设立国家公园的法律》（1960）

Loi n°2016 – 925 du 7 juillet 2016 relative à la liberté de la création, à l'architecture et au patrimoine　　《关于创作自由、建筑和遗产的法律》（2016）

Loi relative n°2001 – 44 du 17 janvier 2001 à l'archéologie préventive　　《预防性考古法》（2001）

Loi n° 41 – 4011 du 27 septembre 1941 relative à la réglementation des fouilles archéologiques　　《关于考古发掘的法律》（1941）

Loi n°83 – 8 du 7 jonver 1983 relative à la répartition de compétences entre les communes, les départements, les régions et l'Etat（loi Defferre）　　《地方分权法》（1983）

Loi du 1er juillet 1901 relative au contrat d'association　　《结社法》（1901）

Loi n° 2002 – 5 du 4 januer 2002 relative aux musées de France　　《法国博物馆法》（2002）

Loi du 30 mars 1867 sur la conservation des monuments et objets d'art ayant un intérêt historique et artistique national　　《历史古迹和艺术品保存法》（1887）

Loi n°93 – 24 du 8 janvier 1993 sur la protection et la mise en valeur des paysages et modifiant certaines dispositions législatives en matière d'enquêtes publiques　　《景观保护开发法》（1993）

Loi du 31 décembre 1913 sur les monuments historiques　　《历史古迹法》（1913）

L'ordonnance du 13 juillet 1945 portant organisation provisoire des musées des beaux arts　　有关美术博物馆临时组织的法令（1945）

Office central de lutte contre le trafic de biens culturels　　打击文物非法交易办公室

Office des Biens et Intérets Privés（OBIP）　　私人财产和利益办公室

patrimoine ethnologue　　民族学遗产

plan de valorisation de l'architecture et du patrimoine　　建筑和遗产再利用规划

prescriptions de diagnostic　　（考古）探查指示

prescriptions de fouilles　　（考古）发掘指示

redevance d'Archéologie Préventive　　预防性考古特许权经费

Region　　大区

Secteur sauvegardé　　保护地带

services à compétence nationale　　国家职能机构

services déconcentrés du Ministère　　中央驻派机构

Service de l'architecture　　建筑署

Service de l'Inspection des patrimoines　　遗产监察局

service départementaux de l'architecture et du patrimoine　　省建筑与遗产局

Service des musées de France　　博物馆署

　　-Sous-direction des collections　　－（博物馆）藏品科

　　-Sous-direction de la politique des musées　　－博物馆政策科

Service du patrimoine　　遗产署

　　-Sous-direction de la mission de l' Inventaire général du patrimoine culturel　　－文化遗产综合普查科

　　-Sous-direction de l' archéologie　　－考古科

　　　　= bureau de la gestion des vestiges et de la documentation archéologique　　＝考古文献和考古遗址管理办公室

　　　　= bureau de l'élaboration et de l' utilisation des in ventaires archéologiques　　＝考古名录编制和利用办公室

　　　　= bureau du suivi des opérations et opérateurs archéologiques　　＝考古活动及其人员监督办公室

　　　　= centre national de préhistoire　　＝国家史前史中心

　　-Sous-direction des monuments historiques et des espaces protégés　　－历史古迹和保护区域科

Service interministériel des archives de France | 部际档案署
  -Sous-direction de l'accès aux archives et de la coordina-tion du réseau, et de la mission aux célébrations nationales | —档案公开、网络协作及国家节庆科
  -Sous-direction de la politique interministérielle et territoriale pour les archives traditionnelles et numériques | —传统和数字档案部际和地区政策科
service régionaux de l'archéologie | 地区考古部门
servitudes d'utilité publique | 公益役权
sites patrimoniaux remarquables | 杰出遗产景观地
Zone de Protection du Patrimoine Architectural, Urbain et Paysager（ZPPAUP） | 建筑、城市与景观保护区

意大利

Archivi di Stato | "国家档案"机构
Archivio Centrale dello Stato | 国家档案中心
Carta Nazionale delle Professioni Museali | 《全国博物馆职业宪章》
Codice civile | 《民法典》
Codice dei beni culturali e del paesaggio | 《文化财产和景观法典》
Comand o Carabinieri per la Tutela del Patrimonio Culturale | 文化遗产宪兵部队
comitati tecnico-scientifici | 科学技术委员会
  -comitato tecnico-scientifico per gli archive | –档案科学技术委员会
  -comitato tecnico-scientifico per il paesaggio | –景观科学技术委员会
  -comitato tecnico-scientifico per i musei e l'economia della cultura | –博物馆和文化经济科学技术委员会
  -comitato tecnico-scientifico per l'archeologia | –考古遗产科学技术委员会
Comitato speciale per la tutela del patrimonio storico della Prima Guerra Mondiale | 第一次世界大战历史遗产保护专门委员会
Commissione per il recupero del patrimonio bibliografico della Comunità ebraica di Roma razziato nel 1943 | 罗马犹太社区文献遗产返还委员会
Commissione per la ricostruzione delle vicende che hanno caratterizzato in Italia le attività di acquisizione dei beni dei cittadini ebrei da parte di organismi pubblici e privati | 意大利犹太人财产返还委员会
Confederazione delle Associazioni Professionali, Confassociazioni | 职业协会联盟

Conferenza permanente	常设会议
Consiglio Superiore per i Beni culturali e Paesaggistici	文化遗产和景观高级委员会
Costituzione della Repubblica Italiana	《意大利共和国宪法》
Direzione generale Archeologia	考古司
Direzione generale Archeologia, belle arti e paesaggio	考古、美术和景观司
-Servizio I-Organizzazione e funzionamento	－组织与运作科
-Servizio II-Scavi e tutela del patrimonio archeologico	－考古遗产管理科
-Servizio III-Tutela del patrimonio storico, artistico e architettonico	－历史、美术和建筑遗产保护科
-Servizio IV-Circolazione	－文化财产流通科
-Servizio V-Tutela del paesaggio	－景观保护科
-Servizio VI-Tutela del patrimonio demoetnoantropologico e immateriale	－民族学、人类学和非物质文化遗产保护科
Direzione generale Archivi	档案司
-Servizio I-Organizzazione e funzionamento	－组织与运作科
-Servizio II-Patrimonio archivistico	－档案遗产科
Direzione generale Arte e architettura contemporanee e periferie urbane	当代艺术、建筑和城市规划司
-Servizio I-Arte e architettura contemporanee	－当代艺术和建筑科
-Servizio II-Periferie urbane	－城乡规划科
Direzione generale Belle Arti e Paesaggio	美术和景观司
Direzione generale Educazione e Ricerca	教育和研究司
Direzione generale Musei	博物馆司
-Servizio I-Collezioni museali	－博物馆藏品科
-Servizio II-Gestione e valorizzazione dei musei e dei luoghi della cultura	－博物馆与文化空间发展和管理科
Disposizioni circa la tutela e la conservazione dei monumenti ed pggelti aventi pregio d'arte o di antichità	《古迹或具有艺术价值之物品保存和保护相关规定》
Elenchi nazionali dei professionisti competenti ad eseguire interventi sui beni culturali	文化遗产干预资质国家名录
European University Institute	欧洲大学学院
Istituto Centrale per gli Archivi	中央档案研究所
Istituto Centrale per il Catalogo e la Documentazion	中央文献编目研究院
Istituto Centrale per il restauro e la conservazione del patrimonio archivistico e librario	中央档案和图书遗产保存和修复研究院

Istituto Centrale per la Demoetnoantropologia	中央民族学、人类学遗产研究院
Istituto Centrale per l'archeologia	中央考古研究院
Istituto Superiore per la Conservazione ed il Restauro	保存和修复高级研究院
Ministero dei Beni e delle Attività Culturali e del Turismo	文化遗产、文化活动和旅游部
Ministro dell'istruzione，dell'universita' e della ricerca	教育、高校和研究部
Ministero per i Beni Culturali e Ambientali	文化和自然遗产部
Ministero per i Beni e le Attività Culturali	文化遗产和活动部
Nucleo Tutela Patrimonio Artistico	（宪兵总部）艺术遗产保护部
Nuove norme in materia di procedimento amministrativo e di diritto di accesso ai documenti amministrativi	《行政程序与获得政府文件权利法》
occupatio bellica	战时先占
Opificio delle Pietre Dure	艺术品修复研究所
Osservatorio nazionale per la qualità del Paesaggio	景观质量国家观测台
Regolamento concernente gli appalti pubblici di lavori riguardanti i beni culturali tutelati	《有关受保护文化财产的公共工程合同的条例》
Regole concernenti agli interventi sul patrimonio culturale subacqueo	《水下文化遗产干预规则》
Soprintendenza	特别管理署
Soprintendenze archivistiche	档案监察局
Testo unico delle disposizioni legislative in materia di beni culturali e ambientali	《文化和环境遗产事务的唯一法律规定》（1999）
Testo unico delle imposte sui redditi	《所得税综合法》

日本

小田原市歴史的風致維持向上計画	《小田原市历史风貌保持及发展规划》
遺失物法	《遗失财产法》
アジア水中考古学研究所	亚洲水下考古研究所
観光立国推進基本法	《推进观光立国基本法》
外国為替及び外国貿易法	《外汇与对外贸易法》
行政手続法	《行政程序法》
行政事件訴訟法	《行政诉讼法》
行政機関の保有する情報の公開に関する法律	《行政机关所持信息公开法》
都市計画法	《城市规划法》
国宝保存法	《国宝保存法》
国宝	国宝

国宝又は重要文化財の現状変更等及び輸出並びに重要有形民俗文化財の輸出の許可申請等に関する規則	《国宝等重要文化财产现状变更及出境、重要有形民俗文化财产出境许可申请等相关规则》
国有財産法	《国有财产法》
古器旧物保存方	《古器旧物保存办法》
古社寺保存法	《古社寺保存法》
古都における歴史的風土の保存に関する特別措置法	《古都历史风貌保护特别措施法》
考古調査士	考古调查执业者
－2級考古調査士	－二级考古执业者
－1級考古調査士	－一级考古执业者
－上級考古調査士	－特级考古执业者
公益財団法人	公益财团法人
国立文化財機構	国立文化财产机构
－東京国立博物館	－东京国立博物馆
－京都国立博物館	－京都国立博物馆
－奈良国立博物館	－奈良国立博物馆
－九州国立博物館	－九州国立博物馆
－東京文化財研究所	－东京文化财产研究所
－奈良文化財研究所	－奈良文化财产研究所
－アジア太平洋無形文化遺産研究センター	－亚洲太平洋地区无形文化遗产研究中心
史跡名勝天然記念物保存法	《史迹名胜天然纪念物保存法》
重要美術品等の保存に関する法律	《重要美术品保存法》
史跡等保存活用計画等策定費国庫補助要項	《史迹等保护利用规划费国库补助要项》
重要伝統的建造物群保存地区保存等事業費国庫補助要項	《重要传统建筑群保存地区保护费用国库补助要项》
重要有形民俗文化財修理・防災事業費国庫補助要項	《重要有形民俗文化财产修理、防灾费用国库补助要项》
重要文化財（建造物・美術工芸品）修理、防災事業費国庫補助要項	《重要文化财产（建筑物、美术工艺品）修理、防灾事业支出国库补助要项》
重要文化財等（美術工芸品・民俗文化財）保存活用整備事業費国庫補助要項	《重要文化财产等（美术工艺品・民俗文化财产）保护利用整合事业费国库补助要项》
租税特別措置法	《租税特别措施法》
重要文化財	重要文化财产
重要文化的景観	重要文化景观
指定	指定
史跡名勝天然記念物	史迹名胜天然纪念物

土地収用法 | 《土地征收法》

地方分権の推進を図るための関係法律の整備等に | 《推进地方分权有关法律关系修整法》(《地
　関する法律（地方分権一括法） | 　方分权一揽子法》)

地域における歴史的風致の維持及び向上に関する | 《地域历史风貌保持及发展法》(《历史规划
　法律」（歴史まちづくり法） | 　建设法》)

都道府県文化財保護条例（参考案） | 《都道府县文化财产保护条例（参考案)》

地方自治法 | 《地方自治法》

独立行政法人通則法 | 《独立行政法人通则法》

地方税法 | 《地方税法》

特定非営利活動促進法 | 《特定非营利活动促进法》

特定非営利活動法人 | 特定非营利活动法人

登録有形文化財建造物修理等事業費国庫補助要項 | 《登录有形文化财产建筑物修理费用国库补
　| 　助要项》

伝統的建造物群保存地区 | 传统建筑群保存地区

登録 | 登录

登録有形文化財 | 登录有形文化财产

日本国憲法 | 《日本国宪法》

日本ナショナル？トラスト協会 | 日本国民信托协会

ナショナル？トラスト | 国民信托

美術品の美術館における公開の促進に関する法律 | 《美术馆藏品开放促进法》

文化財保護法 | 《文化财产保护法》

文化財保護条例 | （地方)《文化财产保护条例》

文化芸術振興基本法の一部を改正する法律 | 《文化艺术振兴基本法部分修订法》

文化的景観保護推進事業国庫補助要項 | 《推进文化景观保护事业国库补助要项》

文化財の不法な輸出入等の規制等に関する法律 | 《文化财产非法进出境限制法》
　（文化財不法輸出入規制法） |

文化財の不法な輸出入等の規制等に関する法律施 | 《文化财产非法进出境限制法实施细则》
　行規則 |

文化財の不法な輸出入等の規制等に関する法律第三条 | 《基于文化财产非法进出境管制法第三条第
　第二項に規定する特定外国文化財を指定する省令 | 二项规定对特定外国文化财产的指定省令》

文部科学大臣 | 文部科学大臣

文化審議会令 | 《文化审议会令》

文部科学省 | 教育、文化、体育、科学和技术部（文部
　| 　科学省）

文化庁 | 文化厅
　－文化庁長官 | 　－文化厅长官

－文化財部　　　　　　　　　　　　　　－文化财产部
　＝伝統文化課　　　　　　　　　　　　＝传统文化科
　＝美術学芸課　　　　　　　　　　　　＝美术学艺科
　＝記念物課　　　　　　　　　　　　　＝纪念物科
　＝参事官（建造物担当）　　　　　　　＝参事官（建筑物负责人）
　－文化資源活用課　　　　　　　　　　－文化资源活用科
　－文化財第一課　　　　　　　　　　　－文化财产一科
　－文化財第二課　　　　　　　　　　　－文化财产二科
　－宗務課　　　　　　　　　　　　　　－宗教事务科
　－参事官（文化創造担当）　　　　　　－参事官（文化创造负责人）
文化審議会　　　　　　　　　　　　　　文化审议会
文化財保護審議会　　　　　　　　　　　文化财产保护委员会
文化財保護・芸術研究助成財団　　　　　文化财产保护・艺术研究助成财团
埋蔵文化財　　　　　　　　　　　　　　埋藏文化财产
民家保存管理施設費国庫補助要項　　　　《民居保护管理设施费国库补助要项》
民法　　　　　　　　　　　　　　　　　《民法典》
民俗文化財　　　　　　　　　　　　　　民俗文化财产
民衆訴訟　　　　　　　　　　　　　　　民众诉讼
無形文化財　　　　　　　　　　　　　　无形文化财产
有形文化財　　　　　　　　　　　　　　有形文化财产
歴史的風致　　　　　　　　　　　　　　历史风貌

其他

art imperialism　　　　　　　　　　　　艺术帝国主义
Charter of the United Nations　　　　　　《联合国宪章》
Charter on Cultural Routes　　　　　　　《文化线路宪章》
Commission for Looted Art in Europe　　　欧洲被掠艺术品委员会
Community action in the cultural sector　　《共同体文化部门之行动》
community-led conservation　　　　　　　社区导向保存机制
Convention Concerning Indigenous and Tribal Peoples in Independent Countries　　　《关于独立国家境内原住民和部落居民公约》
Convention européenne sur les infractions visant des biens culturels　　　《欧洲文化财产违法行为公约》
Convention on Stolen or Illegally Exported Cultural Objects　　　《有关被盗或非法出口文化财产的公约》（1998 年《公约》）

Convention on the Means of Prohibiting and Preventing the Illicit Import，Export and Transfer of Ownership of Cultural Property	《关于禁止和防止非法进出口文化财产和非法转让其所有权的方法的公约》（1970 年《公约》）
Convention on the Protection of Underwater Cultural Heritage	《保护水下文化遗产公约》
Council of Europe	欧洲委员会
Declaration on the Rights of Indigenous Peoples	《原住民权利宣言》
Directive	（欧盟）指令
equitable title	衡平法上的所有权
European Charter on Architectural Heritage	《欧洲建筑遗产宪章》（1975）
European Union（EU）	欧盟
Geneva Convention relative to the Protection of Civilian Persons in Times of War	《战时保护平民的日内瓦公约》（《日内瓦第四公约》）
Hague Convention for the Protection of Cultural Property in the Event of Armed Conflict 1954	《武装冲突情况下保护文化财产的国际公约》（1954 年《海牙公约》）
Hague Conventions of 1899 and 1907	1899 年和 1907 年《海牙公约》
ICCROM	国际文化财产保护与修复研究中心
ICOM	国际博物馆协会
ICOM Code of Ethics for Museums	国际博物馆协会《博物馆职业道德准则》
ICOMOS	国际古迹遗址理事会
Institute of International Law	国际法学会
Inter-Allied Declaration Against Acts of Dispossession Committed in Territories Under Enemy Occupation or Control	《同盟国关于敌军占领或控制领土内的财产剥夺行为无效的声明》（《伦敦宣言》）
International Charter for the Conservation and Restoration of Monuments and Site（The Venice Charter，1964）	《关于古迹遗址保护与修复的国际宪章》（《威尼斯宪章》）（1964）
International Institute for Conservation of Historic and Artistic Works	国际文物修复学会
INTERPOL	国际刑警组织
– Works of Art Unit	– 艺术品部门
legal title	普通法上的所有权
Lieber Code	《利伯守则》
NGO	非政府组织
NPO	非营利组织
Project of an International Declaration concerning the Laws and Customs of War（Brussels Declaration）	《关于陆战法规和惯例的国际宣言》（《布鲁塞尔宣言》）

Public-Private Partnership（PPP）	公私伙伴合作
Public Trust Doctrine（PTD）	公共信托理论
social enterprise	社会企业
The Athens Charter for the Restoration of Historic Monuments，1931	《关于历史性纪念物修复的雅典宪章》（1931）
The Laws of War on Land，Oxford，1880	《牛津陆战法规手册》
The Nizhny Tagil Charter For The Industrial Heritage	《有关工业遗产的下塔吉尔宪章》
the Third Sector	第三部门
TICCIH	国际工业遗产保护联合会
Treaty of Versailles	《凡尔赛合约》
Treaty on European Union（Maastricht Treaty）	《欧盟条约》（《马斯特里赫特条约》）
Treaty on the Functioning of the European Union（TFEU，Treaty of Rome）	《欧盟运作条约》《罗马条约》
UNESCO	联合国教科文组织
UNIDROIT	国际统一私法协会
Universal Declaration of Human Rights	《世界人权宣言》
World Heritage List	世界遗产名录
Vilnius Forum Declaration	《维尔纽斯论坛宣言》
voidable tittle	可撤销所有权

主要参考文献

一、中文文献

（一）专著、译著类

1. 单霁翔著：《博物馆的文化传播》，天津大学出版社，2017 年；

2. 单霁翔著：《文化遗产保护理念进步》，天津大学出版社，2017 年；

3. 段勇著：《当代美国博物馆》，科学出版社，2003 年；

4. 顾军、苑利著：《文化遗产报告：世界文化遗产保护运动的理论与实践》，社会科学文献出版社，2005 年；

5. 贺艳、殷丽娜著：《美国国家公园管理政策》，上海远东出版社，2015 版；

6. 江利红著：《日本行政诉讼法》，知识产权出版社，2008 年；

7. 霍政欣著：《追索海外流失文物的法律问题》，中国政法大学出版社，2013 年；

8. 刘杰著：《日本信息公开法研究》，中国检察出版社，2008 年，

9. 刘小蓓著：《公众参与遗产保护的记录机制研究》，暨南大学出版社，2017 年；

10. 李拓等著：《中外公众参与体制比较研究》，国家行政学院出版社，2010 年；

11. 裴长洪、高洪主编，中国社会科学院外事局编：《日本人文社会科学现状与发展》，中国社会科学出版社，2003 年；

12. 邵甬著：《法国建筑·城市·景观遗产保护与价值重现》，同济大学出版社，2010 年；

13. 王红军著：《美国建筑遗产保护历程研究：对四个主题性事件及其背景的分析》，东南大学出版社，2009 年；

14. 王名、李勇、黄浩明编著：《美国非营利组织》，社会科学文献出版社，2012 年；

15. 王名、李勇、黄浩明编著：《英国非营利组织》，社会科学文献出版社，2009 年；

16. 王云霞主编：《公众参与文化遗产保护的法律机制》，文物出版社，2014 年；

17. 王云霞主编：《文化遗产法教程》，商务印书馆，2012 年；

18. 王云霞主编：《文化遗产法学——框架与使命》，中国环境出版社，2013 年；

19. 杨建顺著：《日本行政法通论》，中国法制出版社 1998 年；

20. 周超著：《日本文化遗产保护法律制度及中日比较研究》，中国社会科学出版社，2017 年；

21. 朱晓明著：《当代英国建筑遗产保护》，同济大学出版社，2007 年；

22. 中国现代国际关系研究院课题组编著：《外国非政府组织概况》，时事出版社，2010 年；

23. 【澳大利亚】林德尔·V. 普罗特主编：《历史的见证：有关文物返还问题的文献作品选编》，国家文物局博物馆与社会文物司（科技司）译，译林出版社，2010 年；

24. 【德】西尔克·冯·莱温斯基著：《原住民遗产与知识产权：遗传资源、传统知识和民间文学艺术》，廖冰冰、刘硕、卢璐翻译，许超审定，中国民主法制出版社，2011 年；

25. 【法】让·里韦罗、让·瓦利纳著：《法国行政法》，鲁仁译，商务印书馆，2008 年；

26. 【芬兰】尤嘎·尤基莱托著：《建筑保护史》，郭旃译，中华书局，2011 年；

27. 【美】约翰·亨利·梅里曼著：《帝国主义、艺术与文物返还》，国家文物局博物馆与社会文物司（科技司）译，译林出版社，2011 年；

28. 【美】莱斯特·M. 萨拉蒙等著：《全球公民社会：非营利部门视界》，贾西津、魏玉等译，社会科学文献出版社，2007 年；

29. 【美】伦纳德·D. 杜博夫、克里斯蒂·O. 金著：《艺术法概要》，周林译，知识产权出版社，2011 年；

30. 【美】威廉·穆塔夫著：《时光永驻——美国遗产保护的历史和原理》，谢靖译，电子工业出版社，2012 年；

31. 【日】盐野宏著：《行政组织法》，杨建顺译，北京大学出版社，2008 年；

32. 【英】巴里·卡林沃思、文森特·纳丁著：《英国城乡规划》，陈闽齐等译，东南大学出版社，2011 年；

33. 【英】尼格尔·泰勒著：《1945 年后西方城市规划理论的流变》，李白玉、陈贞译，中国建筑工业出版社，2006 年；

（二）期刊、文集论文

1. 安来顺：《职业道德语境下博物馆的公众服务功能》，《东南文化》2017 年第 3 期；

2. 蔡琴：《博物馆职业道德研究的若干问题》，《中国博物馆》2014 年第 2 期

3. 杜小军：《简析日本的"文化财"保护》，载郎保利主编：《而立集——山西大学考古专业成立 30 周年纪念文集》，科学出版社，2009 年；

4. 郭玉军、向在胜：《法国法中海底文化财产的法律地位》，《时代法学》2005 年

第 4 期；

5. 郝伟：《国家信托：英国遗产保护的成功经验》，《社会与公益》2012 年第 10 期；

6. 焦怡雪：《英国历史文化遗产保护中的民间团体》，《规划师》2002 年第 05 期；

7. 康保成：《日本的文化遗产保护体制、保护意识及文化遗产学学科化问题》，《文化遗产》2011 年第 2 期；

8. 刘世风：《海外民办博物馆管理经验及启示》，《中国博物馆》2014 年第 1 期；

9. 李和平：《美国历史遗产保护的法律机制》，《西部人居环境学刊》2013 年第 4 期；

10. 李浪林：《英国考古的政策、管理和操作》，《华夏考古》2002 年第 1 期；

11. 饶传坤：《英国国民信托在环境保护中的作用及其对我国的借鉴意义》，《浙江大学学报（人文社会科学版）》2006 年第 6 期；

12. 沈海虹：《美国文化遗产保护领域中的地役权制度》，《中外建筑》2006 年第 2 期；

13. 沈海虹：《美国文化遗产保护领域中的税费政策》，《建筑学报》2006 年第 06 期；

14. 苏扬：《美国自然文化遗产管理经验及对我国的启示》，《世界环境》2005 年第 2 期；

15. 谭玉华：《法国预防考古的历史与经验》，《历史教学》2013 年第 9 期；

16. 王辉、孙静：《美国国家公园管理体制进展研究》，《辽宁师范大学学报》（社会科学版），2015 年第 1 期；

17. 王璐：《溯源与新解：论文物古迹"原状"》，《东南文化》2018 年第 2 期；

18. 王云霞、胡姗辰：《公私利益平衡：比较法视野下的文物所有权限制与补偿》，《武汉大学学报（哲学社会科学版）》，2015 年第 6 期；

19. 王云霞、胡姗辰：《〈国际博物馆协会博物馆职业道德〉的法律意义》，《东南文化》2018 年第 1 期；

20. 王云霞：《论文化遗产权》，《中国人民大学学报》2011 年第 2 期；

21. 王云霞：《中美限制进口中国文物谅解备忘录及其对中国的影响》，《南京大学法律评论》2011 年秋季卷。

22. 吴凌鸥：《日本文化财保护体系解析》，《黑龙江教育学院学报》2009 年第 6 期；

23. 吴卓平、杨杰、汪惠青：《意大利与美国支持文化遗产保护的公共财政制度比较分析》，《中国市场》2010 年第 10 期；

24. 杨丽霞：《英国文化遗产保护管理制度发展简史》（上），《中国文物科学研究》2011 年第 4 期；

25. 叶强：《从"买方谨慎"到"卖方谨慎"——谈英国货物买卖法下的默示条款》，《国际商法论丛》（第 6 卷），2004 年；

26. 叶秋华、孔德超：《论法国文化遗产的法律保护及其对中国的借鉴意义》，《中国人民大学学报》2011 年第 2 期；

27. 于小川：《从法令规制的角度看日本文化遗产的保护及利用——二战前日本文化财保护制度的成立》，《北京理工大学学报（哲学社会科学版)》，2005 年第 3 期；

28. 张国超：《意大利公众参与文化遗产保护的经验与启示》，《中国文物科学研究》2013 年第 1 期；

29. 张健：《对发达国家博物馆管理的学习与借鉴》，《博物馆研究》2011 年第 1 期；

30. 朱晓明：《意大利中央政府层面文化遗产保护的体制分析》，《世界建筑》2009 年第 6 期；

（三）学位论文

1. 迟君辉：《国际流失文化财产返还法律问题研究》，华东政法大学博士学位论文，2010 年；

2. 胡姗辰：《欧洲文化遗产权利理念之发展》，中国人民大学博士学位论文，2017 年；

3. 胡姗辰：《社区参与文化遗产旅游开发和管理的法律机制研究》，中国人民大学硕士学位论文，2013 年；

4. 孔德超：《法国文化遗产法研究》，中国人民大学博士学位论文，2010 年；

5. 刘琼：《中美国家公园管理体制比较研究》，中南林业科技大学硕士学位论文，2013 年；

6. 刘勇祥：《政府信息公开制度比较研究》，华东师范大学硕士学位论文，2005 年；

7. 穆永强：《文化财产返还国际争议中善意购买人法律地位问题研究》，中国人民大学博士学位论文，2013 年；

8. 吴保光：《美国国家公园体系的起源及其形成》，厦门大学硕士学位论文，2009 年；

二、外文文献

（一）专著、文集

1. Annie Héritier, *Genèse de la nation juridique de patrimoine culturel 1750 – 1816*, L'Harmattan, 2003；

2. Astrid Swenson, *The Rise of Heritage：Preserving the Past in France, Germany and England, 1789 – 1914*, Cambridge University Press, 2013；

3. Comité d'une histoire du ministre de la Culture et de la Communication, *1913: Genèse d'une loi sur les monuments historiques (Ouvrage coordonné par Jean – Pierre Bady, Marie Cornu, Jérome Fromageau, Jean – Michel Leniaud et Vincent Négri)*, La documentation française, 2013;

4. Dominique Poulot, *Une histoire du patrimoine en Occident*, Presse Universitaires de France, 2006;

5. Edouard Pommier (eds,), *Lettres à Miranda sur le Déplacement des Monument de l'Art de l'Italie*, éditions Macula, 1989;

6. Evelien Campfens (eds.), *Fair and Just Solutions? Alternatives to Litigation in Nazi – Looted Art Disputes: Status Quo and New Developments*, Eleven International Publishing, 2015;

7. François Bercé, *Des monuments au patrimoine du XVIIIe siècle à nos jours ou «Les égarements du cœur et de l'esprit»*, Flammarion, 2000;

8. Françoise Choay, *L'allégorie du patrimoine*, Edition du Seuil, 2007;

9. Hélène Pauliat, *Culture et politiques publiques en Europe: quelles valeurs en temps de crise?* Presses Universitaires de limoges, 2013;

10. Henry Rousso, *Le regard de l'histoire: l'émergence et l'evolution de la notion de patrimoine au cours du XXe siècle en France*, Edition du patrimoine, 2003;

11. Jean – Raphaël Pellas, *Droit de la cultrue*, *Librairie générale de droit et de jurisprudence (L. G. D. J)*, 2015;

12. Marie Cornu & Vincent Négri (eds.), *Code du patrimoine et autre textes relatifs aux bien culturels*, Lexis Nexis, 2012;

13. Lawrence Collins (ed.), *Dicey & Morris on The Conflict of Law*, 13th ed. , 1999;

14. Line Touzeau – Mouflard et Armelle Verjat, *La Protection des Monuments Historiques*, Editions Dalloz, septembre 2015;

15. L. V. Prott and P. J. O'Keefe, *Law and the Cultural Heritage: Vol. III Movement*, Butterworths, London, 1989;

16. Robert Pickard (eds.), *Policy and Law in Heritage Conservation*, Spon Press, 2001

17. Simon Thurley, *Men from the Ministry: How Britain Saved Its Heritage*, Yale University Press, 2013;

18. ［日］木原啓吉:《国民信托》（日文版）, 东京:三省堂, 1998 年;

19. ［日］横川節子:《国民信托之旅》（日文版）, 东京:洋販出版, 1997 年;

（二）期刊、文集论文

1. Alerrto Roccella, *Le patrimoine culturel: droit italien, dans le livre sous la direction de Nébila MEZGHANI et Marie CORNU, Intérêt culturel et mondialisation: Les protections nationales (Tome I)*, L'Harmattan, 2004;

2. Alessandro Chechi, *The Return of Cultural Objects Removed in the Times of Colonial Domination and International Law*: *the Case of the Venus of Cyrene*, in The Italian Yearbook of International Law, Volume XVIII, 2008, Martinus Nijhoff Publishers, 2009;

3. Claudio Povolo, *An Historical Dimension of European Cultural Heritage*, ACTA HISTRIAE, 21, 2013 (4);

4. Elazar Barkan, *Amending Historical Injustices*: *The Restitution of Cultural Property – An Overview*, Elazar Barkan & Ronald Bush (eds.), *Claiming the Stones/Naming the Bones*: *Cultural Property and the Negotiation of National and Ethinc Identity*, Getty Publications, 2002;

5. Francesco Francioni, *Des bien culturel au patrimoine culturel*: *L' évolution dynamique d' un concept et de son extension*, *dans le livres sous la direction de Audulqwai A. Yusuf, L' action normativieà l' UNESCO (volume I)*: *Elaboration de règles Internationales sur l' éducation, la science et la culture*, Edition UNESCO/ Martinus Nijhoff Publishers, 2007;

6. Francesco Francioni, *Des bien culturel au patrimoine culturel*: *L'évolution dynamique d' un concept et de son extension*, *dans le livres sous la direction de Audulqwai A. Yusuf, L' action normativieà l'UNESCO (volume I)*: *Elaboration de règles Internationales sur l'éducation, la science et la culture*, Edition UNESCO/ Martinus Nijhoff Publishers, 2007;

7. Francis P. McManamon, *The Native American Graves Protection and Repatriation Act (NAGPRA)*, *in Linda Ellis (eds.)*, *Archaeological Method and Theory*: *An Encyclopedia*, Garland Publishing Co., New York and London, 2000;

8. Gertrude M. Prescott, *A Different Kind of "Special"*: *The Metropolitan Police's Art and Antiques Unit's Initiative ArtBEAT*, Art Antiquity and Law, Vol. XI, Issue 2, June 2006;

9. Janice, *L. Lyon and Fogerty, Unprecedented Extensions of the Public Trust*, in California Law Review, Vol. 70, 1982;

10. John Henry Merryman, *The Public Interests In Cultural Property*, California Law Review, vol. 77, 1989;

11. John Henry Merryman, *Two Ways of Thinking About Cultural Property*, The American Jounral of International Law, vol. 80, no. 4, 1986;

12. Joseph L. Sax, *Heritage Preservation as a Public Duty*: *The Abbe Grégoire and the Origins of an Idea*, Michigan Law Review, vol. 88 (5), 1990;

13. Joseph L. Sax, *Is Anyone Minding Stonehenge – The Origins of Cultural Property Protection in England*, California Law Review, vol. 78, 1990;

14. Liliana Barroero, *The Preservation and Management of Cultural Heritage in the Past*: *Rome and Papal State (XVI – XIX centuries)*, The Inspiration of Human Heritage on the Progress of Civilisation, 2007;

15. Marie Cornu, *A propos de l'adoption du code du patrimoine, quelques réflexions sur les notions partagées*, Recueil Dalloz, 2005;

16.

20. Henri Grégoire, *Second Rapport sur le Vandalisme*, Séance du 8 brumaire, l' an III;

21. Henri Grégoire, *Rapport sur les destructions opérée par le Vandalisme, et sur les moyens de le réprimer*, Séance du 14 *fructidor*, l'an second de la République;

22. Henri Grégoire, *Troisième Rapport sur le vandalisme*, Séance du 24 *frimaire*, l'an III de la République française;

23. Rennard Strickland, *Implementing the National Policy of Understanding, Preservation and Safegurading the Heritage of Indian Peoples and Native Hawaiians: Human Rights, Sacred Objects and Cultural Patrimony*, in Arizone State Law Journal vol. 24, 1992;

24. William Drayton Jr., *The Public Trust in Tidal Areas: A Sometime Submerged Traditional Doctrine*, in the Yale Law Journal, Vol. 79, 1970;

25. Vittorio Mainetti, *Protection de la propriété culturelle et circulation des biens culturels — Etudes de droit comparé Europe/Asie: Rapportage national – italie*, available at: http://www. gdri – droit – patrimoine – culturel. cnrs. fr/sites/default/fichiers/TraficIllicite_rapport – italien. pdf

三、主要案例

1. *Bumper Development Corp., Ltd. v. Commissioner of Police of the Metropolis and Others*

2. *Case of the Venus of Cyrene*

3. *City of Gotha and Federal Republic of Germany v. Sotheby's and Cobert Finance S. A*

4. *Frias v Pichon*

5. *Government of the Islamic Republic of Iran v. The Barakat Galleries Ltd.*

6. *Harlingdon & Leinster Enterprises Ltd. v. Christopher Hull Fine Art Ltd.*

7. *Hopi Masks Case*

8. *Penn Central Transportation Company v. City of New York*

9. *Republic of Ecuador v. Damusso*

10. *Republic of Turkey v. Metropolitan Museum of Art*

11. *Société D. I. A. C v. Alphonse Oswald*

12. *Solomon R. Guggenheim Found v. Lubell*

13. *Stato Francese c. Ministero per I bent culturali e ambientali e De Contessini*

14. *Stronganoff – Scherbatoff v. Bensimon*

15. *Winkworth v. Christie, Manson & Woods Ltd.*

四、外国法规数据库：

英国法律法规数据库：http：//www. legislation. gov. uk/；

美国法律法规数据库：https：//www. usa. gov/laws – and – regulations；

法国法律法规数据库：https：//www. legifrance. gouv. fr/；

意大利法律法规数据库：http：//www. normattiva. it/；

日本法律法规数据库：http：//www. e – gov. go. jp/law/；

欧盟法数据库：https：//eur – lex. europa. eu/homepage. html

联合国教科文组织国家文化遗产法数据库：https：//en. unesco. org/cultnatlaws/list/

五、主要机构网站：

英格兰史迹：https：//historicengland. org. uk/

英格兰艺术委员会：http：//www. artscouncil. org. uk/

国家遗产纪念基金：http：//www. nhmf. org. uk/

英国"国民信托"组织：https：//www. nationaltrust. org. uk/

美国国家公园管理局：http：//www. nps. gov

美国历史保护咨询委员会：https：//www. achp. gov/

国家艺术基金会：https：//www. arts. gov

国家人文学科基金会：http：//www. neh. gov/

国家海洋保护区办公室：http：//sanctuaries. noaa. gov/

美国历史保护国家信托组织：https：//savingplaces. org/

法国文化与宣传部：http：//www. culture. gouv. fr/

遗产基金会：https：//www. fondation – patrimoine. org

意大利遗产、文化活动与旅游部：http：//www. beniculturali. it/

日本文部科学省：http：//www. mext. go. jp/

日本文化厅：http：//www. bunka. go. jp/

日本国立文化财产机构：http：//www. nich. go. jp

文化遗产保护·艺术研究助成财团：http：//www. bunkazai. or. jp/

欧洲委员会：https：//www. coe. int

欧洲被掠艺术品委员会（被掠艺术品信息中心）：http：//www. lootedart. com/

联合国教科文组织世界遗产中心：https：//whc. unesco. org/en/list/

国际古迹遗址理事会：https：//www. icomos. org/

国际博物馆协会：https：//icom. museum/en/